马克思主义理论研究
和建设工程重点教材

刑事诉讼法学
（第三版）

《刑事诉讼法学》编写组

主　编　陈卫东

主要成员

（以姓氏笔画为序）

万　毅　叶　青　刘计划

李建明　闵春雷　张建伟

周长军　姚　莉　顾永忠

高等教育出版社·北京

二维码资源访问

使用微信扫描本书内的二维码，输入封底防伪二维码下的 20 位数字，进行微信绑定，即可免费访问相关资源。注意：微信绑定只可操作一次，为避免不必要的损失，请您刮开防伪码后立即进行绑定操作！

教学课件下载

本书有配套教学课件，供教师免费下载使用，请访问 xuanshu.hep.com.cn，经注册认证后，搜索书名进入具体图书页面，即可下载。

图书在版编目（CIP）数据

刑事诉讼法学 /《刑事诉讼法学》编写组编. -- 3 版. -- 北京：高等教育出版社，2019.8（2020.2 重印）
马克思主义理论研究和建设工程重点教材
ISBN 978-7-04-052335-5

Ⅰ.①刑… Ⅱ.①刑… Ⅲ.①刑事诉讼法-法的理论-中国-高等学校-教材 Ⅳ.①D925.201

中国版本图书馆 CIP 数据核字（2019）第 155482 号

| 责任编辑 | 程传省 | 封面设计 | 王 鹏 | 版式设计 | 于 婕 | 责任校对 | 窦丽娜 |
| 责任印制 | 刘思涵 | | | | | | |

出版发行	高等教育出版社	网 址	http://www.hep.edu.cn
社 址	北京市西城区德外大街 4 号		http://www.hep.com.cn
邮政编码	100120	网上订购	http://www.hepmall.com.cn
印 刷	山东临沂新华印刷物流集团有限责任公司		http://www.hepmall.com
开 本	787mm×1092mm 1/16		http://www.hepmall.cn
印 张	28.5	版 次	2017 年 4 月第 1 版
字 数	500 千字		2019 年 8 月第 3 版
购书热线	010-58581118	印 次	2020 年 2 月第 3 次印刷
咨询电话	400-810-0598	定 价	55.00 元

本书如有缺页、倒页、脱页等质量问题，请到所购图书销售部门联系调换
版权所有 侵权必究
物 料 号 52335-00

目　录

绪　论 …………………………………………………………………… 1

　第一节　刑事诉讼与刑事诉讼法 ………………………………………… 1
　　一、刑事诉讼的概念 …………………………………………………… 1
　　二、刑事诉讼法的概念及其法律渊源 ………………………………… 2
　第二节　刑事诉讼法的制定目的与任务 ………………………………… 8
　　一、刑事诉讼法的制定目的 …………………………………………… 8
　　二、刑事诉讼法的任务 ………………………………………………… 8
　第三节　刑事诉讼法学的研究对象和研究方法 ……………………… 11
　　一、刑事诉讼法学的研究对象 ……………………………………… 11
　　二、刑事诉讼法学的研究方法 ……………………………………… 12
　第四节　中国刑事诉讼法的历史发展 ………………………………… 14
　　一、中国古代刑事诉讼制度概况 …………………………………… 14
　　二、中国近现代刑事诉讼制度的发展 ……………………………… 16
　　三、中华人民共和国刑事诉讼制度的发展 ………………………… 19

第一章　马克思、恩格斯的刑事诉讼观 …………………………… 29

　第一节　刑事程序法与刑事实体法的关系 …………………………… 29
　　一、程序法与实体法是形式与内容的关系 ………………………… 30
　　二、程序法为实体法服务 …………………………………………… 30
　　三、程序法具有独立价值 …………………………………………… 30
　第二节　刑事诉讼中的人权司法保障 ………………………………… 31
　　一、任何人不受非法逮捕和羁押 …………………………………… 32
　　二、被告人有权获得迅速审判 ……………………………………… 33
　　三、应当给羁押中的被告人以人道待遇 …………………………… 33
　第三节　刑事审判权的独立行使 ……………………………………… 34
　　一、司法权独立于行政权 …………………………………………… 35
　　二、法官独立行使审判权 …………………………………………… 35
　第四节　刑事司法的民众参与 ………………………………………… 37

一、民众通过陪审制参与司法 ……………………………………… 37
　　二、保障公民平等地享有参与司法的权利 ……………………… 38
第五节　刑事诉讼的程序公正要求 ………………………………………… 38
　　一、只能由依法设立的法庭行使审判权 ………………………… 39
　　二、法官不能与自己处理的案件有利害关系 …………………… 39
　　三、严格依照法定程序进行诉讼 ………………………………… 40

第二章　刑事诉讼构造与刑事诉讼主体 ……………………………………… 42
　第一节　刑事诉讼构造 ……………………………………………………… 42
　　一、概述 …………………………………………………………… 42
　　二、职权主义诉讼 ………………………………………………… 43
　　三、当事人主义诉讼 ……………………………………………… 44
　　四、混合式诉讼 …………………………………………………… 46
　　五、我国的刑事诉讼构造及其特征 ……………………………… 47
　第二节　刑事诉讼中的审判机关 …………………………………………… 49
　　一、审判机关的性质与职权 ……………………………………… 49
　　二、审判机关的组织体系及其上下级关系 ……………………… 50
　　三、审判组织 ……………………………………………………… 52
　　四、人民陪审员制度 ……………………………………………… 54
　第三节　刑事诉讼中的检察机关 …………………………………………… 56
　　一、检察机关的性质与地位 ……………………………………… 56
　　二、检察机关在刑事诉讼中的职权 ……………………………… 56
　　三、检察机关的组织体系及其上下级关系 ……………………… 57
　第四节　刑事诉讼中的侦查机关 …………………………………………… 58
　　一、侦查机关的类型 ……………………………………………… 58
　　二、公安机关 ……………………………………………………… 58
　　三、其他侦查机关 ………………………………………………… 59
　第五节　当事人与其他诉讼参与人 ………………………………………… 61
　　一、当事人 ………………………………………………………… 61
　　二、其他诉讼参与人 ……………………………………………… 67

第三章　刑事诉讼基本原则 …………………………………………………… 71

第一节 概述
一、刑事诉讼基本原则的含义 71
二、刑事诉讼基本原则的体系 71

第二节 我国刑事诉讼基本原则 72
一、侦查权、检察权、审判权由专门机关依法行使原则 72
二、人民法院、人民检察院依法独立行使审判权、
　　检察权原则 73
三、以事实为根据，以法律为准绳原则 74
四、依靠群众原则 75
五、分工负责、互相配合、互相制约原则 76
六、人民检察院依法对刑事诉讼实行法律监督原则 79
七、审判公开原则 80
八、有权获得辩护原则 82
九、未经人民法院依法判决对任何人都不得确定有罪原则 83
十、认罪认罚从宽原则 85

第四章 管辖 87
第一节 管辖制度 87
一、管辖的概念 87
二、管辖制度的意义 87

第二节 管辖类型 88
一、立案管辖 88
二、审判管辖 91
三、并案管辖 96

第五章 回避 99
第一节 回避制度 99
一、回避的概念和意义 99
二、回避的方式 100

第二节 回避的适用 100
一、回避的适用人员 100
二、回避的理由 101

三、回避的程序 …………………………………………………………… 104

第六章 辩护与代理 …………………………………………………………… 108

第一节 刑事辩护 …………………………………………………………… 108
一、刑事辩护的概念与特征 …………………………………………… 108
二、刑事辩护的历史发展 ……………………………………………… 110
三、我国刑事辩护制度的基本内容 …………………………………… 112

第二节 刑事代理 …………………………………………………………… 127
一、刑事代理的概念与特征 …………………………………………… 127
二、刑事代理的种类 …………………………………………………… 129

第七章 证据与证明 …………………………………………………………… 134

第一节 证据制度概述 ……………………………………………………… 134
一、证据的概念与要求 ………………………………………………… 134
二、证据制度的理论基础 ……………………………………………… 136
三、证据裁判原则 ……………………………………………………… 140

第二节 证据的种类和分类 ………………………………………………… 141
一、证据的种类 ………………………………………………………… 141
二、证据的分类 ………………………………………………………… 153

第三节 证据规则 …………………………………………………………… 156
一、相关性规则 ………………………………………………………… 156
二、非法证据排除规则 ………………………………………………… 157
三、最佳证据规则 ……………………………………………………… 163
四、意见证据规则 ……………………………………………………… 164
五、补强证据规则 ……………………………………………………… 165

第四节 证明的概念与分类 ………………………………………………… 166
一、证明概述 …………………………………………………………… 166
二、证明的分类 ………………………………………………………… 168

第五节 证明的要素 ………………………………………………………… 170
一、证明对象 …………………………………………………………… 170
二、证明责任 …………………………………………………………… 171
三、证明标准 …………………………………………………………… 173

  四、证明程序 …………………………………………………………… 175

第八章　强制措施 …………………………………………………… 178
第一节　强制措施概述 ………………………………………………… 178
  一、强制措施的概念和特点 ……………………………………… 178
  二、强制措施与其他相关法律措施的区别 ……………………… 179
  三、强制措施的适用原则 ………………………………………… 181
第二节　拘传 …………………………………………………………… 183
  一、拘传的概念和特点 …………………………………………… 183
  二、拘传的适用程序 ……………………………………………… 184
第三节　取保候审 ……………………………………………………… 185
  一、取保候审的概念和适用条件 ………………………………… 185
  二、取保候审的方式 ……………………………………………… 186
  三、被取保人的义务 ……………………………………………… 188
  四、取保候审的程序 ……………………………………………… 189
第四节　监视居住 ……………………………………………………… 190
  一、监视居住的概念和适用条件 ………………………………… 190
  二、被监视居住人的义务 ………………………………………… 191
  三、监视居住的程序 ……………………………………………… 191
第五节　刑事拘留 ……………………………………………………… 193
  一、刑事拘留概述 ………………………………………………… 193
  二、刑事拘留的适用条件 ………………………………………… 194
  三、刑事拘留的程序 ……………………………………………… 195
第六节　逮捕 …………………………………………………………… 196
  一、逮捕的概念和适用条件 ……………………………………… 196
  二、逮捕的权限 …………………………………………………… 198
  三、逮捕的程序 …………………………………………………… 198
  四、逮捕后羁押必要性审查 ……………………………………… 202

第九章　附带民事诉讼 ……………………………………………… 205
第一节　附带民事诉讼概述 …………………………………………… 205
  一、附带民事诉讼的概念和意义 ………………………………… 205

二、附带民事诉讼的特点 206

第二节　附带民事诉讼当事人 207
　　一、附带民事诉讼原告人 207
　　二、附带民事诉讼被告人 208

第三节　附带民事诉讼的提起 209
　　一、提起附带民事诉讼的条件 209
　　二、提起附带民事诉讼的程序 210

第四节　附带民事诉讼案件的审判 211
　　一、审判原则 211
　　二、财产保全 212
　　三、附带民事诉讼的审理和裁判 212

第十章　期间与送达 215

第一节　刑事诉讼活动的期间 215
　　一、期间的概念与确定的依据 215
　　二、期间的计算 216
　　三、期间的耽误与恢复 218
　　四、刑事诉讼的法定期间 219

第二节　刑事诉讼文书的送达 223
　　一、送达的概念和特点 223
　　二、送达的方式和程序 224

第十一章　立案 227

第一节　立案的概念与功能 227
　　一、立案的概念 227
　　二、立案的功能 228

第二节　立案的材料来源与条件 230
　　一、立案的材料来源 230
　　二、立案的条件 232

第三节　立案程序和立案监督 234
　　一、立案程序 234
　　二、立案监督 238

第十二章 侦查 ... 241
第一节 侦查基本理论 ... 241
一、侦查的概念和特征 ... 241
二、侦查的任务 ... 243
三、侦查工作的原则 ... 243
四、侦查行为的法律控制 ... 245
五、侦查中的人权保障 ... 246
第二节 侦查行为 ... 246
一、讯问犯罪嫌疑人 ... 246
二、询问证人、被害人 ... 249
三、勘验、检查 ... 251
四、搜查 ... 254
五、查封、扣押物证、书证 ... 255
六、鉴定 ... 257
七、通缉 ... 258
八、特殊侦查措施 ... 259
第三节 侦查终结 ... 261
一、侦查终结的概念和意义 ... 261
二、侦查终结的条件 ... 261
三、侦查终结的处理 ... 262
四、侦查中的羁押期限 ... 262
第四节 人民检察院对直接受理案件的侦查 ... 264
一、人民检察院在自侦案件中的侦查权限 ... 264
二、侦查终结后的处理 ... 265
第五节 补充侦查 ... 265
一、补充侦查的概念和意义 ... 265
二、补充侦查的种类和形式 ... 266
第六节 侦查监督 ... 267
一、侦查监督的概念和意义 ... 267
二、侦查监督的范围 ... 268
三、侦查监督的途径和措施 ... 269

第十三章　审查起诉 ····· 271

第一节　审查起诉概述 ····· 271
一、审查起诉的概念和特点 ····· 271
二、审查起诉的意义 ····· 271

第二节　审查起诉的程序 ····· 272
一、审查起诉的内容 ····· 272
二、审查起诉的步骤和方法 ····· 274
三、审查起诉的处理 ····· 278

第三节　提起公诉 ····· 279
一、提起公诉的概念、条件和功能 ····· 279
二、起诉书以及证据材料的移送 ····· 280
三、公诉的变更与撤回 ····· 283

第四节　不起诉 ····· 284
一、不起诉的概念 ····· 284
二、不起诉的种类和适用条件 ····· 285
三、不起诉的程序 ····· 288
四、对不起诉决定的制约 ····· 289

第十四章　第一审程序 ····· 292

第一节　公诉案件第一审程序 ····· 292
一、庭前审查 ····· 292
二、庭前准备 ····· 294
三、法庭审判 ····· 295
四、单位犯罪案件的审理程序 ····· 306
五、法庭秩序 ····· 307
六、法庭审判笔录 ····· 308
七、延期审理、中止审理和终止审理 ····· 308
八、第一审程序的期限 ····· 310
九、人民检察院对审判活动的监督 ····· 310

第二节　自诉案件第一审程序 ····· 311
一、自诉案件第一审程序的受理与审判 ····· 311
二、自诉案件第一审程序的特点 ····· 312

第三节　简易程序 ·· 314
一、简易程序的概念和意义 ·································· 314
二、简易程序的特点 ·· 314
三、简易程序的适用范围 ···································· 315
四、简易程序在审判中的特点 ································ 316
五、简易程序的决定适用和审判程序 ·························· 317

第四节　速裁程序 ·· 318
一、速裁程序的概念和意义 ·································· 318
二、速裁程序的特点 ·· 318
三、速裁程序的适用范围与条件 ······························ 318
四、速裁程序的审理与转处 ·································· 319

第五节　判决、裁定和决定 ······································ 319
一、判决 ·· 320
二、裁定 ·· 322
三、决定 ·· 322

第十五章　第二审程序 ·· 324

第一节　审级制度 ·· 324
一、审级制度概述 ·· 324
二、两审终审制 ·· 325

第二节　第二审程序的概念与功能 ································ 326
一、第二审程序的概念和特点 ································ 326
二、第二审程序的功能 ······································ 327

第三节　第二审程序的提起 ······································ 328
一、上诉 ·· 328
二、抗诉 ·· 330

第四节　第二审案件的审判 ······································ 332
一、第二审案件的审判原则 ·································· 332
二、第二审案件的审理方式 ·································· 336
三、第二审案件的直接裁判与发回重审 ························ 337
四、第二审案件的审理期限 ·································· 338

第十六章　死刑复核程序 ……………………………………………… 340
第一节　概述 …………………………………………………………… 340
一、死刑复核程序的概念和特点 ……………………………………… 340
二、死刑复核程序与少杀、慎杀死刑政策 …………………………… 341
三、关于死刑存废的讨论 ……………………………………………… 342
第二节　死刑复核的具体程序 ………………………………………… 343
一、死刑立即执行案件的报请核准 …………………………………… 343
二、死刑缓期二年执行案件的报请核准 ……………………………… 344
三、复核程序和复核后的处理 ………………………………………… 345

第十七章　审判监督程序 ……………………………………………… 349
第一节　概述 …………………………………………………………… 349
一、审判监督程序的概念和特征 ……………………………………… 349
二、审判监督程序的功能 ……………………………………………… 351
第二节　提起审判监督程序的材料来源 ……………………………… 354
一、提起审判监督程序的主要材料来源 ……………………………… 354
二、申诉的效力和申诉的理由 ………………………………………… 355
三、对申诉的受理和审查处理 ………………………………………… 356
第三节　审判监督程序的提起 ………………………………………… 357
一、提起审判监督程序的主体 ………………………………………… 357
二、提起审判监督程序的条件 ………………………………………… 359
第四节　重新审判 ……………………………………………………… 360
一、重新审判的程序 …………………………………………………… 360
二、判决、裁定 ………………………………………………………… 361
三、上诉、抗诉 ………………………………………………………… 362
四、审理期限 …………………………………………………………… 362

第十八章　各种判决、裁定的执行 …………………………………… 363
第一节　执行概述 ……………………………………………………… 363
一、执行的概念和特点 ………………………………………………… 363
二、执行依据和机关 …………………………………………………… 364
三、执行的意义 ………………………………………………………… 365

第二节　各种判决、裁定的执行程序 ··· 365
    一、死刑立即执行判决的执行 ··· 365
    二、死刑缓期二年执行、无期徒刑、有期徒刑和拘役
        判决的执行 ·· 367
    三、管制、有期徒刑缓刑、拘役缓刑的执行 ··························· 369
    四、剥夺政治权利的执行 ··· 370
    五、罚金、没收财产的执行 ··· 370
    六、无罪判决和免除刑罚判决的执行 ····································· 371
    七、社区矫正 ·· 372

第十九章　执行的变更与监督 ··· 374
  第一节　死刑、死缓执行的变更 ·· 374
    一、死刑执行的变更 ·· 374
    二、死缓执行的变更 ·· 375
  第二节　监外执行 ··· 376
    一、监外执行的概念 ·· 376
    二、监外执行的适用条件和程序 ··· 376
  第三节　减刑和假释程序 ·· 378
    一、减刑 ··· 378
    二、假释 ··· 380
  第四节　对新罪、漏罪和申诉的处理 ··· 382
    一、对新罪、漏罪的处理 ·· 382
    二、对申诉的处理 ··· 382
  第五节　人民检察院对执行的监督 ·· 383
    一、人民检察院对执行死刑的监督 ·· 383
    二、人民检察院对暂予监外执行的监督 ·································· 384
    三、人民检察院对减刑、假释的监督 ····································· 384
    四、人民检察院对执行刑罚活动的监督 ·································· 385
    五、人民检察院对社区矫正活动的监督 ·································· 386

第二十章　未成年人刑事案件诉讼程序 ··· 387
  第一节　概述 ··· 387

一、未成年人刑事案件诉讼程序的概念和特点 ……………… 387
二、未成年人刑事案件诉讼程序的法律依据 ………………… 388
第二节 未成年人刑事案件诉讼程序的基本原则与制度 …………… 390
一、未成年人刑事案件诉讼程序的基本原则 ………………… 390
二、未成年人刑事案件诉讼程序的基本制度 ………………… 393
第三节 未成年人刑事案件的具体诉讼程序 ………………………… 399
一、立案程序 ………………………………………………… 399
二、侦查程序 ………………………………………………… 400
三、起诉程序 ………………………………………………… 401
四、审判程序 ………………………………………………… 403
五、执行程序 ………………………………………………… 406

第二十一章 刑事和解程序 …………………………………………… 408
第一节 当事人和解的公诉案件诉讼程序概述 ……………………… 408
一、当事人和解的公诉案件诉讼程序的概念 ………………… 408
二、当事人和解的公诉案件诉讼程序的意义 ………………… 408
第二节 当事人和解的诉讼程序 ……………………………………… 409
一、案件范围 ………………………………………………… 409
二、刑事和解的审查 ………………………………………… 410
三、刑事和解的法律后果 …………………………………… 411

第二十二章 缺席审判程序 …………………………………………… 414
第一节 缺席审判程序概述 …………………………………………… 414
一、缺席审判程序的概念和特点 …………………………… 414
二、缺席审判的类型 ………………………………………… 415
三、建立缺席审判制度的意义 ……………………………… 415
第二节 缺席审判程序的适用和救济 ………………………………… 417
一、适用范围 ………………………………………………… 417
二、适用条件 ………………………………………………… 418
三、审理形式 ………………………………………………… 419
四、管辖及审判组织 ………………………………………… 419
五、送达程序 ………………………………………………… 420

- 六、委托辩护及法律援助 ………………………………………… 420
- 七、特殊的上诉权 …………………………………………………… 421
- 八、司法救济程序 …………………………………………………… 422

第二十三章 违法所得的没收程序 ……………………………………… 423
第一节 违法所得的没收程序概述 ……………………………………… 423
- 一、违法所得的没收程序的概念和特点 ………………………… 423
- 二、违法所得的没收程序的意义 ………………………………… 424

第二节 违法所得的没收程序的适用和救济 …………………………… 425
- 一、案件范围 ………………………………………………………… 425
- 二、审判法院 ………………………………………………………… 425
- 三、启动程序 ………………………………………………………… 426
- 四、审理程序 ………………………………………………………… 426
- 五、法律救济 ………………………………………………………… 427

第二十四章 强制医疗程序 …………………………………………………… 428
第一节 强制医疗程序概述 ……………………………………………… 428
- 一、强制医疗程序的概念 …………………………………………… 428
- 二、强制医疗程序的意义 …………………………………………… 428

第二节 强制医疗程序的适用和救济 ……………………………………… 428
- 一、适用范围 ………………………………………………………… 428
- 二、适用程序 ………………………………………………………… 429
- 三、评估程序 ………………………………………………………… 430
- 四、启动程序 ………………………………………………………… 431
- 五、审理程序 ………………………………………………………… 431
- 六、一审终审及救济 ………………………………………………… 432

阅读文献 ……………………………………………………………………… 433

人名译名对照表 …………………………………………………………… 435

后　记 ……………………………………………………………………… 436

第二版后记 ………………………………………………………………………… 437

第三版后记 ………………………………………………………………………… 438

绪 论

第一节 刑事诉讼与刑事诉讼法

一、刑事诉讼的概念

在法治社会里，人类解决社会纠纷和冲突的合法方式有和解（通过谈判）、调解、仲裁以及诉讼，等等。其中，诉讼是解决社会纠纷和冲突的最终方式，它以国家强制力为后盾来解决争端。

在西方，诉讼是指法庭处理案件与纠纷的活动或程序。在中国，"诉讼"一词是由"诉"和"讼"两个字组成的。从字义上讲，"诉"为"以言语斥责"，是告的意思，即告诉、控告、告发的意思；"讼"为"言于公"，基本含义是争或争辩，争曲直于官府。诉讼，俗称"打官司"，用法律语言来表述，诉讼是国家公安机关、人民检察院、人民法院在当事人和其他诉讼参与人的参加下，按照法定程序解决各种案件争讼的专门活动。

诉讼这种解决社会争端的方式并不是伴随人类社会的出现而产生的，到了奴隶社会，诉讼这种形式才得以产生。"诉讼的出现根源于阶级社会形成以后统治者的一个主观判断：任何冲突所危及的不仅仅是权益享有者本人，而且同时也危及统治秩序。""由国家权力而非冲突主体来解决社会冲突，这是诉讼的本质特征所在。"[①] 一个社会会发生多种矛盾、冲突，由于诉讼所解决的案件性质不同，诉讼的内容和形式也有所不同，故而，诉讼又分为刑事诉讼、民事诉讼和行政诉讼。刑事诉讼和民事诉讼在古代就有，行政诉讼则是在近现代出现的。

刑事诉讼作为古老的诉讼形式，是由国家主导以解决被指控者与国家之间产生的刑事纠纷的专门活动。刑事诉讼起源于阶级和国家产生的奴隶社会。那时，"国家认为自身受到了侵害"，于是将某些行为规定为犯罪，"伴随着它的立法行动，'平民议会'就直接打击犯罪"。[②] 刑事诉讼有别于民事诉讼和行政诉讼。刑事诉讼作为诉讼的一种，是为了解决犯罪人的刑事责任而进行的诉讼活动。国家

[①] 柴发邦主编：《体制改革与完善诉讼制度》，中国人民公安大学出版社1991年版，第25页。
[②] ［英］亨利·萨姆奈·梅因：《古代法》，高敏、瞿慧虹译，中国社会科学出版社2009年版，第291—292页。

追诉犯罪的目的是惩罚犯罪行为,通过刑罚实现社会秩序的恢复,但这种追诉活动要受到裁判机构即法院的审查,这样就把追诉犯罪的活动纳入了诉讼的轨道。民事诉讼解决的是平等地位的公民、法人以及其他组织之间的民事权利、义务之争。行政诉讼则解决行政机关作出的行政行为是否侵犯相对人的合法权益问题。行政诉讼俗称"民告官",其实质是将政府的行政行为纳入法院司法审查的轨道,从而维护相对人即公民、法人和其他组织的合法权益。行政诉讼是民主政治发展的产物,是近现代国家法治化的成果。

刑事诉讼是实现国家职能的表现形式。作为一个初衷在于追究犯罪的过程,刑事诉讼由一系列的诉讼活动构成。值得指出的是,完整的刑事诉讼包括侦查机关的侦查活动、检察机关的起诉活动、法院的审判活动,还包括犯罪嫌疑人、被告人自始至终进行的防御活动。其中的当事人,特别是犯罪嫌疑人、被告人,不是可有可无的、可以忽视的存在,而是一方当事人,是刑事诉讼中的积极力量。刑事诉讼过程的展开与进行,必须有当事人的积极参与。现代刑事诉讼理论的一个突出特点即强调充分尊重当事人的诉讼权利,强调当事人的参与性。为此,在强调刑事诉讼为国家活动的同时,应当充分重视当事人的活动,特别应尊重犯罪嫌疑人、被告人作为诉讼的一方当事人的诉讼主体地位。必须强调,刑事诉讼除包括国家追究犯罪的活动外,还包括犯罪嫌疑人、被告人的辩护活动,而且这些活动的重要性随着人权保障法治化、国际化趋势的加强而越发凸显。因此,对刑事诉讼的认识,应当强调当事人的突出地位,彰显其重要性,而不应仅仅强调国家的追诉活动,这是增强诉讼民主性的要求。

在上述意义上,我们认为,刑事诉讼应理解为国家裁判机构在追诉机构(以及自诉人)的追诉活动与被指控者的防御活动之间实施审查,并使双方展开理性争辩与说服,最终判决刑事案件的活动与过程。

二、刑事诉讼法的概念及其法律渊源

刑事诉讼法是规范刑事诉讼活动的基本法律。它调整的对象是公安机关、检察机关或自诉人为揭露、证实犯罪而实施的追诉活动,被追诉者实施的辩护与防御活动,法院的审查、裁判活动以及其他诉讼参与人参加刑事诉讼的活动。刑事诉讼法有狭义和广义之分。狭义的刑事诉讼法指国家立法机关制定的成文的刑事诉讼法典;广义的刑事诉讼法指一切与刑事诉讼有关的法律规范,即刑事诉讼法的各类法律渊源,在我国的法律体系中表现为《宪法》《刑事诉讼法》及其关联法律、立法解释与司法解释等法律解释、国际公约与准则。

(一) 狭义的刑事诉讼法即《刑事诉讼法》①

狭义的刑事诉讼法是指刑事诉讼法典，即全国人民代表大会1979年通过，1996年、2012年、2018年三次修正的《刑事诉讼法》。这部法典是我国刑事诉讼规范的主要载体，是刑事诉讼遵循的基本规范。理论界、实务界提及刑事诉讼法时，通常就是指的这一狭义的刑事诉讼法典。

与其他部门法相比，刑事诉讼法的特点主要有三：其一，刑事诉讼法是规范刑事诉讼流程的程序法，法律本身规定的多是刑事案件自立案到侦查、起诉、审判以及执行的整个流程，法条安排上具有明显的链条式特点，前后相连，环环相扣，具有牵一发而动全身的效果。因此，在理解和适用刑事诉讼法时必须强调体系性，注意相关条文、制度的衔接配合。其二，刑事诉讼法是程序法，是公安、司法人员每天都要据以操作办案的规范，涉及的诉讼行为十分具体、细微，法律规定必须充足、细致。我国现行《刑事诉讼法》虽然历经三次修正，条文总数达到308条，但仍然难以满足实践操作的需要，刑事办案实践中对更为详尽的条文化的司法解释具有极大的依赖性。其三，刑事诉讼法规范的对象是剥夺公民生命、自由、财产以及隐私权等基本权利的刑事司法活动，因此与基本权利的大宪章——宪法具有更为亲密的法律关系，是落实宪法规定的最为重要的基本法律，以至于人们将刑事诉讼法形象地称为"应用宪法"抑或"宪法的测震器"。

拓展阅读

呼格吉勒图故意杀人、流氓案内蒙古自治区高级人民法院刑事判决书

刑事诉讼法的结构分为总则与分则两部分，总则主要规定的是基本原则与基本制度，包括管辖、回避、辩护、证据、强制措施、附带民事诉讼制度等；分则部分根据诉讼流程进行的顺序分为审前程序、审判程序与执行程序，特殊案件适用特别程序。刑事案件的一般流程是从立案开始的。其后，侦查机关与起诉机关代表国家追究犯罪需要以证据为根据，进而需要承担举证责任，而侦破案件、收集证据需要运行审前程序，采取侦查行为和强制措施。当控方认为指控犯罪的证据已经收集完毕，被追诉人已经到案并能够配合诉讼的顺利进行时，案件就会被起诉至法院进入审判程序；审判程序产生生效的法律裁决后交由相应的执行机关付诸执行。通常的刑事诉讼流程详见以下流程图（图1）。

(二) 宪法性法律渊源及宪法与刑事诉讼法的关系

宪法是一国母法、根本大法；刑事诉讼法是部门法，是基本法律。宪法与刑

---

① 全称为《中华人民共和国刑事诉讼法》。为表述方便，本书引用的法律法规一般用简称。

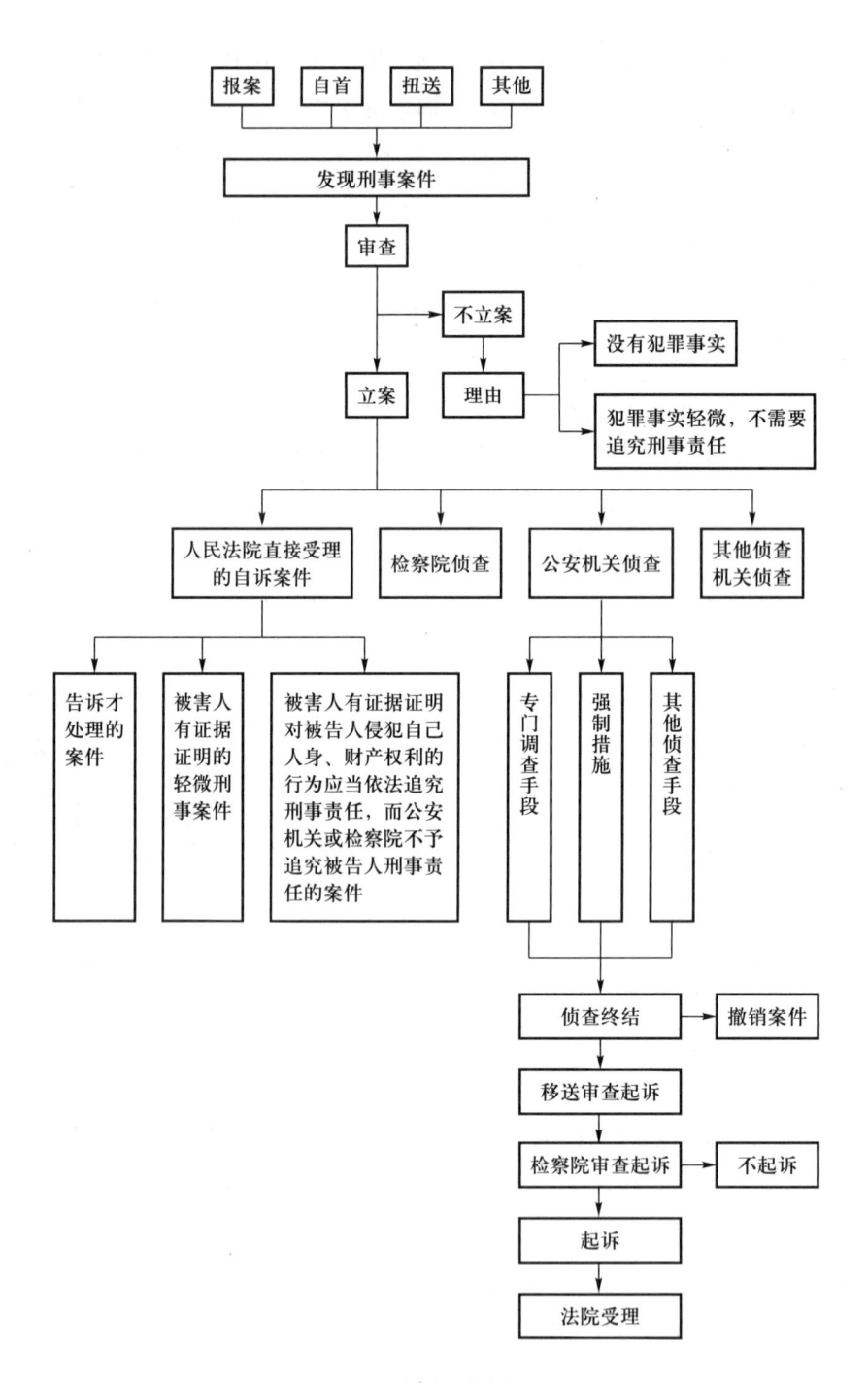

图 1　刑事诉讼流程图

第一节 刑事诉讼与刑事诉讼法

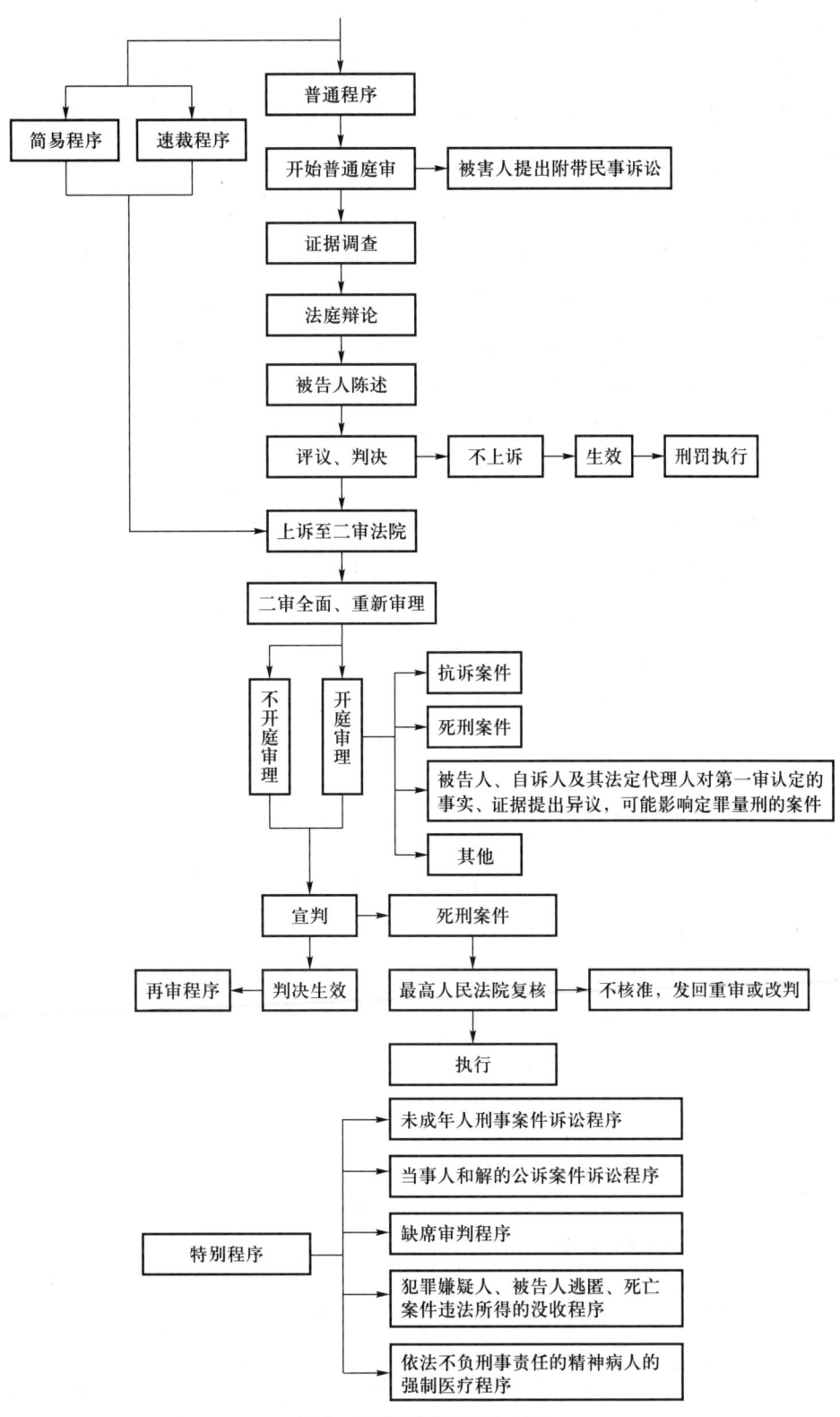

```
          ┌──────────┐  ┌──────────┐
          │ 简易程序 │  │ 速裁程序 │
          └──────────┘  └──────────┘
                    ↓
              ┌──────────┐
              │ 普通程序 │
              └──────────┘
                    ↓
          ┌──────────────┐    ┌────────────────────────┐
          │ 开始普通庭审 │───→│ 被害人提出附带民事诉讼 │
          └──────────────┘    └────────────────────────┘
                    ↓
              ┌──────────┐
              │ 证据调查 │
              └──────────┘
                    ↓
              ┌──────────┐
              │ 法庭辩论 │
              └──────────┘
                    ↓
              ┌────────────┐
              │ 被告人陈述 │
              └────────────┘
                    ↓
          ┌────────────┐   ┌────────┐   ┌──────┐   ┌──────────┐
          │ 评议、判决 │──→│ 不上诉 │──→│ 生效 │──→│ 刑罚执行 │
          └────────────┘   └────────┘   └──────┘   └──────────┘
                    ↓
          ┌────────────────┐
          │ 上诉至二审法院 │
          └────────────────┘
                    ↓
          ┌──────────────────┐
          │ 二审全面、重新审理 │
          └──────────────────┘
             ↓            ↓
      ┌──────────┐  ┌──────────┐   ┌──────────┐
      │ 不开庭   │  │ 开庭审理 │──→│ 抗诉案件 │
      │ 审理     │  │          │   └──────────┘
      └──────────┘  └──────────┘   ┌──────────┐
                                   │ 死刑案件 │
                                   └──────────┘
                                   ┌────────────────────────────────────┐
                                   │ 被告人、自诉人及其法定代理人对第一 │
                                   │ 审认定的事实、证据提出异议，可能影 │
                                   │ 响定罪量刑的案件                   │
                                   └────────────────────────────────────┘
                                   ┌──────┐
                                   │ 其他 │
                                   └──────┘
                    ↓
          ┌──────┐   ┌──────────┐
          │ 宣判 │──→│ 死刑案件 │
          └──────┘   └──────────┘
             ↓            ↓
   ┌──────────┐ ┌──────────┐ ┌────────────────────┐ ┌──────────────────────┐
   │ 再审程序 │←│ 判决生效 │ │ 最高人民法院复核   │→│ 不核准，发回重审或改判│
   └──────────┘ └──────────┘ └────────────────────┘ └──────────────────────┘
                                        ↓
                                   ┌──────┐
                                   │ 执行 │
                                   └──────┘

          ┌──────────┐    ┌────────────────────────────────┐
          │          │───→│ 未成年人刑事案件诉讼程序       │
          │          │    └────────────────────────────────┘
          │          │    ┌────────────────────────────────┐
          │          │───→│ 当事人和解的公诉案件诉讼程序   │
          │          │    └────────────────────────────────┘
          │ 特别程序 │    ┌────────────────────────────────┐
          │          │───→│ 缺席审判程序                   │
          │          │    └────────────────────────────────┘
          │          │    ┌────────────────────────────────┐
          │          │───→│ 犯罪嫌疑人、被告人逃匿、死亡   │
          │          │    │ 案件违法所得的没收程序         │
          │          │    └────────────────────────────────┘
          │          │    ┌────────────────────────────────┐
          │          │───→│ 依法不负刑事责任的精神病人的   │
          └──────────┘    │ 强制医疗程序                   │
                          └────────────────────────────────┘
```

图1 刑事诉讼流程图（续）

事诉讼法关系密切：宪法是刑事诉讼法的指导，有的国家将刑事诉讼法的规定上升到宪法的高度。因为宪法规定了公民权利和政治权利，而刑事诉讼法则是国家追诉犯罪的具体法律规范，涉及公民权利和政治权利的限制或剥夺。刑事诉讼法关涉公民的自由等基本权利，与宪法规定的人身自由、财产权利等基本权利的实现有紧密联系。

宪法作为上位法，对于刑事诉讼立法、立法解释工作都具有直接的约束作用，刑事诉讼法的制定与修改都应当严格遵循宪法，法律解释的起草更应当严格遵守宪法规定或者遵循宪法精神，对违反宪法规定或者宪法精神的法律解释应当依据备案审查程序进行合宪性审查。刑事诉讼法的正确实施就是落实宪法规定的具体步骤，是将宪法规定与宪法精神具体化的体现。反过来看，刑事诉讼法也可以积极地反作用于宪法，推动宪法解释的前行与宪法秩序的形成，为依宪治国提供更多的智慧与素材。

（三）刑事诉讼法与关联法律法规

法律体系本身有极强的体系性要求，其融洽与协调客观上要求对于同一规范对象由不同种类的部门法从不同角度作出规范，刑事诉讼法也必须与其他部门法配合起来才能实现规范刑事诉讼活动的目标。刑事诉讼法本身主要规定的是诉讼活动与刑事程序，但诉讼活动与刑事程序的良好运转仍然需要其他部门法的支撑、配合。刑事诉讼法的关联法律法规主要包括《刑法》《监察法》《人民法院组织法》《人民检察院组织法》《法官法》《检察官法》《人民警察法》《律师法》《监狱法》《治安管理处罚法》《预防未成年人犯罪法》《未成年人保护法》等法律以及国务院颁布的《看守所条例》《法律援助条例》等行政法规。这些关联法律法规中都规定有大量的刑事诉讼的法律规范，或者规范的是刑事诉讼中的主体的组织形式与人员管理、行政责任等，或者规范的是刑事诉讼的上游或者下游的衔接职能，比如治安管理处罚与错案、违法行为的国家赔偿等。刑事诉讼法与关联法律之间联系紧密，共同形成刑事诉讼法法律体系，修改刑事诉讼法必然要同时调整其他关联法律中的规定[①]，反过来讲，也可以通过修改其他法律间接地对刑事诉讼的法律规定进行修改。同时，刑事诉讼法体系解释也要求，当刑事诉讼法的条文需要进一步解释时，应当着眼于整个关联法律法规的体系自洽性、融合性，进行相应的解释。

在关联法律之中，刑法与刑事诉讼法的关系最为密切，也尤为重要。《刑事诉讼法》第1条在规定法律的制定目的时开宗明义地指出，《刑事诉讼法》的制定首

[①] 比如2012年3月14日《刑事诉讼法》第二次修订后，同年10月26日第十一届全国人大常委会第二十九次会议就集中修改了《刑事诉讼法》的七部关联法律，旨在确保关联法律与新修改的《刑事诉讼法》保持一致，这些关联法律包括《监狱法》《律师法》《国家赔偿法》《人民警察法》《治安管理处罚法》《预防未成年人犯罪法》《未成年人保护法》。

先是"为了保证刑法的正确实施"。刑法规定的是犯罪、刑事责任与刑罚，刑事诉讼法的主要任务就是解决刑事责任即犯罪与刑罚的认定、适用问题，二者是实体法与程序法的关系。但刑事诉讼法作为程序法具有自身的独立价值，主要表现在两个方面：一是刑事诉讼当中的实体问题、实体事实经常真伪不明，此时刑事诉讼法所规定的证据规则能够经过程序的应用产生法律上的真实，并视其为案件事实据以评判定罪与量刑问题；二是程序法具有权利保障的独立价值，不能以公民的基本权利为代价去追求虚无缥缈的实体真实，如刑事诉讼法中的非法证据排除规则的内容就是，使用违反程序或者违反刑事诉讼法的非法手段获取的证据，即使是真实的，也不能作为定案的根据，这是程序法独立价值的明确体现。

（四）刑事诉讼法的法律解释

法律通常经过解释方能适用，再详尽的法律条文在纷繁复杂的社会现实面前也会显得苍白无力。根据有权解释的主体的不同，我国刑事诉讼法的法律解释包括立法解释、司法解释以及行政解释。由于《刑事诉讼法》的规定十分粗放、概括，条文数量远远不能满足执法实践的需要，司法解释就成为对法律条文予以细化或补充的重要形式。2012年《刑事诉讼法》修正后，最高人民法院、最高人民检察院、公安部、国家安全部、司法部以及全国人大常委会法制工作委员会等涉及刑事诉讼法实施职能的中央机关或部门单独或联合发布了四个主要的法律解释：2012年12月26日最高人民法院、最高人民检察院、公安部、国家安全部、司法部、全国人大常委会法制工作委员会《关于实施刑事诉讼法若干问题的规定》（以下简称"六机关"《规定》，共40个条文）；2012年12月20日最高人民法院《关于适用〈中华人民共和国刑事诉讼法〉的解释》（以下简称最高人民法院《解释》，共548个条文）；2012年11月22日最高人民检察院《人民检察院刑事诉讼规则（试行）》（以下简称最高人民检察院《规则》，共708个条文）；2012年12月13日公安部《公安机关办理刑事案件程序规定》（以下简称公安部《规定》，共376个条文）。这些司法解释、行政解释在条文数量上大多超过《刑事诉讼法》，其解释体例都是类似法典化的解释：法律有规定的，解释中加以引用；法律没有规定的，解释中作补充规定。[①]

[①] 这四个解释性文件从本质上看更像是法律的实施细则，与法律所确定的司法解释的定位相去甚远。根据1981年第五届全国人民代表大会常务委员会第十九次会议通过的《全国人民代表大会常务委员会关于加强法律解释工作的决议》，凡属于法院审判工作中具体应用法律、法令的问题，由最高人民法院进行解释，凡属于检察院检察工作中具体应用法律、法令的问题，由最高人民检察院进行解释。法律对司法解释授权的边界是对审判工作或检察工作中具体应用法律的问题进行解释，不是授权其对法律进行大而广之的解释；法律授权司法解释进行解释的时间是法律施行过程中，而非法律生效前。

立法机关也开始逐步通过立法解释的方式对法律进行解释。如2014年第十二届全国人大常委会第八次会议通过了对《刑事诉讼法》第79条第3款、第271条第2款、第254条第5款的立法解释。

（五）国际公约、条约与准则

作为联合国安理会常任理事国的中国近年来积极参与国际事务并在国际秩序重建过程中发挥着愈发积极、重要的作用。中国参加并批准了一系列联合国有关刑事司法的国际公约与准则，这些国际法上的原则、规则对缔约国具有拘束力。与刑事诉讼联系最为密切的四个国际公约是《禁止酷刑和其他残忍、不人道或有辱人格的待遇或处罚公约》《公民权利和政治权利国际公约》《联合国打击跨国有组织犯罪公约》《联合国反腐败公约》。中国政府1998年签署《公民权利和政治权利国际公约》，但尚待立法机关批准后生效，该公约在联合国国际人权法体系中处于最重要的地位，列明大量有关刑事司法的最低标准要求[①]。

第二节 刑事诉讼法的制定目的与任务

一、刑事诉讼法的制定目的

《刑事诉讼法》第1条规定："为了保证刑法的正确实施，惩罚犯罪，保护人民，保障国家安全和社会公共安全，维护社会主义社会秩序，根据宪法，制定本法。"这是我国刑事诉讼法制定的目的。刑事诉讼法规定了其制定的目的，从而为它的制定和实施确定了要达到的目标，尤其为完成刑事诉讼法的任务指明了方向，其意义十分重大。理解该条规定时，应当结合《刑事诉讼法》第2条关于"尊重和保障人权"的规定，全面把握《刑事诉讼法》的目的既包括惩罚犯罪，也包括保障人权的设定。

我国刑事诉讼法的制定目的与任务是紧密联系的：刑事诉讼法的制定目的从宏观角度着眼，构建了刑事诉讼法的使命；刑事诉讼法的任务则从微观角度建构了具体应完成的任务。

二、刑事诉讼法的任务

《刑事诉讼法》第2条规定："中华人民共和国刑事诉讼法的任务，是保证准确、

---

① 比如，该公约第14条规定了公正审判原则的最低标准。

及时地查明犯罪事实,正确应用法律,惩罚犯罪分子,保障无罪的人不受刑事追究,教育公民自觉遵守法律,积极同犯罪行为作斗争,维护社会主义法制,尊重和保障人权,保护公民的人身权利、财产权利、民主权利和其他权利,保障社会主义建设事业的顺利进行。"根据这一规定,刑事诉讼法的任务,包括以下三个方面:

(一)保证准确、及时地查明犯罪事实,正确应用法律,惩罚犯罪分子,保障无罪的人不受刑事追究

刑事诉讼法的首要任务,就是保证准确、及时地查明犯罪事实。刑事诉讼法是规定处理刑事案件程序的法律,是从程序方面来保证准确、有效地打击犯罪。对于查明犯罪事实,刑事诉讼法提出了准确、及时的要求。所谓准确,就是做到整个案件事实清楚,准确可靠,证据确凿,没有任何差错。所谓及时,就是在法定期间内,抓紧时间,尽快办案。对于查明犯罪事实,准确和及时是互相联系、不可分割的两个方面。如果不要求及时,那么准确也是难以做到的,因为不及时地调查、收集证据,时过境迁,就难以准确查明案件事实真相,如果不要求准确,那么及时也就失去了意义,甚至还会造成冤假错案。因此,准确和及时这两个方面都必须注意。

要实现刑事诉讼法的惩罚犯罪和保护人民的任务,还需要在准确、及时地查明犯罪事实的基础上,正确应用法律。犯罪嫌疑人、被告人是否犯罪,犯什么罪,应该受到什么样的惩罚,都需要严格依照法律来认定,任何人未经人民法院的判决,不能确定为有罪。公安、检察机关在刑事诉讼中必须依照法律规定的程序办事。

只有以事实为根据,以法律为准绳,才能起到惩罚犯罪和保护无辜的作用。惩罚犯罪和保护人民是我国刑事诉讼法的任务中不可分割的两个方面,惩罚犯罪和保护人民是完全一致的,惩罚犯罪是为了保护人民,只有有效地打击了犯罪,人民的合法权益才能得到有效保护。片面地强调惩罚而使无罪的人受到追究,片面地强调保护而放纵犯罪,这两种倾向都是错误的。

(二)尊重和保障人权

2004年3月14日,第十届全国人民代表大会第二次会议通过《宪法修正案》,首次将"人权"概念引入宪法,明确规定"国家尊重和保障人权",对于我国的法治建设意义重大。《刑事诉讼法》又被称为"应用宪法",2012年《刑事诉讼法》第二次修正时,为与《宪法》规定相适应,特在第2条增加"尊重和保障人权"作为该法的基本任务之一。而增设该条款,其意义不只在于宣示价值,更是表明该条款在我国整个刑事司法中发挥着宏观层面引领指导和微观制度谋划设置的双重作用。2012年修法的一系列进步和变革,无不与之相呼应。随后,最高人民法

院《解释》、最高人民检察院《规则》、公安部《规定》等围绕新《刑事诉讼法》的这一重大进步规定专门进行完善。理解新《刑事诉讼法》中"尊重和保障人权"的内涵，可从以下方面予以考虑：

首先，"尊重和保障人权"是刑事诉讼基本任务，是人民法院、人民检察院、公安机关、司法行政机关、刑事裁判执行机关等均须遵守的总任务之一，与之相应的各项具体诉讼制度和诉讼程序中都不得与之相违背，它是作为刑事司法的"红线"和"标线"存在的。

其次，"尊重和保障人权"又有着三个具体层面：其一，提升犯罪嫌疑人、被告人的诉讼主体地位，保障犯罪嫌疑人、被告人和罪犯的权利，与前一任务中"防止无罪的人受到刑事法律追究"相结合，同时也要防止有罪的人受到不公正的对待；其二，保障刑事诉讼中的被害人、辩护人、诉讼代理人等所有诉讼参与人的合法权利；其三，通过对犯罪的惩罚保护广大人民群众的权利不受侵害，又与下文所述任务结合起来。

最后，严格依照法定程序办理案件，正确、依法履行职权，是实现惩罚犯罪与保障人权的保证。实现司法正义必须强化程序意识，坚持程序公正与实体公正并重。因此，刑事司法过程中，应当满足可实现实体公正价值和程序公正价值之双重目标的基本要求，不得借社会利益、社会稳定等理由而罔顾民众权益。

（三）教育公民自觉遵守法律，积极同犯罪行为做斗争

教育公民遵守法律，积极同各种犯罪行为做斗争，是刑事诉讼法的重要任务。人民法院、人民检察院、公安机关正确处理刑事案件，惩罚犯罪分子，对公民有很大的教育作用。为了有效地实现刑事诉讼法的这一任务，必须注意以下内容：

首先，必须使一切犯罪行为都得到应有的追究。因为刑罚的防范作用，绝不在于刑罚的残酷，而在于有罪必究；重要的不是对犯罪行为处以重刑，而是把每一桩罪行都揭发出来。

其次，必须做到正确、及时、合法地惩罚犯罪，保障无罪的人不受刑事追究。正确、及时、合法地对犯罪行为进行追究，是通过刑事诉讼活动对公民进行教育的基础和前提。如果在刑事诉讼活动中有违法的行为，诉讼结论是错误的，那么根本就不可能为人民群众所信服和支持，更不用说对人民群众进行教育了。

最后，在整个刑事诉讼活动中，都要积极依靠和发动群众，充分调动人民群众同犯罪作斗争的积极性。在刑事诉讼的过程中，应当采取适当的方式、方法，开展法制宣传教育，培养人民群众的法制意识，使人民群众了解与犯罪行为作斗争同人民群众的直接利害关系，使他们了解刑事诉讼法的内容和作用，以动员人

民群众监督公安机关、人民检察院、人民法院的工作，支持和协助公安、司法人员的工作。在刑事诉讼活动中，还应该注意保障证人的安全和其他合法权益，以保护人民群众同犯罪作斗争的积极性。

刑事诉讼法上述三个方面的任务是互相联系、不可分割的整体，只有全面、完整地了解这三方面的任务，才能实现惩罚犯罪、保护人民、保障人权、保障国家安全和社会公共安全、维护社会主义法制、保障社会主义经济建设顺利进行的目的。

第三节　刑事诉讼法学的研究对象和研究方法

一、刑事诉讼法学的研究对象

刑事诉讼法学是一门应用性极强的学科，也是极具理论性的学科。刑事诉讼活动关涉公民权利的保护，关涉国家秩序的根基，对建设法治国家具有重大意义。建构现代刑事诉讼法学理论体系，是实现刑事诉讼法治的理论前提。刑事诉讼法学的研究对象主要包括以下内容：

（一）刑事诉讼基本理论

由于直接关系公民基本权利的保障，刑事诉讼的立法和司法实践尤其需要法治理论的指导，而且随着社会的发展，对刑事诉讼法律进行改革也不断需要理论的创新。刑事诉讼法学基本理论即刑事诉讼法哲学，包括诉讼价值、诉讼目的、诉讼构造、诉讼职能、诉讼主体、诉讼客体、诉讼理念、诉讼文化等理论，支撑起刑事诉讼法学体系的大厦。我国学者自20世纪90年代初期开始关注刑事诉讼基本理论的研究，目前虽已出版了一系列的研究著作，但距离建构完整的刑事诉讼法哲学体系和坚实的刑事诉讼法学基本理论还比较远，还需要进一步的努力。

（二）刑事诉讼法律规范及刑事诉讼实践

刑事诉讼法律规范是指导刑事诉讼实践的法律依据，而法律规范往往具有原则性、概括性，需要对其进行准确的解释，才能保证人们理解和执行的统一性。对刑事诉讼法律规范的研究，为注释法学的范畴。同时，还需要研究刑事诉讼法在实践中的运行状况。刑事诉讼实务包括侦查实务、起诉实务、审判实务、辩护实务，等等。刑事诉讼法律规范的制定具有一定的超前性，其实施又受到多种因素的影响，导致立法与实践存在一定程度的背离，有些法律规定在司法实践中或被虚置，或被扭曲，因此，必须关注刑事诉讼实践，研究出现的各种重大问题，提出对策性建议，为完善刑事诉讼法提供实践支持。

（三）国际条约中的刑事诉讼规则

《公民权利和政治权利国际公约》《世界人权宣言》等国际公约中联合国刑事司法准则的制定与遵行，体现了人类发展和进步的共性要求。随着经济全球化，法律之间相互影响、借鉴成为不可阻挡的潮流。虽然各国在意识形态、社会制度上存在差异，但是人类诉讼实践中共性的东西是可以互相借鉴的，应当以国际的眼光审视国际公约以及双边、多边条约，履行国际义务，共享人类诉讼文明的成果。

（四）其他国家的刑事诉讼法

世界各国刑事诉讼的状况不尽相同，各有所长。两大法系主要国家的刑事诉讼制度发展时间长，诉讼制度与程序相对成型。大陆法系国家的刑事诉讼法典的条文数量多，通常有四五百条甚至七八百条，立法较为完备。但各国的刑事诉讼法仍在不断发展变化之中。我国刑事诉讼基本原则的确立、诉讼制度与程序尚有空白及需要进一步发展完善之处，因此，我们应该比较研究各国的刑事诉讼法规定，以取长补短。

二、刑事诉讼法学的研究方法

马克思主义对刑事诉讼法学研究具有重要的指导意义。首先，唯物史观和唯物辩证法为刑事诉讼法学的研究提供了认识观和方法论的指导。其次，马克思主义法学基本原理为刑事诉讼法学的研究奠定了理论基础。最后，中国特色社会主义理论体系为刑事诉讼法学的开拓创新指出了明确方向。

刑事诉讼法学的研究应当注重具体方法论的指导。刑事诉讼法学主要有以下几种专业研究方法：

（一）历史分析的方法

社会生活总是在不断发展变化的，法律也是如此。刑事诉讼法是在一定的历史条件下产生、发展的，研究刑事诉讼法应当在当时的历史环境中考察，而不能脱离特定的历史背景来研究刑事诉讼的原理、原则等。运用历史分析的方法研究刑事诉讼制度，还必须以发展的眼光审视刑事诉讼制度的完善。研究诉讼制度发展的历史成因，有利于更好地把握刑事诉讼法未来的发展。刑事诉讼制度经历了漫长的发展过程，积累了一些有益的经验，也存在很多的教训，应当从历史中借鉴经验、吸取教训。

（二）价值分析的方法

刑事诉讼原则、制度、程序的设定，往往体现立法者的价值判断与选择。英美法系代表国家——美国、英国较为注重个人自由、权利的保护；相对而言，大陆法系代表国家——德国、法国则较为注重社会整体利益的维护。长期以来，我国在刑事司法中，过于强调社会安全价值，在诉讼结构的设计、立法模式的选择以及司法实际的运作中都体现了这种价值观的偏向。在今后的司法改革过程中，应考虑个人价值与社会整体价值之间的协调与并重，更加强调程序的公平与公正。

（三）经济分析的方法

经济分析的方法，主要是运用经济学的方法和理论，考察、研究法律和法律制度的形成、结构、过程、效果、效率以及未来发展等。刑事诉讼同样是一种资源投入的活动，产出的产品是处理刑事案件的质量与数量。在刑事诉讼法学研究中，应从立法和司法成本的角度对刑事诉讼法进行分析，以最小可能的资源花费来实现刑事诉讼的预期目的。目前，司法资源的有限性与案件大量增加之间的尖锐矛盾，催生了现代简易程序、速决程序，如美国的诉辩交易制度，处理了90%的案件，大大提高了诉讼效率。我国于1996年修正《刑事诉讼法》时增加了简易程序，2012年修正《刑事诉讼法》时对其予以进一步完善，2018年修正《刑事诉讼法》时又增加了速裁程序，无不体现了对诉讼效率的追求。运用经济学的方法研究刑事诉讼，还必须正确处理公正与效率的关系。公正与效率是诉讼的双重价值目标，二者的关系表现为两个方面：公正以效率为保障，无效率就无公正；效率以公正为前提，提高效率不能牺牲公正。

（四）比较的方法

比较的方法是法学研究的重要方法，使用也较多。现代各国的刑事诉讼制度与程序之间存在很大差异，进行优劣比较，有利于取长补短，完善本国的刑事诉讼制度，发展本国的刑事诉讼法学。目前，两大法系国家之间刑事诉讼制度的融合是一个趋势，尤其是大陆法系国家越来越多地借鉴英美法系国家的刑事诉讼制度的合理因素。我国刑事诉讼法更多地具有大陆法系的特点，但从1996年修正《刑事诉讼法》开始，也在不断吸收英美法系国家对抗式诉讼的成分，这是比较后选择的结果。比较的目的是借鉴，借鉴的目的是发展，切不可盲目排外，过于强调本国的特性而无视人类诉讼制度的共性；亦不可盲目移植他国的制度，以免南橘北枳。

（五）实证分析的方法

法律是社会实践的产物，对于法律实施的实际效果以及存在的问题，都应当进行实地调查研究，取得第一手资料，进行定量分析。这也是理论联系实际的基本要求。刑事诉讼法作为程序法，是实践中的法，其实施贯穿于刑事诉讼的全过程。丰富的、活生生的刑事诉讼实践是刑事诉讼法学研究的重要素材。一切诉讼制度、诉讼程序规定得是否科学、可行，有无问题与缺陷，都需要实践来检验。我国刑事司法实践中存在刑讯逼供、超期羁押以及证人不出庭等问题，需要研究者深入实践，了解实践中存在的问题，分析成因，寻求解决之策，而不可脱离实践、纸上谈兵。

第四节　中国刑事诉讼法的历史发展

一、中国古代刑事诉讼制度概况

中国古代的立法是诸法合体、实体与程序混同的。当时，没有独立的刑事诉讼法典，刑事诉讼法是和刑法混合在一起的。最早的刑事立法始于公元前21世纪的夏朝："夏有乱政，而作禹刑；商有乱政，而作汤刑；周有乱政，而作九刑。"[①] 夏朝以"天讨""天罚"为主要立法思想。商朝在夏朝基础上，将"神判"与"天讨""天罚"结合，并设立以宗法分封制为代表的行政管理体制，以奴隶制五刑为代表的刑事法律制度，涉及所有权、婚姻、继承内容的民事法律制度和监狱制度。[②] 到了西周时期，奴隶制的诉讼程序已经发展得相当完备，并且已有民事和刑事的区分：刑事案件为"狱"，即"告以罪名者"；民事案件为"讼"，即"以财货相告者"。不过，当时有关刑事诉讼程序的规定，主要通过习惯法表现出来。战国时期，魏人李悝著《法经》六篇，这是我国历史上第一部系统的法典。《法经》中的"囚"法和"捕"法就是有关刑事诉讼程序的规定。秦国商鞅对法律制度的改革，奠定了秦朝封建立法的基础，秦律中的"治狱"和"讯狱"对诉讼程序已有较详细的规定。[③] 汉朝进行刑罚改革，并对告劾、逮捕、鞠狱、覆案等诉讼制度进行专门规定。同时，依据儒家经义判案的"春秋决狱"确立，萌芽于春秋时期的秋冬行刑也得以继续发展。到了魏晋南北朝，民族大融合为我国古代的法制发展提供了新契机，也注入了新鲜的血液，"重罪十条"、五服制罪与存留养亲等规定对后世产生了深远影响。隋朝时期，以北齐律为蓝本所制定的《开皇律》第八卷"斗讼"、第十一卷"捕亡"、第十二卷"断狱"都是诉讼程序方面的内

[①]　《左传·昭公六年》。
[②]　参见王琦、李岭梅主编：《中国法制史》，中国检察出版社2016年版，第14—28页。
[③]　参见睡虎地秦墓竹简整理小组：《睡虎地秦墓竹简》，文物出版社1978年版，第245—246页。

容，明确规定了刑讯、听审等程序，为唐律所继承，并为以后的宋、元、明、清等历代的律令所沿袭。

中国古代的刑事司法制度与其他国家既有相似之处，也有自身的特点。这些特点，既是中国几千年的集权统治的体现，也是儒家文化长期浸染的结果。中国古代的刑事司法制度的特点主要体现在以下几个方面：

第一，司法与行政不分，行政机关兼理司法。西周时期的周天子是最高裁判者，重大案件和诸侯之间的争讼，都由周天子亲自裁决，判决权最终归于周天子。这一制度开了中国后世司法权从属于行政权的先河。秦朝设立"廷尉"作为最高司法审判机关，但秦始皇仍然"躬操文墨，昼断狱、夜理书，自程决事，日县石之一"①。汉朝由皇帝、丞相、御史大夫、廷尉共同组成中央司法机关，魏晋南北朝时期廷尉继续"掌刑辟"，负责审理皇帝交办的重大案件和地方呈报的疑难案件，但案件经廷尉审理后必须报请皇帝和丞相裁决。隋唐时期设立"三司"掌管中央司法行政工作，三法司之间相互配合，相互监督，在加强封建司法统治的同时，增强皇帝对中央司法权的控制。后宋、元、明、清时期虽然中央司法行政机关职能分工有所变化，地方司法行政机关设置有所调整，但是最高审判权仍掌握在皇帝手中，判决要报皇帝批准。皇（王）权至上、司法与行政不分的制度始终一脉相承。在地方上，中国古代长期实行地方行政长官兼理司法的制度。

第二，刑事诉讼与民事诉讼没有根本性差异。中国古代的法律制度具有以刑为主、刑民不分，实体和程序合一的特点。公民之间的财产关系和人身关系也往往通过刑律来调整的，如唐律中的户婚篇、明清律中的户律，规定的都是田宅钱粮家庭婚姻纠纷，均涉及刑罚处罚。司法机关在审理具体的案件时，某些用来规范刑事案件的程序也常适用于民事案件的审理活动。然而不能否认，仍有部分民事权利义务关系适用民事制裁方式。有的将其单独规定，有的将民刑制裁方式混合运用，将较重情节用刑罚加以处罚，对于较轻情节适用民事制裁手段。如"其应除、免、倍、没、备偿、罪止者"②中，"备偿"就属于民事方面损害赔偿的规定。

第三，控诉和审判职能不分，是典型的"纠问式"诉讼。中国古代的刑事诉讼采用的是"纠问式"程序，各朝都未出现类似公诉的制度。诉讼的提起，主要

---

① 《汉书·刑法志》。
② 《唐律疏议·名例》"官户"。

是由司法官吏依职权主动代表国家追究犯罪，司法官吏既是追诉主体，又是裁判者。一旦发现犯罪，不管是被害人控告的，还是司法官吏主动调查的，司法官吏都必须依职权对被告人进行调查并收集证据、作出判决。这与中国历史上的专制统治和司法与行政不分的体制是一脉相承的。

第四，刑讯逼供合法化。历代有"断案必取输服供词""无供不录案"的规定。鉴于口供对定案具有决定性作用，如果被告不供认，刑讯逼供便成了刑事诉讼中重要而且合法的手段。将刑讯逼供作为合法的手段，是建立在重口供、重实体，轻程序、轻人权这些理念基础上的。在严刑拷打下，冤案、错案比比皆是。刑讯逼供制度反映了中国古代刑事诉讼制度专制和野蛮的一面。

第五，建立起了多种监督程序。中国古代的统治者大都重视操生杀予夺大权的刑狱的重要性。为了保证适用刑罚的公允，防止冤假错案，建立了一系列的监督程序，如司法官吏责任制度、御史监察制度、会审制度、直诉制度、死刑复核复奏制度等。

二、中国近现代刑事诉讼制度的发展

（一）清末的刑事诉讼立法活动

"戊戌变法"以后，清政府迫于内忧外患的压力，开始从西方引进司法理论和诉讼模式。清政府于1902年设立了修订法律馆，在修订法律大臣沈家本等人主持下，主要以德、日等大陆法系国家的司法组织与诉讼程序的法典为模式，开始编订单独的法院组织与诉讼程序方面的法律，其中有关刑事诉讼的法律有：（1）《大清刑事民事诉讼法（草案）》，于1906年由沈家本、伍廷芳等编成，共有5章、260条。它是中国历史上第一部单行的诉讼法，首次规定了律师制度，主张取消刑讯逼供，庭审采用英美的对抗式诉讼和陪审制度。（2）《大理院审判编制法》，颁布于1906年，共5节、45条，主要强调了司法独立原则和审判合议制，并模仿日本的立法例，将全国的法院体系划分为四级，实行四级三审制，同时对检察官的审判监督机制也作出了一些具体规定。1907年沈家本编成了《法院编制法》，共16章、164条。这是中国历史上最早的系统的法院组织法，将全国的审判机关的组织体系确定为初级审判厅、地方审判厅、高等审判厅和大理院四级。该法于1909年颁布，但未等实行，辛亥革命已经爆发，后在民国时期曾被援用。（3）《大清刑事诉讼律（草案）》，于1911年由沈家本、俞廉三拟订，在诉讼程序方面的规定主要是：实行弹劾式诉讼，控诉和审判职能分离；检察官垄断国家起诉权；庭审采用直接言词、辩论原则；实行公开审判和辩护制度；废除法定证据制度，代之以自由心证制度等。《大清刑事诉讼律（草案）》是中国历史上第一部刑事诉讼法典。

清末改制、立法的一系列活动，虽然有其历史局限性，且大都未曾颁布实施，但是，这次改革结束了中国长达几千年的古代刑事诉讼制度，并对以后的立法产生了深远的影响。通过这次改制，确认了一些体现资产阶级民主、自由和平等观念的诉讼原则和制度，如审判公开、控审分离、直接言词原则和辩护制度等，同时废除了刑讯制度；第一次将程序法与实体法分开，并根据诉讼法在调整对象与性质上的差别，将之分为刑事诉讼法和民事诉讼法，这在中国的立法史上是一个巨大的进步；初步确立了大陆法系职权主义的诉讼结构，这种模式为后来的刑事诉讼制度的改革和发展奠定了基础。

（二）北洋政府时期刑事诉讼制度的沿革

北洋政府时期，一方面大量沿用清末的法律，另一方面，基于维护其反动统治的需要，颁布了一些有关诉讼程序和司法组织的单行法规。例如，对于清末的《各级审判厅试办章程》和《法院编制法》等法律，北洋政府只略加修改，即予以通令施行。对于清末未及颁行的《大清刑事诉讼律（草案）》，北洋政府先是分别援引其中的某些编、章，后于1921年将该草案予以修改，更名为《刑事诉讼条例》，予以公布，先在"东省特别法院"区域施行，后明令自1922年起在全国法院统一施行，实际上只施行于北洋政府统治下的地区。北洋政府颁布的刑事诉讼程序和司法组织方面的法律的主要特点有：一是实行不完全意义上的司法独立，在县一级政权仍由县知事兼理司法。二是广泛地适用简易程序的规定。北洋政府为了保障司法官吏能够迅速结案，颁行了大量适用简易程序的法律、法规。三是规定了大量的适用军法和"非常程序"的审理程序。在司法实践中，这些特别程序已经取代了正常的刑事诉讼程序。

（三）国民党政府时期刑事诉讼制度的沿革

1927年大革命失败以后，以蒋介石为首的国民党政府取代了北洋军阀的统治。为了巩固政权，国民党政府一方面沿袭清末、北洋军阀时期的诉讼程序和司法体制，另一方面又陆续制定了一些成文法典，其中有关刑事诉讼的法律主要有：《中华民国刑事诉讼法》（1928年）、《中华民国刑事诉讼法施行法》（1928年）、《中华民国刑事诉讼法》（1935年）、《中华民国刑事诉讼法施行法》（1935年）。此外，国民党政府为了维护其统治，又制定了许多效力高于普通法的特别法规，如《危害民国紧急治罪法》《共产党人自首法》《特种刑事临时法庭组织条例》《特种刑事临时法庭诉讼程序暂行条例》《特种刑事法庭审判条例》等。国民党政府时期的刑事诉讼程序和司法制度奉行大陆法系职权主义的庭审结构，如国家起诉主义，审判长依职权主动查明案情，证据制度上实行实体真实与自由心证相结合的证据原则等。法院实行三级三审制，审判组织为独任制或合议制。按《法院组织法》的规定，国民党时期的法院分为三级：地方法院、高等法院和最高法院。1949年2月，六法全书被废除。目前，原国民党政府的《中华民国刑事诉讼法》在我国台湾地区继续实施，经多次修正沿用至今。

(四) 新民主主义时期刑事诉讼制度的沿革

中华人民共和国成立前新民主主义阶段的刑事诉讼法，可划分为土地革命战争时期的刑事诉讼法、全民族抗战时期的刑事诉讼法和解放战争时期的刑事诉讼法。

土地革命战争时期，中国共产党领导人民建立了十几个红色根据地，于1931年11月成立了中华苏维埃共和国中央工农民主政府，于1931年12月发布了《处理反革命案件和建立司法程序的训令》（第6号），又于次年发布了《裁判部暂行组织及裁判条例》，这是中国共产党最早制定的两个有关刑事诉讼程序的法规，是社会主义刑事诉讼法的萌芽。根据上述法规，工农民主政权从中央到地方设四级审判机关，实行两审终审制。中央设最高法院，地方设省、县、区三级裁判部，另在红军中设军事裁判所，分为初级裁判所和高级裁判所；在各级审判机关内设专职检察人员，在军事裁判所所在地设军事检察所，分别负责对地方和军队发生的刑事案件提起公诉；在中央设国家政治保卫局，省、县设政治保卫分局，区设政治保卫特派员，负责刑事案件的侦查、逮捕和预审。在刑事诉讼的原则和制度方面，主要规定了公开审判原则、巡回法庭制度、人民陪审员制度、回避制度、辩护制度、上诉制度、死刑制度、执行制度等。这些诉讼原则和诉讼制度，对于保障人民权利、巩固革命政权、维护革命秩序，发挥了积极的作用。由于受"左"倾思想的影响，苏区在"肃反"过程中，存在阶级斗争扩大化的趋向，曾发生过混淆两类矛盾、搞主观主义"逼供刑"的现象，使得这些原则和制度难以落实。尽管如此，这两个刑事诉讼程序方面的法规，已经初步确立了社会主义刑事诉讼程序的雏形。

全民族抗战时期，各根据地如陕甘宁边区、晋察冀边区、晋冀鲁豫边区等，都根据党中央的路线、方针和政策，结合本边区的实际情况，颁布了为数不少的有关司法组织和诉讼程序的法律、法令。

解放战争时期，各解放区基本上沿用了全民族抗战时期行之有效的诉讼制度，同时也根据客观情况的变化和实际情况的需要，确立了一些新的刑事诉讼原则和制度，如合法的传讯、拘捕和搜查程序，禁止使用肉刑和乱打乱杀，平反已决案件，便利群众的原则和制度。1949年2月，中共中央发布《关于废除国民党的六法全书与确定解放区的司法原则的指示》，这一文件的发布标志着我国法律制度包括刑事诉讼制度的发展进入了一个新时期。

三、中华人民共和国刑事诉讼制度的发展

（一）中华人民共和国成立初期刑事诉讼制度的发展

中华人民共和国成立初期，中央人民政府于1951年制定并公布了《人民法院暂行组织条例》《中央人民政府最高人民检察署暂行组织条例》和《各级地方人民检察署组织通则》。这些条例和法规确立了法院和检察署的职权，规定了人民法院审判刑事案件实行公开审判、回避和辩护等诉讼制度。

1954年9月第一届全国人民代表大会第一次会议通过了《宪法》《人民法院组织法》和《人民检察院组织法》，规定了刑事诉讼的原则和制度：公安机关、人民检察院、人民法院分别行使侦查权、检察权和审判权；法院独立进行审判，只服从法律；对一切公民在适用法律上一律平等；人民法院在审判案件时必须实行公开审判原则、辩护制度、人民陪审员制度、回避制度，以及死刑复核制度、两审终审制度、审判监督制度等。同年12月还颁行了《逮捕拘留条例》，规定了逮捕、拘留制度等。

（二）《刑事诉讼法》的制定

《刑事诉讼法》的制定可谓步履维艰。早在1954年，全国人大常委会法制工作委员会即着手进行《刑事诉讼法》的起草工作，并拟出了草案和初稿。后因1957年的"反右"斗争，起草工作中断。1963年4月虽形成了《刑事诉讼法（草案）》，但接下来的"四清"运动和"文化大革命"，使中国的法制建设陷入瘫痪，《刑事诉讼法》的起草工作也因此长期处于停滞状态。

党的十一届三中全会以后，伴随着民主和法制建设步伐的加快，制定《刑事诉讼法》的任务也被提上日程。1979年2月，全国人大常委会法制工作委员会着手准备工作，以1963年的草案初稿为基础，经过反复的补充和修改后，提请第五届全国人大第二次会议审议。经审议，《刑事诉讼法》于1979年7月1日正式通过，同年7月7日公布，自1980年1月1日起实施。至此，中华人民共和国第一部刑事诉讼法典正式诞生。

总体而言，1979年《刑事诉讼法》是与当时"拨乱反正"，社会需要安定团结的政治、经济和文化状况相适应的，是我国民主、法制建设的里程碑。这部法

典分为总则和分则两部分，共4编、17章、164条，基本上采用大陆法系的职权主义诉讼结构，吸收了中华人民共和国成立初期已经确立的刑事诉讼原则和制度，例如：人民法院、人民检察院、公安机关在刑事诉讼中应该分工负责、互相配合、互相制约，以事实为根据、以法律为准绳，公民在适用法律时一律平等，司法机关独立行使职权原则，被告人有权获得辩护，回避，两审终审和审判监督等诉讼制度。自1980年1月1日施行以来的司法实践表明，这部法典在及时地惩治犯罪分子，切实有效地保护公民的合法权益、维护社会治安、保障改革开放和经济建设的顺利进行等方面，都曾发挥了重要的作用。

（三）1996年《刑事诉讼法》的修正

随着我国改革开放和社会主义建设事业的不断发展，特别是社会主义市场经济体制的逐步形成，我国社会生活的各个领域发生了深刻的变化，刑事犯罪也呈现出新的特点和趋势，1979年《刑事诉讼法》中的有些内容已不能适应形势的变化。客观的需要加之理论界和司法实践部门的强烈呼吁，促使《刑事诉讼法》的修改于1993年被全国人大常委会法制工作委员会正式列上立法日程。

1996年3月17日，第八届全国人大第四次会议审议并正式通过了《关于修改〈中华人民共和国刑事诉讼法〉的决定》，对《刑事诉讼法》进行了一系列重大修正。修正后的《刑事诉讼法》自1997年1月1日起施行。条文由原来的164条增加到225条，除附带民事诉讼、期间和送达、死刑复核条款未作改动以外，其他部分都作了重大的补充、修正，使得刑事诉讼制度沿着法治化、民主化和科学化的方向迈进了一大步。这次修正针对1979年《刑事诉讼法》本身存在的缺陷和司法实践中存在的问题，比较集中地解决了一批长期没有解决的和难以解决的问题，如收容审查、免予起诉、疑案的处理等。在指导思想上，不再片面强调打击犯罪，而是强调打击犯罪和保障人权的结合，并且在具体制度和程序上加强了对被害人和犯罪嫌疑人、被告人的诉讼权利的保障。这次修正在立足国情的同时，也吸收了国外的一些立法经验成果和联合国的一些刑事司法准则，如无罪推定原则、律师在侦查阶段介入诉讼、增设简易程序、文明执行死刑等。加强了对被害人合法权益的保护，赋予了被害人当事人的诉讼地位，肯定了被害人申请回避、申诉以及委托代理人参加诉讼的权利，同时扩大了被害人提起自诉的范围，规定被害人有证据证明存在犯罪事实而公安机关和人民检察院不追究犯罪嫌疑人刑事责任的，其可以直接向人民法院提起自诉。吸收了对抗制诉讼的合理格局，对庭审方式作了重大修改。

（四）2012年《刑事诉讼法》的修正

自1996年后的一段时间里，《刑事诉讼法》所规定的制度、程序、职权配置等都是比较合理的，能够适应我们国家经济社会发展的实际情况，但是，随着经济社会的快速发展，随着各方面情况的变化，《刑事诉讼法》也面临着一些新的问题。为此，2012年3月全国人大常委会向第十一届全国人民代表大会提出了修改《刑事诉讼法》的议案，并在当年的第五次全会上获得通过。这次修改《刑事诉讼法》，是进一步加强惩治犯罪、保护人民的需要，是进一步加强和创新社会管理的需要，是进一步深化司法体制和工作机制改革，推进我国民主法制进步的一个重大举措。与1996年《刑事诉讼法》的修正相比，此次《刑事诉讼法》修正在条文数量上有大幅增加，在内容上有重大进步。在数量上，此次修正增加了66条，删除了1条，条文总数由225条增加到290条。从内容上看，既有对原有程序制度的调整，也有对原有程序制度的重塑，还有对新制度、新程序的建构。其中，既有微观的规范调整，针对实践中问题多发的领域作了新的规定、修改，也有宏观上的制度重塑与构建，完善了既有的制度安排并搭建了新的制度框架。因而，整体来看，2012年修正后的《刑事诉讼法》不仅具有实用性与针对性，还具有制度前瞻性。具体而言，2012年《刑事诉讼法》的修正主要有以下亮点：

1. "尊重和保障人权"入法

刑事诉讼法之所以被称为"应用宪法"，是因为其与公民的基本权利和自由密切相关，因而其进步与否在一定程度上反映了一国的人权保障水平。我国早在2004年修宪时就已经将"尊重和保障人权"纳入《宪法》。作为与宪法、与公民权利密切相关的部门法，刑事诉讼法理应作出相应规定，以凸显其在人权保障上应有的价值理念。为此，2012年《刑事诉讼法》在第2条新增规定，要求"尊重和保障人权"。该规定不仅契合了社会主流价值取向，也彰显了我国人权保障事业的进步。可以说，这是此次《刑事诉讼法》修正最耀眼的闪光点。

2. 完善证据制度

证据制度是刑事诉讼制度的重要组成部分，也是确保刑事案件质量的重要保障。此次《刑事诉讼法》修正对证据制度的调整可谓是全方位的：第一，证据的概念由"事实说"走向了"材料说"。第二，在证据种类方面，书证、物证分列，各自成为独立的证据种类，鉴定结论更改为"鉴定意见"，并新增了"辨认、侦查实验笔录""电子数据"等证据形式。第三，口供自愿性原则也得到了确认，规定"不得强迫任何人证实自己有罪"，这是证据制度修改的一大亮点。第四，明确了举证责任的分担并修改了证明标准,对"证据确实、充分"作了细化规定。第五,证据制度方面最大的亮点莫过于关于非法证据排除的规定。新法规定了非法证据排除的范围以及排除的程序等内容,从而在法律上搭建了我国非法证据排除的制度框架。第六,对证人出庭作证的保障也是证据制度修改的重要内容。新法明确了特定案件中证人作证的保护措施,并将证人的补助、工资、奖金以及其他福利待遇等问题也纳入了保障范围。此外,2012年《刑事诉讼法》对行政执法过程中收集的物证、书证、视听资料、电子数据等证据材料的转化适用问题也作了相应规定。

3. 强制措施的重大调整

强制措施是确保刑事诉讼顺利进行的重要手段。2012年《刑事诉讼法》主要对逮捕、监视居住、取保候审作了较大的调整。在逮捕方面,新法作了较大幅度的修改与完善、细化了逮捕条件;完善了审查批准逮捕程序,特别是增加规定了审查批捕应当讯问犯罪嫌疑人的程序;创设了逮捕后的羁押必要性审查机制;明确要求逮捕后应当立即送看守所羁押并删除了有碍侦查不通知家属的规定。这些修改将有助于进一步完善被逮捕人的权利保障,减少不必要的羁押,防止错误羁押。关于监视居住,新法调整了其适用条件、执行场所、考察内容以及可以采用的监视方法,并规定了通知家属、辩护人辩护、检察监督等措施以确保监视居住的正确适用,此外,还明确了指定居所监视居住的期限应当折抵刑期,从而使监视居住成为比取保候审重比逮捕轻的准羁押措施。对于取保候审,新法调整了其考察内容并规定了被取保候审人应承担的义务,以及取保候审中保证金的确定、保管、退还等内容。此外,对于社会关注度较高、争议较大的拘留后通知家属问题也作了调整,将有碍侦查的情形严格限制为危害国家安全犯罪和恐怖活动犯罪这两类。

4. 加强辩护权的保障

辩护权是犯罪嫌疑人、被告人的一项基本权利,保障辩护权是宪法确认的刑事诉讼的一项基本原则。此次《刑事诉讼法》修正针对实践中存在的辩护难的具体问题,同时为解决与《律师法》的衔接问题,进一步完善了辩护制度,强化了律师权利的保障力度。具体而言,在辩护权保障方面的重大进步包括:在基本原则部分,明确提出保障辩护权行使原则;扩大了法律援助的范围;扩大了聘请辩护律师的主体范围;将辩护的时间提前至侦查阶段,吸收并完善了《律师法》规定的律师会见、阅卷权;完善了追究律师伪证罪的责任条款并设置了追究律师伪证责任的特殊保护程序;设置了辩方对于阻碍辩护职责履行的救济渠道等。

5. 完善侦查措施

侦查措施，一方面影响侦查机关的侦查效能，另一方面也事关犯罪嫌疑人的权利保障，是权力与权利交锋的重要领域。此次《刑事诉讼法》修正综合权衡各种因素，对侦查措施作了适当调整。其中最大的亮点莫过于将技术侦查纳入刑事诉讼法的调整范围，这也是修法中争议最大的问题。此次《刑事诉讼法》修正对技术侦查的适用范围、适用主体、执行主体、适用期限、保密义务等内容作了明确规定，还规定在特定情况下可以实施秘密侦查、控制下交付等侦查措施，从而将技术侦查纳入法治化进程。为了有效遏制刑讯逼供等违法取证行为，新法明确规定拘留后应当立即送看守所羁押，对在押人员的讯问只能在看守所进行，建立了讯问录音录像制度；明确规定讯问中应当保证被讯问人的饮食和必要的休息时间等基本需求。此外，新法还规定了对司法机关及其工作人员违法行为申诉或者控告的权利，以维护当事人、辩护人等有关主体的合法权益。

6. 审判程序的重塑与完善

审判程序是控、辩双方对抗与法官听审的平台，事关刑事审判的公正性。特别是随着社会形势的变化，有必要对刑事审判程序作出调整。此次修正《刑事诉讼法》，对所有的审判程序都作了相应调整，其中最引人注目的莫过于对简易程序的重构。

修正后的《刑事诉讼法》调整了简易程序的适用条件，将以往的简易程序和被告人认罪案件简易审程序合二为一，从而扩大了其适用范围，并相应地调整了简易程序审判组织的形式、审限等内容，此外，还强调了当事人的程序选择权、公诉审案件中的检察官出庭义务等。此次对简易程序的修改无疑有利于更合理地配置司法资源，提高诉讼效率。

对于一审程序，最为突出的变化就是完善证人、鉴定人出庭制度。证人出庭对于查明案情、核实证据、正确判决具有重大意义，为进一步实现审判公正，解决实践中比较突出的证人不出庭问题，此次《刑事诉讼法》修正明确了证人出庭的范围，规定鉴定人不出庭的，对其鉴定意见不予采纳，建立强制到庭制度，并考虑到家庭关系的特殊性而设置了必要的例外。此外，新法实行全卷移送，增加了庭前召集公诉人等了解情况、听取意见的规定，增加了有关量刑的内容等。

附带民事诉讼是实践中运用比较广泛的一项制度，但1996年《刑事诉讼法》

仅有 2 条规定，难以有效应对司法实际。此次《刑事诉讼法》修正，扩大了提起附带民事诉讼的主体，赋权人民检察院依职权采取保全措施并明确了对于附带民事诉讼可以调解。

在二审程序部分，新法实质上扩大了二审开庭审理的范围，并明确限制事实不清发回重审以一次为限，旨在杜绝反反复复发回重审导致案件久拖不决的问题。同时进一步明确，发回重审原则上不得加重被告人的刑罚，确保上诉不加刑原则得到全面落实，更为周全地保障被告人的上诉权。

就死刑复核程序而言，新法的修正主要体现为三点：一是明确最高人民法院复核死刑案件必须作出核准或者不核准的裁定，二是增加辩护方对死刑复核的参与的规定，三是特别强调了检察机关对于死刑复核案件的检察监督。

对于再审程序的修改，主要内容涉及再审事由的细化、指令再审中的原审法院整体回避、开庭审理案件的检察官出庭、再审程序中的强制措施的适用以及原裁判的处理等问题。其中，将非法证据未排除以及程序违法行为纳入再审事由等无疑非常具有中国特色。

7. 构建中国特色的刑事特别程序

此次《刑事诉讼法》修正，首次在法典中增设了特别程序编，这是适应新时期刑事诉讼实践日趋复杂与精密化的需要作出的必然调整。毋庸置疑，这是此次《刑事诉讼法》修正中最具有前瞻性的制度建构，彰显了刑事诉讼法的中国特色。特别程序编共分四章，分别规定了未成年人刑事案件诉讼程序，公诉案件和解程序，犯罪嫌疑人、被告人逃匿、死亡案件违法所得没收程序，以及依法不负刑事责任的精神病人强制医疗程序，并分别对上述程序的适用范围、适用程序、法律救济等内容作了相应规定，其中，未成年人刑事案件诉讼程序强化了对未成年的犯罪嫌疑人、被告人的多项特殊保护，包括社会调查、合适成年人在场、附条件不起诉、犯罪记录封存等。在依法不负刑事责任的精神病人强制医疗程序中，特别强调了律师的法律帮助以及人民检察院的检察监督。

8. 完善执行程序

就执行程序而言，《刑法修正案（八）》通过以后，增加了社区矫正这一新的刑罚执行方式。《刑事诉讼法》作为《刑法》的实施法，也应作出相应调整。对此，新法规定了社区矫正，并明确了社区矫正的对象。新法也完善了暂予监外执行的规定，扩大了其适用对象，明确了其适用程序等内容。此外，新法还加强了检察机关对刑罚执行活动的检察监督，以确保刑罚的正确执行。

(五) 2018年《刑事诉讼法》的修正

中国共产党第十八次全国代表大会（简称中共十八大）以来，以习近平同志为核心的党中央对全面依法治国、全面深化司法体制改革作出重大部署，具有"四梁八柱"性质的改革主体框架已基本确立。刑事司法领域的改革成效尤为显著，其中最为重要的是以审判为中心、认罪认罚从宽制度和刑事速裁程序三项改革举措。三项制度改革同时推进，相互交织，相互融合，在一定程度上又相互制约，虽立足点不同但均发挥着不可替代的作用。以三项改革为重心，包括深化量刑规范化改革、强化证据规则、完善保障律师依法履职机制、加强国家赔偿工作、规范涉案财物司法处置程序等在内的一系列改革举措的推进，使得人权司法保障工作取得显著成效。

1. 以审判为中心的诉讼制度改革

"审判中心"的实质是对侦查、起诉、审判职能之间关系的反思与重构，意在建立科学合理的刑事诉讼构造，凸显刑事审判的核心地位，以解决中国当下"侦查中心"的司法困境。中国共产党第十八届中央委员会第四次全体会议（简称"十八届四中全会"）通过的《关于全面推进依法治国若干问题的重大决定》（简称"十八届四中全会《决定》"），提出了推进"以审判为中心的诉讼制度改革"，从顶层设计的角度对我国未来诉讼制度改革所作出重大部署。2016年最高人民法院、最高人民检察院、公安部、国家安全部、司法部通过的《关于推进以审判为中心的刑事诉讼制度改革的意见》，进一步细化了这一改革举措的基本内容。在以审判为中心的刑事诉讼制度改革的基点下，各级法院努力探索完善证人、鉴定人和侦查人员出庭作证机制，强化控辩平等对抗，保障被告人和辩护人诉讼权利，充分发挥庭审在查明事实、认定证据和定罪量刑中的决定性作用。

2. 认罪认罚从宽制度改革

2016年最高人民法院、最高人民检察院、公安部、国家安全部、司法部制定的《关于在部分地区开展刑事案件认罪认罚从宽制度试点工作的办法》的出台，标志着认罪认罚从宽制度改革试点工作的正式开启。根据该项改革的精神，对于犯罪嫌疑人、刑事被告人自愿如实供述自己的罪行，对指控的犯罪事实没有异议，同意人民检察院量刑建议并签署具结书的案件，可以依法从宽处理。这一制度改革的目的在于进一步落实宽严相济刑事政策，完善刑事诉讼程序，合理配置司法资源，提高办理刑事案件的质量与效率，确保无罪的人不受刑事追究，有罪的人受到公正惩罚，维护当事人的合法权益，促进司法公正。

3. 刑事速裁程序改革

刑事速裁程序改革试点工作始于2014年最高人民法院、最高人民检察院、公安部、司法部制定的《关于在部分地区开展刑事案件速裁程序试点工作办法》的出台，两年试点工作结束后与认罪认罚从宽制度的改革合并试点，适用范围扩展至可能判处3年以下有期徒刑、拘役、管制或单处罚金的案件，且不受罪名限制。对于适用速裁程序的案件，审判形式和程序极大简化，无须进行法庭调查、法庭辩论，听取被告人最后陈述后即可当庭宣判。刑事速裁程序是我国刑事程序多元化发展的成果，是在追求公平的基础上提高诉讼效率的重大改革举措，致力于实现节约司法成本、优化配置司法资源的重要目的。

2018年10月26日，第十三届全国人大常委会第六次会议表决通过了《全国人民代表大会常务委员会关于修改〈中华人民共和国刑事诉讼法〉的决定》，对我国《刑事诉讼法》进行了第三次修正，调整原条款18条，新增条款18条，总条文数增至308条。本次修法的主要目的是回应《宪法》和《监察法》的修改，以解决合宪问题和法律衔接问题，同时将司法改革的相关成果及时上升为法律规定，因此具有一定程度上的应急性和针对性。与2012年《刑事诉讼法》相比，虽然本次修正在条文数量上增幅不大，但从修正内容上来看意义匪浅。整体而言，本次修正主要涉及以下三个方面：

1. 监察程序与刑事诉讼程序的衔接

国家监察体制改革使得对反贪反渎案件的处理程序被划分为监察程序和刑事诉讼程序两个阶段，如何实现两个程序的有效衔接便成为《刑事诉讼法》修正时不可回避的问题。对此，本次修法作出了积极回应：（1）对侦查的定义予以调整。将原条文中的"专门调查工作"修改为"收集证据、查明案情的工作"，使得"调查"成为监察程序的专有用语。（2）对检察机关自侦案件的范围予以调整。随着反贪反渎案件侦查权转隶至监察机关，检察机关仅保留对"在对诉讼活动实行法律监督中发现的司法工作人员利用职权实施的非法拘禁、刑讯逼供、非法搜查等侵犯公民权利、损害司法公正的犯罪"的自行侦查权以及"对于公安机关管辖的国家机关工作人员利用职权实施的重大犯罪案件"的机动侦查权。（3）规定了留置措施和刑事强制措施的衔接机制，即"对于监察机关移送起诉的已采取留置措施的案件，人民检察院应当对犯罪嫌疑人先行拘留，留置措施自动解除。人民检察院应当在拘留后的十日以内作出是否逮捕、取保候审或者监视居住的决定。在特殊情况下，决定的时间可以延长一日至四日"。（4）规定了审查起诉的衔接机制，即"人民检察院对于监察机关移送起诉的案件，依照本法和监察法的有关规定进行审查。人民检察院经审查,认为需要补充核实的,应当退回监察机关补充调查,必要时可以自行补充侦查"。

2. 构建刑事缺席审判制度

作为现代刑事审判制度的重要组成部分,刑事缺席审判制度在世界各主要国家刑事诉讼法中皆有规定,是对席审判的重要补充。为了应对反腐追赃工作的迫切需要,本次《刑事诉讼法》修正时在刑事特别程序中创设了缺席审判制度,规定了在特殊情形下对不到场被告人进行审判的相关程序,从而构建和完善了具有中国特色的刑事审判制度体系。刑事缺席审判关涉犯罪嫌疑人、被告人在场权等重要的诉讼权利,为了实现刑事追诉和人权保障双重价值的合理平衡,在具体的程序构建上,《刑事诉讼法》作出如下规定:(1)合理界定适用范围,将审理对象限定为"贪污贿赂犯罪案件,以及需要及时进行审判,经最高人民检察院核准的严重危害国家安全犯罪、恐怖活动犯罪案件"三类案件。(2)规定了严格的适用条件,要求必须达到犯罪事实已经查清,证据确实、充分,依法应当追究刑事责任的标准,人民检察院才可以向人民法院提起公诉。(3)规定了开庭审理的前置条件,即通过有关国际条约规定的或者外交途径提出的司法协助方式或者被告人所在地法律允许的其他方式对被告人进行文书送达。(4)充分保障被告人的辩护权,即对委托辩护和提供法律援助作出了明确规定。(5)规定了特殊的上诉权,即被告人或其近亲属不服判决的,辩护人经被告人或其近亲属同意均可提起上诉。(6)赋予被告人归案后重新审判的权利,即在审理过程中被告人到案的,人民法院一律重新审理,判决生效后交付执行刑罚前罪犯对判决、裁定提出异议的,人民法院也应当重新审理。

3. 认罪认罚从宽制度与刑事速裁程序入法

认罪认罚从宽制度和刑事速裁程序的改革作为优化刑事诉讼程序结构、合理配置司法资源的重大实践探索,已经体现出显著的司法成效和社会价值,为此,本次《刑事诉讼法》修正在总结、吸收改革经验和成果的基础上,对其进行了合理的制度构建。具体包括:(1)明确刑事案件认罪认罚从宽的基本内涵,即"犯罪嫌疑人、被告人自愿如实供述自己的罪行,承认指控的犯罪事实,愿意接受处罚的,可以依法从宽处理"。(2)规定了刑事案件认罪认罚从宽的具体程序规则,包括侦查阶段认罪情况记录在案与随案移送、人民检察院审查案件听取相关人员意见、犯罪嫌疑人签署认罪认罚具结书、人民检察院提出量刑建议、人民法院审查认罪认罚的自愿性和具结书内容的真实性与合法性、人民法院采纳指控罪名和量刑建议等方面的内容。(3)增加刑事速裁程序,并对其适用范围、适用条件、审理程序、审理期限等作出了明确规定。（4）加强权利保障。在诉讼权利告知、建立值班律师制度、将认罪认罚作为适用逮捕措施时判断社会危险性的考虑因素等方面作出了明确规定。

思考题：

1. 什么是刑事诉讼？
2. 刑事诉讼法的渊源有哪些？
3. 刑事诉讼法的任务是什么？
4. 中国古代刑事司法制度有哪些特点？
5. 制定 1979 年《刑事诉讼法》的历史背景是什么？
6. 2012 年《刑事诉讼法》修正的主要内容是什么？
7. 2018 年《刑事诉讼法》修正的主要内容是什么？

第一章 马克思、恩格斯的刑事诉讼观

马克思、恩格斯的刑事诉讼观，是马克思主义法律思想体系的重要组成部分。尽管马克思、恩格斯并没有对刑事诉讼问题进行系统论述，也无专门研究刑事诉讼问题的经典著作，但是，他们在许多场合也对刑事诉讼中的一些重要问题发表过精辟的论述。其主要内容涉及了刑事程序法与刑事实体法的关系问题、刑事诉讼中的人权司法保障问题、法官独立审判问题、陪审制度问题、程序公正性等问题。这些论述反映了马克思、恩格斯对于刑事诉讼这种法律现象的基本的观念、立场和态度，我们将其称为马克思、恩格斯的刑事诉讼观。这些论述中有些是早期著作中的论述，发表于马克思主义法学形成之前，反映了马克思、恩格斯站在革命民主主义立场上对刑事诉讼问题的基本看法，带有近代启蒙思想家刑事诉讼理论影响的痕迹。但是，随着马克思、恩格斯实现从革命民主主义向共产主义、从唯心主义向历史唯物主义的深刻转变，他们的刑事诉讼观亦经历了革命性的变革，形成了历史唯物主义刑事诉讼思想，从而成为人们认识文明社会刑事诉讼现象的科学指南。中国共产党在领导人民建设社会主义法治国家的实践中，坚持把马克思、恩格斯的刑事诉讼观与中国特色社会主义刑事法治建设的具体实践相结合。中共十八大以来，习近平关于深化司法体制改革、保证司法公正的一系列重要论述，进一步丰富和发展了马克思、恩格斯的刑事诉讼观。正确理解和把握马克思、恩格斯的刑事诉讼观，对于运用马克思主义和习近平总书记全面依法治国新理念新思想新战略指导我国的刑事诉讼立法和刑事司法，推进刑事司法现代化，具有重要的现实意义。

第一节 刑事程序法与刑事实体法的关系

程序法与实体法的关系是刑事诉讼法学的基本问题之一。程序法与实体法究竟是一种什么样的关系，这在马克思以前仍是一个没有被科学解释的难题。1842年4月，青年马克思根据公布的莱茵省议会辩论记录，撰写了《关于林木盗窃法的辩论》一文，在文中第一次科学地阐明了程序法与实体法的相互关系。马克思基于对刑事诉讼现象的观察，对程序法与实体法相互关系所作的经典论述，是马克思主义对诉讼法学最为重要的贡献之一。其主要内容包括如

下几个方面:

一、程序法与实体法是形式与内容的关系

依据法律规定的内容不同,可将法律分为实体法与程序法。实体法是指规定具体权利义务内容或者法律保护的具体情况的法律,如刑法、民法、公司法等。与实体法相对的是程序法。程序法是关于保证实体法规定的权利和职权得以实现或行使,义务和责任得以履行的有关程序的法律,如刑事诉讼法、民事诉讼法、行政诉讼法、行政强制法等。程序法与实体法之间是一种什么样的关系,马克思正确地回答了这些问题,深刻地揭示了程序法与实体法的辩证关系。马克思认为,程序法与实体法的关系,本质上是形式与内容的关系。实体法是内容,而程序法则是表达内容的形式。马克思指出:"实体法却具有本身特有的必要的诉讼形式,正如中国法里面一定有笞杖,拷问作为诉讼形式一定是同严厉的刑罚法规的内容连在一起的一样,本质上公开的、受自由支配而不受私人利益支配的内容,一定是属于公开的自由的诉讼的。诉讼和法二者之间的联系如此密切,就像植物外形和植物本身的联系,动物外形和动物血肉的联系一样。"①

二、程序法为实体法服务

按马克思的理解,内容和形式的关系,就是决定与被决定的关系,表现与被表现的关系,服务与被服务的关系。内容决定形式,形式表现内容,形式为内容的实现服务。因而实体法作为内容,必然有与之相适应的形式即程序法。"如果形式不是内容的形式,那么它就没有任何价值了。"② 实体法决定程序法,程序法为实体法服务,马克思指出:"我们认为,目前莱茵省全体居民,特别是莱茵省法学家的义务,是要把主要注意力放在法的内容上面,免得我们最终只剩下一副空洞的假面具。"③ 在马克思看来,如果实体法只反映少数有产者的私人利益,那么所谓自由的诉讼形式也就毫无意义。当然,马克思要求人们更加关注实体法,是针对当时的具体情形而说的,并不是重实体、轻程序。

三、程序法具有独立价值

作为形式的程序法服务于作为内容的实体法,这是程序法的工具价值。在

---

① 《马克思恩格斯全集》第1卷,人民出版社1995年版,第287页。
② 《马克思恩格斯全集》第1卷,人民出版社1995年版,第288页。
③ 《马克思恩格斯全集》第1卷,人民出版社1995年版,第288页。

马克思、恩格斯的程序法观念中，程序法的价值并非局限于它是实现实体法的一种工具。程序法自身也反映正义要求，这种观念反映在马克思、恩格斯对于当时一些诉讼制度、诉讼原则和诉讼程序的认识和态度上。

第一，肯定"公开的自由的诉讼"。马克思指出："本质上公开的、受自由支配而不受私人利益支配的内容，一定是属于公开的自由的诉讼的。"①"本质上公开的""不受私人利益支配"指的是实体法应当遵循的正义原则，而"公开的自由的诉讼"则是程序法应当体现的程序正义。显然，马克思对这种体现程序正义的公开、自由的诉讼程序持肯定态度。

第二，承认资产阶级国家民主的诉讼原则与诉讼形式。推翻封建专制统治以后，资产阶级国家逐步建立了体现民主、自由、公正原则的诉讼制度。这样一种诉讼制度的建立体现了社会的进步，反映了社会正义的要求。恩格斯对这样一种社会进步表现出了热忱欢迎的态度。他在《普鲁士宪法》一文中写道："尽管普鲁士宪法本身是不足道的，但是，它给普鲁士以及整个德国开辟了新的时代。它标志着专制制度与贵族的垮台和资产阶级获得政权；它给运动打下了基础，这个运动很快就会导致资产阶级代议制的建立，出版自由的实现，法官独立审判制和陪审制的实行，甚至很难预料这个运动将如何结束。"②法官独立审判和陪审制这种诉讼形式本身就体现了程序正义的要求，恩格斯对其持肯定和赞赏的态度。

第三，揭露和批判刑事诉讼中的程序违法行为。在马克思、恩格斯的时代，资产阶级国家司法当局为了打击、压制反抗现行统治的斗争，在针对共产党人和民主运动人士进行的刑事追诉活动中，经常公然违反刑事诉讼的法定程序。而在普通刑事案件中，也同样存在程序违法现象。刑事程序法至少在形式上反映了社会的正义要求，资产阶级国家司法当局在刑事诉讼中的程序违法行为直接破坏了程序法的正义精神。因而，马克思、恩格斯在许多场合对这种程序违法现象进行了无情的揭露和批判。

第二节 刑事诉讼中的人权司法保障

中国共产党第十八届中央委员会第三次全体会议（简称"十八届三中全会"）

---

① 《马克思恩格斯全集》第1卷，人民出版社1995年版，第287页。
② 《马克思恩格斯全集》第4卷，人民出版社1958年版，第40页。

作出的《中共中央关于全面深化改革若干重大问题的决定》专门强调"完善人权司法保障制度"。十八届四中全会《决定》再次强调"加强人权司法保障",并对完善人权司法保障制度作出了一系列具体的制度性安排。中央对加强人权司法保障作出重大决定,是对马克思、恩格斯刑事诉讼观的实践和发展。

"专制制度的唯一原则就是轻视人类,使人不成其为人。"① 资产阶级打出人权的旗帜,主张人人享有作为人的不可剥夺的基本权利,这是一种伟大的历史进步。马克思、恩格斯并不否定资产阶级提出的人权口号,但他们更加关注这种人权的保障和实现。"马克思把人权现象的制度化法律化看作是保障人权得以实现的基本环节。"②

加强人权的司法保障,重心是在刑事诉讼中加强犯罪嫌疑人、被告人的人权保障,因为刑事诉讼中犯罪嫌疑人、被告人的人权最容易受到侵犯。从马克思、恩格斯对于资产阶级国家司法当局和其他国家权力机关侵犯公民人权的违法行为的揭露和批判中,可以看出他们对刑事诉讼中人权保障特别是被告人人权保障的基本态度。这一思想主要反映在三个方面:

一、任何人不受非法逮捕和羁押

在封建专制时代,对任何人的逮捕和羁押不受任何法律的约束,司法机关有权任意逮捕和羁押其认为需要逮捕和羁押的人。资产阶级不能容忍封建司法机关那种无视人权的司法专横,革命成功后便在宪法中写进了任何人不受非法逮捕和羁押的规定,并在刑事诉讼法中规定了逮捕和羁押的程序,以约束司法机关,防止司法专横。对于逮捕和羁押的法律限制,无疑有利于保障人权。马克思、恩格斯重视这一历史进步,但对资产阶级国家机关时常违反法律,破坏逮捕和羁押的法治原则的行为表示了极大的愤怒。他们多次揭露和声讨了资产阶级的宪兵、警察、检察官和法官对工人、民主主义运动人士和共产党人滥施逮捕和羁押的非法行为。1848年11月4日法国国民议会修订后颁布的《法兰西共和国宪法》第2条规定:"非按法律规定,不得逮捕和监禁任何人。"一直关注着法国革命后资产阶级国家法治状况的马克思对这一宪法规定显然持赞成态度,他揭露并嘲讽法国政府践踏这一宪法原则的行为:"对于外国人,他们在法国国土上所享受的唯一'权利'就是,只要警察当局认为必要,他们就随时会被捕和被驱逐出境。"③ "对于

---

① 《马克思恩格斯全集》第1卷,人民出版社1956年版,第411页。
② 公丕祥:《法哲学与法制现代化》,南京师范大学出版社1998年版,第159页。
③ 《马克思恩格斯全集》第10卷,人民出版社1998年版,第680—683页。

法国人，任何一个官吏下一道命令，就可以逮捕任何法国公民。"① 恩格斯在《英国工人阶级状况》一文中也揭露了英国资产阶级司法当局对穷人任意逮捕监禁的事实，"如果是一个穷鬼被传唤到治安法官那里去，那么他几乎总是被带到拘留所，和其他许多这样的人一起过一夜"②。从这里可以看出，马克思、恩格斯反对那种对于公民任意逮捕、任意羁押的做法，赞同非依法定程序，不得逮捕和羁押任何人的法治原则。

二、被告人有权获得迅速审判

按照资产阶级的人权原则，被告人有权获得迅速审判。避免审前长时间羁押，也是其人权司法保障的内容。马克思、恩格斯既反对违反法定程序实施的逮捕和羁押，也反对表面上"依法"但实际上不公正的逮捕和羁押。在迫害科隆共产党人的案件审理期间以及审判结束后，马克思、恩格斯多次发表声明，揭露科隆司法当局对被告人任意延长羁押期限的非法行为。他们指出："仅仅为了弄到这一案件所需要的证据，就花了18个月的时间。在整个这段时间里，我们的朋友们一直被单独监禁着，什么事情也不许他们干，甚至连书都不许他们看。""而这样长久、这样严酷的监禁的借口究竟是什么呢？当头9个月已经过去的时候，'检察院'宣布：缺乏起诉的根据，因此必须重新开始侦查。于是重新开始侦查。3个月之后，当陪审法庭开庭之时，公诉人推托说，因证据堆积如山，他还未能把它们加以归纳整理。又过了3个月，由于政府方面的一个主要证人生病，于是审讯再次延期。"③ 在这里，马克思、恩格斯站在理性的立场上，揭露和批判司法当局任意且长时间地羁押被告人的行为，认为对被告人任意的长时间羁押，侵犯了被告人的人权。

三、应当给羁押中的被告人以人道待遇

根据资产阶级的人权原则，无论被告人是否有罪，他都应当得到人道对待。因此，即使对被羁押的被告人，也必须给予人道待遇。马克思、恩格斯虽然并没有把应给被告人人道待遇与无罪推定的原则联系起来，但他们坚决反对那种粗暴对待羁押中的被告人的做法。《莱茵报》曾收到了杜塞尔多夫一家旅店店主洛·霍

---

① 《马克思恩格斯全集》第10卷，人民出版社1998年版，第683页。
② 《马克思恩格斯文集》第1卷，人民出版社2009年版，第482页。
③ 《马克思恩格斯全集》第11卷，人民出版社1995年版，第559—560页。

尔讷写的一篇通讯——《对汉诺威一个囚犯的异端裁判所式的虐待》。编辑部确认了该篇通讯提供的情况属实，并准备在 1843 年 1 月 7 日付印，但未能通过普鲁士政府的书报检查。这篇经马克思多次亲自修改的通讯记述了一个无辜囚犯受到司法当局非人虐待的事实。马克思在这篇通讯中表达了对于司法当局虐待被告人行为的极大愤怒。此外，在拉萨尔案件和科隆共产党人案件中，马克思、恩格斯也多次在报上发表文章和声明，揭露和谴责民主主义者拉萨尔和科隆共产党人被捕后遭受的不人道待遇。马克思这样写道：拉萨尔被捕后被单独监禁；医生规定为了维持拉萨尔的健康，他必须有若干次放风，但当局予以禁止。① 而在 1851 年的科隆共产党人案件中，普鲁士司法当局对被告人采取了更不人道的折磨手段。马克思、恩格斯以确凿的事实向世界人民揭露了普鲁士司法当局的专横和对待被告人的野蛮和粗暴："仅仅在这个案件的预审上面，就花去了一年半的时间。在整个这段时间里，我们的朋友一直被单独监禁着，什么消遣都没有，什么事都不许干。患者得不到治疗，就是得到了治疗，他们所处的条件也使这种治疗完全不起作用。甚至在提出起诉书之后，竟然违犯法律，不准辩护人与被告接触，而且被告的所有辩护手段都被剥夺了。"②

马克思、恩格斯没有直接讨论被羁押中的被告人享有哪些应当予以保障的人权，但是，从他们对于资产阶级国家司法当局给予被告人不人道待遇的揭露和谴责中，我们可以看出马克思、恩格斯对于诉讼中被告人人权保障的肯定和强调的鲜明态度。

第三节　刑事审判权的独立行使

刑事审判权由法院或者法官独立行使，是刑事审判公正性的必要条件。中共十八大以来，党中央高度重视司法权的依法独立公正行使。十八届四中全会《决定》特别强调："完善确保依法独立公正行使审判权和检察权的制度。各级党政机关和领导干部要支持法院、检察院依法独立公正行使职权。建立领导干部干预司法活动、插手具体案件处理的记录、通报和责任追究制度。"党中央对司法权依法独立公正行使的高度重视和作出的改革设计，也是对马克思、恩格斯刑事诉讼观

---

① 参见《马克思恩格斯全集》第 6 卷，人民出版社 1961 年版，第 316—318、543—545 页。
② 《马克思恩格斯全集》第 11 卷，人民出版社 1995 年版，第 554 页。

的坚持和发展。尽管马克思、恩格斯对资产阶级国家的法院、法庭和法官维护有产者利益，压迫无产者的审判行为始终持否定和批判的态度，但他们还是赞成法院、法庭和法官独立行使审判权的。他们对法院、法庭、法官依附有产阶级，放弃独立审判的现象进行了无情的揭露和鞭挞，表明了对于独立审判的肯定态度。

一、司法权独立于行政权

马克思、恩格斯赞成司法权独立于行政权，赞同法官独立行使审判权。马克思对法官和书报检查官所作的比较，清楚地阐释了司法权与行政权的不同。书报检查官行使的是行政权力，而法官行使的是司法权力，这两种权力在行使的方式和应当遵循的原则方面完全不同。"书报检查官除了上司就没有别的法律。法官除了法律就没有别的上司。法官有义务在把法律运用于个别事件时，根据他在认真考察后的理解来解释法律；书报检查官则有义务根据官方就个别事件向他所作的解释来理解法律。独立的法官既不属于我，也不属于政府。不独立的书报检查官本身就是政府的一员。法官最多可能表现出个人理性的不可靠，而书报检查官所表现出的则是个人品性的不可靠。"① 马克思将法官与书报检查官进行比较，旨在说明新的普鲁士书报检查制度破坏了法治的原则，让书报检查官代替法官对新闻出版行为是否违法进行裁判，是行政权对司法权的侵犯。既然司法权不同于行政权，那么司法权就应当独立于行政权，法官行使审判权的时候应当保持独立性。

恩格斯也认为："在所有确实实行分权制的国家中，司法权与行政权彼此是完全独立的。比如在法国、英国和美国就是这样，这两种权力的混合势必导致无可救药的混乱，其最糟糕的结果就是有人可能集警察局长、检察官和审判员于一身。"② 恩格斯赞同司法权独立行使，因而把法国基佐内阁时期对司法独立性的破坏看作对历史的反动。他对这种倒退表现出了极大的愤慨。

二、法官独立行使审判权

马克思、恩格斯所主张的司法权独立行使，包含着法院独立与法官独立两个层面。法官是法院具体地行使司法权的主体，司法权的独立行使，最关键的还在于法官独立。在马克思、恩格斯的论述中，法院、法庭、法官有时在同一意义上使用，有时说到法官，既包括领取薪俸的法官，又指陪审法官。马克思、恩格斯

---

① 《马克思恩格斯全集》第1卷，人民出版社1995年版，第180—181页。
② 《马克思恩格斯全集》第2卷，人民出版社2005年版，第532页。

赞成法官独立，对资产阶级国家法官的不独立现象进行了无情的揭露和批判。他们关于法官独立行使审判权的思想包括以下三个层面：

首先，法官应当独立于政府。司法权与行政权的分离，本身就意味着法官行使审判权的时候独立于政府的行政权。马克思强调："独立的法官既不属于我，也不属于政府。"[①]"不属于政府"，既说明了法官不是政府的一员，同时也清楚地意味着法官运用法律处理个别事件时不必也不应该听命于政府。但是，在当时的欧洲，法官独立于政府并没有真正实现。政府对法官独立性的侵犯，迫使法官依附于政府。"由于法官处于依附地位，资产阶级的司法本身也成了依附于政府的司法，就是说，资产阶级的法纪本身已让位于官吏的专横。"[②] 马克思赞成以法律来保障法官的独立性，以法律保障法官不被政府任意撤换。

其次，陪审法官应当独立于职业法官。近代陪审制度是资产阶级革命的产物，代表了资产阶级的司法民主，多少代表了人民参与司法的历史进步性，因而在马克思、恩格斯的观念中，陪审法官不仅要独立于政府，而且要独立于职业法官。马克思、恩格斯多次揭露和批判了实践中专业法官侵犯陪审法官权力的现象。恩格斯在《英国状况 英国宪法》一文中指出："更有甚者是要求法官应该格外注意而且无论如何都别对陪审员的判断施加影响，不应暗示陪审员如何裁断，就是说，法官必须按照为得出结论所必须做的那样来陈述前提。""但是，实践不可能做糊涂事，在实践中，全部无稽之谈都不值一顾，法官十分明显地授意陪审团必须提出什么样的裁断，而惟命是听的陪审团也经常提出这样的裁断。"[③]

最后，法官应当独立于双方当事人。法官独立于控辩双方是法官独立行使审判权的应有之义，但在马克思、恩格斯的时代，法官形式上独立于当事人，而在实质上却往往兼有当事人的地位。就刑事诉讼领域而言，马克思、恩格斯对作为资产阶级革命成果的控、辩、审三种职能的分立持肯定态度，对普鲁士国家依然存在着的本质上控、辩、审合一的做法进行了批判。马克思在《评普鲁士最近的书报检查令》一文中无情地抨击了普鲁士国家将各种本应分属不同主体的权力集于一身的专横制度。他认为："这一根本缺陷贯穿在我们的一切制度之中。譬如在刑事诉讼中，法官、原告和辩护人都集中在一个人身上。这种集中是同心理学的全部规律相矛盾的。"[④] 在马克思看来，法官、原告、辩护人是三种不同的角色，

---

① 《马克思恩格斯全集》第1卷，人民出版社1995年版，第181页。
② 《马克思恩格斯全集》第6卷，人民出版社1961年版，第167页。
③ 《马克思恩格斯全集》第3卷，人民出版社2002年版，第577—578页。
④ 《马克思恩格斯全集》第1卷，人民出版社1995年版，第133页。

承担不同的职能，追求不同的目的。法官作为裁判者，没有也不应有自己的利益，而当其同时成为诉讼当事人的时候，他就因为对于利益的考虑和追求而不可能再保持中立和公正。因此，法官必须从形式上和实质上独立于控辩双方。恩格斯认为，法官独立于当事人必须以司法权与行政权分立为前提。只有当司法权与行政权彼此完全独立的时候，才可能使法官独立于作为控方的政府。

第四节　刑事司法的民众参与

马克思、恩格斯刑事诉讼观中包含了让民众参与刑事司法的内容。在马克思、恩格斯的时代，民众对于刑事司法的参与主要反映在陪审制度上。陪审制度起源于奴隶制国家的雅典、罗马。资产阶级推翻了封建专制主义的诉讼制度，建立了近代陪审制度。近代陪审制度先在英国得到了充分的发展，后又被引入美国和欧洲大陆法系国家。近代陪审制度相对于封建专制主义诉讼制度而言，无疑是一种历史进步。因而，马克思、恩格斯对于资产阶级革命时期出现的陪审制度采取了历史唯物主义的科学态度，一方面对于近代陪审制度的出现持肯定的态度；另一方面又对资产阶级国家陪审制度的虚伪、自私和不公正予以了无情的揭露。

拓展阅读

公民参与司法：理论、实践及改革——以刑事司法为中心的考察

一、民众通过陪审制参与司法

恩格斯在《德国状况》一文中认为："资产阶级消灭了国内各个现存等级之间一切旧的差别，取消了一切依靠专横而取得的特权和豁免权。他们不得不把选举原则当做统治的基础，也就是说在原则上承认平等；他们不得不解除君主制度下书报检查对报刊的束缚；他们为了摆脱在国内形成独立王国的特殊的法官阶层的束缚，不得不实行陪审制。"[①] 恩格斯对陪审制的实行怀着一种积极的期待和肯定，认为陪审制的实行是一种历史的必然。在恩格斯看来，国民通过陪审法庭行使司法权，这既符合原则，又符合历史发展的规律，因为"司法权是国民的直接所有物"[②]。司法权属于国民自己的权力，国民通过参加陪审法庭的审判活动，行使审

---

① 《马克思恩格斯全集》第 2 卷，人民出版社 1957 年版，第 647 页。
② 《马克思恩格斯全集》第 2 卷，人民出版社 2005 年版，第 532 页。

判的权力，也就参与了国家的司法活动，让司法权这一"直接所有物"回到了自己手中。

二、保障公民平等地享有参与司法的权利

马克思、恩格斯对陪审制度持肯定和赞赏的态度，但同时对资产阶级国家的陪审制度又表现出了极大的不满。因为资产阶级垄断了陪审法庭的法官职位，只有有产者才能有资格成为陪审法官，陪审法庭实质上成了维护资产阶级特权的机关。资产阶级垄断陪审法官职位后，贫穷被告人由和自己同类的人来审讯的权利就被剥夺了。"每个人都有由与自己同类的人来审讯的权利，而这一个权利也是富人的特权。穷人并不由与自己同类的人来审讯，他们在任何情况下都由他们的天生的敌人来审讯，因为在英国，富人和穷人是处在公开敌对状态的。"[①] 按马克思、恩格斯的观点，陪审法官应当来自各界，来自人民，因为每个人都有权由和自己同类的人来审判。为了保障人民的这一权利，就要让民众普遍地享有作为陪审法官参与法庭审判的资格。随着法治的进步发展，马克思、恩格斯那个时代公民在陪审制度面前不平等的现象现已在大多数国家基本消失，公民参与陪审的权利普遍得到了平等的保障。

在推进依法治国的进程中，中国共产党坚持和发展了马克思、恩格斯关于保障民众参与司法权利的思想。十八届四中全会《决定》就特别强调："保障人民群众参与司法。""在司法调解、司法听证、涉诉信访等司法活动中保障人民群众参与。完善人民陪审员制度，保障公民陪审权利，扩大参审范围，完善随机抽选方式，提高人民陪审制度公信度。"坚持和发展马克思、恩格斯刑事诉讼观，需要采取切实有效的措施保障人民群众参与刑事司法的权利。

第五节 刑事诉讼的程序公正要求

司法公正是刑事诉讼追求的基本价值。习近平在2012年12月4日首都各界纪念现行《宪法》公布施行30周年大会上的讲话首次强调，努力让人民群众在每一个司法案件中都能感受到公平正义。后来，这一要求被写进了十八届四中全会《决定》。中国共产党第十九次全国代表大会报告（简称"十九大报告"）再次强

---

① 《马克思恩格斯全集》第3卷，人民出版社2002年版，第577页。

调:"努力让人民群众在每一个司法案件中感受到公平正义。"刑事诉讼所追求的公正包括实体公正和程序公正两个方面。在马克思、恩格斯的刑事诉讼观中,实体公正自然被置于首要位置,这不仅是因为实体法与程序法的关系是内容和形式的关系,内容决定形式,形式为内容服务,而且还因为资产阶级国家刑事诉讼领域实体不公正的无数事实和改变无产阶级不幸命运的使命,使他们把解决刑事诉讼实体公正问题看得更为重要和迫切。但是,他们对于刑事诉讼的程序公正同样非常重视。他们利用多种场合揭露和批判资产阶级司法机关在刑事诉讼中程序不公正的行为,反映了他们对于刑事诉讼程序公正的观念和立场。在他们的刑事诉讼观中,程序公正主要包含了如下几个方面的要求:

一、只能由依法设立的法庭行使审判权

由依法设立的法院行使审判权,是保证刑事诉讼程序公正的必要条件之一。为此,马克思、恩格斯针对那个时代经常出现的随意设立特别法庭、军事法庭,并随意管辖案件的现象予以无情的批判。1848年11月,马克思针对杜塞尔多夫宣布戒严和设立军事法庭一事,在《新莱茵报》上撰文抨击,指出:"按照人身保护法[①]的规定,任何人都不能交由依法成立的法庭以外的法庭去审理。军事法庭和非常委员会都是非法的。"[②] 1848年11月4日,法兰西共和国通过了新的宪法,第4条规定:"任何人除他的正常法官外,不受其他人审判。不得以任何名义和任何借口设立特别法庭。"马克思于1851年评价这一宪法规定时,以事实揭露了资产阶级的虚伪性,谴责了资产阶级自己对法治的破坏。他指出:"我们已经知道,在'戒严'时军事法庭取代一切其他法庭。此外,国民议会为了审判一部分政治犯,在1848年建立了以'最高法庭'为名的'特别法庭',而在六月起义之后,国民议会根本未经任何审判就流放了15 000名起义者!"[③] 尽管依法设立的普通法庭和依法任命的法官在那个时代也是特权阶层的代表,但在马克思看来,由这样的法庭和这样的法官审判案件,至少在形式上体现了程序的公正性。

二、法官不能与自己处理的案件有利害关系

任何人不能成为自己案件的法官,是程序公正最起码的标准之一。马克思、恩格斯同样认为诉讼程序公正必须使法官与案件无利害关系。他们的这一观念鲜

---

① 指1848年8月28日普鲁士国民议会通过的《人身保护法》。
② 《马克思恩格斯全集》第6卷,人民出版社1961年版,第68页。
③ 《马克思恩格斯全集》第10卷,人民出版社1998年版,第683页。

明地反映在马克思对于当时普鲁士政府的书报检查制度的评价上。马克思指出："这一根本缺陷贯穿在我们的一切制度之中。譬如在刑事诉讼中，法官、原告和辩护人都集中在一个人身上。这种集中是同心理学的全部规律相矛盾的。"① "书报检查官也就是原告、辩护人和法官三位一体的人。"② 三位一体，就使法官与当事人以及自己所处理的案件有了利害关系。马克思、恩格斯刑事诉讼观认为，法官与控辩双方不应该有关系，应当独立于控辩双方，否则，就会与自己处理的案件产生利害关系。

三、严格依照法定程序进行诉讼

刑事诉讼的程序公正，其实质就是保证体现公正要求的刑事诉讼程序得到严格的遵循。资产阶级国家刑事诉讼法所确立的诉讼程序至少在形式上体现了程序公正的要求，因而，在马克思、恩格斯看来，既然程序已经法定，那么就应当严格遵守。马克思、恩格斯关于刑事诉讼应当严格依照法定程序进行的思想，主要反映在他们对于资产阶级国家的宪兵、警察、检察官和法官在刑事诉讼中的程序违法行为进行揭露和谴责上。1848年7月3日，共产主义同盟成员安内克在家中被柏林司法当局逮捕。次日，《新莱茵报》上刊登了一篇文章，揭露司法当局在逮捕安内克过程中违反法律程序的粗暴行为。柏林司法当局恼羞成怒，指控《新莱茵报》侮辱了宪兵和检察官。马克思立即撰文继续揭露司法当局行为的违法性，指出："宪兵先生没有出示逮捕令这一点，毕竟还是非法的。我们后来得知，他们还在黑克尔先生及其随从到来以前就动手检查文件，这种行为也是非法的。但是尤其非法的，是使黑克尔先生表示遗憾的、对被捕者的粗野态度。"③ 在科隆共产党人案件结束后，马克思在《揭露科隆共产党人案件》这本小册子以及和恩格斯在几家报纸上发表的声明中淋漓尽致地揭露了科隆司法当局严重的程序违法行为。这些程序违法行为主要包括：审前羁押一再延长，违法将被告人单独监禁，不准辩护人与被告人接触，警察当局伪造证据等。④ 马克思、恩格斯对资产阶级司法当局程序违法行为的无情揭露，反映出他们对这种程序不公行为的严厉的否定态度。

我国在刑事司法改革实践中坚持和发展了马克思、恩格斯关于程序公正的刑事诉讼观。十八届四中全会《决定》旗帜鲜明地强调："推进严格司法。坚持以事

---

① 《马克思恩格斯全集》第1卷，人民出版社1995年版，第133页。
② 《马克思恩格斯全集》第1卷，人民出版社1995年版，第134页。
③ 《马克思恩格斯全集》第5卷，人民出版社1958年版，第203页。
④ 参见《马克思恩格斯全集》第11卷，人民出版社1995年版，第475—570页。

实为根据、以法律为准绳,健全事实认定符合客观真相、办案结果符合实体公正、办案过程符合程序公正的法律制度。"中央的这一重要决策,将有力地推动我国刑事诉讼的程序建设,提高刑事诉讼的程序公正水平。

思考题:

1. 马克思主义关于程序法与实体法关系的思想对于我国进行刑事诉讼活动有何指导意义?
2. 如何理解刑事诉讼的人权司法保障功能?
3. 如何理解马克思、恩格斯对待刑事审判权独立行使的基本立场?

▶ 自测习题及参考答案

第二章　刑事诉讼构造与刑事诉讼主体

第一节　刑事诉讼构造

一、概述

有社会就有冲突和纠纷，也就产生了解决冲突和纠纷的方式。

刑事诉讼构造就是用以描述不同国家不同时期为解决刑事纠纷而设立的框架结构的范畴。所谓刑事诉讼构造，又称刑事诉讼形式或者刑事诉讼结构，是指由一定的诉讼目的所决定的，控诉、辩护和裁判三方在刑事诉讼中的地位和相互关系。刑事诉讼构造与刑事诉讼目的密切关联，相互影响。刑事诉讼构造是实现刑事诉讼目的的方式，刑事诉讼目的的实现状况在某种意义上又取决于刑事诉讼构造的设计。

由于不同历史时期社会条件、诉讼目的的差异，在法制文明史上就出现了形态多样的刑事诉讼构造。不仅如此，即便同一历史时期，不同国家和地区实行的也可能是不尽相同的刑事诉讼构造。通常认为，在近代社会之前，人类社会曾经存在过两种类型的刑事诉讼构造：弹劾式诉讼和纠问式诉讼。

弹劾式诉讼伴随着国家、法律的产生以及国家权力开始介入犯罪的处理过程而出现。由于阶级社会产生之初的国家权力机器尚不发达，加之，犯罪被视为只是加害人与被害人个体之间的冲突，因此当时的刑事诉讼类似于民事诉讼，国家并不介入起诉问题，没有国家追诉机关，诉讼由被害人或者其他人提出控告，实行不告不理原则，没有被害人或者其他人的控告，法官就不能进行审判；被害人和加害人诉讼地位平等，共同主导着诉讼的进行和结局，由行政官员担当的裁判者居中听审并作出裁断；对于疑难案件的处理，实行神示证据制度，法官求助于神灵的启示来认定事实和判断双方的是非曲直。弹劾式诉讼主要实行于古罗马共和国时期、欧洲日耳曼法（法兰克王国）和英国的封建时期。

社会经济条件的变化和司法经验的积累，使得国家统治者对犯罪的认识逐步发生了变化，犯罪不再被视为仅仅是加害者与被害者之间的个体性冲突，而被视为同时威胁到社会安全和国家统治秩序，加之，国家机器不断强大，于是开始采行"职权追诉"制度，由担当裁判者的行政官员以保护公共利益为名同时履行追诉职责，纠问式诉讼构造由此渐渐形成。

纠问式诉讼构造的基本特征是：不再实行不告不理原则，即使没有被害人或者其他人的控告，担当裁判者的行政官员也可以依职权主动追究犯罪，控诉职能与审判职能合一行使；当事人特别是被告人的诉讼地位客体化，沦为被拷打、逼问的对象，刑讯合法化和制度化，原告和证人也可以被刑讯；侦查和审判都秘密进行，实行书面审理方式；实行法定证据制度，证据的种类、运用和证明力大小均由法律预先规定，法官在审理案件过程中不得自由评断和取舍。纠问式诉讼构造主要盛行于中世纪中后期的欧洲大陆各国。德国 1532 年的《加洛林纳法典》和法国 1539 年的《法兰索瓦一世令》所规定的刑事诉讼程序就具有典型的纠问式诉讼构造的特征。当然，作为例外，除都铎王朝时期的星座法院曾实行过纠问式诉讼外，英国并没有走上纠问式诉讼的道路。

纠问式诉讼的不人道、不文明、不科学受到了贝卡里亚等近代启蒙思想家和法学家的猛烈批判，以致渐渐退出历史舞台。在对弹劾式诉讼、纠问式诉讼进行扬弃的基础上，构建了近现代社会的职权主义诉讼、当事人主义诉讼以及兼采职权主义诉讼和当事人主义诉讼的因素形成的混合式诉讼。在这三种刑事诉讼构造中，出现了承担起诉职能的专门机构（即检察机关）和人员，实现了控诉职能与审判职能的分离，强调审判独立、审判中立、控辩平等的诉讼理念。当然，由于对控制犯罪和保障人权的诉讼目的追求有不同取向，以及在国家专门机关的权力与被追诉人的权利配置方面存在差别，职权主义诉讼、当事人主义诉讼和混合式诉讼也表现出许多不同的特点。

二、职权主义诉讼

职权主义诉讼是以纠问式诉讼为主、弹劾式诉讼为辅加以改造后创制的一种刑事诉讼构造，主要实行于近现代的法国、德国等大陆法系国家，1808 年《法国刑事诉讼法》和 1877 年《德国刑事诉讼法》的颁布标志着此种诉讼构造的诞生，此后随着时间的流转和社会的变化而不断加以完善。

职权主义诉讼比较注重发挥警察机关、检察机关和审判机关在刑事诉讼中的职权作用，以更高效地发现案件真相，控制犯罪，保障人权。其主要特点如下：

一是侦查机关（包括享有侦查职权的预审法官）主导着侦查活动的开展，负责收集证据，犯罪嫌疑人一方几乎不进行事实调查，而且，这些国家的法律制度普遍也不鼓励辩方律师与证人进行接触。侦查机关享有广泛的权力，不仅有权采取讯问被告人、询问证人、勘验、鉴定、侦查实验、对质和辨认等一般性侦查手段调查犯罪事实，而且可以实施逮捕、羁押、搜查、扣押、窃听、电子监控、邮检等一系列强制性或秘密性的侦查措施，且较少受到外来的限制，自由度大，如一般侦查手段基本上实行的是侦查机关系统内的自律性控制，只有那些对公民的基本权利造成重大限制的强制性或秘密性侦查措施才需要由法官批准。较之于强大的侦查机关，犯罪嫌疑人处于相对较弱的状态，主要表现在：律师一般只能在侦查阶段的后期才能介入，且大都不能在警察讯问犯罪嫌疑人时在场；从事辩护性调查活动的空间缺乏，对于能够证明犯罪嫌疑人无罪或罪轻的证据材料，犯罪嫌疑人通常只能请求负责侦查的国家机关代为收集；犯罪嫌疑人尽管享有沉默权，但往往被科以忍受侦查人员讯问和调查的义务；① 羁押率较高，犯罪嫌疑人的保释权行使相对不够充分。

二是提起公诉遵循较为严格的起诉法定主义原则，在案件证据足以证明犯罪事实成立的情况下，原则上检察机关就必须提起公诉，只有在犯罪情节轻微等少数的例外情况下，才可以基于公共利益的考虑对于是否提起公诉进行自由裁量。此外，提起公诉实行案卷移送主义，检察机关在向法院提交起诉书的同时，必须把侦查起诉时所制作的卷宗材料以及获取的证据材料一并移送法院。

三是法官始终扮演着法庭审理过程中的主角。职权主义诉讼奉行"职权调查"和"实体真实"的审判理念，法官负有查明案件客观真相的责任，为此可依职权积极主动地收集、调查一切有助于查明案情的证据，而不受控、辩双方所提供的证据材料的限制。《德国刑事诉讼法》第244条规定："为了调查事实真相，法院应当依职权调查一切对裁判有意义的事实和证据。"《法国刑事诉讼法》第310条也规定："审判长享有自行作出决定的权力，依此权力，审判长得本着荣誉与良心，采取其认为有利于查明事实真相的一切措施……在庭审过程中，审判长得传唤任何人；必要时，可以签发拘传票传唤任何人，并听取他们的陈述，或者根据庭审的进展情况，让受传唤人提交有利于查明事实真相的一切新的证据材料。"相应地，检察官与辩护方则处于受限制的从属地位，通常只能在法官对证据调查完毕后作一些补充性的提问，试图找出被遗漏的有利于己的信息点，或者强调已经由证人确认的某些特定要点，而且提问必须经过法官的批准。

三、当事人主义诉讼

当事人主义诉讼又称对抗式诉讼，是以弹劾式诉讼为主、纠问式诉讼为辅加

---

① 参见［法］勒内·弗洛里奥：《错案》，赵淑美、张洪竹译，法律出版社1984年版，第80—101页。

以改造后创制的一种刑事诉讼构造，主要实行于近现代的英国、美国等英美法系国家。

当事人主义诉讼相信一个在法庭审判中消极、被动而且在庭审之前严格制约着侦、控人员的法官角色更有利于查明案件的真相，确保被告人的基本权利，因而比较强调控、辩双方当事人在诉讼进行中的主体地位。其主要特点如下：

一是在侦查程序中，侦查机关与犯罪嫌疑人一方都是地位平等的当事人，各自都能为准备法庭审判而开展诉讼调查活动，侦查机关的罪案调查活动与犯罪嫌疑人一方的辩护性调查活动同时展开，并相互制约。不仅如此，侦查权力被严格控制，警、检人员为侦查和追诉犯罪而采取诸如羁押、搜查、扣押、窃听、电子监控、邮检等强制性或秘密性的侦查措施时，原则上都必须事先申请，征得治安法官的许可，而且，法律对于这些诉讼行为通常规定了相当严格的批准条件，审批法官须遵照执行。如美国联邦最高法院通过判例明确规定，除少数特别的例外，警察在从事搜查或扣押等行为之前，必须取得治安法官的批准，治安法官则必须遵循"中立与公正"的原则予以严格审查，而不能仅仅是警察的"橡皮图章"。[①] 与此同时，必须重视犯罪嫌疑人的诉讼权利保障，犯罪嫌疑人不负有忍受侦查人员讯问的义务，因此，侦查机关不能强制要求犯罪嫌疑人接受讯问，也不能基于犯罪嫌疑人的沉默而对其作出不利的评价；在侦查的整个过程中，犯罪嫌疑人都有权获得律师的协助，只要犯罪嫌疑人要求，律师一般都可以在侦查人员讯问犯罪嫌疑人时在场；犯罪嫌疑人享有较为充分的保释权。

二是提起公诉遵循起诉便宜主义原则，即便是在案件证据足以证明犯罪事实成立的情况下，也允许检察机关基于公共利益或刑事政策的考虑而斟酌决定是否起诉以及如何起诉。此外，提起公诉实行起诉状一本主义，即检察机关在决定起诉后，只能向法院提交一份记载一定事项的起诉书，表明起诉主张的内容，并不得在起诉书中记载可能使审判法官产生不利于被告人的偏见之材料，更不得随卷移送任何证据材料。

三是控辩双方是庭审活动的主角。当事人主义诉讼奉行"相对哲学"和"公平竞争"的理念，强调案件真相应当由与案件结局有着切身利害关系的控辩双方

[①] 参见[美]卡尔威因等：《美国宪法释义》，徐卫东、吴新平译，华夏出版社1989年版，第212页。

从有利于自己的角度通过对抗进行揭示,由此,法庭审判以控辩双方的对抗性活动为主线进行,控方负有证明被告人有罪的举证责任,辩方可反驳控方的证据和主张,双方在地位平等的基础上按交叉询问的方式对证人进行质证、争辩,然后作出终结性辩论。法官消极居中,其作用主要是确保控辩双方在提出证据、交叉询问和法庭辩论时遵守作为"游戏规则"的程序规则,并在陪审团作出定罪裁决后决定量刑问题。

四、混合式诉讼

混合式诉讼又称"折中主义诉讼",是兼采职权主义诉讼和当事人主义诉讼的因素形成的,主要实行于第二次世界大战以后的日本、意大利等国家。1948年通过的现行《日本刑事诉讼法》和1988年通过的现行《意大利刑事诉讼法》是混合式诉讼的代表性法典。

以日本、意大利为例分析,混合式诉讼是在原有的职权主义诉讼基础上吸收当事人主义诉讼的因素并进行创造性建构的产物。混合式诉讼追求刑事诉讼中国家专门机关的权力与被追诉人权利的平衡,力图通过正当程序实现犯罪控制的目的。其主要特点如下:

其一,借鉴当事人主义诉讼的理念和做法,强化诉讼中控辩双方的平等对抗,加大被追诉人及其律师的辩护活动对诉讼过程和诉讼结局的影响力。这不仅体现在审前阶段被追诉人的诉讼防御手段和防御能力不断增强,更体现在庭审调查模式的调整上,即从原来的法官主导庭审调查转变为以控辩双方为主进行庭审调查,并采用了交叉询问的方式。如《日本刑事诉讼法》第304条规定:"审判长或者陪席法官,应当首先询问证人、鉴定人、口译人或者笔译人。检察官、被告人或者辩护人,在前款的询问完毕后,经告知审判长,可以询问该证人、鉴定人、口译人或者笔译人。在此场合,如果对该证人、鉴定人、口译人或者笔译人的调查,是依据检察官、被告人或辩护人的请求而进行时,由提出请求的人首先询问。"《意大利刑事诉讼法》第498条、第499条也对交叉询问的方式和规则作出了具体的规定。

其二,保留了职权主义诉讼中法官依职权主动调查证据的传统,发挥法官在探知案件事实、发现案件真相方面的积极作用。如《日本刑事诉讼法》第297条规定,"法院可以听取检察官和被告人或者辩护人的意见,决定调查证据的范围、顺序和方法";第298条第2款规定,"法院认为必要时,可以依职权调查证据"。《意大利刑事诉讼法》第507条规定:"在取证结束后,如果确有必要,法官可以主动地决定调取新的证据材料。"

五、我国的刑事诉讼构造及其特征

(一) 中华人民共和国成立以前的刑事诉讼构造

中国古代法律制度被称为"中华法系",在长期的历史发展过程中,刑事诉讼形成了一系列相对稳定的特征。主要表现为:司法与行政不分,地方司法机构一般同时为行政机关;程序法与实体法不分,有关刑事诉讼程序的规范一般都与刑事实体法律规范同时规定在法律之中;裁判职能与追诉职能不分,裁判官同时兼行追诉职责,权力很少真正受到限制;刑讯合法化,使用普遍化;被告人诉讼地位客体化,沦为被拷问的对象,被害人也没有诉讼主体地位,诉讼权利缺失;口供为证据之王,无供不定案。因此,尽管不完全等同,但无疑带有很强的纠问式诉讼色彩。

直至清朝末期,在修订法律大臣沈家本的主持下,开始借鉴西方国家的立法经验,相继制定了《大清刑事民事诉讼法(草案)》《大清刑事诉讼律(草案)》等单独的诉讼法典乃至刑事诉讼法典,规定了律师制度、公开审判制度、自由心证制度等体现资产阶级民主、自由和平等观念的诉讼原则和制度,但由于清廷的灭亡而未来得及施行。其后的南京临时政府、北洋政府和国民党政府,又相继颁布和施行了《中华民国临时约法》《刑事诉讼条例》《中华民国刑事诉讼法》和《中华民国刑事诉讼法施行法》,延续了清末的诉讼模式,尤其是《中华民国刑事诉讼法》,以德、日当时的刑事诉讼法为蓝本制定,采行了职权主义的诉讼构造。

(二) 中华人民共和国的刑事诉讼构造

中华人民共和国第一部《刑事诉讼法》是1979年7月1日正式通过、自1980年1月1日起施行的。1979年《刑事诉讼法》共4编、17章、164条,确立了一种可称之为强职权主义的刑事诉讼构造,比如规定"人民法院、人民检察院和公安机关进行刑事诉讼,应当分工负责,互相配合,互相制约"、侦查机关有权实施强制性措施、律师只能在审判阶段介入刑事诉讼,以及法官在开庭审理前就有权开展诸如讯问被告人、询问证人、被害人以及在必要时勘验、检查、搜查、扣押和鉴定等广泛多样的调查活动,较之于大陆法系职权主义诉讼,更为强调犯罪的控制和国家专门诉讼机关职权的有效运用,犯罪嫌疑人、被告人的地位相对弱化。

其后,为了适应我国社会主义市场经济建设以及民主与法制建设不断发展的需求，全国人大先后于 1996 年 3 月、2012 年 3 月，全国人大常委会于 2018 年 10 月对 1979 年《刑事诉讼法》进行了三次大范围的修正，不断强化犯罪嫌疑人、被告人诉讼权利的保障，将辩护律师介入诉讼为犯罪嫌疑人提供帮助的时间提前到侦查程序中，从犯罪嫌疑人被侦查机关第一次讯问或者采取强制措施之日起，加强了对侦查权力的控制和规范，完善和细化了证据规则，弱化了庭审中法官的活动，强化了法官的中立性和控辩双方的对抗性活动对法官裁判的影响力，使得强职权主义诉讼构造逐渐转变为以职权主义诉讼为底色、杂糅着当事人主义诉讼和本土司法元素的混合式诉讼构造。这一诉讼构造主要特点如下：

一是侦查程序仍然具有一定的强职权主义色彩。首先，法官不能介入侦查过程，侦查人员与犯罪嫌疑人一方之间的地位不平等，权利也不对等，犯罪嫌疑人没有沉默权，对于侦查人员的讯问必须如实回答。取保候审和监视居住的使用率较低，犯罪嫌疑人大都处于被拘捕关押的状态。不仅如此，负有侦查职责的公安机关不仅可以实施讯问犯罪嫌疑人、勘验检查、鉴定、通缉、窃听、电子监控、秘密侦查、搜查、扣押、拘传、取保候审、监视居住、拘留、逮捕等各种侦查措施，而且，除逮捕犯罪嫌疑人须事先报经人民检察院审批外，其他一切侦查措施和手段都由公安机关自行决定，条件也相当宽松，自由度较大。

二是提起公诉遵循以起诉法定主义为主、起诉便宜主义为辅的原则。人民检察院认为现有证据足以证明犯罪嫌疑人犯罪的，原则上应当提起公诉，但对于犯罪情节轻微、依照刑法规定不需要判处刑罚或者免除刑罚的，可以裁量决定不起诉；对于未成年人涉嫌刑法分则第四章、第五章、第六章规定的犯罪，可能判处一年有期徒刑以下刑罚，符合起诉条件，但有悔罪表现的，人民检察院也可以裁量作出附条件不起诉的决定。不过，需要指出的是，2018 年修正后的《刑事诉讼法》第 182 条将检察机关裁量不起诉的权力扩展到重罪案件，从而一定程度上改变了以起诉法定主义为主、轻罪案件才适当兼采起诉便宜主义的原则。此外，提起公诉实行案卷移送主义制度，检察院向法院提起公诉时，应当随案移送案卷材料和证据。不仅如此，对于人民检察院的起诉，没有设立法官主导的司法审查程序，法院无权驳回起诉，这更彰显了我国提起公诉程序的职权主义色彩。

三是审判程序呈现出以职权主义为主、以当事人主义为辅的混合色彩。庭审中由原来的法官出示并主导证据的调查改为由控辩双方各自向法庭出示证据，并以控辩双方为主进行法庭调查，而且控辩双方由原来只能在法庭辩论阶段进行辩论改为在法庭调查每一种证据时都可以发表意见并展开相互辩论，还有权申请法庭通知专家辅助人出庭协助质证，从而一定程度上出现了"当事人主义化"的趋势。不过，现行《刑事诉讼法》所构建的审判程序仍然保留了相当浓厚的职权主义色彩，比如，法官开庭前仍然可以审阅卷宗材料和证据，法庭调查仍然以对被告人的讯问开场，被告人没有沉默权；控辩双方向被告人、证人、被害人或鉴定人的讯问或询问都必须经过审判长批准；审判过程中，法官仍然有权根据查明案情的需要在控辩双方不在场的情况下开展勘验、检查、扣押、鉴定和查询、冻结等庭外调查活动；实践中，证人仍然极少出庭作证，书面证据仍然在庭审中广为运用，而且多是采取摘录式宣读调查的方式。此外，法律规定"人民法院、人民检察院和公安机关进行刑事诉讼，应当分工负责，互相配合，互相制约"等，无疑又糅合了一定的本土司法元素。

第二节 刑事诉讼中的审判机关

一、审判机关的性质与职权

（一）审判机关的性质

在我国，审判机关专指人民法院。我国《刑事诉讼法》第 3 条规定了"审判由人民法院负责"。第 12 条规定："未经人民法院依法判决，对任何人都不得确定有罪。"据此，人民法院是代表国家统一行使审判权的司法机关，并且是唯一有权确定被告人有罪和对被告人判处刑罚的审判机关。

此外，在我国，司法与审判不是同一个概念，司法的范围要广于审判。人民法院是唯一的审判机关。

根据《宪法》《刑事诉讼法》和《人民法院组织法》的相关规定，人民法院依法独立行使审判权，不受行政机关、社会团体和个人的干涉，如《人民法院组织法》第 52 条规定："任何单位或者个人不得要求法官从事超出法定职责范围的事务。对于领导干部等干预司法活动、插手具体案件处理，或者人民法院内部人员过问案件情况的，办案人员应当全面如实记录并报告；有违法违纪情形的，由有关机关根据情节轻重追究行为人的责任。"人民法院对同级人民代表大会及其常务委员会负责并报告工作，接受其监督。

（二）审判机关在刑事诉讼中的职权

为保证人民法院审判职能的有效履行，《刑事诉讼法》赋予人民法院以下职权：（1）决定适用拘传、取保候审、监视居住和逮捕等强制措施；（2）对该出庭而不出庭作证的证人有权强制其到庭、予以训诫和拘留；在审判过程中，必要时可以进行勘验、检查、查封、扣押、鉴定和查询、冻结；（3）对违反法庭秩序的行为进行警告、制止以及采取处罚措施；（4）执行某些判决和裁定；（5）对生效判决按照审判监督程序进行提审或者再审。这些职权通常也是人民法院应尽的职责，必须严格依法履行。

人民法院在行使职权的同时，应当履行以下义务：（1）通知义务。应当依法及时通知人民检察院、当事人及其他诉讼参与人出庭参加诉讼。（2）告知义务。开庭时，应当告知当事人、证人和鉴定人等的诉讼权利和诉讼义务。（3）保障义务。应当保障诉讼参与人诉讼权利的行使。（4）听取义务。审判过程中，应当听取公诉人、当事人、诉讼代理人、辩护人对证据、案件情况和法律适用所发表的意见。

二、审判机关的组织体系及其上下级关系

根据《人民法院组织法》的规定，我国人民法院的组织体系由三部分组成：最高人民法院、地方各级人民法院和专门人民法院。

最高人民法院是我国的最高审判机关，监督各级人民法院和专门人民法院的工作。最高人民法院审理下列案件：（1）法律规定由其管辖的和其认为应当由自己管辖的第一审案件；（2）对高级人民法院判决和裁定的上诉、抗诉案件；（3）按照全国人民代表大会常务委员会的规定提起的上诉、抗诉案件；（4）按照审判监督程序提起的再审案件；（5）高级人民法院报请核准的死刑案件。此外，最高人民法院还对审判工作中如何应用法律的问题作出有普遍拘束力的司法解释，并可以发布指导性案例。

2016年12月修改后的最高人民法院《关于巡回法庭审理案件若干问题的规定》第1条规定："最高人民法院设立巡回法庭，受理巡回区内相关案件。第一巡回法庭设在广东省深圳市，巡回区为广东、广西、海南、湖南四省区。第二巡回法庭设在辽宁省沈阳市，巡回区为辽宁、吉林、黑龙江三省。第三巡回法庭设在江苏省南京市，巡回区为江苏、上海、浙江、福建、江西五省市。第四巡回法庭设在河南省郑州市，巡回区为河南、山西、湖北、安徽四省。第五巡回法庭设在重庆市，巡回区为重庆、四川、贵州、云南、西藏五省区。第六巡回法庭设在陕西省西安市，巡回区为陕西、甘肃、青海、宁夏、新疆五省区。最高人民法院本部直接受理北京、天津、河北、山东、内蒙古五省区市有关案件。最高人民法院根据有关规定和审判工作需要，可以增设巡回法庭，并调整巡回法庭的巡回区和

案件受理范围。"巡回法庭是最高人民法院派出的常设审判机构，审理或者办理巡回区内应当由最高人民法院受理的以下案件：（1）全国范围内重大、复杂的第一审行政案件；（2）在全国有重大影响的第一审民商事案件；（3）不服高级人民法院作出的第一审行政或者民商事判决、裁定提起上诉的案件；（4）对高级人民法院作出的已经发生法律效力的行政或者民商事判决、裁定、调解书申请再审的案件；（5）刑事申诉案件；（6）依法定职权提起再审的案件；（7）不服高级人民法院作出的罚款、拘留决定申请复议的案件；（8）高级人民法院因管辖权问题报请最高人民法院裁定或者决定的案件；（9）高级人民法院报请批准延长审限的案件；（10）涉港澳台民商事案件和司法协助案件；（11）最高人民法院认为应当由巡回法庭审理或者办理的其他案件。最高人民法院巡回法庭庭长、副庭长由最高人民法院院长提请全国人大常委会任免。

地方各级人民法院分为基层人民法院、中级人民法院和高级人民法院。市辖区、县、自治县、不设区的市设基层人民法院。基层人民法院可以根据需要设立人民法庭，人民法庭是基层人民法院的组成部分，其判决和裁定就是基层人民法院的判决和裁定。基层人民法院受理除上级人民法院管辖的第一审案件外的所有第一审案件。中级人民法院包括：省、自治区辖市的中级人民法院；在直辖市内设立的中级人民法院；自治州中级人民法院；在省、自治区内按地区设立的中级人民法院。中级人民法院根据法律规定受理由它管辖的第一审案件、基层人民法院报请审理的第一审案件、不服基层人民法院判决和裁定的上诉、抗诉案件以及依照审判监督程序提起的再审案件。省、自治区、直辖市设高级人民法院。高级人民法院根据法律受理由它管辖的第一审案件，下级人民法院报请审理的第一审案件，最高人民法院指定管辖的第一审案件，不服中级人民法院判决和裁定的上诉、抗诉案件，按照审判监督程序提起的再审案件，以及中级人民法院报请复核的死刑案件。

专门人民法院包括军事法院、海事法院、知识产权法院、金融法院等，其中，海事法院、知识产权法院、金融法院等没有刑事案件的管辖权。

根据我国法律的规定，人民法院系统内部上下级之间在审判业务方面是审判监督关系，而非行政领导关系。下级人民法院的审判工作要受上级人民法院的监督，地方各级人民法院和专门人民法院的审判工作均受最高人民法院的监督。不过，由于各级人民法院都有权独立行使审判权，因而在具体案件的审判中，上级人民法院不能对下级人民法院发布指示或命令，而只能依照法律规定的权限分别通过二审程序、死刑复核程序或审判监督程序来监督下级人民法院的审判工作。

三、审判组织

审判组织是人民法院审判案件的具体组织形式。针对不同类型的案件，我国规定了多样化的审判组织形式，以便在保证程序公正的前提下，提高诉讼效率。根据《刑事诉讼法》第183条的规定，人民法院审判案件的具体组织形式有两种：独任庭和合议庭。另外，根据《人民法院组织法》第36条的规定，各级人民法院设审判委员会，对审判工作进行集体领导。同时，该法将审判委员会规定在第三章"人民法院的审判组织"中，据此，审判委员会也是我国的审判组织形式。

（一）独任庭

独任庭是由法官一人独任审判案件的组织形式。其优点是迅速和经济，缺点则是容易导致恣意擅断。根据《刑事诉讼法》第183条的规定，独任审判只限于基层人民法院适用简易程序、速裁程序进行第一审的刑事案件。当然，根据案件需要，上述案件也可以由合议庭进行审判，而不是必须独任审判。司法实践中，案件是否由审判员独任审判，需由庭长审查决定。此外，独任庭只能由审判员组成，人民陪审员不能进行独任审判。法官独任审理案件，独任法官对案件的事实认定和法律适用负责。

（二）合议庭

合议庭是由审判人员数人集体审判案件的组织形式。合议庭是人民法院审判案件的基本组织形式，除上述可以独任审判的第一审案件外，其他案件均应由合议庭审判。

根据《刑事诉讼法》第183条的规定，刑事诉讼中合议庭的组成人员因所处法院级别、审判程序的不同而有所差异，具体如下：（1）基层人民法院、中级人民法院审判第一审案件，应当由审判员3人或者由审判员和人民陪审员共3人或者7人组成合议庭进行。（2）高级人民法院审判第一审案件，应当由审判员3人至7人或者由审判员和人民陪审员共3人或者7人组成合议庭进行。（3）最高人民法院审判第一审案件，应当由审判员3人至7人组成合议庭进行。（4）人民法院审判上诉和抗诉案件，应当由审判员3人或者5人组成合议庭进行。此外，根据《刑事诉讼法》第249条、第256条的规定，最高人民法院复核死刑案件、高级人民法院复核死刑缓期执行案件，应当由审判员3人组成合议庭进行；人民法院按照审判监督程序重新审判案件，应当分别依照第一审或第二审程序的有关规定另行组成相应的合议庭。

由上可见，合议庭的成员人数是单数。合议庭设审判长一人，一般由资历较深、庭审驾驭能力较强的法官担任，也可以由承办法官担任。院长、庭长参加案件审判的时候，自己担任审判长。审判长的职责是主持庭审和组织评议案件。

合议庭评议案件，由审判长主持。合议庭的每个成员都有平等的发言权与表决权，如果意见分歧，应当按多数人的意见作出决定，但少数人的意见应当写入笔录。评议笔录必须由合议庭全体成员签名。合议庭成员应充分发表意见，不应当沉默或者在表决中弃权。合议庭审理案件，法官对案件的事实认定和法律适用负责。此外，开庭审理和评议应由同一个合议庭进行。如果合议庭的组成人员不合法，作出的裁判就是非法的，应予撤销。

与独任制不同，合议制尽管可能加重法院的案件负担，但由于能够集思广益，发挥集体智慧，防止个人主观片面和恣意擅断，同时使审判人员相互监督，有利于防止徇私舞弊、枉法裁判，保证案件质量，因而具有更大的合理性。

（三）审判委员会

根据《人民法院组织法》第36条规定，各级人民法院设审判委员会。审判委员会会议分为全体会议和专业委员会会议。中级以上人民法院根据审判工作需要，可以按照审判委员会委员专业和工作分工，召开刑事审判、民事行政审判等专业委员会会议。第37条规定，审判委员会履行下列职能：（1）总结审判工作经验；（2）讨论决定重大、疑难、复杂案件的法律适用；（3）讨论决定本院已经发生法律效力的判决、裁定、调解书是否应当再审；（4）讨论决定其他有关审判工作的重大问题。此外，最高人民法院对属于审判工作中具体应用法律的问题进行解释，应当由审判委员会全体会议讨论通过；发布指导性案例，可以由审判委员会专业委员会会议讨论通过。从比较法的角度看，作为对审判工作实行集体领导的组织形式，审判委员会是我国法院内部独有的一种组织形式。

审判委员会由院长、副院长和若干资深法官组成，其委员由院长提请本级人民代表大会常务委员会任免。审判委员会评议案件采用会议的方式，应当有过半数组成人员出席。会议由院长主持，院长因故不能主持时，可以委托副院长主持。本级人民检察院检察长或者检察长委托的副检察长可以列席审判委员会会议，对讨论事项可以发表意见，但不参加表决。审判委员会讨论案件的情况和决定，应当制作笔录，并由参加讨论的审判委员会委员签名。审判委员会的多数人意见就是审判委员会的意见，合议庭应当据以作出判决或裁定，但判决书上的署名应当是审理该案的合议庭成员，而非审判委员会的委员。合议庭对其汇报的事实负责，审判委员会对本人发表的意见和表决负责。审判委员会讨论案件的决定及其理由应当在裁判文书中公开，但法律规定不公开的除外。

根据《刑事诉讼法》第185条的规定，对于疑难、复杂、重大的案件，合议庭认为难以作出决定的，由合议庭提请院长决定提交审判委员会讨论决定。由此，审判委员会讨论的案件需要具备以下条件：一是在案件类型上，必须是疑难、复杂、重大的案件。根据最高人民法院《解释》第178条的规定，包括如下案件：拟判处死刑的，人民检察院抗诉的，合议庭成员意见有重大分歧的，新类型案件，社会影响重大的，其他需要由审判委员会讨论决定的。二是在程序与提交方式上，审判委员会讨论的案件必须是合议庭已开庭审理之后的案件，且必须是合议庭认为难以作出决定而提请院长决定提交审判委员会讨论决定的案件。此外，该《解释》还规定，独任审判的案件，审判员认为有必要的，也可以提请院长决定提交审判委员会讨论决定。当然，随着我国司法改革的推进以及审判委员会功能的调整，审判委员会讨论案件的范围、数量将不断限缩和减少。

四、人民陪审员制度

《刑事诉讼法》第13条规定："人民法院审判案件，依照本法实行人民陪审员陪审的制度。"如前所引，《刑事诉讼法》第183条进一步规定，人民法院受理的第一审案件，除最高人民法院外，都可以适用人民陪审制审判，只是不同级别法院的合议庭对人民陪审员的人数有不同的要求。

从世界范围看，现代各国普遍确立了吸纳普通公民参与刑事审判的制度。主要表现为两种类型：一种是英美法系国家的陪审制，即通常由12名随机抽取的普通公民组成陪审团，在与法官共同审理案件的基础上，分别行使事实认定和法律适用的权力，陪审团就被告人是否构成犯罪的事实作出判断，法官则在陪审团定罪的基础上量刑；另一种则是大陆法系国家的参审制，即普通公民作为陪审员参加审判，与法官组成合议庭，陪审员与法官共同审理案件、共同决定案件的事实认定和法律适用问题，且权利平等。

我国人民陪审员制度与大陆法系国家的参审制较为类似。人民陪审员在人民法院执行职务期间，是所在合议庭的组成人员，除法律另有规定外，与法官具有同等权利，有权在庭审时提问、发言，在评议时表决意见，但不能担任合议庭的审判长。人民陪审员在执行职务期间，由人民法院按照有关规定按实际工作日给予补助。人民陪审员因参加审判活动支出的交通、就餐等费用，由人民法院依照有关规定给予补助。

2018年4月通过的《中华人民共和国人民陪审员法》（以下简称《陪审员法》）第5条规定："公民担任人民陪审员，应当具备下列条件：（一）拥护中华人民共和国宪法；（二）年满二十八周岁；（三）遵纪守法、品行良好、公道正派；（四）具有正常履行职责的身体条件。担任人民陪审员，一般应当具有高中以上文化程度。"人民陪审员制度不仅表征着司法的民主性，还能发挥人民陪审员在熟知社情民意方面的独特作用，弥补法官的知识局限，防止司法腐败和司法僵化，促进司法公正。

不过，我国人民陪审员制度的实际运行状况并不乐观。受邀参审的人民陪审员往往"陪而不审"，流于形式，难以发挥实质性的作用。鉴于此，《陪审员法》对人民陪审员的产生、条件、任期及参审案件的范围等作了统一的规定，确定了由人大常委会任命并随机抽取的产生方式，明晰了法官与陪审员的关系及权力界分。根据《陪审员法》规定，可能判处10年以上有期徒刑、无期徒刑、死刑，社会影响重大的刑事一审案件，由人民陪审员和法官组成7人合议庭进行审判；审判长应当履行与案件审判相关的指引、提示义务，但不得妨碍人民陪审员对案件的独立判断；合议庭评议案件，审判长应当对本案中涉及的事实认定、证据规则、法律规定等事项及应当注意的问题，向人民陪审员进行必要的解释和说明。人民陪审员参加3人合议庭审判案件，对事实认定、法律适用独立发表意见，行使表决权。人民陪审员参加7人合议庭审判案件，对事实认定，独立发表意见，并与法官共同表决，对法律适用，可以发表意见，但不参加表决。最高人民法院2019年4月发布的《关于适用〈中华人民共和国人民陪审员法〉若干问题的解释》进一步规定，对于《人民陪审员法》第15条、第16条规定之外的第一审普通程序案件，人民法院应当告知刑事案件被告人，在收到通知5日内有权申请由人民陪审员参加合议庭审判案件。人民法院接到当事人在规定期限内提交的申请后，经审查决定由人民陪审员和法官组成合议庭审判的，合议庭成员确定后，应当及时告知当事人。人民法院应当在开庭7日前从人民陪审员名单中随机抽取确定人民陪审员。人民法院可以根据案件审判需要，从人民陪审员名单中随机抽取一定数量的候补人民陪审员，并确定递补顺序，一并告知当事人。因案件类型需要具有相应专业知识的人民陪审员参加合议庭审判的，可以根据具体案情，在符合专业需求的人民陪审员名单中随机抽取确定。7人合议庭开庭前，应当制作事实认定问题清单，根据案件具体情况，区分事实认定问题与法律适用问题，对争议事实问题逐项列举，供人民陪审员在庭审时参考。事实认定问题和法律适用问题难以区分的，视为事实认定问题。合议庭评议案件时，先由承办法官介绍案件涉及的相关法律、证据规则，然后由人民陪审员和法官依次发表意见，审判长最后发表意见并总结合议庭意见。7人合议庭评议时，审判长应当归纳和介绍需要通过评议讨论决定的案件事实认定问题，并列出案件事实问题清单。人民陪审员全程参加合议庭评议，对于事实认定问题，由人民陪审员和法官在共同评议的基础上进行表决。对于法律适用问题，人民陪审员不参加表决，但可以发表意见，并记录在卷。

第三节　刑事诉讼中的检察机关

一、检察机关的性质与地位

在我国，根据《宪法》第134条和《人民检察院组织法》第2条的规定，人民检察院是国家的法律监督机关，代表国家行使检察权。

此外，《宪法》《刑事诉讼法》和《人民检察院组织法》还规定，人民检察院依法独立行使检察权，不受行政机关、社会团体和个人的干涉；人民检察院对同级人民代表大会及其常务委员会负责并报告工作，接受其监督。

二、检察机关在刑事诉讼中的职权

依据《人民检察院组织法》第20条的规定，人民检察院的职权主要包括：（1）依照法律规定对有关刑事案件行使侦查权；（2）对刑事案件进行审查，批准或者决定是否逮捕犯罪嫌疑人；（3）对刑事案件进行审查，决定是否提起公诉，对决定提起公诉的案件支持公诉；（4）依照法律规定提起公益诉讼；（5）对诉讼活动实行法律监督；（6）对判决、裁定等生效法律文书的执行工作实行法律监督；（7）对监狱、看守所的执法活动实行法律监督；（8）法律规定的其他职权。第21条第1款规定："人民检察院行使本法第二十条规定的法律监督职权，可以进行调查核实，并依法提出抗诉、纠正意见、检察建议。有关单位应当予以配合，并及时将采纳纠正意见、检察建议的情况书面回复人民检察院。"

我国《刑事诉讼法》将人民检察院在刑事诉讼中的职权具体规定如下：（1）依照刑事案件立案管辖的分工，对司法工作人员或国家机关工作人员利用职权实施的特定犯罪案件立案侦查；（2）对犯罪嫌疑人决定适用拘传、取保候审、监视居住或者拘留措施；对犯罪嫌疑人批准或者决定逮捕，以及逮捕后对羁押的必要性进行审查；（3）对犯罪嫌疑人作出提起公诉、不起诉或者附条件不起诉的决定；（4）符合法定情形时，在提起公诉的同时还可以提起附带民事诉讼；（5）犯罪嫌疑人认罪认罚的，人民检察院应当就主刑、附加刑、是否适用缓刑等提出量刑建议,并随案移送认罪认罚具结书等材料;(6)对于贪污贿赂犯罪案件,以及需要及时进行审判,经最高人民检察院核准的严重危害国家安全犯罪、恐怖活动犯罪案件,犯罪嫌疑人、被告人在境外,监察机关、公安机关移送起诉,人民检察院认为犯罪事实已经查清,证据确实、充分,依法应当追究刑事责任的,可以向人民法院提起公诉;(7)犯罪嫌疑人、被告人逃匿或者死亡,符合法定条件的,人民检察院可以向人民法院提出没收违法所得的申请;(8)对依法不负刑事责任的精神病人符合强制医疗条件的,人民检察院有权向人民法院提出强制医疗的申请;(9)对尚未发生法律效力的一审裁判按照第二审程序提出抗诉,对已经生效的裁判按照审判监督程序提出抗诉;(10)对立案、侦查、审判、执行活动是否合法以及对依法不负刑事责任的精神病人的强制医疗的决定和执行实行法律监督;(11)人民检察院有权受理和审查当事人、辩护人、诉讼代理人及其利害关系人对于公安司法机关及其工作人员采取强制措施或者侦查措施有违法情形时提出的申诉,并在情况属实时,通知有关机关予以纠正。

综上,可以将人民检察院在刑事诉讼中的职权分为六大类:一是依照法律规定对有关刑事案件行使侦查权。二是强制措施的适用权以及批准或决定逮捕的权力。三是公诉权,即对侦查终结或者监察机关调查终结的案件审查起诉,进而作出提起公诉、不起诉或者附条件不起诉的决定,以及提出检察建议的权力等。四是启动缺席审判程序、违法所得的没收程序和强制医疗程序等特别程序的权力。五是诉讼监督权,即有权对整个刑事诉讼活动开展的合法性进行监督。六是司法救济权,即有权在当事人、辩护人、诉讼代理人及其利害关系人遭遇公安司法机关及其工作人员违法采取的强制措施或者侦查措施时为其提供救济。

三、检察机关的组织体系及其上下级关系

人民检察院的组织体系如下:中央设最高人民检察院;省、自治区、直辖市设省级人民检察院;设区的市级人民检察院,包括省、自治区辖市人民检察院,自治州人民检察院,省、自治区、直辖市人民检察院分院;基层人民检察院,包括县、自治县、不设区的市、市辖区人民检察院。省级人民检察院和设区的市级人民检察院根据工作需要,经最高人民检察院和省级有关部门同意,并提请本级人民代表大会常务委员会批准,可以在工矿区、农垦区、林区等区域设置人民检察院作为派出机构。为适应检察工作的需要,地方各级人民检察院还先后在监狱、戒毒所、看守所等场所设立检察室,行使派出它的人民检察院的部分职权,也可以对上述场所进行巡回检察。此外,在军队等部门还设有专门的军事检察院等。

人民检察院上下级之间是领导和被领导的关系。根据《宪法》和《人民检察院组织法》的规定，最高人民检察院领导地方各级人民检察院和专门人民检察院的工作，上级人民检察院领导下级人民检察院的工作。最高人民检察院通过对检察工作具体应用法律问题进行解释和发布指导性案例，指导各级人民检察院的工作。上级检察院对下级检察院行使下列职权：（1）认为下级检察院的决定错误的，指令下级检察院纠正，或者依法撤销、变更；（2）可以对下级检察院管辖的案件指定管辖；（3）可以办理下级检察院管辖的案件；（4）可以统一调用辖区的检察人员办案件。各级人民检察院受产生它的人民代表大会及其常委会监督，并对其负责。

各级人民检察院由检察长统一领导本院的工作，重大办案事项由检察长决定。检察长可以将部分职权委托检察官行使，可以授权检察官签署法律文书。各级人民检察院设检察委员会，由检察长、副检察长和若干资深检察官组成，成员应当是单数。检察委员会的职责是：总结检察工作经验；讨论决定重大、疑难、复杂案件；讨论决定其他有关检察工作的重大问题。检察委员会在检察长主持下开展工作，实行民主集中制原则，如果检察长不同意多数人的意见，属于办理案件的，可报请上一级检察长决定；属于重大事项的，可报请上一级检察院或本级人大常委会决定。

我国人民检察制度具有明显的中国特色，主要表现在三个方面：（1）在机构设置上，人民检察院相对独立，形成自上而下集中统一的组织体系，并且与人民法院具有平等的宪法地位；（2）在领导体制上，人民检察院在政治上和思想上受执政党领导，在业务上受上级人民检察院领导，在工作上对产生它的国家权力机关负责；（3）在职能上，人民检察院是专门的法律监督机关，有权对立案、侦查、审判、执行等整个刑事诉讼活动进行监督，不是单纯的公诉机关。

第四节　刑事诉讼中的侦查机关

一、侦查机关的类型

在我国，根据《刑事诉讼法》的规定，侦查机关有多种类型，主要包括公安机关、人民检察院、国家安全机关、军队保卫部门、中国海警局和监狱。

二、公安机关

（一）公安机关的性质

根据2007年开始施行的《公安机关组织管理条例》的规定，公安机关是人民民主专政的重要工具，人民警察是武装性质的国家治安行政力量和刑事司法力量，承担依法预防、制止和惩治违法犯罪活动，保护人民，服务经济社会发展，维护国家安全，维护社会治安秩序的职责。

（二）公安机关在刑事诉讼中的职权

公安机关是我国的专门侦查机关，负责绝大多数刑事案件的侦查工作。为有效地制止、预防和打击犯罪，法律赋予公安机关以下广泛的职权：（1）对依法管辖的刑事案件立案侦查；（2）对依法立案的刑事案件实施勘验、检查、搜查等一系列侦查行为；（3）采取拘传、取保候审、监视居住、拘留等强制措施；（4）根据检察机关的批准、决定或者人民法院的决定执行逮捕；（5）对人民检察院作出的不批准逮捕、不起诉的决定要求复议、提请复核；（6）决定撤销案件或者侦查终结后将案件移送人民检察院审查起诉；（7）对被判处拘役、剥夺政治权利罪犯的执行以及被判处死刑缓期执行、无期徒刑、有期徒刑罪犯的交付执行；等等。

公安机关的上述职权也是其应尽的职责，必须严格依法行使。

（三）公安机关的组织体系及其上下级关系

公安机关由中华人民共和国公安部、地方各级公安机关以及专门公安机关组成。

公安部在国务院领导下，主管全国的公安工作，是全国公安工作的领导、指挥机关。地方各级公安机关是地方各级人民政府的组成部分，在业务上接受上级公安机关的领导和指挥。省、自治区设公安厅，直辖市、市、县设公安局，行署、自治州、盟设公安处或公安局；设区的市公安局根据工作需要设置公安分局。城镇、街道办事处、繁华地段和乡镇所设立的公安派出所，是基层公安机关的派出机构；厂矿、企事业单位的保卫部门是所属单位的职能机构，其中经过批准建立公安科（处）的（如高等院校设立的公安处），兼有公安机关派出机构的性质，在当地公安机关指导下行使部分侦查权。铁路、交通、民航、森林等系统的公安机关以及海关侦查走私犯罪的公安机构，是公安机关的组成部分。

根据《公安机关组织管理条例》的规定，县级以上地方人民政府公安机关和公安分局内设机构分为综合管理机构和执法勤务机构，具体负责治安、户口、交通、消防、经济文化保卫、出入境管理、刑事侦查、预审等业务。执法勤务机构实行队建制，称为总队、支队、大队、中队。此外，公安机关依照法律、行政法规的规定可以设置看守所、拘留所、戒毒所、收容教育所。公安机关内部实行行政首长负责制。

三、其他侦查机关

根据《刑事诉讼法》的规定，人民检察院有权对有关刑事案件行使侦查权。

《刑事诉讼法》第 19 条第 2 款规定："人民检察院在对诉讼活动实行法律监督中发现的司法工作人员利用职权实施的非法拘禁、刑讯逼供、非法搜查等侵犯公民权利、损害司法公正的犯罪，可以由人民检察院立案侦查。对于公安机关管辖的国家机关工作人员利用职权实施的重大犯罪案件，需要由人民检察院直接受理的时候，经省级以上人民检察院决定，可以由人民检察院立案侦查。"

国家安全机关是为了适应改革开放的形势，加强同危害我国国家安全的行为做斗争的需要，于1983年由第六届全国人大第一次会议决定设立的。1983年7月1日，国家安全部成立。

2015年第十二届全国人大常委会第十五次会议通过的《国家安全法》第 42 条规定，国家安全机关、公安机关依法搜集涉及国家安全的情报信息，在国家安全工作中依法行使侦查、拘留、预审和执行逮捕以及法律规定的其他职权。《刑事诉讼法》第 4 条也规定，国家安全机关依照法律规定，办理危害国家安全的刑事案件，行使与公安机关相同的职权。可见，国家安全机关与公安机关的性质相同，在刑事诉讼中的职权亦同，只是各自负责侦查的犯罪类型有所区别而已。

国家安全机关由国家安全部和地方各级国家安全局组成。国家安全部在国务院领导下主管全国的国家安全工作，地方各级国家安全局是地方各级政府的组成部分，业务上接受上级国家安全机关的领导。省、自治区、直辖市设国家安全局，一些省辖市也设有国家安全局。

根据我国的军事体制，中国人民解放军内部设立保卫部门，负责军队内部发生的刑事案件的侦查工作。《刑事诉讼法》第 308 条第 1 款规定："军队保卫部门对军队内部发生的刑事案件行使侦查权。"军队保卫部门办理刑事案件，适用《刑事诉讼法》的有关规定，行使与公安机关相同的职权。

中国海警局履行海上维权执法职责，对海上发生的刑事案件行使侦查权。中国海警局办理刑事案件，适用《刑事诉讼法》的有关规定，行使与公安机关相同的职权。

监狱是国家的刑罚执行机关，是实现人民法院的生效裁判、对罪犯进行劳动改造的主要场所。根据《监狱法》和《刑事诉讼法》的规定，对罪犯在监狱内犯罪的案件，由监狱进行侦查。监狱办理刑事案件，适用《刑事诉讼法》的有关规定，行使与公安机关相同的职权。不仅如此，监狱在刑事诉讼中还承担着重要的刑罚执行功能，负责对死刑缓期执行、无期徒刑、有期徒刑判决的执行工作。

此外，需要指出的是，根据《监察法》第 3 条规定，各级监察委员会是行使监察职能的专责机关，依法对所有行使公权力的公职人员进行监察，调查职务违法和职务犯罪，开展廉政建设和反腐败工作，维护宪法和法律的尊严。据此，虽然不被视为侦查机关，但监察委员会承担了职务犯罪的主要调查职能。

第五节　当事人与其他诉讼参与人

刑事诉讼主体，除审判机关、检察机关和侦查机关等国家专门机关外，还包括当事人与其他诉讼参与人。

诉讼参与人是指除国家专门机关工作人员以外的所有参加刑事诉讼活动，享有一定诉讼权利并承担一定诉讼义务的人。换言之，诉讼参与人具有特定的含义，并非所有参加刑事诉讼活动的人都是诉讼参与人，审判人员、检察人员、侦查人员、书记员以及其他专门机关工作人员尽管也参加刑事诉讼活动且承担重要诉讼职能，但因其在刑事诉讼中的地位、作用等与其他参加诉讼活动的人员存在很大的不同，因此没有被法律规定为诉讼参与人。

根据《刑事诉讼法》第108条第4项规定，"诉讼参与人"是指当事人、法定代理人、诉讼代理人、辩护人、证人、鉴定人和翻译人员。以诉讼参与人与案件结局的利害关系及其对刑事诉讼处理结果的影响力为标准，可以将诉讼参与人区分为当事人和其他诉讼参与人。

一、当事人

当事人就是指刑事诉讼中处于事实上的原告人或者被告人地位，承担控诉或者辩护职能，并与案件结局有直接利害关系的诉讼参与人。

根据《刑事诉讼法》第108条第2项的规定，刑事诉讼中的当事人是指被害人、自诉人、犯罪嫌疑人、被告人、附带民事诉讼的原告人和被告人。当事人由于承担着控诉职能或者辩护职能，与案件结局存在直接利害关系，因而比其他诉讼参与人享有更多的诉讼权利，承担更多的诉讼义务，对于刑事诉讼的启动、进展和终结发挥着重要的推动作用。

（一）犯罪嫌疑人、被告人

1. 犯罪嫌疑人、被告人的称谓和诉讼地位

犯罪嫌疑人、被告人是指因涉嫌犯罪而受到刑事追诉的当事人。

根据《刑事诉讼法》的规定，刑事诉讼中被依法刑事追诉的当事人在不同诉讼阶段有不同的称谓。在公诉案件的侦查阶段和审查起诉阶段，由于尚未对其提

出正式的指控，因而一律称为"犯罪嫌疑人"；当人民检察院决定提起公诉以后，从制作起诉书开始，改称"被告人"。在自诉案件中，则统称为"被告人"。据此，实践中，应当避免使用"人犯""犯罪分子""嫌疑犯"等不准确甚至带有有罪推定色彩的概念。

犯罪嫌疑人、被告人应否负刑事责任是刑事诉讼的中心问题，整个刑事诉讼活动就是围绕着犯罪嫌疑人、被告人应否负刑事责任而展开的，因而犯罪嫌疑人、被告人是刑事诉讼的中心人物。犯罪嫌疑人、被告人在刑事诉讼中具有特定的人身性，必须亲自参与到侦查、起诉和审判程序中，不允许他人代替参加诉讼。犯罪嫌疑人、被告人如果在诉讼过程中死亡，刑事诉讼活动原则上就应当终止，但对于贪污贿赂犯罪、恐怖活动犯罪等重大犯罪案件，依照《刑法》规定应当追缴其违法所得及其他涉案财产的，可以启动违法所得的没收程序。

人类社会从蒙昧、专制走向文明、民主的历史，在一定意义上也可以说是犯罪嫌疑人、被告人由诉讼客体向诉讼主体逐渐转化的过程。在封建专制社会的纠问式诉讼中，犯罪嫌疑人、被告人居于"诉讼客体"的地位，是被追诉、被追究、被刑讯逼供的对象，刑事诉讼是国家用来惩罚犯罪、维护统治的工具。现代各国刑事诉讼中，犯罪嫌疑人、被告人取得了诉讼主体的地位，是辩护职能的主要承担者，可以通过主动的防御活动对抗违法的或者无根据的追诉，并对裁判方施加积极影响，而不再是被动地接受传讯、追诉和审判的诉讼客体。

需要指出的是，我国《刑事诉讼法》虽然明确了犯罪嫌疑人、被告人的当事人地位，但并没有正式确立无罪推定原则，犯罪嫌疑人、被告人的供述仍然被公安司法人员作为主要的证据来源。

2. 犯罪嫌疑人、被告人的分类

基于不同的标准，可以对犯罪嫌疑人、被告人进行不同的分类。

按照案件的性质，可以把犯罪嫌疑人、被告人分为公诉案件的犯罪嫌疑人、被告人和自诉案件的被告人。鉴于社会危害性和提起诉讼的方式有别，这两类犯罪嫌疑人、被告人的权利义务也就有了一定的差异。比如，自诉案件的被告人有权提起反诉，但公诉案件的被告人不能提起反诉；公诉案件中存在犯罪嫌疑人，自诉案件中则不存在。

按照主体本身的属性，可以把犯罪嫌疑人、被告人分为自然人犯罪的犯罪嫌疑人、被告人和单位犯罪的犯罪嫌疑人、被告人。《刑法》第31条规定："单位犯罪的，对单位判处罚金，并对其直接负责的主管人员和其他直接责任人员判处刑罚。本法分则和其他法律另有规定的，依照规定。"据此，单位作为独立的犯罪嫌疑人、被告人，与直接负责的主管人员和其他直接责任人员一起受到刑事追诉，单位犯罪嫌疑人、被告人参加刑事诉讼，由其诉讼代表人代表。根据最高人民法院《解释》第279—281条的规定，代表涉嫌犯罪单位参加诉讼的诉讼代表人，应当是单位的法定代表人或者主要负责人；法定代表人或者主要负责人被指控为单位犯罪直接负责的主管人员或者因客观原因无法出庭的，则应当由被告单位委托其他负责人或者职工作为诉讼代表人。但是，有关人员被指控为单位犯罪的其他直接责任人员或者知道案件情况、负有作证义务的除外。诉讼代表人系被告单位的法定代表人或者主要负责人，无正当理由拒不出庭的，可以拘传其到庭。被告单位的诉讼代表人享有刑事诉讼法规定的有关被告人的诉讼权利。

3. 犯罪嫌疑人、被告人的诉讼权利

犯罪嫌疑人、被告人的诉讼权利是现代各国刑事诉讼法普遍关注的问题，其保障状况一定程度上表征着一个国家人权保障的水平。

为确保犯罪嫌疑人、被告人的诉讼主体地位，贯彻辩护与控诉平等对抗的现代刑事诉讼原则，我国《刑事诉讼法》赋予了犯罪嫌疑人、被告人一系列的诉讼权利。主要包括：（1）有权使用本民族语言文字进行诉讼。（2）有权及时获知被控告的罪名、案件情况以及所享有的诉讼权利，如实供述自己罪行可以从宽和认罪认罚的法律规定。（3）有权自行或者在辩护人协助下进行辩护，这也是犯罪嫌疑人、被告人最核心的权利。犯罪嫌疑人、被告人自刑事诉讼开始至刑事诉讼终结，都有权针对指控进行反驳和辩解。公诉案件中，犯罪嫌疑人自被侦查机关第一次讯问或者采取强制措施之日起，有权委托辩护人协助辩护；自诉案件中，被告人有权随时委托辩护人协助辩护。遇到法定情形，有权接受法律援助机构为其指派的辩护人的法律援助。此外，还有权拒绝辩护人继续为其辩护或者变更辩护人。（4）没有委托辩护人，也不符合指定辩护情形的，享有由值班律师提供法律帮助的权利，并有权被告知约见值班律师的权利。（5）有权反对强迫自证其罪。（6）对侦查人员的讯问，有权拒绝回答与本案无关的问题。（7）对于人民法院、人民检察院、公安机关及其工作人员违法采取强制措施或者违法实施查封、扣押、冻结措施的，有权向该机关申诉或者控告，并在对该机关的处理决定不服时，向人民检察院申诉。（8）有权申请变更强制措施。（9）有权对特定种类的不起诉决定提出申诉；未成年犯罪嫌疑人、被告人还有权对人民检察院的附条件不起诉决定提出异议。（10）有权申请人民法院对追诉机关以非法方法收集的证据依法予以排除。（11）有权出席法庭，参加法庭调查、法庭辩论和向法庭作最后陈述。（12）自诉案件的被告人还有权提出反诉。（13）对一审未生效的裁判，有权提出上诉。(14) 对各级人民法院的生效裁判，有权向人民法院、人民检察院提出申诉。(15) 有权申请侦查人员、检察人员、审判人员、书记员、鉴定人、翻译人员回避。(16) 对侦查人员、检察人员、审判人员侵犯其诉讼权利和侮辱其人身的行为，有权提出控告。(17) 被决定强制医疗的被告人对强制医疗决定不服的，有权向上一级人民法院申请复议。

为更好地理解犯罪嫌疑人、被告人的上述诉讼权利，可以对其进行一定的分类。

根据诉讼权利的主体，可以分为专属于犯罪嫌疑人的诉讼权利、专属于被告人的诉讼权利，以及犯罪嫌疑人、被告人共有的诉讼权利。前者如有权对特定种类的不起诉决定提出申诉；中者如有权出席法庭，参加法庭调查、法庭辩论和向法庭作最后陈述；后者如有权申请回避。

根据诉讼权利的性质和作用，可以分为防御性权利和救济性权利。防御性权利是指犯罪嫌疑人、被告人为对抗追诉方的指控，抵消其控诉犯罪效果所享有的诉讼权利，比如犯罪嫌疑人、被告人的辩护权。救济性权利则是指犯罪嫌疑人、被告人对刑事诉讼中的国家专门机关所作的对其不利的行为、决定或裁判，要求另一专门机关予以审查改变或者撤销的诉讼权利，比如被告人对一审未生效的裁判提出上诉的权利。

4. 犯罪嫌疑人、被告人的诉讼义务

法律在赋予犯罪嫌疑人、被告人诉讼权利的同时，也要求其承担一定的义务，以同时确保案件实体真实的发现，促进刑事诉讼目的的均衡实现。

根据《刑事诉讼法》的规定，犯罪嫌疑人、被告人的诉讼义务主要包括：(1) 作为被追诉者，负有接受追诉机关的强制处分的义务。这种强制处分包括以保全犯罪嫌疑人、被告人为目的的拘传、拘留、逮捕等强制措施以及以取得并保全证据为目的的检查身体、提取指纹信息、采集体液等措施，犯罪嫌疑人、被告人对此必须接受，不得抗拒。(2) 对侦查人员的讯问应当如实回答，不得伪造、隐匿或毁灭证据。当然，法律严禁刑讯逼供等非法取证方式，反对强迫任何人证实自己有罪，以确保犯罪嫌疑人、被告人的供述出于自愿。(3) 应当接受人民法院、人民检察院和公安机关依法进行的诉讼行为。(4) 应当遵守各项刑事诉讼程序和制度。(5) 应当执行人民法院生效的判决和裁定。

(二) 被害人

被害人是指遭受犯罪行为侵害因而与案件处理结果具有直接利害关系的诉讼当事人。自诉案件中的被害人就是自诉人，附带民事诉讼案件中的被害人则是附带民事诉讼的原告人。这里所讲的被害人专指公诉案件中的被害人。当然，公诉案件中的被害人因遭受物质损失而提起附带民事诉讼时，附带民事诉讼案件中的被害人与公诉案件中的被害人实际上就是同一人。

公诉案件中的被害人属于控诉一方，客观上行使着一部分控诉职能，但不是控诉职能的主要承担者，因为控诉犯罪的活动主要由人民检察院开展。公诉案件中的被害人往往还是案件事实的知情人，因而被害人的陈述是一种重要的证据来源。

我国1996年修正《刑事诉讼法》时顺应国际上加强被害人权利保护的国际趋势，将刑事被害人的地位由原来的"其他诉讼参与人"提升为"当事人"。2012年、2018年《刑事诉讼法》延续了这一规定，并赋予被害人以下一系列重要的诉讼权利：（1）申请回避权；（2）认为公安机关对应当立案侦查的案件而不立案侦查时，有权向人民检察院提出，由人民检察院要求公安机关说明理由，并予以纠正；（3）自案件移送审查起诉之日起，有权委托诉讼代理人；（4）不服检察机关的不起诉决定时，有权向上一级检察机关申诉或者向人民法院起诉；不服检察机关的附条件不起诉决定时，有权向上一级检察机关申诉，请求提起公诉；（5）对有证据证明对犯罪嫌疑人、被告人侵犯自己人身、财产权利的行为应当依法追究刑事责任，而公安机关或者人民检察院不予追究犯罪嫌疑人、被告人刑事责任的案件，有权向人民法院提起自诉；（6）有权出席法庭，参加法庭调查和法庭辩论，行使当事人在法庭上享有的一切权利；（7）对一审判决不服，有权请求检察机关抗诉；（8）有权对已生效的裁判提出申诉；（9）有权提起附带民事诉讼；（10）在法律允许的范围内有权与犯罪嫌疑人、被告人达成刑事和解；（11）法定情形下有权请求人民法院、人民检察院和公安机关保护其本人或者近亲属的人身安全；（12）在依法不负刑事责任的精神病人的强制医疗程序中，被害人对强制医疗决定不服的，有权向上一级人民法院申请复议。此外，根据2014年中央政法委、财政部、最高人民法院、最高人民检察院、公安部、司法部联合发布的《关于建立完善国家司法救助制度的意见（试行）》，遭受犯罪侵害但无法通过诉讼获得有效赔偿因而生活困难或者无力承担医疗救治费用的被害人有接受国家司法救助的权利。

被害人在享有上述法定权利的同时，也应履行以下诉讼义务：（1）如实向人民法院、人民检察院和公安机关提供情况和陈述案情；（2）不得作伪证，不得进行诬告、陷害，否则要承担相应的法律责任；（3）接受人民法院、人民检察院和公安机关的传唤，按时到场；（4）在法庭上接受询问和回答问题；（5）遵守法庭秩序；等等。

需要指出的是，对于机关、团体、企事业单位能否作为公诉案件的被害人参与刑事诉讼，学界存在着不同的看法。主流观点认为，单位能够作为公诉案件的被害人参与刑事诉讼。理由如下：第一，单位被害人的实体权益遭受了犯罪的侵害，如同自然人一样，也有追诉犯罪的愿望与要求，案件的处理结果与其有切身的利害关系，因而允许其以公诉案件被害人的身份参与刑事诉讼，是程序公正的应有之义，也是案件处理结论得到当事人认同的前提和保证。第二，单位被害人不仅有参与刑事诉讼的积极性，而且具有参与刑事诉讼的权利能力和行为能力。我国刑法规定单位可以构成犯罪的主体，事实上就承认了单位具有自己的意志和行为能力，只不过单位是通过其代表人来表达意志和实施行为的。第三，《刑事诉讼法》关于单位因犯罪遭受物质损失的，"人民检察院在提起公诉的时候，可以提起附带民事诉讼"的规定，也没有否定单位被害人的诉讼地位。第四，允许单位以被害人的身份参加刑事诉讼，有利于保护国家、集体的合法权益，促进社会主义市场经济的健康发展。

（三）自诉人

自诉人是自诉案件的原告人，即以个人名义直接向人民法院提起诉讼，要求追究被告人刑事责任的诉讼主体。

自诉人通常就是犯罪被害人。《刑事诉讼法》第114条规定："……被害人死亡或者丧失行为能力的，被害人的法定代理人、近亲属有权向人民法院起诉。人民法院应当依法受理。"据此，刑事诉讼中的自诉人应当包括犯罪行为的直接受害人及其法定代理人或近亲属。所谓近亲属，是指夫、妻、父、母、子、女、同胞兄弟姊妹。

对于单位能否成为自诉人，在学界也存在肯定与否定两种不同的认识。主流观点认为，单位可以成为自诉人，而且应当允许单位在因撤销、合并或者解散等原因终止的时候，由承受其权利和义务的单位作为自诉人提起自诉。

作为自诉案件的一方当事人，自诉人在诉讼中承担着控诉职能，因而享有广泛的诉讼权利。主要包括：（1）有权直接向人民法院提起诉讼；（2）有权提起附带民事诉讼；（3）有权委托诉讼代理人；（4）有权参加法庭调查和辩论，行使当事人在法庭上的一切诉讼权利；（5）有权申请审判人员、书记员、鉴定人、翻译人员回避；（6）在判决宣告以前，有权同被告人自行和解或者依自己的意愿撤回控诉的一部或全部；（7）有权对一审未生效的裁判提起上诉；（8）对已生效的人民法院裁判不服，有权提出申诉；（9）对审判人员非法剥夺其诉讼权利和人身侮辱的行为，有权向有关部门提出控告；等等。自诉人的诉讼权利受法律保护，人民法院有责任保障其诉讼权利的行使。

自诉人在刑事诉讼中应当履行以下义务：（1）接到人民法院开庭通知后，应当按时出庭，对控告的事实应负举证责任，除有正当理由外，拒不出庭的，以撤诉论；（2）如实提供证据和陈述事实；如捏造事实，伪造证据，要承担诬告陷害的法律责任；（3）接受人民法院的合法传唤，执行人民法院的生效裁判；（4）遵守法庭纪律；等等。

（四）附带民事诉讼的原告人和被告人

附带民事诉讼的原告人是指因人身权利受到犯罪侵犯或者财物被犯罪分子毁坏而遭受物质损失并要求赔偿的人。附带民事诉讼的原告人通常就是公诉案件的被害人或自诉案件的自诉人。在被害人已经死亡或者丧失行为能力的情况下，被害人的法定代理人、近亲属亦可作为附带民事诉讼的原告人。限制行为能力的被害人的法定代理人、近亲属，可以代理被害人提起附带民事诉讼。单位是受害人时，也可以作为附带民事诉讼的原告人提出赔偿要求。国家财产、集体财产遭受损失，受损失的单位未提起附带民事诉讼，人民检察院在提起公诉时提起附带民事诉讼的，应当列其为附带民事诉讼原告人。

附带民事诉讼的原告人主要享有以下诉讼权利：（1）有权委托诉讼代理人；（2）有权申请回避；（3）有权申请人民法院采取保全措施；（4）有权参加法庭调查和法庭辩论，就民事诉讼部分享有当事人在法庭上的一切诉讼权利；（5）有权对一审裁判的附带民事诉讼部分提出上诉；（6）有权放弃附带民事诉讼请求。附带民事诉讼的原告人应当履行以下诉讼义务：如实陈述，对自己提出的主张负举证责任，依法行使诉讼权利，遵守法庭秩序，等等。

附带民事诉讼的被告人是指对犯罪行为造成的物质损失依法负有赔偿责任并被司法机关传唤应诉的一方当事人。附带民事诉讼的被告人通常即刑事被告人本人，在某些情况下，也可能是对刑事被告人造成的物质损失有赔偿责任的公民或单位。附带民事诉讼被告人与附带民事诉讼原告人的诉讼权利大致相同，只是略有区别，主要表现在：附带民事诉讼原告人有权提出赔偿要求，有权放弃诉讼请求，有权与附带民事诉讼被告人达成和解，而附带民事诉讼被告人则有权提出反诉。附带民事诉讼被告人的诉讼义务与附带民事诉讼原告人基本相同。

二、其他诉讼参与人

其他诉讼参与人是指当事人以外的诉讼参与人。

根据《刑事诉讼法》第 108 条第 4 项的规定，其他诉讼参与人包括法定代理人、诉讼代理人、辩护人、证人、鉴定人和翻译人员。其他诉讼参与人参加诉讼活动，主要是为了协助控辩双方履行诉讼职能，或者是为了协助法庭查明案件事实，与案件结局一般没有直接利害关系，对刑事诉讼的启动、进展和终结的影响也就不如当事人那么大。

需要指出的是，随着社会的发展，刑事诉讼活动中会不断地出现《刑事诉讼法》第 108 条第 4 项没有明确规定的一些诉讼参与人类型，比如侦查机关搜查扣押活动中的见证人、取保候审措施适用中的保证人、代表涉嫌犯罪单位参加诉讼的诉讼代表人、在法庭审理过程中应当事人等的申请和法庭通知出庭对鉴定意见提供质证意见的"有专门知识的人"以及在犯罪嫌疑人、被告人逃匿、死亡案件违法所得的没收程序中参加诉讼的犯罪嫌疑人、被告人的近亲属和其他利害关系人等。因此，应当尽快完善《刑事诉讼法》对于诉讼参与人范围的规定方式。

（一）法定代理人

法定代理人是指对于无行为能力或者限制行为能力的人负有监督和保护责任，并直接代理被保护人参加刑事诉讼的人，包括被代理人的父母、养父母、监护人和负有保护责任的机关、团体的代表。

法定代理人参与诉讼与实施的代理诉讼行为既不是源于被代理人的授权或委托，也不是源于人民法院、人民检察院、公安机关的决定或批准，而是由法律基于代理人和被代理人之间的特殊关系而明文规定的，其目的是帮助无行为能力或者限制行为能力的人维护诉讼权益。

法定代理人在刑事诉讼中享有与被代理人相同的大部分诉讼权利，如申请回避权、上诉权等。法定代理人在行使这些诉讼权利时，无须征得被代理人的同意，而且即便被代理人不同意，也不影响其法律效力。不过，法定代理人不能代替被告人行使最后陈述权，作为证据的陈述也只能由被告人自己完成。此外，法定代理人也不能代为承担被告人的刑事责任，其能够代为承担的只是民事赔偿责任。

（二）诉讼代理人

诉讼代理人是指受公诉案件的被害人及其法定代理人或者近亲属、自诉案件的自诉人及其法定代理人、附带民事诉讼的当事人及其法定代理人的委托，或者法律援助机构的指派，以被代理人的名义参加诉讼活动的诉讼参与人。

与辩护人为犯罪嫌疑人、被告人提供法律方面的专门帮助相类似，诉讼代理人是为公诉案件的被害人、自诉案件的自诉人以及附带民事诉讼的当事人提供专业性法律帮助的诉讼参与人，依法维护被害人、自诉人或者附带民事诉讼当事人的诉讼权利和其他合法权益。当事人委托诉讼代理人的，参照适用《刑事诉讼法》

第 33 条有关委托辩护人的规定。

与法定代理人不同，诉讼代理人的代理权一般基于被代理人的委托产生，而不是法律的直接规定。诉讼代理人以被代理人的名义参加诉讼，并且只能在被代理人授权范围内活动，不能与被代理人的意志相背离，否则诉讼代理人代理活动所产生的法律后果由其自己承担。当然，作为例外，《刑事诉讼法》第 32 条规定，诉讼代理人可以依法要求回避、申请复议。

（三）辩护人

辩护人是指受犯罪嫌疑人、被告人或其监护人、近亲属的委托或者法律援助机构的指派参加诉讼并为犯罪嫌疑人、被告人进行辩护的诉讼参与人。

辩护权是我国法律赋予犯罪嫌疑人、被告人的最为核心的诉讼权利。辩护人参与诉讼，有助于维护犯罪嫌疑人、被告人的诉讼主体地位，弥补犯罪嫌疑人、被告人与国家侦查机关、公诉机关之间的实力差距，确保刑事诉讼活动的公平性和公正性。

与诉讼代理人不同，辩护人在刑事诉讼中具有独立的诉讼地位，而不纯粹是犯罪嫌疑人、被告人利益的代理人，其辩护行为不受当事人意志的约束。

根据《刑事诉讼法》的规定，辩护人在整个刑事诉讼过程中享有许多诉讼权利，比如会见通信权、申请变更强制措施权、申请回避权、救济权等，但在不同的诉讼阶段，其诉讼权利不尽相同，比如侦查阶段向侦查机关了解犯罪嫌疑人涉嫌的罪名和案件有关情况并提出意见的权利，审查起诉阶段的阅卷权以及审判阶段的法庭质证权和辩论权，等等。

（四）证人

证人是指当事人以外的、了解案件情况并向人民法院、人民检察院和公安机关等提供自己所知道的案件情况的人。作证是公民的法定义务，除生理上、精神上有缺陷或者年幼，不能辨别是非、不能正确表达的人以外，凡是知道案件情况的人都应当作证。

证人在刑事诉讼中享有以下诉讼权利：使用本民族语言文字进行陈述的权利；查阅证言笔录并予以修正的权利；对侵犯其合法权益的诉讼行为提出控告的权利；法定情形下请求人民法院、人民检察院和公安机关保护其本人或者近亲属人身安全的权利等。证人的诉讼义务主要有：如实作证，保守案件秘密，出席法庭作证，遵守法庭秩序等。

（五）鉴定人

鉴定人是指受人民法院、人民检察院和公安机关聘请或指派，运用自己的专门知识和技能对案件事实的某个专门性问题提出鉴定意见的诉讼参与人。

鉴定人必须具有解决案件中专门性问题的知识或技能，而且必须是自然人。为保证鉴定意见的客观性与公正性，法律规定鉴定人必须与案件或案件当事人没有利害关系，否则应当回避。

鉴定人参与刑事诉讼，享有一系列诉讼权利，如有权了解有关案件材料；必要时有权参加现场勘验、检查等诉讼活动；有权单独提出鉴定意见；法定情形下有权请求人民法院、人民检察院和公安机关保护其本人或者近亲属的人身安全。鉴定人的诉讼义务主要有：客观、真实地作出鉴定，对在鉴定过程中了解的案情保密，出席法庭接受双方质证等。

（六）翻译人员

翻译人员是指受人民法院、人民检察院、公安机关聘请或指定在刑事诉讼中从事语言文字翻译工作的诉讼参与人。

根据法律的规定，翻译人员不能与案件或案件当事人有利害关系，否则应当回避。

思考题：

1. 如何看待人民法院在我国刑事诉讼中的地位和职权？
2. 如何看待人民检察院在我国刑事诉讼中的地位和职权？
3. 如何理解被害人在我国刑事诉讼中的地位？
4. 如何有效保障犯罪嫌疑人、被告人的诉讼权利？
5. 法定代理人与诉讼代理人有何区别？

▶ 自测习题及参考答案

第三章 刑事诉讼基本原则

第一节 概 述

一、刑事诉讼基本原则的含义

刑事诉讼基本原则,是指刑事诉讼活动应当遵循的基本行为准则。刑事诉讼基本原则,反映刑事诉讼的基本规律,体现刑事诉讼的基本理念,对刑事诉讼立法和司法具有重要的指导意义。有的国家在刑事诉讼法典中专章规定了基本原则,如我国《刑事诉讼法》第一编第一章为"任务和基本原则",《俄罗斯联邦刑事诉讼法典》第一部分第一编第二章为"刑事诉讼的原则"。更多的国家在刑事诉讼法典中未规定基本原则,不过往往在刑事诉讼法学理论研究中总结刑事诉讼基本原则体系,如约阿希姆·赫尔曼教授即提出了德国刑事诉讼的一系列原则。[①]

二、刑事诉讼基本原则的体系

我国《刑事诉讼法》将刑事诉讼基本原则作为一项重要内容作了专门规定,足见其在《刑事诉讼法》中的重要地位。我国《宪法》中也有一些条款规定了刑事诉讼基本原则,如第130条规定了审判公开原则和有权获得辩护原则,即"人民法院审理案件,除法律规定的特别情况外,一律公开进行。被告人有权获得辩护"。

对于1979年《刑事诉讼法》确立的刑事诉讼基本原则体系,三次修正均有所涉及。1996年修正《刑事诉讼法》时,变动较大,如增加了第8条"人民检察院对刑事诉讼实行法律监督"和第12条"未经人民法院依法判决,对任何人都不得确定有罪"。2012年修正《刑事诉讼法》时,将第14条第1款"人民法院、人民检察院和公安机关应当保障诉讼参与人依法享有的诉讼权利"的规定修改为"人民法院、人民检察院和公安机关应当保障犯罪嫌疑人、被告人和其他诉讼参与人依法享有的辩护权和其他诉讼权利",从而特别强调了人民法院、人民检察院和公安机关对犯罪嫌疑人、被告人辩护权的保障义务。2018年修正《刑事诉讼法》时,增加第15条"犯罪嫌疑人、被告人自愿如实供述自己的罪行,承认指控的犯罪事

[①] 参见[德]约阿希姆·赫尔曼:《〈德国刑事诉讼法典〉中译本引言》,载《德国刑事诉讼法典》,李昌珂译,中国政法大学出版社1995年版,第11—17页。

实，愿意接受处罚的，可以依法从宽处理"的规定，确立了认罪认罚从宽原则。

根据我国《宪法》《刑事诉讼法》的规定，刑事诉讼基本原则主要包括：侦查权、检察权、审判权由专门机关依法行使原则；严格遵守法定程序原则；人民法院、人民检察院依法独立行使审判权、检察权原则；依靠群众原则；以事实为根据，以法律为准绳原则；一切公民在适用法律上一律平等原则；分工负责、互相配合、互相制约原则；人民检察院依法对刑事诉讼实行法律监督原则；审判公开原则；公民有权用本民族语言文字进行诉讼原则；有权获得辩护原则；未经人民法院依法判决对任何人都不得确定有罪原则；保障当事人和其他诉讼参与人辩护权和其他诉讼权利原则；认罪认罚从宽原则；依法不追诉原则；追究外国人刑事责任适用我国法律原则。本章第二节将对其中的10项基本原则进行阐述。

《刑事诉讼法》第一编第一章还规定了其他内容，如两审终审、人民陪审和国际刑事司法协助等，这些内容较为具体，将它们归为刑事诉讼基本制度更为适宜。

第二节　我国刑事诉讼基本原则

一、侦查权、检察权、审判权由专门机关依法行使原则

《刑事诉讼法》第3条第1款规定："对刑事案件的侦查、拘留、执行逮捕、预审，由公安机关负责。检察、批准逮捕、检察机关直接受理的案件的侦查、提起公诉，由人民检察院负责。审判由人民法院负责。除法律特别规定的以外，其他任何机关、团体和个人都无权行使这些权力。"第4条规定："国家安全机关依照法律规定，办理危害国家安全的刑事案件，行使与公安机关相同的职权。"第308条第1、2、3款规定："军队保卫部门对军队内部发生的刑事案件行使侦查权。中国海警局履行海上维权执法职责，对海上发生的刑事案件行使侦查权。对罪犯在监狱内犯罪的案件由监狱进行侦查。"上述规定确立了"侦查权、检察权、审判权由专门机关依法行使原则"，简称"专门机关依法行使职权原则"。

正确理解和严格遵守这一原则，需要注意以下基本要求：

第一，侦查权、检察权、审判权由公安机关、人民检察院、人民法院分别行使，非法定主体不得行使上述权力。公安机关、人民检察院、人民法院是刑事诉讼中专门行使侦查权、检察权和审判权的机关，其他任何机关、团体和个人都无

权行使这些权力。这是维护刑事法治的要求，是职权法定原则的体现。由于刑事诉讼事关公民的生命与自由等基本权利，侦查权、检察权、审判权如果不赋予专门机关行使，就可能出现私设公堂和滥用私刑的现象。准确理解这一原则，还需要注意侦查权行使主体的特别规定。《刑事诉讼法》和最高人民法院、最高人民检察院、公安部、司法部、海关总署于1998年12月3日联合发布的《关于走私犯罪侦查机关办理走私犯罪案件适用刑事诉讼程序若干问题的通知》对行使侦查权的机关作了特别规定，包括：（1）国家安全机关负责危害国家安全刑事案件的侦查；（2）监狱负责罪犯在监狱内犯罪案件的侦查；（3）军队保卫部门负责军队内部发生的刑事案件的侦查；（4）海关走私犯罪侦查部门负责走私犯罪案件的侦查；（5）中国海警局负责海上发生的刑事案件的侦查。这些是由法律明确规定的，属于"法律特别规定的"情形。这里的"特别规定"只是针对侦查权而言的，对于检察权和审判权则没有任何特别规定。

第二，公安机关、人民检察院、人民法院在刑事诉讼中必须依照法律规定行使侦查权、检察权和审判权。公安机关、人民检察院、人民法院在行使各自职权办理刑事案件的过程中，必须严格遵守法律规定的诉讼程序，只有严格依照法律规定行使侦查权、检察权和审判权，才能保证刑事诉讼既能完成惩治犯罪的任务，又能充分保障人权，防止出现侦查权、检察权和审判权的滥用现象。

第三，公安机关、人民检察院、人民法院行使的侦查权、检察权和审判权具有国家权力的属性，这些权力均具有强制性。这些机关行使这些权力不受当事人及其他诉讼参与人意志的约束，任何公民和有关机关、团体及企事业单位均无权拒绝。

第四，公安机关、人民检察院、人民法院在刑事诉讼中分别行使各自职权，不能相互代替或者超越本机关的职权。这一原则包含了诉讼职能分离的精神，是人类刑事司法制度的一大进步，改变了封建社会司法官集侦查、起诉和审判职能于一身的状况。公安机关作为侦查机关，检察机关作为侦查机关和公诉机关，不能行使带有裁判性质的权力；人民法院作为审判机关，只能行使审理和裁判权，不得实施追诉犯罪的活动。根据这一原则，不允许对刑事案件进行所谓的"联合办案"，不允许召开"三长会"、协调会。

二、人民法院、人民检察院依法独立行使审判权、检察权原则

《宪法》第131条规定："人民法院依照法律规定独立行使审判权，不受行政机关、社会团体和个人的干涉。"第136条规定："人民检察院依照法律规定独立

行使检察权,不受行政机关、社会团体和个人的干涉。"《刑事诉讼法》第5条规定:"人民法院依照法律规定独立行使审判权,人民检察院依照法律规定独立行使检察权,不受行政机关、社会团体和个人的干涉。"上述规定确立了"人民法院、人民检察院依法独立行使审判权、检察权原则"。

对于这一原则,需要从以下两个方面来理解:

第一,这一原则包括审判独立和检察独立,即人民法院依法独立行使审判权,人民检察院依法独立行使检察权。

第二,人民法院和人民检察院独立行使职权,是指其独立于行政机关和社会团体,但不独立于党的领导和立法机关。首先,人民法院、人民检察院依法独立行使职权,必须坚持党的领导。其次,人民法院、人民检察院由立法机关产生、对立法机关负责。《宪法》第133条规定:"最高人民法院对全国人民代表大会和全国人民代表大会常务委员会负责。地方各级人民法院对产生它的国家权力机关负责。"第138条规定:"最高人民检察院对全国人民代表大会和全国人民代表大会常务委员会负责。地方各级人民检察院对产生它的国家权力机关和上级人民检察院负责。"

针对实践中存在的人民法院、人民检察院不能独立行使职权的现实,十八届四中全会《决定》指出,要完善确保依法独立公正行使审判权和检察权的制度。各级党政机关和领导干部要支持法院、检察院依法独立公正行使职权。建立领导干部干预司法活动、插手具体案件处理的记录、通报和责任追究制度。任何党政机关和领导干部都不得让司法机关做违反法定职责、有碍司法公正的事情,任何司法机关都不得执行党政机关和领导干部违法干预司法活动的要求。对干预司法机关办案的,给予党纪政纪处分;造成冤假错案或者其他严重后果的,依法追究刑事责任。为此,中共中央办公厅、国务院办公厅印发并自2015年3月18日起施行了《领导干部干预司法活动、插手具体案件处理的记录、通报和责任追究规定》。2015年8月19日,最高人民法院发布了《人民法院落实〈领导干部干预司法活动、插手具体案件处理的记录、通报和责任追究规定〉的实施办法》和《人民法院落实〈司法机关内部人员过问案件的记录和责任追究规定〉的实施办法》,对人民法院切实贯彻执行"两个规定"提出了要求。

三、以事实为根据,以法律为准绳原则

《刑事诉讼法》第6条规定,"人民法院、人民检察院和公安机关进行刑事诉讼","必须以事实为根据,以法律为准绳"。上述规定确立了以事实为根据、以法

律为准绳原则。这一原则是我国司法工作的经验总结，是刑事诉讼、民事诉讼和行政诉讼共同适用的基本原则。

以事实为根据、以法律为准绳原则包含以下两个方面的内容：

第一，以事实为根据，要求刑事诉讼活动必须查明案件的事实真相，对案件的处理必须建立在查清事实的基础之上。以事实为根据，是正确惩罚犯罪，防止冤假错案，保障无罪的人不受刑事追究的根本保证。一个人是否犯罪，罪轻还是罪重，必须以事实为根据。所谓"事实"，是指有证据证明且经查证属实的事实，要求对事实的认定必须以证据为基础，不能凭主观想象、推测、怀疑认定事实。在查清事实时，不仅要注意实体法的规定，还要注重程序法的要求，特别是证据法的重要作用。

第二，以法律为准绳，要求刑事诉讼活动必须遵循法律规定进行，要在查明案件事实的基础之上，准确地适用法律。具体而言，是否立案，是否采取强制措施，是否侦查终结，是否提起公诉，判决有罪或者无罪，各种诉讼行为都必须依照法律规定进行。在实体上，应当依照《刑法》规定判定被追诉人是否有罪以及如何定罪科刑；在程序上，人民法院、人民检察院和公安机关的诉讼活动应当严格按照《刑事诉讼法》的规定进行，保证诉讼行为的合法性，切实保障诉讼参与人的合法权益。

以事实为根据，以法律为准绳，是正确处理案件的两个方面，紧密联系，相辅相成，共同构成了对人民法院、人民检察院、公安机关进行刑事诉讼活动的要求。查明事实是前提，是基础和根据，如果事实没有查清，就无法准确适用法律；法律是标准、尺度，如果没有以法律为准绳，即便查明了事实，也无法准确地定罪量刑以有效实现国家刑罚权。只有将两者相结合，才能完成刑事诉讼的任务要求。

四、依靠群众原则

社会秩序的维护和人民群众的根本利益密切相关，为此，人民群众也有义务协助公安司法机关参与刑事诉讼。我国《刑事诉讼法》及相关法律解释对人民群众参与刑事诉讼有明确规定。《刑事诉讼法》第6条规定："人民法院、人民检察院和公安机关进行刑事诉讼，必须依靠群众……"上述规定确立了依靠群众原则。依靠群众是人民司法的优良传统，也是一项刑事诉讼基本原则。

公安部《规定》第4条重申了公安机关必须贯彻这一原则："公安机关进行刑事诉讼，必须依靠群众……"在立案和侦查阶段，第166条规定："公安机关对于公民扭送、报案、控告、举报或者犯罪嫌疑人自动投案的，都应当立即接受，问明情况，并制作笔录，经核对无误后，由扭送人、报案人、控告人、举报人、自动投案人签名、捺指印。必要时，应当录音或者录像。"第 210 条规定："公安机关对案件现场进行勘查不得少于二人。勘查现场时，应当邀请与案件无关的公民作为见证人。"

人民检察院在刑事诉讼中也需要人民群众的协助，最高人民检察院《规则》第 203 条规定："人民检察院在侦查过程中，应当及时询问证人，并且告知证人履行作证的权利和义务。人民检察院应当保证一切与案件有关或者了解案情的公民，有客观充分地提供证据的条件，并为他们保守秘密。除特殊情况外，人民检察院可以吸收证人协助调查。"自 2003 年以来，最高人民检察院主导建立并施行了人民监督员制度，也体现了依靠群众原则。在审判阶段，人民陪审员制度是运用群众智慧、实现司法民主的集中体现，直接反映了依靠群众原则。

刑事诉讼是一个复杂的过程，在发现犯罪、收集证据、证实犯罪、定罪和量刑等环节，人民群众可以帮助公安司法机关及时、高效地进行诉讼活动。在实践中，很多案件的侦破，人民群众提供了有效的线索；在案件的起诉和审判活动中，人民群众通过出庭作证等形式发挥了重要作用；在执行工作中，社区矫正等执行环节也离不开人民群众的参与。

五、分工负责、互相配合、互相制约原则

《宪法》第 140 条规定："人民法院、人民检察院和公安机关办理刑事案件，应当分工负责，互相配合，互相制约，以保证准确有效地执行法律。"《刑事诉讼法》第 7 条规定："人民法院、人民检察院和公安机关进行刑事诉讼，应当分工负责，互相配合，互相制约，以保证准确有效地执行法律。"由此，分工负责、互相配合、互相制约成为调整刑事诉讼中人民法院、人民检察院、公安机关之间关系的基本准则，也是一项宪法性的刑事诉讼基本原则。

分工负责、互相配合、互相制约原则主要包含以下三个方面内容：

第一，分工负责，是指人民法院、人民检察院、公安机关在刑事诉讼中，根据《刑事诉讼法》的分工，在法定职权范围内实施诉讼活动。根据诉讼职能分工，公安机关进行侦查，行使包括对刑事案件的侦查、拘留、执行逮捕、预审等权力；人民检察院行使检察权，包括检察、批准逮捕、检察机关直接受理的案件的侦查、提起公诉等权力；人民法院行使审判权，负责对公诉和自诉案件进行审理并作出裁判。

第二，互相配合，是指人民法院、人民检察院、公安机关在进行刑事诉讼时，在分工负责的基础上，出于惩罚犯罪和保障人权双重目的的需要，应当相互支持，有效合作，而不能相互掣肘，相互扯皮。刑事诉讼法的任务，既要保证准确、及时地查明犯罪事实，正确应用法律，惩罚犯罪分子，同时还要保障无罪的人不受刑事追究。除此之外，还需要教育公民自觉遵守法律，积极同犯罪行为做斗争，维护社会主义法制，尊重和保障人权，保护公民的人身权利、财产权利、民主权利和其他权利，保障社会主义建设事业的顺利进行。由于各个国家机关之间的工作存在紧密联系，因此在刑事诉讼过程中必然需要互相配合。例如，《刑事诉讼法》第59条规定，在对证据收集的合法性进行法庭调查的过程中，人民检察院应当对证据收集的合法性加以证明。现有证据材料不能证明证据收集的合法性的，人民检察院可以提请人民法院通知有关侦查人员或者其他人员出庭说明情况；人民法院可以通知有关侦查人员或者其他人员出庭说明情况。经人民法院通知，有关人员应当出庭。

第三，互相制约，是指人民法院、人民检察院、公安机关进行刑事诉讼时，按照法定的分工互相制衡，从而发现刑事诉讼活动中出现的各种问题和错误并加以改正。互相制约是三机关之间有效的权力制衡方式。人民法院、人民检察院、公安机关之间，任何一个机关的诉讼行为都应受到制约。如公安机关侦查的案件，需要逮捕犯罪嫌疑人的，必须经过人民检察院批准才能执行逮捕，体现了检察权对侦查权的制约；与此同时，人民检察院决定逮捕犯罪嫌疑人的，应当由公安机关执行，体现了侦查权对检察权的制约。再如，公安机关移送起诉的案件，人民检察院可以作出不起诉的决定，公安机关认为人民检察院不起诉决定是错误的，依法可以要求复议、提请复核。又如，人民法院对人民检察院提起公诉的案件经过开庭审理后，有权作出有罪或者无罪的判决，而人民检察院则依法有权向上一级人民法院提出抗诉。

分工负责、互相配合、互相制约，三者密切联系，缺一不可。分工负责是前提，没有分工，就会演变成国家权力封闭运行的局面，导致诉讼职能合一。互相配合是保证刑事诉讼活动顺利进行的基本要求，没有互相配合，刑事诉讼过程将无法顺畅运行。互相制约是正确处理案件的必要条件，没有互相制约，不同国家机关之间将无法发现和纠正错误，容易出现冤假错案。分工负责、互相配合、互相制约，揭示了人民法院、人民检察院和公安机关之间的诉讼关系，需要在刑事诉讼过程中得到全面认识与有效贯彻。

十八届四中全会《决定》提出了"推进以审判为中心的诉讼制度改革"的任

务。"以审判为中心",是我国完善刑事程序指导思想的重大突破,充分体现了刑事诉讼的内在规律。

十八届四中全会《决定》指出,改革的目标是"确保侦查、审查起诉的案件事实证据经得起法律的检验",为此,要"全面贯彻证据裁判规则,严格依法收集、固定、保存、审查、运用证据,完善证人、鉴定人出庭制度,保证庭审在查明事实、认定证据、保护诉权、公正裁判中发挥决定性作用"。由此,以审判为中心的内容包括三个方面:第一,侦查、起诉应当面向审判,服从审判的要求;第二,审判应当发挥认定事实、适用法律的决定性作用;第三,审判活动应当以庭审为中心,庭审应当贯彻直接言词原则。

以审判为中心与分工负责、互相配合、互相制约原则有关但并不矛盾。分工负责、互相配合、互相制约原则,要求人民法院、人民检察院、公安机关在刑事诉讼中各自行使法定的职权,互相配合且互相制约。不过,这一原则在实践中的效果并不理想,三机关之间或多或少存在"配合有余、制约不足"的问题,特别是审判程序难以有效发挥对其他诉讼程序的制约作用。而确立以审判为中心,有利于克服传统的侦查、起诉、审判三阶段论即"程序阶段论"存在的弊端。

以审判为中心体现了审判在刑事诉讼中的中心地位。审判程序是刑事诉讼的中心,对于指控方与辩护方而言皆是如此。对于指控方而言,其犯罪指控需要获得法院的认可,只有经过法院的论罪科刑,才能实现对犯罪的惩罚。对于被告人而言,其有权获得公正的审判,指控是否成立,被告人是否有罪,需要法院通过法庭审理予以判定。在现代刑事诉讼中,审判具有维护追诉正当性、保护被告人不受错误追究、保障辩护权实现等多方面的价值。

首先,审判具有维护追诉正当性的价值。检察机关、公安机关承担追诉犯罪的职责,追诉犯罪必须具有正当性,即须依法律规定的程序进行。然而,追诉行为极具攻击性,极易偏离法律程序而侵犯公民权利,进而破坏法律秩序。法院通过审判,审查指控证据的合法性及侦查行为的合法性,通过排除非法证据,能够起到纠正与遏制侦查机关违法行为、维护追诉行为合法性与正当性的作用,从而维护法治的权威。

其次,审判具有保护被告人不受错误、不当指控的价值。检察机关、自诉人对被告人提起犯罪指控,目的是向法院提出对被告人定罪与处刑的请求。法院通过审理,对检察机关或者自诉人的指控进行全面审查,包括证据的充分性、认定事实的准确性,能够最大限度地避免冤枉无辜。在现代刑事诉讼中,检察机关职司起诉,但其指控是否成立,必须经由法院审理予以判定。换言之,检察机关对犯罪的认定仅具有"暂定的效力",只有法院亦认同被告人有罪,才能最终认定被告人有罪。在此意义上,法院是中立的审判机关,享有否定检察机关错误、不当指控的职责。即便是法院判决被告人有罪的案件,最后定罪与量刑的结果也绝非对检察机关起诉书指控内容的照单全收。

最后,审判具有保障辩护权实现的价值。《宪法》第130条规定"被告人有权获得辩护"。因此,被告人享有宪法保障的辩护权,法院负有保障被告人获得辩护权利的职责,而法院的审判为辩护权的行使提供了条件。只有通过审判,才能保障被告人的辩护权获得有效实现,也才能体现刑事司法制度的公正性和公信力。

六、人民检察院依法对刑事诉讼实行法律监督原则

《刑事诉讼法》第8条规定:"人民检察院依法对刑事诉讼实行法律监督。"上述规定确立了人民检察院依法对刑事诉讼实行法律监督原则,简称检察监督原则。

人民检察院依法对刑事诉讼实行法律监督,是由《宪法》赋予人民检察院的性质以及人民检察院在国家机关中的地位和作用决定的。根据《宪法》第134条的规定,人民检察院是国家的法律监督机关,其基本职责就是要监督国家法律的正确实施。刑事诉讼作为重要的国家活动,能否正确地实施国家法律,应成为人民检察院监督的范围。

人民检察院依法对刑事诉讼实行法律监督原则主要包含以下四个方面的内容:

第一,立案监督。立案监督即人民检察院对公安机关立案活动进行的监督。人民检察院可以要求公安机关说明不立案或者立案理由,公安机关说明不立案或者立案的理由后,人民检察院应当进行审查,认为公安机关不立案或者立案理由不能成立的,经检察长或者检察委员会讨论决定,应当通知公安机关立案或者撤销案件。人民检察院通知公安机关立案或者撤销案件的,还应当依法对执行情况进行监督。

第二,侦查监督。侦查监督即人民检察院对公安机关等侦查机关侦查活动的监督,包括对侦查行为的监督和侦查结果的监督。前者是指人民检察院发现公安机关侦查活动中的各种违法行为可以口头提出纠正意见;对于情节较重的违法情形,可以向公安机关发出纠正违法通知书;构成犯罪的,移送有关部门依法追究刑事责任。后者主要是指人民检察院的审查起诉活动,即对于公安机关侦查终结移送起诉的案件,检察机关应当进行审查,依法作出起诉或者不起诉的决定,根

据《刑事诉讼法》第 171 条第 5 项的规定，人民检察院审查案件的时候，还必须查明侦查活动是否合法。除了对公安机关的侦查监督外，人民检察院刑事检察部门对本院侦查部门侦查活动中的违法行为也应当进行监督，并且根据情节分别处理。

第三，审判监督。审判监督即人民检察院对人民法院的刑事审判活动进行的监督，包括审判行为监督和审判结果监督。前者是指人民检察院发现人民法院审理案件违反法律规定的诉讼程序，有权向人民法院提出纠正意见。后者通过抗诉实现，即人民检察院认为人民法院的第一审判决、裁定有错误的，应当向上一级人民法院提出抗诉；上一级人民法院应当开庭审理。最高人民检察院对于各级人民法院已经发生法律效力的判决和裁定，上级人民检察院对于下级人民法院已经发生法律效力的判决和裁定，如果发现确有错误，有权依照审判监督程序向同级人民法院提出抗诉。接受抗诉的人民法院应当组成合议庭重新审理，对于原判决事实不清或者证据不足的，可以指令下级人民法院再审。

第四，执行监督。执行监督即人民检察院对刑罚执行机关执行刑罚的活动是否合法实行监督，如果发现有违法的情况，应当通知执行机关纠正。人民法院在交付执行死刑前，应当通知同级人民检察院派员临场监督。人民检察院认为人民法院减刑、假释的裁定不当的，应当向人民法院提出书面纠正意见。人民法院应当重新组成合议庭进行审理。人民检察院认为暂予监外执行不当的，应向决定或者批准暂予监外执行的机关提出书面意见，该机关接到人民检察院的书面意见后，应当立即对该决定重新审查。

此外，检察监督原则的内容还在不断扩大，如人民检察院依法对强制医疗的决定和执行实行监督，等等。

七、审判公开原则

（一）审判公开原则的含义和内容

审判公开原则是指人民法院审理案件和宣告判决，都公开进行，允许公民到法庭旁听，允许新闻记者采访和报道，即将法庭审判的全部过程，除休庭评议外，都公之于众。

我国《宪法》第 130 条规定："人民法院审理案件，除法律规定的特别情况外，一律公开进行……"《刑事诉讼法》第 11 条也规定："人民法院审判案件，除本法另有规定的以外，一律公开进行……"这就是审判公开原则的法律依据。审判公开增强了审判的透明度，将审判过程和审判结果置于当事人和公众的监督之下,不仅有助于防止司法腐败和司法权的滥用或专横行使,而且有利于加强当事人和公众对国家刑事司法活动的认同、信任和尊重,从而有利于提升刑事司法的公信力,增加刑事司法的权威性。审判公开是一项民主的审判原则,为现代国家立法所普遍规定,《世界人权宣言》和《公民权利和政治权利国际公约》也予以确认,从而成为国际性的刑事司法准则。

就公开的内容而言,审判公开包括审理过程公开和审判结果公开,也可以称作审理公开和判决公开。审理过程公开就是要公开开庭,当庭调查事实和证据,当庭进行辩论;审判结果公开就是要公开宣告判决,包括公开判决的内容、理由和依据。

就公开的对象而言,审判公开包括向当事人公开和向社会公开。向当事人公开,要求法庭开庭审理,而不得进行书面审理,案件事实与证据的调查应当在当事人的参加下进行。向社会公开,就是允许公民到场旁听审判过程,允许新闻记者向社会公开报道审判活动和裁判结果。这也可以理解为审判公开的形式。

(二)审判公开原则的例外

为了保护重要的法律利益,各国法律也都规定了审判公开原则限制适用的特别情形。这种限制主要表现在两个方面:一是法庭评议不公开;二是对部分案件不公开审理。

我国刑事诉讼法对审判公开原则适用的限制性规定与国外基本上相同。根据《刑事诉讼法》第188条的规定,下列案件不公开审理:(1)有关国家秘密的案件。其目的是防止泄露国家秘密危害国家利益。是否属于国家秘密根据保密法确认。(2)有关个人隐私的案件。如强奸案件等。其目的是保护被害人或者其他人的名誉,防止对社会产生不利影响。(3)当事人申请不公开审理的涉及商业秘密的案件。不公开审理的案件,应当当庭宣布不公开审理的理由。不公开审理的案件,宣告判决一律公开进行。

(三)审判公开原则的基本要求

为了实现审判公开,人民法院应当做到以下两点:第一,对于依法应当公开审判的案件,应在开庭前将案由、被告人姓名以及开庭的时间和地点,以适当的方式、方法公之于众,以便公众到庭旁听,记者采访报道。《刑事诉讼法》要求凡是公开审判的案件,应当在开庭3日以前先期公布案由、被告人姓名、开庭时间和地点。司法实践中,公布多采用在法院门前公告牌公告的形式。对于影响较大或者教育意义深刻的案件,可采取新闻媒体报道、网上公告等其他适当方式。第二,建立一套与审判公开原则相配套的,便于群众旁听、记者采访的具体的工作制度,如旁听证发放制度、安全检查以及法庭安全保卫制度等。

八、有权获得辩护原则

有权获得辩护原则是指犯罪嫌疑人、被告人有权获得辩护，人民法院、人民检察院、公安机关应当保障犯罪嫌疑人、被告人获得辩护的一项基本原则。《宪法》第 130 条规定"被告人有权获得辩护"。《刑事诉讼法》第 11 条规定："……被告人有权获得辩护，人民法院有义务保证被告人获得辩护。"《刑事诉讼法》第 14 条第 1 款再次强调了人民法院、人民检察院和公安机关应当保障犯罪嫌疑人、被告人依法享有的辩护权。因此，有权获得辩护原则是一项宪法性的刑事诉讼基本原则。人民法院、人民检察院和公安机关应当切实保障犯罪嫌疑人、被告人行使辩护权，不得以任何理由和借口加以限制或者剥夺。

刑事诉讼包括控诉、辩护、审判三种职能。控诉职能，是指为了追究犯罪嫌疑人、被告人的刑事责任，依法立案侦查，在确定犯罪嫌疑人、收集证据、查明犯罪事实的基础上，向法院提起诉讼，要求法院对案件进行审判的职能。控诉职能由人民检察院、公安机关、自诉人行使。辩护职能，是指反驳指控，进行申辩和解释，提出犯罪嫌疑人、被告人无罪，罪轻或者减轻、免除刑事责任的材料和意见，维护犯罪嫌疑人、被告人合法权益的职能。辩护职能由犯罪嫌疑人、被告人、辩护人行使。审判职能，是指依法对案件进行审理并作出裁判的职能。审判职能由人民法院行使。在现代刑事诉讼中，控诉、辩护、审判三种职能由不同的诉讼主体行使，不能互相混淆，互相代替。辩护权则是实现辩护职能的基本权能，与控诉权相对。

有权获得辩护原则包括以下两个方面的内容：

第一，辩护权是犯罪嫌疑人、被告人的基本诉讼权利，具有全程性和全面性。辩护权贯穿于刑事诉讼全过程，不论案情如何重大、被控罪行多么严重，犯罪嫌疑人、被告人都依法享有这一诉讼权利。辩护分为自行辩护、委托辩护和指定辩护，存在于刑事诉讼各个阶段，具有全程性。同时，辩护权的内容广泛，涵盖刑事案件的实体和程序两方面，具有全面性。为了贯彻这一原则，我国对《刑事诉讼法》和《律师法》等相关法律不断进行修改。如为了保障会见权，规定辩护律师持律师执业证书、律师事务所开具的证明和委托书或者法律援助公函要求会见在押的犯罪嫌疑人、被告人的，看守所应当及时安排会见，至迟不得超过 48 小时。即便是危害国家安全犯罪、恐怖活动犯罪案件，在侦查期间辩护律师要求会见在押的犯罪嫌疑人的，经过侦查机关许可，也可以会见。同时规定，辩护律师会见犯罪嫌疑人、被告人时不被监听。

第二，人民法院、人民检察院、公安机关有义务保障犯罪嫌疑人、被告人获得辩护。为了实现辩护的有效性，人民法院、人民检察院、公安机关应当采取多种方式保障犯罪嫌疑人、被告人获得辩护。首先，及时告知。人民法院、人民检察院、公安机关有义务告知犯罪嫌疑人、被告人有权进行辩护或者委托辩护。如侦查机关在第一次讯问犯罪嫌疑人或者对犯罪嫌疑人采取强制措施时，应当告知犯罪嫌疑人有权委托辩护人。其次，指定辩护。犯罪嫌疑人、被告人因经济困难或者其他原因没有委托辩护人的，本人及其近亲属可以向法律援助机构提出申请。对符合法律援助条件的，法律援助机构应当指派律师为其提供辩护。犯罪嫌疑人、被告人是盲、聋、哑人，或者是尚未完全丧失辨认或者控制自己行为能力的精神病人，或者可能被判处无期徒刑、死刑，没有委托辩护人的，人民法院、人民检察院和公安机关应当通知法律援助机构指派律师为其提供辩护。最后，提供救济。辩护人认为公安机关、人民检察院、人民法院及其工作人员阻碍其依法行使诉讼权利的，有权向同级或者上一级人民检察院申诉或者控告。人民检察院对申诉或者控告应当及时进行审查，情况属实的，通知有关机关予以纠正。

九、未经人民法院依法判决对任何人都不得确定有罪原则

《刑事诉讼法》第12条规定："未经人民法院依法判决，对任何人都不得确定有罪。"该条确立了"未经人民法院依法判决对任何人都不得确定有罪"原则，它吸取了国际通行刑事诉讼基本原则"无罪推定原则"的基本精神。

（一）无罪推定原则

无罪推定原则是指，在法院依法作出生效裁判之前，犯罪嫌疑人、被告人在法律上是无罪的。这一原则是由意大利古典刑事法学派代表人物贝卡里亚于1764年在《论犯罪与刑罚》一书中针对纠问式诉讼实行有罪推定第一次明确提出来的。在《论刑讯》一节中，他写道："在法官作出判决之前，一个人是不能被称为罪犯的。只要还不能断定他已经侵犯了给予他公共保护的契约，社会就不能取消对他的公共保护。"[①] 这一原则在立法上第一次正式确认，源于1789年法国《人权与公民权宣言》第9条的规定："任何人在其未被宣告为犯罪以前应被推定为无罪，即使认为必须予以逮捕，但为扣留其人身所不需要的各种残酷行为都应受到法律的严厉制裁。"此后，几乎所有资本主义国家的法律都对无罪推定原则作出明确规定，并且多数国家都将其作为公民的一项基本权利规定在《宪法》之中。第二次

---

① ［意］切萨雷·贝卡里亚：《论犯罪与刑罚》，黄风译，北京大学出版社2008年版，第37页。

世界大战以后，国际人权公约对无罪推定原则也作了规定。《世界人权宣言》第11条规定："凡受刑事控告者，在未经获得辩护上所需要的一切保证的公开审判而依法证实有罪之前，有权被视为无罪。"《公民权利和政治权利国际公约》第14条规定了公民在刑事诉讼过程中应当享有的诉讼权利，其中第2项规定："凡受刑事控告者，在未依法证实有罪之前，应有权被视为无罪。"这一原则的基本内容包括：第一，证明责任由控方承担，即检察官应当举证证明被告人有罪；第二，犯罪嫌疑人、被告人没有证明自己无罪的义务；第三，不得强迫犯罪嫌疑人、被告人证明自己有罪，犯罪嫌疑人、被告人有保持沉默的权利；第四，实行疑罪从无，即当检察官的举证不能充分证明犯罪事实，对被告人是否犯罪有怀疑时，应作出有利于被告人的解释，即无罪。

（二）未经人民法院依法判决对任何人都不得确定有罪原则的基本内容

该原则主要包含以下三项内容：

第一，确定被告人有罪的权力由人民法院统一行使，即只有人民法院才享有依法判决被告人有罪的权力。人民法院作为我国唯一的审判机关，代表国家统一行使审判权。定罪权是审判权的重要内容，只能由人民法院依法行使，其他任何机关、社会团体和个人都无权确定他人有罪。公安机关、检察机关在立案、侦查、审查起诉阶段虽然也可以从程序上认定犯罪嫌疑人，但这种认定只是使其处于被指控者的地位。

第二，在人民法院作出有罪判决、裁定且生效之前，被追诉人是无罪的，不能将犯罪嫌疑人、被告人视为罪犯。在刑事诉讼的不同阶段，被追诉人的称谓不同，在人民检察院提起公诉之前，称为"犯罪嫌疑人"，此时其只是涉嫌犯罪，还未被追究刑事责任。当案件被提起公诉之后，由于被追诉人已经处于被正式指控的地位，因此称为"被告人"。这种区分就是为了表明被追诉人所处的身份状态和诉讼地位，以防止有罪推定。这两种称谓与"罪犯""人犯"等表述有着本质的区别。

第三，人民法院认定被告人有罪，必须依法判决。"依法判决"要求人民法院在定罪时必须依照实体法和程序法的各项规定。如必须经过开庭审理，除法定情形外，应公开审判；应当给被告人以充分的辩护机会，包括举证、质证、辩论；必须有确实充分的证据证明；等等。换言之，未经依法开庭审理，依据《刑法》作出判决，并正式宣判，人民法院也不得确定任何人有罪。必须明确的是，证明被告人有罪的举证责任由控诉方承担，被告人一方不承担证明自己有罪或无罪的责任，不能强迫被告人证明自己有罪或者无罪。人民法院须奉行疑罪从无的处断方式。认定被告人有罪需要达到证据确实充分的程度，如果达不到这一证明标准，则应当判决被告人无罪。

未经人民法院依法判决对任何人都不得确定有罪原则，有利于克服办案人员先入为主、主观归罪的思想。这一原则不仅在发现案件真相方面具有重要意义，更重要的是有利于保障犯罪嫌疑人、被告人的合法权益。该原则体现了国际通行的无罪推定原则的基本精神，其确立是我国刑事诉讼制度的一大进步。

十、认罪认罚从宽原则

（一）认罪认罚从宽原则的确立过程

我国刑事法律一直坚持贯彻宽严相济的刑事政策。认罪认罚从宽原则是贯彻宽严相济刑事政策在实体法与程序法上的双重体现。

《刑法》对认罪认罚从宽作了一系列规定，但《刑事诉讼法》一直没有明确规定。中共十八届四中全会提出，完善刑事诉讼中认罪认罚从宽制度。在此之前，2014年6月27日，第十二届全国人大常委会第九次会议通过了《关于授权最高人民法院、最高人民检察院在部分地区开展刑事案件速裁程序试点工作的决定》，授权"两高"在北京、天津、福州、厦门等18个城市开展程序试点工作。2016年9月3日，第十二届全国人大常委会第二十二次会议又通过了《关于授权最高人民法院、最高人民检察院在部分地区开展刑事案件认罪认罚从宽制度试点工作的决定》，在上述18个城市进行试点。原来进行的速裁程序试点工作，纳入认罪认罚从宽制度试点工作继续进行。试点的情况和我国长期的司法实践都表明，完善认罪认罚从宽制度，有利于合理配置司法资源。

2018年《刑事诉讼法》根据试点经验对认罪认罚从宽制度作了系统规定，从而将这一制度在《刑事诉讼法》中明确下来。特别是，在第一编第一章"任务和基本原则"中增加一条，作为第15条，即"犯罪嫌疑人、被告人自愿如实供述自己的罪行，承认指控的犯罪事实，愿意接受处罚的，可以依法从宽处理"，由此确立了认罪认罚从宽原则。

（二）认罪认罚从宽原则的理解与适用

1. 认罪认罚从宽既是实体法上的制度，也是诉讼法上的制度

对于有认罪认罚表现的犯罪嫌疑人、被告人，《刑法》中有从宽处理的规定，如犯罪以后自动投案，如实供述自己的罪行的，可以从轻或者减轻处罚。犯罪较轻的，可以免除处罚。认罪认罚体现在程序上，即对犯罪嫌疑人、被告人尽量采取更为轻缓的强制措施和程序处理措施，适用更为便利的诉讼程序，尽量使刑事诉讼过程对其各种权利造成较小的影响，使案件能够尽快得到处理。将认罪认罚从宽原则在总则中明确规定，为具体程序规定中的认罪认罚从宽各项程序措施提

供了基本依据。同时,对认罪认罚案件,《刑事诉讼法》在强制措施、量刑建议、审判程序、办案期限等方面也作了一系列完善性的规定。

2. 认罪认罚从宽制度包括认罪和认罚两方面内容

所谓认罪,是指犯罪嫌疑人、被告人自愿如实供述自己的罪行,承认指控的犯罪事实。所谓认罚,是指明确表示愿意接受刑罚等处罚,特别是接受检察机关提出的包括主刑、附加刑以及是否适用缓刑等的具体的量刑建议。人民检察院可以就具体量刑建议与犯罪嫌疑人及其辩护人进行"协商",即在提出量刑建议时,要听取犯罪嫌疑人及其辩护人、值班律师等的意见。

3. 对于认罪认罚的犯罪嫌疑人、被告人从宽处理

这里的从宽处理,一方面是指实体上的从宽。由于犯罪嫌疑人、被告人认罪认罚,特别是同意人民检察院量刑建议的,在遵循罪责刑相适应原则的基础上,予以从宽处罚,以示对其认罪认罚的鼓励。另一方面是指程序上的从宽。例如,依法采取撤销案件、不起诉等措施,人民检察院可以向人民法院提出适用缓刑的建议等,人民法院可以适用速裁程序审理案件以避免给当事人造成讼累。

思考题:

1. 如何保障人民法院依法独立行使审判权?
2. 如何全面理解分工负责、互相配合、互相制约原则?
3. 如何理解以审判为中心?
4. 如何保障有权获得辩护原则?
5. 如何理解未经人民法院依法判决对任何人都不得确定有罪原则?
6. 如何理解认罪认罚从宽原则?

▶ 自测习题及参考答案

第四章 管　　辖

第一节　管辖制度

一、管辖的概念

所谓管辖，是指根据刑事诉讼法的规定，公安机关、人民检察院、人民法院和其他国家专门机关立案受理刑事案件的权限和分工，以及各级人民法院之间、同级人民法院之间受理第一审刑事案件的权限和分工。

在我国，管辖包括立案管辖和审判管辖两种：立案管辖，又称职能管辖或部门管辖，指的是公安机关、人民检察院、人民法院和其他国家专门机关立案受理刑事案件的权限和分工；审判管辖，指的是各级人民法院之间以及同级人民法院之间受理第一审刑事案件的权限和分工。此外，在司法实践中，还存在并案管辖，将在下文中一并予以介绍。

二、管辖制度的意义

《刑事诉讼法》上的管辖制度，本质上是一种权力分配与约束机制。一方面，《刑事诉讼法》授予公安机关、人民检察院和人民法院立案权，授予人民法院审判权，但公、检、法三机关之间具体如何分配立案权，以及各级人民法院和同级人民法院之间具体如何分配审判权，都需要《刑事诉讼法》事先作出科学、合理的制度安排，管辖制度即因此而设。立案管辖制度旨在解决公安机关、人民检察院和人民法院之间的立案权分配问题，而审判管辖制度则旨在解决各级人民法院之间以及同级人民法院之间关于第一审刑事案件的审判权分配问题。另一方面，管辖制度也是一项权力约束机制。不论是立案管辖，还是审判管辖，一旦《刑事诉讼法》对此作出明确规定，则案件的管辖权即恒定，公、检、法三机关即应严格依照法律规定各司其职、各尽其责，既不得在工作中互相推诿，也不得为利益而争抢管辖权。此外，管辖权恒定，尤其是审判管辖权恒定，还具有维护审判独立的法治意义。因为，审判管辖权恒定，意味着具体负责审理案件的法院和法官是依据法律的事先规定而确定的，而非临时设立或特别指定，这有利于防止其他机关或个人通过为案件指定法院和法官的方式干预审判独立。

第二节　管辖类型

一、立案管辖

（一）人民法院直接受理的刑事案件

我国《刑事诉讼法》第19条第3款规定："自诉案件，由人民法院直接受理。"这里的所谓"自诉案件"，即依法应由被害人本人或者其近亲属自行向人民法院起诉的案件。这类案件的特点在于不需要经过公安机关或者人民检察院的立案侦查，也无须由人民检察院提起公诉，而由被害人本人或者其近亲属自行向人民法院起诉，由人民法院直接予以立案并进行审判。这类案件的范围往往是由《刑事诉讼法》明文规定的。根据我国《刑事诉讼法》第210条规定，自诉案件包括下列案件：(1) 告诉才处理的案件；(2) 被害人有证据证明的轻微刑事案件；(3) 被害人有证据证明对被告人侵犯自己人身、财产权利的行为应当依法追究刑事责任，而公安机关或者人民检察院不予追究被告人刑事责任的案件。

1. 告诉才处理的案件

我国《刑法》第98条规定，本法所称告诉才处理，是指被害人告诉才处理。如果被害人因强制、威吓无法告诉的，人民检察院和被害人的近亲属也可以告诉。根据《刑法》的相关规定，告诉才处理的案件包括：侮辱、诽谤案，暴力干涉婚姻自由案，虐待案，侵占案。但是，严重危害社会秩序和国家利益的侮辱、诽谤案除外。

2. 被害人有证据证明的轻微刑事案件

根据《刑事诉讼法》的规定，这类案件要由人民法院直接受理，必须具备两个条件：一是案件轻微，二是有证据证明。这意味着该类案件的举证责任在被害方。根据最高人民法院《解释》第1条第2项的规定，具体包括：(1) 故意伤害案（轻伤）；(2) 非法侵入住宅案；(3) 侵犯通信自由案；(4) 重婚案；(5) 遗弃案；(6) 生产、销售伪劣商品案（严重危害社会秩序和国家利益的除外）；(7) 侵犯知识产权案（严重危害社会秩序和国家利益的除外）；(8) 属于《刑法》分则第四章、第五章规定的，对被告人可以判处3年有期徒刑以下刑罚的其他轻微刑事案件。上述八类案件案情简单，情节轻微，事实清楚，被告人明确，被害方只要具有一般的调查能力即足以查明案件事实，不需要进行专门的侦查。因而，最高人民法院的司法解释才将其规定为自诉案件。

对于这八类案件，被害人直接向人民法院起诉的，人民法院应当依法受理，对其中证据不足、可以由公安机关受理的，或者认为对被告人可能判处3年有期徒刑以上刑罚的，应当告知被害人向公安机关报案，或者移送公安机关立案侦查。公安部《规定》第14条第2项规定，对人民法院直接受理的被害人有证据证明的轻微刑事案件，因证据不足驳回起诉，人民法院移送公安机关或者被害人向公安机关控告的，公安机关应当受理；被害人直接向公安机关控告的，公安机关应当受理。据此，对于轻微刑事案件，被害人有权选择是以自诉还是以公诉的方式起诉。

3. 被害人有证据证明对被告人侵犯自己人身、财产权利的行为应当依法追究刑事责任，而公安机关或者人民检察院不予追究被告人刑事责任的案件

这类案件原本属于公诉案件的范围，但由于公安机关或者人民检察院不予追究被告人刑事责任，为救济被害人的诉权，转而交由被害人自行提起诉讼，遂成为自诉案件，所以该类案件习惯上又被称为"公诉转自诉"案件。该类案件由被害人向人民法院起诉的，人民法院应当重点审查是否具备四个条件：一是被害人遭受的侵害限定于人身权利或财产权利方面的侵害，对被害人其他权利的侵害，则不在该类案件的范围之列；二是被告人的行为已经构成犯罪，依法应当追究刑事责任；三是公安机关或者人民检察院作出了不予追究被告人刑事责任的书面决定，即公安机关或人民检察院应当立案却作出不予立案决定，或者应当起诉却作出不起诉决定，或者不应当撤销案件而作出撤销案件决定；四是对于上述条件和事项，被害人有证据予以证明。

（二）公安机关受理的刑事案件

根据我国《刑事诉讼法》第19条第1款的规定，刑事案件的侦查由公安机关进行，法律另有规定的除外。这里所规定的除外情况，主要是指：（1）人民法院直接受理的刑事案件；（2）军人违反职责的犯罪和军队内部发生的刑事案件；（3）罪犯在监狱内犯罪的刑事案件；（4）其他依照法律和规定应当由其他机关管辖的刑事案件。

（三）人民检察院受理的刑事案件

根据我国《刑事诉讼法》第19条第2款的规定，人民检察院在对诉讼活动实行法律监督中发现的司法工作人员利用职权实施的非法拘禁、刑讯逼供、非法搜查等侵犯公民权利、损害司法公正的犯罪，可以由人民检察院立案侦查。对于公安机关管辖的国家机关工作人员利用职权实施的重大犯罪案件，需要由人民检察院直接受理的时候，经省级以上人民检察院决定，可以由人民检察院立案侦查。

根据《关于人民检察院立案侦查司法工作人员相关职务犯罪案件若干问题的

规定》第1条，人民检察院在对诉讼活动实行法律监督中，发现司法工作人员涉嫌利用职权实施的下列侵犯公民权利、损害司法公正的犯罪案件，可以立案侦查：非法拘禁罪（《刑法》第238条）（非司法工作人员除外）；非法搜查罪（《刑法》第245条）（非司法工作人员除外）；刑讯逼供罪（《刑法》第247条）；暴力取证罪（《刑法》第247条）；虐待被监管人罪（《刑法》第248条）；滥用职权罪（《刑法》第397条）（非司法工作人员滥用职权侵犯公民权利、损害司法公正的情形除外）；玩忽职守罪（《刑法》第397条）（非司法工作人员玩忽职守侵犯公民权利、损害司法公正的情形除外）；徇私枉法罪（《刑法》第399条第1款）；民事、行政枉法裁判罪（《刑法》第399条第2款）；执行判决、裁定失职罪（《刑法》第399条第3款）；执行判决、裁定滥用职权罪（《刑法》第399条第3款）；私放在押人员罪（《刑法》第400条第1款）；失职致使在押人员脱逃罪（《刑法》第400条第2款）；徇私舞弊减刑、假释、暂予监外执行罪（《刑法》第401条）。

对于上述所列犯罪案件，由设区的市级人民检察院立案侦查。基层人民检察院发现犯罪线索的，应当报设区的市级人民检察院决定立案侦查。设区的市级人民检察院也可以将案件交由基层人民检察院立案侦查，或者由基层人民检察院协助侦查。最高人民检察院、省级人民检察院发现犯罪线索的，可以自行决定立案侦查，也可以将案件线索交由指定的省级人民检察院、设区的市级人民检察院立案侦查。

(四) 立案管辖的交叉及其处理原则

实践中，公安机关、人民法院立案管辖的案件范围可能出现交叉。

公安机关及其他专门机关在立案后的侦查过程中，发现被告人还犯有属于人民法院直接受理的罪行时，应分别情况进行处理：对于告诉才处理的案件，应告知被害人直接向人民法院起诉；对于被害人有证据证明的轻微刑事案件，公安机关应当受理并立案进行侦查，然后在人民检察院提起公诉时，连同公诉案件一并移送人民法院，由人民法院合并审理。

人民法院在审理自诉案件过程中，如果发现被告人还犯有必须由人民检察院提起公诉的罪行时，应将新发现的罪行另案移送有管辖权的公安机关处理。

此外，人民检察院、监察委员会立案管辖的案件范围也可能出现交叉。人民检察院立案侦查上述规定所列犯罪时，发现犯罪嫌疑人同时涉嫌监察委员会管辖的职务犯罪线索的，应当及时与同级监察委员会沟通，一般应当由监察委员会为主调查，人民检察院予以协助。经沟通，认为全案由监察委员会管辖更为适宜的，人民检察院应当撤销案件，将案件和相应职务犯罪线索一并移送监察委员会；认为由监察委员会和人民检察院分别管辖更为适宜的，人民检察院应当将监察委员会管辖的相应职务犯罪线索移送监察委员会，对依法由人民检察院管辖的犯罪案件继续侦查。人民检察院应当及时将沟通情况报告上一级人民检察院。沟通期间，人民检察院不得停止对案件的侦查。监察委员会和人民检察院分别管辖的案件，调查（侦查）终结前，人民检察院应当就移送审查起诉有关事宜与监察委员会加强沟通，协调一致，由人民检察院依法对全案审查起诉。

另外，根据《监察法》第34条的规定，人民法院、人民检察院、公安机关、审计机关等国家机关在工作中发现公职人员涉嫌贪污贿赂、失职渎职等职务违法或者职务犯罪的问题线索，应当移送监察机关，由监察机关依法调查处置。被调查人既涉嫌严重职务违法或者职务犯罪，又涉嫌其他违法犯罪的，一般应当由监察机关为主调查，其他机关予以协助。

二、审判管辖

审判管辖规范的是不同级别之间的人民法院、同一级别但不同地域的人民法院以及普通人民法院与专门人民法院之间关于审判第一审刑事案件的权限和分工问题。审判管辖在内容上可以分为级别管辖、地域管辖、指定管辖和专门管辖。

（一）级别管辖

所谓级别管辖，是指上下级人民法院之间关于审判第一审刑事案件的权限分工，即第一审刑事案件具体应当由哪一级人民法院进行审判的问题。我国实行四级两审终审制，级别管辖旨在明确基层人民法院、中级人民法院、高级人民法院和最高人民法院四级人民法院各自管辖的案件范围。

根据《刑事诉讼法》第20—23条，我国关于级别管辖的规定如下：（1）基层人民法院管辖第一审普通刑事案件，但是依照《刑事诉讼法》由上级人民法院管辖的除外。（2）中级人民法院管辖下列第一审刑事案件：危害国家安全、恐怖活动案件；可能判处无期徒刑、死刑的案件；适用缺席审判程序审理的案件。（3）高级人民法院管辖的第一审刑事案件，是全省（自治区、直辖市）性的重大刑事案件。（4）最高人民法院管辖的第一审刑事案件，是全国性的重大刑事案件。

但是，级别管辖的上述规定并非绝对。根据我国《刑事诉讼法》第24条的规定，上级人民法院在必要的时候，可以审判下级人民法院管辖的第一审刑事案件；下级人民法院认为案情重大、复杂需要由上级人民法院审判的第一审刑事案件，可以请求移送上一级人民法院审判。这就是移送管辖制度，移送管辖制度可以突破级别管辖的规定，但必须严格依法进行。

（二）地域管辖

所谓地域管辖，是指同一级人民法院之间关于审判第一审刑事案件的权限和分工。地域管辖，是在级别管辖已经确定的基础上，进一步解决案件应当由哪一个地方人民法院管辖。

我国《刑事诉讼法》第 25 条对地域管辖作了明确的规定："刑事案件由犯罪地的人民法院管辖。如果由被告人居住地的人民法院审判更为适宜的，可以由被告人居住地的人民法院管辖。"据此，我国的地域管辖实行"犯罪地"管辖为主、"居住地"管辖为辅的原则。

1. 犯罪地法院管辖

"六机关"《规定》第 2 条规定，《刑事诉讼法》规定的"犯罪地"，包括犯罪的行为发生地和结果发生地。公安部《规定》第 15 条第 2 款进一步对"犯罪行为发生地"和"犯罪结果发生地"作了解释："……犯罪行为发生地，包括犯罪行为的实施地以及预备地、开始地、途经地、结束地等与犯罪行为有关的地点；犯罪行为有连续、持续或者继续状态的，犯罪行为连续、持续或者继续实施的地方都属于犯罪行为发生地。犯罪结果发生地，包括犯罪对象被侵害地、犯罪所得的实际取得地、藏匿地、转移地、使用地、销售地。"

拓展阅读：论地域管辖中"犯罪地"的解释问题

《刑事诉讼法》之所以规定"犯罪地"管辖原则，是因为：第一，犯罪地是犯罪行为发生地或结果发生地，往往也是犯罪证据较为集中的地方，由犯罪地法院管辖案件，便于犯罪地的公安机关、人民检察院迅速、全面地收集证据，查清案件事实，也便于犯罪地人民法院调查、核实证据，正确及时地作出判决。第二，犯罪地的人民群众最关心本地所发生的案件的审判，刑事案件由犯罪地的人民法院审判，便于当地群众去旁听人民法院对案件的审判，对审判活动进行监督，同时发挥人民法院庭审的教育作用。第三，犯罪地往往是被害人、证人等诉讼参与人居住和生活的地方，由犯罪地人民法院审理，便于他们参加诉讼活动。

实践中，要注意几类特殊犯罪案件犯罪地的认定：

（1）针对或者利用计算机网络实施的犯罪案件的地域管辖问题。最高人民法院《解释》第 2 条第 2 款规定："针对或者利用计算机网络实施的犯罪，犯罪地包括犯罪行为发生地的网站服务器所在地，网络接入地，网站建立者、管理者所在地，被侵害的计算机信息系统及其管理者所在地，被告人、被害人使用的计算机信息系统所在地，以及被害人财产遭受损失地。"

（2）毒品犯罪案件的地域管辖问题。2007年最高人民法院、最高人民检察院、公安部制定了《办理毒品犯罪案件适用法律若干问题的意见》，专门规定了毒品犯罪案件的地域管辖原则。根据《刑事诉讼法》的规定，毒品犯罪案件的地域管辖，应当坚持以犯罪地管辖为主、被告人居住地管辖为辅的原则。"犯罪地"包括犯罪预谋地，毒资筹集地，交易进行地，毒品生产地，毒资、毒赃和毒品的藏匿地、转移地，走私或者贩运毒品的目的地以及犯罪嫌疑人被抓获地等。"被告人居住地"包括被告人常住地、户籍地及其临时居住地。对怀孕、哺乳期妇女走私、贩卖、运输毒品案件，查获地公安机关认为移交其居住地管辖更有利于采取强制措施和查清犯罪事实的，可以报请共同的上级公安机关批准，移送犯罪嫌疑人居住地公安机关办理，查获地公安机关应继续配合。公安机关对侦办跨区域毒品犯罪案件的管辖权有争议的，应本着有利于查清犯罪事实，有利于诉讼，有利于保障案件侦查安全的原则，认真协商解决，经协商无法达成一致的，报共同的上级公安机关指定管辖。对即将侦查终结的跨省（自治区、直辖市）重大毒品案件，必要时可由公安部商请最高人民法院和最高人民检察院指定管辖。为保证及时结案，避免超期羁押，人民检察院对于公安机关移送审查起诉的案件，人民法院对于已进入审判程序的案件，被告人及其辩护人提出管辖异议或者办案单位发现没有管辖权的，受案人民检察院、人民法院经审查可以依法报请上级人民检察院、人民法院指定管辖，不得再自行移送有管辖权的人民检察院、人民法院。

（3）行驶中的交通工具上发生的刑事案件的地域管辖。对此，公安部《规定》第17条规定："行驶中的交通工具上发生的刑事案件，由交通工具最初停靠地公安机关管辖；必要时，交通工具始发地、途经地、到达地公安机关也可以管辖。"

2. 被告人居住地法院管辖

对于其他刑事案件，如果根据案件和被告人的情况，由被告人居住地的人民法院审判更为适宜的，也可以由被告人居住地的人民法院管辖。这里的"居住地"，包括户籍所在地、经常居住地。原则上被告人的户籍地为其居住地，经常居住地与户籍地不一致的，经常居住地为其居住地。经常居住地为被告人被追诉前已连续居住一年以上的地方，但住院就医的除外。被告单位登记的住所地为其居住地。主要营业地或者主要办事机构所在地与登记的住所地不一致的，主要营业地或者主要办事机构所在地为其居住地。在司法实践中，由被告人居住地人民法院审判更为适宜的刑事案件一般包括：被告人流窜作案，犯罪地界限不清，其居住地群众更加关注的；被告人在居住地民愤很大，当地群众强烈要求在其居住地审判的；被告人可能判处有期徒刑、拘役、缓刑或者管制，而应在被告人居住地进行监督考察和改造的案件，等等。

由于被告人的犯罪地或被告人的居住地有时可能包括多个地方，涉及多个人民法院，因此，司法实践中可能出现几个同级人民法院对某一个刑事案件都有管辖权的情况，此即共同管辖。对于在出现共同管辖的情况下如何确定管辖权限和分工的问题，《刑事诉讼法》第26条明确规定："几个同级人民法院都有权管辖的案件，由最初受理的人民法院审判。在必要的时候，可以移送主要犯罪地的人民法院审判。"

3. 特殊情况的管辖

刑事案件的情况错综复杂，对有些尚不能完全适用上述地域管辖规定的特殊案件，《刑事诉讼法》作出了特别规定。

第一，对罪犯在服刑期间发现漏罪及又犯新罪的。正在服刑的罪犯在判决宣告前还有其他罪没有判决的，由原审地人民法院管辖；由罪犯服刑地或者犯罪地的人民法院审判更为适宜的，可以由罪犯服刑地或者犯罪地的人民法院管辖。罪犯在服刑期间又犯罪的，由服刑地的人民法院管辖。正在服刑的罪犯在脱逃期间的犯罪，如果是在犯罪地捕获并发现的，由犯罪地的人民法院管辖；如果是被缉捕押解回监狱后发现的，由罪犯服刑地的人民法院管辖。

第二，对于我国缔结或者参加的国际条约所规定的罪行，中华人民共和国在所承担条约义务的范围内，行使刑事管辖权。涉及地域管辖的有：（1）在中华人民共和国领域外的中国船舶内的犯罪，由该船舶最初停泊的中国口岸所在地的人民法院管辖。（2）在中华人民共和国领域外的中国航空器内的犯罪，由该航空器在中国最初降落地的人民法院管辖。（3）在国际列车上的犯罪，根据我国与相关国家签订的协定确定管辖；没有协定的，由该列车最初停靠的中国车站所在地或者目的地的铁路运输法院管辖。（4）中国公民在中国驻外使、领馆内的犯罪，由其主管单位所在地或者原户籍地的人民法院管辖。（5）中国公民在中华人民共和国领域外的犯罪，由其入境地或者离境前居住地的人民法院管辖；被害人是中国公民的，也可由被害人离境前居住地的人民法院管辖。（6）外国人在中华人民共和国领域外对中华人民共和国国家或者公民犯罪，根据我国《刑法》应当受处罚的，由该外国人入境地、入境后居住地或者被害中国公民离境前居住地的人民法院管辖。

（三）专门管辖

所谓专门管辖，是指普通人民法院与专门人民法院之间、各专门人民法院之间在审理第一审刑事案件方面的权限分工。这里的"专门人民法院",是指根据法律设立的、有权审理刑事案件的专门法院,具体是指军事法院和铁路运输法院,这两类法院分别管辖本系统范围内涉及部门业务领域的刑事犯罪案件。海事法院由于不办理刑事案件,不在此列。

军事法院管辖的案件为现役军人和军内在编职工的刑事犯罪案件。主要是指危害国家主权与安全、破坏国防力量和战备设施等违反军人职务、危害国家军事利益的犯罪案件。

对于犯罪主体或犯罪地出现军队、地方互涉情况的,一般实行分别管辖制度,即现役军人和非军人共同犯罪的,现役军人由军事法院管辖,非军人由地方人民法院或其他专门法院管辖。但是,涉及国家军事秘密的,全案由军事法院管辖。但在下列情况下,应由地方人民法院或其他专门法院管辖,包括:非军人、随军家属在部队营区犯罪的,军人在办理退役手续后犯罪的,现役军人入伍前犯罪的,退役军人在服役期内犯罪的(犯军人违反职责罪的除外),武装警察部队中的边防、消防、警卫武管人员犯罪的。

铁路运输法院于2012年6月全部划归地方,并且根据《人民法院第四个五年改革纲要(2014—2018)》的工作部署,要将铁路运输法院改造为跨行政区划法院,主要审理跨行政区划案件、重大行政案件、环境资源保护、企业破产、食品药品安全等易受地方因素影响的案件、跨行政区划人民检察院提起公诉的案件和原铁路运输法院受理的刑事、民事案件。目前北京铁路运输中级法院、上海铁路运输中级法院已经改造为跨行政区划法院,即北京市第四中级人民法院、上海市第三中级人民法院。

改制后的铁路运输法院的刑事案件管辖范围,依照最高人民法院《关于铁路运输法院案件管辖范围的若干规定》的要求,除涉及铁路运输犯罪的各类公诉案件外,还包括刑事自诉案件。

(四)指定管辖

所谓指定管辖,是指在特定情况下,由上级人民法院指定下级人民法院管辖某一具体刑事案件。

《刑事诉讼法》第27条规定:"上级人民法院可以指定下级人民法院审判管辖不明的案件,也可以指定下级人民法院将案件移送其他人民法院审判。"据此,指定管辖包括两种情况:第一,对管辖不明的案件,上级人民法院可以指定其任一下级人民法院审判。第二,具有特殊情形的案件,即使管辖权明确,上级人民法院也可以指定原来没有管辖权的人民法院审判。所谓特殊情形,主要是由于某种原因使得有管辖权的人民法院不能行使或不便于行使管辖权的情形。

三、并案管辖

所谓"并案管辖",是指将原本应由不同机关管辖的数个案件,合并由同一个机关管辖。

"六机关"《规定》第3条规定:"具有下列情形之一的,人民法院、人民检察院、公安机关可以在其职责范围内并案处理:(一)一人犯数罪的;(二)共同犯罪的;(三)共同犯罪的犯罪嫌疑人、被告人还实施其他犯罪的;(四)多个犯罪嫌疑人、被告人实施的犯罪存在关联,并案处理有利于查明案件事实的。"对于并案管辖制度,在理解和适用时,应注意以下几点:

(一)并案管辖的法律效果是使得公、检、法三机关有权对案件"并案处理"

并案管辖在性质上属于管辖权的合并,系对法定管辖制度的变通和突破。它在诉讼法上会产生一种"绑定"效果,即管辖机关可以突破法定的地域管辖和级别管辖制度的规定,将原本应由不同机关管辖的数个案件,在程序上合并处理(立案、侦查、起诉和审判)。

并案管辖,对于法院、检察院、公安机关而言,具有不同的意义:对于公安机关而言,并案管辖意味着公安机关可以对原本应由其他公安机关管辖的数个案件合并立案及并案侦查。对于检察院而言,并案管辖意味着检察院可以对公安机关移送审查起诉的数个案件并案起诉。对于法院而言,并案管辖意味着法院可以对原本应由其他法院管辖的案件合并立案、合并审判,也意味着法院可以对检察院分案起诉的数个案件合并审判。此外,并案管辖,还意味着法院可以对由同一被告人实施的但分别由检察院提起公诉和自诉人提起自诉的数个案件合并审判。

(二)并案管辖只能由公、检、法三机关在"职责范围"对案件进行并案处理

关于"职责范围",《刑事诉讼法》第3条第1款规定:"对刑事案件的侦查、拘留、执行逮捕、预审,由公安机关负责。检察、批准逮捕、检察机关直接受理的案件的侦查、提起公诉,由人民检察院负责。审判由人民法院负责。除法律特别规定的以外,其他任何机关、团体和个人都无权行使这些权力。"据此,并案管辖只能由公、检、法三机关在上述法定职权范围内进行,并案管辖的结果不能超越《刑事诉讼法》对公、检、法机关的法定授权范围。例如,对于公安机关而言,在侦查一般刑事案件时,不得对属于人民法院直接受理的自诉案件进行并案侦查。

此外,并案管辖也不能突破专门管辖制度的规定。例如,现役军人和非军人共同犯罪的,地方公安司法机关不能并案管辖,原则上应分别管辖,即现役军人

由军队保卫部门立案、侦查，并由军事法院审判，非军人则由地方公安机关立案、侦查，并由地方法院或其他专门法院审判。所以说，并案管辖虽然可以突破法定的地域管辖和级别管辖制度，但不能突破职能管辖即立案管辖和专门管辖制度的规定。

（三）并案管辖的案件限于关联案件

根据"六机关"《规定》，可以并案处理的案件限于"关联案件"，包括：一人犯数罪的；共同犯罪的；共同犯罪的犯罪嫌疑人、被告人还实施其他犯罪的；多个犯罪嫌疑人、被告人实施的犯罪存在关联，并案处理有利于查明案件事实的。

所谓"一人犯数罪"，指的是一人犯实质的数罪，而不包括实质的一罪、法定的一罪和处断的一罪。所谓"共同犯罪"，包括数人共犯一罪和数人共犯数罪。所谓"共同犯罪的犯罪嫌疑人、被告人还实施其他犯罪的"，是指共犯中有人还单独犯有他罪的。例如，共同杀人案的犯罪嫌疑人除涉嫌（共同）杀人罪外，还涉嫌曾单独实施盗窃罪。至于所谓"多个犯罪嫌疑人、被告人实施的犯罪存在关联，并案处理有利于查明案件事实的"，是指犯罪之间虽然不构成刑法意义上的共同犯罪，但这些案件之间在案情上存在一定的关联性，并案处理有利于查明案件事实。例如，盗窃罪与销赃罪，两者之间并非共同犯罪，但"上游"犯罪与"下游"犯罪的关系，决定了将两个犯罪行为并案处理，更有利于查明全案事实真相。

（四）对"可以并案处理"的理解

根据规定，对于关联案件，公、检、法机关"可以"并案处理。这里的"可以"一语，应作两个层面的解读。首先，"可以"意味着对于关联案件并非一律必须并案处理，只有能够并案处理的关联案件才作并案处理。例如，一人犯盗窃、抢劫、强奸三罪，如果三罪皆处于同一诉讼阶段（如侦查阶段），那么，公安机关自然可以对这三罪并案处理（合并立案、并案侦查）。但如果其中的盗窃、抢劫两罪已处于审判阶段，公安机关才发现被告人还犯有强奸罪，那么此时因为该罪与其他两罪并未处于同一诉讼阶段，故无法对三罪并案处理，而只能对强奸罪按照漏罪处理，由公安机关另行立案侦查，再由检察院追加起诉或者补充起诉，之后法院才能并案审理。其次，"可以"并不意味着公、检、法机关享有并案处理的裁量权。从法理上讲，"可以"一词在公法上表示对公权力机关授权时，原则上不能轻易地将其解释为裁量权，因为对于公权力机关而言，法律的授权既是职权也是职责，而职责是不能任意放弃的。因此，当出现上述并案管辖的情形时，原则上公、检、法机关就应当作出并案管辖的决定。

思考题：

1. 刑事诉讼中的地域管辖为何以"犯罪地管辖"为原则？法理何在？
2. 如何准确理解网络犯罪中的犯罪地？
3. 最高人民法院《解释》第13条规定："一人犯数罪、共同犯罪和其他需要并案审理的案件，其中一人或者一罪属于上级人民法院管辖的，全案由上级人民法院管辖。"对此，理论界有观点认为，涉及上述牵连管辖时所采取的上位管辖权吸收下位管辖权的立法例侵害了被告人的公平审判权，极有可能导致轻罪重判的后果。你怎么理解这种观点？

▶ 自测习题及参考答案

第五章 回 避

第一节 回避制度

一、回避的概念和意义

刑事诉讼中的回避，是指刑事诉讼中的司法工作人员因与案件或案件的当事人具有某种利害关系或其他特殊关系，可能影响案件的公正处理，而不得参加或应当退出刑事诉讼活动的制度。

刑事诉讼法设立回避制度，目的在于确保裁判的公正性。马克思曾经指出："……人们为之奋斗的一切，都同他们的利益有关。"[①] 法官作为现实社会生活中的人，同样有着自己的利益诉求。但是，人类社会的经验表明，作为案件裁判者的法官，一旦与案件结果有利益牵连，就将导致裁判程序和判决结果的不公正。因此，法官一旦与案件结果存在利益牵连，就不宜再担任本案的裁判者，而应当回避，此即法谚"任何人不得作为自己案件的法官"的由来。

"任何人不得作为自己案件的法官"以及"利益牵连应回避"，已被视为现代刑事诉讼公正审判原则的基本要求。对此，1948年《世界人权宣言》第10条规定："人人完全平等地有权由一个独立而无偏袒的法庭进行公正和公开的审判，以确定他的权利和义务并判定对他提出的任何刑事指控。"1966年联合国《公民权利和政治权利国际公约》第14条第1项也规定："在判定对任何人提出的任何刑事指控或确定他在一件诉讼案中的权利和义务时，人人有资格由一个依法设立的合格的、独立的和无偏倚的法庭进行公正的和公开的审讯。"为此，我国刑事诉讼法专门设立回避制度，切断案件裁判者与案件之间可能存在的利益牵连，以确保裁判者与案件利益无涉，防止裁判者在审判中因为利益牵连而丧失立场的中立性和结果的公正性。

回避制度的效力原本仅适用于作为裁判者的审判人员，但刑事诉讼中国家权力的运用比较普遍，尤其是在我国刑事诉讼法中，侦查程序中的公安机关、起诉程序中的检察机关，都拥有一定的程序处分权，这些程序处分权如果因为相关人员与案件结果有利益牵连而遭到不当行使，同样可能造成案件处理的不公。因此，我国刑事诉讼法将回避制度的适用范围扩大到侦查人员与检察人员。

---

① 《马克思恩格斯全集》第1卷，人民出版社1995年版，第187页。

二、回避的方式

根据我国《刑事诉讼法》的相关规定,回避的方式分为自行回避、申请回避和指令回避三种。

所谓自行回避,是指审判人员、检察人员、侦查人员等在诉讼过程中遇有法定回避情形时,自行、主动要求退出刑事诉讼活动的制度。自行回避的特征在于回避的主动性,即审判人员、检察人员、侦查人员发现自身具有应当回避的法定情形,基于职业自律性而主动避嫌、自行申请退出诉讼活动。

所谓申请回避,是指案件当事人及其法定代理人、辩护人、诉讼代理人认为审判人员、检察人员、侦查人员等具有应当回避的法定情形,而向上述人员所在机关提出申请,要求其予以回避的制度。申请回避是当事人及其法定代理人等的一项基本诉讼权利。

所谓指令回避,也称为职权回避或决定回避,是指审判人员、检察人员、侦查人员等有法定的回避情形之一而没有自行回避,当事人及其法定代理人、辩护人、诉讼代理人也没有申请其回避,由法定的人员或组织径行决定,命令相关人员退出该案件诉讼活动的制度。可见,指令回避是自行回避和申请回避的重要补充。

第二节 回避的适用

一、回避的适用人员

根据《刑事诉讼法》第29条、第32条的规定,适用回避的人员,包括侦查人员、检察人员、审判人员等。具体而言,包括:

(1) 侦查人员,包括所有侦查机关的侦查人员以及对侦查工作进行组织指挥的部门负责人。

(2) 检察人员,包括各级人民检察院的助理检察员、检察员、检察委员会委员、副检察长和检察长。

(3) 审判人员,包括各级人民法院的助理审判员、审判员、副庭长、庭长、审判委员会委员、副院长、院长。

(4) 书记员,包括在公安机关、人民检察院、人民法院从事诉讼活动记录工作的书记员。

(5) 翻译人员,包括公安机关、人民检察院、人民法院各自指派或聘请的,在侦查、起诉、审判各个阶段从事翻译工作的人员。

（6）鉴定人，包括公安机关、人民检察院、人民法院各自指派或聘请的，在侦查、起诉、审判各个阶段就案件中的某些专门性问题进行鉴定并提供鉴定意见的人员。

同时，根据最高人民法院《关于审判人员在诉讼活动中执行回避制度若干问题的规定》，人民陪审员、书记员和执行员适用审判人员回避的有关规定。另据最高人民检察院《规则》第33条的规定，关于回避的规定，还适用于司法警察。依据上述司法解释，回避的适用人员扩大到人民陪审员、执行员和司法警察。

二、回避的理由

回避的理由，也称法定回避情形，是指适用回避所应当具备的事实根据，它以法律和有关司法解释明文规定为前提。

在国外，回避制度往往分为有因回避和无因回避。所谓无因回避，主要适用于陪审团审理的案件，是被告方在挑选、成立陪审团时所享有的一项权利。顾名思义，在无因回避中，只要被告人及其辩护人提出回避申请，陪审团成员即应当回避，无须附具任何理由。

我国《刑事诉讼法》并没有规定无因回避制度，所有的回避都必须是有因回避。因此，当事人及其法定代理人、辩护人、诉讼代理人提出回避申请，都必须附具理由，同时还需要提供能够证明回避人员具有法定回避理由的相关证据材料。否则，回避申请将不会得到决定机关的支持。同时，除了诉讼回避外，我国还存在关于任职回避的规定。因此，我国的回避制度可在理论上分为诉讼回避与任职回避两种。

（一）诉讼回避

根据我国《刑事诉讼法》第29条、第30条的规定和相关司法解释，回避的法定事由包括以下几种情形：

第一，是本案的当事人或者是当事人的近亲属的。根据《刑事诉讼法》第108条的立法解释，这里的"当事人"是指本案的"被害人、自诉人、犯罪嫌疑人、被告人、附带民事诉讼的原告人和被告人"。同样，根据《刑事诉讼法》第108条的解释，这里的"近亲属"是指"夫、妻、父、母、子、女、同胞兄弟姊妹"。需要注意的是，有关司法解释对"近亲属"的概念作了扩大解释，即审判人员是本案的当事人或者与当事人有直系血亲、三代以内旁系血亲及姻亲关系的，都应当回避。审判人员与本案的诉讼代理人、辩护人有夫妻、父母、子女或者同胞兄弟姐妹关系的，也应当回避。虽然上述扩大解释仅系最高人民法院针对审判人员而作出，但我们认为其内容既然具有合理性，那么当然地就应当类推适用于检察人员和侦查人员。

第二，本人或者其近亲属和本案有利害关系的。本人或者他的近亲属虽非本案当事人，但如果与本案有某种利害关系，也可能产生利益牵连，进而影响案件的公正处理。因此，具备这一情形的司法工作人员也应当回避。

第三，担任过本案证人、鉴定人、辩护人或者诉讼代理人的。证人、鉴定人、辩护人、诉讼代理人等诉讼角色具有唯一性和排他性，一旦担任过本案的证人、鉴定人、辩护人或者诉讼代理人，即不应再担任本案的审判人员、检察人员、侦查人员等角色。否则，角色冲突可能导致先入为主或利益牵连，进而影响案件的公正处理。

第四，与本案当事人有其他关系，可能影响案件公正处理的。该项规定属于兜底条款，即审判人员、检察人员、侦查人员等如果与本案当事人存在着上述三种情形之外的"其他关系"，如曾经的同学、师生、恋人关系等，"可能影响案件公正处理的"，也应当回避。但要注意的是，从法解释的角度讲，该项规定的"其他关系"与"可能影响案件公正处理"之间是并列关系。这意味着，当事人及其法定代理人、辩护人、诉讼代理人以该项理由申请回避时，不仅需要证明审判人员、检察人员、侦查人员等与本案当事人存在"其他关系"，关键是还必须证明这种关系"可能影响案件公正处理"。

第五，违反规定会见当事人及其委托代理人或者接受其请客送礼的。《刑事诉讼法》第30条规定："审判人员、检察人员、侦查人员不得接受当事人及其委托的人的请客送礼，不得违反规定会见当事人及其委托的人。审判人员、检察人员、侦查人员违反前款规定的，应当依法追究法律责任。当事人及其法定代理人有权要求他们回避。"根据这一规定及最高人民法院的相关司法解释，审判人员具有下列情形之一的，当事人及其法定代理人即有权要求其回避：（1）违反规定会见本案当事人、辩护人、诉讼代理人的；（2）为本案当事人推荐、介绍辩护人、诉讼代理人，或者为律师、其他人员介绍办理本案的；（3）索取、接受本案当事人及其委托人的财物或者其他利益的；（4）接受本案当事人及其委托人的宴请，或者参加由其支付费用的活动的；（5）向本案当事人及其委托人借用款物的；（6）有其他不正当行为，可能影响公正审判的。

第六，在一个审判程序中参与过本案审判工作的合议庭组成人员或者独任审判员，不得再参与本案其他程序的审判；参与过本案侦查、审查起诉工作的侦查、检察人员，调至人民法院工作的，不得担任本案的审判人员；参加过本案侦查的侦查人员，不得承办本案的审查逮捕、起诉和诉讼监督工作。

《刑事诉讼法》第239条规定："原审人民法院对于发回重新审判的案件，应当另行组成合议庭，依照第一审程序进行审判……"第256条规定："人民法院按照审判监督程序重新审判的案件，由原审人民法院审理的，应当另行组成合议庭进行……"根据上述规定，对于第二审法院经过第二审程序裁定发回重审的案件，原审法院负责审理此案的原合议庭组成人员应当回避，不得再参与对案件的审理；对于人民法院按照审判监督程序重新审判的案件，原来负责审判此案的合议庭组成人员也应当回避，不得再参与对该案的审理。在上述规定的基础上，最高人民法院《解释》第25条对此又作了扩大解释，即"在一个审判程序中参与过本案审判工作的合议庭组成人员或者独任审判员，不得再参与本案其他程序的审判"。但是，发回重新审判的案件，在第一审人民法院作出裁判后又进入第二审程序或者死刑复核程序的，原第二审程序或者死刑复核程序中的合议庭组成人员不受本款规定的限制。据此，该项回避事由的适用扩大到整个审判程序（包括不同审级的审判程序），因此，在一个审判程序中参与过本案审判工作的审判人员，便不得再参与该案其他任何程序的审判工作。同理，最高人民检察院《规则》第30条也规定："参加过本案侦查的侦查人员，不得承办本案的审查逮捕、起诉和诉讼监督工作。"此外，最高人民法院《解释》第25条第1款还规定："参与过本案侦查、审查起诉工作的侦查、检察人员，调至人民法院工作的，不得担任本案的审判人员。"

（二）任职回避

如果说诉讼回避制度的目的旨在从个案处理上排除司法工作人员的利益牵涉，那么任职回避制度则旨在从司法工作的源头即职务上切断潜在的、可能的利益牵连。任职回避包括离任后的任职回避和现任内的任职回避。

离任后的任职回避，是对曾经担任过审判人员和检察人员的人员，在其离任后从事律师（刑事辩护人或诉讼代理人）业务时设定的限制性规定。《法官法》第36条第1、2款规定："法官从人民法院离任后两年内，不得以律师身份担任诉讼代理人或者辩护人。法官从人民法院离任后，不得担任原任职法院办理案件的诉讼代理人或者辩护人，但是作为当事人的监护人或者近亲属代理诉讼或者进行辩护的除外。"《检察官法》第37条第1、2款规定："检察官从人民检察院离任后两年内，不得以律师身份担任诉讼代理人或者辩护人。检察官从人民检察院离任后，不得担任原任职检察院办理案件的诉讼代理人或者辩护人，但是作为当事人的监护人或者近亲属代理诉讼或者进行辩护的除外。"《最高人民法院关于审判人员在诉讼活动中执行回避制度若干问题的规定》第 8 条进一步规定，审判人员及法院其他工作人员从人民法院离任后二年内，不得以律师身份担任诉讼代理人或者辩护人。审判人员及法院其他工作人员从人民法院离任后，不得担任原任职法院所审理案件的诉讼代理人或者辩护人，但是作为当事人的监护人或者近亲属代理诉讼或者进行辩护的除外。其中，所谓"离任"，包括退休、调离、解聘、辞职、辞退、开除等离开法院工作岗位的情形。"原任职法院"包括审判人员及法院其他工作人员曾任职的所有法院。

现任内的任职回避，是对现任内的法官、检察官的配偶、子女或父母，在其从事律师（刑事辩护人或诉讼代理人）业务时设定的限制性规定。《最高人民法院关于审判人员在诉讼活动中执行回避制度若干问题的规定》第 9 条规定，审判人员及法院其他工作人员的配偶、子女或者父母不得担任其所任职法院审理案件的诉讼代理人或者辩护人。该司法解释将现任内任职回避的适用范围扩大到法官的"父母"，并将"法官"的概念扩大解释为审判人员及法院其他工作人员。其中，所谓法院其他工作人员，是指法院中占行政编制的工作人员。根据《法官法》第 24 条和《检察官法》第 25 条的规定，法官的配偶、父母、子女不得以律师身份担任该法官所任职法院办理案件的诉讼代理人或者辩护人，也不得为诉讼案件当事人提供其他有偿法律服务；检察官的配偶、父母、子女不得担任该检察官所任职检察院办理案件的诉讼代理人或者辩护人，也不得为诉讼案件当事人提供其他有偿法律服务。

三、回避的程序

（一）回避申请的提出

申请回避是当事人及其法定代理人的一项基本诉讼权利，回避的效力亦及于审判人员、检察人员和侦查人员等。因此，回避适用于从侦查、起诉、审判到执行的整个刑事诉讼流程，在刑事诉讼的各个环节和阶段，当事人及其法定代理人都有权申请回避，辩护人、诉讼代理人也可以依照《刑事诉讼法》第三章的规定要求回避。同时，作为当事人及其法定代理人所享有的一项基本权利，公安机关、人民检察院、人民法院有义务予以保障，审判人员、检察人员和侦查人员在相关程序环节，均应当告知当事人及其法定代理人享有申请回避的权利。对此，《刑事诉讼法》第 190 条规定，开庭时，审判长应告知当事人有权对合议庭组成人员、书记员、公诉人、鉴定人和翻译人员申请回避。我们认为，这一规定应当类推适用于侦查和起诉程序，在侦查和审查起诉阶段，侦查人员、检察人员也应当及时告知当事人及其法定代理人有权申请回避。

自行回避或申请回避，均可以通过书面或口头的方式提出，以口头方式提出回避申请的，应当记录在案。但不论哪一种方式，都必须说明理由。如果当事人及其法定代理人、辩护人、诉讼代理人是根据《刑事诉讼法》第30条的规定（即办案人员违反规定会见当事人及其委托代理人或接受当事人及其委托代理人请客送礼）提出回避申请的，还应当向申请机关提供有关证明材料。

回避申请提出以后，在回避决定作出前，正在进行的刑事诉讼程序应予暂停，以等待审查决定的作出。但是，对侦查人员的回避申请，在回避决定作出以前，侦查人员不能停止对案件的侦查。这是因为，刑事侦查工作具有特殊的时效性，暂停侦查工作将可能延误侦查时机，对查获、抓捕犯罪嫌疑人以及收集、调查证据工作造成妨碍，因此，对侦查人员的回避申请，在回避决定作出以前，侦查人员不得停止对案件的侦查。

至于回避决定作出以前已进行的诉讼行为是否有效的问题，例如，已经收集、调查的证据，是否具有证据能力，或者已经进行的庭审是否合法、有效？对此，我国《刑事诉讼法》并没有作出明文规定。根据有关司法解释和司法实务中的做法，被决定回避的侦查人员，在回避决定作出以前所进行的诉讼活动是否有效，由作出决定的机关根据案件情况决定；因符合《刑事诉讼法》第29条或者第30条规定的情形之一而回避的检察人员，在回避决定作出以前所取得的证据和进行的诉讼行为是否有效，由检察委员会或者检察长根据案件具体情况决定。然而，上述做法似乎并不能完全类推适用于审判人员，这是因为，审判程序奉行直接言词原则，法官必须亲自听取被告人的答辩、陈述，并亲自主持庭审质证。如果审判人员因为回避而退出了审判，更换了审判人员，那么，整个审判程序必须更新、重启，之前进行的审判活动应当归于无效。

（二）回避申请的审查和决定

根据《刑事诉讼法》第31条的规定，审判人员、检察人员和侦查人员的回避，应当分别由院长、检察长、公安机关负责人决定；院长的回避，由本院审判委员会决定；检察长和公安机关负责人的回避，由同级人民检察院检察委员会决定。

具体而言：

第一，人民法院审判人员、法庭书记员、翻译人员和鉴定人的回避，由人民法院院长决定；当事人及其法定代理人、辩护人、诉讼代理人申请人民法院院长回避或者院长自行回避的，应当由副院长主持审判委员会讨论决定，院长不得参加讨论。

第二，人民检察院检察长的回避，由副检察长主持本院检察委员会讨论决定，检察长不得参加；检察人员、书记员、司法警察以及人民检察院聘请或者指派的翻译人员、鉴定人的回避，由本院检察长决定。当事人及其法定代理人、辩护人、诉讼代理人申请出庭的检察人员回避的，人民法院应当决定休庭，并通知人民检察院。

第三，公安机关侦查人员以及公安机关聘请或者指派的记录人、翻译人员和鉴定人的回避，由公安机关负责人决定；县级以上公安机关负责人的回避，由同级人民检察院检察委员会决定。当事人及其法定代理人、辩护人、诉讼代理人要求公安机关负责人回避的，应当向公安机关同级的人民检察院提出，由检察长提交检察委员会讨论决定。

对于当事人及其法定代理人、辩护人、诉讼代理人所提出的回避申请，符合法定回避情形的，应当决定回避；对于不符合法定回避情形的申请，应当驳回申请。

1. 人民法院驳回回避申请的复议

对驳回申请回避的决定，当事人、法定代理人、辩护人、诉讼代理人可以在接到决定时申请复议一次。对于不属于法定回避理由的，由法庭当庭驳回，并不得申请复议。

2. 人民检察院驳回回避申请的复议

人民检察院作出驳回申请回避的决定，应当告知当事人及其法定代理人如不服本决定，有权在收到驳回申请回避的决定书后5日以内向原决定机关申请复议一次。

当事人及其法定代理人对驳回申请回避的决定不服申请复议的，决定机关应当在3日以内作出复议决定并书面通知申请人。

3. 公安机关驳回回避申请的复议

当事人及其法定代理人、辩护人、诉讼代理人对驳回申请回避的决定不服的，可以在收到驳回申请决定书后5日以内向作出决定的公安机关申请复议。公安机关应当在收到复议申请后5日以内作出复议决定并书面通知申请人。

思考题：

1. 我国刑事诉讼中的指定管辖制度因立法不完善存在适用随意性较大、适用程序不规范等问题，试从程序正义、人权保障的角度提出完善对策。

2. 我国刑事诉讼中对于申请回避之事由，由谁负担举证责任？需要证明到何种程度？

3. 有学者建议在我国刑事诉讼中建立公安司法机关整体回避制度，其意义何在？有无可行性？

▶ 自测习题及参考答案

第六章 辩护与代理

现代刑事诉讼制度是建立在控审分离、控辩平等、审判中立的诉讼结构基础之上的。为此，需要建立和保障刑事辩护和刑事代理制度，落实真正意义上的"控辩平等"，以维护和实现司法公正。本章将专门论述刑事辩护和刑事代理，揭示其基本概念和特征，回顾其历史发展和规律，阐述其基本内容和种类。

第一节 刑事辩护

一、刑事辩护的概念与特征

刑事辩护的概念是一个历史范畴。现代刑事诉讼中的辩护，是指犯罪嫌疑人、被告人及其辩护人在刑事诉讼中，针对侦查、检察机关的追诉及自诉人的起诉，根据事实和法律，从实体上和程序上提出有利于犯罪嫌疑人、被告人的证据材料和意见，维护犯罪嫌疑人、被告人的合法权益，使其免受不公正对待和处理的一系列诉讼行为的总和。刑事辩护作为一系列诉讼行为的总和，与其他诉讼行为相比具有以下特征：

第一，对抗性。刑事辩护是针对追诉行为进行的对抗性诉讼活动。所谓对抗性诉讼活动，是指它是由追诉活动包括侦查、起诉活动引起，而又针对侦查、起诉活动进行的质疑、反驳性的诉讼活动。没有追诉活动就没有辩护活动。追诉与辩护是一对具有对抗性的基本矛盾，存在于刑事诉讼的过程中，也解决于刑事诉讼的过程中。

第二，民间性。不同于侦查、公诉、审判的主体都是国家专门机关及其工作人员，刑事辩护的主体是被追诉的犯罪嫌疑人、被告人及其辩护人，他们在刑事诉讼中不具有官方身份，而是民间或个人身份，这使他们在刑事诉讼中处于弱势甚至劣势的地位。为此，现代刑事诉讼制度通过赋予他们广泛的诉讼权利并且适度限制国家专门机关及其工作人员的诉讼权力的措施，平衡双方的力量对比，从诉讼过程本身彰显程序正义，从诉讼结果上追求和实现实体公正。

第三，权利性。与侦查、公诉、审判等国家专门机关及其工作人员在刑事诉讼活动中行使的是具有强制性的国家权力不同，犯罪嫌疑人、被告人及其辩护人在刑事诉讼中实施的辩护行为或辩护活动都属于权利性的活动，一方面不具有强制力，另一方面对于侦查、公诉、审判等活动具有重要的制约力和监督性。在现代民主、法治社会，公民权利是国家产生的基础，也是国家存在的目的。国家对公民负有保护的责任和义务，这种保护体现在刑事诉讼领域，一方面表现为运用国家权力维护公民的人身权利、财产权利等合法权益不受非法侵犯，打击、惩罚犯罪；另一方面也要依法维护刑事诉讼中处于被追诉地位的犯罪嫌疑人、被告人的合法权益，包括辩护权利，使他们中无罪的人不受追究，有罪的人受到公正的惩罚。

第四，诉讼职能性。人类自有诉讼以来，虽从没有放弃过对司法公正的追求，但是直到现代刑事诉讼制度产生以来，才开始走上正确轨道，这就是形成、建立了控审分离、控辩平等、审判中立的科学、民主的诉讼结构以及控诉、辩护、审判三种基本诉讼职能。该三项基本诉讼职能三位一体，缺一不可，互相作用，彼此依存，共同维系、支撑着司法公正的大厦。在现代刑事诉讼制度下，刑事辩护不只是犯罪嫌疑人、被告人及其辩护人所行使的民间性、权利性的诉讼活动，而且是在维护、实现辩护的基本诉讼职能。如果辩护职能得不到真正的确立和充分的行使，不能与控诉职能平等对抗，相互制约，在刑事诉讼中就难以实现司法公正。

在刑事诉讼中，为什么要赋予犯罪嫌疑人、被告人及其辩护人辩护权利，以期其与侦查、起诉活动相对抗？又为什么将刑事辩护确立为刑事诉讼的三项基本诉讼职能之一？这些问题都涉及刑事辩护的理论根据。

首先，这是人类认识活动的客观规律，特别是刑事诉讼活动客观规律的内在要求。自从人类产生了阶级、国家和法律，犯罪就成为一种普遍存在的社会现象。刑事诉讼正是为了应对、解决这一社会现象而产生的法律制度。但是，不论应对还是解决，都要以对刑事案件的正确认识为前提，而刑事案件又表现为具体的个案，当把它们纳入刑事诉讼活动时，往往都是已经发生过的事实。刑事诉讼的过程首先表现为对已经发生过的事实进行认识，并且力求使这种主观认识最大限度地与案件的客观事实相一致。为此，就要求在刑事诉讼中不仅要重视收集、听取受到犯罪侵害、控诉犯罪一方的当事人及有关国家机关、办案人员对被追诉对象的指控和意见，也要关注被追诉犯罪并被要求承担刑事责任的犯罪嫌疑人、被告人及其辩护人对于追诉的立场和态度，听取他们的主张和意见。只有认真听取对立双方的意见，"兼听则明"，才有可能对案件形成正确、客观的认识。反之，只听取追诉方的意见，排斥被追诉方的意见，势必"偏听则暗"，对案件形成片面的认识。辩护权乃至辩护职能的确立能保障犯罪嫌疑人、被告人在刑事诉讼中充分表达自己的意见,反映案件的事实,对于正确、客观地认识案件事实有非常重要的意义。

其次,这是人类人权意识觉醒、人权观念加强、人权保障要求的客观需要。在人类发展史上相当漫长的一段时期里,人与人之间的不平等不仅是公开的,而且是合法的。在刑事诉讼中更是如此,被追诉的犯罪嫌疑人、被告人根本不是诉讼主体,他们无权对追诉活动进行反驳,提出辩护,而完全被当作追究的客体,承受刑讯逼供,任凭有罪推定。现代刑事诉讼制度,确立了无罪推定原则,赋予被追诉人广泛的辩护权,使其与追诉方形成平等对抗,以确保无罪的人不受刑事追究,有罪的人受到公正的惩罚。

最后,这是维护和实现司法公正的基本保障。刑事诉讼本质上是国家追究犯罪、惩罚犯罪的一种专门活动,是由国家专门机关发起并主导的一种强制性活动。在此过程中,不可避免地会发生权力的滥用或误用,进而导致冤、假、错案的发生。为此,需要对国家专门机关在刑事诉讼中的权力予以制约和抗衡,辩护权乃至辩护职能的确立和保障对此将发挥不可或缺的重要作用。

二、刑事辩护的历史发展

前已指出,辩护概念是一个历史的范畴,不同历史时期的辩护有着各自时代的烙印和不同的含义。同时,辩护概念又是一个不断丰富、发展的概念,从历史到现代,存在着内在的继承和发展关系。回顾辩护概念的历史发展,对于加深对辩护权的理解、完善辩护制度、强化辩护职能都有重要的意义。

(一)从自行辩护向辩护人辩护的发展

从现象意义上讲,自从有了诉讼,就有了辩护,辩护是伴随诉讼而产生的。在人类最初的弹劾式诉讼中,诉讼没有刑民之分,原、被告双方在诉讼中地位平等,原告有起诉被告的权利,被告相应地也有为自己申辩、反驳原告起诉的权利。被告这种针对起诉为自己进行的申辩和反驳实质上就是辩护。但是,这种辩护与其说是一种权利,不如说是一种本能。正因为如此,这种辩护仅限于被告自行辩护,尚没有他人包括职业辩护人为他辩护。

就刑事诉讼而言,被告自行辩护,从其最清楚自己是否实施以及如何实施所追诉的犯罪事实这一点来看,他最有发言权。但是由于出身、背景、社会地位、受教育程度等各方面的不同,被告自行辩护的能力和所能发挥的作用是有限的,并且相互之间是有差别的。为了弥补这一不足,在诉讼发展过程中并非为自己而是为他人进行辩护的专业辩护人应运而生。一般认为,在公元前 6 世纪—公元前

1世纪的古罗马共和时期，商品经济的发展和古罗马法的繁荣，使得一般人在诉讼中难以有效地维护自己的权利，能言善辩的"代理人""代言人"应运而生，帮助原、被告进行诉讼。随着法律的演进，职业法学家兴起，辩护逐渐为法律所确认。《十二铜表法》中就有关于辩护人进行辩护的专门条文，这是人类历史上关于辩护人辩护最早的法律记载。

当今世界辩护制度已相当发达，其中一个重要的标志就是辩护人辩护制度的成熟和完善。而辩护人辩护实质上又集中体现为律师辩护。律师作为职业法律工作者，不仅精通法律，而且富有诉讼经验和技巧；不仅享有人身自由，可以在法律允许的范围内进行辩护所需要的一切活动，而且地位独立，可以提出任何有利于犯罪嫌疑人、被告人的辩护意见和诉讼主张。因此，其所进行的辩护较之犯罪嫌疑人、被告人的自行辩护，更加有理、有力、有利，从而更加有效。正因如此，联合国确立的国际刑事司法准则要求保障犯罪嫌疑人、被告人获得律师帮助的权利。我国《刑事诉讼法》第11条也规定："……被告人有权获得辩护，人民法院有义务保证被告人获得辩护。"

（二）从委托辩护向法律援助辩护的发展

委托辩护是与辩护人辩护相伴而生的。在刑事辩护制度发展史上，很长一段时期，除被追诉人自行辩护外，主要是委托辩护，即由被追诉人委托他人为自己辩护。20世纪以来，随着工业化进程引起资本主义市场经济的高速发展和人权运动在世界范围的兴起，在刑事司法领域中加强人权保障的呼声也越来越高，刑事法律援助制度应运而生。以美国为例，早在1791年批准的宪法第六修正案中就规定："在一切刑事诉讼中，被指控者享有……辩护律师帮助的权利。"但在很长一段时期，人们对于宪法所规定的被告人享有律师帮助的权利，只是理解为被告人可以聘请律师在法院为他们辩护，并不包括被告人如果因为贫困无钱聘请律师则由政府为其提供律师的含义。19世纪末20世纪初，人们对于被告人享有律师帮助的宪法权利赋予新的含义——贫困被告人享有政府为其提供律师的权利，但当时只限于死刑案件。1938年，美国联邦最高法院认为，宪法第六修正案的规定包含了联邦刑事审判中为贫困被告人提供辩护律师的要求。20世纪60年代以后，贫困被告人享有政府为其提供辩护律师的权利逐渐被扩大到重罪案件和非重罪案件。

联合国《公民权利和政治权利国际公约》第14条第3项不仅将受刑事控告者"出席受审并亲自替自己辩护或经由他自己选择的律师进行辩护"作为"人人完全平等有资格享受"的"最低限度的保证"，而且将获得政府的法律援助也看作"最低限度的保证"："如果他没有法律援助，要通知他享有这种权利；在司法利益有此需要的案件中，为他指定法律援助，而在他没有足够能力偿付法律援助的案件中，不要他自己付费。"如今，各国政府应当为符合一定条件的贫困被告人无偿提供法律援助已成为国际社会公认的国际刑事司法准则的最低要求之一。

（三）从主要是审判中的实体辩护向审前阶段的程序辩护发展

传统上的辩护，无论是自行辩护还是辩护人辩护，主要是在审判阶段围绕被告人是否构成犯罪、应否承担刑事责任以及如何承担刑事责任展开的。在诉讼理论上将这种辩护称为实体辩护。

在审前程序中，绝大多数案件尚不具备进行实体辩护的条件。在此过程特别是侦查程序中，侦讯机关的权力不断扩大，伸展到社会生活的各个方面。人们切身感受到侦讯机关可能滥用或者已经滥用权力的威胁不时发生，于是从程序上保护被追诉者的权利和其他公民的合法权利就成为审前程序中刑事辩护的重要方面。

审前程序辩护，特别是侦查中的程序辩护，主要表现为赋予犯罪嫌疑人在侦查程序中获得律师帮助的权利和赋予辩护律师通过参与侦查程序对侦讯机关、侦讯人员进行制约和监督的权利。具体包括：（1）律师在侦讯人员对犯罪嫌疑人进行讯问时有权在场并向犯罪嫌疑人提供法律咨询的权利；（2）犯罪嫌疑人与辩护律师在侦查程序中秘密或单独会见的权利；（3）辩护律师在侦查程序中从侦讯人员处获悉犯罪嫌疑人涉嫌的罪名及有关案件事实、证据材料的权利以及进行必要的调查取证的权利；（4）辩护律师在侦查程序中参加或见证某些侦查活动的权利；（5）辩护律师就审前程序的有关诉讼行为提出意见的权利；等等。除各国法律的规定外，在联合国《保护所有遭受任何形式拘留或监禁的人的原则》《禁止酷刑和其他残忍、不人道或有辱人格的待遇或处罚公约》《公民权利和政治权利国际公约》等一系列国际司法文件中，都从不同方面确立了犯罪嫌疑人在审前程序中获得律师帮助的权利和律师在审前程序中维护犯罪嫌疑人合法权益的相关权利。

> **拓展阅读**
> 我国律师辩护保障体系的完善——以审判中心主义为视角

我国《刑事诉讼法》从 1979 年颁布至今已经历了 1996 年、2012 年和 2018 年三次修正。伴随这一过程，刑事辩护也经历了从自行辩护向辩护人辩护、从委托辩护向法律援助辩护、从主要是审判中的实体辩护向审前阶段的程序辩护不断发展、完善的过程，未来还将继续发展、完善。

三、我国刑事辩护制度的基本内容

中国古代社会虽有过我们今天称为自行辩护甚至辩护人辩护的现象和文字记

载，但并不存在现代意义上的辩护权乃至辩护制度。中国的刑事辩护制度最初是列强在行使其领事裁判权过程中直接从外国搬到中国的。清朝末年，沈家本受命主持修订大清律例，在 1906 年制定的《大清刑事民事诉讼法（草案）》及 1910 年制定的《大清刑事诉讼律（草案）》中，都规定了刑事被告人不仅自己可以辩护而且可以委托律师为其辩护。1912 年 9 月，中华民国政府颁布了《律师暂行章程》，不仅创立了中国近代的律师制度，也创立了中国近代的刑事辩护制度。

中华人民共和国成立后，一方面废除伪法统，推翻旧法制，另一方面着手建立社会主义新法制。在刑事辩护制度方面，1950 年 7 月，中央人民政府政务院公布的《人民法庭组织通则》第 6 条规定："县（市）人民法庭及其分庭审判时，应保障被告有辩护及请人辩护的权利……"1954 年中华人民共和国第一部《宪法》颁布，其中第 76 条明确规定了"被告人有权获得辩护"。同期公布的《人民法院组织法》也规定："被告人除自己行使辩护权外，可以委托律师为他辩护，可以由人民团体介绍的或者经人民法院许可的公民为他辩护，可以由被告人的近亲属、监护人为他辩护。人民法院认为必要的时候，也可以指定辩护人为他辩护。"这些规定，为社会主义刑事辩护制度奠定了宪法和法律基础，其后我国刑事辩护制度特别是律师辩护制度得以蓬勃发展。但是，好景不长，20 世纪 50 年代后期，刚刚建立起来的刑事辩护制度受到严重摧残。

1979 年 7 月中华人民共和国第一部《刑事诉讼法》诞生，强调被告人在刑事诉讼中享有辩护权，不仅其本人有权自行辩护，而且有权委托辩护人为他辩护，还要求人民法院有义务保证被告人获得辩护。1980 年 8 月《律师暂行条例》颁布实施，律师制度得以恢复，特别是律师辩护制度得以重建。1996 年 3 月，立法机关对《刑事诉讼法》进行了系统修正，对刑事辩护制度作了重大修改和完善。同年 5 月又审议通过了《律师法》，以法律的形式确立了社会主义律师制度的基本框架，对律师辩护制度进行了丰富和完善。这两部法律中关于刑事辩护的相关规定体现了我国律师辩护制度建设所取得的重大成就。

2012 年 3 月 14 日，第十一届全国人民代表大会第五次会议对 1996 年《刑事诉讼法》进行了重大修正，在刑事辩护制度方面发生了诸多重要变化，包括确立了律师在侦查阶段的辩护人地位，解决了困扰律师辩护的会见难、阅卷难等突出问题，扩大了法律援助的范围并将之提前至审前程序中等重要内容，使我国刑事辩护制度发展到一个新的阶段。

2018 年 10 月 26 日，第十三届全国人民代表大会常务委员会第六次会议又对 2012 年《刑事诉讼法》进行了修正，其中明确提出并建立了旨在为犯罪嫌疑人、被告人提供法律帮助的值班律师制度，丰富和发展了我国的刑事辩护制度。

（一）刑事辩护的种类

根据现行《刑事诉讼法》第33—35条的规定，我国刑事诉讼中的辩护可分为自行辩护、委托辩护和指派辩护三种：

1. 自行辩护

自行辩护是指犯罪嫌疑人、被告人自己针对侦控机关对其涉嫌犯罪的怀疑、指控及所采取的相关强制措施或其他强制性措施，依法进行的反驳、申辩、解释以及要求予以解除、纠正等一系列行为的总和。

犯罪嫌疑人、被告人是被侦查机关、检察机关怀疑涉嫌犯罪或指控实施犯罪的人，他们对于自己是否涉嫌、实施了犯罪以及如何实施犯罪最为清楚，因此，就针对案件事实和有关证据方面进行辩护而言，由他们自行辩护一般比其他人进行辩护具有更有利的条件。同时，在刑事诉讼中任何公民一旦被确定为犯罪嫌疑人、被告人身份，就成为被侦查、被指控的对象，随时处于侦查措施、强制措施的监控之下。在此过程中，他对于自己人身权利和其他权利是否受到非法侵犯的了解和感受也最直接，因而也最能及时进行自行辩护，依法维护自己的合法权益，而其他辩护人是做不到这一点的。正因为如此，犯罪嫌疑人、被告人自行辩护可以贯穿于刑事辩护的全过程，包括在侦查、审查起诉和审判全过程为自己辩护。

但是，自行辩护在充分有效地维护犯罪嫌疑人、被告人合法权益方面，有很大的局限性。首先，一般而言犯罪嫌疑人、被告人不熟悉、精通法律，不具有诉讼经验，不掌握诉讼技巧；其次，犯罪嫌疑人、被告人在刑事诉讼中通常都被采取某种强制措施，人身自由受到限制甚至剥夺，无法进行必要的调查取证工作；最后，由于犯罪嫌疑人、被告人与案件有着密切的关系，特别是与诉讼结果有着直接的利害关系，从而使他们自身难以在诉讼中如实、客观地陈述事实，同时其他人包括办案人员往往也对他们不信任，进而可能导致自行辩护不受重视。

2. 委托辩护

委托辩护是指犯罪嫌疑人、被告人依法委托律师或其他公民担任辩护人为其进行辩护。由于委托辩护是由犯罪嫌疑人、被告人以外的人进行辩护，其身份、立场都是独立的，并且由于委托辩护人主要是由律师担任，他们精通法律知识，富有诉讼经验，熟悉辩护技巧，因而委托辩护较之自行辩护有着明显的优势。

从委托关系的发生来讲，委托辩护有两种情形：其一，犯罪嫌疑人、被告人自己直接委托辩护人。《刑事诉讼法》第34条第1款规定："犯罪嫌疑人自被侦查机关第一次讯问或者采取强制措施之日起，有权委托辩护人；在侦查期间，只能委托律师作为辩护人。被告人有权随时委托辩护人。"为了保障犯罪嫌疑人、被告人知悉自己的辩护权并及时委托辩护人,《刑事诉讼法》第34条第2款还明确要求"侦查机关在第一次讯问犯罪嫌疑人或者对犯罪嫌疑人采取强制措施的时候,应当告知犯罪嫌疑人有权委托辩护人。人民检察院自收到移送审查起诉的案件材料之日起三日以内,应当告知犯罪嫌疑人有权委托辩护人。人民法院自受理案件之日起三日以内,应当告知被告人有权委托辩护人。犯罪嫌疑人、被告人在押期间要求委托辩护人的,人民法院、人民检察院和公安机关应当及时转达其要求"。其二,犯罪嫌疑人、被告人的监护人、近亲属可以代为委托辩护人。根据《刑事诉讼法》第34条第3款的规定,犯罪嫌疑人、被告人在押的,也可以由其监护人、近亲属代为委托辩护人。

应当指出,以上两种情形是从何时可以开始委托辩护人的角度来讲的,并不意味着在此之后就不可以再委托辩护人或者委托之后就不可以变更委托。委托辩护人既然是犯罪嫌疑人、被告人的一项诉讼权利,那么在诉讼的不同阶段、不同时间都可以委托。为此,鉴于审判阶段的特殊性,《刑事诉讼法》第45条还规定:"在审判过程中,被告人可以拒绝辩护人继续为他辩护,也可以另行委托辩护人辩护。"

在保障犯罪嫌疑人、被告人享有委托辩护人权利的同时,为了保证诉讼活动的正常进行,提高诉讼效率,《刑事诉讼法》对委托对象和委托人数也做了必要的限制。在委托对象方面,只能在法律规定的可以充当辩护人的人员范围内进行选择;在委托的人数上,可以委托1—2人作为辩护人。

3. 指派辩护

指派辩护是指人民法院、人民检察院、公安机关在法律规定的范围内,对于没有委托辩护人的犯罪嫌疑人、被告人,依法通知法律援助机构指派律师为其提供辩护,或者法律援助机构根据本人及其亲属的申请,对符合法律援助条件的,指派律师为其提供辩护。这项制度也称为刑事法律援助制度。

在我国,指派辩护包括强制指派辩护和申请指派辩护两种情形:

(1) 强制指派辩护。根据《刑事诉讼法》第35条、第278条的有关规定,强制指派辩护是指人民法院、人民检察院、公安机关对于下列五类犯罪嫌疑人、被告人,如果他们没有委托辩护人,应当通知法律援助机构指派律师为其辩护:第一,犯罪嫌疑人、被告人是盲、聋、哑人的;第二,犯罪嫌疑人、被告人是未成年人的;第三,犯罪嫌疑人、被告人是尚未完全丧失辨认或者控制自己行为能力的人的;第四,犯罪嫌疑人、被告人可能被判处无期徒刑的;第五,犯罪嫌疑人、被告人可能被判处死刑的。这五类犯罪嫌疑人、被告人有的因为生理缺陷或尚未成年而不能有效地为自己进行辩护，有的因为涉嫌或被指控的罪行特别严重可能被判处无期徒刑或死刑，在他们没有委托辩护人的情形下，为了充分保障他们的合法权益，提高办案质量，维护司法公正，法律规定应当为他们指派律师担任辩护人。在这里法律提出的要求是"应当通知法律援助机构指派律师为其提供辩护"，表明具有强制指派辩护之意。

此外，《刑事诉讼法》第293条规定，人民法院缺席审判案件，被告人及其近亲属没有委托辩护人的，人民法院应当通知法律援助机构指派律师为其提供辩护。

（2）申请指派辩护。根据《刑事诉讼法》第35条的规定，申请指派辩护是指不符合以上强制指派辩护的条件，犯罪嫌疑人、被告人因经济困难或者其他原因没有委托辩护人，本人及其近亲属可以向法律援助机构提出申请。对符合法律援助条件的，法律援助机构应当指派律师为其提供辩护。由于我国现阶段经济发展水平还不高，能够办理刑事辩护案件的律师人数也有限，如果为所有犯罪嫌疑人、被告人一律指派律师辩护，恐怕难以做到。因此，对于不符合强制指派辩护条件的犯罪嫌疑人、被告人，《刑事诉讼法》第35条第1款规定，需经犯罪嫌疑人、被告人本人或近亲属提出申请，并符合法律援助条件的，才指派律师为犯罪嫌疑人、被告人提供辩护。

无论强制指派辩护还是申请指派辩护，都属于刑事法律援助制度的范畴。刑事法律援助是法律援助制度重要的组成部分，体现了国家对因经济困难或其他原因没有委托辩护人的犯罪嫌疑人、被告人的一种人文关怀，也是保障人权、维护司法公正和实现社会公平正义的客观要求。法律援助制度起源于西方国家，世界上已经有140多个国家建立了法律援助制度。我国法律援助制度虽然起步较晚，但日臻完善。2015年6月，中共中央办公厅和国务院办公厅印发《关于完善法律援助制度的意见》，提出"加强刑事法律援助工作"，包括：开展试点，逐步开展为不服生效刑事裁判的申诉人提供法律援助的工作；建立法律援助机构在法院、看守所派驻法律援助值班律师制度；建立法律援助参与刑事和解、死刑复核案件办理工作机制等。我们相信，随着"国家尊重和保障人权"在宪法上的确立及国家实力的不断增强，刑事法律援助制度还将不断完善、发展。

（二）辩护人的范围

如前所述，辩护制度的历史沿革，经历了一个由犯罪嫌疑人、被告人自行辩护向辩护人辩护的发展过程。委托辩护、指派辩护都是以辩护人辩护的存在为前提的。辩护人的范围，是指哪些人可以接受犯罪嫌疑人、被告人的委托，或者接受法律援助机构的指派，在刑事诉讼中担任辩护人。在我国，委托辩护的辩护人范围与指派辩护的辩护人范围有所不同，后者只限于律师，前者则范围较广。根据《刑事诉讼法》《律师法》及最高人民法院《解释》的有关规定，委托辩护的辩护人范围包括下列人员：

第一，律师。律师是指依法取得律师执业证书，为社会提供法律服务的执业人员。与其他人相比，律师一般都受过系统的法学教育，经过严格的司法职业资格考试，又受过专门的执业技能培训，是职业法律工作者。特别是一些执业多年的律师，往往具有丰富的办案经验、娴熟的辩护技巧。此外，律师由政府主管部门和行业协会管理，有着严格的职业道德和执业纪律要求。这些方面决定了律师担任刑事案件的辩护人较之其他人担任辩护人有着明显的优势。首先，由于律师在业务能力上的优势，他们更能切实有效地履行辩护职责，维护犯罪嫌疑人、被告人的合法权益。其次，由于组织管理和职业道德、执业纪律上的优势，法律赋予律师较其他辩护人更广泛的诉讼权利，从而使律师担任辩护人有更大的空间，并得以发挥更大的作用。例如，根据《刑事诉讼法》第 39 条、第 40 条的规定，在刑事诉讼中，律师担任辩护人的，自人民检察院对案件审查起诉之日起，可以查阅、摘抄、复制本案的案卷材料，可以同在押的犯罪嫌疑人、被告人会见和通信；而其他人担任辩护人的，须经人民法院、人民检察院许可，才可以查阅、摘抄、复制上述材料及同在押的犯罪嫌疑人、被告人会见和通信。

第二，人民团体或者犯罪嫌疑人、被告人所在单位推荐的人。这里的人民团体是指工会、妇联、共青团等群众性团体。这些团体或者单位与犯罪嫌疑人、被告人往往有一定的关系，或者是犯罪嫌疑人、被告人参加的组织，或者是犯罪嫌疑人、被告人工作的单位，相互间有一定的了解，甚至有一定的信任基础。此外，由于我国的律师数量整体上还有限，难以完全满足社会法律服务的需求。在此情况下，由人民团体或者犯罪嫌疑人、被告人所在单位推荐的人担任辩护人，可以弥补现阶段律师人数的不足。

第三，犯罪嫌疑人、被告人的监护人、亲友。在刑事诉讼中，一些未成年人、无行为能力或者限制行为能力的精神病人可能会成为犯罪嫌疑人、被告人。为了切实、有效地维护他们的合法权益，根据《民法总则》的有关规定，由他们的监护人——对他们的人身、财产和其他合法权益承担保护责任的人或单位，包括他们的亲属或有关的机关、团体或单位——担任辩护人是比较适宜的。由于存在这种监护与被监护的关系，监护人在担任辩护人时一般更具责任心。此外，犯罪嫌疑人、被告人的亲戚、朋友与犯罪嫌疑人、被告人有着特殊的关系，相互间比较了解、比较信任,由他们担任辩护人,也有利于维护犯罪嫌疑人、被告人的合法权益。

以上三类人员就是我国现行法律规定的辩护人的范围。这是从总体上讲的。但具体而言,上述三类人员并非在任何情况下都可以担任辩护人。《刑事诉讼法》第33条第2款规定:"正在被执行刑罚或者依法被剥夺、限制人身自由的人,不得担任辩护人。"第33条第3款规定:"被开除公职和被吊销律师、公证员执业证书的人,不得担任辩护人,但系犯罪嫌疑人、被告人的监护人、近亲属的除外。"《律师法》第11条第2款规定,"律师担任各级人民代表大会常务委员会组成人员的,任职期间不得从事诉讼代理或者辩护业务";第41条规定,"曾经担任法官、检察官的律师,从人民法院、人民检察院离任后二年内,不得担任诉讼代理人或者辩护人"。这些规定应当适用于刑事诉讼活动的全过程。

此外,最高人民法院《解释》第35条对于人民法院审判案件过程中不得被委托担任辩护人的人员也作了规定:(1)正在被执行刑罚或者处于缓刑、假释考验期间的人;(2)依法被剥夺、限制人身自由的人;(3)无行为能力或者限制行为能力的人;(4)人民法院、人民检察院、公安机关、国家安全机关、监狱的现职人员;(5)人民陪审员;(6)与本案审理结果有利害关系的人;(7)外国人或无国籍人。但是,以上(4)—(7)项规定的人员,如果是被告人的监护人、近亲属,由被告人委托担任辩护人的,人民法院可以准许。

以上从正反两个方面对辩护人的范围从外延上作了界定。可以看出,尽管有一定的限制,我国辩护人的范围还是比较广泛的,不像有的国家辩护人只能由律师担任。这是符合我国现阶段实际情况的。一方面,我国的整体经济发展水平和人均国民收入还不高,既不能由国家拿出足够的资金为所有犯罪嫌疑人、被告人免费提供辩护律师,也不能由犯罪嫌疑人、被告人拿出足够的资金为自己委托辩护律师;另一方面,我国的律师人数总体上还不多,不足以满足刑事辩护的社会需求。这就需要在加强律师队伍发展、建设的同时,允许其他一些非律师人员担任辩护人。这样,既有利于维护、保障犯罪嫌疑人、被告人的合法权益,也可以减轻犯罪嫌疑人、被告人的经济负担。

(三) 辩护人的责任

辩护人参加到刑事诉讼中只有一个目标,就是依法为犯罪嫌疑人、被告人进行辩护,维护犯罪嫌疑人、被告人的合法权益。因此,无论是由当事人委托的辩护人,还是由办案机关指派的辩护人,也无论是由律师担任的辩护人,还是由非律师人员担任的辩护人,他们在刑事诉讼中都承担着共同的责任。为此,《刑事诉讼法》第 37 条规定："辩护人的责任是根据事实和法律，提出犯罪嫌疑人、被告人无罪、罪轻或者减轻、免除其刑事责任的材料和意见，维护犯罪嫌疑人、被告人的诉讼权利和其他合法权益。"根据这一规定，辩护人的责任具体表现在以下三个方面：

1. 从实体上为犯罪嫌疑人、被告人进行辩护，维护犯罪嫌疑人、被告人的合法权益

从实体上进行辩护，是指围绕犯罪嫌疑人、被告人的行为在实体法上是否构成犯罪、构成什么犯罪、是否应当处罚、如何进行处罚，从维护犯罪嫌疑人、被告人合法权益的角度提出有利于犯罪嫌疑人、被告人的材料和意见。具体又包括两个方面：

一方面，根据事实和法律，提出犯罪嫌疑人、被告人无罪、罪轻或者减轻、免除其刑事责任的证据材料。这是指通过提供证据，从事实上质疑、推翻指控证据或控方起诉认定的事实，维护犯罪嫌疑人、被告人的合法权益。

另一方面，根据事实和法律，提出并论证犯罪嫌疑人、被告人无罪、罪轻或者减轻、免除其刑事责任的意见。这是指通过发表意见，从事实认定和法律适用上分析、论证犯罪嫌疑人、被告人无罪、罪轻或者应当减轻、免除其刑事责任，维护犯罪嫌疑人、被告人的合法权益。

2. 从程序上为犯罪嫌疑人、被告人进行辩护，维护犯罪嫌疑人、被告人的合法权益

刑事诉讼不仅要解决犯罪嫌疑人、被告人是否有罪以及相关的刑事责任问题，而且刑事诉讼本身必然涉及对犯罪嫌疑人、被告人在刑事诉讼过程中的人身权利、财产权利以及其他合法权益的限制或剥夺，涉及犯罪嫌疑人、被告人的诉讼权利能否依法得到保障。因此，辩护人不仅要从实体上为犯罪嫌疑人、被告人进行辩护，而且也要从程序上为犯罪嫌疑人、被告人进行辩护，即"维护犯罪嫌疑人、被告人的诉讼权利和其他合法权益"，具体包括：

当犯罪嫌疑人、被告人的诉讼权利受到侵犯或者剥夺时，依法向公安机关、人民检察院、人民法院提出意见，要求纠正或改变，保障犯罪嫌疑人、被告人依法充分行使诉讼权利。

对于犯罪嫌疑人、被告人在诉讼中人身权利、财产权利和其他合法权益受到不合法、不适当的限制、剥夺的，提出相关证据材料和意见，要求办案机关和办案人员依法纠正或改变，并对其中侵犯犯罪嫌疑人、被告人合法权益的违法犯罪行为代理控告。

3. 为犯罪嫌疑人、被告人提供其他法律帮助

犯罪嫌疑人、被告人一般都不熟悉、精通法律或不具有诉讼经验和诉讼技巧，作为辩护人除了从实体上和程序上为犯罪嫌疑人、被告人进行辩护外，还要为他们提供法律咨询、代写诉讼文书、提出诉讼方案或建议等，增强他们的自我辩护能力，在诉讼中随时随地维护自己的合法权益。

对于辩护人的"责任"二字，可以从不同角度来理解。首先，这是法律赋予辩护人的一种责任。它要求辩护人在刑事诉讼中应当尽职尽责，通过维护犯罪嫌疑人、被告人的合法权益，维护司法公正，实现社会公平正义。其次，这是辩护人接受犯罪嫌疑人、被告人的委托或接受办案机关的指派充当辩护人而对犯罪嫌疑人、被告人应当承担的一种责任。最后，提出并强调辩护人的责任还在于确定辩护人在刑事诉讼中的基本诉讼立场，即一切诉讼行为都应当在法律允许的范围内以有利于维护犯罪嫌疑人、被告人的合法权益为出发点和追求目标，不得违背犯罪嫌疑人、被告人的意愿，从事不利于犯罪嫌疑人、被告人的行为。这是由辩护人的身份所决定的，也是由辩护制度的本质属性所决定的。它要求辩护人在刑事诉讼中应当尽心尽力依法充分维护犯罪嫌疑人、被告人的合法权益，使无罪的人不受追究，使有罪的人免受不公正的追究。

相对于控方来说，辩护人的责任应当说是一种权利，行使与否，怎样行使，一切以有利于维护犯罪嫌疑人、被告人的合法权益为目的。譬如在诉讼中辩护人提出证明犯罪嫌疑人、被告人无罪、罪轻或者减轻、免除其刑事责任的证据材料，它是辩护人的一项权利，而不是一项义务。不能把控方应当承担的证明犯罪嫌疑人、被告人有罪的举证责任转嫁给辩护人承担证明犯罪嫌疑人、被告人无罪、罪轻或者减轻、免除其刑事责任的举证责任。2012年修改的《刑事诉讼法》第35条（2018年《刑事诉讼法》第37条）规定："辩护人的责任是根据事实和法律，提出犯罪嫌疑人、被告人无罪、罪轻或者减轻、免除其刑事责任的材料和意见，维护犯罪嫌疑人、被告人的诉讼权利和其他合法权益。"这条规定修正了1996年《刑事诉讼法》第35条中关于辩护人责任的有关表述，删除了原条文中"提出证明犯罪嫌疑人、被告人无罪、罪轻……材料和意见"中的"证明"二字，淡化了辩护人应当承担举证责任的意味，这是一项重要的修正。此外，该条还将原条文最后一句"维护犯罪嫌疑人、被告人的合法权益"修改为"维护犯罪嫌疑人、被告人的诉讼权利和其他合法权益"，由此突显出刑事辩护不仅要从实体上进行辩护，而且还要从程序上进行辩护。

（四）辩护人的诉讼地位

辩护人的责任虽然是为犯罪嫌疑人、被告人进行辩护，维护他们的诉讼权利和其他合法权益，但辩护人不同于犯罪嫌疑人、被告人，在刑事诉讼中是一种完全独立的诉讼参与人。这种独立的诉讼地位可以从以下三个方面来认识：

1. 辩护人是完全独立并对立于控诉方的一种诉讼参与人

刑事诉讼是由控诉方发动的，没有控诉就没有刑事诉讼。由此，控诉成为一项重要的诉讼职能，在发动控诉的同时，也产生了辩方及辩护职能。辩方除了犯罪嫌疑人、被告人之外还有辩护人，而且辩护人是为了加强犯罪嫌疑人、被告人的抗辩能力才产生并加入诉讼的。这就决定了辩护人天生就是独立于控诉方并对立于控诉方的。所谓独立于控诉方，是指辩护人的产生及诉讼行为都不受制于或取决于控诉方的意志。所谓对立于控诉方，是指辩护人的产生及诉讼行为是针对控诉方的指控，以维护犯罪嫌疑人、被告人的诉讼权利和其他合法权益为出发点和追求目标的，这就与控诉方形成了天然的对立关系。由此，决定了辩护人在诉讼中必须以维护犯罪嫌疑人、被告人的合法权益为天职，而不能充当第二控诉人，从事不利于犯罪嫌疑人、被告人的行为，除非法律有特殊的例外规定。当然，辩护人与控诉方的对立是诉讼立场的对立，并不是诉讼目标的对立。从诉讼目标上来讲，控辩双方的目标应当是一致的，都是为了维护司法公正，实现社会公平正义。

2. 辩护人是独立于犯罪嫌疑人、被告人的一种诉讼参与人

虽然，从总体上来说，辩护人与犯罪嫌疑人、被告人在诉讼中同属于辩方，并且辩护人能够参加到诉讼中来主要是来源于犯罪嫌疑人、被告人的委托，但这并不等于辩护人与犯罪嫌疑人、被告人成了不分彼此的一家人，或者辩护人在诉讼中应当听命于犯罪嫌疑人、被告人。相反，辩护人在诉讼中仍然是独立于犯罪嫌疑人、被告人的一种诉讼参与人。他在诉讼中是以自己的名义，根据对案件事实的了解、掌握和对有关法律规定的理解，独立提出辩护意见，独立进行辩护的，而不是在诉讼中完全服从于犯罪嫌疑人、被告人的主观意志。但是辩护人的这种独立是在有利于维护犯罪嫌疑人、被告人的合法权益的大目标下的独立，是在犯罪嫌疑人、被告人同意、认可或者至少不反对前提下的独立。如果辩护人拟提出的辩护意见、拟进行的辩护行为，犯罪嫌疑人、被告人不同意，他们则有权解除与辩护人的委托关系，有权拒绝辩护人为其辩护。因此，辩护人与犯罪嫌疑人、被告人的关系应当是独立但不对立的关系，而辩护人与控诉方的关系是独立加对立的关系。

3. 辩护人也是独立于审判人员的一种诉讼参与人

从诉讼结构上讲，审判人员是属于控辩对立双方之间的中立的第三方，辩护人不可能、也不应该站在审判人员一方，而是独立的一方。即使是由人民法院依法指派参加诉讼的辩护人，也不能因此而失去独立性，按照审判人员的意愿或者自己对审判人员主观意愿的分析判断进行辩护，而仍然应当根据案件事实和法律规定独立地提出辩护意见，进行辩护活动。但是，辩护人与审判人员的独立关系，是一种独立加协助、加制约的关系，而不是独立加对立的关系。所谓独立加协助，是指辩护人的辩护是为了协助审判人员全面、客观地了解、查明案件事实，兼听控辩双方的不同意见，从而对案件作出公正、合法的裁判；所谓独立加制约，是指通过辩护人的辩护，防止审判人员偏听偏信控方一面之词，或者主观臆断，对案件作出不公正甚至枉法的裁判。

（五）辩护人的诉讼权利和诉讼义务

辩护人既然是一种独立的诉讼参与人，必然享有独立的诉讼权利，承担独立的诉讼义务，否则就无以体现、保障其独立的诉讼地位。了解、掌握辩护人的诉讼权利和诉讼义务，对于辩护人独立开展辩护活动，履行辩护职责是非常重要的。

1. 辩护人享有的诉讼权利

根据《刑事诉讼法》《律师法》及其他有关法律的规定，辩护人在刑事诉讼中享有以下诉讼权利。

（1）职务保障权。《刑事诉讼法》第14条规定："人民法院、人民检察院和公安机关应当保障犯罪嫌疑人、被告人和其他诉讼参与人依法享有的辩护权和其他诉讼权利。诉讼参与人对于审判人员、检察人员和侦查人员侵犯公民诉讼权利和人身侮辱的行为，有权提出控告。"此外，第49条规定："辩护人、诉讼代理人认为公安机关、人民检察院、人民法院及其工作人员阻碍其依法行使诉讼权利的，有权向同级或者上一级人民检察院申诉或者控告。人民检察院对申诉或者控告应当及时进行审查，情况属实的，通知有关机关予以纠正。"《律师法》第37条规定："律师在执业活动中的人身权利不受侵犯。律师在法庭上发表的代理、辩护意见不受法律追究……"可见，辩护人作为一种独立的诉讼参与人，其依法履行辩护职责应当受到法律的保护。

（2）阅卷权。根据《刑事诉讼法》第40条的规定，辩护律师自人民检察院对案件审查起诉之日起，可以查阅、摘抄、复制本案的案卷材料。其他辩护人经人民法院、人民检察院许可，也可以查阅、摘抄、复制上述材料。

（3）会见、通信权。根据《刑事诉讼法》第39条的规定，辩护律师可以同在押的犯罪嫌疑人、被告人会见和通信。其他辩护人经人民法院、人民检察院许可，也可以同在押的犯罪嫌疑人会见和通信。"辩护律师持律师执业证书、律师事务所证明和委托书或者法律援助公函要求会见在押的犯罪嫌疑人、被告人的，看守所应当及时安排会见，至迟不得超过四十八小时。"但是，考虑到侦查活动的特殊性，该条规定："危害国家安全犯罪、恐怖活动犯罪案件，在侦查期间辩护律师会见在押的犯罪嫌疑人，应当经侦查机关许可。上述案件，侦查机关应当事先通知看守所。"可见，除该两类案件在侦查期间辩护律师会见在押的犯罪嫌疑人需经侦查机关许可外，其他所有案件，无论在侦查阶段还是在审查起诉及审判阶段，辩护律师有权直接到看守所会见在押的犯罪嫌疑人、被告人，看守所应当及时安排，至迟不得超过48小时。

不仅如此，根据《刑事诉讼法》第39条第4款的规定，辩护律师会见在押的犯罪嫌疑人、被告人，可以了解案件有关情况，提供法律咨询等；自案件移送审查起诉之日起，可以向犯罪嫌疑人、被告人核实有关证据。辩护律师会见犯罪嫌疑人、被告人时不被监听。

上述规定是对原来律师与犯罪嫌疑人、被告人会见规定的重大修改。按照1996年《刑事诉讼法》的有关规定，侦查阶段律师与在押的犯罪嫌疑人会见，需经侦查机关许可和安排，会见时侦查机关还可派员在场。此外，原来也没有规定辩护律师在审查起诉及审判阶段会见犯罪嫌疑人、被告人时，可以向犯罪嫌疑人、被告人核实有关证据。2012年《刑事诉讼法》则明确规定："自案件移送审查起诉之日起，可以向犯罪嫌疑人、被告人核实有关证据。"该规定是律师与在押犯罪嫌疑人、被告人会见权的核心内容，它表明律师与在押犯罪嫌疑人、被告人会见的目的主要是为辩护做准备，为此就需要对案件事实及相关证据进行充分交流，其中包括当律师了解、掌握的案件事实及相关证据与犯罪嫌疑人、被告人向其陈述的事实、证据不一致的时候，向犯罪嫌疑人、被告人核实证据。只有这样，才能进行有效的辩护准备，充分地履行辩护责任。

需要注意的是，此处法律规定的律师向犯罪嫌疑人、被告人核实证据的时间起点是"自案件移送审查起诉之日起"，这意味着包括审查起诉阶段和审判阶段而不包括侦查阶段。原因在于，在侦查阶段侦查机关还在收集证据过程中，证据尚未固定，而且律师也不能查阅证据材料，不存在核实证据的基础和条件。侦查机关一旦将案件移送检察机关审查起诉，就表明侦查已经终结，证据已经固定，此时，法律规定律师可以查阅证据材料并可以向犯罪嫌疑人、被告人核实证据。这一修改是符合诉讼原理和刑事诉讼客观规律的，也是符合国际刑事司法准则的。

同时也有利于保障人权，维护司法公正。

（4）调查取证权。根据《刑事诉讼法》第43条的规定，辩护律师经证人或者其他有关单位和个人同意，可以向他们收集与本案有关的材料，也可以申请人民检察院、人民法院收集、调取证据，或者申请人民法院通知证人出庭作证；辩护律师经人民检察院或者人民法院许可，并且经被害人或者其近亲属、被害人提供的证人同意，可以向他们收集与本案有关的材料。该规定与1996年《刑事诉讼法》第37条的规定，在文字上虽没有修改，但由于修改后的《刑事诉讼法》第34条明确规定"犯罪嫌疑人自被侦查机关第一次讯问或者采取强制措施之日起，有权委托辩护人；在侦查期间，只能委托律师作为辩护人"，这就意味着侦查阶段的律师当然属于第43条规定的"辩护律师"，其应当有权依据第43条的规定调查、收集有关证据材料。

（5）提出辩护意见权。根据《刑事诉讼法》第38条、第88条、第161条的规定，辩护律师在侦查阶段的审查批捕活动中及侦查终结前，有权向检察机关、侦查机关就案件有关问题提出意见。根据第173条的规定，人民检察院审查案件，应当听取犯罪嫌疑人委托的辩护人的意见。至于在审判活动中，辩护人可以通过参与法庭审理活动，充分发表对案件的意见，维护被告人的合法权益。

（6）获得出庭通知权。根据《刑事诉讼法》第187条的规定，人民法院决定开庭审判后，应当至迟在开庭3日以前将开庭通知书送达辩护人。这意味着辩护人有权在开庭3日之前获得开庭通知。

（7）出庭辩护权。根据《刑事诉讼法》关于开庭审判活动的有关规定，辩护人有权出庭为被告人进行辩护，在法庭调查阶段辩护人经审判长许可，可以向被告人发问，可以对证人、鉴定人发问；可以对控方提供的其他证据进行质证，可以向法庭提供、出示、宣读证据；有权申请通知新的证人到庭、调取新的物证、重新鉴定或者勘验。在法庭辩论阶段辩护人可以就案件事实、证据和法律适用等问题发表意见并且可以与对方展开互相辩论。

（8）拒绝辩护权。《律师法》第32条第2款规定："律师接受委托后，无正当理由的，不得拒绝辩护或者代理。但是，委托事项违法、委托人利用律师提供的服务从事违法活动或者委托人故意隐瞒与案件有关的重要事实的，律师有权拒绝辩护或者代理。"

（9）要求公安机关、人民检察院、人民法院对采取强制措施超过法定期限的犯罪嫌疑人、被告人解除强制措施的权利。根据《刑事诉讼法》第99条的规定，犯罪嫌疑人、被告人的辩护人对于人民法院、人民检察院或者公安机关采取强制措施法定期限届满的，有权要求解除强制措施；人民法院、人民检察院或者公安机关对被采取强制措施超过法定期限的犯罪嫌疑人、被告人应当予以释放、解除取保候审、监视居住或者依法变更强制措施。

（10）根据《刑事诉讼法》第117条的规定，辩护人有权对司法机关及其工作人员违法办案，侵犯当事人人身权利、财产权利的行为依法提出申诉、控告。

（11）根据《刑事诉讼法》第48条的规定，辩护律师对在执业活动中知悉的委托人的有关情况和信息，有权予以保密。但是，辩护律师在执业活动中知悉委托人或其他人，准备或者正在实施危害国家安全、公共安全以及严重危害他人人身安全的犯罪的，应当及时告知司法机关。

（12）其他诉讼权利。根据《刑事诉讼法》的有关规定，辩护人在刑事诉讼中还享有以下诉讼权利：申请有关办案人员回避的权利；申请排除非法证据的权利；申请证人、鉴定人出庭作证的权利；申请具有专业知识的人协助对控方鉴定意见进行质证的权利；征得被告人同意后，可以对第一审判决、裁定提出上诉的权利；获得有关诉讼文书的权利，包括起诉书、抗诉书副本，判决书、裁定书副本；等等。

2. 辩护人承担的诉讼义务

辩护人在刑事诉讼中，主要承担以下诉讼义务：（1）辩护人接受犯罪嫌疑人、被告人委托后，应当及时告知办理案件的机关。（2）辩护人收集的有关犯罪嫌疑人不在犯罪现场、未达到刑事责任年龄、属于依法不负刑事责任的精神病人的证据，应当及时告知公安机关、人民检察院。（3）律师在接受委托或被指派担任辩护人以后，有义务为犯罪嫌疑人、被告人进行辩护，无正当理由，不得拒绝辩护。（4）辩护人不得帮助犯罪嫌疑人、被告人隐匿、毁灭、伪造证据或者串供，不得威胁、引诱证人作伪证以及进行其他干扰司法机关诉讼活动的行为。（5）辩护人应当保守其在执业活动中知悉的国家秘密和当事人的商业秘密，不得泄露当事人的隐私。（6）辩护人应当遵守诉讼纪律。如按时出庭，在法庭上服从审判长的指挥，会见在押的犯罪嫌疑人、被告人应当遵守羁押场所的规定等。（7）辩护律师不得私自接受委托，私自向委托人收取费用，收受委托人的财物。（8）辩护律师不得违反规定会见法官、检察官。（9）辩护律师不得向法官、检察官及其他工作人员请客送礼或行贿，或者指使、诱使当事人行贿。

（六）值班律师

值班律师制度是在中共十八大以后推行的新一轮司法改革中，伴随着刑事速裁程序试点、完善认罪认罚从宽制度试点应运而生的。在此期间，最高人民法院、最高人民检察院、公安部、司法部于 2017 年 8 月 8 日共同制定发布的《关于开展法律援助值班律师工作的意见》，对值班律师的来源、性质、具体职责等作了比较系统的规定。在总结以往试点经验的基础上，2018 年《刑事诉讼法》修正时正式确立了值班律师制度。

《刑事诉讼法》第 36 条规定："法律援助机构可以在人民法院、看守所等场所派驻值班律师。犯罪嫌疑人、被告人没有委托辩护人，法律援助机构没有指派律师为其提供辩护的，由值班律师为犯罪嫌疑人、被告人提供法律咨询、程序选择建议、申请变更强制措施、对案件处理提出意见等法律帮助。人民法院、人民检察院、看守所应当告知犯罪嫌疑人、被告人有权约见值班律师，并为犯罪嫌疑人、被告人约见值班律师提供便利。"此外，《刑事诉讼法》第 173 条、第 174 条对值班律师参与刑事诉讼的有关活动作了规定。根据以上规定，对目前我国的值班律师制度应当掌握以下几点：

1. 值班律师的来源与性质

根据《刑事诉讼法》的规定，值班律师是由法律援助机构派驻到人民法院、看守所等场所的，从性质上讲也属于法律援助的范畴，但有别于一般的法律援助律师。

2. 值班律师的职责

根据《刑事诉讼法》的规定，值班律师的职责，总体上讲，是为犯罪嫌疑人、被告人提供法律帮助而不是辩护。具体包括为犯罪嫌疑人、被告人提供法律咨询、程序选择建议、申请变更强制措施、对案件处理提出意见等法律帮助。此外，还包括在检察机关审查认罪认罚案件时对犯罪嫌疑人认罪认罚的有关事项提出意见，在场见证自愿认罪，以及在场见证同意量刑建议和程序适用的犯罪嫌疑人签署认罪认罚具结书。

3. 值班律师的诉讼权利

根据《刑事诉讼法》的规定，办案机关应当为犯罪嫌疑人、被告人约见值班律师提供便利，为值班律师向检察机关就具体案件提出意见提供了解案件有关情况的必要便利。

4. 确立值班律师制度的意义

根据《刑事诉讼法》的规定，值班律师的工作已经超出了司法改革过程中只限于认罪认罚从宽制度的范围，即在刑事诉讼中，凡没有委托辩护人、法律援助机构也没有指派律师为其提供辩护的犯罪嫌疑人、被告人，都由值班律师为其提供法律帮助。这一规定，在我国刑事诉讼尚未实现刑事案件律师辩护全覆盖的情况下，至少可以实现刑事案件律师辩护与值班律师法律帮助的全覆盖，可见其意义重大而深远。

值班律师在我国还是一个新生事物，它从一诞生就伴随着理论界的讨论，分歧的焦点是值班律师应否承担辩护职责。2018年4月公布的《刑事诉讼法修正案（草案）》曾将值班律师的职责界定为"辩护"，但正式通过的立法还是将其职责界定为"法律帮助"，这个问题有待今后继续深入研究，也有待值班律师制度在司法实践中不断发展完善。

第二节 刑事代理

一、刑事代理的概念与特征

刑事诉讼中的代理，是指代理人接受被代理人的委托，或者代理人基于与被代理人之间存在的法律规定的特定关系，以被代理人的名义参加诉讼活动，进行诉讼行为，由被代理人承担代理行为法律后果的一项法律制度。

刑事代理从代理关系的产生上看，分为委托诉讼代理和法定诉讼代理两种。委托诉讼代理是基于被代理人对代理人的委托授权行为而产生的代理。法定诉讼代理则是基于被代理人与代理人之间业已存在的法律规定的某种特定关系而产生的代理。法定诉讼代理不论是代理人一方还是被代理人一方都必须符合法律规定的条件，任何一方不符合法律规定的条件，法定诉讼代理关系就不能产生和存在。就法定代理人而言，一般由被代理人的父母、养父母、监护人和负有保护责任的机关、团体的代表担任。委托诉讼代理与法定诉讼代理，由于代理关系产生的根据不同，代理人的范围、代理人的权限、代理人在刑事诉讼中的权利和义务等都有所不同。在合法权限范围内进行的代理活动，无论是委托诉讼代理还是法定诉讼代理，都是合法有效的代理，其法律后果都由被代理人承担。

代理人必须在法律允许的权限范围内进行代理活动，法定代理权限往往就是被代理人作为诉讼当事人的诉讼权利范围，因此本节主要围绕委托诉讼代理展开分析论述。

根据《刑事诉讼法》第46条的规定，刑事诉讼中的委托诉讼代理包括公诉案件中被害人的代理、自诉案件中自诉人的代理和刑事附带民事诉讼中原告人和被告人的代理。该三种诉讼代理虽然在委托人即被代理人一方的身份上有所不同，但在委托对象即代理人的身份上则是一致的。根据《刑事诉讼法》第47条、第33

条的规定，下列人员可以被委托为诉讼代理人：(1) 律师；(2) 人民团体或者被代理人所在单位推荐的人；(3) 被代理人的亲友。但正在被执行刑罚或者依法被剥夺、限制人身自由的人，不得担任诉讼代理人。每一名被代理人可以委托1—2人作为诉讼代理人。最高人民法院《解释》第35条、第55条对于不得担任委托诉讼代理人的情形作了进一步的具体规定：(1) 正在被执行刑罚或者处于缓刑、假释考验期间的人；(2) 依法被剥夺、限制人身自由的人；(3) 无行为能力或者限制行为能力的人；(4) 人民法院、人民检察院、公安机关、国家安全机关、监狱的现职人员；(5) 人民陪审员；(6) 与本案审理结果有利害关系的人；(7) 外国人或者无国籍人。

委托诉讼代理基于被代理人对代理人的委托关系而产生，代理人在诉讼中的一切代理活动必须得到被代理人的授权，即代理人只能在委托人的授权范围内进行诉讼代理活动。代理权限分为一般代理和特别代理两种。在一般代理授权下，代理人只能代理委托人进行一般诉讼行为，无权在诉讼中处分委托人的实体权利。在特别代理授权下，代理人除代理委托人参加诉讼外，还可以在委托人的特别授权范围内，代为处分其相关的实体权利。

根据《刑事诉讼法》第14条的规定，人民法院、人民检察院、公安机关应当保障诉讼代理人依法享有的诉讼权利。诉讼代理人对于审判人员、检察人员和侦查人员侵犯其诉讼权利和人身侮辱的行为，有权提出控告。根据《律师法》的有关规定，律师参加诉讼活动，依照诉讼法律的规定，可以收集、查阅与本案有关的材料，出席法庭、参与诉讼以及享有诉讼法律规定的其他权利。律师担任诉讼代理人，其辩论的权利应当依法保障，其在执业活动中的人身权利不受侵犯。

《律师法》及有关律师执业行为的规定对于律师担任诉讼代理人提出了一些具体的要求：(1) 律师担任诉讼代理人，应当在受委托的权限内，维护委托人的合法权益；委托人可以拒绝律师为其代理，也可以另行委托代理人。(2) 律师接受委托后，无正当理由的，不得拒绝代理；但委托事项违法，委托人利用律师提供的服务从事违法活动或者委托人隐瞒事实的，律师有权拒绝代理。(3) 曾担任法官、检察官的律师，从人民法院、人民检察院离任后两年内，不得担任诉讼代理人。(4) 律师担任诉讼代理人，应当保守在执业活动中知悉的国家秘密和当事人的商业秘密，不得泄露当事人的隐私。(5) 律师不得在同一案件中，为双方当事人担任代理人，不得代理与本人或者其近亲属有利益冲突的法律事务。(6) 律师不得私自接受委托，私自向委托人收取费用，收受委托人的财物。(7) 律师不得利用提供法律服务的便利，牟取当事人争议的权益，或者接受对方当事人的财物。

(8)律师不得违反规定会见法官、检察官,不得向法官、检察官以及其他有关工作人员请客送礼或者行贿,或者指使、诱使当事人行贿。(9)律师不得提供虚假证据,隐瞒事实或者威胁、利诱他人提供虚假证据,隐瞒事实以及妨碍对方当事人合法取得证据。(10)律师不得煽动、唆使当事人采取扰乱公共秩序、危害公共安全等非法手段解决争议。(11)律师不得扰乱法庭秩序,干扰诉讼活动的正常进行。

与刑事辩护相比较,刑事代理具有以下特征:

第一,诉讼权利的受限性。刑事代理中代理人的诉讼权限须受制于委托人的授权范围或法律规定的权限范围。特别是委托诉讼代理人的诉讼权利来源于并受限于委托人的授权,代理人只能在授权范围内从事诉讼活动。刑事辩护中辩护人则是在法律允许的范围内充分行使辩护权利,以维护犯罪嫌疑人、被告人的合法权益。

第二,诉讼领域的多元性。刑事辩护所涉及的诉讼领域只有刑事诉讼活动,而刑事代理所涉及的诉讼领域则是多元的,不仅有刑事诉讼也有刑事附带民事诉讼。

第三,诉讼职能的多重性。就诉讼职能来看,刑事辩护比较单一,就是依法维护犯罪嫌疑人、被告人的合法权益,属于辩护职能;刑事代理则不然,在诉讼职能上具有多重性:(1)在刑事公诉案件中,被害人的诉讼代理人行使的是控诉职能,并且相较于公诉机关的控诉职能而言,是辅助性的控诉职能;(2)在自诉案件中,自诉人的诉讼代理人行使的是控诉职能,但其权限大小取决于自诉人的授权;(3)在刑事附带民事诉讼案件中,诉讼代理人的诉讼职能取决于其委托人的诉讼地位,原告的诉讼代理人行使的是起诉职能,被告的诉讼代理人行使的是应诉职能。

二、刑事代理的种类

(一)公诉案件的代理

公诉案件的代理,是指公诉案件的被害人及其法定代理人或者近亲属,依法委托诉讼代理人代理被害人参加诉讼活动,维护被害人的合法权益。

根据《刑事诉讼法》第46条的规定,公诉案件自案件移送审查起诉之日起,被害人及其法定代理人或者近亲属有权委托诉讼代理人。为了保障被害人及时获知并行使这一诉讼权利,法律要求人民检察院自收到移送审查起诉的案件材料之日起3日以内,应当告知被害人及其法定代理人或者其近亲属有权委托诉讼代理人。

对于审查起诉阶段被害人委托诉讼代理人的事宜,最高人民检察院《规则》第55条第2—4款对人民检察院向被害人一方告知有权委托诉讼代理人提出了具体的要求:"告知可以采取口头或者书面方式。口头告知的,应当制作笔录,由被告知人签名;书面告知的,应当将送达回执入卷;无法告知的,应当记录在案。被害人有法定代理人的,应当告知其法定代理人;没有法定代理人的,应当告知其近亲属。法定代理人或者近亲属为二人以上的,可以只告知其中一人,告知时应当按照刑事诉讼法第一百零六条①第三、六项列举的顺序择先进行。"

根据《刑事诉讼法》和最高人民检察院《规则》的有关规定,被害人的诉讼代理人在审查起诉阶段享有以下诉讼权利:(1)律师担任诉讼代理人的,可以查阅、摘抄、复制本案的案卷材料。(2)律师担任诉讼代理人,需要收集、调取与本案有关的材料的,可以申请人民检察院收集、调取,也可以依法直接收集。(3)在人民检察院审查案件期间,诉讼代理人有权向审查人员提出对案件的意见,提出意见可以采用口头方式,也可以采用书面方式。(4)在人民检察院对案件作出不起诉决定时,诉讼代理人有权要求人民检察院向其送达不起诉决定书。(5)被害人对于人民检察院不起诉决定不服的,诉讼代理人可以在7日以内代理其向上一级人民检察院申诉,请求提起公诉;对于人民检察院维持不起诉决定的,可以代理被害人向人民法院起诉;也可以不经申诉,代理被害人直接向人民法院起诉。

公诉案件中被害人的代理不限于审查起诉阶段,还包括审判阶段。最高人民法院《解释》第55条规定,当事人委托诉讼代理人应当参照《刑事诉讼法》第32条和本解释的有关规定执行。根据《刑事诉讼法》和最高人民法院《解释》的有关规定,被害人的诉讼代理人在审判阶段享有以下诉讼权利:(1)律师担任诉讼代理人,可以查阅、摘抄、复制本案的案卷材料。其他诉讼代理人经人民法院准许,也可以查阅、摘抄、复制本案的案卷材料。(2)诉讼代理人需要收集、调取与本案有关的材料,因证人或者其他有关单位或个人不同意,可以申请人民法院收集、调取。(3)诉讼代理人至迟在开庭3日以前获得人民法院送达的出庭通知书。(4)诉讼代理人有权出庭,参加法庭调查和法庭辩论,维护被害人的合法权益。具体内容包括:其一,经审判长许可,可以向被告人、证人、鉴定人发问;其二,对公诉人、辩护人当庭出示、宣读的证据,发表意见;其三,可以申请法庭通知有专门知识的人出庭,就鉴定人作出的鉴定意见发表意见;其四,可以向

---

① 即2018年《刑事诉讼法》第108条。

法庭举证；其五，在法庭审理过程中，有权申请通知新的证人到庭、调取新的物证，申请重新鉴定或者勘验；其六，经审判长许可，在法庭辩论中可以对证据和案件事实以及定罪量刑问题发表意见并且可以与他方互相辩论。

公诉案件中被害人的诉讼代理人参加诉讼，总体上属于在刑事诉讼中履行控诉职能，与公诉人的总目标是一致的，但其与公诉人的诉讼地位又不完全相同。公诉人出庭支持公诉，一方面代表国家行使指控犯罪、追究犯罪的职能，另一方面还负有法律监督的职能；被害人的诉讼代理人出庭参加诉讼，从大的方面来说是协助公诉人行使控诉职能，具体来讲，则侧重于维护被害人个人的合法权益。因此，诉讼代理人所提出的诉讼意见或主张可能与公诉人相同，也可能与公诉人不同，甚至还会与公诉人冲突。无论何种情形，都是正常的、合法的。这也正是1996年《刑事诉讼法》修改时将被害人纳入刑事诉讼当事人的范围，并允许其委托诉讼代理人参加诉讼的立法意图所在。所以，在刑事诉讼中，特别是在法庭审判过程中，被害人的诉讼代理人与公诉人的诉讼地位是平等的，有权独立发表代理意见，有权与被告人、辩护人甚至与公诉人展开辩论。

此外，被害人的诉讼代理人与被害人虽然是代理人与被代理人的关系，但在诉讼活动中，代理人仍然具有一定的相对独立的诉讼权利。例如，在审查起诉阶段，人民检察院既应听取被害人的意见，也应听取被害人委托的诉讼代理人的意见；在法庭审判中，被害人和其委托的诉讼代理人都有权参加法庭调查和法庭辩论。

(二) 自诉案件的代理

自诉案件的代理，是指自诉人及其法定代理人依法委托诉讼代理人代理自诉人参加诉讼活动，维护自诉人的合法权益。

根据《刑事诉讼法》第46条的规定，自诉案件的自诉人及其法定代理人，有权随时委托诉讼代理人。人民法院自受理自诉案件之日起3日以内，应当告知自诉人及其法定代理人有权委托诉讼代理人。

自诉案件中自诉人的代理人主要是协助自诉人行使控诉职能，对被告人提起诉讼，要求人民法院追究其刑事责任。因此，自诉人的代理人享有的诉讼权利来源于自诉人的委托授权，包括一般授权和特别授权。在一般授权范围内，诉讼代理人有权参加诉讼活动，维护自诉人的合法权益。诉讼代理人行使以下权利须取得自诉人的特别授权：撤回起诉的权利、与被告人和解的权利、接受法院调解的权利以及承认被告人提出的反诉的权利等。未经自诉人特别授权，诉讼代理人不得行使这些权利。

(三) 附带民事诉讼案件的代理

附带民事诉讼案件的代理,是指附带民事诉讼的当事人及其法定代理人依法委托代理人参加诉讼,维护当事人的合法权益。

根据《刑事诉讼法》第46条的规定,附带民事诉讼案件的代理可分为两种:(1)附带在刑事公诉案件中的民事诉讼的当事人及其法定代理人,自公诉案件移送审查起诉之日起,有权委托诉讼代理人;人民检察院自收到移送审查起诉的案件材料之日起3日以内,应当告知附带民事诉讼的当事人及其法定代理人有权委托诉讼代理人。(2)附带在自诉案件中的民事诉讼的当事人及其法定代理人,有权随时委托诉讼代理人;人民法院自受理自诉案件附带民事诉讼之日起3日以内,应当告知附带民事诉讼的当事人及其法定代理人有权委托诉讼代理人。

附带民事诉讼是在刑事诉讼中一并解决因犯罪行为对被害人造成的物质损失而给予赔偿的诉讼,本质上仍然是民事诉讼,因而在审判阶段附带民事诉讼的当事人及其法定代理人委托的诉讼代理人与普通民事诉讼中当事人委托的诉讼代理人在诉讼地位、诉讼权利和诉讼义务上没有什么不同。但是,附带民事诉讼的诉讼代理关系在刑事诉讼案件进入人民检察院审查起诉时就可以建立。在此阶段,虽然人民检察院不能对附带民事诉讼部分作出处理,但附带民事诉讼的双方当事人之间可以就损害赔偿问题进行协商、交涉,自行解决。在此过程中,双方当事人可以委托诉讼代理人协助他们进行协商、交涉,争取获得解决。如果达成一致,则不再进入审判阶段;如果协商、交涉未能解决,则只能进入审判阶段,通过法庭审判加以解决。

根据《刑事诉讼法》及最高人民法院《解释》的有关规定,附带民事诉讼中当事人的诉讼代理人享有以下诉讼权利:

第一,律师担任诉讼代理人的,可以查阅、摘抄、复制与本案有关的案卷材料。其他诉讼代理人经人民法院准许,也可以查阅、摘抄、复制本案的案卷材料。

第二,诉讼代理人需要收集、调取与本案有关的材料,证人、有关单位和个人不同意的,可以申请人民法院收集、调取,也可以直接申请人民法院收集、调取。

第三,在法庭调查中,附带民事诉讼的原告人的诉讼代理人可以代理原告人宣读附带民事诉状,附带民事诉讼的被告人的诉讼代理人则可以代理被告人宣读答辩状。

第四,在法庭调查中,附带民事诉讼的原告人的诉讼代理人经审判长准许,可以就附带民事诉讼部分的事实向被告人发问。

第五，在法庭调查中，附带民事诉讼的原告人的诉讼代理人经审判长准许，可以提请传唤尚未出庭作证的证人、鉴定人和勘验、检查笔录制作人出庭作证，或者出示公诉人未出示的证据，宣读未宣读的书面证人证言、鉴定结论及勘验、检查笔录。

第六，在法庭进行附带民事诉讼部分的辩论时，附带民事诉讼原告人的诉讼代理人有权先发言，其后附带民事诉讼被告人的代理人有权答辩，双方有权进行辩论。

附带民事诉讼的当事人的诉讼代理人在诉讼中应当向法庭提供委托人的授权委托书。授权范围包括一般代理和特别代理。和解权、撤诉权、反诉权、调解权、上诉权等权利只有经过当事人特别授权，诉讼代理人才可以行使。

思考题：

1. 刑事辩护的概念及理论根据是什么？
2. 我国刑事辩护制度包括哪些内容？
3. 我国刑事代理有哪些种类？

▶ 自测习题及参考答案

第七章 证据与证明

第一节 证据制度概述

一、证据的概念与要求

（一）证据的概念

证据是诉讼的核心与灵魂，是认定案件事实的依据。刑事诉讼证据不同于日常生活中的证据，它有着特定的内涵、范围和要求。我国《刑事诉讼法》第50条规定："可以用于证明案件事实的材料，都是证据。证据包括：（一）物证；（二）书证；（三）证人证言；（四）被害人陈述；（五）犯罪嫌疑人、被告人供述和辩解；（六）鉴定意见；（七）勘验、检查、辨认、侦查实验等笔录；（八）视听资料、电子数据。证据必须经过查证属实，才能作为定案的根据。"由此可见，刑事诉讼证据是指用于证明案件事实的材料。

证据的概念在理论上众说纷纭，主要有"事实说""根据说""材料说""信息说"等。我国《刑事诉讼法》第50条采纳了"材料说"。与传统的"事实说"相比较，"材料说"更为科学和符合诉讼实际。一方面，"材料说"强调了审查判断证据的重要性。将证据定位于"材料"这个中性词汇，表明证据不一定都是真实、合法的事实，它只是包含各种可能的材料，需要认真进行审查判断。另一方面，"材料说"将证据与定案根据区分开来，强调了证明活动的重要性。作为法庭裁判的根据，证据必须在法庭上经过举证、质证、认证活动，满足了定案根据的特定要求，方可成为定案的根据。"材料说"的确立有助于防止法庭未经控辩双方质证辩论而片面将控方证据作为定案根据的情况，保证了司法的公正性。

（二）证据的要求：证据能力和证明力

证据作为证明案件事实的材料，在刑事诉讼中由控辩双方负责收集和提供，目的是最终出现在法庭上并进一步通过法定调查程序成为定案根据。在诉讼伊始，控辩双方都会尽量收集证据，导致证据范围较大，也未必都符合定案根据的要求。如何实现证据向定案根据的转化，易言之，证据需要符合哪些要求才能成为定案根据，既是法庭通过证据调查必须解决的关键问题，也是审前程序中控辩双方收集证据需要达到的目标。为此，在证据法学理论上出现了不同的理论概括和学说，在相关立法及司法实践中也呈现出不同特点。英美法系国家强调证据的关联性和可采性，所有的证据都必须具备关联性，同时又用可采性限制证据的法庭准入资格，以确定证据的取舍和范围。如美国《联邦证据规则》围绕相关性及可采性规定了一系列证据规则，用来对陪审团据以认定事实的证据进行过滤和筛选。大陆法系国家则采用证据能力和证明力两个重要概念对证据进行规制。基于证据裁判原则的要求，作为裁判根据的证据必须具备证据能力和证明力。证据能力是对证据的法律要求，而证明力则是对证据的事实要求。基于自由心证原则，证据的证明力主要由法官依良心、理性自由判断。作为裁判根据的证据应同时具备证据能力和证明力，两者缺一不可。我国传统证据学理论一直强调证据的"三性"，即客观性、关联性及合法性，并将其定位为证据的基本属性，对司法实践的影响较大。但从我国的审判组织及审判程序的现状出发，结合近年来我国刑事证据立法的发展情况，采用证据能力和证明力作为定案根据的基本要求更加符合我国实际，也有助于我国证据立法的进一步发展。

证据能力也称证据资格，是对证据的法律要求，解决的是证据的法律资格和容许性问题。一项证据要成为法庭认定事实的根据，必须以具有证据能力为前提条件。从两大法系的立法经验看，对于证据能力，立法很少从正面进行规定，通常从反面规定，目的在于通过证据排除以确定适格证据的范围。证据能力的否定通常针对的是证据立法特定的禁止性规定；同时，对证据能力的否定需要通过法定程序来完成，如非法证据排除需要由法律规定的程序去实现，包括程序的启动、证明程序和排除程序等，体现了立法者的审慎安排。我国《刑事诉讼法》第56条规定的非法证据排除规则即以证据能力为基点确立的证据规则，旨在从证据能力的角度排除侦查机关通过严重违反程序取得的证据，发挥该规则制裁、预防程序违法的效力。

证明力也称证明价值，是对证据的事实要求，即围绕真实性与相关性解决证据与待证事实证明程度的强弱。一项证据要成为法庭认定事实的根据，必须以具有证明力为基本要求。与证据能力属于法律判断不同，证明力主要是依据经验和逻辑的事实判断，依据自由心证的原则，它较少为法律所规定，主要由裁判者根据自己的良心和理性自由判断。出于对法官自由裁量权的限制，最高人民法院、最高人民检察院、公安部、国家安全部、司法部联合发布的《关于办理死刑案件审查判断证据若干问题的规定》（以下简称《办理死刑案件证据规定》）较多涉及"不能作为定案的根据"的表述，主要从证明力的基点对各种证据进行审查判断，以防止出现证据真实性及相关性方面的偏差。如规定对于侦查人员讯问证人没有个别进行或者没有经证人核对确认并签名的书面证言，不得作为定案的根据；对于鉴定机构、鉴定人不具备法定资格和条件、鉴定事项超出其鉴定项目范围或鉴定能力的鉴定意见，不得作为定案的根据；等等。上述规定情形之所以不能用作定案的根据，是因为相关情形的出现可能导致该证据的真实性或相关性遭到质疑；不将其作为定案的根据，主要是从证明力的角度考量，解决的是证据的真实性、可靠性的问题。

在证据能力与证明力的关系问题上，"证据必须先有证据能力，即须先为适格之证据，或可受容许之证据，而后始生证据力之问题"①。应当先判断证据能力的问题，再审查证明力的有无和大小。对于不具备证据能力的证据，不必进行下一步的证明力审查，更不能作为定案的根据。如对刑讯逼供取得的被告人的供述，因其不具备证据能力，故不必再进一步审查其证明力，退一步说，即使该供述是真实的，也不能作为定案的根据。

可见，证据能力和证明力既是证据转化为定案根据的条件，也是审前程序中证据收集和审查判断所应达到的基本要求，两者应同时具备，缺一不可。只有以证据能力和证明力两个基本要求检验证据，才能全面贯彻证据裁判原则，及时排除非法证据，实现"以审判为中心"。只有严格把握证据能力和证明力的两个基本要求，证据的收集和审查判断才会有所遵循，才会从源头上遵守法定程序，防止冤错案件的发生。

证据能力和证明力两项要求贯穿刑事诉讼证据收集及运用的全过程，尤其对证据的收集与审查判断具有指引和规范作用。根据《刑事诉讼法》第43条、第52条的规定，收集证据的主体包括审判人员、检察人员、侦查人员及辩护律师。同时，《刑事诉讼法》第54条第2款规定："行政机关在行政执法和查办案件过程中收集的物证、书证、视听资料、电子数据等证据材料，在刑事诉讼中可以作为证据使用。"此外，《监察法》第33条第1款规定，监察机关依照《监察法》规定收集的物证、书证、证人证言、被调查人供述和辩解、视听资料、电子数据等证据材料，在刑事诉讼中可以作为证据使用。但是，无论是控方还是辩方收集的证据，无论是刑事诉讼证据还是行政执法证据抑或是监察证据，在刑事诉讼中都需要按照证据能力和证明力的要求进行审查判断，并经过法庭调查程序的检验，方可最终成为定案的根据。

二、证据制度的理论基础

证据制度的理论基础即刑事证据立法、司法活动及理论研究的理论支撑或指

---

① 李学灯：《证据法比较研究》，五南图书出版公司1992年版，第464页。

导力量。明确证据制度的理论基础有助于指导和规范诉讼证明活动,使其既有利于事实真相的发现,又将发现真相的手段保持在正当、合理、人道的限度之内。纵观我国证据制度的历史发展和时代要求,辩证唯物主义认识论和程序价值论应成为我国刑事证据制度的理论基础。

(一) 辩证唯物主义认识论

长期以来,辩证唯物主义认识论一直是我国证据制度唯一的理论基础。但人们对辩证唯物主义形而上学的误读,使得对辩证唯物主义认识论的理解陷入了机械唯物论的泥潭,以至于出现了对认识论的怀疑与否定,其在证据制度中的指导地位亦遭受挑战。

辩证唯物主义认识论是一套科学而完整的指导人类认识世界的理论。它坚持从物质到精神、从客观到主观的认识路线,强调物质是在意识之外而且不依赖于意识的客观存在。对于思维和存在的关系这一哲学基本问题,认为思维与存在之间具有同一性。物质世界虽然客观存在于人之外,但人的认识可以提供客观世界的正确图景,因此与不可知论划清了界限。同时,认识论的精髓在于辩证法,这又与旧的唯物论彻底划清了界限。认为人类的认识活动是绝对性与相对性的辩证统一,认识的结果既是绝对的,又是相对的,并且"绝对性和相对性这两方面相互依存和相互制约""绝对之中包含着相对……同样,相对也包含着绝对"[1]。对此,恩格斯在《反杜林论》中作了精辟的论述:"一方面,人的思维的性质必然被看做是绝对的,另一方面,人的思维又是在完全有限地思维着的个人中实现的。这个矛盾只有在无限的前进过程中,在至少对我们来说实际上是无止境的人类世代更迭中才能得到解决。从这个意义来说,人的思维是至上的,同样又是不至上的,它的认识能力是无限的,同样又是有限的。按它的本性、使命、可能和历史的终极目的来说,是至上的和无限的;按它的个别实现情况和每次的现实来说,又是不至上的和有限的。"[2]

将辩证唯物主义认识论尤其是辩证法引入刑事诉讼过程,作为运用证据评判案件事实的理论基础,可以发现,已经发生的案件事实是诉讼认识的对象,司法人员及当事人是认识的主体,证据及案件事实是认识的内容或结果。刑事诉讼活动也就是司法人员及当事人对已发生的案件事实的认识活动。认识活动贯穿于诉讼活动的始终,它不仅存在于侦查阶段,在庭审证明活动中亦是存在的。首先,

---

[1] 肖前主编:《马克思主义哲学原理》(下册),中国人民大学出版社1994年版,第653页。
[2] 《马克思恩格斯文集》第9卷,人民出版社2009年版,第92页。

侦查活动是典型的认识活动，侦查人员对证据的收集及案件事实的查明都属于认识活动的范畴。其次，对于控方而言，虽然主要的认识活动在审前阶段已经完成，有关的结论已经产生，但这并不意味着认识活动已经结束。在法庭上，对于对方当事人提出的一些事实和证据，检察官仍然会形成新的认识，而这些认识很可能会强化、补充、动摇甚至从根本上摧毁已有的认识，从而使其撤回、变更控诉。最后，对于法官来说，恰恰需要通过控辩双方的证明活动求得对案件事实的认识，并以此为基础作出裁判。即使案件事实最终未能被查明，历经了失败的认识活动，裁判者也会根据现有的认识状态作出相应的处理，即作出疑罪从无的无罪判决。由此可见，庭审证明活动不仅仅是认识活动，它还是具有决定意义的认识活动。

（二）程序价值论

刑事诉讼程序为证明活动提供了合理空间和有效保障，但有时程序也会制约证明活动的实现。从一般的意义上讲，价值包含着积极的、好的、有益的等含义。作为哲学的常用概念，价值是指"客体的存在、属性和合乎规律的变化与主体尺度相一致、相符合或相接近的性质和程度"[①]。在刑事诉讼领域，程序的价值即程序对诉讼主体所发挥的意义和功效。诉讼证明既是诉讼主体对证据及案件事实的认识活动，又是适用法律的专门活动；证明的过程不仅是查明案件事实追求"真"的过程，也是实现程序正义追求"善"的过程。在证明活动及证据的收集、审查判断中应当追求公正、人权及效率等价值目标，为认定案件事实提供必要的指引和约束，防止出现事实探知的绝对化倾向。程序价值论包括公正、人权和效率。

1. 公正

公正是刑事诉讼程序的首要价值。它主要体现在证据法的原则及一系列证据规则中，用来限制裁判者的自由裁量权，规范证明活动，防止发生错判，最终通过程序公正实现实体公正。首先，公正价值的实现依托于证据裁判原则的贯彻。证据裁判原则是证据法的基石性原则，体现了"证据面前一律平等"，将案件事实的认定建立在证据的基础上，防止了裁判者的任性与恣意，有助于减少冤错案件的发生。其次，公正价值还体现在刑事诉讼证明责任的分配原则上。根据无罪推定原则，被告人在被法院生效判决确定为有罪之前，应推定为无罪，享有一系列诉讼权利的保障。控方若想推翻这一假定，必须承担证明被告人有罪的证明责任，且需要达到法定证明标准。被告人不必承担证明自己无罪的责任，但可为自己进行辩护。这一证明责任的分配原则加重了控方的证明负担，为被告人提供了防御

[①] 李德顺：《价值论：一种主体性的研究》，中国人民大学出版社2013年版，第53页。

性的地位和权利,保障了在刑事诉讼中处于弱势的被告人的权益,实现了程序公正。

2. 人权

人权是刑事诉讼程序的关键价值。证据制度作为刑事诉讼的核心制度,具备刑事诉讼法所具有的公法属性,承载着"国家尊重与保障人权"的时代使命。故在证据的收集、审查判断及证明活动中,总是通过一系列的制度安排严防公权力的滥用,保障被追诉人的基本权利,并以此约束和规范侦控机关的证据收集及审查判断活动。为加强证据收集、审查判断活动中的人权保障,我国《刑事诉讼法》第52条规定了"不得强迫任何人证实自己有罪"的原则,重申了严禁刑讯逼供和以威胁、引诱、欺骗以及其他非法方法收集证据的立场,对于遏制非法取证、保障人权具有重要意义。为使该原则得以落实,《刑事诉讼法》第56条确立了非法证据排除规则,规定采用刑讯逼供等非法方法收集的犯罪嫌疑人、被告人供述和采用暴力、威胁等非法方法收集的证人证言、被害人陈述,应当予以排除。收集物证、书证不符合法定程序,可能严重影响司法公正的,应当予以补正或者作出合理解释;不能补正或者作出合理解释的,对该证据应当予以排除。在侦查、审查起诉、审判时发现有应当排除的证据的,应当依法予以排除,不得作为起诉意见、起诉决定和判决的依据。非法证据排除规则的确立对于制裁、防范侦查人员证据收集过程中的严重违法行为意义重大,通过非法证据排除这一程序性制裁方式,督促侦查人员严格依法定程序收集证据,切实维护了被追诉人等的基本权利,促进了司法的文明和公正。

3. 效率

效率是刑事诉讼程序的重要价值。证据法应对证明的诉讼成本进行必要的限制,以实现收益的最大化。在我国刑事证据的立法及司法实践中,也充分考虑了效率这一价值追求。一方面,证明对象范围的确定充分考虑了效率价值。有争议方有证明,对于控辩双方无争议的案件事实,通常不需要证明活动来解决,至少不需要通过严格证明去完成。如对众所周知的事实即无须作为证明对象,可以直接由法官进行司法确认;又如在简易程序中,基于被告人自愿认罪,证明对象的范围大大缩小,相应的证明程序也大幅度地压缩,从而带来诉讼效率的提高。另一方面,简易程序以实现诉讼效率为首要目标。但由于程序的简化不可避免地会对证明标准产生影响,因此导致证明标准适度降低。

另外,随着法律价值的多元化发展,程序价值体系也日渐丰富,一些新的价值目标会对证据立法及实践产生指导作用。如基于对亲情伦理价值的维护,我国

《刑事诉讼法》第 193 条规定了被告人的配偶、父母、子女强制出庭作证的豁免权,这无疑有助于增进家庭成员间的信赖关系,使得对案件事实认定的过程更加符合人性和人道的需求。

综上,作为马克思主义哲学的两大主要问题,认识论解决的是人对世界的认识问题,即作为主体的人对认识对象的认识何以可能,同时存在哪些局限的问题;价值论关注的则是如何评价主体与客体的这种认识与被认识的关系,即当人们以其内在固有的价值尺度去理解和协调人与世界的相互关系时就产生了价值论问题。因此,价值论与认识论二者之间密不可分,认识活动是价值评断活动得以存在的前提,而价值评断又是对认识活动的一种制约与促动。在刑事诉讼证明活动中,认识论与价值论的关系也是如此,二者是同等重要、相互作用的,共同构成证据制度的理论基础。认识论在证明活动中始终发挥着指导作用,而价值论对认识活动提供指引与制约。人们对案件事实的探究不是随意的、无止境的,它应当受到程序及证据规则的规制。无论是证据的收集、审查判断还是证明活动,均需符合正当程序的要求,离开程序正义的制约所取得的"实体正义"是无效的,而抛开对实体正义的尊重而单纯追求证据价值的实现也同样是虚幻的。故在证据制度中,应将认识论与价值论并重,只有这样才能兼顾实体正义与程序正义的要求,才能完成诉讼证明的任务。

三、证据裁判原则

证据裁判原则(亦称证据裁判主义)为两大法系法治国家普遍遵守,是证据法的基石性原则。《办理死刑案件证据规定》第 2 条规定"认定案件事实,必须以证据为根据",在我国首次确立了该原则。证据裁判原则有其特定的含义和要求:首先,证据必须符合法定证据形式,且具备证据能力。对案件事实的认定必须建立在符合法定证据形式的证据之上,防止在缺乏证据的情况下,仅凭主观猜测、预断、妄想等定案。同时,证据必须具有证据能力。证据能力是对证据的法律要求,解决的是证据的法律资格和容许性问题。无论是以德国为代表的大陆法系国家证据使用禁止的规定,还是英美法系国家以证据规则为核心的证据可采性规定,都反映出立法对证据能力的要求。其次,证据必须经过法庭调查才能成为认定事实的根据。依我国台湾学者林钰雄的主张,法定的证据调查程序是使证据获得证据能力的积极条件,也是终局条件。证据的证据能力及证明力只有经过庭审,依法定调查程序进行严格审查方可形成,证据也才能作为裁判的依据。最后,证据应达到法定的证明标准。一方面,只有达到"案件事实清楚、证据确实充分、排除合理怀疑"的证明标准,才能作出有罪的裁决;另一方面,如果既有证据没有达到上述证明标准,法官也不得拒绝裁判,而应依证明责任的分配原则,作出疑罪从无的无罪判决。同时,证据裁判原则必须依靠严格证明的方法才能实现。证据裁判原则应适用严格证明的方法,即两者的适用范围应一致。

证据裁判原则的确立具有非凡的历史进步意义与时代价值。证据裁判原则终结了历史上的神判制度,确立了证据法的理性价值;否定了刑讯逼供下的依口供结案的证据制度,彰显了证据法的程序价值;克服了自由心证可能带来的恣意与任性,弘扬了证据法的法治价值。坚持证据裁判原则,必须做到:认定案件事实应有相应的证据予以证明,一切都要靠证据说话,没有证据不得认定犯罪事实;用合法的证据来证明案件事实,对于非法取得的证据应当排除,不能作为定案的根据;严守法定的证据调查程序,防止庭审程序走过场;对存疑的证据不能采信,确保裁判认定的事实证据确实、充分。

第二节 证据的种类和分类

一、证据的种类

证据的种类,也称为证据的法定形式,它是指法律规定的证据的不同表现形式。我国《刑事诉讼法》第50条第2款通过列举方式规定了刑事证据的八个种类,分别为:(1)物证;(2)书证;(3)证人证言;(4)被害人陈述;(5)犯罪嫌疑人、被告人供述和辩解;(6)鉴定意见;(7)勘验、检查、辨认、侦查实验等笔录;(8)视听资料、电子数据。

(一)物证

物证是指以其外部特征、存在状态、物质属性等证明案件事实的物品和痕迹。物证的证明功能是通过其外部或自身固有特征实现的,它是刑事诉讼中最为重要的证据。从理论上说,任何案件中都存在物证,因为任何案件都发生在特定的物质环境之中,当事人的行为会对周围物质环境产生不同的影响而留下物品或者痕迹。我国《刑事诉讼法》第50条第2款在证据种类中将物证列为首位,就足以显示其重要性。物证虽然普遍存在,但是受制于技术手段、取证能力等因素,在少数案件中也可能无法发现或者提取到物证。

刑事诉讼中常见的物证有:(1)犯罪工具。如杀人使用的凶器、毒药,盗窃时使用的撬压工具等。(2)犯罪行为侵犯的对象。如杀害的尸体,伤害所致的伤痕，盗窃的赃款、赃物等。（3）犯罪现场遗留下的物品或痕迹。如犯罪分子留在犯罪现场的衣服、烟头、纽扣、票证，以及为实施犯罪而遗留在现场的指纹、足迹、血迹、毛发、撬压痕迹等。（4）犯罪行为产生的物品。如非法制造的枪支、弹药，非法出版的出版物，伪造的货币等。

物证具有以下特征：

第一，物证以其外部特征、存在状态、物质属性等证明案件事实。物证的证明功能是通过其外部或自身固有特征实现的。物证的特征表现为多方面：外部特征、存在状态、物质属性等。在刑事诉讼中，有些物证只依据其某一方面的特征来证明案件事实，有些物证则可以依据多方面的特征来证明案件事实。

第二，物证客观性较强。物证是客观存在的物品或者痕迹，以其物质存在的形式等特征来证明案件事实。物证一旦形成，便会独立、客观存在，伪造难度较大。即使伪造或者毁损，也会产生新的物品或者痕迹，形成新的物证。因此，与其他证据相比，物证具有较强的客观性。

第三，多数物证需依赖科学技术来发挥证明价值。物证被称为"哑巴证据"，它不会自己证明案件事实，其证明价值需借助科学技术手段来实现。许多物证的提取和发现，比如指纹提取、血迹的分析等，以及对物证中存储案件事实信息的解读，都需要借助科学技术手段实现。

第四，物证通常是间接证据。物证通常只能证明案件事实的某一部分，而不能独立地、全面地反映案件事实。由于物证是"哑巴证据"，它虽不会说谎，但也不会说话。物证不能单独向法庭直接证明案件事实，须与其他证明手段结合，并借助逻辑推理。因此，物证通常属于间接证据。

对于物证的审查、认定，既要关注物证的收集、保管等程序性问题，也要关注物证的关联性、证明价值等实体问题。根据最高人民法院《解释》第69条的规定，对于物证主要需审查以下内容：（1）物证是不是原物，物证的照片、录像、复制品与原物是否相符。物证的照片、录像或者复制品，不能反映原物的外形和特征的，不能作为定案的根据。（2）物证的收集程序、方式是否符合法律、有关规定。（3）物证在收集、保管、鉴定过程中是否受损或者改变。（4）物证与案件事实有无关联。（5）与案件事实有关联的物证是否全面收集。物证的来源非常重要，经勘验、检查、搜查提取、扣押的物证，未附有勘验、检查笔录、搜查笔录，提取笔录，扣押清单，不能证明其来源的，不能作为定案的根据。

（二）书证

书证是指以文字、符号、图画等所表达的思想内容来证明案件事实的书面材料或者物品。具有书面形式的材料，有可能是书证，也可能是物证。如果以其记载或反映的思想内容来证明案件事实，则是书证。如果某一书面材料不是以其记载的内容来证明案件事实，而是以其物质载体的内在属性、外部形态等特征来证明案件事实，则属于物证。故在某些情形下，一份书面材料可以同时是物证和书证。在刑事诉讼中，书证的存在方式也较广泛，如证明案件事实的出生证、身份证、护照、工作证、营业执照、账册、账单、票据、合同、书信、日记等。

书证具有以下特征：

第一，书证以其表达的思想内容来证明案件事实。书证的证明功能是通过其记载或反映的思想内容来实现的。物证与书证虽都具有物质载体，但书证以其表达的思想内容来证明案件事实，这是其与物证的根本区别。

第二，书证具有较强的稳定性。书证的内容经由文字、符号、图画等固定于作为书证载体的物质材料，便具有较强的稳定性。物质材料的客观性，决定了书证的稳定性。书证一经形成，便不易变化。即使内容被涂改，也可从另外的角度证明相应案件事实。

书证以其表达的思想内容来证明案件事实，其内容往往比较明确，可以较为全面、详细地证明相关的案件事实。所以，一些情况下，可以把书证作为直接证据，根据其内容直接证明案件事实，而无须经由其他媒介或者中间环节，如犯罪嫌疑人的日记、书信等书证。

书证与物证同属实物证据，二者在审查、认定方面存在许多共同之处。对于书证，主要需审查书证是不是原件，复印件是否与原件相符，书证的来源，书证的收集、保管，以及书证是否全面收集等。依据最高人民法院《解释》第71条第2款、第73条第1款的规定，以下两种情形的书证不得作为定案的根据：一是书证有更改或者更改迹象不能作出合理解释，或者书证的副本、复制件不能反映原件及其内容的；二是在勘验、检查、搜查过程中提取、扣押的书证，未附笔录或者清单，不能证明书证来源的。

(三) 证人证言

证人证言是指当事人以外了解案件事实的人，就其感知的案件事实向公安司法机关所作的陈述。对于案件事实的陈述，可以是就自己所感知的案件事实所作的陈述，也可以是依据自己的专业知识就案件的专门性问题所提出的意见。我国《刑事诉讼法》中的证人证言仅是就自己所感知的案件事实所作的陈述，而不包括专家证人的陈述。凡是知道案件情况的人，都有作证的义务。证人应当亲自向司法机关作证，不能由他人代为作证，也不能对自己不知道的案件事实作证。

具有证人资格是证人作证的前提条件。成为刑事诉讼中的证人，须具备以下条件：（1）了解案件事实。这里的"了解"是亲眼所见、亲耳所闻、亲身感知了犯罪行为的发生，或者亲耳听到犯罪嫌疑人、被告人、被害人对案情的叙述等。如果是从新闻媒体或者道听途说知道案件情况，或是推测案件情况的人，则不能作为证人。（2）具有辨别是非、正确表达的能力。生理上、精神上有缺陷或者年幼，不能辨别是非、不能正确表达的人，不能作为证人。能够辨别是非、正确表达是证人资格的关键。对于生理上、精神上有缺陷或者年幼的人，法律并非绝对禁止他们作证，只有在他们不能辨别是非、不能正确表达时，才不具有证人资格。（3）证人应为自然人，且具有不可替代性。这是因为只有自然人才有对案件事实的感知、记忆和表达的能力，而单位则不具有上述能力，故单位不具有作证资格。同时，我国《刑法》规定，故意作伪证、隐匿罪证，应负相应的刑事责任，而单位亦不能成为伪证罪的主体。由于证人伴随案件事实而产生，是非常宝贵的诉讼资源，故刑事诉讼中应坚持"证人优先"原则，如一名检察官恰好目睹了一起犯罪事实，他应成为本案的证人而不是公诉人。

《刑事诉讼法》第61条规定："证人证言必须在法庭上经过公诉人、被害人和被告人、辩护人双方质证并且查实以后，才能作为定案的根据。法庭查明证人有意作伪证或者隐匿罪证的时候，应当依法处理。"为了确保审判公正，辨别证言真伪，充分保障当事人对证人证言的质证权，证人有出庭接受质证的义务。《刑事诉讼法》第192条第1款规定："公诉人、当事人或者辩护人、诉讼代理人对证人证言有异议，且该证人证言对案件定罪量刑有重大影响，人民法院认为证人有必要出庭作证的，证人应当出庭作证。"第193条规定："经人民法院通知，证人没有正当理由不出庭作证的，人民法院可以强制其到庭，但是被告人的配偶、父母、子女除外。证人没有正当理由拒绝出庭或者出庭后拒绝作证的，予以训诫，情节严重的，经院长批准，处以十日以下的拘留。被处罚人对拘留决定不服的，可以向上一级人民法院申请复议。复议期间不停止执行。"上述规定强化了证人出庭制度的刚性。

证人在承担出庭、如实陈述等诉讼义务时，也享有相应的诉讼权利，主要包括安全保障权和经济补助权。《刑事诉讼法》第63条规定："人民法院、人民检察院和公安机关应当保障证人及其近亲属的安全。对证人及其近亲属进行威胁、侮辱、殴打或者打击报复，构成犯罪的，依法追究刑事责任；尚不够刑事处罚的，依法给予治安管理处罚。"第64条规定："对于危害国家安全犯罪、恐怖活动犯罪、黑社会性质的组织犯罪、毒品犯罪等案件，证人、鉴定人、被害人因在诉讼中作证，本人或者其近亲属的人身安全面临危险的，人民法院、人民检察院和公安机关应当采取以下一项或者多项保护措施：（一）不公开真实姓名、住址和工作单位等个人信息；（二）采取不暴露外貌、真实声音等出庭作证措施；（三）禁止特定的人员接触证人、鉴定人、被害人及其近亲属；（四）对人身和住宅采取专门性保护措施；（五）其他必要的保护措施。证人、鉴定人、被害人认为因在诉讼中作证，本人或者其近亲属的人身安全面临危险的，可以向人民法院、人民检察院、公安机关请求予以保护。人民法院、人民检察院、公安机关依法采取保护措施，有关单位和个人应当配合。"第65条规定："证人因履行作证义务而支出的交通、住宿、就餐等费用，应当给予补助。证人作证的补助列入司法机关业务经费，由同级政府财政予以保障。有工作单位的证人作证，所在单位不得克扣或者变相克扣其工资、奖金及其他福利待遇。"

证人证言具有主观性较强的特征。证人证言的形成过程包括感知、记忆、表达三个阶段，在每一阶段，证人在案件中的主观倾向和自身能力都可能会影响证言内容。根据最高人民法院《解释》第74条的规定，对于证人证言需重点审查以下内容：（1）证言的内容是否为证人直接感知；（2）证人作证时的年龄，认知、记忆和表达能力，生理和精神状态是否影响作证；（3）证人与案件当事人、案件处理结果有无利害关系；（4）询问证人是否个别进行；（5）询问笔录的制作、修改是否符合法律、有关规定，是否注明询问的起止时间和地点，首次询问时是否告知证人有关作证的权利义务和法律责任，证人对询问笔录是否核对确认；（6）询问未成年证人时，是否通知其法定代理人或者有关人员到场，其法定代理人或者有关人员是否到场；（7）证人证言有无以暴力、威胁等非法方法收集的情形；（8）证言之间以及证言与其他证据之间能否相互印证，有无矛盾。

最高人民法院《解释》第75条规定，处于明显醉酒、中毒或者麻醉等状态，不能正常感知或者正确表达的证人所提供的证言，不得作为证据使用；证人的猜测性、评论性、推断性的证言，不得作为证据使用，但根据一般生活经验判断符合事实的除外。上述证人提供的证言，缺少最基本的相关性及真实性保障，故应否定其证明力，不得作为证据使用。与上述规定相对应，最高人民法院《解释》第76条规定，证人证言具有下列情形之一的，不得作为定案的根据：（1）询问证人没有个别进行的；（2）书面证言没有经证人核对确认的；（3）询问聋、哑人，应当提供通晓聋、哑手势的人员而未提供的；（4）询问不通晓当地通用语言、文字的证人，应当提供翻译人员而未提供的。以上行为均属于取证程序违法，且严重影响到证据的真实性，在证据能力及证明力上都存在缺欠，故不得作为定案的根据。

（四）被害人陈述

被害人陈述，是指刑事案件中的被害人就自己所知道的案件事实向公安司法机关所作的陈述。被害人陈述在内容、形式等方面与证人证言具有相似性。但是，由于被害人是刑事诉讼中的当事人，具有特殊的地位和身份，在某些方面与证人存在差异，比如证人只能是自然人，而被害人既可以是自然人，也可以是单位，因此，有必要将被害人陈述作为证据种类之一。被害人是合法权益直接遭受犯罪行为侵害的人。被害人通常与犯罪行为人有近距离接触，对犯罪人的体貌特征、犯罪手段、行为方式和现场环境等有较为清楚的认识。因此，被害人陈述具有重要证明价值。在刑事诉讼活动中，被害人陈述涵盖的范围较广，既可能有对案件事实的陈述，也可能有对自己遭受损害主张赔偿的陈述。不过，只有对案件事实所作的陈述，才属于证据范畴的被害人陈述。

被害人陈述具有以下特点：

第一，被害人陈述主观性较强。被害人陈述作为言词证据，比较容易受到人的主观因素影响。被害人是直接遭受犯罪行为侵害的人，与案件诉讼过程和诉讼结果具有直接利害关系，其陈述易受情感、情绪等主观因素影响。

第二，被害人陈述具有一定程度的夸张性。出于对犯罪行为的愤怒及自身被害的痛苦，被害人往往会夸大犯罪事实，一些被害人则隐瞒自己在犯罪过程中具有的过错，有的被害人甚至会诬告陷害犯罪嫌疑人。

被害人陈述的特点表明，被害人陈述对于证实犯罪具有重要的作用，但被害人陈述也很有可能不准确甚至故意作虚假陈述。因此，公安司法人员一定要依法定程序询问被害人，应当了解被害人与犯罪嫌疑人、被告人之间的关系，认真分析被害人所陈述的案件事实细节以及被害人在犯罪过程中有无过错。由于被害人陈述与证人证言在内容、形式等方面具有相似性，因此，对于被害人陈述的审查、认定方法与证人证言基本相同。

（五）犯罪嫌疑人、被告人供述和辩解

犯罪嫌疑人、被告人供述和辩解，也称为"口供""自白"，是指犯罪嫌疑人、被告人就其涉嫌的犯罪事实向公安司法机关所作的陈述。从内容上看，它通常包括三种情形：(1) 供述，即犯罪嫌疑人、被告人承认自己所犯罪行或者犯罪事实的陈述；(2) 辩解，即犯罪嫌疑人、被告人否认自己实施了犯罪行为或者自己应予从宽处罚的陈述；(3) 攀供，即犯罪嫌疑人、被告人揭发同案共犯犯罪事实的陈述。如揭发共同犯罪人另外实施的其他犯罪行为，则不属于口供，应为证人证言。

犯罪嫌疑人、被告人供述和辩解具有以下特点：

第一，犯罪嫌疑人、被告人供述和辩解对于全面查明案件事实十分重要。犯罪嫌疑人、被告人是最了解案件情况的人，对自己是否实施犯罪、如何实施犯罪、犯罪时的主观心态等事实最为清楚。无论是辩解，还是供述，如果内容是真实的，都具有非常强的证明力。

第二，犯罪嫌疑人、被告人供述和辩解具有较大的虚假性。犯罪嫌疑人、被告人与诉讼过程和处理结果具有最为直接的利害关系。面对定罪量刑的不利后果，犯罪嫌疑人、被告人可能会虚假陈述、选择性陈述或者拒绝陈述，以逃避法律制裁。还有些人会替他人受过，承认自己没有实施的犯罪。

第三，犯罪嫌疑人、被告人供述和辩解具有不稳定性，容易出现翻供。刑事案件的处理直接关系犯罪嫌疑人、被告人的重大权益，出于趋利避害的本能，其在诉讼过程中会反复权衡各种利益，其供述和辩解极易出现反复，随时可能翻供，即推翻原有供述或辩解。对待翻供需要冷静，需认真分析翻供原因，辨明口供的真伪。

《刑事诉讼法》第52条规定："……严禁刑讯逼供和以威胁、引诱、欺骗以及其他非法方法收集证据，不得强迫任何人证实自己有罪……"第55条第1款规定："对一切案件的判处都要重证据，重调查研究，不轻信口供。只有被告人供述，没有其他证据的，不能认定被告人有罪和处以刑罚；没有被告人供述，证据确实、充分的，可以认定被告人有罪和处以刑罚。"根据上述规定，公安司法机关在刑事诉讼过程中对待犯罪嫌疑人、被告人供述和辩解，必须坚持以下原则：（1）反对强迫自证其罪原则。即在讯问犯罪嫌疑人、被告人时，严禁刑讯逼供和以威胁、引诱、欺骗以及其他非法方法收集证据，不得强迫其自证其罪。（2）供述自愿性原则。即尊重犯罪嫌疑人、被告人的诉讼主体地位，在其知晓其所控罪名及刑罚的情况下，自愿供述其犯罪事实，并依法获得从轻处罚的后果。（3）重证据、重调查研究，不轻信口供原则。即要求公安司法机关必须深入实际进行调查研究，着重收集口供之外的其他证据，特别是客观证据，对口供予以印证。只有供述，不能认定被告人有罪并处以刑罚，这一要求同样适用于只有同案共犯被告人间的攀供，没有其他证据的情况。

根据最高人民法院《解释》第80条的规定，对被告人的供述和辩解，需要重点审查以下内容：（1）讯问的时间、地点，讯问人的身份、人数以及讯问方式等是否符合法律、有关规定。（2）讯问笔录的制作、修改是否符合法律、有关规定，是否注明讯问的具体起止时间和地点，首次讯问时是否告知被告人相关权利和法律规定，被告人是否核对确认。（3）讯问未成年被告人时，是否通知其法定代理人或者有关人员到场，其法定代理人或者有关人员是否到场。（4）被告人的供述有无以刑讯逼供等非法方法收集的情形。（5）被告人的供述是否前后一致，有无反复以及出现反复的原因；被告人的所有供述和辩解是否均已随案移送。（6）被告人的辩解内容是否符合案情和常理，有无矛盾。（7）被告人的供述和辩解与同案被告人的供述和辩解以及其他证据能否相互印证，有无矛盾。必要时，可以调取讯问过程的录音录像、被告人进出看守所的健康检查记录、笔录，并结合录音录像、记录、笔录对上述内容进行审查。

根据最高人民法院《解释》第 81 条的规定，被告人供述具有下列情形之一的，不得作为定案的根据：（1）讯问笔录没有经被告人核对确认的；（2）讯问聋、哑人，应当提供通晓聋、哑手势的人员而未提供的；（3）讯问不通晓当地通用语言、文字的被告人，应当提供翻译人员而未提供的。上述口供的证据能力和证明力存在较大欠缺，故不能作为定案的根据。

（六）鉴定意见

鉴定意见，是指国家专门机关就案件中的专门性问题，指派或者聘请具有专门知识的鉴定人进行鉴定后出具的判断性意见。在我国，司法鉴定主要分为三类：一是法医类鉴定，包括法医病理鉴定、法医临床鉴定、法医精神病鉴定、法医物证鉴定和法医毒物鉴定。二是物证类鉴定，包括文书鉴定、痕迹鉴定和微量鉴定。三是声像资料鉴定，包括对录音带、录像带、磁盘、光盘、图片等载体上记录的声音、图像信息的真实性、完整性及其所反映的情况过程进行的鉴定和对记录的声音、图像中的语言、人体、物体作出种类或者同一认定。鉴定意见是对案件中的专门性问题经过检验、分析等科学技术活动出具的意见，而不是对案件事实的一般性描述。鉴定意见可以弥补事实裁判者专门知识或者经验的不足，有助于事实裁判者准确认定案件事实。鉴定意见作为证据种类之一，所要解决的只能是事实争议问题，而不是法律争议问题。

全国人大常委会于 2005 年 2 月 28 日通过并于 2015 年修订的《关于司法鉴定管理问题的决定》，对我国司法鉴定管理体制作出改革的同时，也对鉴定意见的运用进行了规范。鉴定意见具有以下特点：

第一，鉴定意见是针对案件中的专门性问题进行鉴定后作出的，属于科学证据。鉴定是专业人士根据自己专业知识、经验或者技能并借助科学仪器或者设备进行检验分析后得出的意见。鉴定意见要解决的是案件中的专门性事实问题，而不是仅凭常识就能解决的事实问题。鉴定意见需要以一定的科学技术为基础，它属于科学证据的范畴。但是，鉴定意见并不是"科学的判决"，并非绝对科学、可靠。由于仪器操作、意见出具等最终是由人完成的，因此，鉴定意见不可避免地会受到鉴定人业务水平、专业经验、职业道德等主观因素的影响，也需要认真进行审查判断。

第二，鉴定意见应符合法定的形式要求。鉴定意见的形式必须是书面的鉴定文书，由鉴定人本人签名并加盖单位公章，两者须同时必备。只有单位公章，没有鉴定人本人签名的，不具有证据资格。多人参加的鉴定，对鉴定意见有不同意见的，应当注明。在诉讼过程中，当事人对鉴定意见有异议的，经人民法院依法通知，鉴定人应当出庭作证。

根据最高人民法院《解释》第84条的规定，对于鉴定意见应当着重审查以下内容：（1）鉴定机构和鉴定人是否具有法定资质；（2）鉴定人是否存在应当回避的情形；（3）检材的来源、取得、保管、送检是否符合法律、有关规定，与相关提取笔录、扣押物品清单等记载的内容是否相符，检材是否充足、可靠；（4）鉴定意见的形式要件是否完备，是否注明提起鉴定的事由、鉴定委托人、鉴定机构、鉴定要求、鉴定过程、鉴定方法、鉴定日期等相关内容，是否由鉴定机构加盖司法鉴定专用章并由鉴定人签名、盖章；（5）鉴定程序是否符合法律、有关规定；（6）鉴定的过程和方法是否符合相关专业的规范要求；（7）鉴定意见是否明确；（8）鉴定意见与案件待证事实有无关联；（9）鉴定意见与勘验、检查笔录及相关照片等其他证据是否矛盾；（10）鉴定意见是否依法及时告知相关人员，当事人对鉴定意见有无异议。

根据最高人民法院《解释》第85条的规定，鉴定意见具有下列情形之一的，不得作为定案的根据：（1）鉴定机构不具备法定资质，或者鉴定事项超出该鉴定机构业务范围、技术条件的；（2）鉴定人不具备法定资质，不具有相关专业技术或者职称，或者违反回避规定的；（3）送检材料、样本来源不明，或者因污染不具备鉴定条件的；（4）鉴定对象与送检材料、样本不一致的；（5）鉴定程序违反规定的；（6）鉴定过程和方法不符合相关专业的规范要求的；（7）鉴定文书缺少签名、盖章的；（8）鉴定意见与案件待证事实没有关联的；（9）违反有关规定的其他情形。同时，经人民法院通知，鉴定人拒不出庭作证的，鉴定意见不得作为定案的根据。

（七）勘验、检查、辨认、侦查实验等笔录

笔录是公安司法人员在刑事诉讼过程中制作的各种记录。刑事诉讼中的笔录

种类较多，我国《刑事诉讼法》重点规定了勘验、检查、辨认、侦查实验等笔录。此外，在司法实践中，搜查、扣押笔录及审判笔录也可以作为证据使用，用来证明物证、书证的来源，搜查、扣押程序是否合法及审判活动是否规范。笔录的主要形式是文字记录，但也包括绘图、照片等方式。

勘验、检查笔录是公安司法人员对与犯罪有关的场所、物品、人身、尸体进行勘验、检查时所作的记录。勘验针对与犯罪有关的场所、物品和尸体进行，所形成的笔录是勘验笔录；勘验目的在于收集和发现物证、书证等证据材料。检查针对活体的人身进行，其形成的笔录是检查笔录；检查目的在于确定犯罪嫌疑人、被害人的生理特征或者伤害情况。勘验、检查笔录是一种证据保全方法，其证明作用在于其内容与案件事实的关联性。

辨认是在侦查人员组织下由被害人、证人、犯罪嫌疑人对犯罪嫌疑人、与案件有关的物品、尸体、场所进行辨别和确认的活动。辨认可以分为现场辨认、尸体辨认、照片辨认、列队辨认等不同形式。辨认笔录，是指对辨认的时间、地点、过程、结果等所作的记录。

侦查实验是指侦查人员为了确定和判明与案件有关的某些事实或行为在某种情况下能否发生或怎样发生，而按照原有条件实验性地重演该行为的一种侦查活动。侦查实验笔录，是侦查机关对侦查实验的时间、地点、实验条件、实验经过、实验结果等所作的记录。

勘验、检查、辨认、侦查实验等笔录具有以下特点：

第一，勘验、检查、辨认、侦查实验等笔录的制作主体具有特定性。勘验、检查笔录可以由侦查人员、检察人员、审判人员制作，而辨认笔录、侦查实验笔录只能由侦查人员制作。上述主体都是公安司法机关工作人员，其他机关和个人无权制作勘验、检查、辨认、侦查实验等笔录。

第二，勘验、检查、辨认、侦查实验等笔录属于对侦查活动的客观记录。这些笔录作为固定和保全证据的方法和手段，是对勘验、检查、辨认、侦查实验等活动的客观记载，内容都是客观存在的案件事实的有关情况，不应当包括记录人员的主观意见。

第三，勘验、检查、辨认、侦查实验等笔录多属于间接证据。勘验、检查、辨认、侦查实验等笔录是对某些侦查活动中有关人、物、场所、行为等的记录，这些记录本身不能直接证明曾经发生的案件主要事实，但它们可以与其他证据相结合，比如物证、鉴定意见等，来共同证明案件事实。因此，勘验、检查、辨认、侦查实验等笔录通常属于间接证据。

根据最高人民法院《解释》第88条的规定，对于勘验、检查笔录应当着重审查以下内容：（1）勘验、检查是否依法进行，笔录的制作是否符合法律、有关规定，勘验、检查人员和见证人是否签名或者盖章。（2）勘验、检查笔录是否记录了提起勘验、检查的事由，勘验、检查的时间、地点，在场人员、现场方位、周围环境等，现场的物品、人身、尸体等的位置、特征等情况，以及勘验、检查、搜查的过程；文字记录与实物或者绘图、照片、录像是否相符；现场、物品、痕迹等是否伪造、有无破坏；人身特征、伤害情况、生理状态有无伪装或者变化等。（3）补充进行勘验、检查的，是否说明了再次勘验、检查的缘由，前后勘验、检查的情况是否矛盾。勘验、检查笔录存在明显不符合法律、有关规定的情形，不能作出合理解释或者说明的，不得作为定案的根据。

根据最高人民法院《解释》第90条的规定，对辨认笔录应当着重审查辨认的过程、方法，以及辨认笔录的制作是否符合有关规定。辨认笔录具有下列情形之一的，不得作为定案的根据：（1）辨认不是在侦查人员主持下进行的；（2）辨认前使辨认人见到辨认对象的；（3）辨认活动没有个别进行的；（4）辨认对象没有混杂在具有类似特征的其他对象中，或者供辨认的对象数量不符合规定的；（5）辨认中给辨认人明显暗示或者明显有指认嫌疑的；（6）违反有关规定、不能确定辨认笔录真实性的其他情形。

根据最高人民法院《解释》第91条的规定，对侦查实验笔录应当着重审查实验的过程、方法，以及笔录的制作是否符合有关规定。侦查实验的条件与事件发生时的条件有明显差异，或者存在影响实验结论科学性的其他情形的，侦查实验笔录不得作为定案的根据。

（八）视听资料、电子数据

视听资料，是指以录音、录像、计算机磁盘等记载的音像信息来证明案件事实的资料。电子数据，是指在案件发生过程中形成的，以数字化形式存储、处理、传输的，能够证明案件事实的数据。随着信息技术的广泛应用，电子数据在刑事诉讼中也广泛出现，比如电子邮件、网上聊天记录、电子签名、访问记录、微信、微博、短信等。电子数据虽然与物证、书证存在一些共性，但又有自己的特性，很难将其归入传统证据种类，故它与视听资料被作为独立的证据种类。最高人民法院、最高人民检察院和公安部于2016年9月联合发布了《关于办理刑事案件收集提取和审查判断电子数据若干问题的规定》（以下简称《电子数据规定》）。该规定对于刑事诉讼中电子数据的内涵与外延、收集提取、审查判断等进行了较为详细的规定。

视听资料、电子数据具有以下特征：

第一，视听资料、电子数据具有直观性、连贯性。视听资料、电子数据运用影像、视频、音频、动画等技术手段生动、形象地展示案件的相关信息，可以让人产生身临其境的感觉，且较为连贯地反映案件事实情况。

第二，视听资料、电子数据具有物质依赖性。视听资料、电子数据的信息，均储存于有形的物质载体中，只有借助一定的电子设备才能将其信息展示出来，否则将无法发挥其证明作用。

第三，视听资料、电子数据易被毁损、篡改，导致失真。在科技日渐发展的今天，利用科技手段对视听资料、电子数据进行破坏的情况也较常见，如视听资料被消磁、剪接、篡改，电子数据被截取、窃取、删除、篡改，等等。这些情况都要求在视听资料、电子数据的审查判断中予以特别注意。

根据最高人民法院《解释》第92条的规定，对于视听资料应当着重审查以下内容：（1）是否附有提取过程的说明，来源是否合法。（2）是否为原件，有无复制及复制份数；是复制件的，是否附有无法调取原件的原因、复制件制作过程和原件存放地点的说明，制作人、原视听资料持有人是否签名或者盖章。（3）制作过程中是否存在威胁、引诱当事人等违反法律、有关规定的情形。（4）是否写明制作人、持有人的身份，制作的时间、地点、条件和方法。（5）内容和制作过程是否真实，有无剪辑、增加、删改等情形。（6）内容与案件事实有无关联。对视听资料有疑问的，应当进行鉴定。

根据最高人民法院《解释》第93条的规定，对于电子数据应当着重审查以下内容：（1）是否随原始存储介质移送；在原始存储介质无法封存、不便移动或者依法应当由有关部门保管、处理、返还时，提取、复制电子数据是否由2人以上进行，是否足以保证电子数据的完整性，有无提取、复制过程及原始存储介质存放地点的文字说明和签名。（2）收集程序、方式是否符合法律及有关技术规范；经勘验、检查、搜查等侦查活动收集的电子数据，是否附有笔录、清单，并经侦查人员、电子数据持有人、见证人签名；没有持有人签名的，是否注明原因；远程调取境外或者异地的电子数据的，是否注明相关情况；对电子数据的规格、类别、文件格式等注明是否清楚。（3）电子数据内容是否真实，有无删除、修改、增加等情形。（4）电子数据与案件事实有无关联。（5）与案件事实有关联的电子数据是否全面收集。对电子数据有疑问的，应当进行鉴定或者检验。

视听资料、电子数据具有下列情形之一的，不得作为定案的根据：一是经审查无法确定真伪的；二是制作、取得的时间、地点、方式等有疑问，不能提供必要证明或者作出合理解释的。在以上情形中，视听资料、电子数据的真实可靠性无法确定，证明力存在缺陷，故不作为定案的根据使用。《电子数据规定》对电子数据的真实性、完整性及合法性在审查判断上提出了更为细致的要求。

二、证据的分类

证据的分类，是指按照不同标准在理论上将证据划分为不同的类别。证据分类与证据种类不同：证据分类是理论研究中的一种归类；证据种类是法律明确规定的证据的表现形式，具有法律约束力。在理论上，按照不同标准，可将各种形式的证据归为不同类型，目的在于从不同角度把握各类证据的特点及其运用规律，更好地运用证据证明案件事实。

（一）言词证据与实物证据

按照证据表现形式的不同，可以将证据分为言词证据与实物证据。言词证据是以人的陈述作为存在和表现形式的证据。在刑事诉讼中，证人证言，被害人陈述，犯罪嫌疑人、被告人的供述与辩解，鉴定意见都属于言词证据。言词证据的本质是人的语言陈述。语言陈述主要通过口头形式表达，也可通过书面形式、录音录像的形式来表现。

实物证据是指以实物、文件等物质载体作为存在和表现形式的证据。在刑事诉讼中，物证、书证、勘验检查等笔录、视听资料等都属于实物证据。其中，勘验、检查等笔录是办案人员在办案过程中对客观情况的客观记载，而不是办案人员的主观意见，因此，它们属于实物证据。

区分言词证据与实物证据，主要具有以下意义：

第一，收集方式的差异。言词证据的收集，一般通过讯问和询问的方式取得。实物证据的收集，则主要通过勘验、搜查、扣押、查封、冻结等方式收集。

第二，审查判断方式的差异。言词证据是人对案件事实的陈述，虽然能生动、形象地反映案件事实，但是主观性较强，存在虚假、错误陈述的可能，因此，言词证据需要重点审查其内容的真实性、可靠性。实物证据具有较强的客观性和稳定性，但不能自己表明其与案件事实之间的联系，因此，对于实物证据，除审查其来源、出处的真实性外，还需重点审查其与案件事实的关联性。

第三，运用方式的差异。言词证据往往可以直接、全面地证明案件事实，但主观性较强、争议较大，故通常需要由言词证据的提供者出庭作证，如证人出庭、鉴定人出庭等；实物证据则主要通过辨认、鉴定等方式审查其证明力。

(二) 原始证据与传来证据

根据证据来源的不同,可以将证据分为原始证据和传来证据。原始证据,是直接来源于案件事实且未经复制或者转述的证据。比如侦查人员在犯罪现场发现并提取的各种物证、犯罪现场目击证人所作的陈述等,都属于原始证据。传来证据,是指从原始出处以外的来源获取的证据。比如书证的复印件、转述他人感知事实的证言等,都属于传来证据。

区分原始证据与传来证据的主要意义在于揭示两类证据在证明力上的差异。一般而言,原始证据直接来源于案件事实,没有经过中间环节,其可靠性要大于传来证据。因此,在能够获取原始证据的情况下,应尽量收集和取得原始证据,不要轻易使用传来证据。但这并不意味着传来证据不重要。传来证据的作用主要体现在以下方面:(1) 可以作为发现原始证据的依据和线索。(2) 可以印证原始证据,增强原始证据的可靠性。(3) 在无法收集原始证据或者收集原始证据确有困难时,可以用传来证据替代原始证据,经查证属实的传来证据,可以作为定案的依据。

传来证据不同于英美证据法上的"传闻证据"。传闻证据是证人在本案法庭审理之外作出的用以证明其本身主张事项真实性的各种陈述。传闻证据规则旨在排除传闻证据,强调证人出庭作证,以保证被告人质证权的实现。它与传来证据主要存在以下区别:(1) 传闻证据主要涉及言词证据,而传来证据范围比较广泛,它不仅涉及言词证据,还包括实物证据。(2) 传闻证据受到传闻证据规则调整,一般不能作为证据使用,除非有法律的例外规定;传来证据旨在揭示其与原始证据在证明力上的差异,重点不是排除其证据能力。两者的内涵与外延各不相同。

(三) 有罪证据和无罪证据

根据证据的内容和证明作用的不同,可以将证据分为有罪证据和无罪证据。有罪证据,是指能够证明犯罪事实的发生、犯罪行为是犯罪嫌疑人或者被告人所为的证据。无罪证据,是指能够证明案件事实没有发生,或者犯罪行为不是犯罪嫌疑人、被告人所为的证据。

一般而言,有罪证据主要由控诉方提出,而无罪证据则主要由辩护方提出。但是,有罪证据与无罪证据主要是以证据的内容和证明作用为划分标准,而不是以由诉讼中的哪一方提供为标准。《刑事诉讼法》第52条规定:"审判人员、检察人员、侦查人员必须依照法定程序,收集能够证实犯罪嫌疑人、被告人有罪或者无罪、犯罪情节轻重的各种证据……"这赋予了公安司法机关人员客观、全面收集证据的职责。他们不仅要收集有罪证据,也要收集无罪证据,防止主观臆断和认识的片面性。

有罪证据与无罪证据在内容和证明作用上的差异,决定了其使用中的要求亦不尽相同。有罪证据以实现对犯罪嫌疑人、被告人定罪为目的,它要求基于定案的证据必须具有证据能力和证明力,要求证据之间能够形成锁链,对案件事实的证明需要能够排除合理怀疑,结论具有唯一性,不能排除合理怀疑时则不能对被告人定罪。无罪证据的运用大不相同。在刑事诉讼中,只要有一个无罪证据经过查证属实或对其不能进行合理解释,就不能对被告人定罪,它无须形成证据锁链,对证据数量也没有要求。认真对待无罪证据,对于防范冤错案件具有重要意义。

(四)直接证据与间接证据

根据证据与案件主要事实的证明关系不同,可以将证据分为直接证据和间接证据。刑事案件中的主要事实,是指犯罪嫌疑人、被告人是否实施了被指控的犯罪事实。直接证据,是指能够独立、直接证明案件主要事实的证据。直接证据不必经过推理过程即可证明案件主要事实。需要注意的是,这里仅仅要求直接证据能够证明案件主要事实,而不需要用其单独证明案件的所有事实。同时,直接证据可以分为肯定性直接证据和否定性直接证据。刑事诉讼中的直接证据主要包括:犯罪嫌疑人、被告人的供述和辩解,能够证明犯罪嫌疑人、被告人是否实施犯罪的被害人陈述和证人证言,能够证明犯罪嫌疑人、被告人是否实施犯罪的书证、视听资料、电子数据等。

间接证据,是指不能独立、直接证明案件主要事实,而需要通过推理并与其他证据结合起来才能证明案件主要事实的证据。单个间接证据,不能证明案件主要事实,它只能证明与案件主要事实有关的某一事实或者情节。但是,多个间接证据可以相互关联,形成一个具有内在联系的证据链,通过推理判断来证明案件主要事实。

区分直接证据和间接证据的主要意义,在于两类证据在运用中的差异。直接证据与案件事实的证明关系直接,无须借助其他证据。因此,直接证据运用起来比较简单、便捷。但是,直接证据多表现为言词证据,主观性较强、危险性较大。对于直接证据必须查证属实后才能作为定案的证据。比如,我国《刑事诉讼法》第55条第1款规定:"……只有被告人供述,没有其他证据的,不能认定被告人有罪和处以刑罚……"

单个间接证据不能证明案件主要事实,只能证明主要事实的某一个片段或情节。但是,多个间接证据可以相互结合,形成一个完整的证据链来证明案件主要事实。最高人民法院《解释》第105条规定:"没有直接证据,但间接证据同时符合下列条件的,可以认定被告人有罪:(一)证据已经查证属实;(二)证据之间相互印证，不存在无法排除的矛盾和无法解释的疑问；（三）全案证据已经形成完整的证明体系；（四）根据证据认定案件事实足以排除合理怀疑，结论具有唯一性；（五）运用证据进行的推理符合逻辑和经验。"上述规定为运用间接证据证明案件事实提供了规则指引。

第三节　证　据　规　则

证据规则是用来规范证据资格，指导和约束证据的收集、审查判断及证明活动的基本准则。从内容上看，刑事诉讼证据规则包括限制证据能力的规则和限制证明力的规则，并以限制证据能力的规则为主，如相关性规则、非法证据排除规则、意见证据规则等；但也有限制证明力的规则，如补强证据规则。证据规则对于限制裁判者的自由裁量权、规范控辩双方庭审举证及质证活动意义重大；同时，证据规则的效力也辐射到审前程序中，对规范侦查人员收集及审查判断证据具有指导作用，以更好地发挥其防止错判、保障人权的功能。

英美法系和大陆法系的证据规则，受诉讼构造、裁判主体、文化传统等因素影响，在繁简程度和具体内容上存在较大差异。英美法系国家实行陪审团制度，对案件事实的认定由陪审团承担。陪审员来自社会各界，他们不是法律专业人士，文化水平参差不齐。为防止一些证据误导陪审员，法律设置了较为复杂的证据规则，以规范证据的采纳及事实认定。而在大陆法系国家中，对案件事实的裁判由职业法官承担，对证据证明力的判断重视法官的自由心证，故证据规则相对简约。随着我国审判方式的改革及证据立法的完善，在《刑事诉讼法》及相关司法解释中也逐步对证据规则进行了规定，初步形成了我国刑事诉讼证据规则体系。

一、相关性规则

相关性规则，也称为关联性规则，是指只有与诉讼中的待证事实具有相关性的证据才允许在审判中提交。相关性是指证据与待证事实有关，从而能够证明案件待证事实的属性。相关性既可以是正相关性，即证明争议事实的存在；也可以是负相关性，即证明争议事实的不存在，比如犯罪嫌疑人、被告人不在犯罪现场的证据。相关性规则，一方面用以限定调查证据的范围；另一方面可以防止控辩双方将与

> 拓展阅读
> 指向与功能：证据关联性及其判断标准

案件不相关的证据提交法庭,导致诉讼拖延或者误导事实裁判者。

相关性规则在证据规则体系中居于基础性地位。首先,相关性规则涉及证据的内容或者实质,它要求证据对案件事实具有实质性的证明作用,而不是对证据形式或者方式的要求,因此,它适用于所有证据种类,在适用范围上具有广泛性。其次,相关性规则是适用其他证据规则的前提,如果不具备相关性,证据即会丧失证据资格,不能作为证据采纳。

证据的相关性虽然也涉及法律问题,但更主要地体现为事实和逻辑问题,因此,法律通常不对证据的相关性作出规定,而主要交由事实裁判者在具体案件中判断。但是,有两个证据规则主要是从相关性层面对证据予以限定,即品格证据规则和类似行为证据规则。(1)品格证据规则。一般而言,犯罪嫌疑人、被告人的品格与争议的案件事实之间没有逻辑上的相关性,某人具有某种品格,无法证明其在特定场合下会实施某种行为,因此,品格与争议案件事实之间不具有相关性,对品格证据原则上应当予以排除。(2)类似行为证据规则。类似行为证据,是指证明被告人之前实施过类似不法行为或者犯罪行为的证据,其与当前的案件事实之间没有相关性,不能因为被告人之前实施过类似犯罪行为就认为他实施了此次犯罪行为。

我国《刑事诉讼法》虽然未明确规定相关性规则,但有关规定体现了相关性规则的基本要求。比如,《刑事诉讼法》第50条第1款规定:"可以用于证明案件事实的材料,都是证据。"此规定要求证据与案件事实之间必须具有相关性,没有相关性则不能作为证据材料。第120条第1款规定:"……犯罪嫌疑人对侦查人员的提问,应当如实回答。但是对与本案无关的问题,有拒绝回答的权利。"将讯问犯罪嫌疑人的问题范围限定为与案件事实相关的问题,既可以防止侦查人员随意扩大讯问范围,保护犯罪嫌疑人的隐私,也可保障侦查人员将主要精力集中于查明案情。最高人民法院《解释》第104条第2款规定:"对证据的证明力,应当根据具体情况,从证据与待证事实的关联程度、证据之间的联系等方面进行审查判断。"该《解释》第69条、第72条、第84条、第92条、第93条等,分别要求审查物证、书证、视听资料、电子数据等证据与案件事实之间有无关联性,规定没有关联性的证据不得作为定案的根据。

二、非法证据排除规则

非法证据排除规则最早在美国确立,是指以非法方法取得的证据不得进入审判程序用作证明被告人有罪的根据。根据美国联邦最高法院的判例,凡是违反宪法第四修正案、第五修正案及第六修正案而取得的证据，不得在刑事诉讼中被采纳用于证明被告人有罪。具体而言，警察机关以非法搜查、扣押的方法收集的实物证据，以侵犯犯罪嫌疑人的沉默权、律师帮助权的方法收集到的犯罪嫌疑人口供，以及违反正当法律程序所获得的证据，除法定例外的情形外，一概应予以排除，不得在审判中用作不利于被告人的证据。英美法系其他国家以及大陆法系主要国家如德国、法国、意大利、俄罗斯及日本等，也普遍确立了非法证据排除规则。该规则确立的目的主要在于通过遏制警察违法取证行为，督促其严格执法，以维护公民的宪法性权利。

2010 年，最高人民法院、最高人民检察院、公安部等部门联合出台了《关于办理刑事案件排除非法证据若干问题的规定》（以下简称《非法证据排除规定》），明确了非法证据排除规则适用的范围、证明责任、证明标准及裁判程序，标志着非法证据排除规则在我国正式确立。2012 年，《刑事诉讼法》在《非法证据排除规定》的基础上，进一步完善了非法证据排除规则，是国家尊重与保障人权的重要制度体现。2017 年 6 月，最高人民法院、最高人民检察院、公安部等部门又联合出台了《关于办理刑事案件严格排除非法证据若干问题的规定》（以下简称《严格排除非法证据规定》），健全细化了非法证据排除规则。

（一）非法证据排除规则的适用范围

我国《刑事诉讼法》第 56 条第 1 款规定："采用刑讯逼供等非法方法收集的犯罪嫌疑人、被告人供述和采用暴力、威胁等非法方法收集的证人证言、被害人陈述，应当予以排除。收集物证、书证不符合法定程序，可能严重影响司法公正的，应当予以补正或者作出合理解释；不能补正或者作出合理解释的，对该证据应当予以排除。"根据上述规定，需要排除的非法证据包括非法言词证据和非法实物证据两类。

1. 非法言词证据

非法言词证据涉及犯罪嫌疑人、被告人供述，证人证言，以及被害人陈述三种证据形式。《刑事诉讼法》第 52 条规定的"不得强迫任何人证实自己有罪"是非法证据排除规则的上位原则，其核心在于保障被追诉人的意志自由，是正确理解和适用非法证据排除规则的内在标准。《严格排除非法证据规定》第 1 条规定："严禁刑讯逼供和以威胁、引诱、欺骗以及其他非法方法收集证据，不得强迫任何人证实自己有罪……"根据该规定，采取殴打、违法使用戒具等暴力方法或者变相肉刑的恶劣手段，使犯罪嫌疑人、被告人遭受难以忍受的痛苦而违背意愿作出的供述，应当予以排除；采用以暴力或者严重损害本人及其近亲属合法权益等进行威胁的方法，使犯罪嫌疑人、被告人遭受难以忍受的痛苦而违背意愿作出的供述，应当予以排除；采用非法拘禁等非法限制人身自由的方法收集的犯罪嫌疑人、被告人供述，应当予以排除；采用暴力、威胁以及非法限制人身自由等非法方法收集的证人证言、被害人陈述，应当予以排除。

基于对被追诉人意志自由的保障，重复性供述应当予以排除。《严格排除非法证据规定》第5条规定，采用刑讯逼供方法使犯罪嫌疑人、被告人作出供述，之后犯罪嫌疑人、被告人受该刑讯逼供行为影响而作出的与该供述相同的重复性供述，应当一并排除，但下列情形除外：（1）侦查期间，根据控告、举报或者自己发现等，侦查机关确认或者不能排除以非法方法收集证据而更换侦查人员，其他侦查人员再次讯问时告知诉讼权利和认罪的法律后果，犯罪嫌疑人自愿供述的；（2）审查逮捕、审查起诉和审判期间，检察人员、审判人员讯问时告知诉讼权利和认罪的法律后果，犯罪嫌疑人、被告人自愿供述的。以上两种情形有可能阻断刑讯逼供给犯罪嫌疑人、被告人造成的精神强制，使其作出自愿供述。

2. 非法实物证据

非法实物证据包括违反法定程序收集的物证和书证。不同于刑讯逼供取得的非法言词证据的绝对排除，我国立法对非法实物证据确立了有条件排除的模式，即并非一概排除非法实物证据，而是允许侦查人员进行补正或者作出合理解释，再来决定是否排除该证据。这一有条件排除的立法模式是符合我国目前侦查工作实际的，也是控制犯罪与人权保障统筹兼顾的现实选择。

非法实物证据的排除要经过两个步骤：首先，准确认定非法实物证据。非法实物证据即不符合法定程序收集的可能严重影响司法公正的物证、书证。严重违法性是非法物证、书证被排除的根本性要求。一方面，物证、书证的收集违反了刑事诉讼法的相关规定；另一方面，违法的性质和后果严重侵犯了公民的财产权、住宅安全权、通信自由权、隐私权等基本权利。其次，要求对非法实物证据予以补正或者作出合理解释，不能补正或者作出合理解释的，应排除该证据。可见，我国《刑事诉讼法》并非一概排除非法实物证据，"不能补正或者作出合理解释"是排除非法实物证据的关键。应当明确，证据的补正与合理解释应按照刑事诉讼法要求的取证程序及方法进行，力争消除违法取证的损害。如没有搜查证而进行非法搜查并扣押物证、书证的，应当解释搜查时所处的紧急情况、取证的必要性与紧迫性，并及时补办搜查证。通过补正与合理解释尽量减轻程序违法的侵权性，消除、淡化或弥补非法取证行为给司法公正造成的不良影响。不能补正或者作出合理解释的，或虽经努力无法消解对司法公正造成的恶劣影响的，应果断排除该证据，以此督促侦查机关严格依法办案。

综上，非法证据排除规则中的非法证据具有特定的内涵，它是基于证据能力的排除，仅限于收集证据程序中存在的严重违法情形，且与公民的基本权利紧密相连，不能将其简单等同于"不合法的证据"，那些主体不合法、形式不合法、内容不合法（虚假或无证明力）的证据不应在非法证据的讨论范围之内。同时，亦应区分非法证据与瑕疵证据的界限。瑕疵证据是指侦查人员收集证据的程序或方式存在轻微违法情形，但通过补正或作出合理解释后，可以用作定案根据的证据。瑕疵证据主要规定在《办理死刑案件证据规定》中，涉及物证、书证、证人证言、被害人陈述、被告人供述和辩解、辨认笔录等证据。轻微违法性是瑕疵证据与非法证据的本质区别。尽管瑕疵证据存在这样那样的轻微违法情形，但其证明力基本符合定案根据的要求，通常具有补正的可能性，通过进一步补救或作出合理解释后，在真实性与相关性进一步得到强化，多可以作为定案根据。

（二）非法证据排除规则的程序适用

《刑事诉讼法》第56条第2款规定："在侦查、审查起诉、审判时发现有应当排除的证据的，应当依法予以排除，不得作为起诉意见、起诉决定和判决的依据。"可见，我国非法证据排除规则不仅适用于审判程序，亦适用于审前程序。在非法证据的排除时间上，贯彻尽早排除的原则。越早排除非法证据就可以越早发现及纠正程序违法行为，也就越有可能将非法证据排除在诉讼的轨道之外，不让其对案件的审理产生影响，进而取得彻底排除非法证据的效果。

1. 审前程序中非法证据排除程序的启动及适用

非法证据排除程序的启动方式有两种：一是依职权启动，即由侦查人员、检察人员及审判人员依照法定程序提出并进入取证合法性调查程序；二是依申请启动，即根据当事人及其辩护人、诉讼代理人提出的排除申请而启动。当事人及其辩护人、诉讼代理人提出排除非法证据的申请时，应当提供相关线索或者材料，即向法庭提供涉嫌非法取证的人员的姓名、时间、地点、方式、内容等情况。在审前程序中更加侧重职权启动及职权作用的发挥，这是由于在刑事诉讼中，辩护律师的力量较为薄弱，特别是在审前程序中，律师的参与更少、权利亦受到较多的限制，在这一实然状态下，通过当事人及其律师的申请启动非法证据排除程序的难度较大，故需要以职权部门的职权启动模式为主。

2. 检察机关对非法取证的法律监督

《刑事诉讼法》第57条规定："人民检察院接到报案、控告、举报或者发现侦查人员以非法方法收集证据的，应当进行调查核实。对于确有以非法方法收集证据情形的,应当提出纠正意见;构成犯罪的,依法追究刑事责任。"可见,在非法证据排除规则的适用过程中,检察机关发挥着极其重要的作用。通过不同诉讼环节的活动,检察机关发挥着对非法证据的防范、监督、排除及证明的功能,有效发挥法律监督机关的作用。

《严格排除非法证据规定》确立了重大案件侦查终结前的强制核查制度。该规定第14条第3款规定:"对重大案件,人民检察院驻看守所检察人员应当在侦查终结前询问犯罪嫌疑人,核查是否存在刑讯逼供、非法取证情形,并同步录音录像。经核查,确有刑讯逼供、非法取证情形的,侦查机关应当及时排除非法证据,不得作为提请批准逮捕、移送审查起诉的根据。"该制度的确立有助于驻所检察人员及时发现侦查中存在的非法取证的情况,也便于相关证据的收集与固定。

3. 审判程序中非法证据排除程序的启动及适用

首先,庭前会议中非法证据的排除。根据《刑事诉讼法》第187条第2款和最高人民法院《解释》第99条的规定,开庭审理前,依当事人等诉讼参与人的申请或依人民法院的职权,法院可就非法证据问题召开庭前会议,针对证据的合法性问题进行调查。最高人民法院《关于全面推进以审判为中心的刑事诉讼制度改革的实施意见》第9条第1款规定:"控辩双方在庭前会议中就相关事项达成一致意见,又在庭审中提出异议的,应当说明理由。"据此,对控辩双方能够达成合意的非法证据排除问题,应当在庭前会议中予以解决。《严格排除非法证据规定》第26条规定:"公诉人、被告人及其辩护人在庭前会议中对证据收集是否合法未达成一致意见,人民法院对证据收集的合法性有疑问的,应当在庭审中进行调查;人民法院对证据收集的合法性没有疑问,且没有新的线索或者材料表明可能存在非法取证的,可以决定不再进行调查。"上述规定兼顾了公正与效率的需要,使得非法证据问题解决在庭审程序之前,提前排除了非法证据对庭审活动的影响。

其次,庭审中的非法证据排除程序。《刑事诉讼法》第58条规定,法庭审理过程中,审判人员认为可能存在《刑事诉讼法》第56条规定的以非法方法收集证据的情形的,应当对证据收集的合法性进行法庭调查。当然,如果当事人及其辩护人、诉讼代理人提出排除非法证据的申请,并提供相关线索和材料,法庭对证据收集的合法性有疑问的,也应对证据收集的合法性进行调查,进入非法证据排除程序。非法证据排除程序既可以在当事人及其辩护人、诉讼代理人提出排除非法证据的申请后进行,也可以在法庭调查结束前一并进行。从理论上说,非法证据排除程序属于程序性裁判,应独立于案件实体问题的审理而进行,且在程序上应先于案件实体问题的审理,以排除非法的证据,防止其对案件实体审理产生影响,杜绝冤错案件的发生。

(三) 非法证据排除规则中的证明规则

与传统的司法证明不同,非法证据排除规则中的证明问题属于程序性证明的范畴,在证明对象、证明责任及证明标准等方面都具有其独特性。

1. 证明对象

非法证据排除规则中的证明对象是侦查机关证据收集的合法性,易言之,这一证明活动指向的是证据能力问题,而非证明力问题,故在司法实践中,要避免证据真实与否的误区,集中精力围绕证据收集的合法性进行证明。

2. 证明责任

非法证据排除规则中的证明责任分为两个方面:一是非法证据排除程序的启动责任。在申请启动模式下,启动程序的证明责任由当事人及其辩护人、诉讼代理人等承担,《刑事诉讼法》第 58 条规定,当事人及其辩护人、诉讼代理人有权申请人民法院对以非法方法收集的证据依法予以排除。申请排除以非法方法收集的证据的,应当提供相关线索或者材料。若上述人员不能提供相关线索或材料,或者无法使法庭对证据收集合法性产生疑问的,就无法启动非法证据排除程序。二是非法证据排除程序中的证明责任。《刑事诉讼法》第 59 条第 1 款规定:"在对证据收集的合法性进行法庭调查的过程中,人民检察院应当对证据收集的合法性加以证明。"因此,在非法证据排除程序中应由公诉人承担证据收集的合法性的证明责任。

根据最高人民法院《解释》第 101 条规定,法庭决定对证据收集的合法性进行调查的,可以由公诉人通过出示、宣读讯问笔录或者其他证据,有针对性地播放讯问过程的录音录像,提请法庭通知有关侦查人员或者其他人员出庭说明情况等方式,证明证据收集的合法性。公诉人提交的取证过程合法的说明材料,应当经有关侦查人员签名,并加盖公章。未经有关侦查人员签名的,不得作为证据使用。上述说明材料不能单独作为证明取证过程合法的根据。《刑事诉讼法》第 59 条第 2 款规定:"现有证据材料不能证明证据收集的合法性的,人民检察院可以提请人民法院通知有关侦查人员或者其他人员出庭说明情况;人民法院可以通知有关侦查人员或者其他人员出庭说明情况。有关侦查人员或者其他人员也可以要求出庭说明情况。经人民法院通知,有关人员应当出庭。"侦查人员出庭作证的规定,有利于防范非法取证行为的发生,从结果规制程序,督促其文明执法。

3. 证明标准

《刑事诉讼法》第 60 条规定："对于经过法庭审理，确认或者不能排除存在本法第五十六条规定的以非法方法收集证据情形的，对有关证据应当予以排除。"上述规定从正反两个方面对非法证据排除的证明标准进行了规定，即在证据收集合法性的证明中，公诉人需要达到与定罪标准相同的"案件事实清楚、证据确实充分，排除合理怀疑"的证明标准。当控方提供的证据不够确实，应本着有利于被告的原则，将其作为存疑证据，不能支持证据合法性的证明。"天平倾向弱者"，为切断非法取证行为与公正审判的联系，只有对追诉方附加更多的证明义务，方能促进其依法办案。

三、最佳证据规则

最佳证据规则，也称为原始文书规则，是指在以书证来证明案件主要事实时，除非有法定例外情形，必须提供书证材料的原始件。在能够提供原始书证的情况下，提交由原始书证派生出来的复制件等材料，法庭不予采纳。

作为英美法系国家最古老的证据规则之一，最佳证据规则在诞生之初，仅仅要求在诉讼中提供"最好的证据"，但是何谓"最好的证据"则未予明确。直到 18 世纪末期，其内涵才逐渐得以明确，即要求在以书证来证明案件的重要事实时，必须提供书证原始件，除非存在法定例外事由。最佳证据规则并不适用于所有的证据类型，而仅仅适用于书证，比如证书、文件、信件、图形、账册等。随着科学技术的发展，现代证据制度已经突破了传统最佳证据规则仅仅适用于书证的界限。美国《联邦证据规则》亦将其适用于录制品和影像的内容，且开创性地规定将计算机的打印物或输出物视为原件。虽然使用原始书证更有利于保障案件真实性，但若刻板、机械地遵守最佳证据规则，一律要求原始书证，在特定场合下可能会阻碍查明案件事实。因此，最佳证据规则也存在法定例外情形，主要包括：（1）原件遗失或者毁损；（2）原件无法获得；（3）原件由对方掌握；（4）对于附属事项的证明。

最佳证据规则要求在诉讼中必须提供书证的原始件，因为书证的原始件是最佳的证据，在使用书证复制件时，往往伴随着错误传达、故意伪造案件事实的风险，而适用原始书证来证明案件事实则可避免上述风险。与原件比较起来，一些复制件更有可能出现错误，无论这种错误的造成是无意还是有意的，都可能影响对案件事实的正确认定。

我国《刑事诉讼法》并未明确规定最佳证据规则，但通过司法解释初步确立了这一规则。最高人民法院《解释》第 69 条规定："对物证、书证应当着重审查以下内容：（一）物证、书证是否为原物、原件，是否经过辨认、鉴定；物证的照片、录像、复制品或者书证的副本、复制件是否与原物、原件相符，是否由二人以上制作，有无制作人关于制作过程以及原物、原件存放于何处的文字说明和签名……"第 71 条规定："据以定案的书证应当是原件。取得原件确有困难的，可以使用副本、复制件。书证有更改或者更改迹象不能作出合理解释，或者书证的副本、复制件不能反映原件及其内容的，不得作为定案的根据。书证的副本、复制件，经与原件核对无误、经鉴定为真实或者以其他方式确认为真实的，可以作为定案的根据。"第 92 条规定："对视听资料应当着重审查以下内容：……（二）是否为原件，有无复制及复制份数；是复制件的，是否附有无法调取原件的原因、复制件制作过程和原件存放地点的说明，制作人、原视听资料持有人是否签名或者盖章……"上述规定体现了最佳证据规则的基本精神，但对于该规则的适用范围及例外规定等尚需要进一步明确。通过审查书证、视听资料是否为原件，审查书证、视听资料的副本、复制件与原件是否相符，可以避免当事人伪造、篡改证据，或者由主观疏忽、技术限制导致的派生证据失真等情况。

四、意见证据规则

意见证据规则，是指证人只能就其所亲身感知的案件事实作出陈述，而不得对案件事实作出推断性意见。证人一般只能陈述其耳闻目睹的案件事实，而不能就案件事实作出推断意见或者结论，证人对案件事实的推断、推论等意见，不能作为认定案件的证据，即对意见证据应当予以排除。意见证据规则是规范证人证言的证据规则，证人陈述是否属于意见，应当根据其陈述内容来判断，而不能仅仅根据其表述用语来认定。

在英美法系国家中，区分普通证人与专家证人，意见证据规则是针对普通证人确立的，专家证人的意见在本质上属于意见证据，但它是意见证据规则的例外。除了专家意见之外，普通证人的意见在特定情况下，也可以作为意见证据规则的例外。在实践中，对事实的陈述与对意见的陈述往往没有明确的界限，证人在陈述时也不会刻意区分事实与意见，这就造成可能难以区分意见证据与证人就其亲身感知的事实所作陈述，绝对排除意见证据可能不利于查明案件事实。因此，对于普通证人的意见也存在例外。这些例外主要体现在证人的意见是合理地建立在该证人感觉上的，或者对于清楚地理解该证人证言或者对于确定争议中的事实有益。

确立意见证据规则，主要基于以下理由：（1）意见证据侵犯了裁判者认定事实的权力。对于案件事实的认定由事实裁判者承担，他们可以根据现有证据得出对案件的事实裁判结论，而证人出具的个人意见则替代裁判者对案件事实作出的推断或者结论，存在侵犯裁判者权力之虞。（2）意见证据的客观性较弱，难以交叉讯问，无法保障当事人的质证权。意见是借助推理判断得出的观点或者结论，是陈述者个人的见解，具有很强的主观性，往往缺乏客观评判标准，这会让控辩双方难以对意见证据展开有效质询。

我国《刑事诉讼法》并未规定意见证据规则，但是，最高人民法院《解释》第75条第2款规定："证人的猜测性、评论性、推断性的证言，不得作为证据使用，但根据一般生活经验判断符合事实的除外。"该规定体现了意见证据规则的基本精神。证人的猜测性、评论性、推断性陈述，已经超出了其亲身感知的案件事实范围，属于意见证据，故一般不宜作为证据使用。这一规定对于证人证言的收集和运用都具有积极意义。

五、补强证据规则

补强证据规则，是指为防止错误认定事实，在运用某一证明力薄弱的证据来认定案件事实时，法律规定需有其他证据予以补强的规则。"补强"是指补充、支持或者强化，被补强的证据称为主证据。补强证据的作用是通过证据相互支持而增强或者担保主证据的证明力。补强证据应达到以下要求：（1）补强证据应当具有独立的来源。补强证据与主证据应具有不同的证据形式，能够与主证据实质性分离。如不能以被告人在前一诉讼阶段的口供，来补强其在后一诉讼阶段的口供，因为它们具有相同的证据来源。（2）补强证据与主证据具有共同的证明对象。（3）补强证据与主证据能够相互印证，呈现出同向性。

补强证据规则主要适用于言词证据，主要包括口供的补强和其他言词证据的补强。口供补强规则限定了口供的证明力，禁止将被告人口供作为对其定罪的唯一证据。确立口供补强证据规则，主要具有以下意义：（1）可防止"重口供轻物证"的倾向。被告人口供虽可以直接、全面地证明案件事实，但如果赋予其完全的证明力，仅凭口供就能对被告人定罪，可能会造成公安司法人员过度依赖口供，从而引发刑讯逼供、威胁、欺骗等违法取证行为。（2）有利于保障准确认定案件事实。被告人与案件处理结果具有直接利害关系，存在虚假供述、错误供述的可能性。口供补强证据规则，通过补强证据对口供的补强及印证，可以增强事实认定的准确性。对于无法补强的口供，不得作为定案的依据，有利于防止"以供定案"中可能产生的冤假错案。在英美证据法中,还存在针对其他证据的补强规则,主要针对伪证的证明、对某些性犯罪的证明、儿童提供的不经宣誓的证言、共犯的证言等,在以上证据的基础上,对被告人定罪需要有其他证据予以补强,形成较为完善的补强证据规则体系。

我国《刑事诉讼法》对口供补强规则进行了明确规定。《刑事诉讼法》第55条第1款规定:"对一切案件的判处都要重证据,重调查研究,不轻信口供。只有被告人供述,没有其他证据的,不能认定被告人有罪和处以刑罚;没有被告人供述,证据确实、充分的,可以认定被告人有罪和处以刑罚。"同时,针对被害人陈述、证人证言的补强,最高人民法院《解释》第109条规定:"下列证据应当慎重使用,有其他证据印证的,可以采信:(一)生理上、精神上有缺陷,对案件事实的认知和表达存在一定困难,但尚未丧失正确认知、表达能力的被害人、证人和被告人所作的陈述、证言和供述;(二)与被告人有亲属关系或者其他密切关系的证人所作的有利被告人的证言,或者与被告人有利害冲突的证人所作的不利被告人的证言。"上述言词证据往往证明力比较薄弱,通过其他证据来补强其证明力,可以增加案件事实认定的准确性。

第四节 证明的概念与分类

一、证明概述

有裁判必有证明。证明作为刑事诉讼的核心内容,集中反映了现代刑事诉讼的理念和本质。在对刑事诉讼证明概念的理解上,学者之间存在一定的分歧。有的学者采用英美式的证明概念,认为刑事诉讼证明是指控辩双方就争议的案件事实,依照法定程序、运用证据向中立的裁判方进行的论证说服活动。这种理解的本质在于证明只存在于刑事庭审活动中,与我国的实际是不相符的。我国《刑事诉讼法》第50条第1款规定:"可以用于证明案件事实的材料,都是证据。"第81条第1款规定:"对有证据证明有犯罪事实,可能判处徒刑以上刑罚的犯罪嫌疑人、被告人,采取取保候审尚不足以防止发生下列社会危险性的,应当予以逮捕……"从上述规定可以看出,我国《刑事诉讼法》中的证明并不局限于审判程序中。因此,从我国的实际出发,诉讼证明应是指司法工作人员及诉讼参与人所进行的收集、审查判断、运用证据以认定案件事实的活动。它具有以下特征:

(一) 证明活动贯穿于刑事诉讼全过程

从刑事诉讼的立法及司法实践考察,证明活动不仅仅发生在审判程序中,在审前程序中同样存在着证明活动,因为裁判活动不局限于审判阶段,而证明恰恰构成了裁判的基础。如在审查逮捕活动中,即需要由公安机关向中立的检察机关提供证据进行证明,而辩护律师也有权提供证据并依法发表法律意见,这对于维护被追诉人的基本权利,实现诉讼公正意义重大;再如对捕后羁押必要性的审查,在犯罪嫌疑人、近亲属及其辩护人申请启动时,也应提供证据证明。

(二) 证明对象主要是与案件事实有关的争议事实

证明对象并非诉讼中有关案件的一切事实,而只是对诉讼证明有意义的案件事实。在诉讼证明中,最常见的证明对象是与案件事实有关的争议事实,包括实体性争议事实和程序性争议事实两个方面。实体性争议事实即关于被告人是否构成犯罪及罪责轻重的事实;程序性争议事实主要是涉及司法机关程序性违法的事实,如非法证据中的证明。但是,对于侦控机关提出的被告人有罪的事实或采取强制性措施的,即使被追诉人无异议,也应当进行证明,这是出于人权保障的要求,以防止国家公权力的滥用。

(三) 证明活动应依照法定的原则和规则进行

刑事诉讼中的证明活动不仅涉及案件事实的认定,还包含法律价值的选择与实现,故应依照符合其自身特点的原则和规则进行,而不是简单套用刑事诉讼的一般原则及规则。刑事诉讼中的证明原则包括证据裁判原则、直接言词原则、自由心证原则及疑罪从无原则等;证明规则主要包括相关性规则、非法证据排除规则、最佳证据规则及补强证据规则等。

(四) 证明程序包括由收集证据、审查判断证据和综合运用证据认定案件事实组成的一系列诉讼活动

在刑事诉讼中,收集证据通常是指司法工作人员和诉讼参与人按照法律规定获取与案件事实有关的证据材料的活动。根据《刑事诉讼法》的相关规定,有权收集证据材料的主体包括人民法院、人民检察院、侦查机关和辩护律师。审查判断证据,指的是司法工作人员对收集的证据进行评判,以确认其是否具有证据能力以及衡量其证明力的大小的活动。综合运用证据认定案件事实,是指侦查人员、检察人员和审判人员通过综合运用和分析证据对事实作出认定,并得出相应的结论。

上述分类是以诉讼证明全过程为视角的,而单从审判程序中的证明来看,证明程序则是由举证、质证、认证及定案组成的一系列诉讼活动。举证是指证明责

任的承担者为说明己方的诉讼主张提出证据进行论证并在事实真伪不明时承担不利法律后果的诉讼活动,它是证明的首要环节;质证是控辩双方就已提出的证据在法庭上进行的对质、辩论活动,它围绕证据能力及证明力进行,是证明的关键环节;认证是法官在控辩双方举证、质证和辩论的基础上,对单个证据是否具有证据能力以及证明力的有无及大小进行审核、确认的活动,是诉讼证明的决定性环节;定案即运用证据认定案件事实,是指法官在单个证据认证的基础上,根据经验、逻辑与法律,综合全案证据确定案件事实的活动,它是证明活动的结果。

二、证明的分类

按照不同标准,可以将刑事诉讼证明进行不同的分类。以证明的根据和程序为标准,可以将证明划分为严格证明与自由证明;以证明对象的性质为标准,可以将证明划分为实体性证明与程序性证明。

(一)严格证明与自由证明

以证明的根据和程序为标准,可以将证明划分为严格证明与自由证明。严格证明与自由证明作为大陆法系证据法上的基本概念,最早由德国学者迪恩茨于1926年提出,之后由德国学者将这一理论传至日本以及我国的台湾地区,并在学说和判例中得以发展。尽管这一理论在不同国家和地区有些许不同,但其出发点及追求的价值目标具有共同性。

严格证明是在证明的根据及程序上都受到严格限制的证明。一方面,严格证明所依据的证据必须是法律明确规定的证据且具备证据能力;另一方面,证明的过程或程序必须严格依照法定的证据调查程序进行。两者成为严格证明不可缺少的条件。换言之,严格证明所依靠的证据应当是符合法定证据形式且均具备证据能力的;对证据的调查应在法庭上依法定程序的要求展开,即由举证、质证、认证等证明环节组成,并受到证据裁判原则、直接言词原则、自由心证原则、疑罪从无原则等的规制。这两方面的要求相辅相成、缺一不可。严格证明主要适用于控辩双方存在重大争议事项的证明。这既可以是实体法事实,如对犯罪构成要件事实的证明;也可以是程序法事实,如非法证据排除中证据合法性的争议事实,只要控辩双方存在重大争议即应采严格证明。

自由证明是指证明的根据及程序都不受上述两项限制,法官可以采用更为宽泛的证据材料或采取较为灵活的方法来完成。但自由证明中应注重对被告人辩护权的保障。自由证明主要适用于对于双方争议不大的事项或单方程序性请求事项的证明,如简易程序中对指控事实的证明、量刑证明及强制性措施适用条件的证明，等等。

区分严格证明与自由证明的主要价值在于：（1）限制国家刑罚权滥用。国家在刑事诉讼中实现对个人的刑罚权，需受到来自证据与证明程序的双重法律限制，即严格贯彻证据裁判原则。唯有如此，才能从证据法上防止国家刑罚权的滥用。严格证明正是从这个意义上限制了公诉权的扩张与法官的恣意。（2）保障被告人诉讼权利。严格证明要求在法庭上通过控辩双方的举证、质证活动完成对争议事实的证明。这凸显了被告人在刑事诉讼中的主体地位，将法律赋予被告人的一系列诉讼权利从静态转化为动态，使得法律赋予被告人的诉讼权利得到切实保障。（3）促进实体真实的实现。在刑事诉讼中，对于犯罪事实是否成立等重大争议事项进行严格证明，采用符合法定证据形式以及证据能力的证据、通过法庭证据调查方式以达至最高程度的证明要求，这一系列严格要求可以最大程度促进案件实体真实的实现。（4）有效提高诉讼效率。在刑事诉讼中，自由证明的效率价值体现得尤为鲜明。对于控辩双方争议不大的事项及单方程序性请求事项，采用更为丰富的证据材料、运用更加灵活的方式予以证明，可以节约人力、物力和财力，加速证明的进程。

（二）实体性证明与程序性证明

以证明对象的性质为标准，可以将刑事诉讼证明区分为实体性证明与程序性证明。以实体法事实为证明对象的谓之实体性证明，以程序法事实为证明对象的谓之程序性证明。

实体性证明是在刑事诉讼中控辩双方就案件的实体争议运用证据向法官进行的论证说服活动。它主要围绕被告人是否实施了犯罪行为及其罪刑的轻重而展开，包括定罪证明及量刑证明两大方面，是实现刑事诉讼实体公正的基础和关键。任何一项指控犯罪事实的成立，都需要符合刑法所规定的犯罪构成要件。公诉机关指控被告人构成犯罪的事实，被告人提出的正当防卫、紧急避险等阻却违法性事由，被告人系无行为能力或者限制行为能力等阻却有责性事由，都属于实体性证明的范畴。我国确立了相对独立的量刑程序，对于各种量刑情节及事由的证明亦属于实体性证明。

程序性证明是在刑事诉讼中控辩双方或一方就案件的程序性争议或程序性请求运用证据向中立的裁判方进行的论证说服活动。程序性证明围绕刑事程序法规定的程序性事项展开，对于限制公权力滥用、保障被追诉人的权利意义重大，是实现刑事程序公正的重要途径。与实体性证明解决的问题不同，程序性证明不是去解决犯罪事实的有无及罪刑的轻重问题，而是围绕程序的合法性，确认某一诉讼行为是否合法有效或决定能否开启某一诉讼程序。如围绕证据收集合法性争议的证明；审前程序中强制性措施的采用以及犯罪嫌疑人等申请解除、变更强制措施等事项的证明等。可见，程序性证明的核心问题是通过证明活动防止程序的随意性及权力的滥用，实现对被追诉人权利的保障，促进程序正义的实现。

第五节　证明的要素

一、证明对象

证明对象也称"待证事实"，它主要解决"证明什么"的问题。刑事诉讼中的证明对象，是指在刑事诉讼中提出诉讼主张的一方需要用证据予以证明的案件事实。证明对象具有以下特点：（1）证明对象与诉讼主张紧密相连，它是由证明主体的诉讼主张决定的案件事实，与诉讼主张无关的其他事实被排除在证明对象之外。（2）作为证明对象的事实通常是由法律明确规定的事实，既包括实体法事实，也包括程序法事实。（3）证明对象是需要运用证据证明的案件事实，不需要运用证据证明的事实称为免证事实，不属于证明对象的范围。证明对象在刑事诉讼证明中具有重要意义。一方面，证明活动贯穿于刑事诉讼中的主要诉讼阶段，明晰证明对象可以使各诉讼主体明确自己承担的诉讼任务，明确证明的目标和方向。另一方面，明确证明对象可以正确界定需要查明的案件事实范围，既可以避免因扩大证明范围而浪费人力、物力，也可以避免因缩小证明范围而遗漏应当查明的案件事实，影响对案件的正确处理。

刑事诉讼中的证明对象主要包括实体法事实和程序法事实。实体法事实是对被告人正确定罪量刑的基础，因此，实体法事实是证明对象的核心内容。同时，通过正当程序实现权利保障是刑事诉讼的另一重要目的，程序法具有其自身的独立价值，因此，程序法事实亦是刑事诉讼证明对象的重要内容。

1. 实体法事实

实体法事实是刑事证明对象的核心，主要包括犯罪构成要件的事实、阻却违法性的事实、阻却有责性的事实、有关量刑情节的事实等。最高人民法院《解释》第64条第1款规定："应当运用证据证明的案件事实包括：（一）被告人、被害人的身份；（二）被指控的犯罪是否存在；（三）被指控的犯罪是否为被告人所实施；（四）被告人有无刑事责任能力，有无罪过，实施犯罪的动机、目的；（五）实施犯罪的时间、地点、手段、后果以及案件起因等；（六）被告人在共同犯罪中的地位、作用；（七）被告人有无从重、从轻、减轻、免除处罚情节；（八）有关附带民事诉讼、涉案财物处理的事实；（九）有关管辖、回避、延期审理等的程序事实；（十）与定罪量刑有关的其他事实。"上述规定中，除第9项外，都属于实体法事实，均需要运用证据予以证明。

2. 程序法事实

程序法事实是对诉讼程序问题具有法律意义的事实。程序法事实与案件实体事实本身没有关系，却是解决诉讼程序问题的基础。最高人民法院《解释》第64条第1款第9项将有关管辖、回避、延期审理等的程序事实列为证明对象，凸显了程序法事实的重要性。在刑事诉讼中，需要运用证据证明的程序法事实主要包括：管辖权问题的相关事实、回避的相关事实、决定对犯罪嫌疑人是否采取强制措施的事实、诉讼期间的相关事实、证据收集合法性的事实以及违反法定程序的事实，等等。程序法事实在证明责任、证明标准、证明程序等方面与实体法事实具有明显差异。

应当注意，免证事实是不需要运用证据证明的事实。对此，裁判者可以直接确认其成立，控辩双方也不必举证证明。根据最高人民检察院《规则》第437条规定："在法庭审理中，下列事实不必提出证据进行证明：（一）为一般人共同知晓的常识性事实；（二）人民法院生效裁判所确认的并且未依审判监督程序重新审理的事实；（三）法律、法规的内容以及适用等属于审判人员履行职务所应当知晓的事实；（四）在法庭审理中不存在异议的程序事实；（五）法律规定的推定事实；（六）自然规律或者定律。"通过对上述免证事实作出规定，可以缩小证明对象，减少证明环节，提高诉讼效率。

二、证明责任

（一）证明责任的概念和特点

证明责任主要解决由谁来证明的问题。它起源于古罗马法中"谁主张，谁举证"的著名原则，随着刑事诉讼证明理论的发展，具有了更加丰富的内涵。目前，两大法系的双层证明责任理论即大陆法系的主观证明责任与客观证明责任及英美法系的提供证据的责任与说服责任对我国证据理论影响较大，使人们摆脱了对证明责任的局限性认识，对其从行为责任与结果责任两个方面进行考量，以全面理解证明责任的内涵。

证明责任，亦称举证责任，是指证明主体就其诉讼主张承担的提供证据予以证明的责任，当其没有提供证据或所提供的证据不足以证明其诉讼主张时，要承受其诉讼主张不被裁判者采纳的风险。证明责任包括两个层面的内容：一是行为责任，它是证明主体提出证据对自己的诉讼主张加以证明的责任；二是结果责任，它是证明主体因不提供证据或者提出的证据达不到法定证明标准时所需承担的不利后果，即案件事实真伪不明时所承担的责任。如果承担证明责任的主体，不能提出充分证据证明自己的事实主张，那么法院会认定其主张不成立，而作出对其不利的裁判。可见，证明责任具有以下特点：（1）证明责任是刑事诉讼中控辩双方或一方需要承担的法律义务；（2）证明责任以提出自己的诉讼主张为前提，既可以包括实体性的诉讼主张，也可以包括程序性的诉讼主张，无诉讼主张即无证明责任；（3）证明责任与裁判结果紧密相连，证明主体若不能达到相应的证明要求，则要承担不利法律后果。故证明责任是行为责任与结果责任的统一。

证明责任具有重要意义。一方面，证明责任的分配能够最大限度地促使各证明主体在证明活动中发挥作用，从而有助于案件事实的认定。另一方面，证明责任有助于法院在案件事实真伪不明时及时处理案件。法官在审判中不能因案件事实真伪不明而拒绝裁判，证明责任制度确立了案件事实真伪不明时的风险分配机制，从而有利于法官及时裁判。

（二）证明责任的承担

《刑事诉讼法》第 51 条规定："公诉案件中被告人有罪的举证责任由人民检察院承担，自诉案件中被告人有罪的举证责任由自诉人承担。"该条区分公诉案件与自诉案件，对刑事诉讼中的证明责任予以规定。

1. 公诉案件中证明责任由人民检察院承担

这主要是由无罪推定原则决定的。无罪推定原则的重要内容是由控诉方承担被告人有罪的证明责任，在刑事诉讼中，控方若要推翻被告人无罪这一推定，需要提供证据予以证明并达到相应证明标准。因此，在刑事诉讼中以控诉方承担证明责任为原则，只有控诉方提出确实、充分的证据证明被告人有罪，才能对被告人定罪。在刑事诉讼中，由控诉方承担证明责任具有两层内涵：（1）控诉方需提供证据证明被告人有罪，被告人无须提供证据证明自己无罪。当然这并不排斥被告人及其辩护人提供证据证明自己无罪，但其提供证据主要目的在于反驳对方的指控，这是其行使辩护权的表现，而不是履行证明责任的要求。（2）在被告人是否实施了犯罪行为的案件事实处于真伪不明状态时，即控诉方不提供证据或者提供的证据不足以排除合理怀疑时，法院应当作出宣告被告人无罪的判决。

2. 自诉案件中证明责任由自诉人承担

基于"谁主张，谁举证"的原则，自诉人应对指控的犯罪事实承担证明责任，否则，会承担不利的法律后果。根据最高人民法院《解释》第264条的规定，对已经立案，经审查缺乏罪证的自诉案件，自诉人提不出补充证据的，人民法院应当说服其撤回起诉或者裁定驳回起诉。

3. 被告人不承担证明责任，法律另有规定的除外

基于诉讼公正的要求，在刑事诉讼中由控方承担证明责任是一般原则，被告人不承担证明自己无罪的证明责任。但是，作为控诉方承担证明责任的例外，在法律明文规定的情况下，被告人需承担一定的证明责任。如《刑法》第395条规定："国家工作人员的财产、支出明显超过合法收入，差额巨大的，可以责令该国家工作人员说明来源，不能说明来源的，差额部分以非法所得论……"根据这一规定，在巨额财产来源不明罪中，被告人需就其明显超出其合法收入部分财产的来源承担证明责任，若不能证明其来源合法，被告人将承担相应不利后果。再如，《刑事诉讼法》第58条第2款规定："当事人及其辩护人、诉讼代理人有权申请人民法院对以非法方法收集的证据依法予以排除。申请排除以非法方法收集的证据的，应当提供相关线索或者材料。"即在非法证据排除程序的启动程序中，被告人也需要承担提供相关线索或者材料的初步证明责任，否则，无法启动非法证据排除程序。关于被告人承担证明责任的情况，还需要进一步深化理论研究，明确相关立法规定。

三、证明标准

（一）证明标准的内涵

证明标准是指证明主体运用证据证明待证事实所要达到的法定的程度或者要求。证明标准与证明责任紧密相连，解决的是对待证事实的证明程度的问题，证明标准不仅是证明责任得以卸载的标志，也决定着证明主体的诉讼主张能否得到确认，直接关系着案件的结局。我国证明标准的立法表述为"案件事实清楚，证据确实、充分"，根据《刑事诉讼法》第200条第1项规定，案件事实清楚，证据确实、充分，依据法律认定被告人有罪的，应当作出有罪判决。

关于如何理解"案件事实清楚，证据确实、充分"这一证明标准，理论界及司法实务界都存在较大的争论。应重点把握以下几点：首先，对于"案件事实清楚"的理解。何谓犯罪事实清楚？它主要是指证明主体对待证事实完成了证明，使其达到了真实的程度。在司法实践中，应努力达到事实认定符合客观真相、办案结果符合实体公正、办案过程符合程序公正的严格司法的证明要求。其次，关于"证据确实、充分"的理解。为了使这一标准更加科学、具体，《刑事诉讼法》

第 55 条第 2 款对"证据确实、充分"作出进一步明确的规定,指出证据确实、充分应当符合以下条件:(1)定罪量刑的事实都有证据证明;(2)据以定案的证据均经法定程序查证属实;(3)综合全案证据,对所认定事实已排除合理怀疑。上述规定引入了两大法系通用的证明标准,增加了"排除合理怀疑"的表述。毕竟,对事实的认定是一种主观活动,它虽依赖于客观存在的证据及证据链,最终还需要裁判者在内心深处实现对事实的判断以完成对事实的认定。无论是大陆法系的"内心确信"还是英美法系的"排除合理怀疑",都追求通过亲历审判而在内心深处产生的一种"道德确实性",即排除偏见地确信被告人实施了犯罪,而排除了其他可能性。"排除合理怀疑"这一标准的引入,要求裁判者不仅仅满足于法庭呈现的案卷证据表象,哪怕它们看起来是确实充分的,还必须结合庭审实际情况,在内心深处不断对自己进行追问,认定被告人有罪的确是确实无疑吗?这一反向追问有助于发现案件疑点,并努力将疑点排除。

应当指出,刑事诉讼证明标准具有多层次的特点,即由于刑事案件所处诉讼阶段、证明主体、证明对象等方面的差异,证明标准的设定会有所不同。其中,有罪判决的证明标准在刑事诉讼中位于最高点。一旦法官依据证明标准认定了犯罪事实,作出了相应的有罪判决,就意味着被告人的人身自由、财产乃至生命将面临被限制或者被剥夺的危险,因此,法律为有罪判决的证明标准设计出最高的要求。与定罪证明标准相比,除了对被告人从重处罚适用与其相同的标准,通常情况下,量刑的证明标准会低于定罪标准。基于诉讼公正及效率的要求,辩方的证明标准会低于控方的证明标准,管辖、回避等程序法事实的证明标准应低于实体法事实的证明标准。

(二)疑罪从无

疑罪从无是指在刑事诉讼中,对案件主要事实的认定处于真伪不明状态,证据不够确实充分,不足以对指控犯罪进行确凿的证明,不能认定被告人有罪,从而推定被告人无罪,对被告人作出无罪的处理决定。在现代刑事诉讼中,根据证明责任的规定,证明犯罪嫌疑人、被告人有罪的责任由控方承担,辩护方不承担证明被告人无罪的责任;如果控方不能证明犯罪嫌疑人、被告人有罪,则不应当起诉或者应宣告被告人无罪。疑罪从无是无罪推定精神的集中体现,有利于抑制并防止国家权力的滥用,为犯罪嫌疑人、被告人的人权保障提供了制度依托。

理解疑罪从无的关键是明确何谓疑罪(疑案),应重点把握以下内容:(1)疑罪是案件事实的存疑状态。主要是对犯罪嫌疑人、被告人是否实施了指控的犯罪行为存在疑问。至于事实查清后,存在的应否定罪、构成此罪还是彼罪、一罪还是数罪等争议,则属于法律适用上的疑难,不在疑罪的范围之内。(2)疑罪受法定诉讼期限的限制。对犯罪嫌疑人被羁押的案件,侦查、起诉、审判各阶段均有法定的诉讼期限,疑罪指的是在法定诉讼期限内既无法证实也不能证伪的案件,而非那些客观上永远不可能查清的案件。明确这一点,可以避免案件久拖不决,公民的基本权利才能得到保障。(3)疑罪可能存在于刑事诉讼的侦查、起诉和审判阶段。如果缺乏相关证据,是否构成犯罪无法确定,那么在刑事诉讼的各主要阶段均可能存在疑罪处理问题,只不过在不同的诉讼阶段,对疑罪有着不同的处理方式。在侦查阶段,对被羁押的犯罪嫌疑人,如果存在犯罪事实不清、证据不足的,应及时变更或解除强制措施;在审查起诉阶段,经过二次补充侦查,检察机关仍认为证据不足、不符合起诉条件的,应依法作出不起诉的决定;在审判阶段,人民法院认为指控证据不足,不能认定被告人有罪的,应作出证据不足、指控犯罪不能成立的无罪判决。

犯罪是一种十分复杂的社会现象,人们对其认识能力有限,加之对犯罪的认识还要受到诉讼时效、羁押期限等限制,往往会产生疑罪。对此,应当结合无罪推定的理念面对并解决这一现实问题,即明确疑罪从无的法律规定。在我国,无罪推定原则的长期缺失,导致在实践中对待疑罪往往久拖不决,被告人遭受长期羁押,其人身自由受到严重侵犯。随着无罪推定理念的逐步确立,疑罪从无在1996年修订《刑事诉讼法》时得以正式确立。在刑事诉讼中确立疑罪从无是无罪推定精神的体现,对被告人的人权保障具有重要意义。德国法学家耶林指出:"刑罚如两刃之剑,用之不得其当,则国家与个人两受其害。"[1] 疑罪从无的确立不仅可以强化司法人员的人权保障意识,还可以有效促进侦控机关侦查及证实犯罪能力的提高。

四、证明程序

证明活动发生在刑事诉讼过程中,不同的诉讼程序为不同证明主体所设置的证明环节必然具有一定的交互性。其中,法院审判阶段的证明程序最为典型和突出。审判阶段的证明程序是指控辩双方就争议的案件事实向法官进行证明所遵循的步骤以及环节,包括举证、质证、认证以及定案等,集中体现控辩双方平等对抗、法院居中依法裁判的法治精神。该证明程序呈现出法律所规范的诉讼证明的基本样态。控辩双方的举证与质证,是法官认证与定案的基础;而法官的认证与

---

[1] 林山田:《刑罚学》,台湾商务印书馆股份有限公司1983年版,第127页。

定案，则在经过举证与质证的证据范围内完成。

（一）举证

举证是指证明责任的承担者为说明己方的诉讼主张而提出证据，并在事实真伪不明时承担不利法律后果的诉讼活动。控、辩双方的举证活动受到证明责任的支配，以证明对象为指向，以达到证明标准为目的，是证明的首要环节。在刑事诉讼中，控诉方承担证明被告人有罪的证明责任，大部分举证活动主要由控诉方来完成。只有在法定情形下，辩方才承担证明责任。最高人民法院《解释》第202条规定："公诉人可以提请审判长通知证人、鉴定人出庭作证，或者出示证据。被害人及其法定代理人、诉讼代理人，附带民事诉讼原告人及其诉讼代理人也可以提出申请。在控诉一方举证后，被告人及其法定代理人、辩护人可以提请审判长通知证人、鉴定人出庭作证，或者出示证据。"该条对庭审中的举证活动的顺序予以明确，即首先由控诉方举证，然后由辩护方举证。

（二）质证

质证是控辩双方就已提出的证据在法庭上进行的对质、辩论活动。质证以举证为前提，它是对证据能力及证明力进行质辩的活动，是证明的关键环节。通过质证活动，控辩双方可以就对方提出证据的效力予以反驳或者质疑，从而影响法官对案件事实的认定。最高人民法院《解释》第218条规定："举证方当庭出示证据后，由对方进行辨认并发表意见。控辩双方可以互相质问、辩论。"第220条第2款规定："对公诉人、当事人及其法定代理人、辩护人、诉讼代理人补充的和法庭庭外调查核实取得的证据，应当经过当庭质证才能作为定案的根据……"第63条规定："证据未经当庭出示、辨认、质证等法庭调查程序查证属实，不得作为定案的根据，但法律和本解释另有规定的除外。"经过控辩双方质证是证据取得证据能力的前提条件之一，未经当庭质证，证据无法获得证据能力而不能作为定案的根据。

（三）认证

认证是法官在控辩双方举证、质证和辩论的基础上，对单个证据是否具有证据能力和证明力进行审核确认的活动。认证是诉讼证明的决定性环节。最高人民法院《解释》第69—103条对物证，书证，证人证言，被害人陈述，犯罪嫌疑人、被告人供述和辩解，鉴定意见，勘验、检查、辨认、侦查实验等笔录，视听资料、电子数据这八种证据的审查认定作了详细规定。这些规定主要从证据能力和证明力两个方面对各种证据的审查认定予以明确。证据的证据能力体现了其法律属性，需要结合具体证据规则予以审查判断。因此，在对证据能力的审查判断上，法官发挥主观能动性的空间较为有限。证据的证明力体现的则是其事实属性，法律对于各种证据的证明力一般不作预设，而是将其留给法官依据内心信念进行自由判断。最高人民法院《解释》第104条第2、3款规定："对证据的证明力，应当根据具体情况，从证据与待证事实的关联程度、证据之间的联系等方面进行审查判断。证据之间具有内在联系，共同指向同一待证事实，不存在无法排除的矛盾和无法解释的疑问的，才能作为定案的根据。"

（四）定案

定案即运用证据认定案件事实，它是法官在认证的基础上，根据经验、逻辑与法律，综合全案证据确定案件事实的活动。定案是证明活动的最终环节。定案与认证是两个不同概念。认证是对单个证据的证据能力和证明力予以审查后确定其能否作为定案依据的活动。它偏向于对单个证据或一组证据的审查，是定案的基础。而定案则是综合全案证据来确定案件事实的活动，它是对整个案件事实的裁断，是全部证明活动的终点。

思考题：

1. 证据转化为定案的根据应符合哪些基本要求？
2. 试述辩证唯物主义认识论对证据制度的指导意义。
3. 鉴定意见是"科学的判决"吗？为什么？
4. 传来证据与传闻证据是什么关系？
5. 试述非法证据排除规则的立法基点及适用范围。

▶ 自测习题及参考答案

第八章 强制措施

第一节 强制措施概述

一、强制措施的概念和特点

刑事诉讼中的强制措施，是指公安机关、人民检察院和人民法院为了保证刑事诉讼活动的顺利进行，而依法采取的限制或剥夺犯罪嫌疑人、被告人的人身自由的各种强制性方法。我国《刑事诉讼法》规定了五种强制措施，按照其强制力大小排序依次为拘传、取保候审、监视居住、拘留和逮捕。

我国的强制措施具有以下特点：

第一，适用主体具有特定性。根据我国《刑事诉讼法》的规定，有权适用强制措施的主体只能是公安机关、人民检察院和人民法院，其他任何机关、社会团体或个人都无权对他人采取强制措施，否则即构成对公民人身权利的侵犯，严重的构成犯罪。

第二，适用对象具有唯一性。强制措施的适用对象只能是犯罪嫌疑人、被告人，对于犯罪嫌疑人、被告人以外的其他诉讼参与人和案外人不得动用强制措施。有的国家刑事诉讼法规定对证人可以进行拘传，但我国刑事诉讼法没有作这样的规定。根据《刑事诉讼法》的规定，拘留的适用对象是现行犯或重大嫌疑分子，这里的"现行犯""重大嫌疑分子"，实际上也属于犯罪嫌疑人的范畴。正基于此，公安司法机关在适用强制措施的过程中，要注意严格控制强制措施的适用对象，不得扩大其适用对象的范围。

第三，适用目的具有保障性。强制措施，本质上是一种诉讼保障措施，而非实体制裁措施。适用强制措施的目的是保障刑事诉讼的顺利进行，防止犯罪嫌疑人、被告人逃避侦查、起诉和审判，进行毁灭、伪造证据，继续犯罪等妨害刑事诉讼的行为，而不是对犯罪嫌疑人、被告人进行制裁和惩罚。因而，强制措施不应也不能带有实体处罚性质。

第四，适用程序具有法定性。强制措施是一项法定措施。我国《刑事诉讼法》对五种强制措施各自的适用机关、适用条件和适用程序，都作出了严格的限制性规定，其目的就是从程序启动和运行的角度对强制措施的适用进行严格的管控，防止强制措施被滥用进而侵犯公民合法权利。

第五，适用期间具有临时性。适用强制措施的法律后果，是剥夺或限制犯罪嫌疑人、被告人的人身自由。作为保证刑事诉讼活动顺利进行而设置的一项保障措施，因为刑事诉讼是有期限的，所以强制措施的期限不可能是无期的，也不可能比刑事诉讼的期限更长。而且适用强制措施的目的在于保障刑事诉讼的顺利进行，随着刑事诉讼的推进，一旦发现适用强制措施的必要性减弱或者消除，公安司法机关就应当及时对强制措施予以变更或者解除。

第六，适用手段具有强制性。强制措施，顾名思义，以强制力的行使为其显著的外在特征。所谓"强制"一语，实际有两层含义：一是强制力。所谓强制，就是以人力或物力限制或剥夺他人之自由，因此，人力或物力等强制力的使用，是强制措施的显著外在特征。二是强行力。强制措施中的"强制"一语，还指可以不经适用对象同意即强行实施。换言之，适用对象的意愿不构成强制措施适用的前提，即便适用对象不愿配合，强制措施仍可强行实施。

拓展阅读

论强制措施概念之修正

二、强制措施与其他相关法律措施的区别

（一）强制措施与刑罚措施、行政处罚措施的区别

强制措施与刑罚措施和行政处罚措施虽然有相同点，即它们都是以国家强制力为后盾的强制性方法和手段，适用的后果都会导致适用对象的人身自由受到限制或剥夺，但它们之间存在本质区别：

1. 适用目的不同

强制措施是一种诉讼保障措施，适用强制措施的目的，是排除逃避侦查、起诉和审判，毁灭、伪造证据，继续犯罪等妨害刑事诉讼活动的行为，保证刑事诉讼的顺利进行；刑罚措施和行政处罚措施是制裁和惩罚措施，适用刑罚措施和行政处罚措施的目的，是处罚实施了犯罪行为和有行政违法行为之人。

2. 适用对象不同

强制措施的适用对象，是刑事诉讼过程中尚未被人民法院的生效判决确定为有罪的犯罪嫌疑人、被告人；刑罚措施的适用对象是已经被人民法院的生效判决确定为有罪的犯罪人；行政处罚措施的适用对象则是违反行政法律、法规之人。

3. 有权适用的机关不同

强制措施只能由公安机关、人民检察院和人民法院决定适用；刑罚措施只有

人民法院有权判处；行政处罚则由国家行政机关依法作出。

4. 适用条件不同

强制措施的适用条件是犯罪嫌疑人、被告人有社会危险性；刑罚措施的适用条件是犯罪人违反刑法并被人民法院认定为有罪；行政处罚措施的适用条件是行为人违反有关行政法律、法规。

5. 适用的结果不同

强制措施的适用结果，仅仅是剥夺或限制犯罪嫌疑人、被告人的人身自由；刑罚措施分为自由刑、财产刑和资格刑，其适用结果既可能剥夺犯罪人的人身自由，也可能剥夺犯罪人的财产自由，还可能剥夺犯罪人参加国家管理与政治活动的权利；行政处罚措施分为人身罚、行为罚、财产罚和精神罚，其适用不仅可能剥夺违法人的人身自由和财产自由，还可能剥夺违法行为人特定的行为能力，以及违法行为人的名誉、荣誉、信誉或精神上的利益。

6. 稳定性不同

适用强制措施的目的，在于保证刑事诉讼的顺利进行，因而只要排除了妨害刑事诉讼活动的行为，强制措施就应当变更、解除或者撤销；刑罚措施和行政处罚措施则相对稳定，一经作出，非经法定程序不得变更、撤销。

(二) 刑事诉讼强制措施与民事诉讼、行政诉讼强制措施的区别

刑事诉讼强制措施与民事诉讼、行政诉讼强制措施都是在诉讼过程中适用的法定强制手段，虽然都以保障诉讼的顺利进行为目的，但它们之间仍然存在重大区别：

1. 适用目的不完全相同

刑事诉讼中的强制措施，适用目的是保障刑事诉讼的顺利进行，因而不具有实体处罚性和制裁性；而民事诉讼和行政诉讼强制措施，适用目的是对妨碍诉讼进行的行为人进行制裁和处罚，因而其性质上属于实体制裁和惩罚措施。

2. 决定的主体不同

刑事诉讼中的强制措施依法由公安机关、人民检察院和人民法院决定适用，民事诉讼和行政诉讼强制措施则只能由人民法院决定适用。

3. 适用的对象不同

刑事诉讼中的强制措施仅仅适用于犯罪嫌疑人、被告人；民事诉讼和行政诉讼强制措施则适用于所有实施了妨害诉讼行为的人，不仅包括当事人，而且包括其他诉讼参与人，甚至包括案外人。

4. 适用的条件不同

刑事诉讼中只要犯罪嫌疑人、被告人可能实施妨害刑事诉讼的行为即可适用强制措施；民事诉讼和行政诉讼强制措施的适用条件更为严格，必须是行为人已经实施了妨害诉讼的行为，并且该行为达到一定的严重程度，方可适用。

（三）公民扭送并非强制措施

所谓公民扭送，是指公民将当场抓获的现行犯罪分子强制送交公安机关处理的行为。我国《刑事诉讼法》第 84 条规定："对于有下列情形的人，任何公民都可以立即扭送公安机关、人民检察院或者人民法院处理：（一）正在实行犯罪或者在犯罪后即时被发觉的；（二）通缉在案的；（三）越狱逃跑的；（四）正在被追捕的。"法律之所以规定在上述情形下，公民有权扭送犯罪嫌疑人，是因为上述四种情形下现场情况往往很紧急，来不及向公安司法机关请求救助，只能由公民当场对犯罪嫌疑人实施抓捕，进而扭送公安司法机关处理。因而，《刑事诉讼法》上的"扭送"，虽名为扭送，实际上包括"抓捕"和"扭送"两个步骤和环节。根据《刑事诉讼法》的规定，公民当场抓获的犯罪分子，应当及时扭送公安司法机关处理，公安司法机关对于公民扭送来的犯罪分子，应当收留并立即讯问。认为应当拘留、逮捕的，应当分别办理拘留、逮捕手续；认为不应当拘留、逮捕的，应当向扭送的公民说明理由，做好工作，并将被扭送人放回。

扭送的两个环节抓捕和扭送，都涉及对犯罪嫌疑人的人身自由的暂时剥夺，具有强制性，与刑事诉讼法上的强制措施在外观上很接近。但根据我国刑事诉讼法及主流诉讼理论，公民扭送并非强制措施的法定种类之一，而是法律赋予公民在情况紧急时同犯罪分子做斗争的一项权利，也是公民应尽的一项义务，本质上是一种私力救济。同时，公民扭送，也是公安司法机关依靠群众查获犯罪分子、及时制止和打击现行犯罪活动的重要手段，是刑事诉讼法规定的专门机关和群众路线相结合的工作方针的具体体现。

三、强制措施的适用原则

（一）强制措施法定原则

所谓强制措施法定原则，有两层含义和要求：一是指强制措施的类型、适用条件以及适用程序必须由法律事先作出明确的规定，公安司法机关不得采用法律未明文规定的强制措施类型；二是指公安司法机关适用强制措施时，必须严格遵守法律规定的程序来进行。

强制措施的适用以限制或剥夺犯罪嫌疑人、被告人的人身自由为前提，由于其指向犯罪嫌疑人、被告人的人身自由权，故潜藏着侵犯公民基本人权的危险。因而，从人权保障目的出发，强制措施的适用应当有双重授权：一方面，强制措施必须有法律的抽象授权，即侦查机关只能采用法律有明文授权的强制措施，法律没有明文授权的强制措施，侦查机关不得采用，此即"强制侦查法定主义"。另一方面，适用强制措施还必须有司法机关的具体授权，由于强制措施干预了公民的宪法性基本权利，为保障和救济公民权利，强制措施实施之前，应当由司法机关介入，对强制措施的合法性和必要性加以审查，侦查机关采用强制措施，应当持有司法机关颁发的授权"令状"，此即"司法令状主义"。我国《刑事诉讼法》第六章专章规定了五种强制措施种类及其适用条件和程序，体现了"强制侦查法定主义"的要求。我国《刑事诉讼法》第87条规定："公安机关要求逮捕犯罪嫌疑人的时候，应当写出提请批准逮捕书，连同案卷材料、证据，一并移送同级人民检察院审查批准……"也就是说，逮捕措施的适用，必须事先获得人民检察院的审查、批准，这体现了"司法令状主义"的要求。同时，按照强制措施法定原则的要求，公安司法机关在执行强制措施时，还必须严格依照法律规定的程序来进行。

（二）比例原则

比例原则是公法上的一项基本法治原则。它有三大派生的子原则：（1）适当性原则。国家所采取的必须是有助于达成目的的措施，又称"合目的性原则"。（2）必要性原则。如果有多种措施均可达成目的，国家应当采取对公民侵害最小者，又称"侵害最小原则"或"最小侵害原则"。（3）狭义比例原则。国家所采取的手段给公民基本权利造成的侵害和所欲达成之目的间应当有相当的平衡（两者不能显失均衡），不能为了达成很小的目的而使公民蒙受过大的损失，又称"衡量性原则"。亦即合法的手段和合法的目的之间存在的损害比例必须相当。

现代刑事诉讼的一项重要目的在于保障公民的正当权利免受不必要的侵害，因而，强制措施的适用，必须严格遵守比例原则：其一，强制措施的适用，只能是为了保障刑事诉讼的顺利进行，而不得为其他目的适用强制措施，例如，对实践中的"以捕代侦"现象应当予以禁止，此即"合目的性原则"。其二，只有在不采取强制措施即无法防止妨害刑事诉讼的行为发生时，才可以适用强制措施，并且在各种强制措施类型中，应当尽可能选择对公民权利侵害最小的措施，尤其是逮捕，由于其涉及对公民基本人身自由较长时间的剥夺，因此其适用应当更为慎重，对实践中的"一捕了事"等做法应予禁止。其三，选择适用的强制措施的严厉程度应当与犯罪嫌疑人、被告人涉嫌犯罪的严重程度及其实施妨害刑事诉讼的行为的可能性的大小基本相适应，对实践中的"构罪即捕"等做法应予否定。

我国《刑事诉讼法》虽然没有明文规定比例原则，但《刑事诉讼法》第六章按照对人身自由干预程度的不同，梯度性地配置了五种强制措施，并对每一种强制措施的适用条件作出了严格程度不同的规定，这本身就体现了比例原则的精神和要求。因此，比例原则也是指导我国强制措施适用的一项基本原则。实践中，应当严格遵循比例原则的要求，正确选择适用强制措施。

第二节 拘 传

一、拘传的概念和特点

拘传，是指在刑事诉讼中，公安机关、检察院、法院对未被逮捕、拘留的犯罪嫌疑人、被告人依法强制其到案接受讯问的强制措施。

拘传具有以下特点：

第一，拘传的对象是未被羁押的犯罪嫌疑人、被告人。对于已经被拘留、逮捕的犯罪嫌疑人、被告人，由于其已经处于被羁押状态，可以直接进行提审、讯问，无须再适用拘传。

第二，拘传的目的是强制犯罪嫌疑人、被告人到案接受讯问。因此，犯罪嫌疑人、被告人到案后必须立即对其展开讯问。讯问结束后，若无须进一步采取拘留或逮捕措施，就应当将被拘传人立即放回。拘传并非羁押，拘传的目的是强制犯罪嫌疑人、被告人到案接受讯问，因而将犯罪嫌疑人、被告人拘传到案后不立即进行讯问，以及讯问完毕后不立即放人的做法都是错误的。

第三，拘传不同于传唤。传唤是人民法院、人民检察院和公安机关使用传票通知犯罪嫌疑人、被告人到案接受讯问。传唤并非法定的强制措施，不具有直接的强制性，不得使用戒具，而拘传可使用戒具。传唤除适用于犯罪嫌疑人、被告人以外，还适用于其他当事人，而拘传只适用于犯罪嫌疑人、被告人。这里还要注意把刑事诉讼中的拘传与民事诉讼中的拘传区别开来：刑事诉讼中的拘传和传唤之间并没有必然联系，公检法机关可以先传唤，被传唤人没有正当理由拒绝到案的，再改为拘传，但在公检法机关根据案情认为有必要时，也可以直接适用拘传。而民事诉讼法规定必须先经过传唤，传唤不至方可采用拘传，换言之，在民事诉讼中，传唤是适用拘传的前置程序和必经程序。

二、拘传的适用程序

根据我国《刑事诉讼法》及相关司法解释的规定，适用拘传，应当遵守以下程序：

第一，拘传必须经县级以上公安机关负责人、人民检察院检察长、人民法院院长批准。案件的经办人应当填写呈请拘传报告书，并附有关材料，报县级以上公安机关负责人、人民检察院检察长、人民法院院长批准，签发拘传证。

第二，执行拘传的公安司法人员不得少于2人。拘传时，应当向被拘传人出示拘传证，并责令其在拘传证上签名（盖章）、捺指印。对于抗拒拘传的，可以使用戒具，强制其到案。

第三，拘传到案的地点应当是被拘传人所在的市、县内的地点。犯罪嫌疑人、被告人的工作单位、户籍地与居住地不在同一市、县的，拘传应当在犯罪嫌疑人、被告人的工作单位所在的市、县进行；特殊情况下，也可以在犯罪嫌疑人、被告人户籍地或者居住地所在的市、县内进行。公安机关、人民检察院或人民法院在本辖区以外拘传犯罪嫌疑人、被告人的，应当通知当地的公安机关、人民检察院或人民法院，当地的公安机关、人民检察院、人民法院应当予以协助。换言之，异地拘传必须经过上述协助程序。

第四，拘传持续的时间不得超过12小时，案情特别重大、复杂，需要采取拘留、逮捕措施的，传唤、拘传持续的时间不得超过24小时。拘传持续的时间从犯罪嫌疑人到案时开始计算。被拘传人到案后，应当责令其在拘传证上填写到案时间，然后应当立即进行讯问，讯问结束后，应当由其在拘传证上填写讯问结束时间。被拘传人拒绝填写的，公安司法人员应当在拘传证上注明。

第五，禁止连续拘传。两次拘传间隔的时间一般不得少于12小时，不得以连续拘传的形式变相拘禁犯罪嫌疑人、被告人。

第六，禁止疲劳审讯。拘传的目的在于强制犯罪嫌疑人、被告人到案接受讯问。但犯罪嫌疑人、被告人经拘传到案后，应当保证其饮食和必要的休息时间，不得进行疲劳审讯。

第七，讯问结束后，如果被拘传人符合其他强制措施如拘留、逮捕的条件，应当依法采取其他强制措施。需要对被拘传人变更为其他强制措施的，应当在拘传期间作出批准或不批准的决定；拘传时限届满仍不能作出批准决定的，应当立即结束拘传。如果不需要采取其他强制措施的，应当立即将被拘传人放回。

第三节 取保候审

一、取保候审的概念和适用条件

刑事诉讼中的取保候审是公安机关、人民检察院和人民法院责令犯罪嫌疑人、被告人提出保证人或者交纳保证金，以保证其不逃避和妨碍诉讼并随传随到的一种强制措施。

取保候审是一种限制人身自由的强制措施。取保候审在一般情况下，适用于轻罪案件的犯罪嫌疑人、被告人，如可能判处管制、拘役或者独立适用附加刑的犯罪嫌疑人、被告人，或者犯罪嫌疑人、被告人虽然可能被判处有期徒刑以上刑罚，但采取取保候审不致发生社会危险性的。

对于取保候审的适用条件，根据我国《刑事诉讼法》第67条的规定，人民法院、人民检察院和公安机关对有下列情形之一的犯罪嫌疑人、被告人，可以取保候审：

第一，可能判处管制、拘役或者独立适用附加刑的。根据我国《刑法》的规定，符合这一条件的犯罪行为相对较轻，社会危害性程度较低，行为人的人身危险性也不大，因此没有必要采取拘留或逮捕措施，采取取保候审不致发生社会危险性。

第二，可能判处有期徒刑以上刑罚，采取取保候审不致发生社会危险性的。根据我国《刑法》的规定，可能判处有期徒刑以上刑罚的犯罪行为，已经属于比较严重的罪行，犯罪行为的社会危害性较大，犯罪嫌疑人、被告人的人身危险性也较大。但是，如果根据个案情况，对该犯罪嫌疑人、被告人采取取保候审并不致发生社会危险性，即不会发生妨碍刑事诉讼进行的情形，也可以适用取保候审。

第三，患有严重疾病、生活不能自理，怀孕或者正在哺乳自己婴儿的妇女，采取取保候审不致发生社会危险性的。对于患有严重疾病、生活不能自理的犯罪嫌疑人、被告人，以及犯罪嫌疑人、被告人是怀孕或者正在哺乳自己婴儿的妇女的，出于人道主义的考虑，不应当适用拘留或逮捕剥夺犯罪嫌疑人、被告人的人身自由，而可以取保候审。但要注意，法律对上述情形适用取保候审规定了前提条件，即采取取保候审不致发生社会危险性，如果不羁押犯罪嫌疑人、被告人，可能发生社会危险性，那么，即使是患有严重疾病、生活不能自理，怀孕或者正在哺乳自己婴儿的妇女,也不能适用取保候审。例如,怀孕或者正在哺乳自己婴儿的妇女,如果可能自杀,即不能适用取保候审。

第四,羁押期限届满,案件尚未办结,需要采取取保候审的。所谓"羁押期限届满",是指法定的侦查羁押、审查起诉、一审、二审期限届满。在这种情形下,所有羁押期限已经届满,不得再继续羁押犯罪嫌疑人、被告人,但因为案件尚未办结,需要继续追究犯罪,因而只能对犯罪嫌疑人、被告人采取取保候审措施。

同时,根据《刑事诉讼法》第91条的规定,人民检察院应当自接到公安机关提请批准逮捕书后的7日以内,作出批准逮捕或者不批准逮捕的决定。人民检察院不批准逮捕的,公安机关应当在接到通知后立即释放,并且将执行情况及时通知人民检察院。对于需要继续侦查,并且符合取保候审、监视居住条件的,依法取保候审或者监视居住。

但是,严重危害社会治安的犯罪嫌疑人,以及其他犯罪性质恶劣、情节严重的犯罪嫌疑人,不得适用取保候审,包括累犯、犯罪集团的主犯,以自伤、自残办法逃避侦查的犯罪嫌疑人,危害国家安全的犯罪、暴力犯罪,以及其他严重犯罪的犯罪嫌疑人。这是比例原则的要求。

二、取保候审的方式

《刑事诉讼法》第68条规定:"人民法院、人民检察院和公安机关决定对犯罪嫌疑人、被告人取保候审,应当责令犯罪嫌疑人、被告人提出保证人或者交纳保证金。"据此,取保候审有保证人保证和保证金保证两种方式。但要注意的是,根据相关司法解释的规定,对于同一犯罪嫌疑人、被告人的同一犯罪事实,不能同时使用保证人保证与保证金保证。

(一)人保——保证人保证

保证人保证,俗称人保,是指公安机关、人民检察院、人民法院责令犯罪嫌疑人、被告人提出保证人并出具保证书,担保被取保人在取保候审期间不逃避和妨碍侦查、起诉和审判,并随传随到的取保候审方式。

根据最高人民法院《解释》第117条的规定,对符合取保候审条件,具有下列情形之一的被告人,人民法院决定取保候审时,可以责令其提供1—2名保证人:(1)无力交纳保证金的;(2)未成年人或者已满75周岁的;(3)不宜收取保证金的其他被告人。但上述规定不应解释为:只有在犯罪嫌疑人、被告人无力交纳保证金时方得适用人保。人保和财产保都是犯罪嫌疑人、被告人取保候审的合法方式，犯罪嫌疑人、被告人有权任意选择其中之一申请取保，换言之，即便犯罪嫌疑人、被告人在经济上有能力交纳保证金，仍然可以选择人保的方式。当然，具体采取何种取保方式更为适宜，应由决定机关判断、裁量。

根据《刑事诉讼法》第69条的规定，保证人必须符合下列条件：（1）与本案无牵连。所谓"与本案无牵连"，是指在涉嫌的犯罪事实上，保证人并非本案的共犯（广义的共犯，包括牵连犯罪，如盗窃罪与销赃罪），而不是指保证人与被取保人在人身关系上没有牵连，恰恰相反，保证人与被取保人在人身关系上应当有比较密切的关系，因为这样更便于保证人监督被取保人履行相关法定义务。（2）有能力履行保证义务。有能力履行保证义务，要求保证人必须年满18周岁，精神正常。（3）享有政治权利，人身自由未受到限制。（4）有固定的住处和收入。所谓"固定"，既要求住所固定，也要求收入固定。只有同时具备这四个条件才能充当保证人。

根据《刑事诉讼法》第70条的规定，保证人在担保期间，应当履行监督和报告的义务。监督的义务即保证人应当监督被取保人履行法律规定的取保候审期间的义务。报告的义务即保证人发现被取保人可能发生或者已经发生违反法定义务的行为时，应当及时向执行机关报告。

保证人未履行保证义务的，对保证人处以罚款，构成犯罪的，依法追究刑事责任。实践中，根据相关司法解释，被保证人有违反法律规定的行为，保证人未及时报告的，经查证属实后，由县级以上执行机关对保证人处以1 000元以上2万元以下罚款。如果保证人与被保证人串通，协助其逃匿或明知藏匿地点而拒绝向公安司法机关提供，因而构成犯罪的，依据《刑法》有关规定对保证人追究刑事责任。对于保证人是否履行了保证义务，是否以及如何罚款等都由公安机关认定并作出决定。

（二）财产保——保证金保证

保证金，俗称财产保，是指公安机关、人民检察院、人民法院责令犯罪嫌疑人、被告人交纳保证金并出具保证书，保证被保证人在取保候审期间不逃避和妨碍侦查、起诉和审判，并随传随到的保证方式。

根据我国《刑事诉讼法》第72条的规定，取保候审的决定机关应当综合考虑保证诉讼活动正常进行的需要，被取保候审人的社会危险性，案件的性质、情节，可能判处刑罚的轻重，被取保候审人的经济状况等情况，确定保证金的数额。根据有关司法解释的规定，保证金应当以人民币现金交纳，保证金数额的起点为1 000元，不设上限，具体由决定机关综合考虑上述因素决定。

取保候审保证金由县级以上公安机关统一收取和管理。没收、退还保证金的决定，也都由县级以上公安机关作出，但是决定没收较高数额保证金的，应当经地（市）级以上公安机关负责人批准。提供保证金的人应当将保证金存入执行机关指定银行的专门账户。犯罪嫌疑人、被告人在取保候审期间未违反法定义务的，取保候审结束的时候，凭解除取保候审的通知或者有关法律文书到银行领取退还的保证金。

三、被取保人的义务

根据《刑事诉讼法》第71条的规定，被取保候审的犯罪嫌疑人、被告人应当遵守下列义务：(1) 未经执行机关批准不得离开所居住的市、县；(2) 住址、工作单位和联系方式发生变动的，在24小时以内向执行机关报告；(3) 在传讯的时候及时到案；(4) 不得以任何形式干扰证人作证；(5) 不得毁灭、伪造证据或者串供。

除此之外，人民法院、人民检察院和公安机关可以根据案件情况，责令被取保候审的犯罪嫌疑人、被告人遵守以下一项或者多项规定：(1) 不得进入特定的场所；(2) 不得与特定的人员会见或者通信；(3) 不得从事特定的活动；(4) 将护照等出入境证件、驾驶证件交执行机关保存。由于上述立法规定用语比较模糊，何谓"特定场所"、哪些人属于"特定人员"等均不明确，不便于实务中具体操作，因而，公安部《规定》第86条对此作了进一步的解释性规定：(1) 不得进入与其犯罪活动等相关联的特定场所；(2) 不得与证人、被害人及其近亲属、同案犯以及与案件有关联的其他特定人员会见或者以任何方式通信；(3) 不得从事与其犯罪行为等相关联的特定活动；(4) 将护照等出入境证件、驾驶证件交执行机关保存。公安机关应当综合考虑案件的性质、情节、社会影响、犯罪嫌疑人的社会关系等因素，确定特定场所、特定人员和特定活动的范围。

被取保人一旦违反上述义务，将导致以下法律后果：(1) 已经交纳保证金的，由执行机关没收部分或者全部保证金。(2) 被取保候审人违反规定的，还可以区别情形，责令犯罪嫌疑人、被告人具结悔过、重新交纳保证金、提出保证人或者监视居住、予以逮捕。(3) 被取保候审人违反取保候审规定，被依法没收保证金后，公安司法机关仍决定对其取保候审的，取保候审的期限应当连续计算。(4) 对有证据证明有犯罪事实，可能判处徒刑以上刑罚的犯罪嫌疑人、被告人，采取取保候审尚不足以防止发生下列社会危险性的，应当予以逮捕：可能实施新的犯罪的；有危害国家安全、公共安全或者社会秩序的现实危险的；可能毁灭、伪造证据，干扰证人作证或者串供的；可能对被害人、举报人、控告人实施打击报复的；企图自杀或者逃跑的。(5) 被取保候审的犯罪嫌疑人、被告人违反取保候审规定，情节严重的，可以予以逮捕。对违反取保候审规定，需要予以逮捕的，可以对犯罪嫌疑人、被告人先行拘留。

四、取保候审的程序

(一) 有权申请取保候审之人

被羁押的犯罪嫌疑人、被告人及其法定代理人、近亲属以及辩护人均可以申请取保候审。有权决定的机关应当在收到书面申请后 7 日以内作出是否同意的答复。

(二) 有权决定及执行取保候审的机关

对犯罪嫌疑人、被告人适用取保候审，由公安机关、人民检察院和人民法院根据案件的具体情况依法作出决定，并由公安机关、国家安全机关等机关执行。

(三) 取保候审的执行程序

首先，公安司法机关对犯罪嫌疑人、被告人决定取保候审的，应当向其本人宣布，并由其本人在取保候审决定书上签名。

其次，公安司法机关决定取保候审的，应当及时通知犯罪嫌疑人居住地公安机关派出所执行。执行取保候审的公安机关应当责令被取保候审的犯罪嫌疑人、被告人定期报告有关情况并制作笔录。

最后，在侦查或者审查起诉阶段已经采取取保候审的，案件移送至审查起诉或者审判阶段时，如果需要继续取保候审，或者需要变更保证方式或强制措施的，受案机关应当在 7 日内作出决定。受案机关决定继续取保候审的，不再重新收取保证金。取保候审的期限应当重新计算并告知犯罪嫌疑人、被告人。对犯罪嫌疑人、被告人决定取保候审的，不得中断对案件的侦查、起诉和审理。

(四) 取保候审的解除

取保候审期限届满或者发现不应追究犯罪嫌疑人、被告人的刑事责任的，应当及时解除或者撤销取保候审。在解除取保候审的同时，应当将保证金如数退还给犯罪嫌疑人、被告人。

犯罪嫌疑人、被告人及其法定代理人、近亲属或者犯罪嫌疑人、被告人委托的律师及其他辩护人认为取保候审超过法定期限，要求解除取保候审的，决定机关应当在 7 日内审查决定。

(五) 取保候审的期间

人民法院、人民检察院和公安机关对犯罪嫌疑人、被告人取保候审最长不得超过12个月。

第四节 监视居住

一、监视居住的概念和适用条件

监视居住是指公安机关、人民检察院和人民法院在刑事诉讼过程中对犯罪嫌疑人、被告人采取的，命令其不得擅自离开住所或者居所并对其活动予以监视和控制的一种强制方法。

根据《刑事诉讼法》第74条和第75条的规定，我国的监视居住分为两种：

（一）一般监视居住

人民法院、人民检察院和公安机关对符合逮捕条件，有下列情形之一的犯罪嫌疑人、被告人，可以监视居住：（1）患有严重疾病、生活不能自理的；（2）怀孕或者正在哺乳自己婴儿的妇女；（3）系生活不能自理的人的唯一扶养人；（4）因为案件的特殊情况或者办理案件的需要，采取监视居住措施更为适宜的；（5）羁押期限届满，案件尚未办结，需要采取监视居住措施的。对符合取保候审条件，但犯罪嫌疑人、被告人不能提出保证人，也不交纳保证金的，可以监视居住。一般监视居住，应当在犯罪嫌疑人、被告人的住处执行。

（二）指定居所监视居住

指定居所监视居住，适用于两种情形：（1）无固定住处的；（2）涉嫌危害国家安全犯罪、恐怖活动犯罪，在住处执行可能有碍侦查的，经上一级公安机关批准，也可以在指定的居所执行。

所谓"固定住处"，是指被监视居住人在办案机关所在的市、县内生活的合法住处。所谓"指定的居所"，是指公安机关根据案件情况，在办案机关所在的市、县内为被监视居住人指定的生活居所。根据相关司法解释，指定的居所应当符合下列条件：（1）具备正常的生活、休息条件；（2）便于监视、管理；（3）保证安全。采取指定居所监视居住的，不得在看守所、拘留所、监狱等羁押、监管场所以及留置室、讯问室等专门的办案场所、办公区域执行。

所谓"有碍侦查"，根据公安部《规定》第107条的解释，有下列情形之一的，属于本条规定的"有碍侦查"：（1）可能毁灭、伪造证据，干扰证人作证或者串供的；（2）可能引起犯罪嫌疑人自残、自杀或者逃跑的；（3）可能引起同案犯逃避、妨碍侦查的；（4）犯罪嫌疑人、被告人在住处执行监视居住有人身危险的；（5）犯罪嫌疑人、被告人的家属或者所在单位人员与犯罪有牵连的。

二、被监视居住人的义务

根据《刑事诉讼法》第77条的规定，被监视居住的人在监视居住期间具有以下义务：（1）未经执行机关批准不得离开执行监视居住的处所。无固定住处的，未经批准不得离开指定的居所。需要指出的是，取保候审只要求被取保候审人不得离开所居住的市、县，而监视居住要求被监视居住人未经执行机关批准不得离开住处或居所，显然，监视居住对犯罪嫌疑人、被告人的人身自由限制更为严格。（2）未经执行机关批准不得会见他人或者通信。这里的"他人"是指与被监视居住人共同居住的家庭成员和聘请的律师以外的人。（3）在传讯的时候及时到案。（4）不得以任何形式干扰证人作证。（5）不得毁灭、伪造证据或者串供。（6）将护照等出入境证件、身份证件、驾驶证件交执行机关保存。

如果被监视居住人在监视居住期间违反上述义务，可能导致以下法律后果：（1）公安机关执行监视居住时，如果发现被监视居住的犯罪嫌疑人、被告人违反上述规定，情节较轻的，可以予以训诫、责令具结悔过。（2）如果被监视居住人违反上述义务，情节严重的，予以逮捕。被监视居住的犯罪嫌疑人有下列情形之一的，属于"情节严重"，应当予以逮捕：① 故意实施新的犯罪行为的；② 企图自杀、逃跑、逃避侦查、审查起诉的；③ 实施毁灭、伪造证据或者串供、干扰证人作证的行为，足以影响侦查、审查起诉工作正常进行的；④ 未经批准，擅自离开住处或者指定的居所的；⑤ 未经批准，擅自会见他人，造成严重后果，或者两次未经批准，擅自会见他人的；⑥ 经传讯不到案，造成严重后果，或者两次经传讯不到案的。

三、监视居住的程序

人民法院、人民检察院和公安机关对犯罪嫌疑人、被告人采取监视居住，应当遵循以下程序：

（一）监视居住的决定和交付执行

根据《刑事诉讼法》的规定，监视居住由公安机关执行。人民法院和人民检察院决定监视居住的，应当将"监视居住决定书"和"执行监视居住通知书"及时送达公安机关。

公安机关决定监视居住的，由被监视居住人住处或者指定居所所在地的派出所执行，办案部门可以协助执行。必要时，也可以由办案部门负责执行，派出所或者其他部门协助执行。

人民法院、人民检察院决定监视居住的，负责执行的县级公安机关应当在收到法律文书和有关材料后 24 小时以内，通知被监视居住人住处或者指定居所所在地的派出所，核实被监视居住人身份、住处或者居所等情况后执行。必要时，可以由人民法院、人民检察院协助执行。

(二) 监视居住的执行

监视居住的执行人员应当向被监视居住人本人宣布"监视居住决定书"，并由其本人在监视居住决定书上签名或者盖章。指定居所监视居住的，除无法通知家属的以外，应当在执行监视居住后 24 小时以内，通知被监视居住人的家属。

所谓"无法通知家属"，是指：(1) 不讲真实姓名、住址、身份不明的；(2) 没有家属的；(3) 提供的家属联系方式无法取得联系的；(4) 因自然灾害等不可抗力无法通知的。无法通知的情形消失以后，应当立即通知被监视居住人的家属。无法通知家属的，应当在监视居住通知书中注明原因。

执行机关对被监视居住的犯罪嫌疑人、被告人，可以采取电子监控、不定期检查等监视方法对其遵守监视居住规定的情况进行监督；在侦查期间，可以对被监视居住的犯罪嫌疑人的通信进行监控。

人民检察院对指定居所监视居住的决定和执行是否合法进行监督。

(三) 监视居住的期限

监视居住最长不得超过 6 个月。值得注意的是，根据相关司法解释，人民检察院、公安机关已经对犯罪嫌疑人监视居住的，案件移送到人民检察院、人民法院后，人民检察院、人民法院对于符合监视居住条件的，应当依法对被告人重新办理监视居住手续，监视居住的期限重新计算。换言之，公、检、法三机关在不同诉讼阶段可以对犯罪嫌疑人、被告人连续适用监视居住，而且期间不累计。如此一来，犯罪嫌疑人、被告人实际上可能被监视居住长达 18 个月，相关司法解释对《刑事诉讼法》的监视居住期间的这一解释，似有扩大解释之嫌。

监视居住期限届满或者发现不应追究犯罪嫌疑人、被告人的刑事责任的，应当及时解除或者撤销监视居住。解除或者撤销监视居住的决定应当通知执行机关，并将解除或者撤销监视居住的决定书送达犯罪嫌疑人。犯罪嫌疑人、被告人及其法定代理人、近亲属或者犯罪嫌疑人、被告人委托的律师及其他辩护人认为监视居住超过法定期限的，有权向人民法院、人民检察院、公安机关提出申诉，要求解除监视居住。经审查情况属实的，应对犯罪嫌疑人、被告人解除监视居住。

指定居所监视居住的期限应当折抵刑期。被判处管制的，监视居住1日折抵刑期1日；被判处拘役、有期徒刑的，监视居住两日折抵刑期1日。

第五节 刑事拘留

一、刑事拘留概述

（一）刑事拘留的概念和特征

刑事拘留，是指公安机关、人民检察院在遇到法定的紧急情况时，依法临时剥夺某些现行犯或者重大嫌疑分子人身自由的一种强制措施。

刑事拘留，具有以下特征：

1. 适用主体具有特定性

拘留，是对犯罪嫌疑人人身自由的一种剥夺，属于比较严厉的强制措施，因而，《刑事诉讼法》规定，只有公安机关、人民检察院等对刑事案件拥有侦查权的专门机关才能决定适用拘留，其他任何机关（包括人民法院）、社会团体和个人都无权决定和执行拘留。

2. 适用对象具有特定性

拘留，是一种临时剥夺犯罪嫌疑人人身自由的强制措施，所针对的是现行犯或重大嫌疑分子，或法定的紧急情况，除此之外，其他情形下不得适用拘留。即使犯罪嫌疑人罪该逮捕，但只要不是现行犯或重大嫌疑分子，或法定紧急情况，也无须适用拘留，换言之，拘留并非逮捕的前置程序。

3. 适用期限具有临时性

因为拘留是针对符合法定情形的现行犯或重大嫌疑分子而设，因而其只能临时性、短时间内剥夺犯罪嫌疑人的人身自由，一旦紧急情况消失，就应当解除拘留或变更为其他强制措施。因此，拘留的期限往往较短，只有3日。

（二）刑事拘留与相关概念的区别

值得注意的是，刑事拘留与行政法规定的行政拘留以及民事诉讼法、行政诉讼法规定的司法拘留，虽然都称为"拘留"，且都会造成短期剥夺人身自由的法律后果，但实际上刑事拘留与这两者之间存在着较大差别。

1. 刑事拘留区别于行政拘留

（1）性质和目的不同。刑事拘留是一种强制措施，其目的是保证刑事诉讼的顺利进行，本身不具有惩罚性；行政拘留是治安管理的一种处罚方式，属于行政制裁的范畴，其目的在于对实施了轻微违法行为者加以惩罚。

（2）适用对象不同。刑事拘留适用于刑事诉讼中的现行犯或者重大嫌疑分子；而行政拘留则适用于有一般违法行为之人。

（3）法律根据不同。刑事拘留是依据《刑事诉讼法》的规定而采用的；行政拘留则是根据《行政处罚法》《治安管理处罚法》等行政法律、法规而采用的。

2. 刑事拘留区别于司法拘留

（1）有权采用的机关不同。刑事拘留依法由公安机关、人民检察院决定，并由公安机关执行；而司法拘留则依法由人民法院决定并由人民法院的司法警察执行。

（2）适用对象不同。刑事拘留适用对象仅限于刑事诉讼中的现行犯或者重大嫌疑分子；司法拘留的适用对象则是所有在诉讼过程中实施了妨害诉讼行为的人，既包括诉讼当事人和其他诉讼参与人，也包括案外人。

（3）法律根据不同。刑事拘留是根据《刑事诉讼法》的规定采用的；司法拘留则是分别根据《刑事诉讼法》《民事诉讼法》《行政诉讼法》的规定采用的。

（4）与判决的关系不同。刑事拘留期限可以折抵刑期，判决中应当予以载明；司法拘留仅仅是对有妨害诉讼行为之人的惩戒，并不影响判决结果，也不受判决结果的影响。

二、刑事拘留的适用条件

拘留的适用对象限于现行犯或者重大嫌疑分子。所谓现行犯，是指正在实施犯罪之人。所谓重大嫌疑分子，则是指有证据证明具有重大犯罪嫌疑之人，理论上一般称之为"准"现行犯，例如，在身边或者住处发现有犯罪证据的。

根据《刑事诉讼法》第82条的规定，拘留适用于以下情形：（1）正在预备犯罪、实行犯罪或者在犯罪后即时被发觉的；（2）被害人或者在场亲眼看见的人指认他犯罪的；（3）在身边或者住处发现有犯罪证据的；（4）犯罪后企图自杀、逃跑或者在逃的；（5）有毁灭、伪造证据或者串供可能的；（6）不讲真实姓名、住址，身份不明的；（7）有流窜作案、多次作案、结伙作案重大嫌疑的。根据公安部《规定》第125条第3款的解释性规定，所谓"流窜作案"，是指跨市、县管辖范围连续作案，或者在居住地作案后逃跑到外市、县继续作案；"多次作案"，是指三次以上作案；"结伙作案"，是指二人以上共同作案。

对于监察机关留置的案件移送检察机关审查起诉的，检察机关一律先行拘留。

三、刑事拘留的程序

公安机关和人民检察院适用刑事拘留应当遵循以下程序：

（一）拘留的决定

有权决定拘留的机关包括公安机关和人民检察院，根据《刑事诉讼法》第165条的规定，人民检察院只有在以下情况下，才能决定适用拘留：（1）犯罪后企图自杀、逃跑或者在逃的；（2）有毁灭、伪造证据或者串供可能的。

公安机关依法需要拘留犯罪嫌疑人的，由县级以上公安机关负责人批准，签发拘留证。人民检察院决定拘留的案件，由检察长决定。人民检察院决定拘留的案件，由公安机关负责执行。

公安机关、人民检察院在决定拘留人大代表时，需要向有关部门报告或报请其许可：县级以上各级人民代表大会的代表如果因为是现行犯被拘留，决定拘留的机关应当立即向其所在的人民代表大会主席团或者常务委员会报告；因为其他原因需要拘留的，决定拘留的机关应当报请该代表所属的人民代表大会主席团或者常务委员会许可。

（二）拘留的执行

公安机关执行拘留时，必须出示拘留证，并责令被拘留人在拘留证上签名（盖章）、捺指印。拒绝签名（盖章）或者捺指印的，执行拘留的人员应当予以注明。被拘留人如果抗拒拘留，执行人员有权使用强制方法，包括使用戒具。

拘留后，应当立即将被拘留人送看守所羁押，至迟不得超过24小时。除无法通知或者涉嫌危害国家安全犯罪、恐怖活动犯罪通知可能有碍侦查的情形以外，应当在拘留后24小时以内，通知被拘留人的家属。有碍侦查的情形消失以后，应当立即通知被拘留人的家属。所谓"有碍侦查"的情形，是指：（1）可能毁灭、伪造证据，干扰证人作证或者串供的；（2）可能引起同案犯逃避、妨碍侦查的；（3）犯罪嫌疑人的家属与犯罪有牵连的。在上述情形下，可以不予通知，但上述情形一旦消除，即应当立即通知被拘留人的家属或者他的所在单位。

公安机关及其他专门机关对于被拘留的人，应当在拘留后的24小时以内进行讯问。在讯问过程中，发现不应当拘留时，必须立即释放，发给释放证明；对需要逮捕而证据还不充足的，可以取保候审或者监视居住。

（三）拘留的期间

公安机关对被拘留的人认为需要逮捕的，应当在拘留后的3日以内，提请人民检察院审查批准。在特殊情况下，经县级以上公安机关负责人批准，提请审查批准的时间可以延长1—4日。对于流窜作案、多次作案、结伙作案的重大嫌疑分子，经县级以上公安机关负责人批准，提请审查批准的时间可以延长至30日。

犯罪嫌疑人不讲真实姓名、住址、身份不明，在30日内不能查清提请批准逮捕的，经县级以上公安机关负责人批准，拘留期限自查清其身份之日起计算，但不得停止对其犯罪行为的侦查。对有证据证明有犯罪事实的案件，也可以按其自报的姓名提请批准逮捕。人民检察院应当自接到公安机关提请批准逮捕书后的7日以内，作出批准逮捕或者不批准逮捕的决定。

其他专门机关对直接受理的案件中被拘留的人，认为需要逮捕的，应当在14日内作出决定。在特殊情况下，决定逮捕的时间可以延长1日至3日。

第六节 逮 捕

一、逮捕的概念和适用条件

逮捕，是指公安机关、人民检察院和人民法院，为了防止犯罪嫌疑人或者被告人逃避或妨害侦查、起诉、审判的进行，防止其发生社会危险性，而依法对其予以羁押、暂时剥夺其人身自由的一项强制措施。

逮捕，是刑事诉讼强制措施中最严厉的一种，为了防止逮捕的过度适用，我国《刑事诉讼法》对逮捕的适用条件作出了严格的限定。根据《刑事诉讼法》第81条的规定，对有证据证明有犯罪事实，可能判处徒刑以上刑罚的犯罪嫌疑人、被告人，采取取保候审尚不足以防止发生社会危险性，而有逮捕必要的，才可逮捕。批准或者决定逮捕，应当将犯罪嫌疑人、被告人涉嫌犯罪的性质、情节，认罪认罚等情况，作为是否可能发生社会危险性的考虑因素。据此，适用逮捕必须具备以下条件：

（一）有证据证明有犯罪事实

所谓"有证据证明有犯罪事实"，根据相关司法解释的规定，是指同时具备下列情形：（1）有证据证明发生了犯罪事实，这里的犯罪事实，既可以是单一犯罪行为的事实，也可以是数个犯罪行为中任何一个犯罪行为的事实；（2）有证据证明犯罪事实是犯罪嫌疑人实施的；（3）证明犯罪嫌疑人实施犯罪行为的证据已有查证属实的。

对实施多个犯罪行为或者共同犯罪案件的犯罪嫌疑人，具有下列情形之一的，应当批准或者决定逮捕：（1）有证据证明犯有数罪中的一罪的；（2）有证据证明实施多次犯罪中的一次犯罪的；（3）共同犯罪中，已有证据证明有犯罪事实的犯罪嫌疑人。

（二）可能判处徒刑以上刑罚

如果犯罪嫌疑人、被告人仅仅可能被判处管制、拘役、独立适用附加刑等较轻刑罚，则不应逮捕，这也是比例原则的要求。

根据最高人民检察院《规则》第144条的规定，犯罪嫌疑人涉嫌的罪行较轻，且没有其他重大犯罪嫌疑，具有以下情形之一的，可以作出不批准逮捕的决定或者不予逮捕：（1）属于预备犯、中止犯，或者防卫过当、避险过当的；（2）主观恶性较小的初犯，共同犯罪中的从犯、胁从犯，犯罪后自首、有立功表现或者积极退赃、赔偿损失、确有悔罪表现的；（3）过失犯罪的犯罪嫌疑人，犯罪后有悔罪表现，有效控制损失或者积极赔偿损失的；（4）犯罪嫌疑人与被害人双方根据《刑事诉讼法》的有关规定达成和解协议，经审查，认为和解系自愿、合法且已经履行或者提供担保的；（5）犯罪嫌疑人系已满14周岁未满18周岁的未成年人或者在校学生，本人有悔罪表现，其家庭、学校或者所在社区、居民委员会、村民委员会具备监护、帮教条件的；（6）年满75周岁的老年人。

（三）有逮捕的必要

所谓"有逮捕的必要"，是指采取取保候审、监视居住等方法，尚不足以防止发生下列社会危险性：（1）可能实施新的犯罪的；（2）有危害国家安全、公共安全或者社会秩序的现实危险的；（3）可能毁灭、伪造证据，干扰证人作证或者串供的；（4）可能对被害人、举报人、控告人实施打击报复的；（5）企图自杀或者逃跑的。

最高人民检察院《规则》第139条第1款对此作了进一步的解释性规定："人民检察院对有证据证明有犯罪事实，可能判处徒刑以上刑罚的犯罪嫌疑人，采取取保候审尚不足以防止发生下列社会危险性的，应当予以逮捕：（一）可能实施新的犯罪的，即犯罪嫌疑人多次作案、连续作案、流窜作案，其主观恶性、犯罪习性表明其可能实施新的犯罪，以及有一定证据证明犯罪嫌疑人已经开始策划、预备实施犯罪的；（二）有危害国家安全、公共安全或者社会秩序的现实危险的，即有一定证据证明或者有迹象表明犯罪嫌疑人在案发前或者案发后正在积极策划、组织或者预备实施危害国家安全、公共安全或者社会秩序的重大违法犯罪行为的；（三）可能毁灭、伪造证据，干扰证人作证或者串供的，即有一定证据证明或者有迹象表明犯罪嫌疑人在归案前或者归案后已经着手实施或者企图实施毁灭、伪造证据，干扰证人作证或者串供行为的；（四）有一定证据证明或者有迹象表明犯罪嫌疑人可能对被害人、举报人、控告人实施打击报复的；（五）企图自杀或者逃跑的，即犯罪嫌疑人归案前或者归案后曾经自杀，或者有一定证据证明或者有迹象表明犯罪嫌疑人试图自杀或者逃跑的。"

对有证据证明有犯罪事实，可能判处 10 年有期徒刑以上刑罚的，或者有证据证明有犯罪事实，可能判处徒刑以上刑罚，曾经故意犯罪或者身份不明的，应当予以逮捕。被取保候审、监视居住的犯罪嫌疑人、被告人违反取保候审、监视居住规定，情节严重的，可以予以逮捕。

二、逮捕的权限

逮捕是我国《刑事诉讼法》规定的五种强制措施中人身强制程度最高的强制措施。为了防止逮捕权的滥用侵及公民基本人权，我国《刑事诉讼法》对逮捕的权限实行了决定权与执行权分立的制度，即逮捕决定权由人民检察院、人民法院行使，而逮捕执行权则交由公安机关行使。根据我国《刑事诉讼法》第 80 条的规定，逮捕犯罪嫌疑人、被告人，必须经过人民检察院批准或者人民法院决定，由公安机关执行。

逮捕犯罪嫌疑人的决定权由人民法院和人民检察院行使。对于公安机关移送要求审查批准逮捕的案件，由人民检察院行使批捕权。人民检察院在审查起诉中，认为犯罪嫌疑人符合法律规定的逮捕条件，应予逮捕的，依法有权自行决定逮捕。人民法院直接受理的自诉案件中，对被告人需要逮捕的，人民法院有权决定逮捕。对于人民检察院提起公诉的案件，人民法院在审判阶段发现需要逮捕被告人的，有权决定逮捕。

逮捕的执行权属于公安机关，人民检察院和人民法院决定逮捕的案件，都必须交由公安机关执行。

三、逮捕的程序

（一）逮捕的批准和决定

1. 人民检察院对公安机关提请逮捕的批准程序

公安机关要求逮捕犯罪嫌疑人的，应当经县级以上公安机关负责人批准，制作提请批准逮捕书一式三份，连同案卷材料、证据，一并移送同级人民检察院审查。

对公安机关提请批准逮捕的犯罪嫌疑人已被拘留的，人民检察院应当在 7 日内作出是否批准逮捕的决定；未被拘留的，应当在接到提请批准逮捕书后的 15 日以内作出是否批准逮捕的决定，重大、复杂的案件不得超过 20 日。

人民检察院经审查应当分别作出相应的决定：对于符合逮捕条件的，作出批准逮捕的决定，制作批准逮捕决定书；对于不符合逮捕条件的，作出不批准逮捕的决定，制作不批准逮捕决定书，说明不批准逮捕的理由，需要补充侦查的，应当同时通知公安机关。

对于人民检察院决定不批准逮捕的，公安机关在收到不批准逮捕决定书后，应当立即释放在押的犯罪嫌疑人或者变更强制措施。对于需要继续侦查，并且符合取保候审、监视居住条件的，依法取保候审或者监视居住。公安机关对人民检察院不批准逮捕的决定，认为有错误的时候，可以要求复议，但是必须将被拘留的人立即释放。如果意见不被接受，可以向上一级人民检察院提请复核。上级人民检察院应当立即复核，作出是否变更的决定，通知下级人民检察院和公安机关执行。

2. 人民检察院决定逮捕的程序

人民检察院在审查起诉环节发现犯罪嫌疑人应当逮捕的，可以决定逮捕。对此，最高人民检察院《规则》第 375 条规定："公诉部门经审查认为需要逮捕犯罪嫌疑人的，应当按照本规则第十章的规定移送侦查监督部门办理。"

3. 人民法院决定逮捕的程序

对于公诉案件中未予逮捕的被告人，人民法院认为符合逮捕条件应予逮捕的，可以决定逮捕。对于自诉案件中未予逮捕的被告人，人民法院认为需要逮捕被告人时，由办案人员提交法院院长决定，对于重大、疑难、复杂案件的被告人的逮捕，提交审判委员会讨论决定。

人民法院作出逮捕决定后，应当将逮捕决定书送交公安机关执行。将被告人逮捕后，人民法院应当将逮捕的原因和羁押的处所，在 24 小时内通知被逮捕人的家属或者其所在单位，确实无法通知的，应当将原因记录在卷。

对人民法院决定逮捕的被告人，审判人员必须在逮捕后的 24 小时内进行讯问。如果发现不应当逮捕的，应当报经院长批准后，变更强制措施或者立即释放。立即释放的，应当发给释放证明。

4. 对具有特殊身份的犯罪嫌疑人、被告人决定逮捕的审批程序

逮捕人大代表的审批程序。根据相关法律的规定，如果被逮捕的犯罪嫌疑人、被告人是人民代表大会代表，无论是批准逮捕，还是决定逮捕，都应当遵循一些特定的程序。具体而言：人民检察院对担任本级人民代表大会代表的犯罪嫌疑人

批准或者决定逮捕，应当报请本级人民代表大会主席团或者常务委员会许可。对担任上级人民代表大会代表的犯罪嫌疑人批准或者决定逮捕，应当层报该代表所属的人民代表大会同级的人民检察院报请许可。对担任下级人民代表大会代表的犯罪嫌疑人批准或者决定逮捕，可以直接报请该代表所属的人民代表大会主席团或者常务委员会许可，也可以委托该代表所属的人民代表大会同级的人民检察院报请许可。对担任乡、民族乡、镇的人民代表大会代表的犯罪嫌疑人批准或者决定逮捕，由县级人民检察院报告乡、民族乡、镇的人民代表大会。对担任办案单位所在省、市、县（区）以外的其他地区人民代表大会代表的犯罪嫌疑人批准或者决定逮捕，应当委托该代表所属的人民代表大会同级的人民检察院报请许可。担任两级以上人民代表大会代表的，应当分别委托该代表所属的人民代表大会同级的人民检察院报请许可。

对外国人、无国籍人的逮捕。根据最高人民检察院《规则》第312条及相关法律规定，外国人、无国籍人涉嫌危害国家安全犯罪的案件或者涉及国与国之间政治、外交关系的案件以及在适用法律上确有疑难的案件，需要逮捕犯罪嫌疑人的，分别由基层人民检察院或者分、州、市人民检察院审查并提出意见，层报最高人民检察院审查。最高人民检察院经审查认为需要逮捕的，经征求外交部的意见后，作出批准逮捕的批复；经审查认为不需要逮捕的，作出不批准逮捕的批复。基层人民检察院或者分、州、市人民检察院根据最高人民检察院的批复，依法作出批准或者不批准逮捕的决定。层报过程中，上级人民检察院经审查认为不需要逮捕的，应当作出不批准逮捕的批复，报送的人民检察院根据批复依法作出不批准逮捕的决定。

基层人民检察院或者分、州、市人民检察院经审查认为不需要逮捕的，可以直接依法作出不批准逮捕的决定。

外国人、无国籍人涉嫌其他犯罪的案件，基层、市级、省级人民检察院可以决定批准逮捕，决定批准逮捕的人民检察院应当在作出批准逮捕决定后48小时以内报上一级人民检察院备案。同时，决定批准逮捕的人民检察院还需要向同级人民政府外事部门通报。上一级人民检察院对备案材料经审查发现错误的，应当依法及时纠正。

应当报上一级人民检察院备案的逮捕案件。根据相关法律规定，人民检察院办理下列审查逮捕案件，应当报上一级人民检察院备案：批准逮捕的危害国家安全的案件、涉外案件等。上级人民检察院对报送的备案材料应当进行审查，发现错误的，应当在10日以内将审查意见通知报送备案的下级人民检察院或者直接予以纠正。

（二）逮捕的执行

逮捕犯罪嫌疑人、被告人，一律由公安机关执行。公安机关执行逮捕的程序是：

人民检察院批准、人民法院决定逮捕的犯罪嫌疑人、被告人，应当由县级以上公安机关负责人签发逮捕证，立即执行，并将执行回执及时送达原决定的机关。如果未能执行，也应当将回执送达原决定的机关，并写明未能执行的原因。

执行逮捕的侦查人员不得少于2人。执行逮捕时，必须向被逮捕人出示逮捕证，并责令被逮捕人在逮捕证上签名（盖章）、捺指印，拒绝签名（盖章）、捺指印的，应当注明。

逮捕犯罪嫌疑人、被告人后，应当立即将被逮捕人送看守所羁押。除无法通知的以外，应当在逮捕后24小时以内，通知被逮捕人的家属。提请批准逮捕的公安机关、批准或决定逮捕的人民检察院或者人民法院，应当在24小时之内进行讯问。对于发现不应当逮捕的，应当变更强制措施或者立即释放。立即释放的，应当发给释放证明。

对犯罪嫌疑人执行逮捕后，应当在24小时内制作逮捕通知书，送达被逮捕人家属或者单位，但有下列情形之一的，可以不予通知：（1）同案的犯罪嫌疑人可能逃跑，隐匿、毁弃或者伪造证据的；（2）不讲真实姓名、住址、身份不明的；（3）其他有碍侦查或者无法通知的。但上述情形消除后，应当立即通知被逮捕人的家属或者他的所在单位。

（三）逮捕的变更、撤销或解除

我国《刑事诉讼法》第96—99条对逮捕等强制措施规定了变更、撤销、解除和救济程序，具体如下：

人民法院、人民检察院和公安机关如果发现对犯罪嫌疑人、被告人采取强制措施不当的，应当及时撤销或者变更。公安机关释放被逮捕的人或者变更逮捕措施的，应当通知原批准的人民检察院。

犯罪嫌疑人、被告人及其法定代理人、近亲属或者辩护人有权申请变更强制措施。人民法院、人民检察院和公安机关收到申请后，应当在3日以内作出决定；不同意变更强制措施的，应当告知申请人，并说明不同意的理由。

犯罪嫌疑人、被告人被羁押的案件，不能在《刑事诉讼法》规定的侦查羁押、审查起诉、一审、二审期限内办结的，对犯罪嫌疑人、被告人应当予以释放；需要继续查证、审理的，对犯罪嫌疑人、被告人可以取保候审或者监视居住。

人民法院、人民检察院或者公安机关对被采取强制措施法定期限届满的犯罪嫌疑人、被告人，应当予以释放、解除取保候审、监视居住或者依法变更强制措施。犯罪嫌疑人、被告人及其法定代理人、近亲属或者辩护人对于人民法院、人民检察院或者公安机关采取强制措施法定期限届满的，有权要求解除强制措施。

四、逮捕后羁押必要性审查

根据《刑事诉讼法》第95条的规定，犯罪嫌疑人、被告人被逮捕后，人民检察院仍应当对羁押的必要性进行审查。对不需要继续羁押的，应当建议予以释放或者变更强制措施。有关机关应当在10日以内将处理情况通知人民检察院。由此建立了我国的逮捕后羁押必要性审查制度。《人民检察院办理羁押必要性审查案件规定（试行）》对此又作了进一步的规定。

根据法律和司法解释的规定，人民检察院的逮捕后羁押必要性审查，具有以下内容和特点：

第一，逮捕后羁押必要性审查的主体只能是人民检察院。该权力系人民检察院的专属权力，源于人民检察院在刑事诉讼法中的法律监督地位。根据《人民检察院办理羁押必要性审查案件规定（试行）》第8条的规定，羁押必要性审查的申请由办案机关对应的同级人民检察院刑事执行检察部门统一受理。

第二，逮捕后羁押必要性审查的客体包括人民检察院批准逮捕的案件、决定逮捕的案件以及人民法院决定逮捕的案件。对于上述案件，人民检察院均有权在逮捕后对其羁押必要性进行审查。

第三，逮捕后羁押必要性审查的启动方式可以是人民检察院依职权进行审查，也可以是人民检察院依犯罪嫌疑人、被告人及其法定代理人、近亲属或者辩护人的申请而进行审查。根据最高人民检察院《规则》第616条和第618条的规定，犯罪嫌疑人、被告人被逮捕后，人民检察院仍应当对羁押的必要性进行审查。人民检察院发现或者根据犯罪嫌疑人、被告人及其法定代理人、近亲属或者辩护人的申请，经审查认为不需要继续羁押的，应当建议有关机关予以释放或者变更强制措施。犯罪嫌疑人、被告人及其法定代理人、近亲属或者辩护人可以申请人民检察院进行羁押必要性审查，申请时应当说明不需要继续羁押的理由，有相关证据或者其他材料的，应当提供。

第四，逮捕后羁押必要性审查的内容是由人民检察院对是否有继续羁押的必要性进行审查，而不是对之前的逮捕决定是否合法进行审查。有些案件虽然在当初批准或决定逮捕时符合法定逮捕条件，但时过境迁，案件事实和证据都有可能发生变化,或者出现了新事实,从而使得继续羁押犯罪嫌疑人、被告人变得没有必要。

人民检察院进行羁押必要性审查,可以采取以下方式:(1)审查犯罪嫌疑人、被告人不需要继续羁押的理由和证明材料;(2)听取犯罪嫌疑人、被告人及其法定代理人、辩护人的意见;(3)听取被害人及其法定代理人、诉讼代理人的意见,了解是否达成和解协议;(4)听取现阶段办案机关的意见;(5)听取侦查监督部门或者公诉部门的意见;(6)调查核实犯罪嫌疑人、被告人的身体状况;(7)其他方式。

第五,经人民检察院复查后,对不需要继续羁押的,应当建议予以释放或变更强制措施。根据《人民检察院办理羁押必要性审查案件规定(试行)》第17条规定,经羁押必要性审查,发现犯罪嫌疑人、被告人具有下列情形之一的,应当向办案机关提出释放或者变更强制措施的建议:(1)案件证据发生重大变化,没有证据证明有犯罪事实或者犯罪行为系犯罪嫌疑人、被告人所为的;(2)案件事实或者情节发生变化,犯罪嫌疑人、被告人可能被判处拘役、管制、独立适用附加刑、免予刑事处罚或者判决无罪的;(3)继续羁押犯罪嫌疑人、被告人,羁押期限将超过依法可能判处的刑期的;(4)案件事实基本查清,证据已经收集固定,符合取保候审或者监视居住条件的。

根据《人民检察院办理羁押必要性审查案件规定(试行)》第18条规定,经羁押必要性审查,发现犯罪嫌疑人、被告人具有下列情形之一,且具有悔罪表现,不予羁押不致发生社会危险性的,可以向办案机关提出释放或者变更强制措施的建议:(1)预备犯或者中止犯;(2)共同犯罪中的从犯或者胁从犯;(3)过失犯罪的;(4)防卫过当或者避险过当的;(5)主观恶性较小的初犯;(6)系未成年人或者年满75周岁的人;(7)与被害方依法自愿达成和解协议,且已经履行或者提供担保的;(8)患有严重疾病、生活不能自理的;(9)系怀孕或者正在哺乳自己婴儿的妇女;(10)系生活不能自理的人的唯一扶养人;(11)可能被判处1年以下有期徒刑或者宣告缓刑的;(12)其他不需要继续羁押犯罪嫌疑人、被告人的情形。

人民检察院经审查认为无继续羁押必要的,检察官应当报经检察长或者分管副检察长批准,以本院名义向办案机关发出释放或者变更强制措施建议书,并要求办案机关在10日以内回复处理情况。办案机关未在10日以内回复处理情况的,可以报经检察长或者分管副检察长批准,以本院名义向其发出纠正违法通知书,要求其及时回复。有关办案机关没有采纳人民检察院建议的,应当说明理由和依据。对人民检察院办理的案件，经审查认为不需要继续羁押犯罪嫌疑人的，应当建议办案部门予以释放或者变更强制措施。

思考题：

1. 在我国，逮捕是否需要以拘留为前置程序和条件？为什么？
2. 试分析我国刑事侦查实践中"羁押为原则、非羁押为例外"现象的制度原因和破解思路。
3. 在强制措施适用中如何贯彻比例原则？
4. 有学者认为我国实行逮捕与羁押一体的做法，已导致逮捕功能异化，进而主张建立逮捕与羁押分离的程序机制，你怎么看待这种观点？
5. 强制措施与刑罚措施的根本区别在哪里？

▶ 自测习题及参考答案

第九章　附带民事诉讼

犯罪不仅破坏社会秩序，而且被害人还可能因人身权利受到犯罪侵犯或者财产被犯罪分子毁坏而遭受物质损失。为了维护被害人的合法权益，国家在追究犯罪分子刑事责任的同时，赋予被害人在刑事诉讼过程中提起附带民事诉讼的权利。法院根据被害人的请求，附带解决被告人赔偿被害人物质损失的问题。附带民事诉讼制度有利于及时维护被害人的物质性利益，节约司法资源，提高司法效率。

第一节　附带民事诉讼概述

附带民事诉讼是一种特殊类型的民事诉讼，应准确理解和认识附带民事诉讼的概念、意义和特点。

一、附带民事诉讼的概念和意义

附带民事诉讼，是指司法机关在刑事诉讼过程中，在解决被告人刑事责任问题的同时，附带解决因被告人的犯罪行为给被害人造成的物质损失的赔偿问题而进行的诉讼活动。附带民事诉讼案件由人民法院审理和裁判，但有权提起附带民事诉讼的人可以在审判前阶段提出赔偿请求，经公安机关、检察机关记录在案，案件起诉后，由人民法院按附带民事诉讼案件受理。在侦查阶段、审查起诉阶段，公安机关、人民检察院可以进行调解。

附带民事诉讼本质上是一种民事诉讼，属于侵权损害赔偿诉讼。犯罪作为一种侵权行为，可能给被害人造成人身权利或者财产权利方面的物质损失。为维护被害人的合法权益，被害人或其法定代理人、近亲属有权依法提起民事诉讼，请求法院判令被告人或其他依法负有赔偿义务的人赔偿损失。附带民事诉讼具有与普通民事诉讼相同的特征，当事人一样享有民事诉讼权利，承担民事诉讼义务。因这种民事诉讼在刑事诉讼过程中提起，并且依附于刑事诉讼过程，在刑事诉讼过程中附带进行，因而称之为附带民事诉讼。

附带民事诉讼制度具有重要的意义：

首先，有利于及时维护被害人的合法权益。维护被害人的合法权益本身也是刑事诉讼的任务之一。当犯罪行为给被害人造成物质损害的时候，维护被害人的合法权益，就是既要让犯罪分子承担相应的刑事责任，又要让其赔偿犯罪行为给被害人造成的物质损失。尽管在刑事诉讼过程结束后被害人也有权单独提起民事诉讼，要求赔偿损失，但若等到刑事诉讼结束后再进行民事诉讼，获得民事赔偿的时间就会大大延迟。附带民事诉讼则可以让被害人尽快获得赔偿。

其次，有利于正确处理赔偿纠纷。在犯罪造成被害人物质损失的情况下，成为刑事责任根据的犯罪事实与成为民事责任根据的侵权事实完全或者部分地重合，刑事法律关系与民事法律关系同时发生。在处理刑事案件过程中同时解决被害人物质损失的民事赔偿问题，有利于查明案件事实，正确认定侵权责任，从而正确、公正地处理民事赔偿纠纷，协调两种法律责任的承担，避免民事判决与刑事判决在事实认定或责任判定上出现相互矛盾的情形。

最后，有利于提高诉讼效率，节约司法资源。由于刑事诉讼与所附带的民事诉讼在案件事实、诉讼参与人等方面基本相同，因而在刑事诉讼过程中由同一审判组织一并审判附带民事诉讼案件，解决赔偿纠纷问题，可以大大提高诉讼效率，节约司法资源，同时减轻诉讼参与人的负担。

二、附带民事诉讼的特点

与刑事诉讼和普通民事诉讼相比较，附带民事诉讼具有以下特点：

(一) 诉讼属性的民事性

尽管附带民事诉讼案件与刑事诉讼案件所涉及的案件事实基本相同，又由同一个刑事审判组织在同一个刑事审判过程中审判，但附带民事诉讼在性质上仍属于民事诉讼，而非刑事诉讼。人民法院和当事人进行诉讼活动应适用民事诉讼法的有关程序规定。

(二) 诉讼过程的依附性

附带民事诉讼的提起以正在进行的刑事诉讼为前提，因而只能在刑事诉讼开始后提起。在刑事诉讼开始前和刑事诉讼案件第一审判决宣告后，都不能提起附带民事诉讼。刑事案件第一审判决宣告后，当事人只能另行提起民事诉讼。当事人在第二审程序中提起附带民事诉讼的，人民法院可以进行调解。调解不成的，告知当事人可以在刑事判决、裁定生效后另行提起民事诉讼。

(三) 诉讼标的内容的特定性

诉讼标的就是原、被告双方争议和法院审判的民事法律关系。诉讼标的内容的特定性，实质也就是成为争议并可以请求法院裁判的民事法律关系的特定性。附带民事诉讼标的内容的特定性，主要体现在两个方面：

第一,被害人请求赔偿的损失只能是物质损失,不包括精神损害。物质损失包括犯罪行为造成被害人人身损害后产生的医疗费、护理费、交通费、误工损失等。物质损失还包括被害人的财物被犯罪分子毁坏而受到的损失。这里所说的物质损失既指已经发生的损失,也包括将来必然要发生的损失,如后续治疗费用、因伤残失去劳动能力后的生活费等。尽管犯罪在给被害人造成物质损失的同时,通常都会造成被害人的精神损害,被害人有时甚至没有物质损失却有精神损害,但被害人在附带民事诉讼中提出精神损害赔偿请求的,法院不予受理或者不予支持。2010年7月1日起施行的《侵权责任法》第22条规定:"侵害他人人身权益,造成他人严重精神损害的,被侵权人可以请求精神损害赔偿。"但《刑事诉讼法》和相关司法解释仍规定,被害人可以请求赔偿的仅限于因犯罪行为而遭受的物质损失。

第二,被害人所遭受的物质损失必须是由被告人的犯罪行为造成的。换言之,被害人的损失与被告人的犯罪行为之间必须具有直接的因果关系,即被害人的物质损失是由被告人的犯罪行为所造成的。

第二节 附带民事诉讼当事人

同其他民事诉讼一样,附带民事诉讼当事人是民事诉讼法律关系的基本要素,包括附带民事诉讼原告人和附带民事诉讼被告人。附带民事诉讼当事人在附带民事诉讼中享有民事诉讼当事人的诉讼权利,也承担民事诉讼当事人的诉讼义务。

一、附带民事诉讼原告人

附带民事诉讼原告人,是指以自己的名义向人民法院提起附带民事诉讼的人。有权以自己的名义提起附带民事诉讼的通常是被害人,但不限于被害人,也不限于自然人。依据《刑事诉讼法》第101条和最高人民法院《解释》第138条、第142条的规定,下列自然人和单位可以成为附带民事诉讼原告人:

第一,因犯罪行为遭受物质损失的自然人。被害人中绝大多数都是自然人。如果自然人被害人因人身权利受到犯罪侵犯或者财物被犯罪毁坏,则该自然人被害人有权提起附带民事诉讼,因而自然人被害人是最为常见的附带民事诉讼原告人。

第二,被害人的法定代理人和近亲属。被害人死亡或者丧失行为能力的,被害人的法定代理人或者近亲属有权直接以自己的名义提起附带民事诉讼，成为附带民事诉讼原告人。

第三，因犯罪行为遭受物质损失的被害单位。被害单位也就是单位被害人。当犯罪行为毁坏了单位的财物而使单位因此受到物质损失时，该被害单位可以作为附带民事诉讼原告人提起附带民事诉讼。

第四，人民检察院。如果国家财产、集体财产因犯罪行为遭受损失，而受损失的单位不提起附带民事诉讼，那么，提起公诉的人民检察院可以同时提起附带民事诉讼，以维护国家或者集体的财产权。人民检察院提起附带民事诉讼后，就具有了双重身份，即既是刑事诉讼中的公诉机关，又是附带民事诉讼原告人。

除了受到犯罪行为直接侵害而遭受物质损失的被害人以外，其他的自然人或者单位也可能因为犯罪行为而遭受物质损失，但他们又不是刑事诉讼中的被害人。例如，被害人为了躲避犯罪分子追杀而采取紧急避险行为，给他人的财物造成了损害，或者他人为救治、安葬受到犯罪侵害的被害人而支付了费用。对于因他人犯罪而遭受损失的自然人或者单位是否可以作为附带民事诉讼原告人提起附带民事诉讼，法律上并无规定，理论上有不同见解。[1] 我们认为，从《刑事诉讼法》及其司法解释的规定来看，上述因犯罪行为间接受到物质损失的自然人或单位，不能成为附带民事诉讼的原告人。他们可以依据《民法总则》第182条、第183条等的规定，要求侵权人赔偿自己的损失。

需要注意的是，并非所有因其财产受到犯罪侵犯而遭受损失的被害人都可以成为附带民事诉讼原告人。依据司法解释的规定，只有财物被犯罪分子毁坏而遭受物质损失的被害人，才可以提起附带民事诉讼。常见的侵犯财产犯罪表现为非法占有、处置他人财产。对非法占有、处置他人财产的，由办案机关依法追缴或者责令退赔，可以更加便捷有效地维护被害人的合法权益。因此，被害人因被犯罪分子非法占有、处置财产而遭受损失的，不能作为附带民事诉讼原告人提起附带民事诉讼。

二、附带民事诉讼被告人

附带民事诉讼被告人，是指对犯罪行为造成的物质损失负有赔偿义务而参加诉讼的人。在大多数情况下，附带民事诉讼被告人就是刑事被告人本人。但除了刑事被告人以外，其他主体也可能成为附带民事诉讼被告人。确认刑事被告人以

---

[1] 参见王俊民：《附带民事诉讼当事人范围新问题探究》，载《法学》2001年第2期。

外的其他单位和个人具有附带民事诉讼被告人的主体资格,有利于维护被害人和其他因犯罪行为而遭受物质损失的人的合法权益。下列负有赔偿责任的人可以成为附带民事诉讼被告人:

第一,刑事被告人以及共同犯罪案件中未被追究刑事责任的共同侵权人。共同犯罪中,在逃同案犯不能作为附带民事诉讼共同被告人,诉讼过程中又到案的,可以对其提起附带民事诉讼,追加为附带民事诉讼被告人。参与共同犯罪中的人即使不负刑事责任,也仍然可以被列为附带民事诉讼被告人,使其承担民事赔偿责任。原告人除了可以将所有刑事被告人都作为附带民事诉讼被告人外,还可以将那些未被追究刑事责任的共同侵权人也列为附带民事诉讼被告人。

第二,刑事被告人的监护人。例如未成年人犯罪案件中,其法定代理人作为监护人对未成年刑事被告人给被害人造成的物质损失负有赔偿责任,因而可以成为附带民事诉讼被告人。

第三,死刑罪犯的遗产继承人。刑事被告人被执行死刑后,附带民事诉讼如果尚未同时审结,则需将死刑罪犯的遗产继承人列为附带民事诉讼被告人。

第四,共同犯罪案件中,案件审结前死亡的被告人的遗产继承人。

第五,对被害人的物质损失依法应当承担赔偿责任的其他单位和个人。例如,单位机动车驾驶人员在执行单位事务过程中交通肇事,致人重大伤亡或者财产重大损失,构成犯罪的,该单位同时成为附带民事诉讼被告人。

第三节 附带民事诉讼的提起

附带民事诉讼应当依据法律规定的起诉条件,在规定的期间内,向有管辖权的法院提起。

一、提起附带民事诉讼的条件

提起附带民事诉讼需要同时符合下列条件:

第一,起诉人符合法定条件。即提起附带民事诉讼的人必须具备附带民事诉讼原告人的资格。本章第二节中我们阐述了可以提起附带民事诉讼从而成为附带民事诉讼原告人的几类主体,提起附带民事诉讼的人必须属于这几种情形之一。

第二,有明确的附带民事诉讼被告人。附带民事诉讼被告人必须是属于本章第二节所列举的对被害人物质损失负有赔偿责任的人,而且必须具体明确,包括姓名、住址、联系方式等都要明确。

第三，有请求赔偿的具体要求和事实、理由。

第四，属于人民法院受理附带民事诉讼的范围。例如，以受到精神损害为由提起附带民事诉讼的，或者应当由办案机关依法予以追缴或者责令退赔的情形但起诉人提起附带民事诉讼的，都不属于人民法院受理附带民事诉讼的范围。

不符合提起附带民事诉讼的条件，人民法院不予受理或者立案。

二、提起附带民事诉讼的程序

提起附带民事诉讼的程序包括提起的时间、提起的方式。

（一）提起附带民事诉讼的时间

依据《刑事诉讼法》第101条规定，有权提起附带民事诉讼的人可以在刑事案件立案以后、一审刑事判决宣告之前的任何阶段提起附带民事诉讼。在公诉案件的侦查和审查起诉阶段，起诉人可以向侦查机关或者人民检察院对负有赔偿义务的人提出赔偿要求。侦查机关、人民检察院并非民事诉讼案件的审判机关，但可以接受起诉人提出的附带民事诉讼起诉状等诉讼材料，在提起公诉时将这些诉讼材料一并移送人民法院。根据起诉人提出的赔偿要求，经侦查机关或者人民检察院调解，当事人双方就赔偿问题达成协议且已经全部履行的，起诉人不能在审判阶段重新提起附带民事诉讼，但有证据证明调解违反自愿、合法原则的除外。如果未能达成调解协议或者协议未全部履行，办案机关仍应将起诉人提起的附带民事诉讼的材料转给下一阶段的办案机关。人民检察院作出不起诉决定的，告知起诉人可以另行向人民法院提起民事诉讼。刑事案件一审期间人民检察院撤回公诉的，对于已经提起的附带民事诉讼，人民法院可以进行调解，不宜调解或者调解不成的，裁定驳回起诉，并告知附带民事诉讼原告人另行提起民事诉讼。附带民事诉讼原则上只能在第一审程序中提起，如果在第一审程序中未提起附带民事诉讼，而在第二审程序中提起，第二审人民法院可以受理起诉，但只能进行调解。调解不成的，告知当事人可以在刑事判决、裁定生效后另行提起附带民事诉讼。

（二）提起附带民事诉讼的方式

提起附带民事诉讼原则上应采取书面形式，即应当提交附带民事起诉状。作为例外，起诉人提交起诉状有困难的，也可以口头形式起诉，由附带民事诉讼原告人陈述诉讼请求、起诉的事实和理由，由办案人员将其提出的口头起诉如实记录在案，陈述者阅读无误后签名。无论是提出书面的起诉状还是以口头形式起诉，都应当具体说明当事人的姓名、年龄、住址等情况；原告人或被告人是单位的，则应说明该单位的名称、住所地、法定代表人或负责人,遭受犯罪侵害而产生的物质损失的情况,具体的诉讼请求,起诉的理由等,并提交相应的证据。

第四节　附带民事诉讼案件的审判

附带民事诉讼作为一种在刑事审判中附带进行的民事诉讼活动,这类案件的审判既有普通民事诉讼的共同特征,又有自身的特殊性。所以,尽管《刑事诉讼法》对附带民事诉讼案件的审判作了一些特别规定,而审判附带民事诉讼案件的主要依据仍是《民事诉讼法》。

一、审判原则

附带民事诉讼本质上属于民事诉讼,因而《民事诉讼法》规定的审判民事案件的基本原则都适用于附带民事诉讼,例如便利当事人诉讼原则、调解原则、辩论原则、处分原则、检察监督原则等。但是,附带民事诉讼案件的审判还应当遵循特有的原则。这个特有原则就是附带民事案件与刑事案件一并审判原则。

一并审判原则,是指人民法院在审理刑事案件的同时,由同一审判组织审理附带民事诉讼,并对刑事案件和附带民事案件一并作出判决。附带民事诉讼制度的宗旨就是提高诉讼效率,及时维护被害人的合法权益。因而,作为基本原则,人民法院在开庭审理刑事案件时应一并审理附带民事案件。由于民事诉讼是附带在刑事程序中进行的,因而在开庭审理过程中,人民法院首先对刑事部分进行法庭调查,刑事部分调查完毕后再进行民事部分的调查;在法庭辩论阶段,刑事部分的辩论终结后再进行民事部分的辩论;附带民事诉讼部分辩论结束后,可以就民事赔偿问题进行当庭调解,调解不成的,与刑事部分一并进入评议和裁判程序,由合议庭分别对刑事案件的定罪量刑问题和附带民事诉讼的赔偿问题作出裁判。

一并审判是附带民事诉讼审判的基本原则,但也有例外。为了防止刑事案件过分迟延,也可以在刑事案件审判结束后再由同一审判组织继续审理附带民事诉讼。刑事案件审理期限更为严格,为了及时惩处犯罪,就需要在法定的审理期限内及时审结案件。而且,如果刑事被告人处于被羁押期限状态,刑事案件的迟延审结将使被告人的合法权益受到不必要的损害。因此,如果因为附带民事诉讼案件案情复杂或者当事人不能及时到案参与诉讼等不能及时审结的,人民法院也可以先对刑事案件进行审判,然后再由同一审判组织在刑事程序结束后继续审理附带民事诉讼案件。

二、财产保全

2012年修正的《刑事诉讼法》确立了附带民事诉讼中的财产保全制度。附带民事诉讼中的财产保全，是指为了保证附带民事诉讼判决得以顺利执行，人民法院依据附带民事诉讼原告人（包括提起公诉的人民检察院）的申请或者依据职权，依法对被告人的财产采取查封、扣押或者冻结措施的活动。财产保全通常在提起附带民事诉讼之后申请，但在紧急情况下，例如发现被告人有隐匿、转移财产，不立即申请财产保全将造成日后附带民事诉讼判决难以执行的情况，有权提起附带民事诉讼的人可以在人民法院受理附带民事诉讼之前，向被保全财产所在地、被告人居住地或者对案件有管辖权的人民法院申请采取保全措施，即诉前保全。采取诉前保全措施的，申请人需在人民法院受理刑事案件后15日内提起附带民事诉讼。逾期未提起附带民事诉讼的，人民法院将解除财产保全措施。与普通民事诉讼一样，人民法院对于附带民事诉讼过程中申请财产保全的，可以要求申请人提供担保；如果是申请诉前保全的，人民法院应当要求其提供担保。

三、附带民事诉讼的审理和裁判

（一）案件受理

人民法院应在附带民事原告人提起附带民事诉讼后7日以内作出是否受理的决定。符合《刑事诉讼法》第101条规定及司法解释有关规定的应当受理，并应当在5日以内向附带民事诉讼被告人及其法定代理人送达附带民事诉讼起诉状副本，或者将口头起诉的内容及时间通知附带民事诉讼被告人及其法定代理人，并制作笔录。在送达起诉状副本或通知其应诉时，人民法院应根据刑事案件审理的期限，确定附带民事诉讼被告人及其法定代理人提交答辩状的时间。

> 拓展阅读
> 陈灼昊案刑事附带民事判决书

（二）举证责任

与刑事诉讼不同，附带民事诉讼中的举证责任承担依据《民事诉讼法》的规定。附带民事诉讼当事人对自己提出的主张，有责任提供证据。附带民事诉讼原告人主张被害人受到犯罪行为侵害而致其人身权利或者财产受到损害的，应对受损害的事实以及所遭受物质损失的具体情况提供证据予以证明；附带民事诉讼被告人如果主张被害人的损害结果与其犯罪行为之间无因果关系，或者主张自己已经向被害人进行了全部或部分赔偿,则同样应当提供证据予以证明。

(三) 调解与和解

附带民事诉讼案件审理过程中,人民法院可以根据自愿、合法的原则进行调解。经调解达成协议的,应当制作调解书。调解书经双方当事人签收后,即具有法律效力。调解达成协议并即时履行完结的,可以不制作调解书,但应当制作笔录,经双方当事人、审判人员、书记员签名或者盖章后即发生法律效力。诉讼过程中当事人之间也可以就赔偿问题自行和解。自行和解达成协议并已履行完毕的,附带民事诉讼原告人可以撤回起诉,并由人民法院记入审判笔录。当事人之间就赔偿问题自愿达成调解或者和解协议的,赔偿范围和数额可以不受法律或司法解释规定的限制。

人民检察院作为附带民事诉讼原告人提起诉讼的,人民法院不得进行调解,应依法判决附带民事诉讼被告人承担或不承担赔偿责任。人民法院经审理认为附带民事诉讼被告人依法应当承担赔偿责任的,应当判令其直接向遭受损失的单位作出赔偿;遭受损失的单位已经终止的,有权利义务继受人的,向继受人作出赔偿;没有继受人的,人民法院应当判令向人民检察院作出赔偿,由人民检察院上缴国库。

(四) 裁判

附带民事诉讼案件经审理后不宜调解或者调解不成的,应当及时判决。经审理,法院对刑事案件作出证据不足,指控的罪名不能成立的无罪判决,或者认为附带民事诉讼原告人主张的事实缺乏证据,诉讼请求缺乏充分理由的,应当判决驳回附带民事诉讼原告人的诉讼请求;经审理,认为指控的事实清楚,但行为依法不构成犯罪或者依法不应追究刑事责任的,如果被告人侵权事实清楚,应判令附带民事诉讼被告人依法承担赔偿责任;经审理后支持附带民事诉讼原告人诉讼请求的,应当根据犯罪对被害人造成损害的程度,结合附带民事诉讼被告人的赔偿能力和已经对被害人作出的部分赔偿等情况,依据有关规定,判令附带民事诉讼被告人承担相应的赔偿数额。人民法院准许人民检察院撤回公诉的,对于已经受理的附带民事诉讼,人民法院不宜调解或者调解不成的,应当裁定驳回起诉,并告知附带民事诉讼原告人可以另行提起民事诉讼。

人民法院审理附带民事诉讼案件,不得收取诉讼费用,因而裁判文书不涉及诉讼费用的内容。

思考题:

1. 附带民事诉讼制度有何重要意义?

2. 试述附带民事诉讼当事人资格。
3. 附带民事诉讼与普通民事诉讼有哪些联系与区别?

▶ 自测习题及参考答案

第十章 期间与送达

刑事诉讼是一项非常严肃的法律活动，不仅涉及惩罚打击犯罪，而且不论诉讼的过程还是诉讼的结果，都将涉及对公民的基本权利包括人身权利和财产权利的限制和剥夺，因此对刑事诉讼活动的期间需要作出严格的规定，公安司法机关及诉讼参与人必须在法定的诉讼期间内进行诉讼活动。同时，诉讼活动既然涉及公安司法机关及诉讼参与人，就需要通过诉讼文书的送达，使诉讼活动在既定的时间、场所顺利地进行并产生相应的法律效力。本章将围绕刑事诉讼的期间与送达展开论述，深入解读。

第一节 刑事诉讼活动的期间

一、期间的概念与确定的依据

刑事诉讼中的期间，是指公安司法机关以及当事人和其他诉讼参与人进行刑事诉讼活动应当遵守的时间期限。刑事诉讼期间一般由法律明文规定，称之为法定期间；在法律允许的范围内可以由公安司法机关指定，称之为指定期间。因主体的不同，期间可划分为公安司法机关应当遵守的期间和当事人及其他诉讼参与人应当遵守的期间。

期间特别是法定期间，既然是公安司法机关以及当事人和其他诉讼参与人进行刑事诉讼活动应当遵守的时间期限，那么，确定刑事诉讼的期间就会涉及多方面的因素。如果确定不当，就会对刑事诉讼活动以及当事人、诉讼参与人造成不利的影响。从理论上讲，确定刑事诉讼活动的期间主要应当考虑以下几点：其一，应当考虑公安司法机关进行诉讼活动所必需的时间，并且不同诉讼活动的诉讼期间，比如侦查、审查起诉、审判的期间应当有所不同。诉讼期间时间太短，可能不能完成诉讼任务，不利于惩罚打击犯罪；诉讼期间时间太长，势必损害当事人的合法权益，同时还将浪费诉讼资源，降低诉讼效率。其二，应当考虑诉讼参与人特别是犯罪嫌疑人、被告人在诉讼活动中能够有效行使诉讼权利和切实维护合法权益的需要。比如开庭前被告人提前获得起诉书和准备辩护的时间，时间太短，不利于他充分做好辩护的准备；时间太长，又会使他处于过长的不确定的状态，身心受到煎熬。又如，上诉期如果确定得不合适，要么对被告人行使上诉权不利，要么会使诉讼拖延，产生诸多不利的影响。

> **拓展阅读**
> 最高人民检察院关于审查起诉期间犯罪嫌疑人脱逃或者患有严重疾病的应当如何处理的批复

在刑事诉讼中，期间一旦确定，不论是公安司法机关还是当事人以及其他诉讼参与人，都应当严格遵守，否则，就应当承担不利的诉讼后果。例如，公安机关拘留犯罪嫌疑人超过了法定期限，被拘留人或其家属有权要求释放，公安机关必须立即释放；又如，有上诉权的人在法定期限内无正当理由没有提出上诉，就会丧失上诉权。不仅如此，对于违反法定期间的办案行为，还应当追究有关人员的法律责任。例如，超期羁押就是一种违法办案行为，不仅要解除羁押措施，还应追究有关人员的违法责任。

在刑事诉讼中，与期间相关的还有一个期日的概念。它是指公安司法机关和诉讼参与人共同进行刑事诉讼活动的特定时间。比如，法院通知公诉人、被告人、辩护人以及其他诉讼参与人开庭审理案件的日期。刑事诉讼中的期日不是由法律明文规定，一般是在法定诉讼期间内由办案机关依职权决定或由办案机关与有关人员协商确定后通知有关人员。由此可见，期日的确定是有一定灵活性、机动性的，而期间的确定特别是法定期间，不具有灵活性、机动性。

二、期间的计算

期间既然是公安司法机关以及当事人和其他诉讼参与人进行刑事诉讼活动应当遵守的时间期限，那么期间的计算问题就显得非常重要。计算不当或发生错误，对于公安司法机关而言，可能会发生违法办案问题或者侵犯当事人的诉讼权利；对于当事人来讲，则可能丧失行使诉讼权利的法定机会。因此，要做到遵守刑事诉讼活动的期间，首先应当掌握与期间计算相关的若干问题。

（一）期间的计算单位和一般计算方法

根据《刑事诉讼法》第105条的规定，通常情况下，期间的计算涉及计算单位和一般计算方法两个基本问题。关于计算单位，该条第1款规定："期间以时、日、月计算。"这意味着期间有三种计算单位：有以"时"为计算单位的，例如，除法律另有规定外，"传唤、拘传持续的时间不得超过十二小时"；有以"日"为计算单位的，例如，"公安机关对被拘留的人，认为需要逮捕的，应当在拘留后的三日以内，提请人民检察院审查批准"；有以"月"为计算单位的，例如，"人民法院、人民检察院和公安机关对犯罪嫌疑人、被告人取保候审最长不得超过十二个月，监视居住最长不得超过六个月"。

关于期间的一般计算方法，根据《刑事诉讼法》第 105 条的规定，也分四种不同情形：其一，期间的起算方法，"期间开始的时和日不算在期间以内"，即以时、日为计算单位的期间，应当从第二时、第二日起开始计算。其二，期间终止日的确定方法，如果期间终止日为正常工作日的，即以该日为期间的终止日。但是，如果"期间的最后一日为节假日的，以节假日后的第一日为期满日期"。节假日有变通规定的，以实际休假日后的第一个工作日为期间届满的日期。但是，犯罪嫌疑人、被告人或者罪犯在押期间的终止日，应当至期间正常届满之日为止，不得因节假日而延长。例如，犯罪嫌疑人被拘留后，如果人民检察院审查批捕期限届满之日为 10 月 1 日，即应当以此为限适时作出批准逮捕与否的决定，不应顺延。其三，法定期间是否包括路途时间，"法定期间不包括路途上的时间。上诉状或者其他文件在期满前已经交邮的，不算过期"。其四，以"月"为期间单位的计算方法。根据最高人民法院的解释，以月为单位的，通常按照公历月，不分大月、小月，自本月某日至下月同日为 1 个月。但是，如果下月没有同一日期，则以最后一日为 1 个月。例如，人民检察院 1 月 31 日将案卷退回公安机关补充侦查，由于 2 月份没有 31 日，那么 2 月的最后一日，即 28 日或者 29 日即为满月之日。此外，遇有以半月为期的，不分大、小月，均以 15 天计，不受当月实际天数的影响。

（二）特殊情况的期间计算

根据《刑事诉讼法》及司法解释的有关规定，期间的计算在以下特殊情况下，计算方法有所不同：

第一，在侦查期间，发现犯罪嫌疑人另有重要罪行的，重新计算侦查羁押期限。"另有重要罪行"，是指与逮捕时的罪行不同种的重大犯罪以及同种犯罪并将影响罪名认定、量刑档次的重大犯罪。

第二，犯罪嫌疑人不讲真实姓名、住址，身份不明的，应当对其身份进行调查，侦查羁押期限自查清其身份之日起计算，但是不得停止对其犯罪行为的侦查取证。对于犯罪事实清楚，证据确实、充分，确实无法查明其身份的，也可以按其自报的姓名移送人民检察院审查起诉、审判。

第三，公安机关或者人民检察院补充侦查完毕后移送人民检察院或者人民法院的，人民检察院或者人民法院重新计算审查起诉或者审理期限。

第四，人民检察院和人民法院改变管辖的公诉案件，从改变后的办案机关收到案件之日起计算办案期限。

第五，第二审人民法院发回原审人民法院重新审判的案件，原审人民法院从收到发回案件之日起，重新计算审理期限。

第六，犯罪嫌疑人、被告人在押的案件，对他们作精神病鉴定的期间，不计入办案期限。除此以外的其他鉴定时间都应当计入办案期限。对于因鉴定时间较长，办案期限届满仍不能终结的案件，自期限届满之日起，应当对被逮捕的犯罪嫌疑人、被告人变更强制措施，改为取保候审或者监视居住。

第七，中止审理的期限不计入审理期限。根据《刑事诉讼法》第206条的规定，在审判过程中，有以下四种情形之一致使案件在较长时间内无法继续审理的，可以中止审理：被告人患有严重疾病，无法出庭的；被告人脱逃的；自诉人患有严重疾病，无法出庭，未委托诉讼代理人出庭的；由于不能抗拒的原因。中止审理的原因消失后，应当恢复审理。以上中止审理的期间不计入审理期限。

第八，延期审理的期限不计入审理期限。最高人民法院《关于严格执行案件审理期限制度的若干规定》对期间的计算还作出了以下特别规定：（1）由简易程序转为普通程序的第一审刑事案件的期限，从决定转为普通程序次日起重新计算。（2）下列期限不计入审理期限：刑事案件因另行委托、指定辩护人，人民法院决定延期审理的，自案件决定延期审理之日起至第10日止准备辩护的时间；公诉人发现案件需要补充侦查，提出延期审理建议后，合议庭同意延期审理的期间；刑事案件二审期间，人民检察院查阅案卷超过7日后的时间；因当事人、诉讼代理人、辩护人申请通知新的证人到庭、调取新的证据、申请重新鉴定或者勘验，人民法院决定延期审理1个月之内的期间。

三、期间的耽误与恢复

在正常情况下，办案机关、办案人员以及当事人在法定或指定的期间内完成诉讼活动不会发生什么问题。但是，不能排除在某些特殊情况下，上述人员未能在法定或指定的期间内完成诉讼活动，对于此种情况应当如何处理？《刑事诉讼法》第106条作了专门规定："当事人由于不能抗拒的原因或者有其他正当理由而耽误期限的，在障碍消除后五日以内，可以申请继续进行应当在期满以前完成的诉讼活动。前款申请是否准许，由人民法院裁定。"这一规定既涉及期间的耽误，也涉及期间的恢复。可以看出，其中对于期间的恢复设定了严格的条件，并非任何情况下的期间耽误都可以恢复。具体而言，期间的恢复必须具备以下条件：

第一，期间恢复的申请主体只限于当事人，其他任何人都不可以提出期间的恢复。这主要是考虑到当事人与案件本身及案件处理结果都有着直接的利害关系，为了充分维护当事人的诉讼权利和其他合法权益，在特定情况下可以恢复他们的诉讼期间。

第二，造成当事人期间的耽误必须是由于不能抗拒的原因或者有其他正当理由。不能抗拒的原因是指在诉讼活动中，发生了当事人不可预见、依靠自身力量又无法避免和无法克服的客观困难，例如，发生地震、洪水、台风、滑坡、泥石流、战争、大火等当事人本身无法抗拒的自然和社会现象，或者是当事人发生车祸、突患严重疾病等情况，使当事人无法实施诉讼行为。其他正当理由，指上述情况以外的来自当事人自身的具有正当性的其他事由，例如，当事人家中发生了重大或意外变故使其不得分身，等等。

第三，当事人应当在造成其期间耽误的障碍消除后的 5 日以内提出期间恢复的申请。这意味着并非具有"不能抗拒的原因或者有其他正当理由"，已经耽误的期间就可以无条件地恢复，而是要由当事人在前述障碍消除后的 5 日以内提出申请。

第四，期间恢复的申请是否准许，须由人民法院作出裁定。由此表明恢复期间的申请应当向审判本案的人民法院提出。人民法院在接到当事人的申请后，经过审查确认当事人提出的恢复期间的申请理由成立的，应当裁定恢复耽误的期间，准许其继续进行未完成的诉讼活动。

四、刑事诉讼的法定期间

刑事诉讼活动的运行，既涉及公安司法机关权力的行使，也涉及当事人以及其他诉讼参与人诉讼权利及其他合法权益的保障。因此，需要由法律对于公安司法机关以及诉讼参与人进行诉讼活动应当遵守的时间期限作出明确的规定，此即刑事诉讼的法定期间。根据《刑事诉讼法》的规定，法定期间主要包括：

（一）强制措施期间

传唤、拘传持续的时间最长不得超过 12 小时；案情特别重大、复杂，需要采取拘留、逮捕措施的，拘传、传唤持续的时间不得超过 24 小时。不得以连续传唤、拘传的形式变相拘禁犯罪嫌疑人、被告人。传唤、拘传犯罪嫌疑人，应当保证犯罪嫌疑人的饮食和必要的休息时间。拘传期限届满，未作出采取其他强制措施决定的，应当立即结束拘传。

取保候审最长不得超过 12 个月，人民法院、人民检察院决定取保候审的，负责执行的县级公安机关应当在收到法律文书和有关材料后 24 小时以内，指定被取保候审人居住地派出所核实情况后执行。

监视居住最长不得超过 6 个月，指定居所监视居住的，除无法通知的以外，应当制作监视居住通知书，在执行监视居住后 24 小时以内，由决定机关通知被监视居住人的家属。人民法院、人民检察院决定监视居住的，负责执行的县级公安机关应当在收到法律文书和有关材料后24小时以内，通知被监视居住人住处或者指定居所所在地的派出所，核实被监视居住人身份、住处或者居所等情况后执行。

拘留现行犯、重大嫌疑分子或者逮捕犯罪嫌疑人、被告人后，办案机关应当在24小时以内进行讯问。拘留后，应当立即将被拘留人送看守所羁押，至迟不得超过24小时。除无法通知或者涉嫌危害国家安全犯罪、恐怖活动犯罪通知可能有碍侦查的情形以外，应当在拘留后24小时以内通知被拘留人的家属。有碍侦查的情形消失以后，应当立即通知被拘留人的家属。逮捕后，应当立即将被逮捕人送看守所羁押。除无法通知的以外，应当在逮捕后24小时以内，通知被逮捕人的家属。

公安机关对被拘留的人认为需要逮捕的，应当在拘留后3日内提请人民检察院审查批准。特殊情况下，可以将提请审查批准的时间延长1—4日；对于流窜作案、多次作案、结伙作案的重大嫌疑分子，提请审查批准的时间可以延长至30日。人民检察院应当在接到公安机关提请批准逮捕书的7日以内，作出批准逮捕或者不批准逮捕的决定。人民检察院对直接受理的案件中被拘留的人，认为需要逮捕的，应当在14日以内作出决定。在特殊情况下，决定逮捕的时间可以延长1—3日。此外，根据《刑事诉讼法》第170条第2款的规定，对于监察机关移送起诉的已采取留置措施的案件，人民检察院应当对犯罪嫌疑人先行拘留，留置措施自动解除。人民检察院应当在拘留后的10日以内作出是否逮捕、取保候审或者监视居住的决定。在特殊情况下，决定的时间可以延长1—4日。人民检察院决定采取强制措施的期间不计入审查起诉期限。

(二) 侦查羁押期间

对犯罪嫌疑人逮捕后的侦查羁押期限不得超过2个月。案情复杂、期限届满不能终结的案件，可以经上一级人民检察院批准延长1个月。对于交通十分不便的边远地区的重大复杂案件，重大的犯罪集团案件，流窜作案的重大复杂案件以及犯罪涉及面广、取证困难的重大复杂案件，在上述3个月侦查羁押期限内不能办结的，经省、自治区、直辖市人民检察院批准或者决定，可以延长2个月。对于犯罪嫌疑人可能判处10年有期徒刑以上刑罚，在上述5个月内仍不能侦查终结的，经省、自治区、直辖市人民检察院批准或决定，可以再延长2个月。因为特殊原因，在较长时间内不宜交付审判的特别重大复杂的案件，由最高人民检察院报请全国人民代表大会常务委员会批准延期审理。

(三) 审查起诉期间

人民检察院对于移送审查起诉的案件，应当在1个月以内作出决定；重大、复杂的案件，1个月以内不能作出决定的，经检察长批准，可以延长15日。

对于补充侦查的案件，应当在1个月以内补充侦查完毕。补充侦查以两次为限。

被害人对于人民检察院作出的不起诉决定不服的，可以在收到决定书后7日内向上一级人民检察院提出申诉。被不起诉人对于人民检察院因"犯罪情节轻微，依照刑法规定不需要判处刑罚或者免除刑罚"而作出的不起诉决定不服，可以在收到决定书后7日内向作出决定的人民检察院提出申诉。

（四）一审程序期间

人民法院应当在开庭10日前将起诉书副本送达被告人、辩护人；开庭3日前将开庭的时间、地点通知人民检察院；开庭3日前将传唤当事人的传票和通知辩护人、诉讼代理人、法定代理人、证人、鉴定人等出庭的通知书送达；公开审理的案件，在开庭3日前公布案由、被告人姓名、开庭时间和地点。通知当事人、法定代理人、辩护人、诉讼代理人在开庭5日前提供证人、鉴定人名单。

检察人员在庭审中发现提起公诉的案件需要补充侦查并提出建议的，人民检察院应当在1个月以内补充侦查完毕。人民法院当庭宣告判决的，应当在5日以内将判决书送达当事人和提起公诉的人民检察院；定期宣告判决的，应当在宣告后立即将判决书送达当事人和提起公诉的人民检察院。判决被告人无罪、免除刑事处罚的，如果被告人在押，在宣判后应当立即释放。

人民法院审理公诉案件，应当在受理后2个月内宣判，至迟不得超过3个月。对于可能判处死刑的案件或者附带民事诉讼的案件，以及《刑事诉讼法》第158条规定的"四类案件"，经上一级人民法院批准，可以延长3个月。因特殊情况还需要延长的，报请最高人民法院批准。申请上级人民法院批准延长审理期限，应当在期限届满15日前层报。有权决定的人民法院不同意延长的，应当在审理期限届满5日前作出决定。因特殊情况申请最高人民法院批准延长审理期限，最高人民法院经审查，予以批准的，可以延长审理期限1至3个月。期限届满案件仍然不能审结的，可以再次提出申请。关于人民法院审理自诉案件的期限，若被告人未被羁押的，应当在受理后6个月以内宣判。适用简易程序审理案件，人民法院应当在受理后20日以内审结；对于可能判处的有期徒刑超过3年的，可以延长至1个半月。

（五）上诉、抗诉期间

不服刑事判决的上诉、抗诉的期限为10日，不服刑事裁定的上诉、抗诉的期限为5日，从接到判决书、裁定书的第二日起计算。对附带民事判决、裁定的上诉、抗诉期限，应当按照刑事部分的上诉、抗诉期限确定。附带民事部分另行审判的，上诉期限也应当按照《刑事诉讼法》规定的期限确定。被害人及其法定代理人不服地方各级人民法院一审判决，有权自收到判决书后 5 日内请求人民检察院提出抗诉；人民检察院应在收到请求后 5 日内作出是否抗诉的决定并且答复请求人。

（六）二审程序期间

通过原审人民法院提出上诉的，原审人民法院应当在 3 日以内将上诉状连同案卷、证据移送上一级人民法院，同时将上诉状副本送交同级人民检察院和对方当事人；直接向第二审人民法院提出上诉的，第二审人民法院应当在 3 日以内将上诉状副本交原审人民法院送交同级人民检察院和对方当事人。

开庭审理第二审公诉案件，应当在决定开庭审理后及时通知人民检察院查阅案卷。自通知后的第二日起算，人民检察院应当在 1 个月内查阅完毕，查阅案卷的时间不计入审理期限。第二审人民法院受理上诉、抗诉案件后，应当在 2 个月以内审结。对于可能判处死刑的案件或者附带民事诉讼的案件，以及《刑事诉讼法》第 158 条规定的"四类案件"，经省、自治区、直辖市高级人民法院批准或者决定，可以再延长 2 个月；因特殊情况还需要延长的，报请最高人民法院批准。最高人民法院受理的上诉、抗诉案件的审理期限，由最高人民法院决定。

（七）再审程序期间

人民法院按照审判监督程序重新审判的案件，应当在作出提审、再审决定之日起 3 个月以内审结，需要延长期限的，不得超过 6 个月。接受抗诉的人民法院按照审判监督程序审判抗诉的案件，审理期限适用前述规定；对需要指令下级人民法院再审的，应当自接受抗诉之日起 1 个月以内作出决定，下级人民法院审理案件的期限适用前述规定。

（八）辩护人、诉讼代理人参与刑事诉讼的期间

犯罪嫌疑人自被侦查机关第一次讯问或者采取强制措施之日起，有权委托辩护人；在侦查期间，只能委托律师作为辩护人。被告人有权随时委托辩护人。侦查机关在第一次讯问犯罪嫌疑人或者对犯罪嫌疑人采取强制措施的时候，应当告知犯罪嫌疑人有权委托辩护人。人民检察院自收到移送审查起诉的案件材料之日起 3 日以内，应当告知犯罪嫌疑人有权委托辩护人。人民法院自受理案件之日起 3 日以内，应当告知被告人有权委托辩护人。

辩护律师持律师执业证书、律师事务所证明和委托书或者法律援助公函要求会见在押的犯罪嫌疑人、被告人的，看守所应当及时安排会见，至迟不得超过 48

小时。危害国家安全犯罪、恐怖活动犯罪、特别重大贿赂犯罪案件，在侦查期间辩护律师会见在押的犯罪嫌疑人，应当经侦查机关许可。上述案件，侦查机关应当事先通知看守所。

公诉案件的被害人及其法定代理人或者近亲属，附带民事诉讼的当事人及其法定代理人，自案件移送审查起诉之日起，有权委托诉讼代理人。人民检察院自收到移送审查起诉的案件材料之日起3日以内，应当告知被害人及其法定代理人或者其近亲属、附带民事诉讼的当事人及其法定代理人有权委托诉讼代理人。

自诉案件的自诉人及其法定代理人，附带民事诉讼的当事人及其法定代理人，有权随时委托诉讼代理人。人民法院自受理自诉案件之日起3日以内，应当告知自诉人及其法定代理人、附带民事诉讼的当事人及其法定代理人有权委托诉讼代理人。

（九）执行期间

下级人民法院接到最高人民法院或高级人民法院执行死刑的命令后，应当在7日以内交付执行。第一审人民法院在执行死刑3日前，应当通知同级人民检察院派员临场监督。负责执行的人民法院应当在执行死刑后15日内将执行情况，包括罪犯被执行死刑前后的照片，上报最高人民法院。

被判处死刑缓期执行、无期徒刑、有期徒刑、拘役的罪犯，交付执行时在押的，第一审人民法院应当在判决、裁定生效后10日内，将判决书、裁定书、起诉书副本、自诉状复印件、执行通知书、结案登记表送达看守所，由公安机关将罪犯交付执行。

人民检察院认为暂予监外执行不当的，应当自接到通知之日起1个月以内将书面意见送交决定或者批准暂予监外执行的机关，决定或者批准暂予监外执行的机关接到人民检察院的书面意见后，应当立即对该决定进行重新核查。

人民检察院认为人民法院减刑、假释的裁定不当，应当在收到裁定书副本后20日以内，向人民法院提出书面纠正意见。人民法院应当在收到纠正意见后1个月以内重新组成合议庭进行审理，作出最终裁定。

第二节 刑事诉讼文书的送达

一、送达的概念和特点

在刑事诉讼中，送达是指公安机关、人民检察院、人民法院按照法定的程序和方式将有关诉讼文书送交相关收件人的一种诉讼活动。送达具有以下特点：

1. 送达的主体是公安司法机关

公安机关、人民检察院、人民法院是法律规定的主导刑事诉讼的专门机关，为了保证依法、及时、有效地进行诉讼活动，就需要向当事人、其他诉讼参与人以及有关机关送达有关的诉讼文书。而其他人包括诉讼参与人向公安司法机关递交诉讼文书或者诉讼参与人相互之间传递诉讼文书的行为，不属于法律意义上的送达。

2. 送达的内容是有关的诉讼文书

其中主要是公安司法机关制作的诉讼文书，包括传票、通知书、不起诉决定书、起诉书、判决书、裁定书等。此外，诉讼参与人制作的自诉状副本、附带民事诉讼诉状及答辩状副本、上诉状副本等诉讼文书在法律规定的情形下也通过人民法院向有关人员或机关送达。

3. 送达的方式和程序是法定的

送达是一项严肃的法律活动，直接关系诉讼活动的顺利进行和诉讼决定的法律效力。例如，法院开庭通知的送达涉及庭审活动能否按时、顺利进行。又如，一审法院判决书的送达涉及当事人的上诉期和检察机关的抗诉期的计算。因此，诉讼文书的送达方式和程序必须由法律规定并且必须严格依法执行。

从以上足以看出，诉讼文书的送达具有重要意义。首先，它是保证诉讼活动顺利进行的重要条件。通过诉讼文书的送达，公安司法机关与诉讼参与人才能在特定的时间、场所进行诉讼活动。其次，它是当事人维护诉讼权利和其他合法权益的重要保障。只有通过诉讼文书的送达，当事人才可以知道诉讼活动的进展、诉讼决定的内容，进而依法行使相关的诉讼权利。最后，它也是促使公安司法机关依法履行职责的重要约束。诉讼文书的送达，对公安司法机关而言，起到了克服办案随意性，严格依法履责的作用。

二、送达的方式和程序

根据《刑事诉讼法》以及有关司法解释的规定，送达的方式和程序主要有以下几种：

（一）直接送达

直接送达，是指公安司法机关派员将诉讼文书直接送交收件人的一种送达方式。其特点一是直接，不再通过中间环节；二是可靠，收件人就是送达对象，可以避免由其他人接受诉讼文书可能遗失之虞；三是快速，克服了通过中间环节可能延误时间的弊端。正因为如此,公安司法机关在送达诉讼文书的方式上,应当以直接送达为原则,其他方式为例外。

根据法律规定,直接送达通常应当将诉讼文书交给收件人本人,由收件人本人签收。收件人不在的,可以由其成年家属或者所在单位的负责人员或其指定的人员代收。收件人或者代收人应当在送达回证上签名并注明日期。签收日期即为送达日期。

(二)留置送达

留置送达是在收件人或者代收人拒绝签收向其送达的诉讼文书时,送达人依法将诉讼文书留在收件人住处的送达方式。

留置送达必须具备一定条件,即只有在收件人或代收人拒绝接受诉讼文书或者拒绝签名、盖章时才能采用。找不到收件人,同时也找不到代收人时,不能采用留置送达。留置送达的程序是,在收件人本人或者代收人拒绝签收的情况下,送达人员邀请他的邻居或者其他见证人到场,说明情况,在送达回证上注明拒收的事由和日期,由送达人、见证人签名或者盖章,将诉讼文书留在收件人、代收人住处或者单位;也可以把诉讼文书留在受送达人的住处,并采用拍照、录像等方式记录送达过程,视为送达。诉讼文书的留置送达与直接送达具有同样的法律效力。

需要指出的是,留置送达虽然与直接送达具有同等的法律效力,但是,并非所有的诉讼文书都可以适用留置送达,有的诉讼文书不可以采用留置送达。例如,调解书就不适用留置送达,因为调解书必须交付本人才能发生效力。

(三)委托送达

委托送达,是指当地公安司法机关直接送达诉讼文书有困难时,委托收件人所在地的公安司法机关代为送交收件人的送达方式。

委托送达一般是在收件人不住在承办案件的公安司法机关所在地,而且直接送达有困难的情况下所采用的送达方式。其程序是,委托送达的公安司法机关应当将委托函、送达的诉讼文书及送达回证,寄送受托公安司法机关。受托公安司法机关收到委托送达的诉讼文书后首先应当登记,其后在10日内送达收件人,并将送达回证寄回委托的公安司法机关;无法送达的,应当告知委托的公安司法机关,并将诉讼文书及送达回证退回。

(四)邮寄送达

邮寄送达,是指公安司法机关在直接送达有困难的情况下,通过邮局将诉讼文书用挂号信方式邮寄给收件人的送达方式。其程序是,公安司法机关将诉讼文书、送达回证挂号邮寄给收件人，收件人签收挂号邮件后即认为诉讼文书已经送达。挂号邮件回执上注明的日期为送达的日期。

(五) 转交送达

转交送达，是指公安司法机关将诉讼文书交收件人所在机关、单位代收后再转交收件人的送达方式。通常适用于军人、正在服刑或者被采取强制性教育措施的人。根据有关司法解释，转交送达的程序是，诉讼文书的收件人是军人的，应当通过所在部队团以上单位的政治部门转交。收件人正在服刑的，可以通过执行机关转交。收件人正在被采取强制性教育措施的，应当通过强制性教育机构转交。由有关部门、单位代为转交诉讼文书的，应当请有关部门、单位收到后立即交收件人签收，并将送达回证及时退回送达的公安司法机关。采取转交送达方式主要是考虑到收件人的特殊身份，转交机关、单位的可靠性以及便于转交机关、单位了解有关情况，给收件人做好相关工作。

思考题：

1. 什么是诉讼的期间？
2. 如何计算诉讼期间？
3. 什么是送达？
4. 送达的方式和程序主要有哪些？

▶ 自测习题及参考答案

第十一章 立 案

　　立案作为刑事诉讼开始的标志，是一项具有中国特色的诉讼程序和制度。正确、及时地启动立案程序，有利于迅速揭露犯罪、证实犯罪和惩罚犯罪，并有效地保护公民的合法权益不受侵犯。公安司法机关的立案条件是有犯罪事实存在，依法需要追究刑事责任。人民检察院作为国家的专门法律监督机关，有权对立案活动实行法律监督。

第一节　立案的概念与功能

一、立案的概念

　　刑事诉讼中的立案，是指公安机关、人民检察院、人民法院对报案、控告、举报、自首等方面的材料，依照管辖范围进行审查，以判明是否确有犯罪事实存在和应否追究刑事责任，并依法决定是否作为刑事案件进行侦查或审判的一种诉讼活动。

　　立案作为刑事诉讼开始的标志，是每一个刑事案件都必须经过的法定阶段，并且这一诉讼阶段具有相对独立和特定的诉讼任务。立案阶段的任务，概而言之就是决定是否开始刑事诉讼程序。具体而言，则是公、检、法三机关通过对自行发现的犯罪事实或者犯罪嫌疑人，或者报案、控告、举报、自首等材料进行审查，以判明是否存在犯罪事实和是否需要追究刑事责任，从而决定是否将案件交付侦查或审判。至于查获犯罪嫌疑人、揭露犯罪、证实犯罪、对被告人定罪量刑，则是立案以后侦查、起诉和审判阶段的任务。

　　《刑事诉讼法》第109条规定："公安机关或者人民检察院发现犯罪事实或者犯罪嫌疑人，应当按照管辖范围，立案侦查。"第114条规定："对于自诉案件，被害人有权向人民法院直接起诉。被害人死亡或者丧失行为能力的，被害人的法定代理人、近亲属有权向人民法院起诉。人民法院应当依法受理。"由此可见，立案是国家法律赋予公安机关、人民检察院、人民法院的一项重要职权，除此以外，其他任何机关、团体、企事业单位或个人都无权立案。

　　根据《刑事诉讼法》的规定，公安机关和人民检察院依照法律规定的案件管辖范围承担着对犯罪案件的侦查工作，肩负着打击犯罪，维护社会治安，维护社会秩序的职责。因此,发现有犯罪事实或者犯罪嫌疑人的,应当由公安机关或者人民检察院立案侦查。另外,《刑事诉讼法》第4条还规定,国家安全机关依照法律规定办理危害国家安全的刑事案件,行使与公安机关相同的职权。第308条规定,军队保卫部门对军队内部发生的刑事案件行使侦查权,中国海警局对海上发生的刑事案件行使侦查权,监狱对罪犯在监狱内犯罪的案件进行侦查。根据上述规定,国家安全机关、军队保卫部门、中国海警局和监狱在行使法律授予的侦查职权时,也有侦查立案权。

公安司法机关行使立案决定权必须严格遵守立案的法定程序,严格把握立案的条件和标准,不能超越各自的管辖范围和逾越法定职权,以保证国家法律的统一贯彻实施,既要做到准确、及时打击犯罪、惩罚犯罪,又要充分保护公民的合法权益不受侵犯。

从世界范围内来看,立案是一项具有中国特色的诉讼程序和制度。除苏联、东欧和蒙古等国家采取与我国类似的做法,将提起刑事诉讼即立案作为独立的诉讼阶段在其刑事诉讼法典中加以明确规定以外,美国、英国、法国、日本、意大利等国家的刑事诉讼立法都不将立案规定为独立的诉讼阶段。例如,在美国,其刑事诉讼程序可以分为审前程序、审理程序和审后程序三个阶段,而审前程序包括提出控告、逮捕、在警察局"登记"、逮捕后在治安法官前聆讯、预审、正式起诉、传讯、被告人答辩几个步骤,即立案不是独立的刑事诉讼程序。[①] 而《苏俄刑事诉讼法典》第八章、《蒙古人民共和国刑事诉讼法典》第九章都专门规定了提起刑事诉讼程序,并对提起刑事诉讼的理由和根据,对犯罪行为的申请和告发、自首,审查有关对犯罪行为的申请和告发义务,提起刑事诉讼的程序,拒绝提起刑事诉讼,提起刑事诉讼后案件的移送,以及检察长对提起刑事诉讼的合法性监督等问题作了明确规定。[②]

二、立案的功能

立案在刑事诉讼中的功能,主要体现在以下几个方面:

(一)开启刑事诉讼程序

立案、侦查、起诉、审判和执行,是我国《刑事诉讼法》所确立的5个普通

[①] 参见《美国联邦刑事诉讼规则和证据规则》,卞建林译,中国政法大学出版社1996年版,第5—6页。

[②] 参见《蒙古人民共和国刑事诉讼法典》,申君贵译,西南政法学院诉讼法教研室1985年内部印刷,第48—51页;《苏俄刑事诉讼法典》,张仲麟等译,中国政法大学出版社1989年版,第215—216页。

诉讼程序。其中，立案是刑事诉讼中必须首先解决的一个程序性环节，立案不启动，刑事诉讼就无法开始。公安司法机关进行刑事诉讼，必须严格依照法定程序进行，不能随意超越、颠倒任何一个诉讼阶段。只有这样，才能保证公安机关、人民检察院、人民法院准确、及时、有效地处理刑事案件，保证刑事诉讼目的和任务的实现。当然，并非任何一个刑事案件都必须经过刑事诉讼上述的每一个阶段。例如，自诉案件由于案件事实比较清楚，情节轻微、简单，通常不经过侦查程序，而由人民法院受理案件后直接依法进行审判；有些公诉案件，如果犯罪情节轻微，依法不需要判处刑罚或者可以免除刑罚，在审查起诉阶段，人民检察院可以作出不起诉的决定，从而终结已经开始的诉讼程序。但立案是刑事诉讼中必须首先解决的一个程序性环节，只有经过立案，其他诉讼阶段才能依次进行，公安司法机关进行侦查、起诉和审判活动才有法律依据，才能产生法律效力。尽管在遇有紧急情况时，法律允许公安机关、人民检察院在审查决定立案的同时，采取某些诸如拘留犯罪嫌疑人、勘验、检查、搜查、鉴定等强制措施或侦查方法，而这些诉讼活动的开展，仍然是为了完成立案的任务，即查明犯罪事实是否发生和是否需要追究刑事责任，并且事先必须经过有关主管领导的批准，事后必须迅速补办立案手续。总之，没有立案程序，便不能开始刑事诉讼。

(二) 为侦查提供依据和基础

公安司法机关通过刑事诉讼同犯罪行为作斗争，主要依靠侦查活动的开展，而立案又是进行侦查的前提。通过立案，使侦查活动具有合法性，可以依法开展各项侦查行为，使公安司法机关的侦查部门遵照法定程序办案，做到执法有据，严格执法，保障侦查活动的顺利进行。另外，立案还对侦查起着过滤器作用，并为侦查打下基础。经过立案，对确有犯罪事实发生，依照法律规定需要追究刑事责任，并有侦查必要的案件，决定立案侦查；对没有犯罪事实发生或者不应该追究刑事责任的则不予立案，使侦查活动有的放矢，保证侦查活动有效开展。并且，立案审查过程中，相当一部分立案材料可以为侦查提供线索和方向，为进一步收集证据，揭露证实犯罪创造条件，奠定基础。

(三) 保障公民合法权益

立案的任务是通过审查和核实案件材料，确定有无犯罪事实和是否需要追究刑事责任。公安司法机关一旦发现预备实施、正在实施或已经实施的犯罪行为，并需要追究刑事责任的，必须迅速组织力量，严格按照法定立案条件进行审查，准确、及时立案，积极开展侦查或审判，发现、收集证据，揭露犯罪、证实犯罪和惩罚犯罪，使一切依法应当追究刑事责任的犯罪分子不能逃避法律的制裁，切实维护公民权利和其他合法权益。同时，如果发现不具有犯罪事实或者依法不应当追究被控告人刑事责任的情形，就不应当立案，从而避免对不应当追究刑事责任的无辜者错误地进行刑事追究，防止和减少冤假错案，从刑事诉讼的第一道关口上保障公民的合法权益不受侵犯。

（四）为加强社会治安综合治理提供信息和依据

在立案过程中，公安司法机关通过对立案材料的接受和审查，可以及时发现和掌握一定时期各种违法犯罪活动的基本情况，研究和分析犯罪活动的特点、规律和发展态势，从而为国家决策和立法机关制定相应的法律、法规和对策，为公安机关、人民检察院、人民法院有针对性地开展专项斗争、确立打击重点、提出防范措施和建议提供信息和依据，将打击犯罪与制止、减少和预防犯罪有机结合起来，搞好社会治安的综合治理。

第二节 立案的材料来源与条件

一、立案的材料来源

立案的材料来源，是指公安司法机关获取有关犯罪事实及犯罪嫌疑人情况的材料的渠道或途径。立案必须有确实的根据，即可靠的材料来源，因为立案材料来源的可靠性直接关系到立案的准确性。公安司法机关是否立案的决定，正是在审查立案材料来源是否真实可靠，衡量其是否符合立案条件的基础上作出的，所以，来源不清、匿名举报或道听途说的材料，在经查证属实之前，均不能作为立案的根据。

根据我国《刑事诉讼法》的规定及司法实践，立案的材料来源主要有以下几个方面。

（一）公安机关或者人民检察院自行发现的犯罪事实或者犯罪嫌疑人

《刑事诉讼法》第109条规定："公安机关或者人民检察院发现犯罪事实或者犯罪嫌疑人，应当按照管辖范围，立案侦查。"公安机关作为国家治安保卫机关，常常处在同犯罪做斗争的第一线，在日常工作中，特别是在侦查过程中，一旦发现有犯罪事实，并需要追究犯罪嫌疑人的刑事责任的，应当按照管辖范围，主动、迅速立案侦查。而人民检察院在审查批捕、审查起诉等活动中发现有犯罪事实，并需要追究刑事责任的，也应当按照管辖范围迅速立案侦查。对于不属于自己立案管辖范围的案件，不管是公安机关，还是人民检察院，都应当及时移送有关主管机关，以保证准确、及时地惩罚犯罪，并避免和克服工作中可能出现的就案办案、等案上门以及职责不清甚至越权管辖的现象。

人民法院在审理案件过程中，以及国家安全机关、军队内部保卫部门、中国海警局、监狱等在依照《刑事诉讼法》的有关规定办理刑事案件过程中，发现和获得的犯罪事实及犯罪嫌疑人的材料符合立案条件的，也应当按照管辖规定，迅速立案或者及时移送有关主管机关。

（二）单位和个人的报案或者举报

《刑事诉讼法》第110条第1款规定："任何单位和个人发现有犯罪事实或者犯罪嫌疑人，有权利也有义务向公安机关、人民检察院或者人民法院报案或者举报。"

单位和个人的报案或者举报，是公安机关、人民检察院、人民法院决定是否立案最主要、最普遍的材料来源。其中，报案是指单位和个人发现有犯罪事实发生，但往往不知犯罪嫌疑人为何人时，向公安机关、人民检察院、人民法院告发的行为。举报则是指单位和个人出于责任感，对其发现的犯罪事实或犯罪嫌疑人向公安机关、人民检察院和人民法院进行告发、揭露的行为。举报除了能够向公、检、法三机关提供犯罪事实发生的情况以外，通常还能提供谁是犯罪嫌疑人以及犯罪嫌疑人的有关情况，并且，举报的案件事实及证据材料与报案相比较，也详细、具体得多。

同犯罪分子作斗争，向公安司法机关报案或者举报犯罪事实或者犯罪嫌疑人，既是任何单位和个人依法享有的权利，也是其依法应当履行的义务。从司法实践的情况看，许多案件，特别是一些重大案件，多是通过报案或举报所提供的线索破获的。因为犯罪总是发生在一定的时间、空间范围内，总要留下蛛丝马迹或被人们觉察到。任何单位和个人发现犯罪事实和犯罪嫌疑人后，都应当主动向公安司法机关报案或举报。为方便单位和个人报案或举报，公安司法机关还设置了诸如人民检察院举报中心等专司此项职能的机构，不仅使告发、揭露犯罪行为的方式、手段形成规范化的制度，还有利于提高人民群众同犯罪做斗争的积极性，更进一步地体现刑事诉讼实行专门机关与群众相结合的原则。

（三）被害人的报案或者控告

一方面，被害人作为遭受犯罪行为直接侵害的对象，具有揭露犯罪、追究犯罪的强烈愿望和积极主动性；另一方面，在许多案件中，因为被害人与犯罪嫌疑人有过直接接触，能够提供较为详细、具体的有关犯罪事实和犯罪嫌疑人的情况，从而其控告对于追究犯罪具有重要的证据价值，所以，被害人的报案或者控告也是立案材料的主要来源。

《刑事诉讼法》第110条第2款规定："被害人对侵犯其人身、财产权利的犯罪事实或者犯罪嫌疑人,有权向公安机关、人民检察院或者人民法院报案或者控告。"其中,控告是指被害人(包括自然人与法人)就其人身、财产权利遭受不法侵害的事实及犯罪嫌疑人的有关情况,向公安机关、人民检察院、人民法院进行揭露与告发,要求依法追究其刑事责任的诉讼行为。这里还应当说明的是,根据《刑事诉讼法》的有关规定,被害人死亡或者丧失行为能力的,其法定代理人、近亲属也有权提出控告。

被害人的报案尽管与任何单位和个人的报案在内容上有相同之处,即告发、揭露的只是有关犯罪事实而不知犯罪嫌疑人为何人,但二者在范围及主体方面还是有明显区别的:被害人报案的范围仅限于其人身、财产权利遭受犯罪行为侵害的事实,且被害人与案件的处理结果有直接利害关系,是刑事诉讼的当事人;而任何单位和个人的报案,其范围不受犯罪行为性质的限制和约束,并且报案的主体通常与案件也没有直接的利害关系。

(四) 犯罪人的自首

自首,是指犯罪人在实施犯罪行为之后自动投案,如实交代自己的罪行并接受公安机关、人民检察院、人民法院的审查和审判的行为。自首一般是在犯罪行为未被发觉,或者虽被发觉但尚未被公安机关、人民检察院、人民法院查获或被扭送时,犯罪人自己或者在其家长、监护人、亲友陪同、护送等情况下,主动向公安机关、人民检察院、人民法院如实交代自己的罪行。在司法实践中,犯罪人向其所在单位、城乡基层组织或其他有关负责人投案的;犯罪人因病、伤或者为了减轻犯罪后果,委托他人代为投案,或者先以信件、电话投案的,等等,都应视为投案自首。犯罪嫌疑人、被告人和正在服刑的罪犯,如实供述司法机关尚未掌握的其他罪行的,以自首论。我国《刑法》第67条第1款规定,对于自首的,"可以从轻或者减轻处罚。其中,犯罪较轻的,可以免除处罚"。因此,《刑事诉讼法》将犯罪人的自首确立为重要的立案材料来源之一,含有鼓励犯罪分子积极主动投案自首,以争取国家法律宽大处理的用意。

以上四个方面是《刑事诉讼法》规定的立案材料来源,除此以外,在司法实践中,上级机关交办的案件以及有关机关移送的案件通常也是刑事立案的重要材料来源,如工商、税务、审计、监察、海关等行政执法机关在自己的执法活动中如果发现行为人的行为已经构成犯罪,需要追究刑事责任的,应当按照有关管辖的规定向公安司法机关移送,以通过刑事诉讼程序依法追究行为人的法律责任。

二、立案的条件

立案必须以一定的事实材料为依据,但这并不意味着有了一定的事实材料就能够立案。只有当这些材料所反映的事实符合立案的法定条件时，才能做到正确、合法、及时立案。

《刑事诉讼法》第112条规定："人民法院、人民检察院或者公安机关对于报案、控告、举报和自首的材料，应当按照管辖范围，迅速进行审查，认为有犯罪事实需要追究刑事责任的时候，应当立案；认为没有犯罪事实，或者犯罪事实显著轻微，不需要追究刑事责任的时候，不予立案……"根据这一规定，立案必须同时具备两个条件：

（一）有犯罪事实

有犯罪事实作为立案的事实条件，包括两方面的含义：一是在刑事诉讼中，需要立案追究刑事责任的必须是依照刑法的规定构成犯罪的行为，而非一般违法行为，违反党纪、政纪行为，以及违反社会主义道德行为，即立案首先要划清罪与非罪的界限。二是必须有一定的证据证明犯罪事实确已发生和存在，绝非出于司法工作人员的主观想象或猜测，更不是道听途说、捕风捉影或凭空捏造。当然，由于立案只是刑事诉讼的起始阶段，尚不能要求证据达到能够证实犯罪嫌疑人为何人以及犯罪的目的、动机、手段、方法等一切情节的程度。查明犯罪嫌疑人、查清案件的全部事实情节应当是立案以后侦查阶段的任务。立案时只要具有足以证明犯罪事实已经发生的证据材料即可。

（二）需要追究刑事责任

需要追究刑事责任作为立案的法律条件，是指行为人的行为已构成犯罪，并且依照《刑法》的有关规定应当处以刑罚。我们知道，立案是以追究行为人的刑事责任为前提的，但并非对于所有的犯罪行为，法律都规定需要追究刑事责任，因此，法律规定不追究刑事责任的，就是缺乏立案的法律条件，公安司法机关就不应当立案。所谓法律规定不追究刑事责任，主要是指《刑事诉讼法》第16条规定的六种情形：（1）情节显著轻微、危害不大，不认为是犯罪的；（2）犯罪已过追诉时效期限的；（3）经特赦令免除刑罚的；（4）依照《刑法》规定告诉才处理的犯罪，没有告诉或者撤回告诉的；（5）犯罪嫌疑人、被告人死亡的；（6）其他法律规定免予追究刑事责任的。

具有以上六种情形之一的，公安司法机关就不应当追究刑事责任，不予立案，对于已经立案的，也应当撤销案件，或者不起诉，或者终止审理，或者宣告无罪。除此之外，对于某一犯罪行为，如果已经依法审判且判决已经生效，除非再审，否则不得就同一罪行再次立案追究其刑事责任。

总之，法律规定的立案的两个条件必须同时具备，缺一不可。在司法实践中，公、检、法三机关办理刑事案件时，一定要准确把握立案的条件，并将法律规定的立案条件作为审查确定是否开始刑事诉讼程序的根本依据，保证刑事诉讼活动从一开始就能正确、合法、及时地进行，并保证案件的质量，顺利完成《刑事诉讼法》的任务。

对于自诉案件，由于不经过侦查程序，自诉人向人民法院起诉后，如果符合立案条件，人民法院就应当受理，并直接进入审判程序，所以，自诉案件的立案条件应当高于公诉案件的立案条件，即自诉案件的立案除了应当具备公诉案件的两个立案条件以外，根据最高人民法院《解释》第259条的规定，还应当具备下列条件：（1）属于自诉案件范围；（2）属于该人民法院管辖；（3）刑事案件的被害人告诉的；（4）有明确的被告人、具体的诉讼请求和能证明被告人犯罪事实的证据。如果该案件属于《刑事诉讼法》第210条第3项规定的自诉案件，还应当符合《刑事诉讼法》第112条、第180条的规定。

第三节　立案程序和立案监督

一、立案程序

立案程序是立案活动中各种诉讼活动进行的先后步骤和形式。它主要包括对立案材料的接受、审查和处理三个方面。

（一）对立案材料的接受

根据《刑事诉讼法》第110条的规定，公安机关、人民检察院或者人民法院对于任何单位、个人和被害人的报案、举报和控告以及犯罪人的自首，无论是否属于自己的管辖范围，都应当接受，不得推诿或者拒绝。因为《刑事诉讼法》关于管辖的划分是针对公、检、法三机关的职责权限而言的，单位、个人或被害人的报案、举报、控告以及犯罪人的自首并不受此限制。公、检、法三机关在接受后，不属于自己管辖的，应当移送有关主管机关处理，并且通知报案人、控告人、举报人或自首的犯罪人。对于不属于自己管辖范围而又必须采取紧急措施的，应当先采取紧急措施，然后再移送有关主管机关，以防止犯罪嫌疑人逃跑、自杀、行凶、毁灭罪证等妨碍或逃避侦查、起诉和审判行为的发生。

对于自诉案件，被害人有权直接向人民法院起诉。被害人死亡或者丧失行为能力的，被害人的法定代理人、近亲属有权向人民法院起诉，人民法院应当受理。这里需要特别指出的是，对于《刑事诉讼法》第210条第3项规定的案件，即被害人有证据证明被告人侵犯自己人身、财产权利的案件，公安机关、人民检察院本应追究被告人刑事责任，但作了不立案、不起诉或不追究刑事责任决定，被害人直接向人民法院递交有关犯罪事实材料要求起诉的，如果符合法律规定的公诉转化为自诉的条件，人民法院也不得以该案属于公诉案件为由拒绝受理。

为了便于单位、个人以及被害人行使报案、控告、举报权，有利于群众及时同犯罪做斗争，保护国家、社会和公民个人的合法利益，法律规定：报案、控告、举报既可以书面方式提出，也可以口头方式提出，两者具有同等的法律效力。接受口头报案、控告、举报的公安人员、检察人员和审判人员，应当就报案、控告、举报的内容认真、详细地写成笔录，经宣读无误后，由报案人、控告人、举报人签名或者盖章。对于单位报案、控告、举报的，应当由单位负责人签名或者盖章，以便查证和防止诬告陷害。对于犯罪人的自首，接受自首的公安司法人员也应当将犯罪人投案自首的时间、地点，以及其供述的犯罪行为发生的过程、情节、手段、后果等写成笔录，并经宣读无误后，由自首人签名或者盖章。

为了保证公安机关、人民检察院、人民法院准确、及时打击犯罪、惩罚犯罪，保障无辜的公民不受诬告陷害，保证控告、举报的真实性，法律规定接受控告、举报的公安司法人员应当向控告人、举报人说明诬告应负的法律责任，以使他们能够实事求是，尽量客观、准确、全面地揭发、控告自己所知道的有关犯罪事实或犯罪嫌疑人的情况。同时，为了不挫伤控告人、举报人揭露犯罪、同犯罪做斗争的积极性，消除其所存在的思想顾虑，法律还要求公安司法人员严格区分错告、误告与诬告。只要不是捏造事实、伪造证据，即使控告、举报的事实有出入，甚至是错告的，也要和诬告严格加以区别。但对于其中故意捏造事实、伪造证据、有意诬告陷害构成犯罪的，应当依法追究其刑事责任。

为了保护人民群众同犯罪作斗争的积极性，《刑事诉讼法》第111条第3款规定："公安机关、人民检察院或者人民法院应当保障报案人、控告人、举报人及其近亲属的安全。报案人、控告人、举报人如果不愿公开自己的姓名和报案、控告、举报的行为，应当为他保守秘密。"根据这一规定，公安机关、人民检察院、人民法院应当采取必要措施，切实保障报案人、控告人、举报人及其近亲属的人身、财产安全。凡对报案人、控告人、举报人进行威胁、侮辱、殴打或者打击报复、陷害的，都应当严肃查处；构成犯罪的，应当依法追究其刑事责任。其中，如果是国家工作人员滥用职权，假公济私，对控告人、举报人等实行报复陷害的，应根据《刑法》第254条的规定，"处二年以下有期徒刑或者拘役；情节严重的，处二年以上七年以下有期徒刑"。对于尚不够刑罚处罚的，依法给予治安管理处罚，或者建议有关主管部门予以党纪、政纪处分。对于报案人、控告人、举报人不愿意公开自己的姓名和报案、控告、举报行为的，公安机关、人民检察院、人民法院也负有为其保守秘密的义务，以防止打击报复行为的发生，充分保护报案人、控告人、举报人的人身和财产安全。

公安机关、人民检察院和人民法院的工作人员在接受报案、控告、举报或者犯罪人自首的立案材料后，应当填写"受理刑事案件登记表"，并出具回执。

(二) 对立案材料的审查

根据《刑事诉讼法》第112条的规定，人民法院、人民检察院或者公安机关对于报案、控告、举报和自首的材料，应当按照管辖范围迅速进行审查。

人民法院、人民检察院、公安机关对立案材料审查的内容，主要是案件是否属于本部门管辖，是否符合立案条件；而对立案材料审查的方法，通常则是根据已掌握的材料和证据，确认犯罪事实是否存在，是否依法应当追究刑事责任。经过审查认为犯罪事实存在，依法应当追究刑事责任的，应当迅速作出立案决定。经过审查认为证据不足、不能判明犯罪事实是否发生的，或对立案材料尚有疑问的，可以要求报案人、控告人、举报人补充材料或者进一步说明情况。公安司法机关也可以自行调查、收集证据，必要时可以采取勘验、检查、鉴定、询问知情人等一般调查方法。但通常情况下，人民检察院和公安机关对案件的侦查活动以及人民法院对案件的审判活动，均应在立案以后进行。此外，对立案材料的审查，公安机关、人民检察院、人民法院还可以委托发案单位进行调查，或者与发案单位或其上级主管部门等共同进行调查。

对于自诉案件，由于法律要求自诉人在提出控诉时，应当同时提出证明犯罪事实发生的各种证据，故而人民法院在审查过程中，如果认为自诉人提出的证据不充分，可以要求自诉人补充证实有关犯罪事实的材料，但立案前法院不能进行调查。

总之，立案前的审查仅仅是为了查明是否确有犯罪事实发生，以便判明是否需要立案追究犯罪行为人刑事责任，而不是要求查明犯罪的目的、动机、手段、过程等全部的犯罪事实，也不要求在这一阶段查清谁是犯罪嫌疑人，因为这是立案以后侦查阶段的任务。因此，司法实践中存在的"不破不立""先破后立"等"提高"刑事案件破案率的做法都是错误的，应予以纠正。

(三) 对立案材料的处理

对立案材料的处理，是指公安机关、人民检察院或者人民法院对报案、控告、举报和自首的材料进行审查后，根据事实和法律作出立案或不立案的决定。

1. 决定立案

公安机关、人民检察院、人民法院经过对立案材料的审查，认为符合立案条件，即确有犯罪事实发生，对犯罪行为人依法需要追究刑事责任的，应当作出立案的决定。

决定立案的，应当先由承办人员写出立案报告书或者填写"立案报告表"。立案报告书的内容应当写明：立案机关的名称，立案的材料来源和案由，发案的时间、地点、犯罪事实、现有的证据材料，立案的法律根据和初步意见，立案的时间，承办人姓名等。然后，承办人员将制作好的立案报告书或"立案报告表"连同有关证据材料报送本机关主管领导审批。经批准后，填写"立案决定书"并由负责审批人签名或盖章，正式立案。

对于自诉案件，经过审查，如果认为符合立案条件的，人民法院应当在收到自诉状或者口头告诉第二日起15日以内作出立案决定，并书面通知自诉人。

2. 决定不立案

接受立案材料的公安司法机关，经审查，如果认为不符合立案条件，即没有犯罪事实发生，或者不需要追究刑事责任的，应当作出不立案的决定。

决定不予立案的，应当制作"不立案决定书"，写明案件的材料来源、决定不立案的理由和法律依据、决定不立案的机关等。"不立案决定书"也必须经过主管机关或者主管部门的负责人批准。

根据《刑事诉讼法》、公安部《规定》以及最高人民检察院《规则》的有关规定，如果案件材料来源于控告人提出的控告，公安机关决定不立案的，还应当制作"不予立案通知书"，在3日内送达控告人，并告知控告人如果不服，可以申请复议。控告人对公安机关不立案决定不服的，在收到"不予立案通知书"后7日以内，有权向原作出决定的公安机关申请复议。接受复议的公安机关应当在收到复议申请后7日以内作出决定，并将复议结果书面通知控告人。控告人如果对公安机关不立案的决定不服，还有权向人民检察院提出申诉，请求人民检察院按立案监督程序要求公安机关立案。

控告人对人民检察院不立案决定不服的，可以在收到"不予立案通知书"后10日以内申请复议。人民检察院应当在收到复议申请后15日以内作出答复。

根据《刑事诉讼法》第210条的规定，控告人对公安机关、人民检察院不立案决定不服的，如果其控告的内容符合该条第3项的规定，控告人有权直接向人民法院起诉。

对于自诉案件，经审查不符合立案条件的，人民法院应当在 15 日以内作出不立案决定，书面通知自诉人并说明不立案的理由和根据。

对于某些控告、举报的材料，虽不够立案条件，但被控告人、被举报人的行为有严重错误或者属于违法行为，需要作党纪、政纪处分，或者需要给予行政处罚的，应当将控告、举报的材料移送有关主管机关进行处理。

3. 撤案

经过侦查，发现具有以下情形之一的，应当撤销案件：（1）没有犯罪事实的；（2）犯罪情节显著轻微、危害不大、不认为是犯罪的；（3）犯罪已过追诉时效期限的；（4）经特赦令免除刑罚的；（5）犯罪嫌疑人死亡的；（6）其他依法不追究刑事责任的。对于经过侦查，发现有犯罪事实需要追究，但不是立案侦查的犯罪嫌疑人实施的，或者共同犯罪案件中部分犯罪嫌疑人不够刑事处罚的，应当对有关犯罪嫌疑人终止侦查，并对该案件继续侦查。

需要撤销案件或者对犯罪嫌疑人终止侦查的，办案部门应当制作撤销案件报告书或者终止侦查报告书。公安机关作出撤销案件决定后，应当在 3 日内告知原犯罪嫌疑人、被害人或者近亲属、法定代理人以及案件移送机关。作出终止侦查决定后，应当在 3 日内告知原犯罪嫌疑人。

公安机关撤销案件以后又发现新的事实或者证据，认为有犯罪事实需要追究刑事责任的，应当重新立案侦查。对于犯罪嫌疑人终止侦查后又发现新的事实或者证据的，认为有犯罪事实需要追究刑事责任的，应当继续侦查。

二、立案监督

拓展阅读

最高人民检察院、公安部关于刑事立案监督有关问题的规定（试行）

列宁指出，保证法律的实行，必须对法律的实行加以监督。① 人民检察院对刑事诉讼实行法律监督是我国刑事诉讼的一项基本原则。由于立案是刑事诉讼程序中的独立阶段，故而对立案活动实行法律监督是刑事诉讼法律监督的重要内容之一。1979 年《刑事诉讼法》没有明确规定人民检察院对公安机关实行立案监督，人民检察院在法律监督活动中发现不应立案而公安机关已立案侦查的案件，主要通过审查批捕、审查起诉加以纠正。但在司法实践中，还存在着较为严重的"有案不立""以罚代刑"等应立案而不予立案的问题。这些问题的存在，不仅有碍法律的

---

① 参见《列宁全集》第 2 卷，人民出版社 1984 年版，第 358 页。

统一、正确实施，损害法律的权威和尊严，而且造成了对犯罪打击不力的现象。有鉴于此，1996年修正的《刑事诉讼法》就人民检察院对公安机关立案活动的监督作了专门规定，从而使人民检察院对公安机关的立案监督有了明确的法律依据，加强和完善了人民检察院的刑事法律监督职能。

2010年7月26日，最高人民检察院、公安部颁布了《关于刑事立案监督有关问题的规定（试行）》。根据该规定，被害人及其法定代理人、近亲属或者行政执法机关，认为公安机关对其控告或者移送的案件应当立案侦查而不立案侦查，向人民检察院提出的，人民检察院应当受理并依法进行审查，并区别情形分别作出处理：没有犯罪事实发生，或者犯罪情节显著轻微不需要追究刑事责任，或者具有其他依法不追究刑事责任情形的，及时答复投诉人或者行政执法机关；不属于被投诉的公安机关管辖的，应当将有管辖权的机关告知投诉人或者行政执法机关，并建议向该机关控告或者移送；公安机关尚未作出不予立案决定的，移送公安机关处理；有犯罪事实需要追究刑事责任，属于被投诉的公安机关管辖，且公安机关已作出不立案决定的，经检察长批准，应当要求公安机关书面说明不立案理由。人民检察院对于不服公安机关立案决定的投诉，可以移送立案的公安机关处理。人民检察院经审查，有证据证明公安机关可能存在违法动用刑事手段插手民事、经济纠纷，或者办案人员利用立案实施报复陷害、敲诈勒索以及谋取其他非法利益等违法立案情形，且已采取刑事拘留等强制措施或者搜查、扣押、冻结等强制性侦查措施，尚未提请批准逮捕或者移送审查起诉的，经检察长批准，应当要求公安机关书面说明立案理由。公安机关应当对不立案或者立案的情况，连同有关证据材料复印件作出书面回复。人民检察院经调查核实，认为公安机关不立案或者立案理由不成立的，经检察长或者检察委员会决定，应当通知公安机关立案或者撤销案件。人民检察院在立案监督过程中，发现侦查人员涉嫌徇私舞弊等违法违纪行为的，应当移交有关部门处理；涉嫌职务犯罪的，依法立案侦查。

思考题：

1. 立案的概念和意义是什么？
2. 如何理解立案程序的独立性？
3. 如何理解立案的条件？
4. 立案的材料来源包括哪些范围？

5. 立案、不立案分别应当遵循哪些程序?

▶ 自测习题及参考答案

第十二章 侦 查

侦查是国家专门机关同犯罪做斗争的有力手段，是刑事诉讼程序中的一个独立诉讼阶段，在刑事诉讼中具有非常重要的地位。由于在侦查过程中极易发生侵犯公民权利的行为，故而侦查必须严格依照法定程序进行。

第一节 侦查基本理论

一、侦查的概念和特征

我国《刑事诉讼法》第108条第1项明确规定：侦查是指公安机关、人民检察院对于刑事案件，依照法律进行的收集证据、查明案情的工作和有关的强制性措施。

在我国，侦查是全部刑事诉讼程序中的一个独立诉讼阶段，在刑事诉讼中具有非常重要的地位，是国家专门机关同犯罪做斗争的强有力的手段。刑事案件立案以后，为查明案情、查获犯罪嫌疑人，侦查机关必须依法开展侦查活动，收集确实、充分的证明犯罪嫌疑人有罪或者无罪、罪重或者罪轻的各种证据材料，从而为检察机关提起公诉和人民法院进行审判做好充分的准备和奠定坚实的基础。

> 拓展阅读
> 语境与困境：侦查程序完善的未竟课题

为了正确理解侦查的概念，应当着重明确其以下特征：

（一）享有侦查权的主体具有特定性

侦查权的行使直接关系国家安全、社会稳定和公民合法权益是否受到侵犯，因此，法律对行使侦查权的主体作了明确规定。《刑事诉讼法》第108条第1项规定："'侦查'是指公安机关、人民检察院对于刑事案件，依照法律进行的收集证据、查明案情的工作和有关的强制性措施。"由此可见，公安机关和人民检察院是我国刑事诉讼中的侦查主体。

此外，《刑事诉讼法》第4条规定："国家安全机关依照法律规定，办理危害国家安全的刑事案件，行使与公安机关相同的职权。"第308条第1—3款又规定："军队保卫部门对军队内部发生的刑事案件行使侦查权。中国海警局履行海上维权执法职责，对海上发生的刑事案件行使侦查权。对罪犯在监狱内犯罪的案件由监狱进行侦查。"由此可见，我国享有侦查权的机关有公安机关、人民检察院、国家安全机关、军队保卫部门、中国海警局和监狱，除此以外，其他任何机关、团体和个人都无权行使侦查权。

（二）侦查活动的内容具有特定性

侦查活动的内容，根据法律规定，是收集证据、查明案情的工作和采取有关的强制性措施。收集证据、查明案情的工作是指《刑事诉讼法》所规定的讯问犯罪嫌疑人，询问证人，勘验，检查，搜查，扣押物证、书证，鉴定，通缉等活动。应当注意的是，这种收集证据、查明案情的工作，与人民法院在庭审过程中在调查核实证据时，依照《刑事诉讼法》的有关规定所进行的勘验、检查、扣押、鉴定和查询、冻结等活动，具有截然不同的法律性质，后者属于审判中的收集证据、查明案情的活动而不属于侦查活动的范畴。有关的强制性措施，则是指为保证收集证据、查明案情的工作的顺利进行，侦查机关在必要时采取的诸如强制搜查、强制扣押等强制性方法，以及为防止犯罪嫌疑人逃跑、毁灭罪证、串供等而采取的限制或剥夺其人身自由的强制性措施，如拘传、取保候审、监视居住、拘留和逮捕。

（三）侦查权的行使具有合法性

为了实现侦查的目的，保证侦查机关能够发现和收集与案件有关的各种证据，查明案件事实，查获犯罪嫌疑人，防止其继续犯罪或逃避侦查、起诉或审判，保障诉讼活动的顺利进行，我国《刑事诉讼法》对侦查的主体、侦查的内容和方式以及侦查的程序都作了严格的规定。同时，由于侦查是以国家强制力为后盾的，每一项侦查活动的开展都程度不同地带有强制性，稍有违法，便会侵犯公民的合法权益，故而侦查机关在行使侦查权、进行侦查活动时，只有严格遵守法律规定，客观、全面地收集证据，查明案件事实，充分保护公民的合法权益不受侵犯，才能更好地实现刑事诉讼法的目的和完成刑事诉讼法所赋予的侦查任务。

（四）侦查程序的性质具有双重性

关于侦查程序的性质，大陆法系一直存在"行政程序说"和"司法程序说"两种观点。前者认为，侦查程序在相当程度上具有不同于司法程序的特点：它不容易受到法律的约束，其本质上是行政程序，在侦查行为的效果上，它首要考虑的不是合法性而是合目的性；同时，侦查行为实施的主动性有别于司法的被动性要求。后者则认为，侦查程序虽然不能与审判程序等量齐观，但考虑到对侦查程序的法律约束的要求以及保障公民人权的需要，它可以被视为一种准司法过程，即在对侦查程序进行设计时必须考虑到对公安机关、人民检察院、人民法院侦查行为的实施予以限制,对公民的权利给予保障和赋予其相应的救济手段。上述两种观点从不同的角度对侦查的特征进行了分析。我们认为,侦查程序是行政性和司法性两种特征兼而有之:一方面,侦查程序的行政性主要表现为侦查程序的职权性和裁量性,即侦查机关有权在法律规定的范围内依据职权主动进行侦查,并享有广泛的自由裁量权;另一方面,侦查程序的司法性主要表现为侦查行为必须做到客观、公正,并且受到法律的严格约束,因此侦查行为本身还应当受到诉讼内或诉讼外的事后审查。[1]

二、侦查的任务

侦查的任务,概言之,就是收集证据,查明犯罪事实和查获犯罪嫌疑人,为打击和预防犯罪、保障诉讼的顺利进行提供可靠的根据。具体而言,是指侦查机关依照法定程序对已经立案的刑事案件进行侦查,收集、调取犯罪嫌疑人有罪或者无罪、罪轻或者罪重的各种证据材料,准确、及时地查明犯罪事实,查获犯罪嫌疑人,并根据案件的具体情况采取必要的强制措施,以防止犯罪分子逃避侦查或继续犯罪,毁灭、伪造证据,串供等,以便将犯罪嫌疑人顺利交付起诉和审判,保障诉讼活动的顺利进行。

根据《刑事诉讼法》第116条的规定,公安机关完成侦查任务,一般分为侦破和预审两个阶段。其中,侦破阶段的主要任务是收集证据和查获犯罪嫌疑人,而预审阶段的主要任务则是对收集、调取的证据材料的真实性、合法性及证明力予以审查、核实。但需要指出的是,随着公安机关刑侦体制的改革,公安机关内部实行"侦审一体化",预审部门取消了,但预审工作还存在。

三、侦查工作的原则

为了更好地完成侦查任务,揭露、证实和惩罚犯罪,侦查人员在侦查活动中,除了必须遵守《刑事诉讼法》规定的基本原则外,根据侦查工作的特点,还必须遵守下列各项工作原则:

(一)迅速、及时原则

侦查工作本身的特点决定了侦查工作必须迅速、及时。侦查机关接到报案后,要立即组织侦查力量,制定侦查方案,及时抓住战机,采取侦查措施,开展侦查

---

[1] 参见孙长永:《侦查程序与人权——比较法考察》,中国方正出版社2000年版,第1—9页。

活动，拘捕、审讯犯罪嫌疑人，收集案件的各种证据，以防止犯罪分子隐匿、毁灭、伪造证据，或者逃跑、自杀或继续犯罪。如果侦查机关行动迟缓，失掉有利战机，就有可能因时过境迁、犯罪现场遭破坏、犯罪痕迹消灭、人犯潜逃等，给侦查破案工作造成困难。

（二）客观、全面原则

侦查的任务就是依照法律规定，准确查明客观存在的案件事实，全面收集能够证明案件真实情况的一切证据，因此，侦查人员在侦查过程中，应当一切从实际情况出发，坚持重事实、重证据、重调查研究的态度，认真分析、研究案情，如实反映案件的客观真实，切忌主观臆断和先入为主。在收集证据时也要注意全面性，既要收集能够证明犯罪嫌疑人有罪、罪重的证据，又要收集能够证明犯罪嫌疑人无罪、罪轻的证据；既要认真听取控诉一方的意见，也要认真听取辩护一方的意见，从而保证侦查案件的质量。

（三）深入、细致原则

在侦查过程中，为了准确查明案件的真实情况，侦查人员还必须坚持深入、细致的原则。这就要求侦查人员应当具备深入、细致的工作作风，广泛而深入地依靠群众，调查、了解一切与案件有关的情况，不放过一点蛛丝马迹，不忽略任何细枝末节，从而查清犯罪构成基本要件和犯罪的各种具体情节，排除案件证据材料中的疑点和矛盾。

（四）遵守法制原则

侦查是一项严肃的执法活动，侦查机关和侦查人员进行侦查活动必须严格遵守法律规定的程序。因为侦查机关所使用的各种收集证据、查明案情的手段和采取的强制性措施稍有不慎，便会侵犯公民的人身权利、民主权利和其他合法权利，所以，侦查人员必须增强法治观念，严格依照《刑事诉讼法》的规定收集证据，严禁刑讯逼供或以引诱、威胁、欺骗等非法方法获取口供。适用各种强制性措施时，也必须按照法律规定的条件和程序，防止误伤好人而放纵真正的罪犯，保障侦查活动的顺利进行，维护社会主义法制，保护公民的合法权益不受侵犯。

（五）保守秘密原则

侦查过程中，如果将案情、侦查线索、侦查方向和意图、侦查措施、证据材料或者当事人、其他诉讼参与人以及举报人、控告人等有关情况向无关人员泄露，会干扰、破坏侦查工作的顺利进行，影响案件的及时侦破，影响侦查机关同刑事犯罪做斗争，因此，侦查人员必须严格遵守侦查纪律，保守侦查秘密，对于违反者，根据其情节和后果，依法追究其法律责任。

四、侦查行为的法律控制

马克思主义认为，公共权力来自国家全体成员的授权，担负着服务社会和管理社会的职能。在阶级社会中，公共权力不断地膨胀和增长，不受监督和制约的公共权力机构作为社会机关而凌驾于社会之上。马克思、恩格斯从社会与国家关系的理论出发，论证了监督和制约国家公共权力的必要性，并认为这种必要性不仅是由国家的历史地位决定的，也是人类社会发展的必然，因此主张用法律对公共权力进行控制。恩格斯在1875年致倍倍尔的信中指出："一切官吏对自己的一切职务活动都应当在普通法庭面前遵照普通法向每一个公民负责。"①

侦查权是一种典型的公共权力，具有主动性、强制性等特点。以收集证据、查明案情的工作和强制性措施为内容的侦查行为，指向的是公民的人身、财产、隐私等基本权利，尤其是各种强制性措施和特殊侦查措施的运用，更是无可避免地对公民宪法基本权利形成严重干预，一旦滥用势必产生侵犯人权的严重后果。正如德国法学家萨维尼所指出的："警察官署的行动自始蕴藏着侵害民权的危险，而经验告诉我们，警察人员经常不利关系人，犯下此类侵害民权的错误。"② 因此，对侦查行为实施法律控制，防止侦查权滥用，从而保护公民基本权利是各国在建立侦查制度时必须考虑和处理的重要问题。

目前，在司法实践中，侦查活动存在的主要问题是侦查权缺乏有效的规制，表现为两方面：一是侦查行为的启动和实施过于随意，侦查手段易被滥用。二是违法侦查行为缺乏制裁，造成的损害难以救济。对此，应当分别采取不同的司法控制形式。针对前者，应当实施事前审查，在侦查机关作出影响公民重要基本权利的侦查行为之前，应由裁判主体也就是法官来进行司法审查，并作出决定。这里要指出的是，不能对所有的侦查行为都进行事前审查，这有悖于刑事诉讼的效率原则，要接受事前审查的侦查行为主要应包括逮捕、羁押、搜查等一些较严厉的措施。有的学者将其称为强行性侦查措施，而与之相对应的任意性侦查措施，则可由侦查机关独立地审查并作出决定。针对后者，则应进行事后审查。具体而言，公民对于侦查机关在侦查过程中对其合法权益的侵害，可以寻求司法途径进行救济，也就是提起行政诉讼。这样，通过事前审查和事后审查双管齐下来保障

---

① 《马克思恩格斯文集》第3卷，人民出版社2009年版，第414页。
② 林钰雄：《检察官论》，法律出版社2008年版，第7页。

侦查活动依法进行，既控制犯罪，又保护公民的合法权益，从而实现刑事诉讼的目的。

五、侦查中的人权保障

人权是人类社会的普遍追求。因此，保障人权不只是观念的产物，也是各国法律制度遵循的基本道义原则。刑事诉讼的直接目的包括控制犯罪和保护人权两个方面，应当贯穿于刑事诉讼始终，体现在每一个程序、制度及诉讼阶段之中。而在整个刑事诉讼过程中，对人权保障最不易、最为薄弱的环节就是侦查阶段。因此，在侦查中加强对人权的保护，则整个刑事诉讼中人权保障的状况将大为改善。

当前，侦查中的权利保障尚不充分，存在的主要问题有：审前羁押常态化，强制性措施缺乏令状许可和司法审查，犯罪嫌疑人防御性权利不足，律师辩护受到较大限制，侦查行为不具有可诉性等。这些问题的存在，既有立法制度保障本身不充分的原因，也有在侦查实践中部分既有的保障性规则的实施不到位的原因。针对侦查中人权保护不足的问题，应当采取三方面措施：首先，应当不断地提高侦查的能力和水平，只有这样，才能既赋予犯罪嫌疑人及其辩护人更多权利，又不至于削弱控制犯罪的能力，人权保障的程序规则才能生长并落实。其次，改善侦查程序，贯彻程序法定原则、比例性原则和司法审查原则，使侦查行为诉讼化，侦查程序法治化。最后，逐步扩大和强化犯罪嫌疑人及其辩护人的诉讼权利。

第二节 侦查行为

一、讯问犯罪嫌疑人

（一）讯问犯罪嫌疑人的概念和意义

讯问犯罪嫌疑人是指侦查人员依照法定程序以言词方式，向犯罪嫌疑人查问案件事实和其他与案件有关问题的一种侦查活动。

讯问犯罪嫌疑人是每一个刑事案件中侦查工作的必经程序，在侦查中具有十分重要的意义：一方面，有利于侦查人员收集、核实证据，查明案件事实，查清犯罪情节，并发现新的犯罪线索和其他应当追究刑事责任的犯罪分子；另一方面，又可以为犯罪嫌疑人如实供述罪行或充分行使辩护权提供机会，通过听取犯罪嫌疑人陈述和申辩，在保护犯罪嫌疑人合法权益的同时，保障无罪的人和其他依法不应追究刑事责任的人免受刑事追诉。

(二) 讯问犯罪嫌疑人的规则

根据《刑事诉讼法》的规定,讯问犯罪嫌疑人应当严格遵守下列规则:

第一,讯问犯罪嫌疑人必须由人民检察院或者公安机关的侦查人员进行,法律规定以外的其他任何机关、其他任何人员都无权行使这项专有职权。并且,为了提高讯问效率,防止违法乱纪、非法讯问,保障侦查人员的人身安全,《刑事诉讼法》第118条第1款规定:"……讯问的时候,侦查人员不得少于二人。"

第二,对于不需要拘留、逮捕的犯罪嫌疑人,可以传唤到犯罪嫌疑人所在市、县内的指定地点或者到他的住处进行讯问,并应当出示公安机关或者人民检察院的证明文件。对现场发现的犯罪嫌疑人,经出示工作证件,可以口头传唤,但应当在讯问笔录中注明。传唤犯罪嫌疑人应当使用"传唤通知书"。犯罪嫌疑人经合法传唤,无正当理由而不到案的,可以拘传。但事先不经传唤,直接拘传犯罪嫌疑人也是合法的。无论传唤还是拘传,持续的时间最长不得超过12小时,案情特别重大、复杂,需要采取拘留、逮捕措施的,经办案负责人批准,持续的时间最长不得超过24小时,并且不得以连续传唤、拘传的形式变相拘禁犯罪嫌疑人,应当保证犯罪嫌疑人的饮食和必要的休息时间。

对于已被拘留、逮捕的犯罪嫌疑人,必须在拘留、逮捕后的24小时以内进行讯问。并且,犯罪嫌疑人被送交看守所羁押以后,侦查人员对其讯问只能在看守所内进行。在讯问过程中,如果发现犯罪嫌疑人有不应当拘留、逮捕的情况的,应当立即释放,并发给释放证明。如果需要逮捕而证据还不充足的,可以取保候审或者监视居住。

第三,侦查人员在讯问犯罪嫌疑人的时候,应当首先讯问犯罪嫌疑人是否有犯罪行为,并应当告知其如实供述自己的罪行可以从宽处理和认罪认罚的法律规定,令其陈述有罪的情节或者作无罪的辩解,然后向其提出问题。处于侦查阶段的犯罪嫌疑人是否有罪,尚处在不确定状态,需要经过进一步的侦查,才能证实。为了防止侦查人员主观片面、先入为主,法律要求侦查人员在讯问犯罪嫌疑人时,应首先讯问其是否有犯罪行为。如果犯罪嫌疑人承认有犯罪行为,则让其陈述有罪的情节;如果犯罪嫌疑人否认有犯罪事实,则让其作无罪的辩解,然后就其供述或辩解中与认定案件事实有关、影响对其定罪量刑的问题向其提问。

我国《刑事诉讼法》规定了不得强迫任何人证实自己有罪,但尚未赋予犯罪嫌疑人沉默权。根据法律规定,犯罪嫌疑人对侦查人员的提问,应当如实回答,但是与本案无关的问题,有权拒绝回答。至于是否与本案无关,应当以是否对查明本案的全部事实情节有实际意义或证据价值为准。

对共同犯罪案件的同案犯罪嫌疑人的讯问应当分别进行，未被讯问的犯罪嫌疑人不得在场，以防止同案犯串供或者相互影响供述。

第四，侦查人员讯问聋、哑犯罪嫌疑人时，应当有通晓聋、哑手势的人参加，并将这种情况在笔录上加以注明；对于不通晓当地通用语言文字的犯罪嫌疑人，讯问时，应当有翻译人员参加；讯问未成年犯罪嫌疑人时，应当通知其法定代理人到场。无法通知、法定代理人不能到场或者法定代理人是共犯的，也可以通知未成年犯罪嫌疑人的其他成年亲属，所在学校、单位、居住地基层组织或者未成年人保护组织的代表到场，并将有关情况记录在案。

第五，侦查人员在讯问犯罪嫌疑人时，可以对讯问过程进行录音或者录像，对于可能判处无期徒刑、死刑的案件或者其他重大犯罪案件，应当对讯问过程进行录音或录像，并且录音或者录像应当全程进行，保持完整性。根据《监察法》第41条的规定，调查人员进行讯问，也应当对全过程进行录音录像。

第六，讯问犯罪嫌疑人应当制作笔录。讯问笔录应当如实记载提问、回答和其他在场人的情况。讯问笔录应当交犯罪嫌疑人核对；对于没有阅读能力的，应当向他宣读。如果记录有遗漏或差错，犯罪嫌疑人可以补充或改正。犯罪嫌疑人承认笔录没有错误后，应当签名或盖章。侦查人员也应当在笔录上签名。犯罪嫌疑人请求自行书写供述的，应当准许。必要时，侦查人员也可以要求犯罪嫌疑人亲笔书写供词。

第七，侦查人员讯问犯罪嫌疑人，必须严格遵守法律规定的程序，切实保障犯罪嫌疑人的诉讼权利，严禁刑讯逼供或以威胁、引诱、欺骗以及其他非法方法进行讯问，不得强迫任何人证实自己有罪。对于侦查人员侵犯犯罪嫌疑人诉讼权利的违法行为，犯罪嫌疑人有权提出控告；构成犯罪的，应当依法追究其刑事责任。

2010年6月13日，最高人民法院、最高人民检察院、公安部等联合颁布了《非法证据排除规定》和《办理死刑案件证据规定》，对"犯罪嫌疑人、被告人供述与辩解"的证据资格和采纳标准作出了新规定，如前者明确规定，采用刑讯逼供等非法手段取得的犯罪嫌疑人供述属于非法言词证据，应当予以排除，既不能作为定案的证据，也不能作为批准逮捕和提起公诉的根据。后者规定，在死刑案件中，采用刑讯逼供等非法手段取得的被告人供述；未经被告人核对确认并签名、捺指印的讯问笔录；应当提供通晓聋、哑手势的人员或者翻译人员而未提供的讯问都不得作为定案的根据。以上内容被《刑事诉讼法》吸收。《刑事诉讼法》第

56条规定，采用刑讯逼供等非法方法收集的犯罪嫌疑人、被告人供述和采用暴力、威胁等非法方法收集的证人证言、被害人陈述，应当予以排除。收集物证、书证不符合法定程序，可能严重影响司法公正的，应当予以补正或者作出合理解释，不能补正或者作出合理解释的，对该证据应当予以排除。可以预见，这些非法证据排除规则将对侦查阶段的讯问行为起到较强的制约和规范作用。

为了进一步保障犯罪嫌疑人在侦查阶段的诉讼权利，保证侦查工作依法顺利进行，我国法律允许犯罪嫌疑人在侦查阶段聘请律师提供法律帮助。《刑事诉讼法》第34条规定，犯罪嫌疑人自被侦查机关第一次讯问或采取强制措施之日起，有权随时委托律师作为辩护人。同时，侦查机关有义务在第一次讯问犯罪嫌疑人或者对犯罪嫌疑人采取强制措施时向犯罪嫌疑人告知其具有这一权利。犯罪嫌疑人在押的，也可以由其监护人、近亲属代为委托。第39条还规定，辩护律师可以同在押的犯罪嫌疑人会见和通信。辩护律师凭律师执业证书、律师事务所证明和委托书或者法律援助公函，要求会见犯罪嫌疑人的，看守所应当在至迟不超过48小时内安排会见，并且辩护律师会见在押的犯罪嫌疑人不得被监听。

二、询问证人、被害人

（一）询问证人的概念和意义

询问证人是指侦查人员依照法定程序以言词方式向证人调查、了解案件情况的一种侦查行为。

询问证人作为侦查过程中经常并且广泛采用的一种侦查行为，在侦查程序中起着非常重要的作用。询问证人，有助于侦查人员发现、收集证据和核实证据，查明案件事实真相，查获犯罪嫌疑人，揭露、证实犯罪，保障无罪的人不受刑事追究。

（二）询问证人的规则

根据《刑事诉讼法》的规定，询问证人应当遵守下列规则：

1. 只能由侦查人员进行

侦查人员询问证人，可以在现场进行，也可以到证人所在单位、住处或者证人提出的地点进行，在必要的时候，可以通知证人到人民检察院或者公安机关提供证言。在现场询问证人，应当出示工作证件，到证人所在单位、住处或者证人提出的地点询问证人，应当出示人民检察院或者公安机关的证明文件。

关于询问证人地点的选择，应当从有利于获取证言、保证证人作证的积极性方面考虑。为了方便证人作证，消除证人不必要的紧张情绪，及时得到证人单位的支持，及时了解证人情况，侦查人员一般应到证人所在单位、住处或者证人提出的地点进行询问。只有在案件涉及国家秘密，证人所在单位或者住处周围的人与案件有利害关系，证人在侦查阶段不愿意公开自己的姓名和作证行为等必要的情况下，为保守秘密，保障证人安全，防止证人所在的单位、亲属或其他人的干扰，保证证人如实提供证言，侦查人员才通知证人到人民检察院或公安机关进行询问。

2. 应当分别进行

为了避免证人之间相互影响，保证证言的真实性，侦查人员询问证人，应当分别进行、个别询问，即不能采用"座谈会"的方式将多名证人召集在一起进行询问，更不能让多名证人共同出具一份书面证词。

3. 应当告知证人要负的法律责任

所谓要负的法律责任，主要是指《刑法》第305条规定的伪证罪和第310条规定的包庇罪。明确告知证人作伪证或隐匿罪证所应当承担的法律责任，有利于证人如实提供证据和证言，同时，侦查人员也应当告知、保护证人依法享有的各种诉讼权利，保障证人及其近亲属的安全。对证人及其近亲属进行威胁、侮辱、殴打或者打击报复而构成犯罪的，应依法追究刑事责任；尚不够刑事处罚的，依法给予治安管理处罚。

4. 应当为证人提供客观、充分地提供证言的条件

侦查人员在询问证人时，一般先让证人就他所知道的案件情况作连续的详细叙述，然后对其所陈述的事实问明来源和根据。侦查人员应当耐心听取证人的陈述，然后根据案件的具体情况进行询问，提出的问题应当明确、清楚，不得用提示性、暗示性的方式询问，更不得以暴力、胁迫、引诱、欺骗等非法的方法逼取证人证言。询问聋、哑证人时，应当有通晓聋、哑手势的人做翻译，并将这种情况记入笔录；询问不通晓当地语言文字的诉讼参与人时，应当为其聘请翻译人员。

5. 应当制作笔录

证言笔录应当制作笔录，如实记载证人的陈述，询问结束后，交证人核对或者向他宣读。如果记载有遗漏或差错，证人可以申请补充或者纠正。证人确认笔录无误后，证人和侦查人员都应当在笔录上签名或盖章。如果证人愿意提供书面证言，应当允许；必要时，侦查人员也可以让证人亲笔书写证词，但是书面证言不能代替口头询问。

(三) 询问被害人的概念和规则

询问被害人，是指侦查人员依照法定程序，以言词方式向直接遭受犯罪行为

侵害的人就其受害及犯罪嫌疑人的有关情况进行查明、了解的一种侦查活动。

根据《刑事诉讼法》第127条的规定，询问被害人适用询问证人的程序。但是，由于被害人与证人具有不同的诉讼地位，被害人是刑事诉讼的当事人，且与案件的处理有直接利害关系，所以，在询问被害人时，除了依照询问证人的各项规定进行外，还要注意被害人的特点：一方面，由于被害人直接遭受犯罪行为侵害，在不少案件中被害人与犯罪分子还有过直接接触，所以，通过询问被害人，可以更多地掌握犯罪事实和犯罪嫌疑人的有关情况；另一方面，也要考虑被害人与案件的利害关系，在询问时，既要认真听取他的陈述，又要注意分析其陈述是否合乎情理、有无夸大情节。对于被害人的个人隐私，应当为他保守秘密；对于被害人的人身安全，也应当采取切实、有效的措施予以保护。

三、勘验、检查

（一）勘验、检查的概念和意义

勘验、检查是指侦查人员对与犯罪有关的场所、物品、尸体、人身等进行勘查和检验，以发现、收集和固定犯罪活动所遗留下来的各种痕迹和物品的一种侦查行为。勘验、检查的主体、任务和性质相同，但适用对象有所区别：勘验的对象是现场、物品和尸体，而检查的对象则是活人的人身。

勘验、检查是侦查中取得第一手证据材料的一个重要途径。犯罪分子实施犯罪行为，必然会在客观外界留下各种痕迹、物品，即使其在犯罪后对现场加以破坏或伪装，也会留下新的痕迹和物品。因此，通过勘验和检查，可以及时发现、收集和固定犯罪的痕迹与证物，了解案件性质、作案手段和犯罪活动情况，确定侦查范围和方向，并为进一步查清案情，揭露、证实犯罪分子提供可靠的依据。

（二）勘验、检查的种类和规则

根据刑事诉讼法的规定，勘验、检查的种类包括：现场勘验、物证检验、尸体检验、人身检查和侦查实验。

1. 现场勘验

现场勘验是侦查人员对发生犯罪事件或者发现犯罪痕迹的特定地点、场所进行勘验和检查的一种侦查活动。

现场勘验的任务是查明犯罪现场的情况，发现和收集证据，研究、分析案情，判断案件性质，确定侦查方向和范围，为破案提供线索和证据。

及时发现和严密保护好现场，是做好勘验、检查工作的前提条件。在犯罪现场所发现的物品、痕迹都有可能成为查获犯罪嫌疑人的关键线索，只有保护好现场,勘验、检查人员才能观察到现场物品、痕迹的原始状态,并据以准确分析、判断犯罪分子的作案情况,为侦破案件打下基础。鉴于此,《刑事诉讼法》第129条规定:"任何单位和个人,都有义务保护犯罪现场,并且立即通知公安机关派员勘验。"

执行勘验的侦查人员接案后,应当迅速赶到案发现场,并保护好现场。进行现场勘验时必须持有公安机关或人民检察院的证明文件,如公安机关的"刑事犯罪现场勘查证",必要时可以指派或聘请具有专门知识的人在侦查人员的主持下进行现场勘验。为了保证勘验的客观、公正性,还应邀请两名与案件无关的见证人在场。

侦查人员在现场勘验时,应当及时向现场周围的群众、被害人、目睹人、报案人等进行查询、访问,以便了解案发前和案发时现场的状况,并进行实地勘验,发现和收集同案件有关的各种证据,并及时采取紧急措施和各种技术手段固定、保全各种证据。

根据《刑事诉讼法》第133条的有关规定,现场勘验情况应制成笔录,侦查人员、参加勘验的其他人员和见证人都应当在笔录上签名或盖章。勘验、检查现场,应当按照勘验、检查现场规则的要求拍摄现场照片,制作"现场勘验、检查笔录"和现场图。对于重大案件、特别重大案件的现场,应当录像。在计算机犯罪案件的现场勘验、检查时,应当立即停止应用,保护计算机及相关设备,并复制电子数据。

2. 物证检验

物证检验是指侦查人员对侦查过程中已经收集到的物品和痕迹进行检查、验证,以确定该物证与案件事实之间的关系的一种侦查活动。

物证的检验应当及时、认真、细致,如果需要由专门技术人员进行检验和鉴定,应当指派或聘请鉴定人进行鉴定。

物证检验应当制作笔录。参加检验的侦查人员、鉴定人和见证人均应签名或者盖章。

3. 尸体检验

尸体检验,是指侦查人员指派、聘请法医或医师对非正常死亡的尸体进行尸表检验或尸体解剖的一种侦查活动。其目的在于确定被害人死亡的原因和时间,判明致死的工具、手段和方法,以便分析作案过程,为查明案情和查获犯罪嫌疑人提供线索、证据。

根据《刑事诉讼法》第131条的有关规定,对于死因不明的尸体,为了确定死因，经县级以上公安机关负责人批准，可以解剖尸体或者开棺检验，并且通知死者家属到场，让其在"解剖尸体通知书"上签名或者盖章。死者家属无正当理由拒不到场或者拒绝签名、盖章的，不影响解剖或开棺检验，但是应当在"解剖尸体通知书"上注明。对于身份不明的尸体，无法通知死者家属的，应当在笔录中注明。对于已经查明死因，没有继续保存必要的尸体，应当通知家属领回处理；对于无法通知或者通知后其家属拒绝领回的，经县级以上公安机关负责人批准，可以及时处理。

尸体检验的情况应当制作笔录，并由侦查人员、法医或医师签名或者盖章。

4. 人身检查

人身检查，是指侦查人员为了确定被害人、犯罪嫌疑人的某些特征、伤害情况或者生理状态，依法对其人身进行检查的一种侦查活动。

人身检查是对活人的人身进行的一种特殊检验，其目的在于确定被害人、犯罪嫌疑人的相貌、肤色、特殊痕迹、伤害部位与程度、智力发展和生理机能等情况，从而有利于查明案件性质，查获犯罪嫌疑人。

根据《刑事诉讼法》第132条的规定，为了确定被害人、犯罪嫌疑人的某些特征、伤害情况或者生理状态，可以对人身进行检查，可以提取指纹信息，采集血液、尿液等生物样本。对被害人、犯罪嫌疑人进行人身检查，必须由侦查人员进行，必要时也可以在侦查人员的主持下聘请法医或医师严格依法进行，不得有侮辱被害人、犯罪嫌疑人人格或侵害其他合法权益的行为。对犯罪嫌疑人进行人身检查，如果有必要，可以强制进行。但对被害人的人身检查，应征得本人同意，不得强制进行。检查妇女的身体，应当由女工作人员或者医师进行。

人身检查的情况应当制作笔录，并由侦查人员和进行检查的法医或医师签名或盖章。

5. 侦查实验

侦查实验是指侦查人员为了确定和判明与案件有关的某些事实或行为在某种情况下能否发生或怎样发生，而按照原有条件实验性地重演该行为的一种侦查活动。

根据《刑事诉讼法》第135条的规定，为了查明案情，在必要的时候，经公安机关负责人批准，可以进行侦查实验。进行侦查实验时，禁止一切足以造成危险、侮辱人格或者有伤风化的行为。

侦查实验是一种特殊的侦查行为，因此，在侦查过程中不宜广泛采用，只有在下列情况下，才能进行侦查实验：（1）确定在一定条件下能否听到或者看到；

(2) 确定在一定时间内能否完成某一行为；(3) 确定在什么条件下能够发生某种现象；(4) 确定在某种条件下某种行为和某种痕迹是否吻合一致；(5) 确定在某种条件下使用某种工具可能或者不可能留下某种痕迹；(6) 确定某种痕迹在什么条件下会发生变异；(7) 确定某种事件是怎样发生的。

侦查实验应当由侦查人员进行，并应当邀请其他见证人在场，必要时也可以聘请具有专门知识的人参加。侦查实验的经过和结果应当制作侦查实验笔录，由参加侦查实验的人员签名或者盖章。

需要指出的是，为了加强人民检察院对公安机关侦查活动的监督，保证勘验、检查的质量，防止和纠正可能出现的或已经出现的差错，《刑事诉讼法》第134条规定："人民检察院审查案件的时候，对公安机关的勘验、检查，认为需要复验、复查时，可以要求公安机关复验、复查，并且可以派检察人员参加。"复验、复查可以多次进行，但每次都要制作笔录。人民检察院在具备条件的情况下，也可以自行复验、复查。复验、复查应当遵守的法律程序和规则与勘验、检查相同。

四、搜查

(一) 搜查的概念和意义

搜查是指侦查人员依法对犯罪嫌疑人以及可能隐藏罪犯或者罪证的人的身体、物品、住处和其他有关地方进行搜查、检查的一种侦查行为。

搜查是侦查机关同犯罪做斗争的一项重要手段，它对于侦查机关及时收集证据，查获犯罪嫌疑人，防止其逃跑、毁灭和转移证据，揭露、证实犯罪，保障诉讼的顺利进行具有十分重要的意义。

(二) 搜查的规则

由于搜查直接关系我国《宪法》所规定的公民的人身自由和住宅不受侵犯的权利，所以《刑事诉讼法》明确规定了搜查应当遵守的法律规则：

第一，搜查只能由侦查人员进行，其他任何机关、团体和个人都无权对公民的人身和住宅进行搜查。否则，情节严重构成犯罪的，将依法追究其刑事责任。搜查是为了收集犯罪证据，查获犯罪嫌疑人。搜查的对象和范围既可以是犯罪嫌疑人，也可以是其他可能隐藏罪犯或者犯罪证据的人；既可以对人身进行搜查，也可以对被搜查人的住处、物品和其他有关场所进行搜查。侦查机关不得违背法律规定的搜查目的滥用搜查措施，同时，也不得超越法律所规定的搜查对象和范围而滥行搜查权。

第二，搜查时必须向被搜查人出示搜查证，否则被搜查人有权拒绝搜查。但是，侦查人员在执行逮捕、拘留的时候，遇有紧急情况，不用搜查证也可以进行搜查。根据公安部《规定》第219条，紧急情况是指下列情形之一：（1）可能随身携带凶器的；（2）可能隐藏爆炸、剧毒等危险物品的；（3）可能隐匿、毁弃、转移犯罪证据的；（4）可能隐匿其他犯罪嫌疑人的；（5）其他突然发生的紧急情况。任何单位和个人都有义务按照公安机关和人民检察院的要求，交出可以证明犯罪嫌疑人有罪或者无罪的物证、书证、视听资料。遇有拒绝者，侦查机关可依法强制提取。

第三，搜查时应当有被搜查人或者他的家属、邻居或者其他见证人在场。这主要是为了证实搜查情况，保证搜查所取得的证据的真实性，以及监督侦查机关搜查行为的合法性。另外，根据公安部《规定》第220条的规定，公安机关可以要求有关单位和个人交出可以证明犯罪嫌疑人有罪或者无罪的物证、书证、视听资料等证据。遇见阻碍搜查的，侦查人员可以强制搜查。搜查妇女的身体，应当由女工作人员进行。

第四，搜查的情况应当写成笔录，由侦查人员和被搜查人员或者他的家属、邻居或者其他见证人签名或盖章。如果被搜查人在逃或者他的家属拒绝签名、盖章的，应当记明于笔录。

五、查封、扣押物证、书证

（一）查封、扣押物证、书证的概念和意义

查封、扣押物证、书证，是指侦查机关依法强制提取、留置和封存与案件有关的物品、文件的一种侦查行为。

查封、扣押物证、书证的目的在于取得和保全证据。侦查机关及时采取查封、扣押行为，能够防止证明犯罪嫌疑人有罪或无罪、罪重或罪轻的物品和文件发生毁弃、丢失或被隐藏等现象，从而保证侦查人员依法扣押的物证、书证在认定案件事实，揭露、证实犯罪，保障无罪公民不受刑事追诉方面发挥其应有的证据作用。

查封、扣押物证、书证通常与勘验、搜查同时进行，即在勘验、搜查过程中发现可以用于证明犯罪嫌疑人有罪或无罪的物品和文件时都应当查封、扣押，但同时，查封、扣押物证、书证又是一种独立的侦查行为，可以单独进行。

（二）查封、扣押物证、书证的规则

根据《刑事诉讼法》和公安部《规定》的相关规定，侦查人员查封、扣押物证、书证应当遵守下列规则：

第一，查封、扣押物证、书证只能由侦查人员进行。侦查人员如果是在勘验、检查和搜查中发现需要查封、扣押的物品、文件，凭勘查证和搜查证即可予以查封、扣押；如果是单独进行查封、扣押，则应持有侦查机关的证明文件，如侦查人员的工作证件。

第二，查封、扣押的范围仅限于与查明案件有关的具有证据意义的各种物品、文件，与案件无关的物品、文件不得随意查封、扣押。如果发现是违禁品，无论是否与本案有关，都应先行查封、扣押，然后交有关部门处理。凡应当查封、扣押的物品、文件，持有人拒绝交出的，侦查机关可以强行查封、扣押。

第三，对于查封、扣押的物品和文件，应当会同在场见证人和被查封、扣押物品、文件的持有人查点清楚，当场开列清单，写明物品或者文件的名称、编号、规格、数量、重量、质量、特征及来源，由侦查人员、见证人和持有人签名或者盖章。持有人及其家属在逃或者拒绝签名的，不影响查封、扣押的进行，但应当在查封、扣押清单上注明。对于应当查封、扣押但不便提取的物品，应当现场加封，责成专人负责、妥善保存。对于无法确定持有人的物品和文件或者持有人拒绝签名的，侦查人员应当在清单中注明。

第四，对于查封、扣押的物品、文件，侦查机关应当妥善保管或者封存，不得使用、损毁或丢弃。对于涉及国家秘密的文件、资料，应当严格保守秘密。依法扣押文物、金银、珠宝、名贵字画等贵重财物的，应当拍照或者录像，并及时鉴定、估价。

第五，侦查人员认为需要扣押犯罪嫌疑人的邮件、电报时，经公安机关或人民检察院批准，即可通知邮电机关将有关的邮件、电报检交扣押，但不需要继续扣押时，应当立即通知邮电机关。

第六，人民检察院、公安机关根据侦查犯罪的需要，可以依照规定查询、冻结犯罪嫌疑人的存款、汇款、债券、股票、基金份额等财产。对于已经冻结的犯罪嫌疑人的存款、汇款、债券、股票、基金份额等财产，不管是出于何种原因冻结的，侦查机关都不得重复冻结，但可以要求有关银行、邮电机关及金融证券机构在将犯罪嫌疑人的存款、汇款、债券、股票、基金份额等财产解冻前，通知公安机关和人民检察院。需要强调的是，根据"六机关"《规定》第37条的规定，侦查机关不能划扣存款、汇款，对于在侦查、审查起诉中犯罪嫌疑人死亡的，对犯罪嫌疑人的存款、汇款应当依法予以没收或者返还被害人的，可以申请人民法院裁定通知冻结犯罪嫌疑人存款、汇款的金融机构上缴国库或者返还被害人。

第七，对于查封、扣押的物品、文件、邮件、电报或者冻结的存款、汇款、债券、股票、基金份额等财产,经查明确实与案件无关的,应当在3日以内解除查封、扣押、冻结,退还原主或者原邮电机关、网络服务单位;原主不明确的,应当采取公告的方式告知原主认领。在通知原主或者公告后6个月以内,无人认领的,按照无主财产处理,登记后上缴国库。

六、鉴定

(一) 鉴定的概念和分类

鉴定是指侦查机关指派或聘请具有专门知识的人就案件中某些专门性问题进行科学鉴别和判断并作出鉴定意见的一种侦查行为。

在侦查实践中,鉴定的适用范围极其广泛,凡是与刑事案件有关的,能够证明犯罪嫌疑人有罪、无罪的各种物品、文件、痕迹、人身、尸体等,都可以进行鉴定。鉴定对于侦查机关及时收集证据,准确揭示物证、书证在诉讼中的证明作用,鉴别案内其他证据的真伪,查明案件事实真相,查获犯罪嫌疑人具有重要作用。

在侦查中经常采用的鉴定主要有刑事技术鉴定、人身伤害的医学鉴定、精神病的医学鉴定,以及扣押物品的价格鉴定、文物鉴定、司法会计鉴定等。

(二) 鉴定的规则

依据《刑事诉讼法》的规定,鉴定应当遵守下列规则:

第一,侦查机关指派或者聘请的鉴定人必须具备鉴定人的资格,即必须是具有解决本案中专门性问题的专门知识和技能,并且与本案或本案当事人没有利害关系,且能够保证以客观、公正的态度进行鉴定的人。

第二,侦查机关应当为鉴定人进行鉴定提供必要的条件,及时向鉴定人送交有关检材和对比样本等原始材料,介绍与鉴定有关的情况,并且明确提出要求鉴定解决的问题,但是不得暗示或者强迫鉴定人作出某种鉴定意见。

第三,鉴定人应当按照鉴定规则,运用科学方法进行鉴定。鉴定后,应当出具鉴定意见,并由鉴定人签名。如果是多名鉴定人对同一专门问题共同进行鉴定,可以互相讨论,提出共同的鉴定意见,但每一位鉴定人都应当签名;如果意见不一致,则可以分别提出自己的鉴定意见,分别签名。鉴定只能涉及案件中的专门性问题,无权对案件的法律问题作出评判。

第四,鉴定人进行鉴定后,应当写出鉴定意见,除了鉴定人签名外,还应当加盖医院公章,以保证鉴定的权威性、严肃性和合法性。

第五,侦查机关应当将用作证据的鉴定意见告知犯罪嫌疑人、被害人,如果犯罪嫌疑人、被害人提出申请，可以补充鉴定或者重新鉴定。鉴定内容有明显遗漏，发现新的有鉴定意义的证物，对鉴定证物有新的鉴定要求或者鉴定意见不完整、委托事项无法确定时，经县级以上公安机关负责人批准，应当补充鉴定。

发现有以下情形之一的，应当重新鉴定：（1）鉴定程序违法或者违反相关专业技术要求的；（2）鉴定机构、鉴定人不具备鉴定资质和条件的；（3）鉴定人故意作虚假鉴定或者违反回避规定的；（4）鉴定意见依据明显不足；（5）检材虚假或者被损坏的；（6）其他应当重新鉴定的情形。

鉴定人故意作虚假鉴定，构成犯罪的，应当依法追究其刑事责任；尚不够刑罚处罚的，则依法予以行政处分。

七、通缉

（一）通缉的概念和意义

通缉是指公安机关以发布通缉令的方式将应当逮捕而在逃的犯罪嫌疑人通报缉拿归案的一种侦查行为。

通缉是公安机关内部通力合作、协同作战，及时制止和打击犯罪的一种重要手段，同时又是公安机关动员和依靠广大人民群众积极同犯罪做斗争的一项有力措施。

（二）通缉的规则

根据《刑事诉讼法》及公安部《规定》的有关规定，通缉应当遵守下列规则：

第一，只有公安机关有权发布通缉令，其他任何机关、团体、单位、组织和个人都无权发布。根据《监察法》的规定，监察委员会在调查案件过程中，需要追捕被调查人的，应当依法作出通缉决定后交由公安机关发布通缉令。

各级公安机关在自己管辖的地区以内，可以直接发布通缉令，如果超出自己管辖的地区，应当报请有权决定的上级机关发布。自2000年起，公安部对重大在逃犯罪嫌疑人实行"A、B级通缉"，A级通缉令是在全国范围内发布的级别最高的通缉令，是为了缉捕公安部认为应重点通缉的在逃人员而发布的命令，主要适用于情况紧急、案情重大或突发恶性案件。B级通缉令是公安部应各省级公安机关的请求而发布的缉捕在逃人员的命令。

第二，被通缉的对象必须是依法应当逮捕而在逃的犯罪嫌疑人，包括依法应当逮捕而在逃的和已被逮捕但在羁押期间逃跑的犯罪嫌疑人。通缉令中应当尽可能地写明被通缉人的姓名、别名、曾用名、绰号、性别、年龄、民族、籍贯、出生地,以及户籍所在地、居住地、职业、身份证号码、衣着和体貌特征并附被通缉人近期照片,可以附指纹及其他物证的照片。除了必须保密的事项以外,应当写明发案的时间、地点和简要案情。

通缉令发出后,如果发现新的重要情况,可以补发通报。通报必须注明原通缉令的编号和日期。

第三,有关公安机关接到通缉令后,应当及时布置查缉。抓获犯罪嫌疑人后,应当迅速通知通缉令发布机关,并报经抓获地县级以上公安机关负责人批准后,凭通缉令羁押。原通缉令发布机关应当立即进行核实,依法处理。对于通缉在案的犯罪嫌疑人,任何公民都有权将其扭送至公安机关、人民检察院或人民法院处理。

第四,被通缉人已经归案、死亡,或者通缉原因已经消失而无通缉必要的,发布通缉令的机关应当立即发出撤销通缉令的通知。

八、特殊侦查措施

(一)特殊侦查措施的概念和种类

特殊侦查措施,是指只适用于某些特殊类型的案件、异于普通侦查措施而具有高度的秘密性、技术性的侦查措施。特殊侦查措施主要包括技术侦查、秘密侦查和控制下交付。

技术侦查,俗称"技侦",是指利用现代科学知识、方法和技术的各种侦查手段的总称。从一般意义上讲,在刑事侦查中,多数案件的侦查都需要运用一些技术手段,如勘验、检查中某些仪器设备的使用。但在许多场合下,技术侦查专指侦查中某些特殊手段的运用,而非一般意义上侦查技术设备或仪器的使用。我国《国家安全法》和《人民警察法》中关于技术侦查的规定,即是在此种意义上使用。根据《国家安全法》和《人民警察法》的规定,技术侦查主要包括电子侦听、电话监控、电子监控、秘密拍照或录像、秘密获取某些物证、邮件检查等秘密的专门技术手段。

秘密侦查,是指侦查机关通过隐匿身份、目的或手段而实施的侦查措施,既包括侦查人员隐匿身份实施"卧底侦查""化妆侦查""诱惑侦查"等情形,也包括侦查机关根据需要安排其他人员隐匿身份或目的担任"卧底"或"线人"参与侦查的情形。我国《刑事诉讼法》第 153 条第 1 款对秘密侦查的实施方式作了限制性规定,即不得诱使他人犯罪,不得采用可能危害公共安全或者发生重大人身危险的方法，以防止秘密侦查的滥用。

控制下交付，是指侦查机关在发现非法或可疑交易的物品后，在对物品进行秘密监控的情况下，允许非法或可疑物品继续流转，从而查明参与该项犯罪的人员并彻底查明案件的一种侦查措施。我国《刑事诉讼法》第153条第2款规定，对涉及给付毒品等违禁品或者财产的犯罪活动，公安机关根据侦查犯罪的需要，可以依照规定实施控制下交付。

（二）特殊侦查措施的规则

根据《刑事诉讼法》的有关规定，特殊侦查措施应当遵守下列规则：

第一，特殊侦查措施只能由公安机关和检察机关在特定类型的案件中，根据侦查犯罪的需要采取。公安机关在立案后，对于危害国家安全犯罪、恐怖活动犯罪、黑社会性质犯罪、重大毒品犯罪案件，故意杀人、强奸、抢劫、绑架、爆炸等严重暴力犯罪案件，集团性、系列性、跨区域性重大犯罪案件，利用电信、计算机网络、寄递渠道等实施的重大犯罪案件，以及其他可能判处有期徒刑7年以上的严重危害社会的犯罪案件，可以采取特殊侦查措施。另外，追捕通缉或者批准、决定逮捕的在逃的犯罪嫌疑人、被告人，经过批准，也可以采取追捕所必需的特殊侦查措施。为了查明案情，在必要的时候，经公安机关负责人决定，可以由有关人员隐匿其身份实施侦查，但是，不得诱使他人犯罪，不得采用可能危害公共安全或者发生重大人身危险的方法。对涉及给付毒品等违禁品或者财物的犯罪活动，公安机关根据侦查犯罪的需要，可以依照规定实施控制下交付。检察机关在立案后，对于利用职权实施的严重侵犯公民人身权利的重大犯罪案件，根据侦查犯罪的需要，经过严格的批准手续，可以采取技术侦查措施，按照规定交有关机关执行。

第二，特殊侦查措施须经严格的批准手续后采取。批准特殊侦查决定应当根据侦查犯罪的需要，确定采取特殊侦查措施的种类和适用对象。批准决定自签发之日起3个月以内有效。对于不需要继续采取特殊侦查措施的，应当及时解除。对于复杂、疑难案件，期限届满仍有必要继续采取特殊侦查措施的，经过批准，有效期可以延长，每次不得超过3个月。

第三，特殊侦查措施必须严格按程序执行，尊重各方权利，对所获取的各种不应公开的信息保密并仅限于诉讼证据使用。侦查机关采取特殊侦查措施，必须严格按照批准的措施种类、适用对象和期限执行。侦查人员对采取特殊侦查措施过程中知悉的国家秘密、商业秘密和个人隐私，应当保密。对采取特殊侦查措施获取的与案件无关的材料，必须及时销毁。采取特殊侦查措施获取的材料，只能用于对犯罪的侦查、起诉和审判，不得用于其他用途。

第三节 侦查终结

一、侦查终结的概念和意义

侦查终结是指侦查机关对于其立案侦查的案件，经过一系列的侦查活动，认为案件事实已经查清，证据确实、充分，足以认定犯罪嫌疑人是否有罪和应否对其追究刑事责任而决定结束侦查，并对案件依法作出结论和处理的一种诉讼活动。

侦查终结是侦查阶段对已经开展的各种侦查活动和侦查工作进行审核和总结的最后一道程序，是侦查任务已经完成的标志。正确、及时的侦查终结可以为人民检察院准确提起公诉、人民法院正确审判奠定基础，为准确、及时惩罚犯罪，保障无罪的人和依法不应当受到刑事追究的人免受刑事追究，保护公民合法权益提供可靠的根据和保障。

二、侦查终结的条件

根据《刑事诉讼法》第162条以及公安部《规定》的规定，公安机关负责侦查的案件和人民检察院自行侦查的案件的侦查终结都必须具备下列三个条件：

（一）案件事实已经查清

案件事实包括犯罪嫌疑人有罪或无罪、罪重或罪轻，以及是否应受刑事处罚的全部事实和情节。事实已经查清，是侦查终结的首要条件。侦查机关如果认为犯罪嫌疑人确有犯罪行为，在侦查终结时，对于犯罪嫌疑人犯罪的时间、地点、动机、目的、情节、手段和危害结果等情况应当全部查清，并且没有遗漏任何罪行。对于共同犯罪的案件，还应当查清每个犯罪嫌疑人在共同犯罪中的地位和作用，且没有遗漏其他应当追究刑事责任的同案人。

（二）证据确实、充分

证据确实、充分是侦查终结的重要条件。它要求侦查终结的案件，证明犯罪事实、情节的每一个证据来源都是可靠的，是经查证属实、核对无误的，并且证据与证据之间能够相互印证，形成一个完整的证明体系，足以排除其他可能性，确认犯罪嫌疑人有罪或者无罪、罪重或者罪轻。

（三）法律手续完备

法律手续完备同样是侦查终结必不可少的条件。它要求侦查机关采取的收集证据、查明案情的工作和有关的强制性措施的各种法律文书，以及审批、签字、盖章等手续都是齐全、完整并符合法律规定要求的，因为这是衡量侦查活动是否严格依法进行的标准。如果发现有遗漏或不符合法律规定之处，应当及时采取有效的措施予以补充或改正。

以上三个条件必须同时具备，缺一不可。此外，《刑事诉讼法》第 163 条规定："在侦查过程中，发现不应对犯罪嫌疑人追究刑事责任的，应当撤销案件；犯罪嫌疑人已被逮捕的，应当立即释放，发给释放证明，并且通知原批准逮捕的人民检察院。"其中，"不应对犯罪嫌疑人追究刑事责任的"，是指查明本案不存在犯罪事实，或者犯罪嫌疑人的行为符合《刑事诉讼法》第 16 条的规定。侦查机关经过侦查，发现不应对犯罪嫌疑人追究刑事责任的，也应当及时终结侦查，并立即释放在押的犯罪嫌疑人，通知原批准逮捕的人民检察院。

三、侦查终结的处理

根据《刑事诉讼法》的规定，侦查终结的案件，应当根据案件的不同情况，分别作出起诉、不起诉或者撤销案件的决定。

公安机关侦查的案件侦查终结后，对于犯罪事实清楚，证据确实、充分，犯罪性质和罪名认定正确，法律手续完备，依法应当追究犯罪嫌疑人刑事责任的案件，应当写出"起诉意见书"，连同案卷材料、证据一并移送同级人民检察院审查决定，同时将案件移送情况告知犯罪嫌疑人及其辩护律师。犯罪嫌疑人自愿认罪的，应当记录在案，随案移送，并在"起诉意见书"中写明有关情况。共同犯罪案件的"起诉意见书"中应当写明每个犯罪嫌疑人在共同犯罪中的地位、作用、具体罪责和认罪态度，并分别提出处理意见。对于犯罪情节轻微，依法不需要判处刑罚或者免除刑罚的案件，公安机关在移送审查起诉时，应当注明具备不起诉的条件，由人民检察院审查决定起诉或者不起诉。对于侦查中发现不应对犯罪嫌疑人追究刑事责任的案件，应当作出撤销案件的决定，并制作"撤销案件决定书"；犯罪嫌疑人已被逮捕的，应当立即释放，发给释放证明，并通知原批准的人民检察院。

四、侦查中的羁押期限

侦查中的羁押期限，是指犯罪嫌疑人在侦查中被拘留或逮捕以后到侦查终结的期限。我国《刑事诉讼法》对侦查羁押期限明确加以规定，目的是切实保障犯罪嫌疑人的人身自由和合法权益，防止案件久拖不决，提高侦查工作效率，保证侦查工作顺利进行。

根据《刑事诉讼法》的规定，侦查中的羁押期限可以分为一般羁押期限、特殊羁押期限和重新计算的羁押期限三种。

(一) 一般羁押期限

根据《刑事诉讼法》第 156 条规定，对犯罪嫌疑人逮捕后的侦查羁押期限不得超过 2 个月，这是关于一般刑事案件的侦查羁押期限的规定。如果犯罪嫌疑人在逮捕以前已被拘留的，拘留的期限不包括在侦查羁押期限之内。一般情况下，侦查机关应当在法律规定的侦查羁押期限内侦查终结案件。

(二) 特殊羁押期限

特殊羁押期限是《刑事诉讼法》根据案件的特殊需要，规定在符合法定条件时履行相应的审批手续和程序，便可以延长侦查羁押期限。特殊羁押期限包括下述情形：

第一，根据《刑事诉讼法》第 156 条的规定，案情复杂、期限届满不能终结的案件，可以经上一级人民检察院批准延长 1 个月。

第二，根据《刑事诉讼法》第 157 条的规定，因为特殊原因，在较长时间内不宜交付审判的特别重大复杂的案件，由最高人民检察院报请全国人民代表大会常务委员会批准延期审理。

第三，根据《刑事诉讼法》第 158 条的规定，下列案件在《刑事诉讼法》第 156 条规定的期限届满时仍不能侦查终结的，经省、自治区、直辖市人民检察院批准或者决定，可以延长 2 个月：(1) 交通十分不便的边远地区的重大复杂案件；(2) 重大的犯罪集团案件；(3) 流窜作案的重大复杂案件；(4) 犯罪涉及面广，取证困难的重大复杂案件。

第四，根据《刑事诉讼法》第 159 条的规定，对犯罪嫌疑人可能判处 10 年有期徒刑以上刑罚的，依照该法第 158 条的规定延长期限届满，仍不能侦查终结的，经省、自治区、直辖市人民检察院批准或者决定，可以再延长 2 个月。

应当注意的是，根据"六机关"《规定》第 21 条的规定，公安机关对案件提请延长羁押期限时，应当在羁押期限届满前 7 日内提出，并书面呈报延长羁押期限案件的主要案情和延长羁押期限的具体理由，人民检察院应当在羁押期限届满前作出决定。

(三) 重新计算的羁押期限

根据《刑事诉讼法》的规定，遇有下列情况时，不计入原有侦查羁押期限，即重新计算羁押期限：

第一，在侦查期间发现犯罪嫌疑人另有重要罪行的，自发现之日起依照《刑事诉讼法》第156条的规定重新计算侦查羁押期限。公安机关在侦查期间发现犯罪嫌疑人另有重要罪行,重新计算侦查羁押期限的,由公安机关决定,不再经人民检察院批准,但须报人民检察院备案,人民检察院可以监督。

第二,犯罪嫌疑人不讲真实姓名、住址,身份不明的,应当对其身份进行调查,侦查羁押期限自查清身份之日起计算,但不得停止对其犯罪行为的侦查取证。对于犯罪事实清楚,证据确实、充分的,也可以按其自报的姓名移送人民检察院审查起诉。

第三,对被羁押的犯罪嫌疑人作精神病鉴定的时间不计入侦查羁押期限。其他鉴定时间则应当计入羁押期限。

对于因鉴定时间较长,办案期限届满仍不能终结的案件,自期限届满之日起,应当对被羁押的犯罪嫌疑人变更强制措施,改为取保候审或者监视居住。

第四节 人民检察院对直接受理案件的侦查

人民检察院对直接受理案件的侦查,又称自侦案件的侦查,是指人民检察院对自己受理的案件,依法进行的收集证据、查明案情的工作和有关的强制性措施。根据《刑事诉讼法》第164条的规定,人民检察院对直接受理的案件的侦查,适用该法第二编第二章的规定,即《刑事诉讼法》关于侦查的一般规定均适用于人民检察院的自侦案件。但考虑到人民检察院法律监督的性质和自侦案件本身所具有的特殊性,我国法律又对人民检察院在自侦案件中的侦查权限及侦查终结案件的处理作了一些特殊规定。

一、人民检察院在自侦案件中的侦查权限

根据《刑事诉讼法》第165条的规定,人民检察院在自侦案件侦查过程中,如果发现案件符合《刑事诉讼法》第81条和第82条第4项、第5项规定的情形,需要逮捕、拘留犯罪嫌疑人的,人民检察院有权作出决定,由公安机关执行。

人民检察院对于自行决定拘留的人应当尽快审查,根据《刑事诉讼法》第166条的规定,应当在拘留后的24小时以内进行讯问。在发现不应当拘留的时候,必须立即释放,发给释放证明。

为了提高侦查工作的效率,保证侦查案件的质量,防止"以拘代侦"等违反法律规定的情形出现,我国《刑事诉讼法》还明确规定了人民检察院对于自行决

定拘留的人需要转为逮捕的期限限制。根据《刑事诉讼法》第 167 条的规定，人民检察院对于直接受理的案件中被拘留的人，认为需要逮捕的，应当在 14 日以内作出决定，在特殊情况下，决定逮捕的时间可以延长 1—3 日；对于不需要逮捕的，应当立即释放；对于需要继续侦查，并且符合取保候审、监视居住条件的，应当依法取保候审或监视居住。

二、侦查终结后的处理

《刑事诉讼法》第 168 条规定："人民检察院侦查终结的案件，应当作出提起公诉、不起诉或者撤销案件的决定。"据此，人民检察院对侦查终结的案件有三种不同的处理方式：

第一，经过侦查，发现犯罪事实清楚，证据确实、充分，犯罪嫌疑人的行为已经构成犯罪，依法应当追究刑事责任的，应当作出提起公诉的决定。

第二，经过侦查，如果认为犯罪事实清楚，证据确实、充分，足以认定犯罪嫌疑人构成犯罪，但犯罪情节轻微，依照《刑法》规定不需要判处刑罚或者应当免除刑罚的，可以作出不起诉的决定。

第三，经过侦查，发现没有犯罪事实发生或不应当对犯罪嫌疑人追究刑事责任的，应当及时终止侦查，作出撤销案件的决定。其中，不应当追究刑事责任的情形和公安机关撤销案件的情形相同，即凡具有《刑事诉讼法》第 16 条规定的六种情形之一的，人民检察院就应当作出撤销案件的决定。

在司法实践中，人民检察院侦查终结案件时，对于符合提起公诉或不起诉条件的，由侦查部门制作起诉意见书或不起诉意见书，连同案卷材料、证据一并移送公诉部门，由公诉部门进行审查，根据检察长或检察委员会的决定，作出提起公诉或不起诉的决定；如果侦查终结，应当撤销案件的，侦查部门应当制作撤销案件意见书，报经检察长或检察委员会讨论决定后撤销案件。人民检察院决定不起诉或者撤销案件的，如果犯罪嫌疑人在押，应当立即通知公安机关释放，公安机关应当立即释放，并发给释放证明。

第五节 补充侦查

一、补充侦查的概念和意义

补充侦查，是指公安机关或者人民检察院对于案件部分事实不清、证据不足或者尚有遗漏罪行、遗漏同案犯罪嫌疑人的，依照法定程序，在原有侦查工作的基础上作进一步查明、了解，补充证据的一种诉讼活动。

补充侦查并不是每一个刑事案件都必须经过的诉讼程序，它只适用于没有完成原有侦查任务，部分事实、情节尚未查明的某些刑事案件，因此，正确、及时进行补充侦查，对于公安司法机关查清全部案件事实，客观、公正地处理案件，共同完成揭露、证实和惩罚犯罪的任务，防止和纠正在诉讼过程中可能发生或已经发生的错误和疏漏，保证不枉不纵、不错不漏，准确适用国家法律，具有十分重要的意义。

二、补充侦查的种类和形式

根据《刑事诉讼法》第90条、第175条和第204条的规定，补充侦查在程序上有三种，即审查批捕阶段的补充侦查、审查起诉阶段的补充侦查和法庭审理阶段的补充侦查。

（一）审查批捕阶段的补充侦查

根据《刑事诉讼法》第90条的规定，人民检察院对于公安机关提请批准逮捕的案件应当审查，作出批准或不批准逮捕的决定。对于不批准逮捕的，人民检察院应当说明理由，需要补充侦查的，应当同时通知公安机关，人民检察院不另行侦查。根据这一规定，审查批捕阶段的补充侦查是附属于不批准逮捕的决定的。检察机关只能在作出不批准逮捕决定的前提下作出补充侦查的决定，不能单独作出。

（二）审查起诉阶段的补充侦查

《刑事诉讼法》第175条第2—4款规定："人民检察院审查案件，对于需要补充侦查的，可以退回公安机关补充侦查，也可以自行侦查。对于补充侦查的案件，应当在一个月以内补充侦查完毕。补充侦查以二次为限。补充侦查完毕移送人民检察院后，人民检察院重新计算审查起诉期限。对于二次补充侦查的案件，人民检察院仍然认为证据不足，不符合起诉条件的，应当作出不起诉的决定。"根据这一规定，对于审查起诉阶段的补充侦查，应当明确以下几个方面的问题：

第一，补充侦查的方式有两种。人民检察院审查起诉的案件，如果是由公安机关侦查终结的，需要补充侦查时，既可以决定将案件退回公安机关补充侦查，也可以决定自行侦查，必要时可以要求公安机关协助。如果是监察机关移送的案件，需要补充核实的，应当退回监察机关补充调查，必要时可以自行补充侦查。

第二，补充侦查的期限为1个月。无论是退回公安机关补充侦查的案件，还是退回监察机关补充调查的案件，或者是人民检察院自行补充侦查的案件，其补充侦查期限都不得超过1个月，补充侦查完毕后，要及时移送人民检察院审查起诉。人民检察院审查起诉的期限从案件补充侦查完毕移送审查起诉之日起重新计算。

第三，补充侦查的次数不得超过两次。对于需要补充侦查的案件，人民检察院决定补充侦查的次数最多不得超过两次，这既包括退回公安机关的补充侦查、退回监察机关补充调查，也包括人民检察院的自行补充侦查。

经过补充侦查或调查的案件，人民检察院仍然认为证据不足，不符合起诉条件的，应当作出不起诉的决定。对于经过补充侦查或调查，仍然证据不足，不符合起诉条件的案件，赋予人民检察院相应的处分权，与限定补充侦查的期限、次数一样，都是为了切实维护犯罪嫌疑人的合法权益，防止案件久拖不决，提高诉讼效率，保障人民检察院审查起诉工作的顺利进行。

（三）法庭审理阶段的补充侦查及其方式

根据《刑事诉讼法》第204条和第205条的规定，在法庭审理过程中，检察人员发现提起公诉的案件需要补充侦查，并提出补充侦查建议的，人民法院应当延期审理，补充侦查应当在1个月以内完毕。根据这一规定，法庭审理阶段补充侦查的决定权仍然属于人民检察院，而不属于人民法院。根据控审分离的现代诉讼原理和我国刑事庭审方式改革的目的，人民法院不能主动将案件退回人民检察院补充侦查。对于人民检察院提起公诉的案件，只要符合法律规定，人民法院就必须开庭审判。至于补充侦查的方式，一般由人民检察院自行侦查，必要时可以要求公安机关协助。补充侦查的期限不能超过1个月。

第六节 侦查监督

一、侦查监督的概念和意义

侦查监督是指人民检察院依法对侦查机关的侦查活动是否合法进行的监督。根据《刑事诉讼法》的规定，除公安机关外，国家安全机关、监狱、中国海警局、军队保卫部门也依法行使侦查权，因此，人民检察院对上述机关或部门的侦查活动是否合法同样行使侦查监督职权。

侦查监督属于专门监督，来源于列宁所开创的社会主义法律监督思想和制度。列宁提出，要使法律得到切实执行，必须对法律的实行加以监督。[①] 在探索实践过

---

① 参见《列宁全集》第2卷，人民出版社1984年版，第358页。

执政党监督、权力机关监督、政府机关监督、工农检察院监督等一系列主体的监督形式后,列宁认为,成立专门的法律监督机构,即由检察机关行使国家法律监督权是合适的形式。列宁曾对沙俄时期异化的侦查权提出过尖锐批评,并主张通过专门监督,一方面克服和纠正侦查机关的不作为,加大对违法犯罪的打击力度,另一方面限制侦查权的扩张和滥用。①

侦查监督是人民检察院刑事诉讼法律监督的重要组成部分,在刑事诉讼中具有十分重要的意义。

第一,侦查监督有利于保证国家刑事法律的统一、正确实施,保证办案质量。人民检察院对侦查机关的侦查活动是否合法实行监督,可以使侦查机关在侦查活动中违反法律规定的行为得到及时、有效的发现和纠正,从而使得侦查活动严格依照法定程序和要求进行,从诉讼程序上保障对犯罪分子的及时、准确、合法追究,保证国家刑事法律的统一、正确实施,防止和避免出现冤假错案,保证案件的质量。

第二,侦查监督有利于保障公民的合法权益。司法实践证明,在侦查活动中,不按法定程序和要求收集证据、采取有关的强制性措施,而通过刑讯逼供、诱供、骗供等非法的方法取证,或进行非法拘禁等,都将严重损害公民的民主权利和其他合法权益。因此,人民检察院对侦查活动实行法律监督,有利于及时发现、制止和纠正上述违法行为,从而切实维护和保障公民的合法权益。

第三,侦查监督有利于提高侦查人员的执法水平,督促其严格依法办事,更好地维护社会主义法治的权威性。人民检察院通过侦查监督,及时纠正少数侦查人员滥用职权的违法行为,从而促使侦查机关认真总结经验教训,提高对严格依法办案的认识和执法水平;同时,通过侦查监督,及时纠正侦查活动中的违法乱纪行为,提高公安司法机关对办理案件公正性、合法性的认识,从而更好地维护社会主义法治的权威性。

二、侦查监督的范围

根据《刑事诉讼法》和最高人民检察院《规则》的有关规定,人民检察院对公安机关的侦查活动是否合法实行监督,主要是发现和纠正以下违法行为:(1)对犯罪嫌疑人刑讯逼供、诱供的;(2)对被害人、证人以体罚、威胁、诱骗等非法手段收集证据的;(3)伪造、隐匿、销毁、调换或者私自涂改证据的;

---

① 参见《列宁全集》第43卷,人民出版社1987年版,第194—198页。

(4) 徇私舞弊，放纵、包庇犯罪分子的；(5) 有意制造冤、假、错案的；(6) 在侦查活动中利用职务之便谋取非法利益的；(7) 在侦查过程中不应当撤案而撤案的；(8) 贪污、挪用、调换所扣押、冻结的款物及其孳息的；(9) 违反《刑事诉讼法》关于决定、执行、变更、撤销强制措施的规定的；(10) 违反办案期限规定的；(11) 有其他违反《刑事诉讼法》有关规定的行为的。

三、侦查监督的途径和措施

侦查监督的途径，是人民检察院发现侦查活动中的违法行为的具体方式，而侦查监督措施则是人民检察院为实现侦查监督职能而使用的监督手段。

一般而言，人民检察院主要通过以下途径、采取以下措施对公安机关的侦查活动实行法律监督：

第一，人民检察院通过审查批准逮捕、审查起诉，审查公安机关的侦查活动是否合法。发现违法情况，应当通知公安机关予以纠正。

第二，人民检察院根据案件需要，通过派员参加公安机关对重大案件的讨论和其他侦查活动，发现公安机关在侦查活动中的违法行为，及时通知公安机关予以纠正。

第三，人民检察院通过接受诉讼参与人对侦查机关或侦查人员侵犯诉讼权利和人身侮辱的行为提出的控告，行使侦查监督权。人民检察院对于诉讼参与人的这种控告应当受理，并及时审查，依法处理。

第四，人民检察院通过审查公安机关执行人民检察院批准或不批准逮捕决定情况的通知、释放被逮捕的犯罪嫌疑人或者变更逮捕措施的通知，来发现侦查活动中的违法行为，履行侦查监督职能。人民检察院发现公安机关或者公安人员在侦查或者决定、执行、变更、撤销强制措施等活动中有违法行为的，应当及时提出纠正意见。对于情节较轻的违法行为，由检察人员以口头方式向侦查人员或者公安机关负责人提出纠正意见，并及时向本部门负责人汇报；必要的时候，由部门负责人提出意见。对于情节较重的违法行为，应当报请检察长批准后，向公安机关发出纠正违法通知书。人民检察院发出纠正违法通知书的，应当根据公安机关的回复，监督落实情况；没有回复的，应当督促公安机关回复。人民检察院提出的纠正意见不被接受的，应当向上一级人民检察院报告，并抄报上一级公安机关。上级人民检察院认为下级人民检察院的意见正确的，应当通知同级公安机关督促下级公安机关纠正；上级人民检察院认为下级人民检察院纠正违法的意见错误的，应当通知下级人民检察院撤销发出的纠正违法通知书，并通知同级公安机关。

人民检察院发现侦查人员在采取侦查措施或者决定、执行、变更、撤销强制措施等活动中的违法行为情节严重，构成犯罪的，应当立案侦查；不属于人民检察院管辖的，应当移送有管辖权的机关处理。

思考题：

1. 如何完善对侦查的司法控制？
2. 侦查的原则和任务是什么？
3. 讯问犯罪嫌疑人应当遵守哪些程序？
4. 搜查应当遵守哪些程序？
5. 试述侦查终结的概念、条件和程序。
6. 如何理解人民检察院的侦查监督？

▶ 自测习题及参考答案

第十三章 审查起诉

第一节 审查起诉概述

一、审查起诉的概念和特点

审查起诉是指人民检察院对公安机关侦查终结移送起诉的案件和监察机关调查终结移送起诉的案件依法进行全面审查,并决定是否将犯罪嫌疑人交付人民法院审判的一项诉讼活动,也是我国《刑事诉讼法》对公诉案件确立的一个独立的诉讼阶段。在我国,审查起诉主要具有以下特点:

第一,审查起诉的主体是人民检察院。根据起诉主体的不同,我国《刑事诉讼法》将刑事案件的起诉区分为公诉和自诉,并确立了公诉为主、自诉为辅的起诉制度。公诉是指人民检察院代表国家依法向人民法院提出刑事指控,请求人民法院通过审判对被指控人追究刑事责任的活动。自诉则是指刑事被害人或其法定代理人以及其他法律规定享有起诉权的个人或者单位依法直接向人民法院提出刑事指控,请求人民法院通过审判对被指控的人追究刑事责任的活动。

《刑事诉讼法》第169条规定:"凡需要提起公诉的案件,一律由人民检察院审查决定。"可见,提起公诉、审查起诉的权力由人民检察院代表国家统一行使,其他任何机关、团体、组织或者个人都无权行使。

第二,审查起诉的对象有两类。一是公安机关侦查终结移送人民检察院审查起诉的案件;二是监察机关调查终结移送人民检察院审查起诉的案件。

第三,审查起诉的内容具有全面性。人民检察院在决定是否提起公诉之前,必须依照法定的程序和标准对案件进行全面审查。

第四,审查起诉的程序具有独立性。审查起诉是我国《刑事诉讼法》对公诉案件确立的一个独立的诉讼阶段。

二、审查起诉的意义

一些西方国家在起诉与审判之间设置了由法官主导的庭前起诉审查制度,以便尽早过滤掉起诉不当或者滥行起诉的案件,将被指控人从刑事程序中解脱出来,并减轻法院的审判负担。我国《刑事诉讼法》没有设立此类由法官主导的起诉审查程序,因而人民检察院自身对侦查终结或监察机关调查终结案件进行的审查起诉活动就具有相当重要的意义。主要表现在：

第一，过滤案件，确保质量。通过对侦查终结或监察机关调查终结移送起诉的案件进行全面审查，有助于防止将那些事实上无罪、依法不应追究刑事责任或者指控证据不足的人交付法院审判，保证刑事追诉的公正性和准确性，保障犯罪嫌疑人的合法权益，同时也可减轻司法机关的办案负荷，节省诉讼资源。

第二，侦查监督，弥补缺漏。审查起诉是侦查程序的后续程序。通过审查起诉活动，人民检察院对侦查活动的合法性进行监督，对发现的侦查违法情况及时纠正，情节严重的，还要追究违法办案人员的刑事责任，以督促侦查人员严格执法。此外，对于发现的侦查或调查疏漏和不足之处，还可通过补充侦查或补充调整的方式予以弥补。

第三，启动审判，追诉犯罪。审查起诉是公诉人员出席法庭支持公诉的准备阶段。人民检察院通过审查起诉和必要的补充侦查或补充调查，将那些犯罪事实清楚，证据确实、充分，依法应当追究刑事责任的犯罪嫌疑人准确及时地提起公诉，启动审判程序，进而通过法庭上的揭露和证实犯罪活动，实现追诉犯罪的诉讼目的。

第二节　审查起诉的程序

一、审查起诉的内容

人民检察院对于公安机关或监察机关移送审查起诉的案件在指定检察人员进行初步审查并予以受理后，负责承办本案的公诉人员应当立即着手对案件进行正式审查。审查起诉主要包括以下内容：

第一，犯罪嫌疑人的身份状况是否清楚，主要包括姓名、性别、国籍、出生年月日、职业和单位等；如果是单位犯罪的，单位的相关情况是否清楚。

第二，犯罪事实、情节是否清楚；实施犯罪的时间、地点、手段，犯罪事实，危害后果是否明确。

第三，认定犯罪性质和罪名的意见是否正确；有无法定的从重、从轻、减轻或者免除处罚的情节及酌定从重、从轻情节；共同犯罪案件的犯罪嫌疑人在犯罪活动中的责任的认定是否恰当。

第四，证明犯罪事实的证据材料包括采取技术侦查措施的决定书及证据材料是否随案移送；证明相关财产系违法所得的证据材料是否随案移送；不宜移送的证据的清单、复制件、照片或者其他证明文件是否随案移送。

第五，证据是否确实、充分；证据是否依法收集，有无应当排除非法证据的情形。根据《刑事诉讼法》第55条第2款的规定，证据确实、充分，应当符合以下条件：（1）定罪量刑的事实都有证据证明；（2）据以定案的证据均经法定程序查证属实；（3）综合全案证据，对所认定事实已排除合理怀疑。

第六，侦查的各种法律手续和诉讼文书是否完备。

第七，有无遗漏罪行和其他应当追究刑事责任的人。按照控审分离、不告不理的刑事诉讼原则，人民检察院的起诉范围直接限定了审判范围，因而全面、准确地提起公诉对于有效打击和控制犯罪具有重要意义。人民检察院在审查起诉中，应当注意审查公安机关或者监察机关移送起诉的材料是否存在疏漏，有没有应当发现而未发现或者应当认定而未认定的罪行，以及是否遗漏应当追究刑事责任的人，从而使实施犯罪行为的人依法受到应有的惩罚。如果确实发现有遗漏罪行或者其他应当追究刑事责任的人的，应当退回补充侦查或者补充调查，或者自行补充侦查。

第八，是否属于不应当追究刑事责任的情形。审查起诉中不仅要注意不放纵犯罪或者犯罪人，也应当注意查明犯罪嫌疑人是否具有《刑事诉讼法》第16条规定的六种情形。如果存在这六种情形之一的，就应当作出不起诉的决定。

第九，有无附带民事诉讼，以及对于国家财产、集体财产遭受损失的案件，是否需要由人民检察院提起附带民事诉讼。人民检察院在审查起诉中，应当审查犯罪嫌疑人的犯罪行为是否给被害人造成了物质损失以及被害人或其法定代理人、近亲属是否提起了附带民事诉讼。在犯罪嫌疑人的犯罪行为给被害人造成了物质损失的情况下，如果被害人没有提起附带民事诉讼，人民检察院应当告知被害人或其法定代理人、近亲属有权提起附带民事诉讼。如果是国家财产、集体财产遭受损失而没有被害人提起附带民事诉讼，人民检察院依法可以在提起公诉时一并提起附带民事诉讼。

第十，采取的强制措施是否适当，对于已经逮捕的犯罪嫌疑人，有无继续羁押的必要。人民检察院在审查起诉时应当同时审查对犯罪嫌疑人采取的强制措施的妥当性，如果认为不当，应当及时予以变更、解除或者撤销；如果认为没有继续羁押的必要，应当建议予以释放或者变更强制措施。

第十一，侦查活动是否合法。对侦查活动是否合法进行监督是作为法律监督机关的人民检察院的重要职责，审查起诉则是人民检察院对侦查活动的合法性进行监督的基本途径之一。在审查起诉中，人民检察院要注意审查侦查人员的侦查活动是否按照法律规定的程序和要求进行，法律手续是否完备，特别是有无超期羁押或者通过刑讯逼供等非法方法收集证据的情况。一旦发现侦查活动中的违法情况，就应当及时提出纠正意见。如果侦查人员的违法行为已经构成犯罪，应当依法追究其刑事责任。

第十二，涉案款物是否被查封、扣押、冻结并被妥善保管，清单是否齐备；对被害人合法财产的返还和对违禁品或者不宜长期保存的物品的处理是否妥当，移送的证明文件是否完备。

二、审查起诉的步骤和方法

人民检察院审查起诉的基本步骤和方法如下：

（一）审阅案卷材料

审阅侦查机关或监察机关移送的案卷材料是审查起诉人员接触案件、了解案情的基础性工作。审查起诉人员应当对审查起诉的12项内容严格地逐项进行审查。特别是要认真审阅起诉意见书认定的犯罪事实与随案移送的证据材料是否相一致，侦查人员或监察人员对犯罪性质、罪名的认定以及共同犯罪案件中犯罪嫌疑人的责任划分是否有足够的事实和法律依据。

审查起诉人员应当全面审阅案卷材料，必要时制作阅卷笔录。发现问题时，可以向侦查人员或监察人员询问。《刑事诉讼法》第175条、第56条规定，人民检察院审查案件，认为可能存在以非法方法收集证据情形的，可以要求侦查机关对证据收集的合法性作出说明；经调查如果确认有应当排除的证据的，应当依法予以排除，不得作为起诉决定的依据。最高人民检察院《规则》第379条规定："人民检察院公诉部门在审查中发现侦查人员以非法方法收集犯罪嫌疑人供述、被害人陈述、证人证言等证据材料的，应当依法排除非法证据并提出纠正意见，同时可以要求侦查机关另行指派侦查人员重新调查取证，必要时人民检察院也可以自行调查取证。"《监察法》第33条第2、3款也规定："监察机关在收集、固定、审查、运用证据时，应当与刑事审判关于证据的要求和标准相一致。以非法方法收集的证据应当依法予以排除，不得作为案件处置的依据。"强调了人民检察院在审查起诉过程中对侦查人员或监察人员非法取得的证据的调查和排除责任。

（二）讯问犯罪嫌疑人

《刑事诉讼法》第173条规定，人民检察院审查案件，应当讯问犯罪嫌疑人。据此，讯问犯罪嫌疑人是人民检察院审查起诉的必经程序。审查起诉人员讯问犯罪嫌疑人，直接听取其供述和辩解，有助于了解和监督侦查活动，调查核实案件证据与犯罪事实，探知犯罪嫌疑人的思想状态和认罪态度，为出庭支持公诉做好必要的准备。

人民检察院讯问犯罪嫌疑人时，应当首先告知其在审查起诉阶段所享有的诉讼权利。犯罪嫌疑人认罪的，人民检察院还应当听取其对下列事项的意见，并记录在案：（1）涉嫌的犯罪事实、罪名及适用的法律规定；（2）从轻、减轻或者免除处罚等从宽处罚的建议；（3）认罪认罚后案件审理适用的程序；（4）其他需要听取意见的事项。犯罪嫌疑人自愿认罪，同意量刑建议和程序适用的，除少数例外情形外，应当在辩护人或者值班律师在场的情况下签署认罪认罚具结书。其次，既要听取犯罪嫌疑人的有罪供述，又要听取犯罪嫌疑人无罪或者罪轻的辩解。犯罪嫌疑人提出受到刑讯逼供或者存在诱供、指供等非法取证情形，审查起诉人员认为可能属实的，有权要求侦查人员对证据收集的合法性作出说明。再次，应当由2名以上办案人员进行，并制作笔录。最后，讯问未成年犯罪嫌疑人时，应当通知其法定代理人到场。无法通知、法定代理人不能到场或者法定代理人是共犯的，也可以通知未成年犯罪嫌疑人的其他成年亲属，所在学校、单位、居住地基层组织或者未成年人保护组织的代表到场，并将有关情况记录在案。到场的法定代理人可以代为行使未成年犯罪嫌疑人的诉讼权利。到场的法定代理人或者其他人员认为办案人员在讯问中侵犯未成年人合法权益的，可以提出意见。讯问笔录应当交给到场的法定代理人或者其他人员阅读或者向其宣读。讯问女性未成年犯罪嫌疑人，应当有女工作人员在场。

（三）听取被害人的意见

《刑事诉讼法》第173条将听取被害人的意见也规定为人民检察院审查起诉的必经程序。被害人既是案件的当事人，与案件的诉讼结局有直接的利害关系，又是重要的证据来源，对于查明案件事实往往起着重要的作用，因而人民检察院审查起诉时，应当听取被害人的意见。

人民检察院听取被害人的意见，首先，应当告知其在审查起诉阶段所享有的诉讼权利。犯罪嫌疑人认罪的，人民检察院还应当听取其对下列事项的意见，并记录在案：（1）涉嫌的犯罪事实、罪名及适用的法律规定；（2）从轻、减轻或者免除处罚等从宽处罚的建议；（3）认罪认罚后案件审理适用的程序；（4）其他需要听取意见的事项。其次，应当由2名以上办案人员进行，并记录在案。直接听取被害人的意见有困难的，可以向被害人发出书面通知，由其提出书面意见，被害人在指定期限内未提出意见的，应当记录在案。《刑事诉讼法》要求，被害人提出书面意见的，应当附卷。最后，询问未成年被害人，适用《刑事诉讼法》关于讯问未成年犯罪嫌疑人时应当通知其法定代理人等到场的规定。

（四）听取辩护人或值班律师、诉讼代理人的意见

《刑事诉讼法》第 173 条规定，人民检察院审查起诉时，还应当听取辩护人或值班律师、诉讼代理人的意见，并记录在案。直接听取辩护人或值班律师、诉讼代理人的意见有困难的，可以向其发出书面通知，由其提出书面意见，在指定期限内未提出意见的，应当记录在案。辩护人或值班律师、诉讼代理人提出书面意见的，应当附卷。犯罪嫌疑人认罪的，人民检察院还应当听取其对下列事项的意见，并记录在案：（1）涉嫌的犯罪事实、罪名及适用的法律规定；（2）从轻、减轻或者免除处罚等从宽处罚的建议；（3）认罪认罚后案件审理适用的程序；（4）其他需要听取意见的事项。此外，听取辩护人或值班律师、诉讼代理人的意见，应当由 2 名以上审查起诉人员进行。

根据《刑事诉讼法》及相关法律规范的规定，犯罪嫌疑人自被侦查机关第一次讯问或者采取强制措施之日起，有权委托辩护人；人民检察院自收到移送审查起诉的案件材料之日起 3 日以内，应当告知犯罪嫌疑人有权委托辩护人；犯罪嫌疑人经济困难的，人民检察院应当告知其可以向法律援助机构申请法律援助。犯罪嫌疑人是盲、聋、哑人，未成年人，或者是尚未完全丧失辨认或者控制自己行为能力的精神病人，或者可能被判处无期徒刑、死刑，没有委托辩护人的，人民检察院应当通知法律援助机构指派律师为其提供辩护。法律援助机构可以在人民法院、看守所等场所派驻值班律师。犯罪嫌疑人、被告人没有委托辩护人，法律援助机构没有指派律师为其提供辩护的，由值班律师为犯罪嫌疑人、被告人提供法律咨询、程序选择建议、申请变更强制措施、对案件处理提出意见等法律帮助。人民检察院应当告知犯罪嫌疑人有权约见值班律师，并为犯罪嫌疑人约见值班律师提供便利。公诉案件的被害人及其法定代理人或者近亲属自案件移送审查起诉之日起，有权委托诉讼代理人。人民检察院自收到移送审查起诉的案件材料之日起 3 日以内，应当告知被害人及其法定代理人或者其近亲属有权委托诉讼代理人。

要求审查起诉人员将辩护人或值班律师、诉讼代理人的意见记录在案，并在辩护人或值班律师、诉讼代理人提出书面意见时予以附卷，其目的在于，强化审查起诉人员对辩护人或值班律师、诉讼代理人意见的尊重和收集，提高审查起诉人员审查起诉及其处理决定的质量，保障当事人的合法权益。

（五）进行必要的鉴定活动

根据最高人民检察院《规则》的规定，在审查起诉中，人民检察院认为需要

对案件中某些专门性问题进行鉴定而侦查机关没有鉴定的,应当要求侦查机关进行鉴定;必要时也可以由人民检察院进行鉴定或者由人民检察院送交有鉴定资格的人进行。人民检察院自行进行鉴定的,可以商请侦查机关派员参加,必要时可以聘请有鉴定资格的人参加。

此外,在审查起诉中,发现犯罪嫌疑人可能患有精神病的,人民检察院应当依照有关规定对犯罪嫌疑人进行鉴定。犯罪嫌疑人的辩护人或者近亲属以犯罪嫌疑人可能患有精神病为由而申请对犯罪嫌疑人进行鉴定的,人民检察院也可以依照有关规定对犯罪嫌疑人进行鉴定,鉴定费用由申请方承担。

(六)调查核实其他证据

办案人员在审阅案卷材料,讯问犯罪嫌疑人,听取辩护人、被害人及其诉讼代理人的意见以及进行必要的鉴定活动之后,如果发现公安机关或者监察机关移送的证据材料有疑点或者相互之间存在矛盾的,可以通过进一步调查公安机关或者监察机关已经收集到的有关证据来核实。主要包括以下情形:(1)人民检察院审查案件时,对公安机关的勘验、检查,认为需要复验、复查时,应当要求公安机关复验、复查,并且可以派检察人员参加;也可以自行复验、复查,商请公安机关派员参加,必要时也可以聘请专门技术人员参加。(2)人民检察院对鉴定意见有疑问的,可以询问鉴定人并制作笔录附卷,也可以指派检察技术人员或者聘请有鉴定资格的人对案件中的某些专门性问题进行补充鉴定或者重新鉴定。审查起诉部门对审查起诉案件中涉及专门技术问题的证据材料需要进行审查的,可以送交检察技术人员或者其他具有专门知识的人员审查。检察技术人员或者其他具有专门知识的人员审查后应当出具审查意见。(3)人民检察院对物证、书证、视听资料、电子数据及勘验、检查、辨认、侦查实验等笔录存在疑问的,可以要求侦查人员提供获取、制作的有关情况。必要时也可以询问提供物证、书证、视听资料、电子数据及勘验、检查、辨认、侦查实验等笔录的人员和见证人并制作笔录附卷,对物证、书证、视听资料、电子数据进行技术鉴定。(4)人民检察院对证人证言笔录存在疑问或者认为对证人的询问不具体或者有遗漏的,可以对证人进行询问并制作笔录附卷。

(七)补充侦查或者补充调查

根据《刑事诉讼法》第175条和最高人民检察院《规则》第382、383条的规定,人民检察院审查案件,可以要求公安机关提供法庭审判所必需的证据材料。对于需要补充侦查的,可以退回公安机关补充侦查,也可以自行侦查。对于退回公安机关补充侦查的案件,应当在1个月以内补充侦查完毕。补充侦查以2次为限。《监察法》第 47 条第 3 款规定："人民检察院经审查，认为需要补充核实的，应当退回监察机关补充调查，必要时可以自行补充侦查。对于补充调查的案件，应当在一个月内补充调查完毕。补充调查以二次为限。"《刑事诉讼法》第 170 条第 1 款也规定："……人民检察院经审查，认为需要补充核实的，应当退回监察机关补充调查，必要时可以自行补充侦查。"人民检察院在审查起诉中决定自行侦查的，应当在审查起诉期限内侦查完毕。

最高人民检察院《规则》第 380 条、第 381 条规定，人民检察院退回补充侦查或者自行侦查主要适用于其认为犯罪事实不清、证据不足或者遗漏罪行、遗漏同案犯罪嫌疑人等情形。实践中，自行侦查的案件则一般适用于以下情形：侦查中有逼供行为的，口供与其他证据矛盾较大的，经侦查人员补充侦查后仍未查清的，与侦查人员在认定案件事实和证据上有分歧的，退回补充侦查可能延误办案期限的，等等。

此外，需要指出的是，《监察法》第 47 条第 1 款规定，对监察机关移送的案件，人民检察院依照《刑事诉讼法》对被调查人采取强制措施，以保障审查起诉及后续诉讼活动的顺利进行。《刑事诉讼法》第 170 条第 2 款规定："对于监察机关移送起诉的已采取留置措施的案件，人民检察院应当对犯罪嫌疑人先行拘留，留置措施自动解除。人民检察院应当在拘留后的十日以内作出是否逮捕、取保候审或者监视居住的决定。在特殊情况下，决定的时间可以延长一日至四日。人民检察院决定采取强制措施的期间不计入审查起诉期限。"

三、审查起诉的处理

审查起诉人员对案件进行审查后，应当制作案件审查报告，提出起诉、不起诉或者附条件不起诉以及是否需要提起附带民事诉讼的意见，经审查起诉部门负责人审核，报请检察长或者检察委员会决定。人民检察院办理监察机关移送起诉的案件，拟作不起诉决定的，应当报请上一级人民检察院批准。

为贯彻刑事诉讼及时性原则，保障犯罪嫌疑人的合法权益，《刑事诉讼法》第 172 条和最高人民检察院《规则》第 386 条规定，人民检察院对于监察机关、公安机关移送起诉的案件，应当在 1 个月以内作出决定，重大、复杂的案件，报经检察长批准，可以延长半个月。犯罪嫌疑人认罪认罚，符合速裁程序适用条件的，应当在 10 日内作出决定。对可能判处的有期徒刑超过 1 年的，可以延长至 15 日。改变管辖的，从改变后的人民检察院收到案件之日起计算审查起诉期限。

此外,对于补充侦查或者补充调查的案件,应当在1个月以内补充侦查或者补充调查完毕。补充侦查或者补充调查以2次为限。每一次补充侦查或者补充调查完毕移送审查起诉后,人民检察院都要重新计算审查起诉期限。

第三节 提起公诉

一、提起公诉的概念、条件和功能

(一)提起公诉的概念

提起公诉是指人民检察院对于侦查终结或者监察机关调查终结移送的案件,经审查认为符合起诉条件的,依法作出起诉决定,代表国家将犯罪嫌疑人提交人民法院审判的一种诉讼活动。《刑事诉讼法》第176条第1款规定:"人民检察院认为犯罪嫌疑人的犯罪事实已经查清,证据确实、充分,依法应当追究刑事责任的,应当作出起诉决定,按照审判管辖的规定,向人民法院提起公诉……"第176条第2款规定:"犯罪嫌疑人认罪认罚的,人民检察院应当就主刑、附加刑、是否适用缓刑等提出量刑建议,并随案移送认罪认罚具结书等材料。"《监察法》第47条第2款规定:"人民检察院经审查,认为犯罪事实已经查清,证据确实、充分,依法应当追究刑事责任的,应当作出起诉决定。"人民检察院作出提起公诉的决定后,被追诉人的诉讼身份就由"犯罪嫌疑人"变为"被告人"。

(二)提起公诉的条件

第一,犯罪嫌疑人的犯罪事实已经查清,证据确实、充分。根据最高人民检察院《规则》第390条的规定,具有下列情形之一的,可以确认犯罪事实已经查清:(1)属于单一罪行的案件,查清的事实足以定罪量刑或者与定罪量刑有关的事实已经查清,不影响定罪量刑的事实无法查清的。(2)属于数个罪行的案件,部分罪行已经查清并符合起诉条件,其他罪行无法查清的。(3)无法查清作案工具、赃物去向,但有其他证据足以对被告人定罪量刑的。(4)证人证言、犯罪嫌疑人供述和辩解、被害人陈述的内容中主要情节一致,只有个别情节不一致且不影响定罪的。对于符合第(2)项情形的,应当以已经查清的罪行起诉。

至于"证据确实、充分",根据《刑事诉讼法》第55条的规定,应当符合以下条件:(1)定罪量刑的事实都有证据证明;(2)据以定案的证据均经法定程序查证属实；（3）综合全案证据，对所认定事实已排除合理怀疑。

第二，依法应当追究刑事责任。依法应当追究刑事责任是指犯罪嫌疑人实施了某种犯罪行为，而且既不具有《刑事诉讼法》第16条规定的六种情形之一，也不属于第177条第2款规定的"犯罪情节轻微，依照刑法规定不需要判处刑罚或者免除刑罚"的情形。

第三，符合审判管辖的规定。即应当根据《刑事诉讼法》第一编第二章"管辖"的规定提起公诉。

（三）提起公诉的功能

第一，启动刑事审判程序。为防止法院审判权的滥用，保障法庭审判中控辩双方的诉讼主体地位，刑事诉讼应当贯彻不告不理原则，即在公诉案件中，只有人民检察院的起诉才能启动审判程序；没有人民检察院的起诉，法院就不能进行审判。人民检察院由此成为裁判入口的把关者，这就摒除了法院自诉自审、被告人沦为程序客体的纠问式做法。

第二，限定法院的审判范围。根据刑事诉讼的控审分离原则和不告不理原则，起诉在启动审判程序的同时，也限制着审判的范围和空间。法官应当在起诉指控的范围内审判案件，不得审判未经起诉的被告人或者犯罪行为。这是为了防止法官恣意审判，侵害人民检察院的公诉权和当事人的合法权益。

第三，履行控诉职能。通过起诉活动，人民检察院充分履行控诉职能，使法院能够依据法律规定的程序和标准将被告人绳之以法，实现控制犯罪的诉讼目的。

二、起诉书以及证据材料的移送

（一）起诉书的主要内容

人民检察院决定对犯罪嫌疑人提起公诉的，应当制作起诉书。起诉书是人民检察院代表国家正式向人民法院提出追究被告人刑事责任的诉讼请求的重要司法文书，是人民法院受理案件对被告人进行审判的依据，也是法庭调查和辩论的基础。因此，人民检察院制作起诉书时，应当忠于事实和法律，做到叙事清楚，文字简练，表述准确，结构严谨，格式规范，请求明确，引用法律全面恰当。

起诉书的主要内容及其制作要求如下：

第一，首部。包括制作起诉书的人民检察院的名称、文号（由制作起诉书的人民检察院的简称、案件性质、起诉年度、案件顺序号组成）等。

第二，被告人（被告单位）的基本情况。其一，在自然人犯罪案件中，主要包括被告人姓名、性别、年龄（出生年月日）、出生地和户籍地、身份证号码、民族、文化程度、职业或工作单位及职务、住址①、是否受过刑事处分及处分的种类和时间以及采取强制措施的情况等。其二,如果是单位犯罪,则应写明犯罪单位的名称和组织机构代码、所在地址、法定代表人和诉讼代表人的姓名、职务、联系方式。如果还有应当负刑事责任的"直接负责的主管人员或其他直接责任人员",应当按上述被告人基本情况的内容叙写。其三,当自然人犯罪、单位犯罪并存时,在叙写被告单位、被告人情况时,应先叙述被告单位、法定代表人及有关属于责任人员的被告人的情况,再叙述一般的自然人被告人情况。

第三,案由和案件来源。案由是指案件的内容摘要,通常只写出犯罪主体和认定的罪名。案件来源则主要写明由哪个侦查机关侦查终结或者系监察机关调查终结,并于何时移送人民检察院审查起诉,何时受理,何时基于何种原因退回补充侦查、补充调查或者延长审查起诉期限,何时审查终结等。

第四,案件事实。这部分是起诉书的重点。包括犯罪的时间、地点、经过、手段、动机、目的、危害后果等与定罪量刑有关的事实要素。其一,对起诉书所指控的所有犯罪事实,无论是一人一罪、多人一罪,还是一人多罪、多人多罪,都必须逐一列举,对于犯罪手段相同的同一犯罪可以概括叙写。其二,叙述案件事实,一般可按照时间先后顺序;一人多罪的,应当按照各种犯罪的轻重顺序叙述,把重罪放在前面,把次罪、轻罪放在后面;多人多罪的,应当按照主犯、从犯或者重罪、轻罪的顺序叙述,突出主犯、重罪。其三,叙写案件事实时,可以根据案件事实的不同情况,采取相应的表述方式,通常包括犯罪的时间、地点,实施行为的经过、手段、目的、动机、危害后果和被告人案发后的表现及认罪态度等内容,特别要将属于犯罪构成要件或者与定罪量刑有关的事实要素列为重点。

第五,证据。应当指明证据的名称、种类。叙写证据时,一般应当采取"一事一证"的方式,即在每一起案件事实后,写明据以认定的主要证据。对于作案多起的一般刑事案件,如果案件事实是概括叙述的,证据的叙写也可以采取"一罪一证"的方式,即在该种犯罪后概括写明主要证据的种类。

第六,起诉的根据和理由。包括被告人触犯的刑法条款,犯罪的性质及认定的罪名,处罚条款,法定从轻、减轻或者从重处罚的情节,共同犯罪中各被告人应负的罪责等。

---

① 被告人真实姓名、住址无法查清的,应当按其绰号或者自报的姓名、住址制作起诉书,并在起诉书中注明。被告人自报的姓名可能造成损害他人名誉、败坏道德风俗等不良影响的,可以对被告人编号并按编号制作起诉书,并附具被告人的照片,记明足以确定被告人面貌、体格、指纹以及其他反映被告人特征的事项。

第七，尾部。主要包括起诉书送达的人民法院名称、具体承办案件公诉人的法律职务和姓名、签发起诉书的年月日、人民检察院公章等。

第八，附项。主要包括：被告人现在处所；证人、鉴定人、需要出庭的有专门知识的人的名单（应当列明姓名、性别、年龄、职业、住址、联系方式，并注明证人、鉴定人是否出庭）[①]；需要保护的被害人、证人、鉴定人的名单；涉案款物情况；附带民事诉讼以及其他需要附注的情况。

（二）起诉书及证据材料的移送

起诉书制作以后，根据《刑事诉讼法》、最高人民检察院《规则》等的规定，人民检察院提起公诉，应当将起诉书（一式八份，如果是共同犯罪案件，每增加一名被告人，增加起诉书五份）连同案卷材料、证据一并移送同级人民法院。如果是公安机关移送起诉的案件，还应将起诉书抄送公安机关。

此外，还应当注意以下几点：（1）人民检察院建议适用简易程序的，须经检察长决定并制作适用简易程序建议书，与起诉书一并移送人民法院。（2）人民检察院对提起公诉的案件提出量刑建议的，一般应当制作量刑建议书，与起诉书一并移送人民法院。除有减轻处罚或者免除处罚情节的以外，量刑建议应当在法定量刑幅度内提出。建议判处有期徒刑、管制、拘役的，可以具有一定的幅度，也可以提出具体确定的建议。量刑建议书的主要内容应当包括被告人所犯罪行的法定刑、量刑情节、人民检察院建议人民法院对被告人处以刑罚的种类、刑罚幅度、可以适用的刑罚执行方式以及提出量刑建议的依据和理由等。犯罪嫌疑人认罪认罚的，人民检察院应当就主刑、附加刑、是否适用缓刑等提出量刑建议，并随案移送认罪认罚具结书等材料。（3）人民检察院在提起公诉时，对可能判处管制、宣告缓刑的被告人可以提出宣告禁止令的建议，建议书与起诉书一并移送人民法院。（4）人民检察院对于犯罪嫌疑人、被告人或者证人等翻供、翻证的材料以及对于犯罪嫌疑人、被告人有利的其他证据材料，应当移送人民法院。（5）提起公诉后，人民法院宣告判决前，人民检察院自行补充收集的证据材料，应当及时向人民法院移送。

需要指出的是，《刑事诉讼法》将我国提起公诉后的案件移送方式由1996年《刑事诉讼法》确立的"主要证据复印件移送主义"变革为"案卷移送主义"。

关于提起公诉后的案件移送，当今世界范围内主要存在两种模式：一种是职

[①] 涉及被害人隐私或者为保护证人、鉴定人、被害人人身安全，而不宜公开证人、鉴定人、被害人姓名、住址、工作单位和联系方式等个人信息的，可以在起诉书中使用化名替代证人、鉴定人、被害人的个人信息，但是应当另行书面说明使用化名等情况，并标明密级。

权主义刑事诉讼中的案卷移送主义，即检察机关在提起公诉时，不仅将起诉书移送法院，而且要将案卷材料和证据一并移送法院，使得法官在庭审之前即可以通过阅卷等活动对案件事实和证据进行了解，以便更好地组织庭审调查和辩论活动，职权主义刑事诉讼构造由此又被称为侦审接续式的诉讼构造。另一种则是当事人主义刑事诉讼中的起诉书一本主义，即检察机关在提起公诉时，只能将起诉书移送法院，而不能随案移送案卷材料和证据，也不得在起诉书中记载可能使法官形成预断的内容，因此，法官在庭前不可能对案件处理产生先入之见，而必须重视庭审中控辩双方的调查和辩论活动，当事人主义刑事诉讼构造又被称为侦审断裂式诉讼构造。

1996年修正《刑事诉讼法》之前，我国提起公诉时的案件移送采行案卷移送主义模式；1996年《刑事诉讼法》改革了提起公诉时的案件移送模式，独创性地确立了被称为"主要证据复印件移送主义"的制度，即人民检察院提起公诉，应当向人民法院移送起诉书、证据目录、证人名单和主要证据复印件或者照片，以强化法官庭前审查的程序性审查性质，实现诉讼公正。不过，受制于诉讼传统、诉讼成本、人员素质等因素，这种折中型的案件移送模式运行的实践效果并不好，很多地方依然在延续着案卷移送的传统做法。为解决实践与立法严重脱节的问题，现行《刑事诉讼法》将提起公诉时的案件移送模式重新改为案卷移送主义，规定人民检察院提起公诉，应一并将案卷材料、证据移送人民法院。

三、公诉的变更与撤回

公诉的变更，是指人民检察院提起公诉以后，在案件审理过程中，发现起诉书指控的被告人、犯罪事实或者适用法律与案件事实不相符合时，追加、补充或者变更指控的一种诉讼活动。具体又包括三种形态：追加公诉、补充公诉和狭义的变更公诉。追加公诉是指人民检察院提起公诉后，发现了起诉书中遗漏的同案犯罪嫌疑人可以一并起诉和审理的，依法予以追加的诉讼活动。补充公诉是指人民检察院提起公诉后，发现了起诉书中遗漏的罪行，依法予以补充的诉讼活动。狭义的变更公诉则是指人民检察院提起公诉后，发现起诉书指控的被告人、犯罪事实或者罪名、适用法律有误而予以改变的诉讼活动。

公诉的撤回，又称为"撤回公诉"，是指人民检察院提起公诉后，发现本不应该起诉或不必要起诉时，撤回已经提起的控诉的诉讼活动。

无论是1996年《刑事诉讼法》还是2012年、2018年《刑事诉讼法》，都没有关于公诉的变更与撤回制度的直接规定，公诉的变更与撤回制度的法律依据主要是最高人民检察院《规则》、最高人民法院《解释》等。最高人民检察院《规则》第458条规定："在人民法院宣告判决前，人民检察院发现被告人的真实身份或者犯罪事实与起诉书中叙述的身份或者指控犯罪事实不符的，或者事实、证据没有变化，但罪名、适用法律与起诉书不一致的，可以变更起诉；发现遗漏的同案犯罪嫌疑人或者罪行可以一并起诉和审理的，可以追加、补充起诉。"第459条第1款规定："在人民法院宣告判决前，人民检察院发现具有下列情形之一的，可以撤回起诉：（一）不存在犯罪事实的；（二）犯罪事实并非被告人所为的；（三）情节显著轻微、危害不大，不认为是犯罪的；（四）证据不足或证据发生变化，不符合起诉条件的；（五）被告人因未达到刑事责任年龄，不负刑事责任的；（六）法律、司法解释发生变化导致不应当追究被告人刑事责任的；（七）其他不应当追究被告人刑事责任的。"最高人民法院《解释》第242条规定："宣告判决前，人民检察院要求撤回起诉的，人民法院应当审查撤回起诉的理由，作出是否准许的裁定。"第243条规定："审判期间，人民法院发现新的事实，可能影响定罪的，可以建议人民检察院补充或者变更起诉；人民检察院不同意或者在七日内未回复意见的，人民法院应当就起诉指控的犯罪事实，依照本解释第二百四十一条的规定作出判决、裁定。"

人民检察院只能在法院宣告判决前进行公诉的变更与撤回活动，且应当报经检察长或者检察委员会决定，并以书面方式向人民法院提出。庭审中，公诉人提出补充、追加或者变更起诉的，可以建议法庭延期审理。对于撤回起诉的案件，人民检察院应当在撤回起诉后30日以内作出不起诉决定。需要重新侦查的，应当在作出不起诉决定后将案卷材料退回公安机关，建议公安机关重新侦查并书面说明理由，以便迅速、准确查明犯罪事实，但没有新的事实或者新的证据，人民检察院不得再行起诉。所谓新的事实，是指原起诉书中未指控的犯罪事实。该犯罪事实触犯的罪名既可以是原指控罪名的同一罪名，也可以是其他罪名。所谓新的证据，是指撤回起诉后收集、调取的足以证明原指控犯罪事实的证据。

第四节 不 起 诉

一、不起诉的概念

不起诉，是指人民检察院对侦查终结或者监察机关调查终结移送起诉的案件进行审查后，认为犯罪嫌疑人没有犯罪事实，或者依法不应追究刑事责任，或者提起公诉在刑事政策上没有必要性，或者起诉证据不足，或者犯罪嫌疑人自愿如实供述涉嫌犯罪的事实，有重大立功或者案件涉及国家重大利益，从而作出不将犯罪嫌疑人提交人民法院审判的一种处理决定。

不起诉是人民检察院审查起诉以后的法定处理结果之一，在性质上属于程序终结处分。不起诉的法律效力在于，在起诉阶段即终结诉讼进程，不移送法院审判。根据"未经人民法院依法判决，对任何人都不得确定有罪"的诉讼原则，被不起诉人在法律上的身份是无罪之人，倘若以后实施了犯罪，其在刑法上仍属于初犯。

人民检察院的不起诉决定一经公开宣布，立即生效。不过，根据《刑事诉讼法》和有关司法解释的规定，人民检察院对于二次补充侦查的案件，认为证据不足，不符合起诉条件，因而决定不起诉的，在发现新的证据，符合起诉条件时，可以提起公诉；人民检察院如果发现不起诉决定确有错误，符合起诉条件的，应当撤销不起诉决定，提起公诉；最高人民检察院对地方各级人民检察院的不起诉决定，上级人民检察院对下级人民检察院的不起诉决定，如果发现确有错误的，应当予以撤销或者指令下级人民检察院纠正。这些都可能或者必然会导致案件被重新提起公诉。

不起诉制度通过及时终结错误的刑事追诉活动，强化了犯罪嫌疑人的权益保障，节约了诉讼资源，同时借助于检察机关不起诉裁量权的行使，合理地分流案件，更好地实现刑罚的目的。

二、不起诉的种类和适用条件

根据《刑事诉讼法》的规定，我国不起诉的种类包括法定不起诉、酌定不起诉、证据不足不起诉和特殊的裁量不起诉，其适用条件各不相同。

（一）法定不起诉

法定不起诉又称绝对不起诉，是指人民检察院对于公安机关或者监察机关移送审查起诉的案件，发现犯罪嫌疑人没有犯罪事实，或者符合《刑事诉讼法》第16条规定的情形之一的，应当作出的不起诉决定。在这种情况下，人民检察院没有追诉权，或者已经丧失了追诉权，或者缺乏诉讼条件，因此不能进行起诉裁量，而必须经检察长或者检察委员会决定，依法作出不起诉决定。

《刑事诉讼法》第177条第1款规定："犯罪嫌疑人没有犯罪事实，或者有本法第十六条规定的情形之一的，人民检察院应当作出不起诉决定。"据此，法定不起诉适用于以下七种情形：（1）犯罪嫌疑人没有犯罪事实；（2）情节显著轻微、危害不大，不认为是犯罪的；（3）犯罪已过追诉时效期限的；（4）经特赦令免除刑罚的；（5）依照刑法告诉才处理的犯罪，没有告诉或者撤回告诉的；（6）犯罪嫌疑人、被告人死亡的；（7）其他法律规定免予追究刑事责任的。

1996年《刑事诉讼法》对法定不起诉适用对象的规定疏漏了"犯罪嫌疑人没有犯罪事实"情形，因而实践中，当人民检察院审查起诉中发现犯罪嫌疑人没有犯罪事实时，通常将案卷退回公安机关或者本院侦查部门作撤案处理，这既不利于保障犯罪嫌疑人的合法权利，也违背了诉讼经济原则。因此，现行《刑事诉讼法》增加规定，犯罪嫌疑人没有犯罪事实的，人民检察院也应当作出不起诉决定。

（二）酌定不起诉

酌定不起诉又称相对不起诉，是指人民检察院经审查认为犯罪嫌疑人的行为虽然构成犯罪，但情节轻微，依照刑法规定不需要判处刑罚或者免除刑罚的，可以作出的不起诉决定。在这种情况下，人民检察院被赋予了根据刑事政策和公共利益裁量决定如何处理的权力，既可以提起公诉，也可以不起诉。

《刑事诉讼法》第177条第2款规定："对于犯罪情节轻微，依照刑法规定不需要判处刑罚或者免除刑罚的，人民检察院可以作出不起诉决定。"据此，酌定不起诉的适用必须同时具备以下两个条件：一是人民检察院认为犯罪嫌疑人的行为符合刑法规定的犯罪构成要件，已经构成犯罪，应当负刑事责任。二是犯罪情节轻微，依照刑法规定不需要判处刑罚或者免除刑罚。其中，"刑法规定不需要判处刑罚"的情况，主要是指《刑法》第37条规定的"对于犯罪情节轻微不需要判处刑罚的，可以免予刑事处罚"的情形。《刑法》规定"可以免除刑罚"的情况则主要包括以下几种：（1）在我国领域外犯罪，依照我国刑法应当负刑事责任，但在国外已经受过刑事处罚的；（2）犯罪嫌疑人又聋又哑，或者是盲人的；（3）犯罪嫌疑人因防卫过当而犯罪的；（4）犯罪嫌疑人因避险过当而犯罪的；（5）为犯罪准备工具、制造条件的；（6）在犯罪过程中自动放弃犯罪或者自动有效防止犯罪结果发生，没有造成损害的；（7）在共同犯罪中，起次要或者辅助作用的；（8）被胁迫参加犯罪的；（9）犯罪嫌疑人自首且犯罪较轻的，或者有重大立功表现的。当然，实践中，当犯罪嫌疑人具有上述情形之一时，人民检察院还应当结合"犯罪情节轻微"的条件来综合分析是否需要对犯罪嫌疑人作出不起诉的决定。而对"犯罪情节轻微"的判断应主要参照犯罪嫌疑人的年龄、一贯表现、犯罪动机和目的、犯罪手段、危害后果以及悔罪态度等方面来作出。

酌定不起诉是起诉便宜主义在我国刑事诉讼中的体现。在诉讼学理上，存在起诉法定主义与起诉便宜主义两种不同的刑事起诉原则。起诉法定主义，是指检察院等法律规定享有起诉权的国家专门机关如认为刑事案件具备起诉的条件，就必须向法院提起公诉，而不能根据案件的具体情况自行斟酌处理。起诉便宜主义与起诉法定主义相对应，又称为起诉裁量主义，是指检察院等法律规定享有起诉权的国家专门机关对于具备起诉条件的犯罪，并非一律要提起公诉，而是可以根据案件具体情况进行利害权衡以后，再裁量决定起诉或者不起诉。起诉法定主义是有罪必罚的刑罚报应论思想在刑事诉讼中的体现，较为重视刑事追诉的统一性和公平性；起诉便宜主义则是注重特别预防的目的刑罚理论在刑事诉讼中的体现，较为重视刑事追诉的合目的性和合理性。

据此不难理解，酌定不起诉的合理适用对于贯彻宽严相济的刑事司法政策，教育挽救犯罪嫌疑人，节约诉讼资源，以及稳定社会秩序，都具有重要的意义。当然，如果制约不足，出现起诉裁量权的滥用，其危害也是很大的，因此，酌定不起诉要经检察长或者检察委员会决定。

（三）证据不足不起诉

证据不足不起诉，又称存疑不起诉，是指人民检察院对于经过两次补充侦查或者补充调查的案件，仍然认为证据不足，不符合起诉条件的，应当作出不起诉决定。《刑事诉讼法》第 175 条第 4 款规定："对于二次补充侦查的案件，人民检察院仍然认为证据不足，不符合起诉条件的，应当作出不起诉的决定。"这种不起诉的前提条件是必须经过了两次补充侦查或者补充调查。没有经过补充侦查或者补充调查的案件，不能直接作出这种不起诉决定；经过一次补充侦查或者补充调查，人民检察院仍然认为证据不足，不符合起诉条件，且没有退回补充侦查或者补充调查必要的，可以作出不起诉决定。

> **拓展阅读**
> 指导案例第 1 号：施某等 17 人聚众斗殴案

最高人民检察院《规则》第 404 条规定："具有下列情形之一，不能确定犯罪嫌疑人构成犯罪和需要追究刑事责任的，属于证据不足，不符合起诉条件：（一）犯罪构成要件事实缺乏必要的证据予以证明的；（二）据以定罪的证据存在疑问，无法查证属实的；（三）据以定罪的证据之间、证据与案件事实之间的矛盾不能合理排除的；（四）根据证据得出的结论具有其他可能性，不能排除合理怀疑的；（五）根据证据认定案件事实不符合逻辑和经验法则，得出的结论明显不符合常理的。"第 405 条规定，人民检察院决定证据不足不起诉的，在发现新的证据，符合起诉条件时，可以提起公诉。

（四）特殊的裁量不起诉

《刑事诉讼法》第182条第1款规定："犯罪嫌疑人自愿如实供述涉嫌犯罪的事实，有重大立功或者案件涉及国家重大利益的，经最高人民检察院核准……人民检察院可以作出不起诉决定，也可以对涉嫌数罪中的一项或者多项不起诉。"据此，检察机关裁量不起诉的权力扩展到了重罪案件，这就在一定程度上改变了我国传统上以起诉法定主义为主、轻罪案件才适当兼采起诉便宜主义的审查起诉原则，为宽严相济刑事政策的适用提供了更为广阔的空间。

三、不起诉的程序

（一）不起诉决定书的制作和送达

人民检察院决定不起诉的，应当制作不起诉决定书。不起诉决定书是人民检察院代表国家确认犯罪嫌疑人不构成犯罪、依法不追究其刑事责任的司法文书，具有终止诉讼的法律效力。

不起诉决定书与起诉书的格式基本相同，主要内容包括：

第一，首部。此部分包括制作文书的人民检察院名称、文书名称和文书编号。

第二，正文。包括：（1）被不起诉人基本情况。包括姓名、性别、出生年月日、出生地和户籍地、民族、文化程度、职业、工作单位及职务、住址、身份证号码，是否受过刑事处分，采取强制措施的情况以及羁押处所等；如果是单位犯罪，应当写明犯罪单位的名称和组织机构代码、所在地址、联系方式，法定代表人和诉讼代表人的姓名、职务、联系方式。（2）辩护人基本情况。此部分包括辩护人姓名、单位。（3）案由和案件来源。"案由"应当写移送审查起诉时或者侦查终结时认定的行为性质，而不是审查起诉部门认定的行为性质。"案件来源"包括公安机关移送、安全机关移送、监察机关移送、其他人民检察院移送等情况。应当写明移送审查起诉的时间和退回补充侦查或者退回补充调查的情况以及本院受理日期。（4）案件事实情况。包括否定或者指控被不起诉人构成犯罪的事实及作为不起诉决定根据的事实。应当根据三种不起诉的性质、内容和特点，针对案件具体情况各有侧重点地叙写。（5）不起诉的法律根据和理由，写明作出不起诉决定适用的法律条款。（6）查封、扣押、冻结的涉案款物的处理情况。（7）有关告知事项。主要包括：有被害人的案件，不起诉决定书应当写明被害人享有申诉权及起诉权；酌定不起诉决定，还应当写明被不起诉人享有申诉权；等等。

第三，尾部。包括署名和签发日期等。

不起诉的决定应当由人民检察院公开宣布，公开宣布不起诉决定的活动应当记明笔录。不起诉决定书自公开宣布之日起生效。被不起诉人在押的,应当立即释放;被采取其他强制措施的,应当通知执行机关解除。

不起诉决定书应当送达被害人或者其近亲属及其诉讼代理人、被不起诉人及其辩护人以及被不起诉人的所在单位,并告知被害人或者其近亲属及其诉讼代理人,如果对不起诉决定不服,可以向人民检察院申诉或者向人民法院起诉;告知被不起诉人如果对不起诉决定不服,可以向人民检察院申诉。对于公安机关或者监察机关移送起诉的案件,人民检察院决定不起诉的,应当将不起诉决定书送达公安机关或者监察机关。

(二)被不起诉人和涉案财物的处理

人民检察院决定不起诉的案件,应当同时对侦查中查封、扣押、冻结的财物解除查封、扣押、冻结。对被不起诉人需要给予行政处罚、行政处分或者需要没收其违法所得的,人民检察院应当提出检察意见,连同不起诉决定书一并移送有关主管机关处理,并要求有关主管机关及时通报处理情况,有关主管机关应当将处理结果及时通知人民检察院。

人民检察院决定不起诉的案件,对犯罪嫌疑人违法所得及其他涉案财产应当区分不同情形,作出相应处理:(1)因犯罪嫌疑人死亡而不起诉的,依照《刑法》规定应当追缴其违法所得及其他涉案财产的,按照《刑事诉讼法》关于犯罪嫌疑人、被告人逃匿、死亡案件违法所得的没收程序处理。(2)因其他原因不起诉的,对于查封、扣押、冻结的犯罪嫌疑人违法所得及其他涉案财产需要没收的,应当提出检察建议,移送有关主管机关处理。(3)对于冻结的犯罪嫌疑人存款、汇款、债券、股票、基金份额等财产需要返还被害人的,可以通知金融机构返还被害人;对于查封、扣押的犯罪嫌疑人的违法所得及其他涉案财产需要返还被害人的,直接决定返还被害人。人民检察院申请人民法院裁定处理犯罪嫌疑人涉案财产的,应当向人民法院移送有关案件材料。

此外,人民检察院决定不起诉的案件,需要对侦查或者监察调查中查封、扣押、冻结的财物解除查封、扣押、冻结的,应当书面通知作出查封、扣押、冻结决定的机关或者执行查封、扣押、冻结决定的机关解除查封、扣押、冻结。

四、对不起诉决定的制约

为防范不起诉权力的滥用,保障公安机关、监察机关被害人和被不起诉人的合法权益,《刑事诉讼法》等相关法律规范对公安机关、监察机关、被害人和被不起诉人规定了针对不起诉决定的不同制约措施。此外,对于监察机关移送起诉的案件，在检察机关作出不起诉决定前，法律还规定了严格的系统内审批程序。

(一) 公安机关的要求复议、提请复核与监察机关的提请复议

对于公安机关移送起诉的案件，人民检察院决定不起诉后，公安机关认为不起诉决定有错误时，应当在 7 日内制作要求复议意见书，移送作出不起诉决定的人民检察院复议。人民检察院公诉部门应当另行指定检察人员进行审查并提出审查意见，经公诉部门负责人审核，报请检察长或者检察委员会决定。人民检察院应当在收到要求复议意见书后的 30 日内作出复议决定，并通知公安机关。

要求复议的意见不被接受的，公安机关可以在 7 日内提请上一级人民检察院复核。上一级人民检察院在收到提请复核意见书后应当交由公诉部门办理。公诉部门指定检察人员进行审查并提出审查意见，经公诉部门负责人审核，报请检察长或者检察委员会决定。上一级人民检察院应当在收到提请复核意见书后的 30 日内作出决定，制作复核决定书送交提请复核的公安机关和下级人民检察院。经复核改变下级人民检察院不起诉决定的，应当撤销或者变更下级人民检察院作出的不起诉决定，交由下级人民检察院提起公诉。

《监察法》第 47 条规定，对于监察机关移送起诉的案件，人民检察院决定不起诉后，监察机关认为不起诉的决定有错误的，可以向上一级人民检察院提请复议。

(二) 被害人的申诉或者起诉

对于有被害人的案件，被害人如果对人民检察院的不起诉决定不服，可以自收到不起诉决定书后 7 日以内向上一级人民检察院申诉，请求提起公诉。上一级人民检察院应当进行复查，并在 3 个月内作出复查决定，案情复杂的，最长不得超过 6 个月。复查决定书应当送达被害人和作出不起诉决定的人民检察院。上级人民检察院经复查作出起诉决定的，应当撤销下级人民检察院的不起诉决定，交由下级人民检察院提起公诉，并将复查决定抄送移送审查起诉的机关。

对人民检察院维持不起诉决定的，被害人可以向人民法院起诉。被害人也可以不经申诉，直接向人民法院起诉。人民法院受理案件后，人民检察院应当将作出不起诉决定所依据的有关案件材料移送人民法院。也就是说，对于有被害人的案件，我国刑事诉讼实行起诉二元制的做法，即以公诉为主、自诉为辅；公诉优先、自诉补救，以解决司法实践中刑事被害人"告状难"的问题。

(三) 被不起诉人的申诉

对于人民检察院作出的酌定不起诉决定，被不起诉人如果不服，可以自收到决定书后 7 日以内向人民检察院申诉。人民检察院应当进行复查，并在 3 个月内作

出复查决定，案情复杂的，最长不得超过 6 个月。复查后应当提出复查意见，复查决定书应当送达被不起诉人、被害人，撤销不起诉决定或者变更不起诉的事实或者法律根据的，应当同时抄送移送审查起诉的公安机关或监察机关。

酌定不起诉虽然只是程序终结处分而没有对被不起诉人作出法律上有罪的结论，但被不起诉人仍可能对不起诉的理由不服，即认为自己根本不构成犯罪或者不应当追究刑事责任，因此，立法赋予了被不起诉人不服不起诉决定时申诉的权利。

（四）监察机关移送起诉的案件

根据《监察法》第 47 条第 4 款的规定，监察机关移送起诉的案件，有《刑事诉讼法》规定的不起诉的情形的，经上一级人民检察院批准，人民检察院依法作出不起诉的决定。

思考题：

1. 刑事起诉的功能是什么？
2. 如何审查起诉？
3. 如何理解 2012 年《刑事诉讼法》对提起公诉时的案件移送方式的改革？
4. 不起诉有哪些类型？其各自的适用条件是什么？
5. 对不起诉决定的制约方式有哪些？

▶ 自测习题及参考答案

第十四章　第一审程序

第一审程序，是指人民法院对人民检察院提起公诉、自诉人提起自诉的案件进行初次审判时应当遵循的步骤和方式、方法。依据起诉主体的不同，第一审刑事案件可划分为公诉案件和自诉案件。第一审程序可以划分为第一审普通程序、简易程序和速裁程序三大类。第一审普通程序包括公诉案件第一审程序和自诉案件第一审程序；简易程序是简化的第一审程序，适用于基层人民法院审判符合法定条件的公诉案件和自诉案件；速裁程序则是更为简化的第一审程序，适用于基层人民法院审判的符合法定条件的公诉案件。

第一节　公诉案件第一审程序

公诉案件第一审程序，是指人民法院对人民检察院提起公诉的案件进行初次审判时应当遵循的步骤和方式、方法。公诉案件第一审程序包括庭前审查、庭前准备、法庭审判等环节。

一、庭前审查

（一）庭前审查的概念

公诉案件的庭前审查，是指人民法院对人民检察院提起公诉的案件进行审查，以决定是否开庭审判的活动。

> 拓展阅读
> 刑事证据制度重点问题实施状况调研报告

《刑事诉讼法》第186条规定："人民法院对提起公诉的案件进行审查后，对于起诉书中有明确的指控犯罪事实的，应当决定开庭审判。"这一规定表明，人民法院对人民检察院提起公诉的案件，并非径直开庭审判，而是需要经过初步审查，才能决定是否开庭审判。

审查公诉案件主要是查明人民检察院提起公诉的案件是否具备开庭审判的条件，即起诉书是否符合《刑事诉讼法》第186条规定的要求。对公诉案件的审查，是一种程序性审查，并不是对案件进行审理。

（二）庭前审查的内容和方式

对提起公诉的案件，人民法院应当在收到起诉书（一式8份，每增加1名被告人，增加起诉书5份）和案卷、证据后，指定审判人员审查以下内容：

第一，是否属于本院管辖。

第二，起诉书是否写明被告人的身份，是否受过或者正在接受刑事处罚，被采取强制措施的种类、羁押地点，犯罪的时间、地点、手段、后果以及其他可能影响定罪量刑的情节。

第三，是否移送证明指控犯罪事实的证据材料，包括采取技术侦查措施的批准决定和所收集的证据材料。

第四，是否查封、扣押、冻结被告人的违法所得或者其他涉案财物，并附证明相关财物依法应当追缴的证据材料。

第五，是否列明被害人的姓名、住址、联系方式；是否附有证人、鉴定人名单；是否申请法庭通知证人、鉴定人、有专门知识的人出庭，并列明有关人员的姓名、性别、年龄、职业、住址、联系方式；是否附有需要保护的被害人、证人、鉴定人名单。

第六，当事人已委托辩护人、诉讼代理人，或者已接受法律援助的，是否列明辩护人、诉讼代理人的姓名、住址、联系方式。

第七，是否提起附带民事诉讼；提起附带民事诉讼的，是否列明附带民事诉讼当事人的姓名、住址、联系方式，是否附有相关证据材料。

第八，侦查、审查起诉程序的各种法律手续和诉讼文书是否齐全。

第九，有无《刑事诉讼法》第16条第2—6项规定的不追究刑事责任的情形。

庭前审查的方式为书面审查，即通过审阅起诉书等书面材料，围绕上述内容逐项予以审查。

（三）审查后的处理

人民法院对提起公诉的案件审查后，应当按照下列情形分别处理：

第一，属于告诉才处理的案件，应当退回人民检察院，并告知被害人有权提起自诉。

第二，不属于本院管辖或者被告人不在案的，应当退回人民检察院。

第三，需要补充材料的，应当通知人民检察院在3日内补送。

第四，依照《刑事诉讼法》第200条第3项规定宣告被告人无罪后，人民检察院根据新的事实、证据重新起诉的，应当依法受理。

第五，依照最高人民法院《解释》第242条规定裁定准许撤诉的案件，没有新的事实、证据，重新起诉的，应当退回人民检察院。

第六，符合《刑事诉讼法》第16条第2—6项规定情形的，应当裁定终止审理或者退回人民检察院。

第七，被告人真实身份不明，但符合《刑事诉讼法》第 160 条第 2 款规定的，应当依法受理。

（四）审查的期限

对公诉案件是否受理，应当在 7 日内审查完毕。人民法院对提起公诉的案件进行审查的期限，计入审理期限。

二、庭前准备

开庭审判是人民法院在公诉人、被害人、被告人、法定代理人、辩护人、诉讼代理人、证人等的参加下，依照法律规定的审判制度和程序，当庭对案件进行全面审理，查清案件事实，并依法作出判决的诉讼活动。为了保证法庭审判的顺利进行，开庭前必须做好必要的准备工作。

开庭审理前，人民法院应当进行下列工作：（1）确定审判长及合议庭组成人员；（2）开庭 10 日前将起诉书副本送达被告人、辩护人；（3）通知当事人、法定代理人、辩护人、诉讼代理人在开庭 5 日前提供证人、鉴定人名单，以及拟当庭出示的证据；申请证人、鉴定人、有专门知识的人出庭的，应当列明有关人员的姓名、性别、年龄、职业、住址、联系方式；（4）开庭 3 日前将开庭的时间、地点通知人民检察院；（5）开庭 3 日前将传唤当事人的传票和通知辩护人、诉讼代理人、法定代理人、证人、鉴定人等出庭的通知书送达；通知有关人员出庭，也可以采取电话、短信、传真、电子邮件等能够确认对方收悉的方式；（6）公开审理的案件，在开庭 3 日前公布案由、被告人姓名、开庭时间和地点。上述工作情况应当记录在案。

案件具有下列情形之一的，审判人员可以召开庭前会议：（1）当事人及其辩护人、诉讼代理人申请排除非法证据的；（2）证据材料较多、案情重大复杂的；（3）社会影响重大的；（4）需要召开庭前会议的其他情形。召开庭前会议的，根据案件情况，可以通知被告人参加。

召开庭前会议，审判人员可以就下列问题向控辩双方了解情况，听取意见：（1）是否对案件管辖有异议；（2）是否申请有关人员回避；（3）是否申请调取侦查、审查起诉期间公安机关、人民检察院收集但未随案移送的证明被告人无罪或者罪轻的证据材料；（4）是否提供新的证据；（5）是否对出庭证人、鉴定人、有专门知识的人的名单有异议；（6）是否申请排除非法证据；（7）是否申请不公开审理；（8）与审判相关的其他问题。审判人员可以询问控辩双方对证据材料有无异议,对有异议的证据,应当在庭审时重点调查;无异议的,庭审时举证、质证可以简化。被害人或者其法定代理人、近亲属提起附带民事诉讼的,可以调解。庭前会议情况应当制作笔录。

开庭审理前,合议庭可以拟出法庭审理提纲。提纲一般包括下列内容:(1)合议庭成员在庭审中的分工;(2)起诉书指控的犯罪事实的重点和认定案件性质的要点;(3)讯问被告人时需了解的案情要点;(4)出庭的证人、鉴定人、有专门知识的人、侦查人员的名单;(5)控辩双方申请当庭出示的证据的目录;(6)庭审中可能出现的问题及应对措施。

三、法庭审判

法庭审判由合议庭的审判长主持。根据《刑事诉讼法》的规定,法庭审判程序大体可分为开庭、法庭调查、法庭辩论、被告人最后陈述、评议和宣判五个阶段。

(一)开庭

根据最高人民法院《解释》的规定,开庭阶段的活动程序是:

第一,开庭审理前,由书记员依次进行下列工作:(1)受审判长委托,查明公诉人、当事人、证人及其他诉讼参与人是否到庭;(2)宣读法庭规则;(3)请公诉人及相关诉讼参与人入庭;(4)请审判长、审判员(人民陪审员)入庭;(5)审判人员就座后,当庭向审判长报告开庭前的准备工作已经就绪。

第二,审判长宣布开庭,传被告人到庭后,应当查明被告人的下列情况:(1)姓名、出生日期、民族、出生地、文化程度、职业、住址,或者被告单位的名称、住所地、诉讼代表人的姓名和职务;(2)是否受过法律处分及处分的种类、时间;(3)是否被采取强制措施及强制措施的种类、时间;(4)收到起诉书副本的日期;有附带民事诉讼的,附带民事诉讼被告人收到附带民事起诉状的日期。被告人较多的,可以在开庭前查明上述情况,但开庭时审判长应当作出说明。

第三,审判长宣布案件的来源、起诉的案由、附带民事诉讼当事人的姓名及是否公开审理;不公开审理的,应当宣布理由。

第四,审判长宣布合议庭组成人员、书记员、公诉人、辩护人、鉴定人、翻译人员等诉讼参与人的名单。

第五,审判长应当告知当事人及其法定代理人、辩护人、诉讼代理人在法庭审理过程中依法享有下列诉讼权利:(1)可以申请合议庭组成人员、书记员、公诉人、鉴定人和翻译人员回避;(2)可以提出证据,申请通知新的证人到庭、调取新的证据，申请重新鉴定或者勘验、检查；（3）被告人可以自行辩护；（4）被告人可以在法庭辩论终结后作最后陈述。

第六，审判长应当询问当事人及其法定代理人、辩护人、诉讼代理人是否申请回避，申请何人回避和申请回避的理由。当事人及其法定代理人、辩护人、诉讼代理人申请回避的，依照《刑事诉讼法》及最高人民法院《解释》的有关规定处理。同意或者驳回申请的决定及复议决定，由审判长宣布，并说明理由。必要时，也可以由院长到庭宣布。

对于共同犯罪案件，应将各被告人同时传唤到庭，逐一查明身份及基本情况后，集中宣布上述事项和被告人在法庭审理过程中享有的权利，询问是否申请回避，以避免重复，节省开庭时间。

（二）法庭调查

开庭阶段的事项进行完毕后，由审判长宣布开始法庭调查。法庭调查是指在公诉人、当事人和其他诉讼参与人的参加下，由合议庭主持对案件事实和证据进行调查核对的诉讼活动。法庭调查是案件进入实体审理的一个重要阶段，是法庭审判的中心环节，不仅要调查与定罪有关的案件事实，还应当查明对被告人适用特定法定刑幅度以及其他从重、从轻、减轻或免除处罚的法定或者酌定量刑情节。案件事实能否确认，被告人是否承担刑事责任，以及如何进行量刑，关键在于法庭调查的结论如何。最高人民法院《解释》第227条规定，对被告人认罪的案件，在确认被告人了解起诉书指控的犯罪事实和罪名，自愿认罪且知悉认罪的法律后果后，法庭调查可以主要围绕量刑和其他有争议的问题进行。对被告人不认罪或者辩护人作无罪辩护的案件，法庭调查应当在查明定罪事实的基础上，查明有关量刑事实。

根据《刑事诉讼法》第191—197条的规定，法庭调查的程序是：

1. 公诉人宣读起诉书

审判长宣布法庭调查开始后，由公诉人宣读起诉书；有附带民事诉讼的，再由附带民事诉讼原告人或者其法定代理人、诉讼代理人宣读附带民事起诉状。宣读起诉书时，如果一案有数名被告人，应同时在场。

起诉书指控的被告人的犯罪事实为两起以上的，法庭调查一般应当分别进行。

2. 被告人、被害人就起诉书指控的犯罪事实分别陈述

公诉人宣读起诉书后，在审判长主持下，被告人、被害人可以就起诉书指控的犯罪事实分别进行陈述。被告人如果承认起诉书指控的犯罪事实，则应就自己的犯罪行为进行陈述；如果否认指控，应允许其陈述辩解意见。被告人陈述之后，

应允许被害人根据起诉书对犯罪的指控陈述自己受害的经过。被告人、被害人就起诉书指控的犯罪事实分别进行陈述，有助于合议庭了解当事人对指控的基本意见。

3. 讯问、发问被告人，发问被害人

（1）公诉人讯问被告人。在审判长主持下，公诉人可以就起诉书指控的犯罪事实讯问被告人。讯问的目的是揭露、证实犯罪，支持其指控，使审判人员对其指控的犯罪事实清楚明了，采纳其指控意见。讯问被告人，一般应围绕下列事实进行：第一，被告人的身份；第二，指控的犯罪事实是否存在，是否为被告人所实施；第三，实施犯罪行为的时间、地点、方法、手段、结果，被告人犯罪后的表现等；第四，犯罪集团或者其他共同犯罪案件中参与犯罪人员的各自地位和应负的责任；第五，被告人有无刑事责任能力，有无故意或者过失，行为的动机、目的；第六，有无依法不应当追究刑事责任的情况，有无法定的从重或者从轻、减轻以及免除处罚的情节；第七，犯罪对象、作案工具的主要特征，与犯罪有关的财物的来源、数量以及去向；第八，被告人全部或者部分否认起诉书指控的犯罪事实的，否认的根据和理由能否成立；第九，与定罪、量刑有关的其他事实，如对被告人适用特定法定刑幅度以及其他从重、从轻、减轻或免除处罚的法定或者酌定量刑情节等。讯问被告人，应当避免可能影响陈述客观真实的诱导性讯问以及其他不当讯问。

（2）经审判长准许，被害人及其法定代理人、诉讼代理人，附带民事诉讼原告人及其法定代理人、诉讼代理人，被告人的法定代理人、辩护人，附带民事诉讼被告人及其法定代理人、诉讼代理人，可以向被告人发问。被害人及其法定代理人、诉讼代理人经审判长准许，可以就公诉人讯问的犯罪事实补充发问。被害人作为犯罪行为的直接受害者，更为了解案情，通过被害人及其诉讼代理人的发问，能够补充公诉人的讯问，当庭揭露被告人的虚假陈述，增强控诉的力度。附带民事诉讼原告人及其法定代理人、诉讼代理人就附带民事诉讼部分的事实向被告人发问，可以证实被告人的犯罪行为给自己造成的物质损失、精神损害和其应承担的赔偿责任。被告人的法定代理人、辩护人，附带民事诉讼被告人及其法定代理人、诉讼代理人可以在控诉一方就某一问题讯问完毕后向被告人发问。通过发问，揭示有利于被告人的事实和情节，以达到辩护的目的。审判长主持讯问、发问被告人时，对于同案审理的被告人，应当分别进行，以免被告人相互影响。必要时，可以传唤同案被告人等到庭对质。

（3）经审判长准许，控辩双方可以向被害人、附带民事诉讼原告人发问。对被害人、附带民事诉讼原告人的发问,有利于进一步揭示案情。

讯问、发问被告人和发问被害人,必须在审判长主持下进行。起诉书指控的被告人的犯罪事实为两起以上的,一般应当就每一起犯罪事实分别进行讯问与发问。控辩双方的讯问、发问方式不当或者内容与本案无关的,对方可以提出异议,申请审判长制止,审判长应当判明情况予以支持或者驳回;对方未提出异议的,审判长也可以根据情况予以制止。

(4)审判人员讯问被告人,向被害人、附带民事诉讼当事人发问。为了澄清疑问,审判人员可以讯问被告人,必要时,可以向被害人、附带民事诉讼当事人发问。"必要时"一般是指审判人员对审理过程中有疑问的地方或者当事人在陈述时有表述不清的地方。审判人员的讯问、发问是建立在各方陈述、讯问、发问的基础之上,有针对性地进行的,其目的是消除疑点。

4. 出示、核实证据

根据《刑事诉讼法》的规定,证据只有经过查证核实才能成为定案的根据。因此,在讯问、发问当事人以后,应当核查各种证据。

《刑事诉讼法》第51条明确规定了公诉案件中人民检察院的举证责任,在公诉案件中,人民检察院负有举证证明被告人有罪的责任。因此,核查证据应从控方向法庭举证开始。公诉人可以提请审判长通知证人、鉴定人出庭作证,或者出示证据。被害人及其法定代理人、诉讼代理人,附带民事诉讼原告人及其诉讼代理人也可以提出申请。

在控诉一方举证后,被告人及其法定代理人、辩护人可以提请审判长通知证人、鉴定人出庭作证,或者出示证据。

控辩双方申请证人出庭作证,出示证据,应当说明证据的名称、来源和拟证明的事实。法庭认为有必要的,应当准许;对方提出异议,认为有关证据与案件无关或者明显重复、不必要,法庭经审查异议成立的,可以不予准许。已经移送人民法院的证据,控辩双方需要出示的,可以向法庭提出申请。法庭同意的,应当指令值庭法警出示、播放;需要宣读的,由值庭法警交由申请人宣读。

控辩双方向法庭提供的证据,都应当经当庭质证、辨认和辩论。具体程序是:

(1)询问证人。并非所有的证人都要出庭作证。《刑事诉讼法》第192条规定,控辩双方对证人证言有异议,而且该证人证言对案件定罪量刑有重大影响,"人民法院认为证人有必要出庭作证的,证人应当出庭作证"。可见,证人出庭作证需同时满足如下几个条件:第一,公诉人、当事人或者辩护人、诉讼代理人对证人证言有异议。如果控辩双方对证人证言没有异议的,当庭宣读证人证言即可,无须证人出庭。第二，该证人证言对案件定罪量刑有重大影响。如果该证人证言对案件定罪量刑没有重大影响，即便控辩双方对证人证言存在异议，该证人也无出庭作证必要。第三，人民法院认为证人有必要出庭作证的。该条实际上是赋予人民法院在决定证人是否出庭时一定的裁量权，只有人民法院认为有必要出庭的证人才被允许出庭。此外，该条第 2 款规定，人民警察就其执行职务时目击的犯罪情况出庭作证时，适用证人出庭作证的规定。"六机关"《规定》第 28 条规定，人民法院依法通知证人、鉴定人出庭作证的，应当同时将证人、鉴定人出庭通知书送交控辩双方，控辩双方应当予以配合。最高人民法院《解释》第 205 条规定，无法通知或者证人拒绝出庭的，应当及时告知申请人。《解释》第 206 条规定，证人具有下列情形之一，无法出庭作证的，人民法院可以准许其不出庭：第一，在庭审期间身患严重疾病或者行动极为不便的；第二，居所远离开庭地点且交通极为不便的；第三，身处国外短期无法回国的；第四，有其他客观原因，确实无法出庭。具有前款规定情形的，可以通过视频等方式作证。

经人民法院通知，证人没有正当理由不出庭作证的，人民法院可以强制其到庭，但是被告人的配偶、父母、子女除外。强制证人出庭的，应当由院长签发强制证人出庭令。证人没有正当理由逃避出庭或者出庭后拒绝作证的，予以训诫，情节严重的，经院长批准，处以 10 日以下拘留。被处罚人对拘留决定不服的，可以向上一级人民法院申请复议。复议期间不停止执行。

证人到庭后，审判人员应当核实其身份、与当事人以及本案的关系，并告知其应当如实地提供证言和有意作伪证或者隐匿罪证要负的法律责任。证人作证前，应当保证向法庭如实提供证言，并在保证书上签名。

公诉人、辩护人向证人发问的顺序由审判长决定。向证人发问，应当先由提请通知的一方进行；发问完毕后，经审判长准许，对方也可以发问。询问证人应当遵循以下规则：第一，发问的内容应当与本案事实有关；第二，不得以诱导方式发问；第三，不得威胁证人；第四，不得损害证人的人格尊严。审判长对于向证人发问的内容与本案无关或者发问的方式不当的，应当制止。对于控辩双方认为对方发问的内容与本案无关或者发问的方式不当并提出异议的，审判长应当判明情况予以支持或者驳回。审判人员认为必要时，可以询问证人。向证人发问应当分别进行。证人经控辩双方发问或者审判人员询问后，审判长应当告其退庭。证人不得旁听对本案的审理。

(2) 询问鉴定人。《刑事诉讼法》第 192 条第 3 款规定了鉴定人出庭作证的情形："公诉人、当事人或者辩护人、诉讼代理人对鉴定意见有异议，人民法院认为鉴定人有必要出庭的，鉴定人应当出庭作证。经人民法院通知，鉴定人拒不出庭作证的，鉴定意见不得作为定案的根据。"鉴定人由于不能抗拒的原因或者有其他正当理由无法出庭的，人民法院可以根据案件审理情况决定延期审理。

鉴定人到庭后，审判人员应当核实其身份、与当事人及本案的关系，告知鉴定人应当如实地提供鉴定意见和有意作虚假鉴定要负的法律责任。鉴定人说明鉴定意见前，应当保证向法庭如实说明鉴定意见，并在保证书上签名。

对鉴定人的询问，适用以上询问证人的程序和规则。

(3) 申请有专门知识的人出庭作证。为核实鉴定人的鉴定意见，《刑事诉讼法》还规定了控辩双方申请有专门知识的人出庭作证的制度。《刑事诉讼法》第197条第2—4款规定，公诉人、当事人和辩护人、诉讼代理人可以申请法庭通知有专门知识的人出庭，就鉴定人作出的鉴定意见提出意见。法庭对于上述申请，应当作出是否同意的决定。有专门知识的人出庭，适用鉴定人的有关规定。最高人民法院《解释》规定，申请法庭通知有专门知识的人出庭，就鉴定意见提出意见的，应当说明理由。法庭认为有必要的，应当通知有专门知识的人出庭。申请有专门知识的人出庭，不得超过两人。有多种类鉴定意见的，可以相应增加人数。

审判危害国家安全犯罪、恐怖活动犯罪、黑社会性质的组织犯罪、毒品犯罪等案件，证人、鉴定人、被害人因出庭作证，本人或者其近亲属的人身安全面临危险的，人民法院应当采取不公开其真实姓名、住址和工作单位等个人信息，或者不暴露其外貌、真实声音等保护措施。审判期间，证人、鉴定人、被害人提出保护请求的，人民法院应当立即审查；认为确有保护必要的，应当及时决定采取相应保护措施。

决定对出庭作证的证人、鉴定人、被害人采取不公开个人信息的保护措施的，审判人员应当在开庭前核实其身份，对证人、鉴定人如实作证的保证书不得公开，在判决书、裁定书等法律文书中可以使用化名等代替其个人信息。

(4) 出示、宣读证据。举证方应当向法庭出示物证，让当事人辨认，对未到庭的证人的证言笔录、鉴定人的鉴定意见、勘验笔录和其他作为证据的文书，应当当庭宣读。当庭出示的物证、书证、视听资料等证据，应当先由出示证据的一方就所出示的证据的来源、特征等做必要的说明，然后由另一方进行辨认并发表意见。控辩双方可以互相质问、辩论。当庭出示的证据，尚未移送人民法院的，应当在质证后移交法庭。

法庭审理过程中，对与量刑有关的事实、证据，应当进行调查。人民法院除应当审查被告人是否具有法定量刑情节外，还应当根据案件情况审查以下影响量刑的情节：第一，案件起因；第二，被害人有无过错及过错程度，是否对矛盾激化负有责任及责任大小；第三，被告人的近亲属是否协助抓获被告人；第四，被告人平时表现，有无悔罪态度；第五，退赃、退赔及赔偿情况；第六，被告人是否取得被害人或者其近亲属谅解；第七，影响量刑的其他情节。

公诉人申请出示开庭前未移送人民法院的证据，辩护方提出异议的，审判长应当要求公诉人说明理由；理由成立并确有出示必要的，应当准许。辩护方提出需要对新的证据作辩护准备的，法庭可以宣布休庭，并确定准备辩护的时间。辩护方申请出示开庭前未提交的证据，适用以上规则。

5. 调取新证据

当事人及其辩护人、诉讼代理人申请通知新的证人到庭，调取新的证据，申请重新鉴定或者勘验的，应当提供证人的姓名、证据的存放地点，说明拟证明的案件事实，要求重新鉴定或者勘验的理由。法庭认为有必要的，应当同意，并宣布延期审理；不同意的，应当告知理由并继续审理。延期审理的案件，符合《刑事诉讼法》第208条第1款规定的，可以报请上级人民法院批准延长审理期限。人民法院同意重新鉴定申请的，应当及时委托鉴定，并将鉴定意见告知人民检察院、当事人及其辩护人、诉讼代理人。

审判期间，合议庭发现被告人可能有自首、坦白、立功等法定量刑情节，而人民检察院移送的案卷中没有相关证据材料的，应当通知人民检察院移送。被告人提出新的立功线索的，人民法院可以建议人民检察院补充侦查。

审判期间，公诉人发现案件需要补充侦查，建议延期审理的，合议庭应当同意，但建议延期审理不得超过两次，每次不得超过1个月。人民检察院将补充收集的证据移送人民法院的，人民法院应当通知辩护人、诉讼代理人查阅、摘抄、复制。补充侦查期限届满后，经法庭通知，人民检察院未将案件移送人民法院，且未说明原因的，人民法院可以决定按人民检察院撤诉处理。

人民法院向人民检察院调取需要调查核实的证据材料，或者根据被告人、辩护人的申请，向人民检察院调取在侦查、审查起诉期间收集的有关被告人无罪或者罪轻的证据材料，应当通知人民检察院在收到调取证据材料决定书后3日内移交。

6. 合议庭调查核实证据

法庭对证据有疑问的，可以告知公诉人、当事人及其法定代理人、辩护人、诉讼代理人补充证据或者作出说明；必要时，可以宣布休庭，对该证据调查核实。人民法院调查核实证据时，可以进行勘验、检查、查封、扣押、鉴定和查询、冻结。必要时，可以通知检察人员、辩护人到场。上述人员未到场的，应当记录在案。在法庭审理过程中，审判人员对量刑证据有疑问的，可以宣布休庭，对证据进行调查核实，必要时也可以要求人民检察院补充调查核实。人民检察院应当补充调查核实有关证据，必要时可以要求侦查机关提供协助。

人民法院调查核实证据时，发现对定罪量刑有重大影响的新的证据材料的，应当告知检察人员、辩护人。必要时，也可以直接提取，并及时通知检察人员、辩护人查阅、摘抄、复制。

对公诉人、当事人及其法定代理人、辩护人、诉讼代理人补充的和法庭庭外调查核实取得的证据，应当经过当庭质证才能作为定案的根据。但是，经庭外征求意见，控辩双方没有异议的除外。有关情况，应当记录在案。

当庭出示的证据，宣读的证人证言、鉴定意见和勘验、检查笔录等，在出示、宣读后，应立即将原件移交法庭。对于确实无法当庭移送的，应当要求出示、宣读证据的一方在休庭后3日内移交。

（三）法庭辩论

法庭辩论，是在法庭调查的基础上，控诉方与辩护方就被告人的行为是否构成犯罪、犯罪的性质、罪责轻重、证据是否确实充分，以及如何适用刑罚等问题，进行互相争论和反驳的一种诉讼活动。它是庭审的一个重要环节。通过控辩双方的辩论，将进一步揭示案情，明确如何适用法律，为案件的正确裁判奠定基础。

合议庭认为案件事实已经调查清楚的，应当由审判长宣布法庭调查结束，开始就定罪、量刑的事实、证据和适用法律等问题进行法庭辩论。需要注意的是，《刑事诉讼法》特别强调了对量刑事实的调查与辩论，第198条第1款规定："法庭审理过程中，对与定罪、量刑有关的事实、证据都应当进行调查、辩论。"最高人民法院、最高人民检察院、公安部、国家安全部、司法部《关于规范量刑程序若干问题的意见（试行）》第9条也规定："对于被告人不认罪或者辩护人做无罪辩护的案件，在法庭调查阶段，应当查明有关的量刑事实。在法庭辩论阶段，审判人员引导控辩双方先辩论定罪问题。在定罪辩论结束后，审判人员告知控辩双方可以围绕量刑问题进行辩论，发表量刑建议或意见，并说明理由和依据。"

法庭辩论应当在审判长的主持下，按照下列顺序进行：（1）公诉人发言；（2）被害人及其诉讼代理人发言；（3）被告人自行辩护；（4）辩护人辩护；（5）控辩双方进行辩论。

在司法实践中，公诉人的首轮发言被称作发表公诉词。公诉词是公诉人根据控诉职能，对案件事实、证据和适用法律发表的总结性意见。其内容一般包括：

（1）对法庭调查结果的简单概括；（2）进行证据分析，认定被告人的犯罪行为；（3）指出被告人犯罪的动机、目的、手段、性质和犯罪行为的社会危害性；（4）分析被告人犯罪的思想根源和社会根源；（5）进行法律上的论证，指出被告人触犯的刑事法律条款和应负的法律责任；（6）提出对被告人依法处理的要求。

人民检察院可以提出量刑建议并说明理由，量刑建议一般应当具有一定的幅度。

辩护人的首轮发言被称作发表辩护词。辩护词是辩护人以法庭调查查明的案情为基础，提出的维护被告人合法权益的总结性意见。辩护词的内容由序言、辩护理由和结论三部分组成。其中，序言的重点是表明对本案的基本观点，包括：或认为被告人无罪，或认为被告人罪轻，或认为被告人应当减轻处罚，或认为被告人应当免除刑事责任。辩护理由是辩护词的核心部分，可以从以下几个方面提出：（1）事实辩；（2）证据辩；（3）无罪辩；（4）罪轻辩；（5）罪轻免刑辩；（6）适用法律辩；等等。

对被告人不认罪或者辩护人作无罪辩护的案件，法庭辩论时，可以引导控辩双方先辩论定罪问题，后辩论量刑问题。对被告人认罪的案件，法庭辩论时，可以引导控辩双方主要围绕量刑和其他有争议的问题进行。

附带民事诉讼部分的辩论应当在刑事部分的辩论结束后进行，其辩论顺序是：先由附带民事诉讼原告人及其诉讼代理人发言，后由附带民事诉讼被告人及其诉讼代理人答辩。总之，法庭辩论的次序应是自控方发言始，至辩方发言止为一轮，反复进行。

法庭辩论过程中，审判长应当充分听取控辩双方的意见，对控辩双方与案件无关、重复或者指责对方的发言应当提醒、制止。

法庭辩论过程中，合议庭发现与定罪、量刑有关的新的事实，有必要调查的，审判长可以宣布暂停辩论，恢复法庭调查，在对新的事实调查后，继续法庭辩论。

经过几轮辩论，审判长认为控辩双方的发言中已经没有新的问题和意见提出，没有继续辩论必要的，即应终止双方发言，宣布辩论终结。

（四）被告人最后陈述

《刑事诉讼法》第198条第3款规定，审判长在宣布辩论终结后，被告人有最后陈述的权利。这是被告人的一项重要诉讼权利。审判长应当告知被告人享有此项权利。被告人最后陈述也是法庭审判中一个独立的阶段，合议庭应当保证被告人充分行使最后陈述的权利。被告人在最后陈述中多次重复自己的意见时，审判长可以制止。陈述内容蔑视法庭、公诉人，损害他人及社会公共利益，或者与本案无关的，应当制止。在公开审理的案件中，被告人最后陈述的内容涉及国家秘密、个人隐私或者商业秘密的，也应当制止。被告人在最后陈述中提出新的事实、证据，合议庭认为可能影响正确裁判的，应当恢复法庭调查；被告人提出新的辩解理由，合议庭认为可能影响正确裁判的，应当恢复法庭辩论。

附带民事诉讼部分可以在法庭辩论结束后当庭调解。不能达成协议的，可以同刑事部分一并判决。

(五) 评议和宣判

被告人最后陈述后，审判长应当宣布休庭，由合议庭进行评议。

1. 评议

合议庭评议案件，应当根据已经查明的事实、证据和有关法律规定，在充分考虑控辩双方意见的基础上，确定被告人是否有罪、构成何罪，有无从重、从轻、减轻或者免除处罚的情节，应否处以刑罚、判处何种刑罚，附带民事诉讼如何解决，查封、扣押、冻结的财物及其孳息如何处理等，并依法作出判决、裁定。

对第一审公诉案件，人民法院审理后，应当按照下列情形分别作出判决、裁定：

（1）起诉指控的事实清楚，证据确实、充分，依据法律认定指控被告人的罪名成立的，应当作出有罪判决。

（2）起诉指控的事实清楚，证据确实、充分，指控的罪名与审理认定的罪名不一致的，应当按照审理认定的罪名作出有罪判决。

（3）案件事实清楚，证据确实、充分，依据法律认定被告人无罪的，应当判决宣告被告人无罪。

（4）证据不足，不能认定被告人有罪的，应当以证据不足、指控的犯罪不能成立，判决宣告被告人无罪。

（5）案件部分事实清楚，证据确实、充分的，应当作出有罪或者无罪的判决；对事实不清、证据不足的部分，不予认定。

（6）被告人因不满16周岁，不予刑事处罚的，应当判决宣告被告人不负刑事责任。

（7）被告人是精神病人，在不能辨认或者不能控制自己行为时造成危害结果，不予刑事处罚的，应当判决宣告被告人不负刑事责任。

（8）犯罪已过追诉时效期限且不是必须追诉，或者经特赦令免除刑罚的，应当裁定终止审理。

(9)被告人死亡的,应当裁定终止审理;根据已查明的案件事实和认定的证据,能够确认无罪的,应当判决宣告被告人无罪。

具有上述第(2)项情形的,人民法院应当在判决前听取控辩双方的意见,保障被告人、辩护人充分行使辩护权。必要时,可以重新开庭,组织控辩双方围绕被告人的行为构成何罪进行辩论。

宣告判决前,人民检察院要求撤回起诉的,人民法院应当审查撤回起诉的理由,作出是否准许的裁定。

审判期间,人民法院发现新的事实,可能影响定罪的,可以建议人民检察院补充或者变更起诉;人民检察院不同意或者在7日内未回复意见的,人民法院应当就起诉指控的犯罪事实作出判决、裁定。对根据《刑事诉讼法》第200条第3项规定宣告被告人无罪后,人民检察院根据新的事实、证据重新起诉,人民法院受理的案件,应当在判决中写明被告人曾被人民检察院提起公诉,因证据不足,指控的犯罪不能成立,被人民法院依法判决宣告无罪的情况;前案依照《刑事诉讼法》第200条第3项规定作出的判决不予撤销。

合议庭成员应当在评议笔录上签名,在判决书、裁定书等法律文书上署名。

裁判文书应当写明裁判依据,阐释裁判理由,反映控辩双方的意见并说明采纳或者不予采纳的理由。人民法院的刑事裁判文书中应当说明量刑理由。量刑理由主要包括:第一,已经查明的量刑事实及其对量刑的作用;第二,是否采纳公诉人、当事人和辩护人、诉讼代理人发表的量刑建议、意见及理由;第三,人民法院量刑的理由和法律依据。

2. 宣判

合议庭经过评议作出裁判后,应当宣判。宣判有当庭宣判和定期宣判两种形式。

当庭宣告判决的,应当在5日内送达判决书。定期宣告判决的,应当在宣判前,先期公告宣判的时间和地点,传唤当事人并通知公诉人、法定代理人、辩护人和诉讼代理人;判决宣告后,应当立即送达判决书。判决书应当送达人民检察院、当事人、法定代理人、辩护人、诉讼代理人,并可以送达被告人的近亲属。判决生效后,还应当送达被告人的所在单位或者原户籍地的公安派出所,或者被告单位的注册登记机关。

宣告判决,一律公开进行。公诉人、辩护人、诉讼代理人、被害人、自诉人或者附带民事诉讼原告人未到庭的,不影响宣判的进行。宣告判决结果时,法庭内全体人员应当起立。

地方各级人民法院在宣告第一审判决、裁定时，应当告知被告人、自诉人及其法定代理人不服判决、裁定的，有权在法定期限内以书面或者口头形式，通过本院或者直接向上一级人民法院提出上诉；被告人的辩护人、近亲属经被告人同意，也可以提出上诉；附带民事诉讼当事人及其法定代理人，可以对判决、裁定中的附带民事部分提出上诉。被告人、自诉人、附带民事诉讼当事人及其法定代理人是否提出上诉，以其在上诉期满前最后一次的意思表示为准。

四、单位犯罪案件的审理程序

我国刑事诉讼法所规定的刑事诉讼基本原则、诉讼制度、诉讼权利与义务同样适用于公安机关、人民检察院、人民法院处理单位犯罪的案件。此外，最高人民法院《解释》还就单位犯罪案件的审理程序作了以下特别规定：

第一，人民法院受理单位犯罪案件，除依照有关规定进行审查外，还应当审查起诉书是否列明被告单位的名称、住所地、联系方式，法定代表人、主要负责人以及代表被告单位出庭的诉讼代表人的姓名、职务、联系方式。需要人民检察院补充材料的，应当通知人民检察院在3日内补送。

第二，被告单位的诉讼代表人，应当是法定代表人或者主要负责人；法定代表人或者主要负责人被指控为单位犯罪直接负责的主管人员或者因客观原因无法出庭的，应当由被告单位委托其他负责人或者职工作为诉讼代表人。但是，有关人员被指控为单位犯罪的其他直接责任人员或者知道案件情况、负有作证义务的除外。

第三，开庭审理单位犯罪案件，应当通知被告单位的诉讼代表人出庭。没有诉讼代表人参与诉讼的，应当要求人民检察院确定。被告单位的诉讼代表人不出庭的，应当按照下列情形分别处理：（1）诉讼代表人系被告单位的法定代表人或者主要负责人，无正当理由拒不出庭的，可以拘传其到庭；因客观原因无法出庭，或者下落不明的，应当要求人民检察院另行确定诉讼代表人；（2）诉讼代表人系被告单位的其他人员的，应当要求人民检察院另行确定诉讼代表人出庭。

第四，被告单位的诉讼代表人享有刑事诉讼法规定的有关被告人的诉讼权利。开庭时，诉讼代表人席位于审判台左侧，与辩护人席并列。被告单位委托辩护人的，参照有关规定办理。

第五，对应当认定为单位犯罪的案件，人民检察院只作为自然人犯罪起诉的，人民法院应当建议人民检察院对犯罪单位补充起诉。人民检察院仍以自然人犯罪起诉的,人民法院应当依法审理,按照单位犯罪中的直接负责的主管人员或者其他直接责任人员追究刑事责任,并援引刑法分则关于追究单位犯罪中直接负责的主管人员和其他直接责任人员刑事责任的条款。

第六,被告单位的违法所得及其孳息,尚未被依法追缴或者查封、扣押、冻结的,人民法院应当决定追缴或者查封、扣押、冻结。人民法院为了保证判决的执行,根据案件具体情况,可以先行扣押、冻结被告单位的财产或者由被告单位提供担保。

第七,人民法院审理单位犯罪案件,被告单位被注销或者宣告破产,但单位犯罪直接负责的主管人员和其他直接责任人员应当负刑事责任的,应当继续审理。

五、法庭秩序

法庭秩序,是指《人民法院法庭规则》所规定的,为保证法庭审理的正常进行,诉讼参与人、旁听人员应当遵守的纪律和规定。

法庭审理过程中,诉讼参与人、旁听人员应当遵守以下纪律:(1)服从法庭指挥,遵守法庭礼仪;(2)不得鼓掌、喧哗、哄闹、随意走动;(3)不得对庭审活动进行录音、录像、摄影,或者通过发送邮件、博客、微博客等方式传播庭审情况,但经人民法院许可的新闻记者除外;(4)旁听人员不得发言、提问;(5)不得实施其他扰乱法庭秩序的行为。

根据《刑事诉讼法》第199条和最高人民法院《解释》的规定,法庭审理过程中,诉讼参与人或者旁听人员扰乱法庭秩序的,审判长应当按照下列情形分别处理:(1)情节较轻的,应当警告制止并进行训诫。(2)不听制止的,可以指令法警强行带出法庭。(3)情节严重的,报经院长批准后,可以对行为人处1 000元以下的罚款或者15日以下拘留。诉讼参与人、旁听人员对人民法院罚款、拘留的决定不服的,可以直接向上一级人民法院申请复议,也可以通过决定罚款、拘留的人民法院向上一级人民法院申请复议。通过决定罚款、拘留的人民法院申请复议的,该人民法院应当自收到复议申请之日起3日内,将复议申请、罚款或者拘留决定书和有关事实、证据材料一并报上一级人民法院复议。复议期间,不停止决定的执行。担任辩护人、诉讼代理人的律师严重扰乱法庭秩序,被强行带出法庭或者被处以罚款、拘留的,人民法院应当通报司法行政机关,并可以建议依法给予相应处罚。(4)未经许可录音、录像、摄影或者通过邮件、博客、微博客等方式传播庭审情况的,可以暂扣存储介质或者相关设备。(5)聚众哄闹、冲击法庭或者侮辱、诽谤、威胁、殴打司法工作人员或者诉讼参与人,严重扰乱法庭秩序,构成犯罪的,应当依法追究刑事责任。

六、法庭审判笔录

开庭审理的全部活动,应当由书记员制作成笔录。笔录经审判长审阅后,分别由审判长和书记员签名。

法庭笔录应当在庭审后交由当事人、法定代理人、辩护人、诉讼代理人阅读或者向其宣读。法庭笔录中的出庭证人、鉴定人、有专门知识的人的证言、意见部分,应当在庭审后分别交由有关人员阅读或者向其宣读。上述人员认为记录有遗漏或者差错的,可以请求补充或者改正;确认无误后,应当签名;拒绝签名的,应当记录在案;要求改变庭审中陈述的,不予准许。

法庭审判笔录不仅对于分析案情,查核审判活动的进行情况具有重要意义,而且也是以后复查案件以及法院系统内部检查办案质量的依据,同时还是第二审程序、死刑复核程序和审判监督程序不可缺少的书面材料。因此,必须重视法庭审判笔录的制作工作。

七、延期审理、中止审理和终止审理

(一)延期审理

延期审理是指在法庭审判过程中,遇有足以影响审判进行的情形时,法庭决定延期审理,待影响审判进行的原因消失后,再行开庭审理的审判制度。

根据《刑事诉讼法》第204条的规定,延期审理有以下三种情形:(1)需要通知新的证人到庭,调取新的物证,重新鉴定或者勘验的;(2)检察人员发现提起公诉的案件需要补充侦查,提出建议的;(3)由于申请回避而不能进行审判的。

最高人民检察院《规则》规定了建议延期审理的若干情形。第455条规定:法庭审判过程中遇有下列情形之一的,公诉人可以建议法庭延期审理:(1)发现事实不清、证据不足,或者遗漏罪行、遗漏同案犯罪嫌疑人,需要补充侦查或者补充提供证据的;(2)被告人揭发他人犯罪行为或者提供重要线索,需要补充侦查进行查证的;(3)发现遗漏罪行或者遗漏同案犯罪嫌疑人,虽不需要补充侦查和补充提供证据,但需要补充、追加或者变更起诉的;(4)申请人民法院通知证人、鉴定人出庭作证或者有专门知识的人出庭提出意见的;(5)需要调取新的证据,重新鉴定或者勘验的;(6)公诉人出示、宣读开庭前移送人民法院的证据以外的证据,或者补充、变更起诉,需要给予被告人、辩护人必要时间进行辩护准备的;(7)被告人、辩护人向法庭出示公诉人不掌握的与定罪量刑有关的证据,

需要调查核实的；（8）公诉人对证据收集的合法性进行证明，需要调查核实的。在人民法院开庭审理前发现具有上述情形之一的，人民检察院可以建议人民法院延期审理。

延期审理的开庭日期，可以当庭确定，也可以另行确定。当庭确定的，应公开宣布下次开庭的时间。当庭不能确定的，可以另行确定并通知公诉人、当事人和其他诉讼参与人。

（二）中止审理

中止审理是指人民法院在审判案件过程中，因发生某种情况影响了审判的正常进行，而决定暂停审理，待其消失后，再行开庭审理的诉讼活动。

依据《刑事诉讼法》第206条的规定，在审判过程中，有下列情形之一，致使案件在较长时间内无法继续审理的，可以中止审理：（1）被告人患有严重疾病，无法出庭的；（2）被告人脱逃的；（3）自诉人患有严重疾病，无法出庭，未委托诉讼代理人出庭的；（4）由于不能抗拒的原因。中止审理的原因消失后，应当恢复审理。中止审理的期间不计入审理期限。

有多名被告人的案件，部分被告人具有《刑事诉讼法》第206条规定情形的，人民法院可以对全案中止审理；根据案件情况，也可以对该部分被告人中止审理，对其他被告人继续审理。对中止审理的部分被告人，可以根据案件情况另案处理。

中止审理与延期审理不同。二者的主要区别是：（1）时间不同。延期审理仅适用于法庭审理过程中，而中止审理适用于人民法院受理案件后至作出判决前。（2）原因不同。导致延期审理的原因是诉讼自身出现了障碍，其消失依赖于某种诉讼活动的完成，因此延期审理不能停止法庭审理以外的诉讼活动，而导致中止审理的原因是出现了不能抗拒的情况，其消除与诉讼本身无关，因此中止审理将暂停一切诉讼活动。（3）再行开庭的可预见性不同。延期审理的案件，再行开庭的时间可以预见，甚至当庭即可决定，但中止审理的案件，再行开庭的时间往往无法预见。

（三）终止审理

终止审理是指人民法院在审判案件过程中，遇有法律规定的情形致使审判不应当或者不需要继续进行时终结案件的诉讼活动。终止审理的法定情形是指《刑事诉讼法》第16条第2—6项所规定的内容。

终止审理与中止审理不同。二者的主要区别是：（1）原因不同。终止审理是因为审理中出现不应当或者不需要继续进行的情形，而中止审理则是因为出现了使得案件无法继续审理的情形。（2）法律后果不同。终止审理后，诉讼即告终结，不再恢复，而中止审理只是暂停诉讼活动，一旦中止原因消失，即应恢复审理。

八、第一审程序的期限

人民法院审理公诉案件，应当在受理后2个月以内宣判，至迟不得超过3个月。对于可能判处死刑的案件或者附带民事诉讼的案件，以及有《刑事诉讼法》第158条规定的情形之一的，经上一级人民法院批准，可以再延长3个月。因特殊情况还需要延长的，报请最高人民法院批准。

人民法院改变管辖的案件，从改变后的人民法院收到案件之日起计算审理期限。

人民检察院补充侦查的案件，补充侦查完毕移送人民法院后，人民法院重新计算审理期限。

九、人民检察院对审判活动的监督

《刑事诉讼法》第209条规定："人民检察院发现人民法院审理案件违反法律规定的诉讼程序，有权向人民法院提出纠正意见。"人民检察院对审判活动进行监督，是检察机关履行法律监督职能的一项重要内容。

根据最高人民检察院《规则》第577条的规定，审判活动监督主要发现和纠正以下违法行为：（1）人民法院对刑事案件的受理违反管辖规定的；（2）人民法院审理案件违反法定审理和送达期限的；（3）法庭组成人员不符合法律规定的，或者违反规定应当回避而不回避的；（4）法庭审理案件违反法定程序的；（5）侵犯当事人和其他诉讼参与人的诉讼权利和其他合法权利的；（6）法庭审理时对有关程序问题所作的决定违反法律规定的；（7）二审法院违反法律规定裁定发回重审的；（8）故意毁弃、篡改、隐匿、伪造、偷换证据或者其他诉讼材料，或者依据未经法定程序调查、质证的证据定案的；（9）依法应当调查收集相关证据而不收集的；（10）徇私枉法，故意违背事实和法律作枉法裁判的；（11）收受、索取当事人及其近亲属或者其委托的律师等人财物或者其他利益的；（12）违反法律规定采取强制措施或者采取强制措施法定期限届满，不予释放、解除或者变更的；（13）应当退还取保候审保证金不退还的；（14）对与案件无关的财物采取查封、扣押、冻结措施，或者应当解除查封、扣押、冻结不解除的；（15）贪污、挪用、私分、调换、违反规定使用查封、扣押、冻结的财物及其孳息的；（16）其他违反法律规定的审理程序的行为。

对审判活动的监督和对人民法院审理案件违反法定期限的监督，由刑事检察部门承办。人民检察院可以通过调查、审阅案卷、受理申诉、控告等活动，监督审判活动是否合法。人民检察院在审判活动监督中，如果发现人民法院或者审判人员审理案件违反法律规定的诉讼程序，应当向人民法院提出纠正意见。出席法庭的检察人员发现法庭审判违反法律规定的诉讼程序，应当在休庭后及时向本院检察长报告。对违反程序的庭审活动的纠正意见，应当由人民检察院在庭审后提出。

人民检察院认为人民法院审理案件违反法定程序，在庭审后提出书面纠正意见，人民法院认为正确的，应当采纳。

第二节　自诉案件第一审程序

一、自诉案件第一审程序的受理与审判

（一）自诉案件的受理程序

对自诉案件，人民法院应当在15日内审查完毕。经审查，符合受理条件的，应当决定立案，并书面通知自诉人或者代为告诉人。对犯罪事实清楚，有足够证据的自诉案件，应当开庭审理。

具有下列情形之一的，应当说服自诉人撤回起诉；自诉人不撤回起诉的，裁定不予受理：（1）不属于最高人民法院《解释》第1条规定的案件的；（2）缺乏罪证的；（3）犯罪已过追诉时效期限的；（4）被告人死亡的；（5）被告人下落不明的；（6）除因证据不足而撤诉的以外，自诉人撤诉后，就同一事实又告诉的；（7）经人民法院调解结案后，自诉人反悔，就同一事实再行告诉的。

对已经立案，经审查缺乏罪证的自诉案件，自诉人提不出补充证据，人民法院应当说服其撤回自诉或者裁定驳回起诉。自诉人撤回起诉或者被驳回起诉后，又提出了新的足以证明被告人有罪的证据，再次提起自诉的，人民法院应当受理。自诉人对不予受理或者驳回起诉的裁定不服的，可以提起上诉。第二审人民法院查明第一审人民法院作出的不予受理裁定有错误的，应当在撤销原裁定的同时，指令第一审人民法院立案受理；查明第一审人民法院驳回起诉裁定有错误的，应当在撤销原裁定的同时，指令第一审人民法院进行审理。

自诉人明知有其他共同侵害人，但只对部分侵害人提起自诉的，人民法院应当受理，并告知其放弃告诉的法律后果；自诉人放弃告诉，判决宣告后又对其他共同侵害人就同一事实提起自诉的，人民法院不予受理。

共同被害人中只有部分人告诉的,人民法院应当通知其他被害人参加诉讼,并告知其不参加诉讼的法律后果。被通知人接到通知后表示不参加诉讼或者不出庭的,视为放弃告诉。第一审宣判后,被通知人就同一事实又提起自诉的,人民法院不予受理。但是,当事人另行提起民事诉讼的,不受限制。

自诉案件当事人因客观原因不能取得的证据,申请人民法院调取的,应当说明理由,并提供相关线索或者材料。人民法院认为有必要的,应当及时调取。

(二) 自诉案件的第一审审判程序

自诉案件,符合简易程序适用条件的,可以适用简易程序审理。不适用简易程序审理的自诉案件,参照适用公诉案件第一审普通程序的有关规定。此外,还应注意以下几点:

第一,自诉人经两次传唤,无正当理由拒不到庭,或者未经法庭准许中途退庭的,人民法院应当裁定按撤诉处理。部分自诉人撤诉或者被裁定按撤诉处理的,不影响案件的继续审理。

第二,在自诉案件审判过程中,审判人员对证据有疑问,需要调查核实的,可以宣布休庭,对证据进行调查核实,必要时,可以通知自诉人及其法定代理人到场。上述人员未到场的,应当记录在案。人民法院调查核实证据,可以进行勘验、检查、查封、扣押、鉴定和查询、冻结。人民法院调查核实证据时,发现对定罪量刑有重大影响的新的证据材料的,应当告知自诉人及其法定代理人。必要时,也可以直接提取,并及时通知自诉人及其法定代理人查阅、摘抄、复制。人民法院受理自诉案件后,对于当事人因客观原因不能取得并提供有关证据而申请人民法院调取证据的,人民法院认为必要的,可以依法调取。

第三,被告人实施两个以上犯罪行为,分别属于公诉案件和自诉案件,人民法院可以一并审理。对自诉部分的审理,适用自诉的规定。

第四,被告人在自诉案件审判期间,下落不明的,人民法院应当裁定中止审理。被告人到案后,应当恢复审理,必要时应当对被告人依法采取强制措施。

第五,人民法院对依法宣告无罪的案件,其附带民事部分应当依法进行调解或者一并作出判决。

二、自诉案件第一审程序的特点

除适用简易程序审理的或者法律另有规定的以外,自诉案件第一审程序参照《刑事诉讼法》关于公诉案件第一审程序的规定进行。此外,《刑事诉讼法》对自诉案件的审判程序作了一些特殊规定。据此,自诉案件第一审程序有以下特点:

第一，对于告诉才处理的案件或者被害人有证据证明的轻微刑事案件，可以适用简易程序①，由审判员一人独任审判。适用简易程序审理的自诉案件，宣读起诉书后，经审判人员许可，被告人及其辩护人可以同自诉人及其诉讼代理人互相辩论。不适用简易程序审理的，审判程序应当参照公诉案件第一审程序的规定进行。

第二，人民法院审理自诉案件，可以在查明事实、分清是非的基础上，根据自愿、合法的原则进行调解。但对于被害人有证据证明对被告人侵犯自己人身、财产权利的行为应当追究刑事责任，而公安机关或者人民检察院不予追究被告人刑事责任的自诉案件，不适用调解。调解是人民法院审理案件的一种方式，应当在自愿、合法，不损害国家、集体和其他公民利益的前提下进行。调解达成协议的，应当制作刑事调解书，由审判人员和书记员署名，并加盖人民法院印章。调解书经双方当事人签收后，即发生法律效力。调解没有达成协议，或者调解书签收前当事人反悔的，应当及时作出判决。

第三，判决宣告前，自诉案件的当事人可以自行和解，自诉人可以撤回自诉。自行和解是刑事诉讼法赋予自诉案件双方当事人的一项诉讼权利，在法律允许的范围内，他们可以互谅互让、互相协商，以达成和解协议的方式解决纠纷，而后撤诉。对于已经审理的自诉案件，当事人自行和解的，应当记录在卷。人民法院经审查，认为和解、撤回自诉确属自愿的，应当裁定准许；认为系被强迫、威吓等，并非出于自愿的，不予准许。

裁定准许撤诉或者当事人自行和解的自诉案件，被告人被采取强制措施的，人民法院应当立即解除。自诉人经两次依法传唤，无正当理由拒不到庭的，或者未经法庭准许中途退庭的，人民法院应当决定按自诉人撤诉处理。自诉人是二人以上的，其中部分人撤诉的，不影响案件的继续审理。

第四，自诉案件的审理期限不同于普通公诉案件第一审的审理期限。依据《刑事诉讼法》第212条第2款的规定，人民法院审理自诉案件的期限，被告人被羁押的，适用《刑事诉讼法》第208条第1款、第2款的规定，即与普通公诉案件第一审的审理期限相同；未被羁押的，人民法院应当在受理后6个月以内宣判。

第五，告诉才处理和被害人有证据证明的轻微刑事案件的被告人或者其法定代理人在诉讼过程中，可以对自诉人提起反诉。

---

① 参见本章第三节。

所谓反诉，是相对于自诉而言的，是指在自诉过程中，自诉案件的被告人作为被害人控诉自诉人犯有与本案有联系的犯罪行为，向人民法院提出请求，要求追究其刑事责任的诉讼行为。在有反诉发生的自诉案件中，诉讼双方当事人都同时具有双重身份，即既是自诉人又是被告人，形成互诉。

反诉必须符合下列条件：（1）反诉的对象必须是本案自诉人；（2）反诉的内容必须是与本案有关的行为；（3）反诉的案件属于《刑事诉讼法》第210条第1、2项规定的范围；（4）反诉应在诉讼过程中即最迟在自诉案件宣告判决以前提出。

反诉案件适用自诉的规定，即在反诉的审理和处理程序上，适用自诉的所有规定。反诉人的诉讼地位、诉讼权利、诉讼义务等与自诉人完全相同。反诉案件应当与自诉案件一并审理。由于反诉又是一个相对独立的诉，自诉人撤诉的，不影响反诉案件的继续审理。如果对双方当事人都必须判处刑罚，应根据各自应负的罪责分别判处，不能互相抵消刑罚。

第三节 简易程序

一、简易程序的概念和意义

简易程序，是指基层人民法院审理某些事实清楚、被告人承认自己所犯罪行并对起诉书指控的犯罪事实没有异议的刑事案件时，所适用的比普通程序相对简化的审判程序。

简易程序的设置在当今世界各国十分普遍，而且适用范围有不断扩大的趋势。近年来，我国刑事案件发案率呈上升趋势。为合理分配有限的司法资源，提高审判效率，我国1996年修正《刑事诉讼法》时增设了简易程序，符合司法实践的客观需要。2012年《刑事诉讼法》再次修正，进一步扩大了简易程序的适用范围，将简易程序审判的案件范围修改为"基层人民法院管辖的认罪案件"。

二、简易程序的特点

第一，只适用于第一审程序。简易程序不适用于第二审程序、死刑复核程序和审判监督程序。相比之下，第二审程序、死刑复核程序和审判监督程序审理的刑事案件相对复杂、重大。

第二，只适用于基层人民法院。按照《刑事诉讼法》的规定，基层人民法院管辖案情简单、影响较小、处罚较轻的刑事案件。只有这些案件才具有适用简易程序审判的条件。刑事诉讼法将性质严重、影响较大的案件划归中级人民法院、高级人民法院和最高人民法院管辖，因此相对重大、复杂、疑难的刑事案件，不适用简易程序。

第三，简易程序的具体内容是对第一审普通程序的相对简化。比如简化审判组织、简化审判程序等。这些简化都由《刑事诉讼法》明文规定，并不是由人民法院、人民检察院或者当事人任意决定的。

第四，审理期限短。适用简易程序审理案件，人民法院应当在受理后20日以内审结；对可能判处的有期徒刑超过3年的，可以延长至一个半月。

三、简易程序的适用范围

《刑事诉讼法》第214条规定，基层人民法院管辖的案件，符合下列条件的，可以适用简易程序审判：

第一，案件事实清楚、证据充分的。无论公诉案件还是自诉案件，适用简易程序时，都必须具备"事实清楚、证据充分"这一条件。如果案件属于事实不清、证据不充分的，不应当适用简易程序。

第二，被告人承认自己所犯罪行，对指控的犯罪事实没有异议的。2012年《刑事诉讼法》修改了简易程序的适用范围，主要将简易程序审判的案件范围修改为基层人民法院管辖的"认罪"案件，即可能判处无期徒刑以下刑罚、被告人承认自己所犯罪行的案件。因此，适用简易程序必须满足被告人承认自己所犯罪行，对起诉书指控的犯罪事实没有异议的要求。

第三，被告人对适用简易程序没有异议的。普通程序是第一审程序的基本设计，是基于保障人权和惩治犯罪的双重目的而构造的基本程序。依据程序法定原则，刑事诉讼只能依据既定的法律程序进行。但考虑到诉讼效率等要求，《刑事诉讼法》又对普通程序进行简化而构造了简易程序。简易程序虽然有利于提高诉讼效率，但由于简化了相关诉讼程序，可能侵犯被告人的部分诉讼权利。因此，适用简易程序必须取得被告人的同意，即要求被告人对适用简易程序没有异议。

此外，根据《刑事诉讼法》第215条和最高人民法院《解释》第290条的规定，具有下列情形之一的，不适用简易程序：（1）被告人是盲、聋、哑人的；（2）被告人是尚未完全丧失辨认或者控制自己行为能力的精神病人的；（3）有重大社会影响的；（4）共同犯罪案件中部分被告人不认罪或者对适用简易程序有异议的；(5) 辩护人作无罪辩护的；(6) 被告人认罪但经审查认为可能不构成犯罪的；(7) 不宜适用简易程序审理的其他情形。

四、简易程序在审判中的特点

简易程序作为第一审普通程序的简化程序，在审判中具有以下特点：

1. 审判组织形式的简化

根据《刑事诉讼法》第216条第1款规定，适用简易程序审理案件，对可能判处3年有期徒刑以下刑罚的，可以组成合议庭进行审判，也可以由审判员一人独任审判；对可能判处的有期徒刑超过3年的，应当组成合议庭进行审判。

2. 公诉案件中人民检察院应当派员出庭

根据《刑事诉讼法》第216条第2款规定，适用简易程序审理公诉案件，人民检察院应当派员出席法庭。该条修改了原《刑事诉讼法》中人民检察院可以不派员出庭的规定，要求人民检察院必须派员出庭支持公诉。

3. 简化法庭调查和法庭辩论程序

根据《刑事诉讼法》第219条规定，适用简易程序审理案件，不受公诉案件第一审程序关于送达期限，讯问被告人，询问证人、鉴定人，出示证据，法庭辩论程序规定的限制，但在判决宣告前应当听取被告人的最后陈述意见。

4. 简易程序在必要时得变更为普通程序

根据《刑事诉讼法》第221条规定，人民法院在审理过程中，发现不宜适用简易程序的，应当按照刑事诉讼法其他有关规定重新审理。也就是说，简易程序在必要时得变更为普通程序，这是简易程序向普通程序的转换问题。应当指出，适用简易程序审理的案件，在审理过程中如果发现不宜适用简易程序的情形，可以由简易程序转换为普通程序。但是，一经确定为适用普通程序审理，不得转换为适用简易程序，因为第一审普通程序是法律设置的相对完善的正当程序，具有排他性。

依据有关规定，适用简易程序审理案件，在法庭审理过程中，有下列情形之一的，应当转为普通程序审理：(1) 被告人的行为可能不构成犯罪的；(2) 被告人可能不负刑事责任的；(3) 被告人当庭对起诉指控的犯罪事实予以否认的；(4) 案件事实不清、证据不足的；(5) 不应当或者不宜适用简易程序的其他情形。适用简易程序独任审判过程中，发现对被告人可能判处的有期徒刑超过3年的，应当转由合议庭审理。

转为普通程序审理的案件，审理期限应当从决定转为普通程序之日起计算。

五、简易程序的决定适用和审判程序

（一）简易程序的决定适用程序

基层人民法院受理公诉案件后，经审查认为案件事实清楚、证据充分的，在将起诉书副本送达被告人时，应当询问被告人对指控的犯罪事实的意见，告知其适用简易程序的法律规定。对于被告人对指控的犯罪事实没有异议并同意适用简易程序的，可以决定适用简易程序，并在开庭前通知人民检察院和辩护人。

对人民检察院建议适用简易程序审理的案件，依照上述规定处理；不符合简易程序适用条件的，应当通知人民检察院。

适用简易程序审理的案件，符合《刑事诉讼法》第35条第1款规定的，人民法院应当告知被告人及其近亲属可以申请法律援助。

适用简易程序审理案件，人民法院应当在开庭3日前，将开庭的时间、地点通知人民检察院、自诉人、被告人、辩护人，也可以通知其他诉讼参与人。通知可以采用简便方式，但应当记录在案。

（二）简易程序的审判程序

1. 公诉案件的审判程序

审判人员宣布开庭，传被告人到庭后，应当查明被告人的基本情况，然后依次宣布案由，审判员、书记员、公诉人、被害人、辩护人、诉讼代理人、鉴定人和翻译人员的名单，并告知各项诉讼权利。审判长或者独任审判员应当当庭询问被告人对指控的犯罪事实的意见，告知被告人适用简易程序审理的法律规定，确认被告人是否同意适用简易程序。

适用简易程序审理的公诉案件，可以对庭审作如下简化：（1）公诉人可以摘要宣读起诉书。（2）公诉人、辩护人、审判人员对被告人的讯问、发问可以简化或者省略。（3）对控辩双方无异议的证据，可以仅就证据的名称及所证明的事项作出说明；对控辩双方有异议，或者法庭认为有必要调查核实的证据，应当出示，并进行质证。（4）控辩双方对与定罪量刑有关的事实、证据没有异议的，法庭审理可以直接围绕罪名确定和量刑问题进行。

适用简易程序审理的公诉案件，经审判人员许可，被告人及其辩护人可以同公诉人、被害人及其诉讼代理人互相辩论。在判决宣告前应当听取被告人的最后陈述意见。

适用简易程序审理的公诉案件，一般应当当庭宣判，并在5日内将判决书送达被告人和提起公诉的人民检察院。

2. 自诉案件的审判程序

自诉人宣读起诉书后，被告人可以就起诉书指控的犯罪事实进行陈述，并自行辩护。自诉人应当出示主要证据。被告人有证据出示的，审判员应当准许。经审判员准许，被告人及其辩护人可以同自诉人及其诉讼代理人进行辩论。适用简易程序审理自诉案件，将普通程序中的许多程序予以简化，但被告人最后陈述这一程序未予简化。被告人可以就起诉书所指控的犯罪事实、性质和情节，所适用的法律以及对法庭的请求等进行陈述。被告人作最后陈述后，人民法院一般应当当庭宣判。

第四节 速裁程序

一、速裁程序的概念和意义

速裁程序，是指基层人民法院审理可能判处 3 年有期徒刑以下刑罚，事实清楚，证据确实、充分，被告人认罪认罚且民事赔偿问题已经解决的案件，在被告人同意的前提下，所适用的比简易程序更为简化的审判程序。

速裁程序是对简易程序的简化，有利于进一步合理配置司法资源，提高审判效率。速裁程序为 2018 年《刑事诉讼法》修正时增设的程序，使得我国刑事第一审程序形成了普通程序、简易程序与速裁程序多元化、繁简分流的模式。

二、速裁程序的特点

我国刑事诉讼中的速裁程序有以下特点：

第一，只适用于第一审程序。与简易程序相同，速裁程序只适用于第一审程序，不适用于第二审程序、死刑复核程序和审判监督程序。

第二，只适用于基层人民法院。速裁程序仅适用于判处 3 年有期徒刑以下刑罚的案件，这类案件皆由基层人民法院管辖。

第三，速裁程序的具体内容是对第一审简易程序的进一步简化。比如实行独任审判，一般不进行法庭调查、法庭辩论。

第四，审理期限短。适用速裁程序审理案件，人民法院应当在受理后 10 日以内审结；对可能判处的有期徒刑超过 1 年的，可以延长至 15 日。

三、速裁程序的适用范围与条件

对于速裁程序的适用范围与条件，可以从以下三个方面把握：

第一，基层人民法院管辖的可能判处3年有期徒刑以下刑罚的案件。首先，管辖的法院限于基层人民法院。其次，可能判处的刑罚限于3年有期徒刑以下刑罚。这里的"可能判处"，是指根据被告人被指控犯罪的事实、性质、情节和危害程度，根据《刑法》有关规定的具体量刑幅度确定的刑罚。

第二，案件事实清楚，证据确实、充分。人民法院在决定适用速裁程序前，应当对案件的证据进行实质审查，确认案件事实明确，证据确实、充分。

第三，被告人认罪认罚并同意适用速裁程序。人民法院应当告知被告人认罪认罚的法律规定，审查认罪认罚的自愿性，确保被告人理解法律规定的含义，自愿适用速裁程序。

对于犯罪嫌疑人在审查起诉程序中已经认罪认罚，人民检察院认为符合适用速裁程序条件的案件，人民检察院在提起公诉的时候，可以建议人民法院适用速裁程序。对于最终是否适用速裁程序审理，由人民法院作出决定。

根据《刑事诉讼法》第223条的规定，有下列情形之一的，不适用速裁程序：(1)被告人是盲、聋、哑人，或者是尚未完全丧失辨认或者控制自己行为能力的精神病人的；(2)被告人是未成年人的；(3)案件有重大社会影响的；(4)共同犯罪案件中部分被告人对指控的犯罪事实、罪名、量刑建议或者适用速裁程序有异议的；(5)被告人与被害人或者其法定代理人没有就附带民事诉讼赔偿等事项达成调解或者和解协议的；(6)其他不宜适用速裁程序审理的。

四、速裁程序的审理与转处

适用速裁程序审理案件，由审判员一人独任审判。适用速裁程序审理案件，不受公诉案件一审程序关于送达期限规定的限制，一般不进行法庭调查、法庭辩论，但在判决宣告前应当听取辩护人的意见和被告人的最后陈述意见。适用速裁程序审理案件，应当当庭宣判。

人民法院在审理过程中，发现有被告人的行为不构成犯罪或者不应当追究其刑事责任、被告人违背意愿认罪认罚、被告人否认指控的犯罪事实或者其他不宜适用速裁程序审理的情形的，应当按照公诉案件普通程序或者简易程序审理的规定重新审理。

第五节　判决、裁定和决定

判决、裁定和决定，是人民法院在审理案件过程中或者审理结束后，根据事实和法律，解决案件实体问题和诉讼程序问题，对当事人及其他诉讼参与人所作的具有拘束力的处理决定。

一、判决

（一）判决的概念和特点

判决是法院就案件的实体问题所作的决定。我国刑事案件的判决，是人民法院经过法庭审理，根据已经查明的事实、证据和有关的法律规定，就被告人是否犯罪、犯了什么罪、应否处以刑罚和处以什么刑罚的问题所作的一种结论。从程序上说，它标志着案件审理的结束；从内容上说，它解决的是案件的实体事项，是实体裁判。

判决是人民法院行使国家审判权和执行国家法律的具体结果。判决一经发生法律效力，就具有强制性。拒不执行已经发生法律效力的判决，就要受到法律的追究。判决除人民法院外，任何机关、团体或者个人都无权加以变更或者撤销。即使是判决有错误，也只有法院经过法定程序才能变更或者撤销。因此，判决具有极高的权威性、严肃性和稳定性。

（二）判决书的制作要求和内容

判决必须制作判决书。判决书是判决的书面表现形式，是重要的法律文书。其制作是一项严肃且慎重的活动，必须严格按照规定的格式和要求制作。总的要求是：格式规范；事实叙述清楚、具体，层次清楚，重点突出；说理透彻，论证充分；结论明确，法律条文引用正确无误；逻辑结构严谨，无前后矛盾之处；行文通俗易懂，繁简得当，标点符号正确。根据《刑事诉讼法》第53条的规定，审判人员制作判决书时，必须忠实于事实真象。故意隐瞒事实真象的，应当追究责任。

具体而言，根据最高人民法院审判委员会通过的《法院刑事诉讼文书样式（样本）》的规定，判决书的制作要求和内容有以下几方面：

1. 首部

首部包括人民法院名称、判决书类别、案号；公诉机关和公诉人、当事人、辩护人、诉讼代理人的基本情况；案由和案件来源；开庭审理、审判组织的情况等。

2. 事实部分

事实是判决的基础，是判决理由和判决结果的根据。这部分包括三个方面的内容：人民检察院指控被告人犯罪的事实和证据；被告人的供述、辩护和辩护人的辩护意见；经法庭审理查明的事实和据以定案的证据。其中，对认定事实的证据必须做到：(1) 依法公开审理的案件，除无须举证的事实外，证明案件事实的证据必须是指经过法庭公开举证、质证的，未经法庭公开举证、质证的不能认证；(2) 要通过对证据的具体分析、认证来证明判决所确认的犯罪事实，防止并杜绝用"以上事实清楚、证据充分，被告人也供认不讳，足以认定"等抽象、笼统的说法或简单地罗列证据的方法来代替对证据的具体分析、认证，法官认证和采证的过程应当在判决书中充分体现出来；(3) 证据的叙写要尽可能明确、具体。此外，叙述证据时，还应当注意保守国家秘密，保护报案人、控告人、举报人、被害人、证人的安全和名誉。

3. 理由部分

理由是判决的灵魂，是将事实和判决结果有机联系在一起的纽带，是判决书具有说服力的基础。其核心内容是针对具体案件的特点，运用法律规定、犯罪构成和刑事诉讼理论，阐明控方的指控是否成立，被告人的行为是否构成犯罪，犯什么罪，情节轻重与否，依法应当如何处理。书写判决理由时应注意：(1) 理由的论述要结合具体案情有针对性和个性，说理力求透彻，使理由具有较强的思想性和说服力。切忌说空话、套话。(2) 罪名确定准确。一人犯数罪的，一般先定重罪，后定轻罪，共同犯罪案件应在分清各被告人在共同犯罪中的地位、作用和刑事责任的前提下，依次确定首要分子、主犯、从犯或者胁从犯、教唆犯的罪名。(3) 被告人具有从轻、减轻、免除处罚或从重处罚情节的，应当分别或者综合予以认定。(4) 对控辩双方适用法律方面的意见应当有分析地表明是否予以采纳，并阐明理由。(5) 法律条文（包括司法解释）的引用要完整、准确、具体。此外，《关于规范量刑程序若干问题的意见（试行）》第16条规定，人民法院的刑事裁判文书中应当说明量刑理由。量刑理由主要包括：(1) 已经查明的量刑事实及其对量刑的作用。(2) 是否采纳公诉人、当事人和辩护人、诉讼代理人发表的量刑建议、意见的理由。(3) 人民法院量刑的理由和法律依据。

4. 结果部分

判决结果是依照有关法律的具体规定，对被告人作出的定性处理的结论。书写时应当字斟句酌、认真推敲，力求文字精练、表达清楚、准确无误。其中有罪判决应写明判处的罪名、刑种、刑期或者免除刑罚，数罪并罚的应分别写明各罪判处的刑罚和决定执行的刑罚；被告人已被羁押的，应写明刑期折抵情况和实际执行刑期的起止时间；缓刑的应写明缓刑考验期限；附带民事诉讼案件，应写明附带民事诉讼的处理情况；有赃款赃物的，应写明处理情况。无罪判决要写明认定被告人无罪以及所根据的事实和法律依据；对证据不足、不能认定被告人有罪的应写明证据不足、指控的犯罪不能成立，并宣告无罪。

5. 尾部

这部分写明被告人享有上诉权利、上诉期限、上诉法院、上诉方式和途径；合议庭组成人员或独任审判员和书记员姓名；判决书制作、宣判日期；最后要加盖人民法院印章。

二、裁定

裁定是人民法院在审理案件或者判决执行过程中对有关诉讼程序和部分实体问题所作的一种处理。人民法院用裁定处理的刑事程序问题主要有：诉讼期限的延展，中止审理，维持原判或者发回重新审判，驳回起诉，核准死刑等。人民法院用裁定处理的实体问题主要针对执行中的问题，例如减刑、假释等。

裁定和判决的区别是：

第一，判决只解决案件的实体问题，而裁定既解决实体问题，也解决程序问题。适用裁定解决的实体问题，如在执行期间依法减刑、假释等；解决的程序问题，如驳回自诉，撤销原判，发回原审人民法院重新审判以及当事人耽误期限，人民法院对其提出的继续进行应当在期满以前完成的诉讼活动的申请是否准许。

第二，在一个案件中，发生法律效力并被执行的判决只有一个，而发生法律效力的裁定可以有若干个。

第三，判决必须采用书面形式，而裁定既可用书面形式，又可用口头形式。口头裁定作出后，记入笔录即可。

第四，上诉、抗诉期限不同。不服第一审刑事判决的上诉、抗诉期限为10日，而不服第一审裁定的上诉、抗诉期限为5日。

裁定书是裁定的书面形式。其格式、写法和署名，与判决书基本相同，只是内容相对简单。

三、决定

决定是用于解决诉讼程序问题的一种法院裁判形式。例如，对回避申请决定是否同意，对当事人、辩护人提出的通知新的证人到庭、调取新的物证、重新鉴定或者勘验的申请是否同意，等等。

决定可以是口头的，也可以是书面的。口头决定应记录在卷，书面决定应制作决定书。人民法院的决定一经作出，立即生效，不准上诉、抗诉，但有些决定可以申请复议，如对驳回申请回避的决定，当事人及其法定代理人、辩护人、诉讼代理人可以申请复议一次。

决定与判决和裁定的区别如下：

第一，适用对象不同。判决用于解决实体问题；裁定部分用于解决程序问题，部分用于解决实体问题；而决定只用于解决程序问题。

第二，只有人民法院有权作出判决和裁定；决定可以由人民法院、人民检察院、公安机关作出。

第三，效力不同。第一审人民法院所作的判决或者裁定，有关机关和人员依法可以上诉或者抗诉，并不立即发生法律效力；决定无论由哪一级、哪一个公、检、法机关作出，均立即发生法律效力，不得上诉和抗诉。

思考题：

1. 庭前会议应当发挥怎样的功能？
2. 法庭审判程序包括哪几个阶段？
3. 证人出庭作证有什么意义？
4. 延期审理和中止审理有哪些不同？
5. 量刑程序是否应与定罪程序相分离？为什么？
6. 自诉案件第一审程序有哪些特点？
7. 简易程序在审判中有哪些特点？
8. 速裁程序在审判中有哪些特点？
9. 判决、裁定和决定有什么区别？

▶ 自测习题及参考答案

第十五章　第二审程序

鉴于刑事审判涉及对被告人人身权利或者财产权利的限制或者剥夺，关乎被害人合法权益的维护，而审判又难以保证绝对不发生错误，为使第一审法院的裁判错误能够及时获得救济，各国刑事诉讼法都设立了第二审程序。第二审程序不是必经程序，如果被告人、自诉人以及他们的法定代理人和提起公诉的检察机关对第一审程序作出的判决、裁定都没有提出重新审判的要求，则不再发生第二审程序。第二审程序与第一审程序、再审程序具有不同的功能和任务。中共十八届四中全会《决定》指出："完善审级制度，一审重在解决事实认定和法律适用，二审重在解决事实法律争议、实现二审终审，再审重在解决依法纠错、维护裁判权威。"第二审程序是对第一审裁判中事实认定与法律适用的全面审查和纠正，《刑事诉讼法》规定的原则、制度和审判程序在第二审程序中同样必须遵循。同时，第二审程序并非第一审程序的简单重复，有区别于第一审程序的内容和要求。

第一节　审级制度

刑事案件经过第一审法院审理，所作出的裁判可能存在错误，这就需要有第二审程序。但是，纠正裁判错误的程序不能无限制重复延伸。一起案件究竟经过几级法院的审判后便告终结，这就是审级制度问题。

一、审级制度概述

审级制度，是指宪法和法律规定的审判机关的层级及其案件可以经过几级法院审判便告终结的制度。

审级制度包含两个方面的内容：一是由低到高，设定哪几个法院层级，上级法院可以复审下级法院审判过的案件，但下级法院不得复审上级法院审判过的案件；二是一个案件最多可以经过几级法院审判便告终结。

实行什么样的审级制度，取决于一国的国情和价值追求，也与其历史传统有关。各国一般都设有四级法院，审级制度主要有三审终审和两审终审两种形式。其中，实行四级三审制即三审终审制的国家有日本、英国、法国、德国、奥地利等。三审终审制意味着当事人有两次上诉的权利，一个案件最多可以经过三级法院的审判才告终结。无论怎样设置法院级别，也无论规定可以经过几级法院审判才告终结，实行审级制度的目的和意义基本相同。实行审级制度的目的和意义是，保障当事人寻求上一级法院复审的权利，确保审判的合法性、正确性、公正性。科学合理的审级制度，有助于实现各级法院之间合理的司法职权配置，使各级法院的功能发挥最优化；有利于及时有效地纠正一审裁判的错误，保证审判的合法与公正；通过审级制度实现上级法院对下级法院的监督与指导，确保审判权依法、公正行使和法律的统一、正确实施。

完善审级制度是我国司法改革的重要内容之一。为此，十八届四中全会《决定》要求"完善审级制度，一审重在解决事实认定和法律适用，二审重在解决事实法律争议、实现二审终审，再审重在解决依法纠错，维护裁判权威"。

二、两审终审制

我国普通法院由低到高设四级法院，分别是基层人民法院（县、区人民法院），设区的市中级人民法院，省、自治区、直辖市高级人民法院，最高人民法院。在我国，各类案件至多可以经过两级法院审判，对于案件的审判便告终结，第二审法院作出的裁判具有终局性。因此，我国实行的是两审终审制。

两审终审制，就是一个案件至多经过两级法院审判便告终结的审级制度。我国实行两审终审制度，地方各级人民法院按照审判管辖的规定对第一审刑事案件作出判决或裁定后，依法享有上诉权的当事人及其法定代理人如果不服裁判，可以在法律规定的期限内提出上诉，而提起公诉的同级人民检察院不服判决或裁定的，也可以向上级人民法院提出抗诉。第二审人民法院根据上诉或抗诉进行审理后作出的判决或裁定是终审的判决或裁定，裁判一经作出，立即发生法律效力，当事人和检察机关都无权要求更高级别的法院再进行复审。

我国实行两审终审制，而不实行三审终审制，符合我国的国情实际，兼顾了公正与效率的统一和人民法院之间职能的优化配置。

首先，我国两审终审制比较符合我国国情。我国地域辽阔，许多地方交通不便，国家用于司法的人力、物力、财力都还比较有限，人们的物质生活水平还不高，经济负担能力不强。如果审级过多，不仅增加当事人和其他诉讼参与人参与诉讼活动的负担，而且诉讼周期会更长，不利于及时惩罚犯罪，维护被害人合法权益，维护社会秩序。同时，也会大大增加国家司法成本。

其次，两审终审制能够最大限度地兼顾公正与效率的统一。虽然只是两审终审，但刑事诉讼法在各级法院之间案件管辖上作了科学的分工，将较为重大、复杂的案件交由中级以上人民法院作为第一审法院进行审判，因而第一审案件的审判质量就更有保证。同时，法律规定对上诉或抗诉引起的第二审程序实行全面审理的原则，不受上诉或抗诉请求和理由的限制，从而能够有效地保证第二审程序纠错功能的充分发挥。此外，对于少数发生法律效力而可能存在误判情形的，仍可以通过审判监督程序纠正裁判错误。我国的审判监督程序较之有些国家的第三审程序，更具有合理性。既为纠正裁判错误提供了充分的可能，又防止了案件不受限制地进入复审程序。综合地看，我国两审终审制能够保证刑事审判的公正性，又兼顾了刑事诉讼效率的需要。

最后，两审终审制有利于高级人民法院和最高人民法院集中更多的精力加强对下级人民法院的监督指导工作。在我国，高级人民法院除了承担上诉、抗诉案件的审判之外，还对下级人民法院担负着业务上的监督指导工作。最高人民法院除了承担第二审案件和依审判监督程序提起的再审案件的审判、死刑裁判复核工作，还对地方人民法院和专门法院进行监督指导。如果审级过多，将加重高级人民法院和最高人民法院直接处理审判业务的负担，从而影响其对下级人民法院的监督指导，反而不利于从整体上保证和提高审判工作的质量。

两审终审制，表明一个案件最多经过两级法院的审理便告终结，第二审法院作出的裁判为终审裁判，裁判一经宣告，立即发生法律效力。但并非所有案件都必须经过两级法院审判才告终结。如果当事人和公诉机关对第一审人民法院作出的判决、裁定没有提出上诉或者抗诉，那么，上诉期或者抗诉期届满，第一审判决、裁定就发生法律效力，不会再发生第二审程序。

第二节　第二审程序的概念与功能

一、第二审程序的概念和特点

刑事第二审程序因其主要由被告人、自诉人和他们的法定代理人提出上诉而发生，所以理论上又称为上诉审程序。所谓第二审程序，是指作出刑事判决或裁定的第一审人民法院的上一级人民法院，对上诉人或人民检察院不服第一审人民法院尚未发生法律效力的判决、裁定而提出上诉或抗诉的案件，依法再次进行审判的诉讼程序。第二审程序以第一审程序为基础，又是独立的审判程序，并不是第一审程序的继续或者延伸。第二审程序的任务，是对第一审程序所作出的裁判就认定事实、适用法律及其程序适用等问题进行审查，重点解决控辩双方在认定事实和适用法律方面的争议，纠正第一审程序中的实体性错误或程序性错误。

第二审程序与第一审程序和审判监督程序相比，有如下特点：

第一，刑事诉讼中的第二审程序由享有上诉权的当事人及其法定代理人以行使上诉权的方式启动，或者由人民检察院依法向上级人民法院提出抗诉启动。其他任何机关或个人都不能发动第二审程序，上级法院即使发现下级法院的裁判确有错误，也不能在没有上诉或抗诉的情况下主动开启第二审程序。

第二，第二审程序中的审判法院只能是作出裁判的第一审法院的上一级法院，其他任何法院，包括第一审法院的同级法院和上二级法院都不能成为第二审程序中的审判法院。

第三，第二审程序的审判对象是第一审法院已经作出判决或者裁定，但裁判又尚未发生法律效力的案件。第一审法院尚未作出判决或裁定的，不可能发生第二审程序；第一审法院的判决、裁定已经发生法律效力的，也无法再进入第二审程序。第一审法院发生法律效力的判决或裁定如果确有错误，只能通过审判监督程序予以纠正。

第四，第二审程序是终审程序，所作出的裁判是终审的裁判。裁判一经作出，立即发生法律效力。

第五，第二审程序是选择性发生的程序。尽管任何一种审级制度下都有第二审程序，但第二审程序不是第一审程序的自然延续，也不是每个案件的必经程序。第二审程序是否发生，取决于享有上诉权的当事人及其法定代理人是否提出了上诉，或者有权提出抗诉的检察机关是否提出了抗诉。如果控辩双方均未选择让上级法院重审案件，就不再发生第二审程序。

二、第二审程序的功能

第二审程序在保证刑事审判的公正性方面发挥着重要的功能。

1. 救济第一审裁判错误的功能

由于第一审法院作出的裁判存在错误的可能性无法完全避免，为使第一审法院的裁判及时得到检验，使裁判错误得到及时纠正，法律设立了第二审程序，以期通过第二审程序及时发现并纠正第一审法院的裁判错误。因此，救济裁判错误是第二审程序最基本、最主要的功能。

2. 监督第一审审判活动的功能

第二审程序对第一审程序认定事实和适用法律的活动实行全面审查，不仅审查实体问题，而且审查程序问题，且不受上诉人数、上诉或者抗诉范围的限制。第二审程序承担着对第一审审判活动检验、检查和纠错的任务，而这种检验、检查和纠错活动对于第一审审判活动客观上具有监督的功能。通过这种监督，可以促使第一审程序的审判活动严格依法进行，保证审判的质量。

3. 指导第一审审判活动的功能

第二审程序通过对第一审法院所审案件从实体到程序的全面审查，维持正确的裁判，纠正错误的裁判，并在审判程序上予以示范，客观上具有指导第一审法院依法、公正审判的功能，有利于第一审法院不断提高审判工作的质量水平。

4. 满足当事人程序性需求的功能

当事人对公正审判的司法需求不仅包括案件实体处理的公正性，也包括审判程序的公正性。审判程序公正性的要求之一，就是让不服第一审法院裁判的当事人有权要求上级法院对该裁判进行复审。有获得救济的途径和机会，让其通过第二审程序表达对第一审裁判的不满并提出重新审判的请求。这样，即使第二审程序仍不能满足其实体性司法需求，也能够在一定程度上满足当事人的程序性需求，吸纳当事人对司法的不满情绪，从而增强裁判的可接受性。

5. 最终解决争议的功能

根据十八届四中全会《决定》的要求，第二审程序的主要功能在于解决事实法律争议，实现二审终审。不服裁判，就是对第一审裁判的事实认定或法律适用存在争议。因而，第二审程序的主要功能就是使这些争议得到最终解决，并终结对案件的审判。

第三节 第二审程序的提起

第二审程序不能自动发生，需享有上诉权的诉讼参与人或者检察机关针对第一审法院尚未发生法律效力的判决、裁定提出上诉或者抗诉，才能引起第二审程序。

一、上诉

上诉是被告人、自诉人和他们的法定代理人，不服第一审人民法院作出的判决或裁定，在法定期限内提请上一级人民法院对案件重新审判的诉讼活动。对于被告人而言，上诉权是极为重要的诉讼权利，因此，《刑事诉讼法》明确规定，对被告人的上诉权，不得以任何借口加以剥夺。

(一)提出上诉的主体

有权提出上诉的主体不限于当事人,同时也不是所有当事人都享有上诉的权利。有权提出上诉的主体包括:

1. 当事人

包括被告人、自诉人、附带民事诉讼原告人、附带民事诉讼被告人。公诉案件的被告人和自诉案件的自诉人、被告人对于第一审法院的判决、裁定不服,有权提出上诉。公诉案件的被害人虽然也是当事人,但不享有上诉的权利。法律没有赋予被害人上诉的权利,主要是因为考虑了司法资源的有限性和保证诉讼效率的需要。不过,法律同时也为被害人提供了救济途径。根据《刑事诉讼法》第229条的规定,被害人及其法定代理人不服地方各级人民法院第一审判决的,自收到判决书后5日以内,有权请求提起公诉的人民检察院提出抗诉。人民检察院自收到被害人及其法定代理人的请求后5日以内,应当作出是否抗诉的决定并且答复请求人。被害人及其法定代理人请求检察机关提出抗诉的仅限于不服第一审判决,不得因不服第一审裁定请求提出抗诉。

附带民事诉讼原告人、附带民事诉讼被告人是附带民事诉讼的当事人,他们有权对刑事附带民事判决、裁定中的附带民事诉讼部分提出上诉,但无权就刑事诉讼部分对判决、裁定提出上诉,也无权请求公诉机关对判决、裁定提出抗诉。

2. 当事人的法定代理人

如果被告人,自诉人,附带民事诉讼原告人、被告人是未成年人或者其他不具有诉讼行为能力的人,那么他们的法定代理人可以在刑事诉讼和附带民事诉讼中作为诉讼参与人参加诉讼。为了有效地维护未成年当事人或其他不具有诉讼行为能力当事人的合法权益,法律不仅允许他们的法定代理人参加第一审诉讼,而且允许他们为被代理人的合法权益提出上诉。凡是对地方各级人民法院的第一审判决、裁定享有上诉权的当事人的法定代理人,如果不服第一审判决、裁定,有权独立提出上诉,不受被代理人意志的约束。

3. 被告人的辩护人和近亲属

刑事被告人可能由于对第一审法院的判决、裁定是否合法、公正缺乏判断力,或者由于对提出上诉有所顾忌,不知道或不敢提出上诉。为了维护被告人的合法权益,刑事诉讼法允许被告人的辩护人和近亲属代为提出上诉。但由于案件的处理结果与被告人有着切身的利害关系,且被告人在法律上是具有诉讼行为能力的人,对于是否上诉,被告人本人具有最终的决定权,辩护人和被告人的近亲属不享有独立的上诉权。如果提出上诉,则依法必须事先经过被告人的同意,并以被告人作为上诉人。被告人不同意上诉的，被告人的辩护人和近亲属便不能提出上诉。被告人的辩护人和近亲属只能对刑事部分的裁判代为提出上诉，不能对附带民事诉讼部分的裁判提出上诉，附带民事诉讼部分的上诉权只能由被告人本人或他们的法定代理人行使。需要注意的是，在适用缺席审判特别程序的情况下，依据《刑事诉讼法》第294条的规定，被告人的近亲属不服一审判决的，有权提出上诉，而无须经过被告人的同意。辩护人经过被告人或其近亲属的同意，可以提出上诉，而不是必须经过被告人同意才能提出上诉。

（二）提出上诉的期限

上诉应在法定的期限内提出，在法定期限内未提出上诉的，第一审判决、裁定发生法律效力。其中不服第一审判决的，上诉期限为当事人和他们的法定代理人接到判决书的第二日起10日内；不服第一审裁定的，上诉期为当事人和他们的法定代理人接到裁定书的第二日起的5日内。无论附带民事诉讼部分与刑事案件一并判决还是另行判决，针对附带民事诉讼部分判决、裁定提出上诉的期限与不服刑事判决、裁定的上诉期限相同。

（三）提出上诉的方式和途径

着眼于保障和便利上诉人行使上诉权，刑事诉讼法规定了较为便捷、灵活的上诉方式和途径。作为一般原则，上诉人提出上诉应提交上诉状，但上诉人因书写诉状有困难而以口头形式提出上诉的，同样具有法律效力。向上一级人民法院提出上诉，既可以通过原第一审法院提出，也可以直接向上一级人民法院提出。

（四）上诉的撤回

对第一审判决、裁定是否提出上诉，由享有上诉权的人自主决定。因此，上诉人提出上诉后有权撤回上诉，人民法院根据具体情况作出准许或不准许撤回上诉的裁定。上诉期内上诉人要求撤回上诉的，人民法院应当准许。撤回上诉后上诉期仍未届满的，享有提出上诉权利的人仍可重新提出上诉。是否上诉，以上诉期内上诉权利人最后一次表达的意思为准。上诉人在上诉期满后要求撤回上诉的，第二审人民法院应当审查。经审查，认为原判认定事实和适用法律正确，量刑适当的，应当裁定准许撤回上诉；认为原判事实不清、证据不足或者将无罪误判有罪、轻罪重判的，应当不予准许，继续按照上诉案件审理。被判决死刑立即执行的被告人提出上诉，在第二审开庭后裁判宣告前申请撤回上诉的，应当不予准许，继续按照上诉案件审理。

二、抗诉

抗诉也是引起第二审程序的原因之一。与上诉人行使上诉权不同，地方各级人民检察院对本级人民法院第一审的判决、裁定提出抗诉，具有法律监督的性质。人民检察院是宪法规定的国家法律监督机关，在刑事诉讼中同时行使审判监督权，负有监督审判活动依法、公正进行的职责。如果认为第一审判决、裁定在认定事实或者适用法律，或者在遵守法定程序方面确有错误，那么，不管是为了被害人利益、社会公共利益，还是为了被告人利益，都应当提出抗诉，行使审判监督权。正由于抗诉权是法律监督权，因而公诉案件被害人请求人民检察院提出抗诉的，人民检察院应当进行审查。认为第一审判决、裁定并无错误时，不得提出抗诉。

（一）提出抗诉的主体

《刑事诉讼法》规定，地方各级人民检察院认为本级人民法院第一审的判决、裁定确有错误的时候，应当向上一级人民法院提出抗诉。这表明，提出抗诉的主体就是提起公诉的人民检察院。尽管第二审程序中由上一级人民检察院出席审判活动，且上一级人民检察院认为抗诉不当的，有权直接撤回抗诉，但抗诉的主体仍为第一审程序中提起公诉的人民检察院。在抗诉期内，上一级人民检察院发现下级人民检察院应当提出抗诉而没有提出抗诉的案件，可以指令下级人民检察院依法提出抗诉，但自己不能直接提出抗诉。

（二）提出抗诉的期限

遵循控辩平等的理念，《刑事诉讼法》规定的人民检察院针对第一审判决、裁定提出抗诉的期限与上诉人提出上诉的期限相同。即不服判决的抗诉期限为10日，不服裁定的抗诉期限为5日，从接到判决书、裁定书的第二日起算。

（三）提出抗诉的方式和途径

与上诉人提出上诉有所不同，人民检察院提出抗诉的，应当通过原审人民法院提出抗诉书，并将抗诉书抄送上一级人民检察院。原审人民法院应当将抗诉书连同案卷、证据移送上一级人民法院，并且将抗诉书副本送交当事人。

（四）抗诉的理由

法律并不要求上诉人提出上诉时必须说明上诉理由，但人民检察院提出抗诉需要有理由说明原审裁判确有错误。根据最高人民检察院《规则》第584条的规定，具有下列情形之一的，应当提出抗诉：认定事实不清，证据不足的；有确实、充分证据证明有罪而判无罪，或者无罪判有罪的；重罪轻判，轻罪重判，适用刑罚明显不当的；认定罪名不正确，一罪判数罪、数罪判一罪，造成严重社会影响的；免除刑事处罚或者适用缓刑、禁止令、限制减刑错误的；人民法院在审理过程中严重违反法律规定的诉讼程序的。这些规定情形就是提出抗诉的理由，如无上述情形之一，就属于抗诉不当，不得提出抗诉。上一级人民检察院认为下级人民检察院提出的抗诉并无充足理由而属抗诉不当的,应当撤回抗诉。

(五) 抗诉的撤回

提出抗诉的人民检察院在抗诉期届满之前可以撤回抗诉。在抗诉期内,上一级人民检察院对下级人民检察院提出抗诉的案件,认为抗诉不当的,应当撤回抗诉,并通知下级人民检察院。下级人民检察院认为上一级人民检察院撤回抗诉不当的,可以提请复议。上一级人民检察院应当复议,并将复议结果通知下级人民检察院。由于抗诉是人民检察院行使法律监督权的行为,因此,在抗诉期内和抗诉期届满之后,人民检察院都有权撤回抗诉,而人民法院对于人民检察院申请撤回抗诉的,应当准许。

第四节 第二审案件的审判

第二审程序与第一审程序有许多相同之处,例如都必须遵循刑事诉讼法的基本原则和基本制度,但又有其不同特点。刑事诉讼法针对第二审案件的任务和特点,就第二审案件的审判原则、审理方式、直接裁判与发回重审、审理期限等作了特别的规定。

一、第二审案件的审判原则

第二审程序具有不同于第一审程序的任务、功能和特点。因此,第二审人民法院审判上诉或抗诉案件,应当遵循三项原则,即全面审查原则、开庭审理原则、上诉不加刑原则。根据刑事诉讼法的有关规定,这三项原则仅适用于审判不服第一审判决而提出上诉或者抗诉的案件,不适用于审判不服裁定提出上诉或者抗诉的案件。

(一) 全面审查原则

全面审查原则,是指第二审人民法院审理上诉或抗诉案件,应当对原判认定案件事实和适用法律进行全面审查,不受上诉或抗诉范围的限制。《刑事诉讼法》第233条规定:"第二审人民法院应当就第一审判决认定的事实和适用法律进行全面审查,不受上诉或者抗诉范围的限制。共同犯罪的案件只有部分被告人上诉的,应当对全案进行审查,一并处理。"这一规定确立了审判第二案件的全面审查原则。

上诉或者抗诉的主张和理由即使只针对第一审判决中的部分内容,第二审法院对原判的审查也不能局限于上诉或抗诉涉及的内容和问题，而应当对涉及定罪量刑的全部案件事实和法律适用进行全面审查。第二审程序实行全面审查原则，有利于最大限度地发现和纠正第一审判决中存在的错误，防止遗漏，以保证实体公正和程序公正，实现二审终审的功能。

全面审查原则包括如下几个方面的内容：

第一，既要审查原判对案件事实的认定有无错误，又要审查原判法律适用是否存在错误。不管上诉人或抗诉机关提出的上诉范围是否同时涉及案件事实认定与法律适用，第二审人民法院都应当全面审查事实问题和法律适用问题，审查原判决认定事实是否清楚，采信的证据是否确实、充分，适用法律定罪量刑是否正确、适当。

第二，既要审查上诉人或抗诉机关声明不服的部分，也要审查其没有表示异议的部分。上诉或抗诉直接指向的内容是第二审审判的重点，但即使上诉或抗诉没有表示异议的，第二审法院也应当一并审查。

第三，既要审查原判实体方面的内容，又要审查第一审程序方面的内容。根据《刑事诉讼法》第238条的规定，第二审人民法院发现第一审人民法院的审理活动存在严重违反法定程序的情形，应当裁定撤销原判，发回原审法院重审。可见，第二审人民法院除了对原判认定事实和适用法律等实体问题进行审查外，还应对第一审法院的审理活动是否违反法定程序进行审查，而不管上诉人或抗诉机关是否对原审的程序适用提出了异议。对审判前诉讼程序是否合法问题的审查也是第一审人民法院和第二审人民法院应审查的内容，因此，即使上诉人或抗诉机关对侦查程序、审查起诉程序没有提出合法性异议，第二审人民法院也要对这些活动是否存在违反法定程序的情形进行审查。

第四，既要对不服原判提出上诉或被抗诉的被告人的相关案情和法律适用进行审查，也要对没有提出上诉或未被抗诉的共同犯罪案件的被告人的有关案情和法律适用进行审查。第一审法院对共同犯罪案件作出判决后，可能只有部分被告人对原判提出上诉，另外一部分被告人没有提出上诉，或者抗诉机关只针对第一审判决中部分被告人的定罪量刑提出了抗诉。在这种情况下，第二审法院对所有被告人的相关案情和法律适用问题都应当进行审查。

第五，既要从有利于被告人的方面进行审查，也要从不利于被告人的方面进行审查。公诉案件中，如果上诉人提出了上诉，而检察机关从不利于被告人的角度提出了抗诉，或者在自诉案件中，自诉人和被告人都提出了上诉，那么，第二审法院审理这类案件时，应当从有利于和不利于被告人的两个方面进行全面审查。

第六，既要审查附带民事诉讼案件的判决内容，也要审查刑事判决部分的内容。在审判刑事附带民事诉讼案件时，如果仅有附带民事诉讼的当事人及其法定代理人提出上诉，被告人及其法定代理人对刑事判决没有提出上诉，公诉机关也未提出抗诉，第二审人民法院在审查附带民事判决时，对刑事部分也应当进行审查。

全面审查与重点审查是有机的统一。换言之，第二审案件的审判应当贯彻全面审查原则，而审查的重点在上诉或者抗诉涉及的案件事实认定或者适用法律方面存在争议的问题。

（二）开庭审理原则

开庭审理既是一种审理方式，也是第二审程序应当遵循的一项审判原则。开庭审理原则，是指第二审人民法院审判上诉、抗诉案件，应当开庭审理。《刑事诉讼法》第234条规定了应当组成合议庭开庭审理的案件范围，依此规定，大多数第二审案件都属于应当开庭审理的情形，只有上诉人对一审认定的事实、证据没有异议的案件才可以不开庭审理。可见，开庭审理是第二审程序应当遵循的审判原则，不开庭审理只是第二审审判的例外。

开庭审理作为第二审程序的审判原则具有重要的意义：

第一，有利于保障当事人在第二审程序中充分行使陈述、质证、辩论等诉讼权利。

第二，有利于第二审法院更好地查明一审判决是否存在认定事实和适用法律方面的错误，并作出合法、公正的第二审裁判。

第三，有利于《刑事诉讼法》规定的基本原则、制度和程序在第二审程序中继续得到有效的贯彻和遵守，保证第二审程序的公正性。

第四，有利于增强第二审裁判的可接受性，提升第二审程序的司法公信力。

（三）上诉不加刑原则

上诉不加刑，是指对于被告人及其法定代理人或者被告人的辩护人、近亲属提出上诉的案件，第二审人民法院审理后不得以任何理由或任何形式加重被告人的刑罚。上诉不加刑也是当代各国普遍实行的一项原则。我国刑事诉讼法一向坚持第二审人民法院审判被告人一方提出上诉的案件不得加重被告人刑罚的原则。

正确理解上诉不加刑原则需要把握三个要点：

第一，第二审人民法院对于被告人一方提出上诉的案件，经审理后，需要撤销原判并作出改判的，改判后不得加重原判刑罚。

第二，上诉不加刑原则仅适用于被告人或者其法定代理人、辩护人、近亲属单方面提出上诉的案件。人民检察院提出抗诉或者自诉人提出上诉的案件，无论被告人方面是否提出了上诉，都不适用上诉不加刑原则。

第三，第二审人民法院审判仅由被告人或者其法定代理人、辩护人、近亲属一方提出上诉的案件，不得以任何理由或任何形式加重任何被告人的刑罚。

最高人民法院《解释》第325条以列举方式，明确规定了上诉不加刑原则的具体适用：（1）共同犯罪案件，只有部分被告人提出上诉的，既不能加重提出上诉的被告人的刑罚，也不能加重其他同案被告人的刑罚；（2）原判决认定事实清楚，证据确实、充分，只是认定罪名不当的，可以改变罪名，但不得加重刑罚；（3）原判对被告人实行数罪并罚的，不得加重决定执行的刑罚，也不能加重数罪中某罪的刑罚；（4）原判对被告人宣告缓刑的，不得撤销缓刑或者延长缓刑考验期；（5）原判没有宣告禁止令的，不得增加宣告禁止令；原判宣告禁止令的，不得增加内容、延长期限；（6）原判对被告人判处死刑缓期执行并且没有限制减刑的，不得限制减刑；（7）原判认定事实清楚，证据确实、充分，但判处的刑罚畸轻，或者应当适用附加刑而没有适用的，不得直接加重被告人的刑罚或者适用附加刑，也不得以事实不清、证据不足为由发回第一审人民法院重新审判。必须依法改判的，应当在第二审判决、裁定生效后，按照审判监督程序重新审判。

此外，根据《刑事诉讼法》和司法解释的规定，第二审人民法院发回原审人民法院重新审判的案件，除有新的犯罪事实，人民检察院补充起诉的以外，原审人民法院也不得加重被告人的刑罚。共同犯罪案件中，人民检察院针对部分被告人的判决提出抗诉，或者自诉人只对部分被告人的判决提出上诉，第二审人民法院不得对其他同案被告人加重刑罚。

上诉不加刑原则具有重要的意义：

首先，有利于保障被告人的上诉权。上诉权是被告人辩护权的重要内容，上诉是其依法维护自己合法权益的重要途径。上诉不加刑原则可以使被告人消除顾虑，积极行使上诉的权利，维护自身的合法权益。

其次，有利于及时救济错误判决，保证审判公正。实行上诉不加刑原则，被告人认为原判存在错误时就会大胆提出上诉，寻求第二审法院予以救济，从而为上一级法院及时发现和纠正错误判决，保证审判的公正性提供了重要条件。

再次，有利于增强第一审法院的责任心，提高第一审案件的审判质量。上诉不加刑原则增加了通过第二审程序发现第一审审判中实体错误或程序错误的概率，因此，第一审法院为使自己的判决经得起第二审程序的审查检验，必须增强责任心，确保第一审案件的审判质量。

最后，有利于促使人民检察院积极履行监督职能。在仅有被告人方面提出上诉的情况下，上诉不加刑原则的贯彻，使得第二审人民法院无法直接纠正原判重罪轻判的错误，检察机关在第二审程序中对于这样一种判决错误也无能为力。为保证审判的合法与公正，实现打击犯罪与保障人权的统一，检察机关就必须积极履行审判监督职能，对于重罪轻判的判决错误及时提出抗诉。

二、第二审案件的审理方式

第二审人民法院对于上诉、抗诉案件采取何种方式进行审理，直接影响第二审程序公正与效率的实现。依据《刑事诉讼法》第234条的规定，第二审人民法院审理案件的方式有两种：一是开庭审理，这是对于抗诉案件和大多数上诉案件采取的审理方式；二是不开庭审理，即通过讯问加调查，对于事实清楚、证据充分的案件可以不开庭审理。

（一）开庭审理

开庭审理是第二审程序的审判原则之一，也是第二审案件基本的审理方式。依据《刑事诉讼法》的规定，下列情形的第二审案件应当组成合议庭，开庭审理：（1）被告人、自诉人及其法定代理人对第一审认定的事实、证据提出异议，可能影响定罪量刑的上诉案件；（2）被告人被判处死刑的上诉案件；（3）人民检察院提出抗诉的案件；（4）其他应当开庭审理的案件。

开庭审理的案件仍应当贯彻审判公开的原则，除了依法不应当公开审理的案件，都应当公开审理。开庭审理可以在第二审法院所在地进行，也可以到案件发生地或者原审人民法院所在地进行。

开庭审理第二审案件，庭审程序与第一审开庭审理大致相同，即参照适用第一审程序的有关规定，第二审人民法院的同级人民检察院应当派员出席庭审，庭审经过开庭、法庭调查、法庭辩论、被告人最后陈述、宣判等阶段。但第二审案件的庭审程序毕竟不是第一审程序的简单重复，因而庭审程序也有不同于第一审案件庭审程序的地方。在法庭调查阶段，审判人员宣读第一审判决书、裁定书后，上诉案件由上诉人或者辩护人先宣读上诉状或者上诉理由，抗诉案件由检察员先宣读抗诉书；既有上诉又有抗诉的案件，先由检察员宣读抗诉书，再由上诉人或者辩护人宣读上诉状或者陈述上诉理由。法庭辩论阶段，上诉案件，先由上诉人、辩护人发言，后由检察员、诉讼代理人发言；抗诉案件，先由检察员、诉讼代理人发言，后由上诉人、辩护人发言。

审理第二审案件,一般重点围绕对第一审判决、裁定有争议的问题或者有疑问的部分进行。法庭调查应当重点围绕对第一审判决提出异议的事实、证据以及提交的新的证据等进行,对没有异议的事实、证据和情节,可以直接确认;对于同案审理案件中未上诉的被告人,未被申请出庭或者人民法院认为没有必要到庭的,可以不再传唤到庭。被告人犯有数罪的案件,对其中事实清楚且无异议的犯罪,可以不在庭审时审理。

(二) 不开庭审理

并非所有第二审案件都必须开庭审理,为了避免司法资源浪费,提高诉讼效率,对有些没有必要开庭审理的案件,可以不开庭审理。采取开庭还是不开庭方式审理,不得自由选择。开庭审理是原则,不开庭审理是例外。不开庭审理只适用于上诉的案件,而不适用于被提起抗诉的案件和其他依法应当开庭审理的案件。

不开庭审理通常适用于上诉人仅针对适用法律问题提出异议的案件。经第二审人民法院审查,认为原判事实不清,证据不足,或者具有《刑事诉讼法》第238条规定的违反法定诉讼程序的情形,需要发回重新审判的,也可以不开庭审理。不开庭审理仍然必须组成合议庭而不能由承办人独自审判。不开庭审理不等于书面审理,合议庭除了审查全部诉讼资料外,还必须进行讯问、调查等活动。合议庭进行阅卷,对被告人讯问,听取其他当事人、辩护人、诉讼代理人的意见,是不开庭审理方式中的必经程序。

三、第二审案件的直接裁判与发回重审

第二审人民法院经过开庭或不开庭审理,对于不服判决的上诉或抗诉的案件必须依法作出判决或裁定。依据《刑事诉讼法》第236条的规定,第二审人民法院应当分别情况直接裁判或者发回重审。

(一) 直接裁判

直接裁判包括如下两种情形:

1. 裁定驳回上诉或抗诉,维持原判

第二审人民法院经过审理,认为原判认定事实清楚,证据确实、充分,适用法律正确、量刑适当,且不存在影响公正审判的违反法定诉讼程序的情形,则应直接裁定驳回上诉或者抗诉,维持原判。

2. 直接改判

直接改判适用于两种情形:一是原判认定事实没有

> **拓展阅读**
>
> 中华人民共和国
> 国家赔偿法

错误，但适用法律有错误或者量刑不当，例如错误适用法律，认定罪名错误等；适用法律正确但量刑畸轻、畸重等。二是原判认定案件事实不清或者证据不足，但经过第二审审理，查明了事实的，可以直接改判；经审理，认为证据仍然不足的，可以改判无罪。

（二）发回重审

发回重审，就是指出原判错误，撤销原判，将案件发回原审人民法院重新审判。第二审人民法院经过审理，将案件发回重审有两种情形：

1. 可以发回重审

原判决认定事实不清或证据不足的，第二审人民法院可以在查清事实后直接改判，也可以将案件发回原审人民法院重审。以原判认定事实不清或者证据不足为由而将案件发回重审的，仅限于发回一次。如果经原第一审人民法院重新审判后，被告人、自诉人及其法定代理人、辩护人、近亲属对重审后的判决再次提出上诉或者检察机关提出抗诉，那么，第二审人民法院不得将再次进入第二审程序的案件，再次以原判案件事实不清，证据不足为由发回原审人民法院重审，而应当依法作出判决或者裁定。

2. 应当发回重审

《刑事诉讼法》第238条规定了第二审人民法院应当撤销原判，将案件发回重审的五种情形。无论原判决在实体上是否正确、合法，只要存在违反诉讼程序的五种情形之一，就应当发回原审人民法院重新审判：（1）违反《刑事诉讼法》有关公开审判的规定的；（2）违反回避制度的；（3）剥夺或者限制了当事人的法定诉讼权利，可能影响公正审判的；（4）审判组织的组成不合法的；（5）其他违反法律规定的诉讼程序，可能影响公正审判的。

发回重审的案件，无论基于何种原因被发回重审，原审人民法院都应当另行组成合议庭，并依照第一审程序进行审判。对于重新审判后的判决，依照刑事诉讼法的规定可以上诉、抗诉。

对于不服第一审裁定而提出上诉或抗诉的案件，经审理后第二审人民法院应当参照《刑事诉讼法》关于维持原判、直接改判和发回重审的有关规定，分别情形裁定驳回上诉、抗诉，或者撤销、变更原裁定。

四、第二审案件的审理期限

第二审人民法院对于上诉、抗诉案件应当在法律规定的期限内审结。根据《刑事诉讼法》第243条的规定，第二审案件应当在受理上诉、抗诉后的2个月内审结，对于可能判处死刑的案件或者附带民事诉讼的案件，以及有《刑事诉讼法》第158条规定情形之一的，经省、自治区、直辖市高级人民法院批准或者决定，可以延长2个月；因特殊情况还需要延长的，报请最高人民法院批准。《刑事诉讼法》第158条规定可以延长审限的情形有四种：（1）交通十分不便的边远地区的重大复杂案件；（2）重大的犯罪集团案件；（3）流窜作案的重大复杂案件；（4）犯罪涉及面广，取证困难的重大复杂案件。另外，最高人民法院作为第二审法院受理上诉、抗诉案件的审理期限，由最高人民法院决定。

思考题：

1. 第二审程序的功能是什么？
2. 哪些诉讼主体有权提起第二审程序？
3. 如何理解上诉不加刑原则？
4. 为什么审判第二审案件应当以开庭审理为原则？
5. 为什么有《刑事诉讼法》第238条规定情形之一的，第二审人民法院应当发回原审人民法院重新审判？

▶ 自测习题及参考答案

第十六章　死刑复核程序

第一节　概　　述

一、死刑复核程序的概念和特点

死刑复核程序是指法院对判处死刑（包括死刑缓期二年执行）的案件进行审核的特别审判程序。

死刑复核程序具有如下特点：

第一，死刑复核程序只适用于判处死刑的案件，包括判处死刑立即执行和判处死刑缓期二年执行的案件。

第二，死刑复核程序是强制程序，即对于死刑案件来说是必经程序。凡死刑案件，除最高人民法院判决的以外，都必须经过死刑复核程序，只有经过核准的死刑判决才能生效并交付执行。

第三，死刑复核程序是自动启动的。第一审程序非经公诉或自诉不得启动，第二审程序非经上诉或抗诉不得启动，而死刑复核程序是下级法院作出死刑判决后依法主动上报复核，无须控辩双方申请即应展开死刑核准活动。

第四，死刑复核权由特定的法院行使。各地在执法方面存在一定差异，为了统一死刑的适用，死刑复核程序将判处死刑的案件集中到高级人民法院和最高人民法院审核，有利于在掌握判处死刑的标准方面实现统一，防止出现冤错案件。按照刑事诉讼法的规定，对于死刑立即执行案件，须经最高人民法院核准；对于死刑缓期二年执行的案件，要由高级人民法院核准，即只有最高人民法院和高级人民法院才有死刑案件包括死刑缓期二年执行的案件核准权，其他法院无核准死刑的权力。死刑复核程序具有严格控制死刑适用的功能，它的良性运作有利于遏制滥杀，严防错杀。

死刑核准权，为特定的法院对于死刑判决、裁定进行审核、批准的权限。死刑核准权直接关系对生命的予夺，行使这一权力的结果，要么是不核准死刑，挽救被判刑者的生命，消除其被执行死刑的危险；要么是核准死刑，使被判刑者的生命随之被依法剥夺或者确定其被执行死刑的危险。这样的权力，在行使时不能不格外慎重。为了使这一权力不至于被滥用，当然要求权力的归属明确，即行使这一权力的机关要特定化；行使这一权力的机关规格要高，不能将该权力随意下放，杜绝死刑适用的标准不统一，避免实体上或者程序上的不公正。

二、死刑复核程序与少杀、慎杀死刑政策

死刑复核程序是我国少杀、慎杀死刑政策在刑事诉讼程序中的集中反映。少杀、慎杀死刑政策的基本内涵包括：

1. 对于有必要判处死刑的应当依法判处死刑

少杀、慎杀不等于不杀，对于罪大恶极需要判处死刑的，还是要判处死刑，但是必须掌握"准确"这一基本要求。在事实清楚、证据确实充分的前提下，确定是否适用死刑，既不能将不该判处死刑的草率处死，也不能对应该判处死刑的不判处死刑，这才是对少杀、慎杀刑事政策的正确理解。

2. 可杀可不杀的不杀

杀人容易出现偏差，走向少杀、慎杀的反面。在这个方面，我国历史教训十分深刻。自古及今，由于过于倚重死刑的威慑力量，死刑便有扩大适用的现象，与慎刑思想发生背离，使得有些不该处死的被处死，造成难以挽回的损失。重刑也许能够收到一时之效，但是这种遏制犯罪的效果难以长久，重刑（特别是死刑）在发挥威吓功效的同时，也对民众心理产生负面影响，造成轻贱人命和贬低人格尊严的社会后果。我国刑事司法改革应当顺应国际上刑事法律轻刑化的趋势，在立法中减少死刑，在司法中减少死刑的具体适用。

3. 实行缓期执行的制度

死刑缓期执行是为死罪案件减少执行死刑而设立的一项替代性措施。这一措施是我国独创的死刑执行制度。某些罪犯，尽管所犯罪行十分严重，依法应当判处死刑，但是根据案件具体情况以及犯罪人的个体情况，没有必要立即执行死刑，犯罪人仍然有改过自新的可能的，可以"强迫劳动，以观后效"。死刑缓期执行制度，体现了刑罚个别化原则，实现了通过死刑执行方法的多样性实际达到减少死刑适用的效果。

由于死刑复核程序具有严格控制死刑适用的功能，它的良性运作有利于遏止滥杀，严防错杀，因此，死刑复核程序在我国刑事司法制度中深受重视。在我国，类似当今实施的死刑复核制度由来已久。唐代实行在执行死刑前几日内向皇帝覆奏的制度，唐太宗将三覆奏改为五覆奏，提高了复核死刑的谨慎度。明代确立朝审制度，每年霜降后三法司（刑部、大理寺、都察院）同公、侯、伯等会审死刑案件。清代则有秋审与朝审两种死刑复审形式。整个秋审、朝审，被免除

死刑的比例是相当高的。① 西方学者评价说：中国古代有关死刑案件的制度，"可以说是人类智慧的杰出成果"，"值得中国人引以为骄傲和自豪的"②。这些死刑核准制度，是人命关天、慎重适用死刑的观念的反映，与当今的死刑复核制度具有精神上的连续性和一致性。

三、关于死刑存废的讨论

死刑无疑是最受瞩目的刑罚。孔多塞曾经指出："死刑是唯一一种使不公正绝对无法挽回的刑罚；从这一点可以推定，死刑的存在暗含着使人们暴露于犯一种无法挽回的不公正的错误。"③ 从刑事司法的国际标准和各国司法的总体趋势看，限制死刑的适用甚至废除死刑为一些国家所实行④，死刑问题已成为国际问题。联合国《公民权利和政治权利国际公约》第6条宣告："人人有固有的生命权，生命权受法律保护，不得任意剥夺任何人的生命。"按照刑事司法的国际标准，人所固有的生命权利应受法律保护，不得任意剥夺。在未废除死刑的国家，判处死刑只能是作为对最严重的罪行的惩罚。

死刑存废是刑法学界热议的话题。早在20世纪20年代，我国就曾经围绕死刑存废问题展开讨论。当时支持保留死刑的理由如下：一是刑罚各有其功能，死刑也有其不可取代的作用。二是我国实行死刑的历史悠久，遽然废除必然有不适反应。三是我国死刑适用相沿已久，如果废除，其影响必及于社会心理，凶恶之徒会变得肆无忌惮，善良民众会产生恐惧心理。因此，死刑存废，需要考虑社会心理是否认同以及民众的承受能力。无论如何，废除死刑的观念一定与社会文明发展阶段有关，是否应当废除死刑和什么时候废除死刑，要根据社会发展条件作出回答。

当前，我国主流意见对于死刑仍然持有肯定态度，对于死刑惩罚和遏制犯罪的功能也予以肯定。无疑，在社会治安整体恶化或者某些类型的犯罪变得严重的情况下，死刑仍然是遏制犯罪的重要工具。适用死刑的目的，是震慑犯罪分子，维护社会秩序，为人民提供良好的生活和工作环境。在确保能够达到这一目的的

---

① 沈家本1907年给皇帝上的一份奏折中说，每年被勾决执行死刑的人犯，不足死刑总数的1/10。引自［美］D. 布迪、C. 莫里斯：《中华帝国的法律》，朱勇译，江苏人民出版社1995年版，第137页。
② ［美］D. 布迪、C. 莫里斯：《中华帝国的法律》，朱勇译，江苏人民出版社1995年版，第138页。
③ 转引自［加］伊恩·哈金：《驯服偶然》，刘钢译，中央编译出版社2000年版，第157页。
④ 不过，一些已经废除了死刑的国家和地区，也有很强的呼声要求恢复死刑。

前提下，应该考虑减少死刑的适用，这体现了对人的生命权的尊重。

在我国，对于死刑，认为尚不能废除的观点既是社会主流观点，也是政府的基本立场，这一立场表现为如下宣示："中国正着手进行司法制度的改革，包括将死刑的核准权收回到最高人民法院。出于我们的国情，我们不能够取消死刑。世界上一半以上的国家也还都有死刑制度。但是，我们将用制度来保证死刑判决的慎重和公正。"① 在这一宣示之后，我国死刑立即执行案件的核准权上收到最高人民法院。

在我国，可杀可不杀一律不杀的刑事政策是正确的，这种政策的宣导对于在司法实践中有效地减少死刑的适用发挥了重要作用。近年来减少死刑适用的呼声很高，废除死刑之议也时有所闻。立法机关认真研究和吸收了这些意见，适时进行了刑法修改，以刑事修正案形式减少死刑适用的罪名，在限缩死刑方面取得了明显进步：1979 年我国刑法死刑罪名有 27 个，经过 1982 年到 1995 年多个单行刑法修改，增加 33 种死刑罪名，1997 年修改《刑法》时死刑罪名多达 71 个，1997 年《刑法》修改后刑法死刑罪名减至 68 个，2011 年《刑法修正案（八）》取消 13 项经济性非暴力犯罪的死刑罪名后，刑法死刑罪名总计 55 个，2015 年《刑法》将死刑罪名进一步减至 46 个。迄今为止，减少死刑罪名仍然是我国刑法进一步修改的重要议题。

> **拓展阅读**
>
> 最高人民法院：近年死刑复核不核准占一定比例

最高人民法院在 2007 年 1 月 1 日将死刑立即执行案件核准权上收之后，贯彻宽严相济刑事政策，在死刑适用方面加以限制：一是对死刑在司法实践中适用的范围加以限制，二是对核准程序加以重新规范，三是对死刑案件证据的审查判断和排除非法证据加以规定，目的是实现少杀、慎杀的目标。

第二节　死刑复核的具体程序

一、死刑立即执行案件的报请核准

根据我国《刑事诉讼法》第 247 条的规定，中级人民法院判处死刑的第一审

---

① 《温家宝：中国不能够取消死刑》，载新华网 http://news.xinhuanet.com/newscenter/2005-03/14/content_ 2695390.htm，2005 年 3 月 14 日。

案件，被告人不上诉的，应当由高级人民法院复核后，报请最高人民法院核准。高级人民法院不同意判处死刑的，可以提审或者发回重新审判。高级人民法院判处死刑的第一审刑事案件被告人不上诉的，和判处死刑的第二审案件，都应当报请最高人民法院核准。即死刑立即执行案件报请核准依一审法院不同而有所不同，中级人民法院判处死刑的第一审案件与高级人民法院判处死刑的第一审案件，报请复核的步骤有所不同；死刑判决为一审判决还是二审判决，报请复核的步骤同样有所不同。分述如下：

第一，中级人民法院判处死刑的第一审案件，被告人不上诉、人民检察院不抗诉的，在上诉、抗诉期满后 10 日以内报请高级人民法院复核。高级人民法院同意判处死刑的，依法作出裁定，并应当在作出裁定后 10 日内报请最高人民法院核准；高级人民法院不同意判处死刑的，应当依照第二审程序提审或者发回重新审判。

第二，中级人民法院判处死刑的第一审案件，被告人上诉或者人民检察院抗诉，高级人民法院终审裁定维持死刑判决的，应当在作出裁定 10 日内报请最高人民法院核准。

第三，高级人民法院判处死刑的第一审案件，被告人未上诉、人民检察院未抗诉的，应当在上诉、抗诉期满后 10 日内报请最高人民法院核准。

第四，依法应当由最高人民法院核准的死刑案件，判处死刑缓期二年执行的罪犯，在死刑缓期执行期间，如果故意犯罪，查证属实，应当执行死刑的，由高级人民法院报请最高人民法院核准。

二、死刑缓期二年执行案件的报请核准

根据我国《刑事诉讼法》第 248 条的规定，中级人民法院判处死刑缓期二年执行的案件，由高级人民法院核准。亦即死刑缓期二年执行案件的核准权归属于高级人民法院。这类案件报请核准，包括如下情形：

第一，中级人民法院判处死刑缓期二年执行的案件，被告人未上诉，人民检察院未抗诉的，应当报请高级人民法院核准。高级人民法院同意判处死刑缓期二年执行的，应当裁定予以核准；如果认为事实不清、证据不足的，应当裁定发回原审法院重新审判，重新审判所作的判决、裁定，被告人可以提出上诉，人民检察院可以提出抗诉；如果认为原判量刑过重的，高级人民法院应当依法改判。

第二，中级人民法院判处死刑缓期二年执行的案件，被告人提出上诉或者人民检察院提出抗诉的，高级人民法院经过第二审程序，同意判处死刑缓期二年执

行的，作出维持原判并核准死刑缓期二年执行的裁定；不同意判处死刑缓期二年执行的，应当作出不核准的裁定。如果认为原判量刑过重，应当依法改判；如果认为事实不清、证据不足的，应当裁定发回重新审判。

第三，高级人民法院核准死刑缓期二年执行的案件，应当作出核准或者不核准的裁定，不得加重被告人的刑罚，也不得以提高审级等方式变相加重被告人的刑罚。

第四，高级人民法院判处死刑缓期二年执行的一审案件，被告人不上诉、人民检察院不抗诉的，即应作出核准死刑缓期二年执行的裁定。

无论是中级人民法院报请核准，还是高级人民法院判决并核准的死刑缓期二年执行的案件，以及直接改判的案件，均是发生法律效力的案件，这些裁判应当立即交付执行。

三、复核程序和复核后的处理

高级人民法院和最高人民法院进行复核程序以及复核、核准案件后的处理：

（一）组成复核死刑案件的审判组织

最高人民法院复核死刑案件，高级人民法院复核死刑缓期执行的案件，应当由审判员3人组成合议庭进行。

（二）复核的程序过程

报请复核的死刑、死刑缓期执行案件，应当一案一报。

最高人民法院和高级人民法院复核或者核准死刑（死刑缓期执行）案件，主要依照以下程序进行：

1. 提审被告人

被判处死刑的被告人是死刑的直接承受者，法院应当倾听他对裁判的意见，并核实有关案件的情况。这一过程，可以给被告人以申辩的机会，对查明案件真实情况，正确作出是否核准死刑的裁定具有无可取代的重要意义。

2. 审查核实案卷材料

全面审查案卷，在此基础上判断原判认定犯罪事实是否清楚，证据是否确实、充分，定性是否准确，法律手续是否完备，对被告人判处死刑（死刑缓期执行）是否正确，从而为作出正确的决定提供条件。审查中要注意以下内容：（1）被告人的年龄，被告人有无刑事责任能力，是否系怀孕的妇女；（2）原判认定的事实是否清楚，证据是否确实、充分；（3）犯罪情节、后果及危害程度；（4）原判适用法律是否正确，是否必须判处死刑，是否必须立即执行；（5）有无法定、酌定从重、从轻或者减轻处罚情节；（6）诉讼程序是否合法；（7）应当审查的其他情况。

3. 听取辩护律师的意见

死刑复核期间，辩护律师要求当面反映意见的，最高人民法院有关合议庭应当在办公场所听取其意见，并制作笔录；辩护律师提出书面意见的，应当附卷。

4. 认真对待人民检察院的建议

为确保死刑复核的质量，死刑复核期间，最高人民检察院提出意见的，最高人民法院应当审查，并将采纳情况及理由反馈最高人民检察院。人民检察院不但是刑事公诉案件的控诉方，还是国家的法律监督机关，承担对整个刑事诉讼过程监督的责任。对于死刑复核活动，人民检察院应当基于自身职能并本着客观义务承担好监督之责。

5. 制作复核审理报告

最高人民法院、高级人民法院对报请复核的死刑（死刑缓期执行）案件进行全面审查后，合议庭应当进行评议并写出复核审理报告。复核审理报告主要包括下列内容：（1）案件由来和审理经过；（2）被告人和被害人简况；（3）案件的侦破情况；（4）原判决要点和控辩双方意见；（5）对事实和证据复核后的分析和认定；（6）合议庭评议意见和审判委员会讨论决定意见；（7）其他需要说明的问题。

（三）最高人民法院复核后的处理

最高人民法院复核死刑案件，应当根据不同情况作出不予核准的裁定或者核准的裁定、判决。

1. 不予核准

原判认定事实不清、证据不足的，裁定不予核准，并撤销原判，发回重新审判。原判认定事实正确，但依法不应当判处死刑的，裁定不予核准，并撤销原判，发回重新审判。最高人民法院复核后认为原审人民法院违反法定诉讼程序，可能影响公正审判的，裁定不予核准，并撤销原判，发回重新审判。数罪并罚案件，一人有两罪以上被判处死刑，最高人民法院复核后，认为其中部分犯罪的死刑裁判认定事实不清、证据不足的，对全案裁定不予核准，并撤销原判，发回重新审判。一案中两名以上被告人被判处死刑，最高人民法院复核后，认为其中部分被告人的死刑裁判认定事实不清、证据不足的，对全案裁定不予核准，并撤销原判，发回重新审判。对不予核准死刑的案件，均应使用裁定。

2. 核准

原判认定事实和适用法律正确、量刑适当、诉讼程序合法的，裁定予以核准。

原判判处被告人死刑并无不当,但具体认定的某一事实或者引用的法律条款等不完全准确、规范的,可以在纠正后作出核准死刑的判决或者裁定。数罪并罚案件,一人有两罪以上被判处死刑,最高人民法院复核后,认为其中部分犯罪的死刑裁判认定事实正确,但依法不应当判处死刑的,可以改判并对其他应当判处死刑的犯罪作出核准死刑的判决。一案中两名以上被告人被判处死刑,最高人民法院复核后,认为其中部分被告人的死刑裁判认定事实正确,但依法不应当判处死刑的,可以改判并对其他应当判处死刑的被告人作出核准死刑的判决。须注意的是,对核准死刑的,要区别情形使用判决或者裁定。

最高人民法院裁定不予核准死刑的,根据案件具体情形可以发回第二审人民法院或者第一审人民法院重新审判。高级人民法院依照复核程序审理后报请最高人民法院核准死刑的案件,最高人民法院裁定不予核准死刑,发回高级人民法院重新审判的,高级人民法院可以提审或者发回第一审人民法院重新审判。发回第二审人民法院重新审判的案件,第二审人民法院可以直接改判;必须通过开庭审理查清事实、核实证据的,或者必须通过开庭审理纠正原审程序违法的,应当开庭审理。发回第一审人民法院重新审判的案件,第一审人民法院应当开庭审理。发回重新审判的案件,原审人民法院应当另行组成合议庭进行审理,最高人民法院复核后认为原判认定事实正确,但依法不应当判处死刑而裁定不予核准并撤销原判、发回重审的除外。

以上核准死刑的裁定和改判的判决均为终审裁判,立即生效,而对于发回重新审判的案件,重新审判后所作的判决、裁定,被告人可以提出上诉,人民检察院可以提出抗诉。①

(四)高级人民法院对判处死刑缓期执行案件复核后的处理

高级人民法院对判处死刑缓期执行的案件,进行复核以后,根据案件情形分别作出裁判:(1)原判认定事实和适用法律正确、量刑适当、诉讼程序合法的,应当裁定核准;(2)原判认定的某一具体事实或者引用的法律条款等存在瑕疵,但判处被告人死刑缓期执行并无不当的,可以在纠正后作出核准的判决、裁定;(3)原判认定事实正确,但适用法律有错误,或者量刑过重的,应当改判;(4)原判事实不清、证据不足的,可以裁定不予核准,并撤销原判,发回重新审判,或者依法改判;(5)复核期间出现新的影响定罪量刑的事实、证据的,可以裁

---

① 共同犯罪案件中,部分被告人不被判处死刑的,高级人民法院或者最高人民法院复核、核准时,应当对全案进行审查,但不影响对其他被告人已经发生法律效力的判决、裁定的执行;发现对其他被告人已生效的裁判确有错误的,可以指令原审法院再审。

定不予核准,并撤销原判,发回重新审判,或者依法改判①;(6)原审违反法定诉讼程序,可能影响公正审判的,应当裁定不予核准,并撤销原判,发回重新审判。

高级人民法院复核死刑缓期执行案件,不得加重被告人的刑罚。

（五）死刑复核程序的审限

《刑事诉讼法》对侦查、起诉、审判（一审、二审和再审）等程序,均明确规定了诉讼期限,但对死刑复核程序未规定期限。对此有学者主张对死刑复核规定审限,不规定审限容易导致案件久拖不决,增加关押被判决人的成本,也不利于被害人一方权利和愿望的实现。但另有学者反对这一意见,认为杀人不贵神速,应当给辩护一方充分的时间收集有利于己方的证据和事实材料、寻求司法救济,让人民法院也有充分时间进行事实和证据的核实,即使有一线生机和疑问,也应充分重视和展开调查,一些国家判决死刑到实际执行相隔时间很长,有利于防止错杀,体现慎刑思想。我们认为,为保障办案质量,体现我国慎杀政策,《刑事诉讼法》对于复核程序以不规定审限为宜。

思考题：

1. 死刑复核程序有哪些特点？
2. 死刑立即执行案件的复核程序是怎样规定的？

▶ 自测习题及参考答案

---

① 依法改判应当根据最高人民法院《解释》第220条规定审理。根据该条规定,法庭对证据有疑问的,可以告知公诉人、当事人及其法定代理人、辩护人、诉讼代理人补充证据或者作出说明；必要时,可以宣布休庭,对证据进行调查核实。对公诉人、当事人及其法定代理人、辩护人、诉讼代理人补充的和法庭庭外调查核实取得的证据,应当经过当庭质证才能作为定案的根据。但是,经庭外征求意见,控辩双方没有异议的除外。有关情况,应当记录在案。

第十七章 审判监督程序

第一节 概 述

一、审判监督程序的概念和特征

我国刑事诉讼遵行"客观真实"原则,重视发现案件真相。不过,无论哪一国家,无论哪一种诉讼模式,都不能保证每一起案件不发生裁判错误。为实现判决与客观事实相符合并及时、有效纠正司法裁判的错误,刑事诉讼法设置了纠正误判的特殊程序,即审判监督程序。当发现原判决确有错误的时候,可以依照这一程序加以纠正。

审判监督程序是指人民法院、人民检察院对已经发生法律效力的判决和裁定,发现认定事实或适用法律确有错误,依法提起或者决定重新审判,以及进行重新审判所应遵循的特别程序。

人们有时称审判监督程序为"再审程序"。其实,我国刑事诉讼中的"再审"一词有另外的含义,指的是最高人民法院或者上级人民法院对下级人民法院发生法律效力的判决和裁定,如果发现确有错误,有权指令下级人民法院进行重新审判,这里的"重新审判"往往被称为"再审"。一些国家刑事诉讼中的"再审程序",专指原裁判在认定事实上存在错误时加以纠正的审判程序。[①] 我国的审判监督程序所要纠正的,不仅包括认定事实方面的错误,也包括适用法律方面的错误。

我国刑事诉讼中的审判监督程序是从苏联刑事诉讼法借鉴来的。苏联法学家M. M. 格罗津斯基指出:"在苏维埃刑事诉讼中,每一案件通常只由两个审级进行审理:第一审——实体审理和上诉审——审查就案件所作判决的准确性。因此,依审判监督程序对判决和裁定进行重新审查乃是上述一般规则的例外,并且是苏维埃刑事诉讼中的一个特殊阶段。这一点也就决定了依审判监督程序进行审理的特点,这就是:依上诉审程序进行重新审查的应当是尚未生效的判决,而依审判监督程序进行重新审查的,则是已生效的判决和裁定。"在其他特征上,苏联的审判监督程序也与我国相同,例如不受期间的限制、审判监督程序的提起只限于法

[①] 例如,法国、德国、日本等国家,将纠正原裁判中的事实错误的程序称作"再审程序",将纠正原裁判适用法律错误的程序称作"监督程序"或者"非常上告程序"。前者须对案件进行开庭审理,后者不需要开庭审理,可以直接纠正错误裁判。

定的检察机关和审判机关。① 不仅如此，在审判监督的目的上，我国与苏联的审判监督程序也有一致性，苏联法学家切里佐夫指出："注意一切法院判决的合法性与公平性的苏维埃立法者，在未发现已生法律效力的判决不符合案件的事实情况和苏维埃刑事政策的要求以前，始终是维护判决的稳固性的。对法院的裁判依审判监督程序实行重新审查，也保证在第一审或第二审法院制作判决犯有错误时，可以加以纠正而使它符合于客观真实。"② M. M. 格罗津斯基指出："依审判监督程序的重新审查，其任务是审查判决是否合法和有无根据以及就该案所作的裁定是否准确，因而也就是审查侦查机关、检察署和法院在此以前各诉讼阶段中的活动。"③ 苏联法学家就审判监督程序的诠释，有助于我们理解我国的审判监督程序。

要充分认识审判监督程序，还需要进一步理解生效裁判的确定力。裁判一旦作出并且生效，应当保持稳定，不容许随意改变。这种生效判决的稳定性，就是判决的确定力（也称"既判力"）。判决的确定力意味着，刑事案件一经判决确定，侦查和控诉机关不得在其他案件中重新对已经判决确定的刑事案件进行侦查、起诉，自诉人也不得再行起诉，否则法院将不予受理，这就是一事不再理原则。该原则要求：对于同一罪行，法院不得多次作出处罚；控诉方也不得对同一案件（无论作出有罪判决还是无罪判决）再次起诉，即使提出起诉，法院也不得受理。另外，一事不再理的既判力原则还禁止对同一行为按几种不同的条款起诉。这就要求对于诉讼程序的自治性保持足够的尊重，防止在纠正已生效判决时的随意性（它足以使司法独立所带来的公正性、权威性毁于一旦）。法院作出的判决应当产生"作茧自缚"的效应，这是稳定业已发生紊乱的社会关系所必需的。

不过，判决的稳定性不能绝对化，裁判有可能是错误的，对于某些错误的裁判，不能仅仅为了保持判决的稳定性而维持其不公正的性质。如果是这样的话，当事人权利同样处于不能切实保障的状态。因此，许多国家设置对错误裁判的补救程序，其本意在此。

我国刑事诉讼奉行"实事求是，有错必纠"方针，同时为了防止随意改变已经生效的判决，故将启动审判监督条件设定为"在认定事实和适用法律上确有错

---

① ［苏联］M. M. 格罗津斯基：《苏维埃刑事诉讼中的上诉审和监督审程序》，王更生、卢佑先译，中国人民大学出版社 1956 年版，第 19 页。
② ［苏联］M. A. 切里佐夫：《苏维埃刑事诉讼》，中国人民大学刑法教研室译，法律出版社 1955 年版，第 531 页。
③ ［苏联］M. M. 格罗津斯基：《苏维埃刑事诉讼中的上诉审和监督审程序》，王更生、卢佑先译，中国人民大学出版社 1956 年版，第 18—19 页。

误",这表明启动审判监督程序的条件是较为严格的,其目的是为了维护判决的稳定性。

就实质而言,审判监督程序是为确有错误的裁判设置的补救程序。审判监督程序有如下特征:

第一,审判监督程序是为纠正错误裁判专门设立的补救程序,又称"救济程序"。

第二,审判监督程序并非审理案件的必经程序。审判监督程序属于特别程序,针对的是确有错误的生效裁判。只有在有充分的理由和根据认为某一生效裁判确有错误的情况下,才能提起审判监督程序。

第三,审判监督程序审理的对象是已经发生法律效力的判决、裁定,包括正在执行和已经执行完毕的判决、裁定。这一特征使之不同于第二审程序。

第四,提起审判监督程序的主体具有特定性。审判监督程序由最高人民法院、上级法院及各级法院院长提交审判委员会讨论决定提起,或者由最高人民检察院、上级人民检察院抗诉提起;不能直接由当事人及其法定代理人或经其同意的辩护人、近亲属的申诉提起。

第五,提起审判监督程序有严格的条件。裁判一旦生效,即取得既判力,除非确有错误并符合法律规定的改判情况,否则不能随意加以改变,只有这样,才能保持判决的稳定性与权威性。因此,审判监督程序必须在认为原生效裁判确有错误的情况下才能提起,认为原生效裁判确有错误必须有充分的根据和理由。

第六,提起审判监督程序没有期限限制。这是我国刑事诉讼重视发现案件的实质真实的表现,无论何时,只要发现原裁判确有错误,符合应当改判的条件的,都应当提起审判监督程序。

第七,依审判监督程序审判案件的法院,既可以是原来的一审法院或者二审法院,也可以是提审的任何上级法院;此外,上级法院还有权依法指定下级法院进行再审。

第八,不受上诉不加刑原则的限制。依审判监督程序重新审理案件,在定罪量刑时,既可以减轻被告人的刑罚,也可以加重被告人的刑罚,不受上诉不加刑原则的限制。在许多国家,再审程序遵循禁止双重危险的国际司法准则,禁止作不利于被刑决人的变更。对此,我国尚无限制。

二、审判监督程序的功能

审判监督程序体现了实事求是、有错必纠的方针。

按照马克思主义认识论,一方面,发生过的案件事实是客观存在的,我们对于案件事实的正确认识是对客观存在的事实的如实反映;另一方面,应当承认在一些案件(不是所有案件)的诉讼调查研究工作中可能得出错误的结论,诉讼活动应当采取一系列办法来减少错误认识的发生,认为"我国法院所做的判决,永远都反映真实情况"[①]的绝对化观点是不正确的,这种观点是把主观愿望的东西认作现实存在的东西。

马克思主义的唯物主义认识论对于整体的、延续的人类的认识能力抱有乐观的态度,认为整体的、延续的人类能够认识客观世界的现象、本质及其运动规律。从这个意义上说,认识世界是可能的(与之不同的是,不可知论者否认认识世界的可能性)。不过,就具体的个人或者人群来说,由于主观和客观因素的限制,其认识能力是有限的。正如恩格斯所言:"人的思维是至上的,同样又是不至上的,它的认识能力是无限的,同样又是有限的。按它的本性、使命、可能和历史的终极目的来说,是至上的和无限的;按它的个别实现情况和每次的现实来说,又是不至上的和有限的。"[②]正确理解和正确运用辩证唯物主义认识论,是不会夸大人的认识能力的。同样,在刑事司法中,人们发生认识上的错误是可能的,这种错误会导致对案件作出错误处理或者错误的裁判。

一旦发现案件处理或裁判存在错误,就要实事求是地承认错误,并依照法定程序或者预定渠道加以改正。这正是我国刑事诉讼所坚持的实事求是、有错必纠的态度。我国历史上不乏司法裁判的错误。中华人民共和国成立以来也出现过这样的错误,关键是要认识到这些错误并勇于改正。我国大规模平反冤假错案发生在改革开放前夕和改革开放之初,那时所遵循的就是实事求是、有错必纠的方针。1981年6月27日中国共产党第十一届中央委员会第六次全体会议一致通过的《关于建国以来党的若干历史问题的决议》指出:"'坚持真理,修正错误',这是我们党必须采取的辩证唯物主义的根本立场,曾使我们的事业转危为安,转败为胜。今后继续采取这个立场,必将引导我们取得更大的胜利。"这段论述是对中国共产党纠正历史错误的意义的高度概括,这种历史错误,也包括案件处理和司法裁判上的错误。

如今我国刑事司法已经走上正轨,许多制度和程序在发挥约束司法权力的作用,促使司法人员谨慎司法,避免出现司法偏失,但司法错误就其总体而言不可

[①] 列宁:《唯物论与经验批判论》,人民出版社1953年版,第115页。
[②] 《马克思恩格斯文集》第9卷,人民出版社2009年版,第92页。

能完全避免。这就需要以完善的审判监督程序加以纠正。因此，审判监督程序负载着纠正错误的重要功能。这一功能具体体现在三个方面。

（一）纠正错误，维护当事人合法权益

刑事诉讼程序，重在规范和限制国家权力，以便为个人自由权利提供保障。裁判正确与否直接关系当事人的切身利益。如果裁判是错误的，将意味着当事人合法权利没能得到维护，只有纠正这一错误裁判，才能使受到损害的当事人合法权利得到修复。

（二）纠正错误，充分落实国家的刑罚权

裁判错误的情形，包括认定事实错误和适用法律错误，都有可能造成有罪的人被错误地认定为无罪，罪重的人被错误地认定为罪轻，从而使国家的刑罚权不能得到落实。审判监督程序具有的纠正错误裁判的功能，可以保障在一审、二审程序产生错误裁判而国家的刑罚权未能得到落实的情况下，通过案件的重新审判，使国家的刑罚权最终得到落实。

（三）实现上级司法机关对下级法院的监督

按照我国宪法的制度安排，上下级法院之间为监督关系；人民检察院有权对法院的审判活动实行监督。监督审判结果是否正确，是上述两个方面监督的重要内容，要落实这两个方面的监督，必须有适当的监督途径。没有审判监督程序之类的救济程序，错误裁判将得不到纠正，对审判结果的监督就容易流为一句空话。

需要指出的是，按照国际司法人权标准，刑事裁判存在错误，并非一定要予以纠正。在刑事诉讼中，生效判决的既判力因保障被告人权利的需要而得到强化，刑事诉讼中称之为"一罪不二罚"或者"禁止双重危险"原则（double jeopardy）。一罪不二罚是指不能因同一罪行对犯罪人施以重复惩罚。禁止双重危险不仅包含一罪不二罚的内容，而且包含被裁判无罪之人不得就同一被指控的罪行再次被起诉或者审判乃至定罪处罚。禁止双重危险原则体现为联合国《公民权利和政治权利国际公约》第14条规定的"任何人已依一国的法律及刑事程序被最后定罪或宣告无罪者，不得就同一罪名再予审判或惩罚"。这一原则旨在维护判决的权威性和稳定性，同时保障已经稳定下来的法律关系不因司法机关随意重启审判程序而重新变得不稳定，有可能导致当事人一直处于因同一事实而被重复指控或者定罪乃至惩罚的危险中。保持判决的权威性，有利于提升法律的严肃性，避免当事人和法院陷入讼累和司法资源的浪费，但其根本意义还在于通过使法院对生效判决保持克制，保障刑事被追诉人的权利。

我国刑事诉讼法没有确立禁止双重危险的原则。我国《刑事诉讼法》第254

条规定了对已生效裁判重新审判的条件，即"在认定事实上或者在适用法律上确有错误"。按照这一规定，审判监督程序可以基于有利于被判决人，也可以基于不利于被判决人而提起。但是，最高人民法院《解释》第386条对加重原审被告人的刑罚加以限制，规定："除人民检察院抗诉的以外，再审一般不得加重原审被告人的刑罚。再审决定书或者抗诉书只针对部分原审被告人的，不得加重其他同案原审被告人的刑罚。"

我国当前所实行的法律监督程序，需要根据国际司法标准予以完善，即对于确有错误的生效裁判要加以纠正时，应当与联合国确立的"禁止双重危险"的刑事司法标准统一起来，亦即在我国刑事诉讼法中确立禁止不利再审的原则，只有对判决生效后发现有利于被定罪、判刑人的事实、证据，或者发现原判决存在误认事实、证据和错用法律，而需要改判无罪、轻罪或者轻刑的，才允许依审判监督程序加以改判。①

第二节　提起审判监督程序的材料来源

一、提起审判监督程序的主要材料来源

提起审判监督程序的材料来源，是指发现已经发生法律效力的判决、裁定有错误的信息渠道、途径。提起审判监督程序的材料来源主要有：

（一）当事人及其法定代理人、近亲属的申诉

当事人及其法定代理人、近亲属是相关判决、裁定的直接或者间接的利害关系人，对于裁判是否公正，他们基于自己了解的事实有着明确的判断。若他们不服法院的裁判，理应有权提出申诉。申诉往往成为发现错误裁判的重要途径。

（二）公安司法机关自行发现错误裁判

裁判须经得起检验。有些案件已经作出处理，被告人被判决有罪，刑罚已经执行完毕或者正在执行，公安司法机关在办理案件过程中发现了真正的犯罪人并提起审判监督程序，这样的事例在我国当代刑事司法实践中并不鲜见。我国人民法院和人民检察院在工作中，为检验办案质量，往往定期或者不定期地对案件进行复查，复查中有时会发现错误的裁判并提起审判监督程序。因此，公安司法机

---

① 不过，判决生效后发现被判决人一方曾有贿赂法官、威胁或者贿买证人等行为而造成有利于他的判决，基于不利于被判决人的事实或证据需要改判重刑或者宣告有罪的，也可允许改判。

关办案或者人民法院和人民检察院复查案件中的发现，能够成为提起审判监督程序的材料来源。

（三）各级人民代表大会代表提出的纠正错误裁判的议案

人大代表在视察工作和调查访问过程中，可能了解到群众对法院判决、裁定正确与否的意见。在人民代表大会召开期间，人大代表有权提出议案，对法院的生效裁判提出质疑。这些议案可以成为审判监督程序提起的材料来源。

（四）人民群众的来信来访

人民群众对已生效的裁判认为有错误而提出的材料和意见，同样是审判监督程序的重要材料来源。它不同于当事人等提出的申诉，也不是人民群众对司法活动的一般性意见，而是直接针对某一错误裁判而提出的，与其他意见或者建议一样，有关机关和部门不能置若罔闻。

（五）机关、团体和新闻媒体等单位对生效裁判的意见

各级纪检、监察机关和海关、税务、工商等行政管理机关在履行职责中，发现生效裁判可能有错误，向有关司法机关提出意见以及提供有关文件和材料等，都是提起审判监督程序的材料来源。律师协会、律师事务所等在履行职务中发现有错误的生效裁判，以法律意见书等形式向司法机关提出意见，也是提起审判监督程序的材料来源。新闻媒体对案件进行的报道以及反映的民众对生效裁判的意见，同样是提起审判监督程序的材料来源。

二、申诉的效力和申诉的理由

（一）申诉的效力

申诉的效力与启动第二审程序的上诉不同：上诉是针对一审法院尚未发生法律效力的判决、裁定提出的，在法定的上诉期限内提出的上诉，不论有无理由，也无论理由是否充分，必然引起第二审程序，并具有使一审裁判不能生效和执行的效力。当事人等的申诉只是审判监督程序的材料来源，不具有直接提起再审的法律效力，自然也就不能停止对生效裁判的执行。因此《刑事诉讼法》第252条规定，当事人等提出申诉，不能停止对原裁判的执行。

（二）申诉的理由

根据《刑事诉讼法》第253条的规定，申诉理由包括如下几项：

第一，有新的证据证明原判决、裁定认定事实确有错误，可能影响定罪量刑的。即在判决、裁定发生法律效力以后发现了原审法院在审判中未掌握的证据，证明原裁判认定的事实不存在或存在偏差。这里所谓"新的证据"，是指：原判

决、裁定生效后新发现的证据；原判决、裁定生效前已经发现，但未予收集的证据；原判决、裁定生效前已经收集，但未经质证的证据；原判决、裁定所依据的鉴定意见，勘验、检查等笔录或者其他证据被改变或者否定的。值得注意的是，有新的证据证明原判决、裁定认定事实确有错误，但是不影响定罪量刑的，也不必启动审判监督程序，以避免司法资源无谓的浪费。

第二，据以定罪量刑的证据不确实、不充分、依法应当予以排除，或者证明案件事实的主要证据之间存在矛盾的。即原审用以定罪量刑的证据未达到法定的定罪标准，或者因被排除而不能达到法定的定罪标准，不应作出有罪判决却作出了有罪判决，或者量刑不当。

第三，原判决、裁定适用法律确有错误的。适用法律错误，既包括适用实体法错误，也包括适用程序法错误。

第四，违反法律规定的诉讼程序，可能影响公正审判的。

第五，审判人员在审理该案时有贪污受贿，徇私舞弊，枉法裁判行为的。这里的"审判人员"包括原审合议庭成员及参与本案讨论的庭长、副庭长及所有审判委员会成员。

上述申诉理由，只要具备其中之一，法院就应当依照审判监督程序对案件进行重新审判。

三、对申诉的受理和审查处理

申诉可以向作出生效判决、裁定的人民法院或其上级人民法院、人民检察院提出，无论向哪一个人民法院、人民检察院提出，均应得到受理。

（一）向人民法院提出的申诉

在司法实践中，向法院提出的申诉，大多由作出生效判决、裁定的法院审查处理，即申诉由终审人民法院审查处理。但是，第二审人民法院裁定准许撤回上诉的案件，申诉人对第一审判决提出申诉的，可以由第一审人民法院审查处理。

直接向上级人民法院申诉的，上一级人民法院对未经终审人民法院审查处理的申诉，可以告知申诉人向终审人民法院提出申诉，或者直接交终审人民法院审查处理，并告知申诉人；案件疑难、复杂、重大的，上级人民法院也可以直接审查处理。

对未经终审人民法院及其上一级人民法院审查处理，直接向上级人民法院申诉的，上级人民法院可以告知申诉人向下级人民法院提出。对死刑案件的申诉，可以由原核准的人民法院直接审查处理，也可以交由原审人民法院审查。原审人民法院应当写出审查报告，提出处理意见，层报原核准的人民法院审查处理。

法院受理申诉后，经审查具有《刑事诉讼法》第253条规定的情形之一的，由院长提请审判委员会讨论决定是否重新审判；对不符合上述法律规定的，应当说服申诉人撤回申诉；对坚持申诉的，应当书面通知驳回。

最高人民法院《解释》第375条规定，法院受理申诉后，应当在3个月内作出决定，至迟不得超过6个月。

（二）向人民检察院提出的申诉

当事人等就法院的生效裁判向人民检察院提出申诉的，首先由控告申诉部门、监所检察部门分别受理，进行审查，并将审查结果告知申诉人。

人民检察院对受理的申诉审查后，认为法院已生效的判决、裁定确有错误需要提出抗诉的，由控告申诉部门报请检察长提交检察委员会讨论决定。如果决定提出抗诉的，由审查起诉部门出庭支持抗诉。

最高人民检察院发现省级人民检察院管辖的刑事申诉案件原处理决定、判决、裁定有错误可能且有下列情形之一的，可以指令由其他省级人民检察院进行异地审查：（1）应当受理而不予受理或者受理后经督促仍拖延办理的；（2）办案中遇到较大阻力，可能影响案件公正处理的；（3）因存在回避等法定事由，当事人认为管辖地省级人民检察院不能依法公正办理的；（4）申诉人长期申诉上访，可能影响案件公正处理的；（5）其他不宜由管辖地省级人民检察院处理的情形。省级人民检察院认为需要异地审查的，可以提请最高人民检察院指定异地审查。申诉人可以向省级人民检察院或者最高人民检察院申请异地审查。

第三节　审判监督程序的提起

一、提起审判监督程序的主体

有权提起审判监督程序的主体，限于下列机关、人员和组织。

（一）各级法院院长和审判委员会

我国《刑事诉讼法》第254条第1款规定："各级人民法院院长对本院已经发生法律效力的判决和裁定，如果发现在认定事实上或者在适用法律上确有错误，必须提交审判委员会处理。"

第一，各级法院院长和审判委员会提起再审的对象，只能是本院的生效裁判。这里的"本院的生效裁判"，包括本院的一审生效裁判、二审终审裁判和核准的裁判。如果原一审属于本院，后来又经过二审终审的案件，一审法院发现确有错误，则一审法院院长及审判委员会无权提交和决定再审，只能向二审法院提出意见，由二审法院决定是否提起再审。如果二审法院经依法提交和讨论，决定提起再审的，既可以由本院重新审判，也可以发回原审法院重新审判。

第二，各级法院院长有权将案件提交审判委员会讨论，重新审判的决定权归属于审判委员会。

（二）最高人民法院和上级人民法院

我国《刑事诉讼法》第254条第2款规定："最高人民法院对各级人民法院已经发生法律效力的判决和裁定，上级人民法院对下级人民法院已经发生法律效力的判决和裁定，如果发现确有错误，有权提审或者指令下级人民法院再审。"

第一，最高人民法院和其他上级人民法院有权提起审判监督程序。

第二，最高人民法院和其他上级人民法院对下级法院生效裁判提起审判监督程序的两种方式是提审和指令下级人民法院再审。

提审，是指最高人民法院或上级人民法院将案件提至本院进行审判的方式。原判决、裁定认定事实正确但适用法律错误，或者案件疑难、复杂、重大，或者有不宜由原审人民法院审理（如已经下级人民法院重新审判后仍有错误）情形的，也可以提审。

指令再审，是指最高人民法院或上级法院指令原审或者本级法院的其他下级法院重新审判的方式。上级人民法院发现下级人民法院已经发生法律效力的判决、裁定确有错误的，可以指令下级人民法院再审。根据《刑事诉讼法》第254条第4款的规定，法院对人民检察院依照审判监督程序提出抗诉的案件，应当组成合议庭重新审理，只有对那些原判决事实不清楚或者证据不足的案件，才可以指令下级法院再审。上级人民法院指令下级人民法院再审的，一般应当指令原审人民法院以外的下级人民法院审理；由原审人民法院审理更有利于查明案件事实、纠正裁判错误的，可以指令原审人民法院审理。

（三）最高人民检察院和上级人民检察院

我国《刑事诉讼法》第254条第3款规定："最高人民检察院对各级人民法院已经发生法律效力的判决和裁定，上级人民检察院对下级人民法院已经发生法律效力的判决和裁定，如果发现确有错误，有权按照审判监督程序向同级人民法院提出抗诉。"

第一,有权提起审判监督程序的,只能是最高人民检察院或者原审人民法院之上的其他上级人民检察院。

第二,最高人民检察院有权对最高人民法院和地方各级人民法院的生效错判案件依照审判监督程序提出抗诉。

第三,地方各级人民检察院发现同级人民法院或下级人民检察院发现上级人民法院的判决、裁定确有错误,无权提出抗诉,只能提出《提请抗诉报告书》,请求上级人民检察院向同级人民法院提出抗诉,是否提出抗诉,由接到请求的人民检察院决定。

对人民检察院依照审判监督程序提出抗诉的案件,人民法院应当在收到抗诉书后1个月内立案。但是,有下列情形之一的,应当区别情况予以处理:(1)对不属于本院管辖的,应当将案件退回人民检察院;(2)按照抗诉书提供的住址无法向被抗诉的原审被告人送达抗诉书的,应当通知人民检察院在3日内重新提供原审被告人的住址;逾期未提供的,将案件退回人民检察院;(3)以有新的证据为由提出抗诉,但未附相关证据材料或者有关证据不是指向原起诉事实的,应当通知人民检察院在3日内补送相关材料;逾期未补送的,将案件退回人民检察院。决定退回的抗诉案件,人民检察院经补充相关材料后再次抗诉,经审查符合受理条件的,人民法院应当受理。

对人民检察院依照审判监督程序提出抗诉的案件,接受抗诉的人民法院应当组成合议庭审理。对原判事实不清、证据不足,包括有新的证据证明原判可能有错误,需要指令下级人民法院再审的,应当在立案之日起1个月内作出决定,并将指令再审决定书送达抗诉的人民检察院。

二、提起审判监督程序的条件

提起审判监督程序的条件,也称提起审判监督程序的理由,概括地说,是"在认定事实上或者在适用法律上确有错误"。具体包括:

(一)认定事实上的错误

认定事实上的错误,包括以下情形:(1)对人的认定错误,如将某人错误认定为另一个人,将未成年人错误认定为成年人或者将成年人错误认定为未成年人,等等;(2)对事实认定错误,包括将不存在的事实认定为存在,将存在的事实认定为不存在,或者主要犯罪事实不清、影响定罪量刑的重大情节不清,等等。事实不清,在证据方面表现为:据以认定案件事实的证据不真实却被错误认定为真实;证据与案件事实之间无关联性却被错误认定为有关联性;证据之间有矛盾且矛盾不能得以合理排除，或者所得的结论不唯一，不能排除其他可能等，却据以作出了有罪判决；等等。

(二) 适用法律上的错误

适用法律上的错误，包括以下情形：(1) 适用实体法有误。诸如：定性错误，混淆了罪与非罪、此罪与彼罪的界限；量刑错误，将轻罪定为重罪，或者将重罪定为轻罪，造成量刑畸轻畸重。(2) 适用程序法有误。诸如：违反公开审判、回避制度，审判方法不合法，剥夺或限制当事人的法定权利可能影响公正审判等。(3) 适用证据法有误。诸如：应当排除非法证据却没有排除，或者具有其他采纳了没有证据能力的证据的情形，错误排除了有证据能力的证据。

第四节　重新审判

一、重新审判的程序

我国《刑事诉讼法》第256条第1款规定："人民法院按照审判监督程序重新审判的案件，由原审人民法院审理的，应当另行组成合议庭进行。如果原来是第一审案件，应当依照第一审程序进行审判，所作的判决、裁定，可以上诉、抗诉；如果原来是第二审案件，或者是上级人民法院提审的案件，应当依照第二审程序进行审判，所作的判决、裁定，是终审的判决、裁定。"

第一，重新审判的法院可以是原来的第一审法院、第二审法院，也可以是任何上级法院。

第二，对决定依照审判监督程序重新审判的案件，除人民检察院抗诉的以外，人民法院应当制作再审决定书。再审期间不停止原判决、裁定的执行，但被告人经再审可能改判无罪，或者经再审可能减轻原判刑罚而致刑期届满的，可以决定中止原判决、裁定的执行。必要时，可以对被告人采取取保候审、监视居住措施。人民检察院抗诉的再审案件，需要对被告人采取强制措施的，由人民检察院依法决定。

第三，重新审判必须组成合议庭。原来参与过该案件审理的合议庭人员不得参加新组成的合议庭。

第四，重新审判应当按照第一审或者第二审程序进行。开庭审判，其阶段基本同于一审程序：开庭、法庭调查、法庭辩论、被判刑人最后陈述、评议和宣判。只是在宣读诉讼文书上有些区别：将宣读起诉书改为宣读再审决定书或抗诉书。

在法庭调查开始,合议庭成员宣读原审判决书或裁定书等,其他程序与一审开庭相同。对附带民事诉讼部分,可以调解结案。

第五,依照审判监督程序重新审判的案件,人民法院应当重点针对申诉、抗诉和决定再审的理由进行审理。必要时,应当对原判决、裁定认定的事实、证据和适用法律进行全面审查。

第六,对原审被告人、原审自诉人已经死亡或者丧失行为能力的再审案件,可以不开庭审理。

第七,开庭审理的再审案件,再审决定书或者抗诉书只针对部分原审被告人,其他同案原审被告人不出庭不影响审理的,可以不出庭参加诉讼。

第八,人民法院审理人民检察院抗诉的再审案件,人民检察院在开庭审理前撤回抗诉的,应当裁定准许;人民检察院接到出庭通知后不派员出庭,且未说明原因的,可以裁定按撤回抗诉处理,并通知诉讼参与人。人民法院审理申诉人申诉的再审案件,申诉人在再审期间撤回申诉的,应当裁定准许;申诉人经依法通知无正当理由拒不到庭,或者未经法庭许可中途退庭的,应当裁定按撤回申诉处理,但申诉人不是原审当事人的除外。

二、判决、裁定

法院按照审理监督程序重新审判案件以后,应当根据案件的不同情况分别作出如下处理:

第一,原判决、裁定认定事实和适用法律正确、量刑适当的,应当裁定驳回申诉或者抗诉,维持原判决、裁定。

第二,原判决、裁定定罪准确、量刑适当,但在认定事实、适用法律等方面有瑕疵的,应当裁定纠正并维持原判决、裁定。

第三,原判决、裁定认定事实没有错误,但适用法律错误,或者量刑不当的,应当撤销原判决、裁定,依法改判。

第四,依照第二审程序审理的案件,原判决、裁定事实不清或者证据不足的,可以在查清事实后改判,也可以裁定撤销原判,发回原审人民法院重新审判。

第五,原判决、裁定事实不清或者证据不足,经审理事实已经查清的,应当根据查清的事实依法裁判;事实仍无法查清,证据不足,不能认定被告人有罪的,应当撤销原判决、裁定,判决宣告被告人无罪。此外,原判决、裁定认定被告人姓名等身份信息有误,但认定事实和适用法律正确、量刑适当的,作出生效判决、裁定的人民法院可以通过裁定对有关信息予以更正。

对再审改判宣告无罪并依法享有申请国家赔偿权利的当事人，人民法院宣判时，应当告知其在判决发生法律效力后可以依法申请国家赔偿。

三、上诉、抗诉

对于按照第一审程序进行重新审判作出的判决、裁定，自诉人、被告人或者他们的法定代理人，以及经被告人同意的辩护人、近亲属，附带民事诉讼的当事人及其法定代理人，有权提出上诉。

人民检察院对于按照审判监督程序审判的案件，认为法院作出的判决、裁定仍然有错误的，如果案件是依照第一审程序审判的，同级人民检察院应当通过一审法院向上级法院提出抗诉；如果案件是依照第二审程序审判的，上一级人民检察院应当向同级法院提出抗诉。

四、审理期限

法院按照审判监督程序重新审判的案件，应当在作出提审、再审决定之日起 3 个月以内审结，需要延长期限的，不得超过 6 个月。接受抗诉的法院按照审判监督程序审判抗诉的案件，审理期限适用这一规定。需要指令下级法院再审的，应当自接受抗诉之日起 1 个月以内作出决定，下级法院审理案件的期限也适用这一规定。

思考题：

1. 审判监督程序有哪些功能？
2. 有权提起审判监督程序的主体有哪些？
3. 提起审判监督程序的条件是什么？
4. 审判监督程序的重新审判程序是什么？

▶ 自测习题及参考答案

第十八章 各种判决、裁定的执行

第一节 执 行 概 述

一、执行的概念和特点

刑事诉讼中的执行，是指人民法院将已经发生法律效力的判决和裁定交付执行机关，以实施其确定的内容，以及处理执行中的诉讼问题而进行的各种活动。

判决和裁定发生法律效力后，应当立即交付执行。这是由刑事诉讼的任务和生效判决和裁定的特点决定的。判决和裁定发生法律效力后，一般具有三个特点：

1. 稳定性

生效判决和裁定的稳定性，是由法律的严肃性所决定的。凡是已经生效的刑事判决和裁定，任何其他机关、团体和个人，都无权随意变更或撤销。如果发现它在认定事实上或适用法律上确有错误，只能按照审判监督程序，由人民法院加以变更或撤销。

2. 排他性

所谓排他性，就是对于一起案件，只能作出一个有效判决。在这个有效判决没有被依法定程序撤销以前，不能作出其他的判决。不仅如此，由于判决和裁定是人民法院代表国家对诉讼案件所作的评判，是最高权威的处理决定，与它相矛盾的其他处理决定不允许与它并存。

3. 强制性

所谓强制性，是指已经生效的判决和裁定，必须按照判决和裁定所确定的内容严格加以执行。对当事人来说，无论其是否同意，都必须执行。如果抗拒执行，将被依法追究法律责任。生效判决和裁定的强制性，是由国家法律的严肃性决定的。

执行是刑事诉讼的最后一个诉讼程序，但是，并非判决、裁定的整个执行过程和一切活动都属于刑事诉讼的范围。刑事执行中，属于刑事诉讼范畴的，仅指两个方面：一是把人民法院已经发生法律效力的判决和裁定交付执行，二是解决执行过程中所发生的诉讼问题。简言之，就是交付执行和变更执行。交付执行是指人民法院将已发生法律效力的判决和裁定，交付有关刑罚执行机关的活动，如

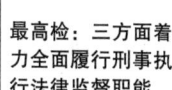

将徒刑的判决交付监狱等国家刑罚执行机关,或者是人民法院自己实现生效判决、裁定的内容的活动,如自己实现判处罚金、没收财产的判决。变更执行是指判决、裁定在执行过程中,由于出现了法定情形,人民法院将原判决、裁定依法予以变更的活动,如对罪犯实施减刑、假释、监外执行等。其他执行活动则属于司法行政活动,如狱政管理、对罪犯的教育改造等。

二、执行依据和机关

(一) 执行的依据

人民法院发生法律效力的刑事判决和裁定,是执行机关对罪犯实施惩罚和改造的法律依据。根据我国《刑事诉讼法》第259条和有关法律的规定,人民法院发生法律效力的刑事判决和裁定,主要有以下几种:

第一,已过法定期限没有上诉、抗诉的判决和裁定,即地方各级人民法院作出的上诉期满而没有上诉或抗诉的第一审判决和裁定。

第二,终审的判决和裁定,即中级、高级人民法院第二审案件的判决和裁定,最高人民法院第一审和第二审案件的判决和裁定。

第三,最高人民法院核准的死刑判决和高级人民法院核准的死刑缓期二年执行的判决。

第四,最高人民法院核准的在法定刑以下处刑的判决和裁定。

(二) 执行的机关

生效判决和裁定因内容不同,执行机关也不相同。根据《刑事诉讼法》第260条、第271条、第272条的规定,死刑、罚金和没收财产的判决和裁定,以及无罪或免除刑罚的判决,均由人民法院自己执行。人民法院在执行没收财产的判决时,必要的时候,可以会同公安机关执行。《刑事诉讼法》第264条第2款规定,对被判处死刑缓期二年执行、无期徒刑、有期徒刑的罪犯,由公安机关送交监狱执行刑罚。对被判处有期徒刑的罪犯,在被交付执行刑罚前,剩余刑期在3个月以下的,由看守所代为执行。对于被判处拘役的罪犯,由公安机关执行。第264条第3款规定,对未成年犯应当在未成年犯管教所执行刑罚。根据《刑事诉讼法》第269条的规定,对被判处管制、宣告缓刑、假释或者暂予监外执行的罪犯,依法实行社区矫正,由社区矫正机构负责执行。《刑事诉讼法》第270条规定,对被判处剥夺政治权利的罪犯,由公安机关执行。执行期满,应当由执行机关书面通知本人及其所在单位、居住地基层组织。

三、执行的意义

判决和裁定的执行，是刑事诉讼的最后一个阶段。在这一阶段中，人民法院和执行机关采取法定措施，将判决或者裁定中所宣告的刑罚和其他决定付诸实施。执行在整个刑事诉讼过程中占有重要的地位，其意义是：

第一，准确、及时、迅速地执行判决和裁定，可以使被判处刑罚的犯罪分子受到应得的法律制裁。这不仅打击了他们的犯罪活动，保护了国家和人民的利益，同时通过惩罚和教育，对被判处刑罚的犯罪分子本人进行改造，使其改恶从善，重新做人。

第二，准确、及时、迅速地执行判决和裁定，可以使无罪和被免除刑事处罚的在押被告人立即得到释放。特别是对依照法律被认定为无罪的被告人，可以使其名誉得到恢复，合法利益得到保护。

第三，通过正确地执行判决和裁定，可以教育公民遵守法律，并使他们进一步认识到，任何犯罪行为都逃脱不了法律的制裁，以增强公民的法治观念，提高同违法犯罪行为做斗争的自觉性。同时，对那些违法尚未构成犯罪，或者对于那些有犯罪企图的社会不稳定分子，是一种警诫，可以起到预防和减少犯罪的作用，可以有效地推动社会治安综合治理方针的贯彻落实，实现社会秩序的长治久安。

第二节　各种判决、裁定的执行程序

一、死刑立即执行判决的执行

死刑是依法剥夺犯罪分子生命的刑罚，是刑罚中最严厉的刑种。为了防止无法挽回的错杀，我国《刑事诉讼法》第261—263条以及最高人民法院《解释》在死刑执行程序上作了严格而周密的规定。

最高人民法院的执行死刑命令，由高级人民法院交付一审人民法院执行，一审人民法院接到执行死刑命令后，应当在7日内执行。执行死刑的这一法定期限必须严格遵守，不得借故延期执行。

人民法院应当在交付执行死刑3日前，通知同级人民检察院派员临场监督。担负现场监督职责的检察人员如发现有违法情况，应当立即纠正。临场执行死刑时，由人民法院审判人员负责指挥执行。对于执行死刑的主体，人民法院有条件执行的，应交付司法警察执行，没有条件执行的，可交公安机关的武装警察执行。

关于执行死刑的方法，《刑事诉讼法》第263条第2款规定："死刑采用枪决或者注射等方法执行。""枪决"是指用枪弹射击罪犯致其死亡的执行死刑的方法，是我国长期使用的一种行刑方法。"注射"是指通过注射致命性药物使罪犯死亡的执行方法，是1996年修正的《刑事诉讼法》设立的一种行刑方法。用注射方法执行死刑，具有执行方便、痛苦小、死亡迅速等特点，可以避免枪决时需占用很大场所，动用许多人力、物力及一枪难以毙命等缺点。注射方法是更为人道、先进、文明的执行死刑方法。至于立法中规定的"等方法"，是指比枪决、注射更为人道、科学、文明的方法。采用枪决、注射以外的其他方法执行死刑的，应当事先报请最高人民法院批准。

执行的地点选择在刑场或者指定的羁押场所内。所谓"刑场"，是指传统意义上由执行机关设置的执行死刑的场所。刑场不得设在繁华地区、交通要道和旅游区附近。所谓"指定的羁押场所"，是指人民法院指定的监狱或者看守所。执行死刑应严格控制刑场，除依法执行死刑的司法工作人员以外，其他任何人不准进入刑场。

负责指挥执行的审判人员应当对罪犯验明正身。要认真细致地核对罪犯的有关情况，查明其确系该判决认定的应当执行死刑的罪犯，以确保执行无误。审判人员还应当询问罪犯有无遗言、信札，并制作笔录。对于罪犯的遗言、信札，人民法院应及时进行审查，分别不同情况予以不同处理。在执行前，如果发现可能有错误，应当暂停执行，依法定程序报请最高人民法院裁定。

执行死刑应当公布。处决罪犯的布告要选择在适当范围内，适当地点张贴，以使人民群众了解情况。

执行死刑后，在场书记员应当写成笔录。笔录应当记明执行的具体情况，包括执行死刑的时间、地点、方法、指挥执行的审判人员、临场监督的人民检察院检察人员、负责执行人员的姓名、执行死刑具体情况等。交付执行的人民法院应将执行死刑的情况以及所附执行死刑前后的照片，及时逐级报告核准死刑的最高人民法院。

执行死刑后，交付执行的人民法院应当通知罪犯家属，做好罪犯遗物、遗款清点移交工作。罪犯执行死刑后的尸体或火化后的骨灰，通知其家属认领。罪犯家属不予认领的，由人民法院通知有关单位处理。

死刑的执行，除应遵循上述程序外，还应处理好以下几个问题：

第一，执行死刑前，罪犯提出会见其近亲属或者其近亲属提出会见罪犯申请的，人民法院可以准许。

第二，对死刑犯的游街示众问题。在司法实践中，有些地方受旧习惯的影响，为制造声势，增强法律的威慑效果，将死刑犯插上写有姓名和罪状的标签，拉到繁华地区游街示众。这种做法是对罪犯人格的侮辱，违反法律关于执行死刑不应示众的规定。而且，这样做容易对外造成不良影响。因此，最高人民法院、最高人民检察院、公安部等部门曾多次联合发出通知，严禁对死刑犯游街示众，以体现文明执法。

第三，对外国人执行死刑后，通知外国驻华使、领馆的程序和时限，应严格依照有关规定办理。

二、死刑缓期二年执行、无期徒刑、有期徒刑和拘役判决的执行

我国《刑事诉讼法》第264条第1款规定，对于被判处死刑缓期二年执行、无期徒刑、有期徒刑和拘役的罪犯，在罪犯被交付执行刑罚的时候，应当由交付执行的人民法院在判决生效后10日以内将有关的法律文书送达公安机关、监狱或者其他执行机关。我国《监狱法》第16条规定："罪犯被交付执行刑罚时，交付执行的人民法院应当将人民检察院的起诉书副本、人民法院的判决书、执行通知书、结案登记表同时送达监狱。监狱没有收到上述文件的，不得收监；上述文件不齐全或者记载有误的，作出生效判决的人民法院应当及时补充齐全或者作出更正；对其中可能导致错误收监的，不予收监。"上述四种法律文书对于刑罚执行机关对罪犯正确执行刑罚，对罪犯进行教育改造，具有重要意义。人民法院交付执行的时候，以上四种法律文书必须齐备，缺一不可。一案有若干罪犯的，应当按罪犯的人数送达上述文书，不能共用。

需要指出的是，《刑事诉讼法》并未规定人民检察院的起诉书副本为交付执行的必备法律文书，《监狱法》将其作为交付执行的必备法律文件加以规定，有利于刑罚执行机关更全面地了解、揭露、证实犯罪，追诉罪犯的司法活动的全过程，明了检察机关的起诉意见，更准确地把握罪犯实施犯罪活动的发展过程及其真实的思想脉络。

关于交付执行的期限，根据《监狱法》第15条及最高人民法院《解释》的规定，对于被判处死刑缓期二年执行、无期徒刑、有期徒刑的罪犯，交付执行的人民法院应当将执行通知书等有关的必备法律文书及时送达羁押该罪犯的公安机关，公安机关应当自收到执行通知书等有关法律文书之日起1个月内将该罪犯送交监狱或其他执行机关执行；对于被判处拘役的罪犯，公安机关在收到交付执行的人民法院送达的执行通知书等有关法律文书后，应当立即交付执行。执行通知书的回执，经看守所盖章后附入人民法院的诉讼案卷内。

死刑缓期二年执行、无期徒刑、有期徒刑、拘役虽然都属于限制人身自由的刑罚，但由于犯罪性质不同、刑种不同、刑期不同、犯罪人是否成年等不同，在执行方式、执行场所等方面都有所不同，《刑事诉讼法》第264条第2、3款分别规定，对于被判处死刑缓期二年执行、无期徒刑、余刑在3个月以上的有期徒刑的成年罪犯，应当交付监狱执行；对于被判处有期徒刑的罪犯，在被交付执行刑罚前，剩余刑期在3个月以下的，由看守所代为执行；对于被判处拘役的罪犯，由公安机关在看守所执行；对于未成年犯应当在未成年犯管教所执行刑罚。

法律规定交付执行前剩余刑期在3个月以下的有期徒刑罪犯由看守所代为执行，更为方便，有利于罪犯服刑改造。对于在看守所执行刑罚的罪犯，应当同未决的犯罪嫌疑人分管分押。

对未成年犯应在未成年犯管教所执行，这是因为：（1）未成年犯管教所在管理上比监狱相对宽松，使未成年犯在生理上和心理上能够承受。（2）将未成年犯与成年犯分别关押于不同场所进行教育改造，可以避免成年犯对未成年犯的传授、教唆，同时也便于对未成年犯采取有针对性的教育改造措施。（3）未成年犯管教所在名称上与监狱相区别，有利于避免对未成年犯造成过深的"监狱烙印"和心理伤害。

监狱、看守所等执行机关应当将罪犯分管分押，按照惩罚和改造相结合、教育和劳动相结合的原则对罪犯进行改造。执行机关应当依法对罪犯进行法制、道德、文化、职业技术等方面的教育。有劳动能力的罪犯必须参加劳动。罪犯的劳动时间及报酬，应按照国家的有关规定执行。对于被判处拘役的服刑罪犯，每月可允许其回家1—2天，路费自理。对于未成年犯的改造，应按照"教育改造为主，轻微劳动为辅"的原则进行。《监狱法》第75条规定，对未成年犯执行刑罚应当以教育改造为主。监狱应当配合国家、社会、学校等教育机构，为未成年犯接受义务教育提供必要的条件。

根据《刑事诉讼法》第264条第4款的规定，执行机关应当及时将罪犯收押，并且通知罪犯家属。根据《监狱法》第20条的规定，罪犯收监后，监狱应当通知罪犯家属，通知书应当自收监之日起5日内发出，告知罪犯姓名、刑期及执行的地址等。

刑罚执行机关对于罪犯死亡、脱逃已满2个月尚未捕回及捕回的变动情况，应当书面通知交付执行的人民法院和担负监所检察的人民检察院。

对于在死刑缓期执行期间故意犯罪的，按照《刑事诉讼法》第261条第2款的规定处理。

有期徒刑、拘役的刑期，从判决执行之日起计算。判决前被拘留和逮捕而予先行羁押的，羁押1日折抵刑期1日。被判处有期徒刑、拘役的罪犯服刑期满，刑罚执行机关应当按期释放并发给释放证明书。

三、管制、有期徒刑缓刑、拘役缓刑的执行

管制是一种适用于罪行较轻的犯罪分子的刑罚。它是指对犯罪分子不予关押而由其在社区矫正机构的管束和群众监督之下进行教育改造，并限制一定自由的刑罚方法。缓刑是指在具备一定的法定条件下，对被判处一定刑罚的罪犯，在一定期间内暂缓执行刑罚，如果罪犯在暂缓执行期间未犯新罪，则原判刑罚就不再执行的一种制度。缓刑不是刑种，而是刑罚具体运用的一种特殊执行方式。根据《刑法》第72条的规定，人民法院对于被判处拘役、3年以下有期徒刑的罪犯，根据其情节和悔罪表现，认为适用缓刑确实不致再危害社会的，可以宣告缓刑。

根据《刑事诉讼法》第269条和最高人民法院《解释》的有关规定，被判处管制、宣告缓刑的判决发生法律效力后，应当将法律文书和罪犯交当地社区矫正机构负责执行。对被判处管制、宣告缓刑的罪犯，人民法院应当核定其居住地。宣判时，应当书面告知罪犯到居住地县级司法行政机关报到的期限和不按期报到的后果。判决、裁定生效后10日内，应当将判决书、裁定书、执行通知书等法律文书送达罪犯居住地的县级司法行政机关，同时抄送罪犯居住地的县级人民检察院。

根据《刑法》的规定，被判处管制的罪犯，在管制期间，必须遵守法律、法令，服从群众监督，积极参加生产劳动或工作，定期向执行机关报告自己的活动情况，迁居或外出必须报经执行机关批准。对被判处管制的罪犯，在劳动中实行同工同酬。

管制的刑期从判决之日起计算。判决执行前先行羁押的，羁押1日折抵刑期2日。管制期满，执行机关应及时解除对犯罪分子的管制，同时，向罪犯本人和有关群众公开宣布。

对于被判处有期徒刑、拘役宣告缓刑的罪犯，在宣告缓刑时，应当同时宣告缓刑的考验期。罪犯在缓刑考验期内，必须遵守法律、法令，接受监督考察。迁移户口应经人民法院或公安机关批准。没有附加剥夺政治权利的，缓刑期间不应限制其政治权利的行使。缓刑罪犯参加劳动，应同工同酬。如果被同时判处附加

刑的，附加刑仍应执行。

被宣告缓刑的罪犯，在缓刑考验期限内没有再犯新罪，考验期满，原判刑罚就不再执行，矫正机构应当公开向罪犯、有关群众和组织宣布终止考察，不必再另办法律手续；在缓刑考验期限内再犯新罪或者有漏罪没有判决，需要撤销缓刑的，应当由审判新罪的人民法院，在审判新罪、漏罪时，对原判宣告的缓刑予以撤销，按刑法规定的数罪并罚原则处理。如果原来是上级人民法院判决宣告缓刑的，审判新罪的下级人民法院也可以撤销原判决宣告的缓刑。

缓刑考验期从判决确定之日起计算。判决确定前先行羁押的日期，不能折抵缓刑考验期。如果又犯新罪或发现未被判处的漏罪，则撤销缓刑，判处实刑，已执行的缓刑考验期也不能折抵刑期。但是判决执行前先行羁押的日期，应予折抵刑期。

四、剥夺政治权利的执行

《刑事诉讼法》第270条规定："对被判处剥夺政治权利的罪犯，由公安机关执行。执行期满，应当由执行机关书面通知本人及其所在单位、居住地基层组织。"

根据《刑法》的规定，判处徒刑、拘役附加剥夺政治权利的，剥夺政治权利的刑期，从徒刑、拘役执行完毕之日或从假释之日起计算。判处管制附加剥夺政治权利的，剥夺政治权利的期限与管制的期限相等，同时执行。

对剥夺政治权利的，要严格按照《刑法》第54条规定的政治权利的范围执行，对于不属于政治权利范围的其他权利不能予以剥夺。剥夺政治权利期满，一经公开宣布，即应恢复当事人的政治权利。

五、罚金、没收财产的执行

罚金，是人民法院依法判决犯罪公民或犯罪单位，向国家缴纳一定数额金钱的刑罚方法。不得以其他刑罚代替罚金。根据《刑事诉讼法》第271条的规定，罚金判决由人民法院负责执行。被判处罚金的罪犯或犯罪单位，应按照判决确定的数额在判决规定的期限内一次或分期缴纳。期满不缴纳的，人民法院应当强制缴纳。如果由于遭遇不能抗拒的灾祸或者罪犯及其家属重病、伤残等，以及其他一些原因导致缴纳罚金确实有困难的，可以裁定延期缴纳、酌情减少或者免除。经强制缴纳仍不能全部缴纳的，在任何时候，包括主刑执行完毕后，发现被执行人有可供执行的财产的，应当追缴。行政机关对被告人就同一事实已经处以罚款的，人民法院判处罚金时应当折抵，扣除行政处罚已执行的部分。

罪犯缴纳的罚金，应按规定及时上缴国库，任何机关、个人都不得挪作他用或者私分。

没收财产，是指把犯罪人个人所有财产的一部或者全部依法无偿地收归国有的一种刑罚。没收财产可以附加适用，也可以独立适用。根据《刑事诉讼法》第272条和最高人民法院《解释》的有关规定，没收财产的判决，无论附加适用或者独立适用，都由人民法院执行；在必要的时候，可以会同公安机关执行。这里所规定的"在必要的时候"，主要是指人民法院执行没收财产可能遇到干涉、阻挠、妨碍判决的执行，需要采取强制措施的时候。判处没收财产的，判决生效后，应当立即执行。

没收财产的范围，只限于犯罪分子本人所有的部分财产或全部财产，不得没收属于罪犯家属所有或应有的财产。对查封前犯罪分子所负的正当债务，如果需要用没收的财产偿还的，经债权人请求，由人民法院裁定在没收的财产中偿还。如果在没收的财产中，有罪犯利用犯罪手段获得的他人财产，经原主申请，并经人民法院查证属实后，应将原物退还原主。对于没收的财产，应按有关规定及时上缴国库或财政部门，任何机关、个人都不得私自挪用、调换、压价私分或变相私分。

对于财产刑附带民事裁判的执行，可以参照适用民事执行的有关规定。

六、无罪判决和免除刑罚判决的执行

《刑事诉讼法》第260条规定："第一审人民法院判决被告人无罪、免除刑事处罚的，如果被告人在押，在宣判后应当立即释放。"根据这一规定，无罪、免除刑事处罚的判决，由人民法院执行。为了保护不应受到刑罚处罚的被告人的合法权益，这类判决一经宣布，首先要将被关押的被告人立即释放。由人民法院将无罪或免除刑事处罚的判决书连同执行通知书送交看守所，看守所在接到上述法律文书后应当立即释放被关押的被告人。即使当事人及其法定代理人提出上诉或人民检察院提出抗诉，一审判决尚未生效，也不影响释放被告人的立即执行，不得等待判决生效后才予以执行。这是针对无罪判决和免除刑事处罚判决的执行问题所作出的特殊法律规定。

无罪和免除处罚判决生效后，人民法院和其他司法机关应当协同有关单位做好善后工作。根据《刑事诉讼法》第200条第2、3项规定，依据法律认定被告人无罪的，应当作出无罪判决；证据不足，不能认定被告人有罪的，应当作出证据

不足、指控的犯罪不能成立的无罪判决。上述规定明确了两种不同情况下的无罪判决，应当区别对待。对前一种情况的无罪判决，应妥善处理，及时恢复无罪被告人的人身自由和名誉。对后一种情况规定的无罪判决，人民法院也应立即释放关押的被告人。对于免除处罚的被告人，也应恢复其人身自由，撤销非关押性质的其他强制措施。同时，人民法院可根据案件不同情况予以训诫、责令具结悔过、赔礼道歉、赔偿损失或建议有关主管机关给予被告人行政处罚或行政处分。

七、社区矫正

社区矫正，是指将符合条件的罪犯放置于社区内，由专门国家机关在相关社会团体和民间组织以及社会志愿者的协助下，在判决、裁定或决定确定的期限内，矫正其犯罪心理和行为恶习，并促进其顺利回归社会的非监禁刑罚执行活动。它是与监禁矫正相对的一种行刑方式，也是人类为克服监狱行刑罪犯易交叉感染、重报应惩罚的局限性而作出的理性选择。

社区矫正最初是基于人道主义、行刑社会化理论和恢复性司法理念而作为监狱行刑的补充形式，逐渐发展成为当前西方多数国家的行刑方式，即通过对社区内服刑的非监禁对象，实施一系列保护观察措施，实现其矫正恶习、预防再犯罪的刑罚目的。这一集矫正复归理念和社区保护观察为一体的行刑制度起源于英国和北美。19世纪20年代，英国沃里克郡的治安法官将普通法中的担保与具结相结合，释放被雇主控告的年轻犯罪人，交由社区成员加以监护。1887年英国《初犯者缓刑法》和1907年英国《犯罪人缓刑法》规定了社区监护。美国波士顿的鞋匠约翰·奥古斯塔斯在1841年的开创性工作，促进了社区矫正制度的创建，为今天的社区矫正制度的完善奠定了基础。美国也于1909年颁布了《犯罪人缓刑法》，1925年制定了《联邦缓刑法》，全面固化了缓刑制度、规范了非监禁行刑方式的社区矫正之实施程序。我国的社区矫正从2003年开始试点，2009年在全国全面推行。

2011年2月25日，第十一届全国人大常委会第十九次会议审议通过的《刑法修正案（八）》首次以法律形式规定对判处管制、缓刑以及假释的罪犯依法实行社区矫正。2012年3月14日，第十一届全国人大第五次会议表决通过的《关于修改〈中华人民共和国刑事诉讼法〉的决定》对社区矫正制度又从程序法上作了进一步规定："对被判处管制、宣告缓刑、假释或者暂予监外执行的罪犯，依法实行社区矫正，由社区矫正机构负责执行。"《刑法》《刑事诉讼法》的明确规定，标志着我国社区矫正法律制度的正式确立。这一制度的确立，一方面有利于克服监禁刑的弊端，避免服刑人员"标签化"和"监狱化"，符合刑罚人道化发展趋势，彰显我国社会的文明进步；另一方面有利于与国际刑事司法领域通行做法接轨，合理配置行刑资源，降低行刑成本、提高教育改造效果。十八届四中全会明确提出，加快推进社会治理体制创新法律制度建设，制定社区矫正法是其中一项重要的法律。

关于社区矫正的适用范围，根据《刑事诉讼法》第269条的规定，社区矫正主要适用于以下四种罪犯：（1）被判处管制的。（2）被宣告缓刑的。（3）被暂予监外执行的。具体包括：有严重疾病需要保外就医的，怀孕或者正在哺乳自己婴儿的妇女，生活不能自理，适用暂予监外执行不致危害社会的。（4）被裁定假释的。

思考题：

1. 执行机关有哪些？
2. 对被判处无期徒刑或有期徒刑的罪犯，应当如何执行刑罚？
3. 试述对判处死刑立即执行的判决的执行程序。

▶ 自测习题及参考答案

第十九章 执行的变更与监督

第一节 死刑、死缓执行的变更

一、死刑执行的变更

《刑事诉讼法》第262条、第263条在执行死刑的程序中规定了停止执行死刑和暂停执行死刑两种变更执行的情况。这些规定,体现了我国在适用死刑上的慎重态度。其目的,一是防止错杀,二是更好地体现我国一贯的"可杀可不杀的不杀"的刑事政策。

根据《刑事诉讼法》第262条的规定,下级人民法院在接到最高人民法院执行死刑的命令后,应当在7日以内交付执行,但是发现有下列情形之一的,应当停止执行,并且立即报告最高人民法院,由最高人民法院作出裁定:(1)在执行前发现判决可能有错误的。(2)在执行前罪犯揭发重大犯罪事实或者有其他重大立功表现,可能需要改判的。(3)罪犯正在怀孕的。

应当对《刑事诉讼法》的上述规定作如下理解:

第一,"在执行前发现判决可能有错误"中的"有错误"是可能而不是确实,即发现判决在认定事实上或者适用法律上可能有错误,这种错误足以影响死刑判决的正确性。因为这种可能性需要一定的时间去查实,所以应当停止死刑的执行。

第二,"在执行前罪犯揭发重大犯罪事实或者有其他重大立功表现,可能需要改判的",应当停止执行死刑。这是1996年《刑事诉讼法》增加的一项规定,体现了我国法律要求和鼓励被判处死刑的罪犯揭发其他犯罪、立功赎罪的精神,有利于调动一切积极因素,最大限度地孤立和打击罪大恶极的罪犯。司法实践表明,不少被判处死刑的罪犯,执行前能够揭发重大犯罪或者有其他重大立功表现。这说明其良心未泯,主观恶性尚未达到非杀不可的程度。对于这类罪犯,经查证属实后,可以依法改判。

第三,关于"罪犯正在怀孕"。对于怀孕罪犯在羁押期间人工流产的,应视同正在怀孕。司法实践中,执行法院若遇此情形,则必须依据我国《刑事诉讼法》第262条第3项的规定处理,即发现罪犯正在怀孕的,应当停止执行,立即报最高人民法院,并报请最高人民法院依法改判。这里的"正在怀孕"情形包括罪犯在立案、侦查、起诉、审判、执行各个阶段怀有身孕,也包括在羁押期间的人工流产。它充分体现了我国法律对妇女、儿童身心健康的特殊保护。

此外,最高人民法院《解释》第 418 条规定,第一审人民法院在接到执行死刑命令后,执行前,发现有下列情形之一的,应当暂停执行,并立即将请求停止执行死刑的报告和相关材料层报最高人民法院:(1)罪犯可能有其他犯罪的;(2)共同犯罪的其他犯罪嫌疑人到案,可能影响罪犯量刑的;(3)共同犯罪的其他罪犯被暂停或停止执行死刑,可能影响罪犯量刑的;(4)罪犯揭发重大犯罪事实或者有其他重大立功表现,可能需要改判的;(5)罪犯怀孕的;(6)判决、裁定可能有影响定罪量刑的其他错误的。

关于"在执行前发现可能有错误,应当暂停执行"。这里的"执行前"是指从验明正身到行刑前的这段时间,所以将"暂停执行"的权力交由指挥执行的人员行使。"可能有错误"应包括《刑事诉讼法》第 262 条规定的应当停止执行死刑的三项情形在内的一切可能的错误。这是《刑事诉讼法》关于在执行死刑的最后阶段防止错杀的一项具体规定。有些执迷不悟的罪犯直到生命终结前的最后一刻才意识到生命的宝贵,才揭发其他重大犯罪;有的罪犯出于种种原因直到临刑前才喊冤吐实情,等等。凡此种种,只要可能有错误,负责指挥执行死刑的审判人员都应决定暂停执行,报请最高人民法院裁定。

在停止执行死刑或暂停执行死刑的决定作出后,执行死刑的人民法院应当立即报告最高人民法院,由最高人民法院作出裁定。经审查核实,如果认为原判决是正确的,必须报请最高人民法院院长再签发执行死刑的命令,才能执行死刑。如果认为原判决确有错误,或者罪犯检举、揭发重大犯罪事实或者有其他重大立功表现,依法可以减轻处罚的,应当报请最高人民法院裁定撤销原判决,将案件发回第一审人民法院或者第二审人民法院重审,或者由相关人民法院提审,依法改判。如果查实罪犯确系正在怀孕的妇女,应当报请最高人民法院依法改判。

二、死缓执行的变更

死缓执行的变更,也即死刑缓期二年执行的变更。死刑缓期二年执行不是独立的刑罚种类,而是我国刑罚中死刑的一种特殊执行制度,是指对于罪该判处死刑的犯罪分子,如果不是必须立即执行,在判处死刑的同时宣告缓期二年执行,实行监管改造,以观后效的一种制度。死刑缓期二年执行的执行必然产生减刑或执行死刑两种结果，都涉及执行变更的问题。

根据《刑事诉讼法》第261条第2款的规定，被判处死刑缓期二年执行的罪犯，在死刑缓期执行期间，如果没有故意犯罪，死刑缓期执行期满，应当予以减刑的，由执行机关提出书面意见，报请高级人民法院裁定；如果故意犯罪，情节恶劣，查证属实，应当执行死刑的，由高级人民法院报请最高人民法院核准；对于故意犯罪未执行死刑的，死刑缓期执行的期间重新计算，并报最高人民法院备案。

第二节 监外执行

一、监外执行的概念

监外执行，是指被判处有期徒刑、拘役的罪犯，本应在监狱或其他执行场所服刑，由于出现了法律规定的某种特殊情形，不适宜在监狱或其他执行场所执行刑罚时，暂时采取的一种变通执行方法。

各国法律规定设立监外执行制度的用意在于，当某些本应依法在监禁状态下服刑的已决犯身上出现某些特殊情况后，通过一定的诉讼程序，将原先法院所判处的监禁刑的实刑，改变为非监禁的刑罚执行方法，而且犯罪人的刑期不因执行场所、执行方式的变更而中断，仍然连续计算。一旦当初决定监外执行的特殊情况消失或者又发生某种新的情况时，则需要将监外执行的犯罪人收监执行。简言之，所谓监外执行，就是在监禁场所之外对犯罪人执行刑罚的一种特殊执行方法。

二、监外执行的适用条件和程序

监外执行是将犯罪人被判处的刑罚从监禁改变为非监禁执行，这样就意味着犯罪人在一定的期间内将离开监狱的看押监管，回到社会上执行刑罚，而监禁与非监禁其实是有本质差异的。故而，为了防止犯罪人重新危害社会、维护社会正常秩序，对犯罪人决定暂予监外执行是有一定条件的。

一般来讲，监外执行的前提条件是：正在监狱服刑改造的犯罪人必须确实存在法律所规定的可以暂予监外执行的特殊情况，不具备这个前提条件就不可以考虑并作出监外执行决定。当然，实践中也不是任何一名正在监狱服刑的犯罪人都可以申请或者被决定监外执行的，他还必须符合监外执行的刑种条件。所谓监外执行的刑种条件，是指可以考虑适用监外执行的犯罪人被判处的刑罚种类只能是无期徒刑、有期徒刑和拘役。

我国《刑事诉讼法》第265条第1款规定："对被判处有期徒刑或者拘役的罪犯，有下列情形之一的，可以暂予监外执行：（一）有严重疾病需要保外就医的；（二）怀孕或者正在哺乳自己婴儿的妇女；（三）生活不能自理，适用暂予监外执行不致危害社会的。"《刑事诉讼法》第265条第2款规定："对被判处无期徒刑的罪犯，有前款第二项规定情形的，可以暂予监外执行。"根据以上两款规定，监外执行只限于上述几种情况。对于符合监外执行条件的罪犯，如果认为保外就医可能有社会危险性的，也不能予以监外执行。对为了达到监外执行目的，企图通过自伤自残的欺骗方法谋得保外就医的罪犯，同样也不能予以监外执行。对其中情节恶劣的，视情况还应追究其刑事责任。

对于罪犯确有严重疾病，必须保外就医的，必须履行法定的手续，先由省级人民政府指定的医院诊断并开具证明文件。《刑事诉讼法》第265条第5款规定："在交付执行前，暂予监外执行由交付执行的人民法院决定；在交付执行后，暂予监外执行由监狱或者看守所提出书面意见，报省级以上监狱管理机关或者设区的市一级以上公安机关批准。"2014年4月24日，第十二届全国人大常委会第八次会议通过《关于〈中华人民共和国刑事诉讼法〉第二百五十四条第五款、第二百五十七条第二款的解释》，对这两款规定的含义及人民法院决定暂予监外执行的案件，由哪个机关负责组织病情诊断、妊娠检查和生活不能自理的鉴别和由哪个机关对予以收监执行的罪犯送交执行刑罚的问题，解释如下：（1）罪犯在被交付执行前，因有严重疾病、怀孕或者正在哺乳自己婴儿的妇女、生活不能自理的原因，依法提出暂予监外执行的申请的，有关病情诊断、妊娠检查和生活不能自理的鉴别，由人民法院负责组织进行。（2）根据《刑事诉讼法》第268条第2款的规定，对人民法院决定暂予监外执行的罪犯，有《刑事诉讼法》第268条第1款规定的情形，依法应当予以收监的，在人民法院作出决定后，由公安机关依照《刑事诉讼法》第264条第2款的规定送交执行刑罚。监狱、看守所提出暂予监外执行的书面意见的，应当将书面意见的副本抄送人民检察院。人民检察院可以向决定或者批准机关提出书面意见。决定或者批准暂予监外执行的机关应当将暂予监外执行决定抄送人民检察院。人民检察院认为暂予监外执行不当的，应当自接到通知之日起1个月以内将书面意见送交决定或者批准暂予监外执行的机关，决定或者批准暂予监外执行的机关接到人民检察院的书面意见后，应当立即对该决定进行重新核查。

对暂予监外执行的罪犯，有下列情形之一的，依法应当及时收监：（1）发现不符合暂予监外执行条件的；（2）严重违反有关暂予监外执行监督管理规定的；（3）暂予监外执行的情形消失后，罪犯刑期未满的。对于人民法院决定暂予监外执行的罪犯应当予以收监的，由人民法院作出决定，将有关的法律文书送达公安机关、监狱或者其他执行机关。不符合暂予监外执行条件的罪犯通过贿赂等非法手段被暂予监外执行的，在监外执行的期间不计入执行刑期。罪犯在暂予监外执行期间脱逃的，脱逃的期间不计入执行刑期。

罪犯在暂予监外执行期间死亡的，执行机关应当及时通知监狱或者看守所。

第三节 减刑和假释程序

一、减刑

根据《刑法》第78条的规定，减刑是指被判处管制、拘役、有期徒刑、无期徒刑的罪犯，在执行期间，如果认真遵守监规，接受教育改造，确有悔改表现的，或者有立功表现的，可以依法对其减轻原判的刑罚。减刑可以由较重的刑罚减为较轻的刑罚（只限于无期徒刑减为有期徒刑），也可以由较长的刑期减为较短的刑期。但是，经过一次减刑或几次减刑以后实际执行的刑期，法律是有具体规定的。根据2017年1月1日实施的《最高人民法院关于办理减刑、假释案件具体应用法律的规定》的规定，（1）被判处有期徒刑的罪犯减刑起始时间为：不满5年有期徒刑的，应当执行1年以上方可减刑；5年以上不满10年有期徒刑的，应当执行1年6个月以上方可减刑；10年以上有期徒刑的，应当执行2年以上方可减刑。有期徒刑减刑的起始时间自判决执行之日起计算。确有悔改表现或者立功表现的，一次减刑不超过9个月有期徒刑；确有悔改表现并有立功表现的，一次减刑不超过1年有期徒刑；有重大立功表现的，一次减刑不超过1年6个月有期徒刑；确有悔改表现并有重大立功表现的，一次减刑不超过2年有期徒刑。被判处不满10年有期徒刑的罪犯，两次减刑间隔时间不得少于1年；被判处10年以上有期徒刑的罪犯，两次减刑间隔时间不得少于1年6个月。减刑间隔时间不得低于上次减刑减去的刑期。当然，罪犯有重大立功表现的，可以不受上述减刑起始时间和间隔时间的限制。（2）对符合减刑条件的职务犯罪罪犯，破坏金融管理秩序和金融诈骗犯罪罪犯，组织、领导、参加、包庇、纵容黑社会性质组织犯罪罪犯，危害国家安全犯罪罪犯，恐怖活动犯罪罪犯，毒品犯罪集团的首要分子及毒品再犯，累犯，确有履行能力而不履行或者不全部履行生效裁判中财产性判项的罪犯，被判处10年以下有期徒刑的，执行2年以上方可减刑，减刑幅度应当比照本规定第6条从严掌握，一次减刑不超过1年有期徒刑，两次减刑之间应当间隔1年以上。对被判处10年以上有期徒刑的前款罪犯，以及因故意杀人、强奸、抢劫、绑架、放火、爆炸、投放危险物质或者有组织的暴力性犯罪被判处10年以上有期徒刑的罪犯，数罪并罚且其中两罪以上被判处10年以上有期徒刑的罪犯，执行2年以上方可减刑，减刑幅度应当比照本规定第6条从严掌握，一次减刑不超过一年有期徒刑，两次减刑之间应当间隔1年6个月以上。罪犯有重大立功表现的，可以不受上述减刑起始时间和间隔时间的限制。（3）被判处无期徒刑的罪犯在刑罚执行期间，符合减刑条件的，执行2年以上，可以减刑。减刑幅度为：确有悔改表现或者有立功表现的，可以减为22年有期徒刑；确有悔改表现并有立功表现的，可以减为21年以上22年以下有期徒刑；有重大立功表现的，可以减为20年以上21年以下有期徒刑；确有悔改表现并有重大立功表现的，可以减为19年以上20年以下有期徒刑。无期徒刑罪犯减为有期徒刑后再减刑时，减刑幅度依照本规定第6条的规定执行。两次减刑间隔时间不得少于2年。罪犯有重大立功表现的，可以不受上述减刑起始时间和间隔时间的限制。对被判处无期徒刑的职务犯罪罪犯，破坏金融管理秩序和金融诈骗犯罪罪犯，组织、领导、参加、包庇、纵容黑社会性质组织犯罪罪犯，危害国家安全犯罪罪犯，恐怖活动犯罪罪犯，毒品犯罪集团的首要分子及毒品再犯，累犯以及因故意杀人、强奸、抢劫、绑架、放火、爆炸、投放危险物质或者有组织的暴力性犯罪的罪犯，确有履行能力而不履行或者不全部履行生效裁判中财产性判项的罪犯，数罪并罚被判处无期徒刑的罪犯，符合减刑条件的，执行3年以上方可减刑，减刑幅度应当比照本规定第8条从严掌握，减刑后的刑期最低不得少于20年有期徒刑；减为有期徒刑后再减刑时，减刑幅度比照本规定第6条从严掌握，一次不超过1年有期徒刑，两次减刑之间应当间隔2年以上。罪犯有重大立功表现的，可以不受上述减刑起始时间和间隔时间的限制。（4）被判处死刑缓期执行的罪犯减为无期徒刑后，符合减刑条件的，执行3年以上方可减刑。减刑幅度为：确有悔改表现或者有立功表现的，可以减为25年有期徒刑；确有悔改表现并有立功表现的，可以减为24年以上25年以下有期徒刑；有重大立功表现的，可以减为23年以上24年以下有期徒刑；确有悔改表现并有重大立功表现的，可以减为22年以上23年以下有期徒刑。对被判处死刑缓期执行的职务犯罪罪犯，破坏金融管理秩序和金融诈骗犯罪罪犯，组织、领导、参加、包庇、纵容黑社会性质组织犯罪罪犯，危害国家安全犯罪罪犯，恐怖活动犯罪罪犯，毒品犯罪集团的首要分子及毒品再犯，累犯以及因故意杀人、强奸、抢劫、绑架、放火、爆炸、投放危险物质或者有组织的暴力性犯罪的罪犯，确有履行能力而不履行或者不全部履行生效裁判中财产性判项的罪犯，数罪并罚被判处死刑缓期执行的罪犯，减为无期徒刑后，符合减刑条件的，执行3年以上方可减刑，一般减为25年有期徒刑，有立功表现或者重大立功表现的，可以比照本规定第10条减为23年以上25年以下有期徒刑；减为有期徒刑后再减刑时，减刑幅度比照本规定第6条从严掌握，一次不超过1年有期徒刑，两次减刑之间应当间隔2年以上。被判处死刑缓期执行的罪犯经过一次或者几次减刑后，其实际执行的刑期不得少于15年，死刑缓期执行期间不包括在内。

根据《刑事诉讼法》第273条第2款和《监狱法》等有关法律规定，对于被判处管制、拘役、有期徒刑或者无期徒刑的罪犯，在执行期间确有悔改或者立功表现，应当依法予以减刑时，由各刑罚执行机关提出建议书，根据原判处刑罚的不同，分别报请不同的人民法院审核裁定：

第一，对被判处死刑缓期执行的罪犯的减刑，由罪犯服刑地的高级人民法院根据同级监狱管理机关审核同意的减刑建议书裁定。

第二，对被判处无期徒刑的罪犯的减刑，由罪犯服刑地的高级人民法院，在收到同级监狱管理机关审核同意的减刑建议书后1个月内作出裁定，案情复杂或者情况特殊的，可以延长1个月。

第三，对被判处有期徒刑和被减为有期徒刑的罪犯的减刑，由罪犯服刑地的中级人民法院，在收到执行机关提出的减刑建议书后1个月内作出裁定，案情复杂或者情况特殊的，可以延长1个月。

第四，对被判处拘役、管制的罪犯的减刑，由罪犯服刑地中级人民法院，在收到同级执行机关审核同意的减刑建议书后1个月内作出裁定。

对暂予监外执行罪犯的减刑，应当根据情况，分别适用有关规定。

二、假释

根据《刑法》第81条的规定，假释是指被判处有期徒刑的罪犯，原判刑期执行1/2以上，被判处无期徒刑的罪犯，实际刑期执行10年以上，如果认真遵守监规，接受教育改造，确有悔改表现，不致再危害社会的，可以附条件地将其提前释放。如果有特殊情节，经最高人民法院核准，假释也可以不受上述执行刑期的限制。

根据《最高人民法院关于办理减刑、假释案件具体应用法律的规定》第 25 条的规定，对累犯以及因故意杀人、强奸、抢劫、绑架、放火、爆炸、投放危险物质或者有组织的暴力性犯罪被判处 10 年以上有期徒刑、无期徒刑的罪犯，不得假释。因前款情形和犯罪被判处死刑缓期执行的罪犯，被减为无期徒刑、有期徒刑后，也不得假释。

假释的程序与减刑程序基本相同。监狱等刑罚执行机关在报请人民法院审核裁定减刑、假释时，必须做到材料完备、手续齐全，以保证人民法院审理活动的顺利进行。应申报的材料包括提请减刑意见书或提请假释意见书、罪犯评审鉴定表、奖惩审批表、终审法院判决书或裁定书的复制件、历次减刑裁定书的复制件以及罪犯悔改或者有立功表现的具体事实的证明材料。

人民法院审理减刑、假释案件，应当一律予以公示。公示地点为罪犯服刑场所的公共区域。有条件的地方，应面向社会公示，接受社会监督。同时，应当组成合议庭进行，可以采用书面审理的方式，但下列案件，应当开庭审理：（1）因罪犯有重大立功表现提请减刑的；（2）提请减刑的起始时间、间隔时间或者减刑幅度不符合一般规定的；（3）在社会上有重大影响或社会关注度高的；（4）公示期间收到投诉意见的；（5）人民检察院有异议的；（6）人民法院认为有开庭审理必要的。

人民法院的减刑或者假释裁定，一般由作出裁定的人民法院直接宣告，直接宣告有困难的，也可以委托罪犯服刑地的人民法院或者执行机关代为宣告。减刑、假释的裁定，应当在裁定作出之日起 7 日内送达有关执行机关、人民检察院以及罪犯本人。对于减刑、假释裁定不准上诉。对于人民法院裁定假释的罪犯，监狱等刑罚执行机关应当按期假释并发给释放证明书。

为了落实中央政法委员会《关于严格规范减刑、假释、暂予监外执行切实防止司法腐败的意见》，最高人民法院 2014 年发布《关于对部分职务犯罪罪犯减刑、假释、暂予监外执行实行备案审查的通知》，该通知明确规定，基层人民法院对原县处级职务犯罪罪犯决定暂予监外执行后 10 日内，逐级报请高级人民法院备案审查；对原厅局级以上职务犯罪罪犯决定暂予监外执行后 10 日内，逐级报请最高人民法院备案审查；中级人民法院对原县处级职务犯罪罪犯决定暂予监外执行后 10 日内，报请高级人民法院备案审查；对原厅局级以上职务犯罪罪犯决定暂予监外执行后 10 日内，逐级报请最高人民法院备案审查；高级人民法院对原厅局级以上职务犯罪罪犯决定暂予监外执行后 10 日内，报请最高人民法院备案审查。

第四节　对新罪、漏罪和申诉的处理

一、对新罪、漏罪的处理

新罪，是指罪犯在服刑期间又犯的新罪行。漏罪，是指判决生效后在执行过程中发现的罪犯在判决宣告以前所犯的尚未判决的罪行。《刑事诉讼法》第273条第1款规定："罪犯在服刑期间又犯罪的，或者发现了判决的时候所没有发现的罪行，由执行机关移送人民检察院处理。"发现了罪犯的新罪，都应依法追诉，这必然会涉及执行的变更问题。

在刑罚执行期间，如果发现了罪犯在判决宣告以前所犯的尚未判决的漏罪，或者罪犯实施了脱逃、组织越狱、伤害等新罪，由监狱等有管辖权的机关进行侦查。侦查终结后，写出起诉意见书，连同案卷材料、证据一并移送人民检察院。如果认为需要追究刑事责任，人民检察院应按管辖分工的不同，向有管辖权的基层人民法院或中级人民法院起诉。人民法院应依法进行审判，将罪犯的新罪或漏罪所判处的刑罚与原判决尚未执行完毕的刑期，按数罪并罚的原则，决定应当执行的刑罚。

对罪犯脱逃后又犯新罪，应分别情况处理。如果新罪是在被捕以后发现的，应按前述管辖和处理程序进行追究；如果罪犯所犯罪行是在犯罪地发现的，即由犯罪地的公安机关、人民检察院、人民法院依照管辖范围和法定程序进行处理。判决后，原则上仍送回原所在监狱执行。

关于服刑罪犯脱逃后又犯罪是否办理逮捕手续的问题，应分别情况处理：（1）如果查明查获的犯罪分子确为服刑期间脱逃的罪犯，可由捕获的公安机关羁押，不必再办逮捕手续，看守所应当凭公安机关的羁押文件收押。（2）如果未查明犯罪人系服刑期间脱逃的罪犯，其行为又该逮捕的，可依法办理逮捕手续。（3）在办理服刑期间又犯新罪的案件的过程中，如果罪犯服刑期届满，所犯新罪够逮捕条件的，应由人民检察院或人民法院批准或决定逮捕。

人民法院对新罪、漏罪审理后制作的判决书，除应送达罪犯交付执行监狱外，还应送达原审人民法院和担负监所检察任务的人民检察院。

二、对申诉的处理

《刑事诉讼法》第275条规定："监狱和其他执行机关在刑罚执行中，如果认为判决有错误或者罪犯提出申诉，应当转请人民检察院或者原判人民法院处理。"根据规定，在执行刑罚中，监狱和其他执行机关如果发现对罪犯的判决有错误，应本着对法律高度负责的精神，及时将有关情况及意见向人民检察院或原判人民法院反映。在执行刑罚中，罪犯本人认为生效裁判有错误的，也可以向人民检察院或原判人民法院提出申诉，请求重新处理。所谓申诉，是指罪犯认为对自己的判决有错误，在服刑中提出撤销或变更原判刑罚的请求。对于罪犯的申诉材料，监狱或其他刑罚执行机关应当及时转递，不得扣压。

人民检察院或者原判人民法院对收到的申诉材料及意见，应当迅速审查。对于确有错误的，应依法提起审判监督程序，对案件进行再审。对于原判正确，申请没有理由的，可以驳回申诉，并将处理结果通知申诉人和有关执行机关。《监狱法》规定，人民检察院或人民法院应当自收到监狱提请处理意见书之日起6个月内将处理结果通知监狱。

第五节　人民检察院对执行的监督

执行监督，是指人民检察院对人民法院已经发生法律效力的判决、裁定的执行是否合法实行法律监督的活动。人民法院的判决和裁定发生法律效力后，在执行中如不能依法加以执行，就会破坏或影响刑事诉讼的结果，违背刑罚的目的。开展执行监督，有利于维护生效判决和裁决的稳定性和严肃性，有利于纠正冤假错案，保护公民的合法权益，从而保障刑事诉讼任务的实现。

一、人民检察院对执行死刑的监督

《刑事诉讼法》第263条第1款规定："人民法院在交付执行死刑前，应当通知同级人民检察院派员临场监督。"司法实践中，人民法院通常在交付执行死刑3日以前，通知同级人民检察院派员监督。临场监督执行死刑的检察人员应当依法监督执行死刑的场所、方法和执行死刑的活动是否合法。在执行死刑前，发现有下列情形之一的，应当建议人民法院停止执行：（1）被执行人并非应执行死刑的罪犯的；（2）罪犯犯罪时不满18周岁的；（3）判决可能有错误的；（4）在执行前罪犯检举揭发重大犯罪事实或者有其他重大立功表现，可能需要改判的；（5）罪犯正在怀孕的。

在执行死刑中发现其他严重违法情况的，也应及时提出纠正意见。

在执行死刑过程中，根据需要，人民检察院临场监督人员可以进行拍照、摄像；执行死刑后，人民检察院临场监督人员应检查罪犯是否确已死亡，并填写死刑临场监督笔录，签字后入卷归档。

二、人民检察院对暂予监外执行的监督

《刑事诉讼法》第266条规定："监狱、看守所提出暂予监外执行的书面意见的，应当将书面意见的副本抄送人民检察院。人民检察院可以向决定或者批准机关提出书面意见。"第267条规定："决定或者批准暂予监外执行的机关应当将暂予监外执行决定抄送人民检察院。人民检察院认为暂予监外执行不当的，应当自接到通知之日起一个月以内将书面意见送交决定或者批准暂予监外执行的机关，决定或者批准暂予监外执行的机关接到人民检察院的书面意见后，应当立即对该决定进行重新核查。"

根据最高人民检察院《规则》第644条的规定，人民检察院收到监狱、看守所抄送的暂予监外执行书面意见副本后，应当逐案进行审查，发现罪犯不符合暂予监外执行法定条件或者提请暂予监外执行违反法定程序的，应当在10日内向决定或者批准机关提出书面检察意见，同时也可以向监狱、看守所提出书面纠正意见。人民检察院向决定或者批准暂予监外执行的机关提出不同意暂予监外执行的书面意见后，应当监督其对决定或者批准暂予监外执行的结果进行重新核查，并监督重新核查的结果是否符合法律规定。对核查不符合法律规定的，应当依法提出纠正意见，并向上一级人民检察院报告。

三、人民检察院对减刑、假释的监督

《刑事诉讼法》第274条规定，人民检察院认为人民法院减刑、假释的裁定不当，应当在收到裁定书副本后20日以内，向人民法院提出书面纠正意见。人民法院应当在收到纠正意见后1个月以内重新组成合议庭进行审理，作出最终裁定。

人民检察院在接到人民法院减刑、假释的裁定书副本后，应当立即进行审查。为了解情况，承办人员可以向罪犯服刑机关和有关人员进行调查，可以向法院和罪犯服刑机关调阅有关资料等。经审查，人民检察院认为人民法院减刑、假释的裁定不当，应当在收到裁定书副本后20日以内，向作出减刑、假释裁定的人民法院提出书面纠正意见。

对人民法院减刑、假释裁定的纠正意见，由作出减刑、假释裁定的人民法院的同级人民检察院向该人民法院书面提出。人民检察院对人民法院减刑、假释的

裁定提出纠正意见后，应当监督人民法院是否在收到纠正意见后 1 个月内重新组成合议庭进行审理，并监督其重新作出的最终裁定是否符合法律规定。对最终裁定不符合法律规定的，应当向同级人民法院再次提出纠正意见。

四、人民检察院对执行刑罚活动的监督

《刑事诉讼法》第 276 条规定："人民检察院对执行机关执行刑罚的活动是否合法实行监督。如果发现有违法的情况，应当通知执行机关纠正。"这是《刑事诉讼法》关于人民检察院对执行机关执行刑罚活动进行监督的原则性规定。这里所说的人民检察院对执行机关执行刑罚活动的监督，是指对除《刑事诉讼法》已有专条规定之外的一切执行刑罚活动的监督。这些监督主要包括：（1）人民法院判决被告人无罪、免除刑罚处罚的，在押被告人是否被立即释放；（2）人民法院将罪犯交付执行时，据以交付执行的刑事判决、裁定是否已经发生法律效力，交付执行的手续、程序是否合法，执行机关是否符合法律规定；（3）监狱和其他刑罚执行机关收押罪犯的活动是否合法；（4）对于死刑缓期二年执行的罪犯，二年期满是否依法及时予以减刑；（5）对于被判处管制、剥夺政治权利的罪犯和宣告缓刑、假释的罪犯、暂予监外执行的罪犯，公安机关是否依法进行监督、考察；（6）对于罚金、没收财产判决的执行是否合法，罚没钱物是否依法处理；（7）对于服刑中的罪犯又犯新罪或者发现了漏罪，是否依法进行了追究；（8）对于服刑罪犯的申诉是否及时转送，并作出正确处理；（9）监狱、未成年犯管教所、看守所、拘役所的执行活动是否符合《刑事诉讼法》《监狱法》《看守所条例》等有关法律法规，是否保障了罪犯依法享有的各项权利，是否有利于罪犯改造，对于刑期届满的罪犯是否按期释放；等等。

人民检察院在对执行机关活动进行监督的过程中，发现有违法情况的，应当通知执行机关纠正。对于情节较轻的违法行为，检察人员可以以口头方式向违法人员或者执行机关负责人提出纠正，并及时向监所检察部门的负责人汇报。必要时，由部门负责人提出。对于比较严重的违法行为，应报请检察长批准后，向监狱或公安机关发出《纠正违法通知书》。对于造成严重后果、构成犯罪的，应当依法追究责任人的刑事责任。

人民检察院发出《纠正违法通知书》的，应当根据执行机关的回复监督落实情况；没有回复的，应当督促执行机关回复，纠正违法的情况，并且及时向上一级人民检察院报告，并抄报执行机关的上级主管机关。上级人民检察院认为下级人民检察院意见正确的，应与同级执行机关共同督促下级执行机关纠正；上级人

民检察院认为下级人民检察院纠正违法的意见有错误,应当通知下级人民检察院撤销发出的《纠正违法通知书》,并通知同级执行机关。

五、人民检察院对社区矫正活动的监督

最高人民检察院《规则》第659条规定,人民检察院依法对社区矫正执法活动进行监督,发现有下列情形之一的,应当依法向社区矫正机构提出纠正意见:(1)没有依法接受交付执行的社区矫正人员;(2)违反法律规定批准社区矫正人员离开所居住的市、县,或者违反人民法院禁止令的内容批准社区矫正人员进入特定区域或者场所的;(3)没有依法监督管理而导致社区矫正人员脱管的;(4)社区矫正人员违反监督管理规定或者人民法院的禁止令,依法应予治安管理处罚,没有及时提请公安机关依法给予处罚的;(5)缓刑、假释罪犯在考验期内违反法律、行政法规或者有关缓刑、假释的监督管理规定,或者违反人民法院的禁止令,依法应当撤销缓刑、假释,没有及时向人民法院提出撤销缓刑、假释建议的;(6)对具有《刑事诉讼法》第268条第1款规定情形之一的暂予监外执行的罪犯,没有及时向决定或者批准暂予监外执行的机关提出收监执行建议的;(7)对符合法定减刑条件的社区矫正人员,没有依法及时向人民法院提出减刑建议的;(8)对社区矫正人员有殴打、体罚、虐待、侮辱人格、强迫其参加超时间或者超体力社区服务等侵犯其合法权利行为的。

思考题:

1. 试述人民检察院对刑罚执行的监督方式。
2. 社区矫正制度的适用对象和条件是什么?
3. 人民法院如何审理减刑、假释案件?

▶ 自测习题及参考答案

第二十章 未成年人刑事案件诉讼程序

第一节 概 述

一、未成年人刑事案件诉讼程序的概念和特点

未成年人刑事案件是指未成年人实施的触犯刑法的案件。未成年人刑事案件诉讼程序是指按照《刑事诉讼法》和其他相关法律的规定，公安机关、人民检察院和人民法院等国家专门机关在对未成年人刑事案件进行立案、侦查、审查起诉、审判和执行等过程中所依据的特殊的方式和步骤。根据《刑法》及《未成年人保护法》的相关规定，在我国，刑事法意义上的未成年人是指已满14周岁不满18周岁的未成年人。

《刑事诉讼法》对未成年人刑事案件诉讼程序作出特别的规定，主要是由未成年人刑事案件的特点决定的，这也使得该程序具有不同于普通程序的特点，对未成年犯罪嫌疑人、被告人实行教育、感化、挽救的方针和坚持教育为主、惩罚为辅的原则，是办理未成年人刑事案件的基本出发点。

第一，未成年人生理与心理发育不成熟，需要通过特别程序对其诉讼权利予以特别保护。未成年人具有半儿童、半成年人的特点，其认知能力远远落后于成年人。这一特点主要是由未成年人生理及心理特点决定的，由于其身体和智力还处在发展过程中，辨别是非的能力较弱，情绪不稳定，易受外界环境的影响。在诉讼活动中，未成年犯罪嫌疑人、被告人的理解能力偏弱，需要通过特别的原则和制度对其进行特殊保护。为此，《刑事诉讼法》规定了法律援助制度，使得未成年犯罪嫌疑人、被告人在侦查、起诉和审判阶段都有权利获得法律援助，从而帮助其有效行使自己的诉讼权利；《刑事诉讼法》还确立了合适成年人到场制度，使得未成年犯罪嫌疑人、被告人的法定代理人和其他相关人员能够有效参与诉讼程序，从而加强对未成年人合法权益的保护。

第二，未成年人的身心发育不成熟、内心敏感脆弱，需要专门的办案机构和专业人员负责办理未成年人刑事案件。《刑事诉讼法》第277条第2款规定："人民法院、人民检察院和公安机关办理未成年人刑事案件，应当保障未成年人行使其诉讼权利，保障未成年人得到法律帮助，并由熟悉未成年人身心特点的审判人员、检察人员、侦查人员承办。"为此，人民法院可以设立独立建制的未成年人案

件审判庭或在刑事审判庭内设立未成年人刑事案件合议庭（两者统称少年法庭），或者由专人负责审理未成年人刑事案件；人民检察院、公安机关应当设置专门机构或者配备专职人员办理未成年人刑事案件。未成年人刑事案件应当由熟悉未成年人身心特点，善于做未成年人思想教育工作，具有一定办案经验的人员办理。并且，应加强对办案人员的培训和指导，同时应当保持其工作的相对稳定性。

第三，未成年人易于接受教育改造，应对其采用轻缓的刑事政策和诉讼程序，以促使其早日回归社会。未成年人社会规范意识不强，缺乏自控能力，容易走向犯罪道路，但其犯罪动机简单，犯罪行为带有较大的盲目性，犯罪的个性心理尚未定型，因而具有较强的可塑性，更容易接受矫治。因此，对未成年人刑事案件的处理应更多考虑到未成年犯罪嫌疑人、被告人自身的特点和回归社会的需要，尽量采用轻缓的处理方法。如在诉讼过程中，应当严格限制适用逮捕，实行与成年人分管分押的措施；对于轻缓犯罪实行附条件不起诉；采用不公开审理的庭审方式；对于被判处5年有期徒刑以下刑罚的，实行犯罪记录封存制度；等等。

二、未成年人刑事案件诉讼程序的法律依据

随着未成年人犯罪的增多，教育保护未成年人的工作也越来越受到社会各方面的重视。与此相适应，规范未成年人刑事案件诉讼程序的法律规范也逐步完备，主要包括以下几种：

（一）《刑事诉讼法》

2012年《刑事诉讼法》在新增的第五编"特别程序"中对未成年人刑事案件诉讼程序作出了专章规定，相较于1996年《刑事诉讼法》中零散的规定无疑是巨大的进步。该章通过11个新增的条文加大了对未成年人诉讼权利保护的力度，形成了一整套有别于成年人刑事案件的特殊诉讼程序。主要包括以下几个方面：(1) 明确规定了未成年人刑事案件诉讼程序的办案方针和原则。(2) 完善了未成年人案件的法律援助制度。(3) 明确规定了未成年人社会调查制度。(4) 增加规定了对未成年人严格适用逮捕措施以及分案处理、分别关押、分别管理、分别教育的制度。(5) 增设了合适成年人到场制度。(6) 增加规定了未成年人附条件不起诉制度。(7) 明确规定了未成年人刑事案件不公开审理的原则及例外。(8) 增加规定了未成年犯罪记录封存制度。

（二）《未成年人保护法》和《预防未成年人犯罪法》

全国人民代表大会常务委员会于1991年9月4日通过并于2006年、2012年两次修订的《未成年人保护法》，在第五章"司法保护"中对未成年人刑事案件的处

理作了专门规定。例如,该法第 55 条规定,公安机关、人民检察院、人民法院办理未成年人犯罪案件和涉及未成年人权益保护案件时,应当照顾未成年人身心发展特点,尊重他们的人格尊严,保障他们的合法权益,并根据需要设立专门机构或者指定专人办理。

全国人民代表大会常务委员会于 1999 年 6 月 28 日通过并于 2012 年修正的《预防未成年人犯罪法》,在第六章"对未成年人重新犯罪的预防"中规定了追究未成年人刑事责任的方针、原则,审判主体的专门性,不公开审理原则,分案处理,社区矫正等制度和程序,这些规定是对刑事诉讼法的相关制度的贯彻和落实,对于保障未成年人身心健康,培养未成年人良好的品行,有效地预防和减少未成年人犯罪,具有重要意义。

(三)相关司法解释、规定

最高人民法院《解释》对审理未成年人刑事案件应遵循的特有原则、审判组织、少年法庭的受案范围等一般问题及开庭准备、审判等具体问题进行了详细规定,成为各级人民法院办理未成年人刑事案件的重要依据。此外,最高人民法院于 2005 年 12 月 12 日通过的《关于审理未成年人刑事案件具体应用法律若干问题的解释》对审理未成年人刑事案件中一些不同于成年人刑事案件的程序作了比较详细的特别规定,可以用来弥补《刑事诉讼法》及最高人民法院《解释》的不足。

最高人民检察院《规则》对于未成年人刑事案件中的社会调查报告、审查逮捕、附条件不起诉及犯罪记录封存等制度进行了详细规定,成为各级人民检察院办理未成年人刑事案件的重要依据。最高人民检察院 2002 年 3 月 25 日通过并于 2006 年、2013 年两次修订的《人民检察院办理未成年人刑事案件的规定》,对办理未成年人刑事案件的审查批准逮捕、审查起诉与出庭支持公诉、法律监督及申诉检察等问题都作了比较详尽的规定。2012 年 10 月 22 日发布的最高人民检察院《关于进一步加强未成年人刑事检察工作的决定》对于办理未成年人案件的特殊方针、原则,专业化队伍建设、特别制度建设以及未成年人犯罪社会化帮教预防体系的建设等做了进一步规定。此外,最高人民检察院于 2017 年 3 月颁布了《未成年人刑事检察工作指引(试行)》,该文件细化了未成年人刑事检察工作的具体标准和操作程序。这些规定对于全面贯彻教育、感化、挽救的方针以及切实保障未成年人的诉讼权利具有重要意义。

公安部《规定》对公安机关办理未成年人刑事案件亦作了全面规定。此外,公安部在 1995 年 10 月 23 日颁布的《公安机关办理未成年人违法犯罪案件的规定》也是公安机关办理未成年人刑事案件的重要法律依据。

中央综治委预防青少年违法犯罪工作领导小组、最高人民法院、最高人民检察院、公安部、司法部、共青团中央于 2010 年 8 月 28 日联合出台了《关于进一步建立和完善办理未成年人刑事案件配套工作体系的若干意见》，明确提出了进一步建立、巩固和完善办理未成年人刑事案件专门机构，加强对涉案未成年人合法权益的保护，加强公安机关、人民检察院、人民法院、司法行政机关的协调与配合，等等，为进一步完善未成年人刑事案件诉讼程序确立了基本方向。

拓展阅读
联合国少年司法最低限度标准规则（北京规则）

（四）相关的国际少年司法准则

对未成年人的保护是全世界共同关注的重要课题，为此，联合国等国际组织通过了一系列法律文件，其中涉及对未成年人刑事案件的诉讼程序的特别规定，主要包括《联合国少年司法最低限度标准规则》（即《北京规则》）、《联合国预防少年犯罪准则》（即《利雅得准则》）、《儿童权利公约》和《联合国保护被剥夺自由少年规则》等。这些国际条约所确立的基本原则、标准和规范，为我国未成年人刑事案件诉讼程序的完善提供了法律依据和发展方向。对于我国已经签署和加入的公约，应在我国法律中通过相应的条款予以充分体现和切实贯彻，使之在司法实践中发挥功效。

第二节 未成年人刑事案件诉讼程序的基本原则与制度

《刑事诉讼法》第 277 条第 1 款明确规定了对犯罪的未成年人实行"教育、感化、挽救"的方针，即在办理未成年人刑事案件时，必须立足于教育、感化、挽救工作，增强未成年人的法治观念，使其认识错误、改过自新，重新回归社会。这一方针充分体现了未成年人刑事案件诉讼程序的立法宗旨，对办理未成年人刑事案件的基本原则及制度构建具有重要的指导意义和统领价值。

一、未成年人刑事案件诉讼程序的基本原则

未成年人刑事案件诉讼程序的基本原则是指人民法院、人民检察院和公安机关在办理未成年人刑事案件过程中应当遵循的基本准则。它贯穿于未成年人刑事案件处理的全过程，对具体的诉讼制度及程序规则具有指导意义。主要包括：

（一）教育为主、惩罚为辅原则

《刑事诉讼法》第 277 条第 1 款规定："对犯罪的未成年人实行教育、感化、挽救的方针，坚持教育为主、惩罚为辅的原则。"立法在对犯罪的未成年人实行教育、感化、挽救的方针指导下，明确确立了教育为主、惩罚为辅的原则。教育为主、惩罚为辅原则要求公安司法人员在办理未成年人刑事案件中正确处理惩罚和教育的关系。要将教育工作放在首要的位置，惩罚则应当作为辅助的措施加以适用。

贯彻教育为主、惩罚为辅原则并不意味着对未成年人只重教育而忽视惩罚。未成年人犯罪同样对社会造成了危害，对其依法予以处罚是正当的，也是必要的。忽视惩罚或过轻的处罚不能使其认识到自己行为的危害后果，对教育、感化、挽救方针的贯彻是不利的。

（二）未成年人诉讼权利特殊保护原则

为贯彻教育、感化、挽救的方针，实现教育为主、惩罚为辅的原则，《刑事诉讼法》对未成年人诉讼权利进行了特别的规定，即在享有成年犯罪嫌疑人、被告人诉讼权利的基础上，还特别赋予未成年犯罪嫌疑人、被告人一系列特殊的诉讼权利，并辅以相关制度保障其实现。《刑事诉讼法》第 277 条第 2 款规定，人民法院、人民检察院和公安机关办理未成年人刑事案件，应当保障未成年人行使其诉讼权利。首先，公安司法机关应履行告知义务，在诉讼的各个阶段和环节明确告知未成年犯罪嫌疑人、被告人享有的诉讼权利；其次，人民法院、人民检察院和公安机关有义务保障未成年人各项诉讼权利的实现。为落实这一要求，立法规定应由熟悉未成年人身心特点的审判人员、检察人员、侦查人员承办案件，实现办案人员的专门化，以适应未成年人权利保障的需要。此外，未成年犯罪嫌疑人、被告人还依法享有获得法律援助的权利、合适成年人到场的权利、不公开审理的权利、附条件不起诉的权利及犯罪记录封存等项权利。

（三）全面调查原则

全面调查原则，是指公安司法机关在办理未成年人刑事案件时，不仅要查明案件本身的情况，还应对未成年犯罪嫌疑人、被告人的家庭背景、生活环境、教育经历、个人性格、心理特征等与犯罪和案件处理有关的信息做全面、细致的调查，必要时还要对其进行心理测评和鉴定。全面调查原则将未成年人刑事诉讼的关注视角从未成年犯罪嫌疑人、被告人的行为，拓展到关注未成年犯罪嫌疑人、被告人本人，这是刑法的刑罚个别化理念、教育刑理念以及再社会化理念在未成年人刑事诉讼中的反映。

全面调查原则的确立源于《北京规则》第16条的规定：所有案件除涉及轻微违法行为的案件外，在主管当局作出判决前的最后处理之前，应对少年生活的背景和环境或犯罪的条件进行适当的调查，以便主管当局对案件作出明智的判决。在我国未成年人刑事诉讼中，全面调查原则体现在两个方面：首先，全面调查原则既包括对与未成年犯罪嫌疑人、被告人实施的犯罪行为相关的事实的调查，又包括与犯罪事实不相关，但却反映了未成年犯罪嫌疑人、被告人性格特点、成长经历、犯罪原因、监护教育等情况的调查，既要关注犯罪行为，更要关注"行为人"。其次，全面调查原则贯穿于整个未成年人刑事诉讼程序。从立案侦查阶段开始，包括审查起诉阶段、审判阶段甚至执行阶段，都需要对未成年人进行全面调查。

（四）分案处理原则

分案处理原则，是指将未成年人刑事案件与成年人刑事案件在诉讼程序上相分离，对未成年人和成年人分别关押、分案审理、分别执行。《刑事诉讼法》第280条第2款规定："对被拘留、逮捕和执行刑罚的未成年人与成年人应当分别关押、分别管理、分别教育。"坚持分案处理原则，主要是由于涉案未成年人思想不成熟，将其与成年人并案处理、同监一处，很容易受到成年犯罪嫌疑人、被告人的不良影响，不利于对涉案未成年人进行教育和改造。该原则的内容主要包括三个方面：（1）在刑事诉讼中采用拘留、逮捕等强制措施关押未成年犯罪嫌疑人时，必须与成年犯罪嫌疑人分开看管；（2）在处理未成年人与成年人共同犯罪或者有牵连的案件时，尽量适用不同的诉讼程序，在不妨碍审理的前提下，坚持专门的办案机构或人员办理未成年人刑事案件；（3）在未成年人刑事案件审理完毕交付执行阶段，不得与成年人同住一个监所。

（五）不公开审理原则

不公开审理原则是指人民法院在审理未成年人刑事案件时，不对社会公开，不允许旁听和记者采访。《刑事诉讼法》第285条规定："审判的时候被告人不满十八周岁的案件，不公开审理。但是，经未成年被告人及其法定代理人同意，未成年被告人所在学校和未成年人保护组织可以派代表到场。"这一规定使所有未成年人犯罪的案件都纳入了不公开审理原则的保护之中。

审理不公开主要包括对公众的不公开、对新闻媒体的不公开和相关犯罪档案的不公开。这是基于保护未成年人的考虑，避免其以被告人的身份出现在公众面前，使其免受来自社会的心理压力，从而有利于对其教育、改造和更好地回归社会。根据最高人民法院《解释》第469条规定，审理未成年人刑事案件，不得向外界披露该未成年人的姓名、住所、照片以及可能推断出该未成年人身份的其他资料。查阅、摘抄、复制的未成年人刑事案件的案卷材料，不得公开和传播。被害人是未成年人的刑事案件，适用上述规定。

二、未成年人刑事案件诉讼程序的基本制度

未成年人刑事案件诉讼程序的基本制度是指公安机关、人民检察院及人民法院在处理未成年人刑事案件过程中，应予以特别遵守的具体准则。它为切实保障未成年人合法权益提供了有效的制度保障。主要包括：

（一）合适成年人到场制度

《刑事诉讼法》第281条第1款规定："对于未成年人刑事案件，在讯问和审判的时候，应当通知未成年犯罪嫌疑人、被告人的法定代理人到场。无法通知、法定代理人不能到场或者法定代理人是共犯的，也可以通知未成年犯罪嫌疑人、被告人的其他成年亲属，所在学校、单位、居住地基层组织或者未成年人保护组织的代表到场，并将有关情况记录在案……"合适成年人到场制度主要包括以下内容：

首先，讯问和审判未成年犯罪嫌疑人、被告人时应当通知其法定代理人或其他合适成年人到场。

其次，立法明确了合适成年人的范围，具体包括：（1）法定代理人；（2）未成年犯罪嫌疑人、被告人、被害人、证人的其他成年亲属；（3）其他合适成年人，即所在学校、单位、居住地基层组织或者未成年人保护组织的代表。其中，法定代理人是第一顺序的合适成年人，只有在无法通知、法定代理人不能到场或者法定代理人是共犯的情况下，才可以通知其他合适成年人到场。通知法定代理人以外的其他人员到场的，应当将法定代理人不能到场的原因、相关人员到场的具体情况等信息在讯问笔录、询问笔录、法庭审理笔录等文件中予以记载、说明。相比1996年《刑事诉讼法》的法定代理人到场制度，合适成年人到场制度拓宽了未成年人保护主体的范围，适应了变革中的司法实践的需要，有助于对未成年人合法权益的保护。

再次，关于合适成年人的诉讼权利。根据《刑事诉讼法》第281条第1、2款的规定，到场的法定代理人可以代为行使未成年犯罪嫌疑人、被告人的诉讼权利；到场的法定代理人或者其他人员认为办案人员在讯问、审判中侵犯未成年人合法权益的，可以提出意见；讯问笔录、法庭笔录应当交给到场的法定代理人或者其他人员阅读或者向他宣读。此外，审判未成年人刑事案件，在未成年被告人最后

陈述后，其法定代理人可以进行补充陈述。

最后，该项制度旨在通过合适成年人到场对讯问和审判过程进行监督，防止侵犯未成年人合法权益情况的发生，切实保障未成年人的合法权益。合适成年人到场制度也适用于询问未成年被害人、证人的情形。

（二）全程法律援助制度

《刑事诉讼法》第278条规定："未成年犯罪嫌疑人、被告人没有委托辩护人的，人民法院、人民检察院、公安机关应当通知法律援助机构指派律师为其提供辩护。"由此可见，在未成年人刑事诉讼程序中贯穿着全程法律援助制度。

首先，立法将对未成年人的法律援助由审判阶段向前延伸至侦查阶段，在刑事诉讼的全过程加强了对未成年犯罪嫌疑人、被告人辩护权的保护。

其次，在未成年人刑事诉讼程序中实行无条件的法律援助。在刑事诉讼中，只要未成年犯罪嫌疑人、被告人没有委托辩护人，办案机关就应当通知法律援助机构指派律师为其提供辩护，而不论其经济是否困难，也不论其涉嫌犯罪是否严重，也不以其本人及其近亲属是否提出法律援助的申请为前提，这种无条件的法律援助可以最大程度保障未成年犯罪嫌疑人、被告人的合法权益。

最后，公检法三机关应当通知法律援助机构负责指派律师为其提供辩护。相比由办案机关直接指定承担法律援助义务的律师提供辩护，通过法律援助机构具体指派律师，可以避免办案机关指定律师可能带来的行政化弊端，更有助于法律援助机构统一行使该项职责。全程法律援助制度使得辩护律师能够有充分的时间与未成年犯罪嫌疑人、被告人接触，能够对其犯罪情况以及心理状况、家庭背景、成长经历等情况有比较充分的了解，同时还可以通过社会调查，走访学校、社区等方式全面了解未成年犯罪嫌疑人、被告人的情况，从而保障辩护权的有效行使。

《刑事诉讼法》第11条规定被告人有权获得辩护，但是在司法实践中，一些未成年被告人对于法院为其指定的辩护律师予以拒绝，根据最高人民法院《解释》第481、254条的规定，未成年被告人或者其法定代理人当庭拒绝辩护人辩护的，如要求另行委托辩护人或者指派律师的，合议庭应当准许。被告人拒绝辩护人辩护后，没有辩护人的，应当宣布休庭；仍有辩护人的，庭审可以继续进行。重新开庭后，未成年被告人或者其法定代理人再次当庭拒绝辩护人辩护的，不予准许。重新开庭时被告人已满18周岁的，可以准许，但不得再另行委托辩护人或者要求另行指派律师，由其自行辩护。

（三）社会调查制度

社会调查制度是指公安司法机关在办理未成年人刑事案件时，由法定的社会调查主体对未成年犯罪嫌疑人、被告人的成长经历、犯罪原因、监护教育等情况进行全面调查并形成社会调查报告。作为办案和教育的参考依据的未成年人特别保护制度，社会调查制度是实现全面调查原则的制度依托和现实途径。我国《刑事诉讼法》、最高人民法院《解释》、最高人民检察院《规则》等相关法律法规对社会调查制度的主体、内容以及作用等作出了明确的规定，形成了较为完整的制度体系。

1. 社会调查主体

在我国，未成年人刑事案件的社会调查既可以由公安机关、人民检察院、人民法院自行调查，也可以由三机关委托县级司法行政机关社区矫正机构、共青团组织以及其他社会团体组织等有关组织和机构进行，社会调查的主体呈现出多样性的特点。《刑事诉讼法》第 279 条规定："公安机关、人民检察院、人民法院办理未成年人刑事案件，根据情况可以对未成年犯罪嫌疑人、被告人的成长经历、犯罪原因、监护教育等情况进行调查。"最高人民法院《解释》第 476 条第 2 款规定："必要时，人民法院可以委托未成年被告人居住地的县级司法行政机关、共青团组织以及其他社会团体组织对未成年被告人的上述情况进行调查，或者自行调查。"最高人民检察院《规则》第 486 条第 2 款规定："人民检察院开展社会调查，可以委托有关组织和机构进行。"公安部《规定》第 311 条第 1 款规定："公安机关办理未成年人刑事案件，根据情况可以对未成年犯罪嫌疑人的成长经历、犯罪原因、监护教育等情况进行调查并制作调查报告。"另外，《关于进一步建立和完善办理未成年人刑事案件配套工作体系的若干意见》规定："社会调查由未成年犯罪嫌疑人、被告人户籍所在地或居住地的司法行政机关社区矫正工作部门负责。司法行政机关社区矫正工作部门可联合相关部门开展社会调查，或委托共青团组织以及其他社会组织协助调查。"

2. 社会调查的内容

我国未成年人社会调查制度的相关立法对社会调查报告书的内容作了较为明确的规定，如最高人民法院《解释》第 476、477 条，最高人民检察院《关于进一步加强未成年人刑事检察工作的决定》第 13 条，公安部《规定》第 311 条，以及《关于进一步建立和完善办理未成年人刑事案件配套工作体系的若干意见》等都对社会调查报告内容进行了细化。综合以上法律法规的相关规定，社会调查的内容主要包括未成年犯罪嫌疑人、被告人的性格特点、家庭情况、社会交往、成长经历、犯罪原因、犯罪后态度、是否具备有效监护条件或者社会帮教措施等。

3. 社会调查报告的作用

全面调查原则贯穿于未成年人刑事诉讼程序的始终，由社会调查形成的调查报告在刑事诉讼的各个阶段都发挥着重要的作用。社会调查报告的作用体现在以下方面：（1）在侦查阶段，社会调查报告是公安机关决定是否提请批捕和移送审查起诉，以及人民检察院审查批捕时衡量涉罪未成年犯罪嫌疑人是否具有社会危险性及逮捕必要性的重要参考依据。（2）在审查起诉阶段，社会调查报告是人民检察院决定是否提起公诉、酌定不起诉、附条件不起诉以及在附条件不起诉决定作出后对未成年犯罪嫌疑人进行帮教的重要参考依据。（3）在审判阶段，社会调查报告是人民法院对未成年人被告人量刑，尤其是是否判处未成年被告人管制、缓刑等非监禁刑以及免除刑罚的重要参考依据，也是对未成年被告人进行法庭教育的重要参考内容。（4）在刑罚执行阶段，社会调查报告为宣判后对未成年人进行回访、跟踪帮教提供有效参考，同时也为刑罚执行机关尤其是社区矫正机构对未成年罪犯进行有针对性的个别化矫治及履行监督职责提供了基本方向。应当注意的是，社会调查报告仅限于本案使用，不能用于其他用途。

（四）附条件不起诉制度

附条件不起诉，是指检察机关对于罪行较轻的未成年犯罪嫌疑人，由于没有立即追诉的必要而作出暂时不予提起公诉的决定，并要求其在一定的期限内履行一定的义务。在法律规定的期限内，如果犯罪嫌疑人没有违反法律的相关规定，并且履行了所要求的义务，检察机关就应作出不起诉的决定。否则，检察机关将依法对其提起公诉。其具体内容包括：

1. 附条件不起诉的适用范围

《刑事诉讼法》第282条第1款限定了对未成年犯罪嫌疑人适用附条件不起诉制度的案件范围："对于未成年人涉嫌刑法分则第四章、第五章、第六章规定的犯罪，可能判处一年有期徒刑以下刑罚，符合起诉条件，但有悔罪表现的，人民检察院可以作出附条件不起诉的决定。人民检察院在作出附条件不起诉的决定以前，应当听取公安机关、被害人的意见。"如前所述，未成年人适用附条件不起诉制度的案件范围，必须同时满足以下六个条件：（1）属于未成年人刑事案件；（2）只适用于涉嫌刑法分则第四章、第五章、第六章规定的犯罪；（3）只适用于可能判处一年有期徒刑以下刑罚的案件；（4）要符合犯罪事实已经查清，证据确实充分，依法应当追究刑事责任的起诉条件；（5）未成年犯罪嫌疑人必须有悔罪表现，即能够认识到自己的错误并积极向被害人赔礼道歉、求得被害人谅解和赔偿被害人损失；（6）未成年犯罪嫌疑人及其法定代理人对人民检察院决定附条件不起诉没有异议。

2. 附条件不起诉的决定程序

对于符合附条件不起诉的适用范围的，人民检察院在作出附条件不起诉决定之前，应当听取公安机关、被害人的意见。听取意见是法定必经程序，但公安机关和被害人的意见对人民检察院是否作出附条件不起诉决定，并没有约束力。检察机关应全面衡量案情及各方意见，作出最有利于未成年犯罪嫌疑人的决定。

3. 附条件不起诉的异议程序

《刑事诉讼法》第282条第2、3款规定："对附条件不起诉的决定，公安机关要求复议、提请复核或者被害人申诉的，适用本法第一百七十九条、第一百八十条的规定。未成年犯罪嫌疑人及其法定代理人对人民检察院决定附条件不起诉有异议的，人民检察院应当作出起诉的决定。"上述规定一方面保障了公安机关和被害人对人民检察院作出附条件不起诉决定的监督权，另一方面保障了未成年犯罪嫌疑人享有经依法审判被认定无罪的权利。

4. 附条件不起诉的考察机关、考察期限及具体事项

《刑事诉讼法》第283条和最高人民检察院《规则》第496条、第498条对附条件不起诉的考察机关、考察期限以及具体事项作出了明确的规定：（1）考察机关。《刑事诉讼法》第283条第1款、最高人民检察院《规则》第496条规定，在附条件不起诉的考验期内，由人民检察院对被附条件不起诉的未成年人进行监督考察。未成年犯罪嫌疑人的监护人，应当对未成年犯罪嫌疑人加强管教，配合人民检察院做好监督考察工作。人民检察院可以会同未成年犯罪嫌疑人的监护人、所在学校、单位、居住地的村民委员会、居民委员会、未成年人保护组织等的有关人员，定期对未成年犯罪嫌疑人进行考察、教育，实施跟踪帮教。由此可见，附条件不起诉的监督考察机关为人民检察院，同时未成年犯罪嫌疑人的监护人应给予配合。未成年犯罪嫌疑人所在学校、单位、居住地的村民委员会、居民委员会、未成年人保护组织等的有关人员对未成年犯罪嫌疑人的监督考察工作予以协助。（2）考察期限。《刑事诉讼法》第283条第2款规定："附条件不起诉的考验期为六个月以上一年以下，从人民检察院作出附条件不起诉的决定之日起计算。"考虑到未成年人的心理承受能力有限，过长的考验期限可能会产生负面的影响，因此将考验期限定在6个月以上1年以下是较为合适的。（3）考察的具体事项。《刑事诉讼法》第283条第3款对考察的具体事项作出了明确的规定，即被附条件不起诉的未成年犯罪嫌疑人，应当遵守下列规定：第一，遵守法律法规，服从监督；第二，按照考察机关的规定报告自己的活动情况；第三，离开所居住的市、县或者迁居，应当报经考察机关批准；第四，按照考察机关的要求接受矫治和教

育。最高人民检察院《规则》第498条还规定，人民检察院可以要求被附条件不起诉的未成年犯罪嫌疑人接受下列矫治和教育：完成戒瘾治疗、心理辅导或者其他适当的处遇措施；向社区或者公益团体提供公益劳动；不得进入特定场所，与特定的人员会见或者通信，从事特定的活动；向被害人赔偿损失、赔礼道歉等；接受相关教育，遵守其他保护被害人安全以及预防再犯的禁止性规定。

5. 附条件不起诉的法律后果

《刑事诉讼法》第284条规定："被附条件不起诉的未成年犯罪嫌疑人，在考验期内有下列情形之一的，人民检察院应当撤销附条件不起诉的决定，提起公诉：（一）实施新的犯罪或者发现决定附条件不起诉以前还有其他犯罪需要追诉的；（二）违反治安管理规定或者考察机关有关附条件不起诉的监督管理规定，情节严重的。被附条件不起诉的未成年犯罪嫌疑人，在考验期内没有上述情形，考验期满的，人民检察院应当作出不起诉的决定。"也就是说，只要考验期满，被附条件不起诉人在考验期内没有出现上述两种情形的，人民检察院就必须作出不起诉决定，诉讼程序即告终结。

（五）犯罪记录封存制度

《刑事诉讼法》第286条规定："犯罪的时候不满十八周岁，被判处五年有期徒刑以下刑罚的，应当对相关犯罪记录予以封存。犯罪记录被封存的，不得向任何单位和个人提供，但司法机关为办案需要或者有关单位根据国家规定进行查询的除外。依法进行查询的单位，应当对被封存的犯罪记录的情况予以保密。"

犯罪记录也称前科，是指曾经被宣告犯有罪行或被判处刑罚的事实的记录。对于未成年犯罪人来说，设立犯罪记录封存制度能够为其提供一个正常学习、生活的环境，有助于其重拾生活的勇气，更好地回归社会。应当注意的是，犯罪记录封存制度并不是对所有未成年人刑事案件一概适用，还需要满足特定的条件，即"被判处五年有期徒刑以下刑罚"的罪刑要求。这是考虑到对于未成年人不同的犯罪行为也不能一概而论，还是应当根据其主观恶性和社会危害性的不同而加以区别对待。这样既实现了对未成年人的特殊保护，也不至于造成司法不公，导致未成年人犯罪的泛滥。

犯罪记录封存制度具有明确的法律效力，即"不得向任何单位和个人提供"，办案机关对于记载有未成年人犯罪信息的各种材料应予保密，不得向任何单位及个人披露。对此，最高人民检察院《规则》第504条规定："人民检察院应当将拟封存的未成年人犯罪记录、卷宗等相关材料装订成册，加密保存，不予公开，并建立专门的未成年人犯罪档案库，执行严格的保管制度。"

犯罪记录封存不等于犯罪记录消灭，在法定例外情况下，有关部门仍可进行查询。法定例外是指存在着司法机关为办案需要或者有关单位根据国家规定进行查询的情形。司法机关为办案需要，通常是指司法机关在办案过程中，为更加准确认定案件事实及行为人的人身危险性，需要查询未成年人前科的情况。有关单位根据国家规定进行查询，是指有关单位根据国家法律、法规、规章等有必要对犯罪记录进行查询。如根据《公务员法》《律师法》规定，曾受过刑事处罚的人不得或在一定期限内不得从事公务员、律师等特定职业。司法机关或者有关单位申请查询封存的犯罪记录的，应当向封存犯罪记录的公安机关、人民检察院、人民法院提出申请，并提供查询的理由和依据。对查询申请，办案机关应当及时作出是否同意的决定。依法进行查询的单位，应当对被封存的犯罪记录的情况予以保密。经查询获取的信息只能用于特定事项、特定范围。对于被封存犯罪记录的未成年人，如果发现漏罪，且漏罪与封存记录之罪数罪并罚后被决定执行5年有期徒刑以上刑罚的，则应当对其犯罪记录解除封存。

第三节　未成年人刑事案件的具体诉讼程序

一、立案程序

与成年人犯罪案件相比，未成年人立案程序的审查内容有其自身的特点，在立案审查时，应重点把握以下方面：

1. 审查未成年犯罪嫌疑人的年龄

年龄作为犯罪主体要件，既决定了未成年人是否构成犯罪以及应否承担刑事责任，又决定了在诉讼程序上能否启动未成年人刑事诉讼程序，故需对未成年犯罪嫌疑人出生的年月日进行重点审查。公安部《规定》第310条规定，公安机关办理未成年人刑事案件时，应当重点查清未成年犯罪嫌疑人实施犯罪行为时是否已满14周岁、16周岁、18周岁的临界年龄。

2. 审查未成年人是否被教唆

由于未成年人自身生理、心理的特点，使其极可能成为被教唆的对象。在立案时，要查证未成年是否系被教唆犯罪，这样既可以正确处理未成年人的刑事责任，又可以发现其他犯罪事实，对教唆犯进行刑事追诉。

3. 扩大立案审查的范围

为贯彻教育、感化、挽救的方针，除应查明立案的事实条件和法律条件外，对于认定案情有意义的事实材料，都要予以查证。

案件材料审查后，对符合立案条件的，予以立案。对不符合立案条件，情节轻微，危害不大，不构成犯罪或者不需要刑事处罚的，则不予立案，并将案件材料转交有关部门审查处理。

二、侦查程序

未成年人刑事案件的侦查，是指侦查机关在办理未成年人刑事案件中，为了查明未成年人的犯罪事实和犯罪原因，依法进行的专门调查工作和采取的有关强制性措施。与成年人刑事案件相比，未成年人刑事案件的侦查具有以下特殊性：

（一）侦查内容的全面性

根据《刑事诉讼法》第279条的规定，公安机关、人民检察院、人民法院办理未成年人刑事案件，根据情况可以对未成年犯罪嫌疑人、被告人的成长经历、犯罪原因、监护教育等情况进行调查。公安部《规定》第311条规定，公安机关办理未成年人刑事案件，根据情况可以对未成年犯罪嫌疑人的成长经历、犯罪原因、监护教育等情况进行调查并制作调查报告。这就意味着在未成年人刑事诉讼中，应贯彻全面调查原则，对未成年犯罪嫌疑人、被告人进行社会调查，不仅要查明未成年犯罪嫌疑人、被告人涉嫌案件的事实情况，还要了解犯罪嫌疑人的成长经历、涉嫌犯罪原因、作案动机和目的、犯罪心理演变过程，以及与案件处理、监护教育等相关的信息。

（二）侦查方式的和缓性

在未成年人刑事案件的侦查中，当需要传唤未成年犯罪嫌疑人时，要注意其心理特点，避免引起其过度的紧张。因此，对未成年犯罪嫌疑人一般可通过其父母或监护人等间接传唤而不宜直接传唤。在讯问未成年犯罪嫌疑人时，尽量选择其熟悉的场所和地点。根据公安部《规定》第312条、第313条的规定，讯问未成年犯罪嫌疑人，应当通知未成年犯罪嫌疑人的法定代理人到场。无法通知、法定代理人不能到场或者法定代理人是共犯的，也可以通知未成年犯罪嫌疑人的其他成年亲属，所在学校、单位、居住地基层组织或者未成年人保护组织的代表到场，并将有关情况记录在案。到场的法定代理人可以代为行使未成年犯罪嫌疑人的诉讼权利。到场的法定代理人或者其他人员提出办案人员在讯问中侵犯未成年人合法权益的，公安机关应当认真核查，依法处理。讯问未成年犯罪嫌疑人应当采取适合未成年人的方式，耐心细致地听取其供述或者辩解，认真审核、查证与案件有关的证据和线索，并针对其思想顾虑、恐惧心理、抵触情绪进行疏导和教育。讯问女性未成年犯罪嫌疑人，应当有女工作人员在场。

（三）强制措施适用的慎重性

《刑事诉讼法》第280条第1款规定："对未成年犯罪嫌疑人、被告人应当严格限制适用逮捕措施。人民检察院审查批准逮捕和人民法院决定逮捕，应当讯问未成年犯罪嫌疑人、被告人，听取辩护律师的意见。"据此，讯问未成年犯罪嫌疑人、被告人，听取辩护律师的意见，成为审查批捕的必经程序。

最高人民检察院《规则》第487条、第488条规定，人民检察院办理未成年犯罪嫌疑人审查逮捕案件，应当根据未成年犯罪嫌疑人涉嫌犯罪的事实、主观恶性、有无监护与社会帮教条件等，综合衡量其社会危险性，严格限制适用逮捕措施。对于罪行较轻，具备有效监护条件或者社会帮教措施，没有社会危险性或者社会危险性较小，不逮捕不致妨害诉讼正常进行的未成年犯罪嫌疑人，应当不批准逮捕。对于罪行比较严重，但主观恶性不大，有悔罪表现，具备有效监护条件或者社会帮教措施，具有下列情形之一，不逮捕不致妨害诉讼正常进行的未成年犯罪嫌疑人，可以不批准逮捕：初次犯罪、过失犯罪的；犯罪预备、中止、未遂的；有自首或者立功表现的；犯罪后如实交代罪行，真诚悔罪，积极退赃，尽力减少和赔偿损失，被害人谅解的；不属于共同犯罪的主犯或者集团犯罪中的首要分子的；属于已满14周岁不满16周岁的未成年人或者系在校学生的；其他可以不批准逮捕的情形。

公安部《规定》第316条、第317条规定，对未成年犯罪嫌疑人应当严格限制和尽量减少使用逮捕措施。未成年犯罪嫌疑人被拘留、逮捕后服从管理、依法变更强制措施不致发生社会危险性，能够保证诉讼正常进行的，公安机关应当依法及时变更强制措施；人民检察院批准逮捕的案件，公安机关应当将变更强制措施情况及时通知人民检察院。对被羁押的未成年人应当与成年人分别关押、分别管理、分别教育，并根据其生理和心理特点在生活和学习方面给予照顾。上述规定旨在慎用逮捕措施，以将强制措施对未成年犯罪嫌疑人可能造成的消极影响降低到最低程度。

三、起诉程序

根据《人民检察院办理未成年人刑事案件的规定》《未成年人刑事检察工作指引（试行）》等规范性文件，未成年人刑事案件在起诉阶段应贯彻落实以下制度：

（一）案件进展情况告知制度

根据《人民检察院办理未成年人刑事案件的规定》第10条规定，人民检察院办理未成年人刑事案件，可以应犯罪嫌疑人家属、被害人及其家属的要求，告知其审查起诉的进展情况，并对有关情况予以说明和解释。这一规定有利于犯罪嫌疑人的权利保障，同时也有助于防止诉讼的拖延。

(二) 审查起诉中的"亲情会见"制度

根据《未成年人刑事检察工作指引（试行）》第54条的规定，人民检察院对于具备下列条件之一，且未成年犯罪嫌疑人的法定代理人、近亲属等与本案无牵连的，经公安机关同意，可以安排在押的未成年犯罪嫌疑人与其法定代理人、近亲属等进行会见：(1) 案件事实已基本查清，主要证据确实、充分，安排会见、通话不会影响诉讼活动正常进行的；(2) 未成年犯罪嫌疑人有认罪、悔罪表现，或者虽尚未认罪、悔罪，但通过会见有可能促使其转化，或者通过会见有利于社会、家庭稳定的；(3) 未成年犯罪嫌疑人的法定代理人、近亲属对其犯罪原因、社会危害性以及后果有一定的认识，并能配合司法机关进行教育的；(4) 其他可以安排会见的情形。"亲情会见"制度旨在通过未成年人的法定代理人、近亲属协助办案机关做好未成年犯罪嫌疑人的感化和挽救工作。

(三) 不起诉制度

本着"教育为主、惩罚为辅"的原则，检察机关在未成年人刑事案件中应根据不同情况准确适用法定不起诉、酌定不起诉（相对不起诉）、证据不足不起诉。根据《未成年人刑事检察工作指引（试行）》中的相关规定，在具体适用不起诉时应注意以下问题：

第一，不公开听证会。根据《未成年人刑事检察工作指引（试行）》第177条、第188条的规定，人民检察院对于社会影响较大或者争议较大的案件，在作出相对不起诉、附条件不起诉决定前，可以邀请侦查人员、未成年犯罪嫌疑人及其法定代理人、合适成年人、辩护人、被害人及其法定代理人、诉讼代理人、社会调查员、帮教人员等，召开不起诉听证会，充分听取各方的意见和理由，并制作听证笔录，由参与人员签字确认。不起诉听证会应当不公开进行。人民检察院应当告知参与人员不得泄露涉案信息，注意保护未成年人的隐私。

第二，对附条件不起诉的具体把握。根据《未成年人刑事检察工作指引（试行）》第184条的规定，人民检察院对于既可以附条件不起诉也可以起诉的未成年犯罪嫌疑人，应当优先适用附条件不起诉；对于既可以相对不起诉也可以附条件不起诉的未成年犯罪嫌疑人，应当优先适用相对不起诉。

第三，不起诉宣布教育仪式。根据《未成年人刑事检察工作指引（试行）》

第 179 条、第 201 条的规定，对于决定不起诉的案件，人民检察院应当举行不起诉宣布教育仪式，向被不起诉的未成年人及其法定代理人宣布不起诉决定书，阐明不起诉的理由和法律依据，并结合社会调查等情况，围绕犯罪行为对被害人、被不起诉的未成年人及其家庭、社会等造成的危害，导致犯罪行为发生的原因及应当吸取的教训等，对被不起诉的未成年人开展必要的教育。如果侦查人员、合适成年人、辩护人、帮教人员等参加有利于教育被不起诉的未成年人的，可以邀请他们参加，但要严格控制参与人员范围并告知其负有保密义务。未成年犯罪嫌疑人没有犯罪事实，或者证据不足以证实其存在犯罪事实而作出不起诉决定的，不举行上述宣布教育仪式。

（四）分案起诉制度

根据分案处理的原则，人民检察院审查未成年人与成年人共同犯罪案件，一般应当将未成年人与成年人分案起诉。但是具有下列情形之一的，可以不分案起诉：（1）未成年人系犯罪集团的组织者或者其他共同犯罪中的主犯的；（2）案件重大、疑难、复杂，分案起诉可能妨碍案件审理的；（3）涉及刑事附带民事诉讼，分案起诉妨碍附带民事诉讼部分审理的；（4）具有其他不宜分案起诉情形的。人民检察院对未成年人与成年人共同犯罪案件分别提起公诉后，在诉讼过程中出现不宜分案起诉情形的，可以及时建议人民法院并案审理。

（五）量刑建议制度

人民检察院在提起公诉时，应根据未成年被告人被指控的犯罪事实及社会调查报告等材料，依据最高人民法院《关于常见犯罪的量刑指导意见》，向人民法院提出量刑建议。对于符合相关规定的，应当向人民法院提出适用缓刑的量刑建议。《人民检察院办理未成年人刑事案件的规定》第 59 条规定，对于具有下列情形之一，依法可能判处拘役、3 年以下有期徒刑，有悔罪表现，宣告缓刑对所居住社区没有重大不良影响，具备有效监护条件或者社会帮教措施、适用缓刑确实不致再危害社会的未成年被告人，人民检察院应当建议人民法院适用缓刑：（1）犯罪情节较轻，未造成严重后果的；（2）主观恶性不大的初犯或者胁从犯、从犯；（3）被害人同意和解或者被害人有明显过错的；（4）其他可以适用缓刑的情节。

四、审判程序

未成年人刑事案件的审判程序同成年人刑事案件适用的普通程序相比，审判环节基本相似，也包括开庭、法庭调查、法庭辩论、被告人最后陈述、评议和宣判五个基本环节，但由于是未成年人刑事案件，其审判程序又有自己的

特点:

(一) 开庭前的准备工作

根据《刑事诉讼法》及最高人民法院《解释》第二十章第二节的规定,开庭前主要应做好以下准备工作:

1. 权利告知

人民法院向未成年被告人送达起诉书副本时,应当向其讲明被指控的罪行和有关法律规定,并告知其审判程序和诉讼权利、义务。

2. 做好未成年人法律援助工作

审判时不满18周岁的未成年被告人没有委托辩护人的,人民法院应当通知法律援助机构指派律师为其提供辩护;未成年被害人及其法定代理人因经济困难或者其他原因没有委托诉讼代理人的,人民法院应当帮助其申请法律援助。

3. 征询是否适用简易程序的意见

对未成年人刑事案件,人民法院决定适用简易程序审理的,应当征求未成年被告人及其法定代理人、辩护人的意见。上述人员提出异议的,不适用简易程序。

4. 通知法定代理人及近亲属等合适成年人到庭

根据《刑事诉讼法》第281条的规定,应当通知未成年被告人的法定代理人出庭。法定代理人无法出庭或者确实不适宜出庭的,也可以通知未成年被告人的其他成年亲属,所在学校、单位、居住地基层组织、未成年人保护组织的代表到场。被告人实施被指控的犯罪时不满18周岁,开庭时已满18周岁、不满20周岁的,人民法院开庭时,一般应当通知其近亲属到庭。经法庭同意,近亲属可以发表意见。近亲属无法通知、不能到场或者是共犯的,应当记录在案。

5. 接受社会调查报告,必要时进行进一步调查

对人民检察院移送的关于未成年被告人性格特点、家庭情况、社会交往、成长经历、犯罪原因、犯罪前后的表现、监护教育等情况的调查报告,以及辩护人提交的反映未成年被告人上述情况的书面材料,法庭应当接受。必要时,人民法院可以委托未成年被告人居住地的县级司法行政机关、共青团组织以及其他社会团体组织对未成年被告人的上述情况进行调查,或者自行调查。

6. 进行心理疏导及测评

对未成年人刑事案件,人民法院根据情况,可以对未成年被告人进行心理疏导;经未成年被告人及其法定代理人同意,也可以对未成年被告人进行心理测评。

7. 安排亲情会见

开庭前和休庭时,法庭根据情况,可以安排未成年被告人与其法定代理人或

者《刑事诉讼法》第281条第1款规定的其他成年亲属、代表会见。

(二) 庭审程序

根据《刑事诉讼法》及最高人民法院《解释》第二十章的规定，审理未成年人刑事案件应注意以下几点：

1. 专设席位及禁用戒具

人民法院应当在辩护台靠近旁听区一侧为未成年被告人的法定代理人或者《刑事诉讼法》第281条第1款规定的其他成年亲属、代表设置席位。在法庭上不得对未成年被告人使用戒具，但被告人人身危险性大，可能妨碍庭审活动的除外。必须使用戒具的，在现实危险消除后，应当立即停止使用。

2. 贯彻不公开审理原则

开庭审理时被告人不满18周岁的案件，一律不公开审理。经未成年被告人及其法定代理人同意，未成年被告人所在学校和未成年人保护组织可以派代表到场。到场代表的人数和范围，由法庭决定。到场代表经法庭同意，可以参与对未成年被告人的法庭教育工作。对依法公开审理，但可能需要封存犯罪记录的案件，不得组织人员旁听。

3. 注重证人保护及特殊质证方法

确有必要通知未成年被害人、证人出庭作证的，人民法院应当根据案件情况采取相应的保护措施。有条件的，可以采取视频等方式对其陈述、证言进行质证。

4. 选择适当的审理方式

未成年被告人在法庭上可以坐着接受法庭调查、讯问，但在回答审判人员的提问、宣判时应当起立。法庭审理时，审判人员应当注意未成年被告人的智力发育程度和心理状态，要态度严肃、和蔼，用语准确、通俗易懂。发现有对未成年被告人诱供、训斥、讽刺或者威胁的情形时，应当及时制止。休庭时，可以允许法定代理人或者其他成年近亲属、教师等人员会见被告人。

5. 调查报告及量刑相关材料的出示及调查

控辩双方提出对未成年被告人判处管制、宣告缓刑等量刑建议和量刑意见的，应当向法庭提供有关未成年被告人能够获得监护、帮教以及对所居住社区无重大不良影响的书面材料。对未成年被告人情况的调查报告，以及辩护人提交的有关未成年被告人情况的书面材料，法庭应当审查并听取控辩双方意见。上述报告和材料可以作为法庭教育和量刑的参考。

(三) 宣判程序

宣判程序的重点如下：

一是公开宣判。最高人民法院《解释》第487条规定，对未成年人刑事案件宣告判决应当公开进行，但不得采取召开大会等形式。对依法应当封存犯罪记录的案件，宣判时，不得组织人员旁听；有旁听人员的，应当告知其不得传播案件信息。

二是对被告人进行法庭教育。最高人民法院《解释》第485条规定，法庭判决未成年被告人有罪的，宣判后，应当对未成年被告人进行教育。对未成年被告人进行教育，可以邀请诉讼参与人、《刑事诉讼法》第281条第1款规定的其他成年亲属、代表以及社会调查员、心理咨询师等参加。适用简易程序审理的案件，对未成年被告人进行法庭教育，适用上述规定。对未成年被告人进行教育这一独有的审判环节突出体现了少年法庭"教育为主，惩罚为辅"的审判特点。对未成年被告人的教育可以围绕下列内容进行：（1）犯罪行为对社会的危害和应当受刑罚处罚的必要性；（2）导致犯罪行为发生的主观、客观原因及应当吸取的教训；（3）正确对待人民法院的裁判。

五、执行程序

根据最高人民法院《解释》第489条的规定，将未成年罪犯送监执行刑罚或者送交社区矫正时，人民法院应当将有关未成年罪犯的调查报告及其在案件审理中的表现材料，连同有关法律文书，一并送达执行机关。少年法庭可以通过多种形式与未成年犯管教所等未成年罪犯服刑场所建立联系，了解未成年罪犯的改造情况，定期回访，做好帮教、改造工作。

对未成年人的判决生效后，执行刑罚时，要注意以下方面：（1）应与成年犯分开关押，以免受成年犯的不良影响。（2）封存相关犯罪记录。对于被判处5年有期徒刑以下刑罚的案件应当对相关犯罪记录予以封存。除司法机关办案需要或者有关单位根据国家规定进行查询外，不得向任何单位和个人提供。（3）应重视未成年罪犯的思想改造、知识教育和劳动技能训练，使其更好地回归社会。通过刑罚的执行，不但使未成年罪犯在思想上弃恶从善，还使其掌握一定的谋生技能，立足于社会。根据我国《预防未成年人犯罪法》第46条的规定，未成年犯在被执行刑罚期间，执行机关应当加强对未成年犯的法制教育，对未成年犯进行职业技术教育，对没有完成义务教育的未成年犯，执行机关应当保证其继续接受义务教育。（4）对未成年罪犯的改造，应动员社会各界的力量。在注意发挥执行机关主导作用的同时，应努力发挥社会组织及未成年罪犯家庭的作用，使未成年罪犯感受到社会的关怀和家庭的温暖，促进其思想的转变，使其早日回归社会。

思考题：

1. 如何理解对未成年罪犯教育为主、惩罚为辅的原则？
2. 如何理解对未成年人诉讼权利特殊保护的原则？
3. 试述合适成年人到场制度的内容和意义。
4. 附条件不起诉的适用条件是什么？
5. 试述犯罪记录封存制度的内容及意义。

▶ 自测习题及参考答案

第二十一章 刑事和解程序

刑事和解与我国当前所处的社会背景有着密切的联系，是在我国政治、经济、文化以及社会机能转型时期出现的一种制度，对于维护社会秩序的稳定以及公民之间的和睦相处有着积极的意义。

第一节 当事人和解的公诉案件诉讼程序概述

一、当事人和解的公诉案件诉讼程序的概念

刑事和解有广义和狭义之分。广义的刑事和解既包括刑事公诉案件的和解，也包括刑事自诉案件以及附带民事诉讼案件的和解；狭义的刑事和解仅指刑事公诉案件的和解。1996年《刑事诉讼法》及相关司法解释中均有关于刑事自诉案件以及附带民事诉讼案件和解的规定，但对于刑事公诉案件的和解则受到禁止。2012年修正《刑事诉讼法》时，在特别程序一编单独设立"当事人和解的公诉案件诉讼程序"一章，规定了刑事公诉案件的和解程序。本节所指的刑事和解，如无特殊说明，仅指狭义的刑事和解，即公诉案件的刑事和解。

一般认为，刑事和解对于有效化解矛盾、提高纠纷解决的满意程度具有重要意义，符合当前构建和谐社会的社会背景。

二、当事人和解的公诉案件诉讼程序的意义

首先，刑事和解可以作为从宽处罚的依据。《刑事诉讼法》第290条规定，对于达成和解协议的案件，公安机关可以向人民检察院提出从宽处理的建议。人民检察院可以向人民法院提出从宽处罚的建议；对于犯罪情节轻微，不需要判处刑罚的，可以作出不起诉的决定。人民法院可以依法对被告人从宽处罚。最高人民检察院《规则》以及最高人民法院《解释》对此作了进一步明确。

其次，刑事和解有约束双方当事人的效力。和解的双方当事人应当自觉履行和解协议书的内容。根据最高人民检察院《规则》和最高人民法院《解释》等的规定，一般而言，被告人负有及时履行和解协议约定赔偿损失内容的义务，且须在人民检察院作出从宽处理决定之前完成，例外情形下可分期履行。需要特别说明的是，一旦和解协议履行完毕，除非符合特殊的法定情形，当事人原则上不得

反悔。

最后，刑事和解可以作为人民法院不予受理附带民事诉讼的依据。最高人民法院《解释》第503条规定，双方当事人在侦查、审查起诉期间已经达成和解协议并全部履行，被害人或者其法定代理人、近亲属又提起附带民事诉讼的，人民法院不予受理，但有证据证明和解违反自愿、合法原则的除外。

此外，最高人民检察院《规则》专条规定了和解协议书无效的情形。该《规则》第522条规定，犯罪嫌疑人或者其亲友等以暴力、威胁、欺骗或者其他非法方法强迫、引诱被害人和解，或者在协议履行完毕之后威胁、报复被害人的，应当认定和解协议无效。已经作出不批准逮捕或者不起诉决定的，人民检察院根据案件情况可以撤销原决定，对犯罪嫌疑人批准逮捕或者提起公诉。

第二节 当事人和解的诉讼程序

2012年修订《刑事诉讼法》后，当事人和解的公诉案件诉讼程序在实践中开始正式实施。"考虑到公诉案件的国家追诉性质和刑法的严肃性，防止出现以罚代刑或者放纵一些严重犯罪等新的不公正，对建立这一新的诉讼制度应审慎把握"[1]，由于立法审慎的态度，《刑事诉讼法》关于这一程序的设置非常单薄，对公诉案件当事人和解的适用条件、案件范围、和解协议的形成、和解协议的法律效果等方面仅有三条原则性规定。为充分发挥和解的程序功能，有效化解社会矛盾，同时规范和指导办案实践，最高人民检察院《规则》、最高人民法院《解释》、公安部《规定》一共用了30个条文对该程序的具体适用予以细化和规制。尽管如此，关于和解程序适用中的一些重点和难点问题仍然存在三个规定不明确、不协调甚至矛盾之处。从司法实践来看，《刑事诉讼法》和最高人民检察院、最高人民法院、公安部发布的上述关于当事人和解的公诉案件诉讼程序配套规定的有关重点、难点问题仍然需要进行梳理，方能在司法实践中更好地理解和运用该制度。

一、案件范围

根据《刑事诉讼法》第288条的规定，仅在以下两类案件中可以适用刑事和解：

---

[1] 郎胜主编：《中华人民共和国刑事诉讼法释义》，法律出版社2012年版，第605页。

（一）因民间纠纷引起，涉嫌刑法分则第四章、第五章规定的犯罪案件，可能判处 3 年有期徒刑以下刑罚的

首先，该类刑事案件起因于民间纠纷。所谓民间纠纷，是指公民之间有关人身、财产权益的纠纷和其他日常生活中发生的纠纷。关于民间纠纷的范围，法律以及相关的司法解释并没有明确的界定，但公安部《规定》中列举了不属于因民间纠纷引起的犯罪案件的范围，包括以下几种情形：（1）雇凶伤害他人的；（2）涉及黑社会性质组织犯罪的；（3）涉及寻衅滋事的；（4）涉及聚众斗殴的；（5）多次故意伤害他人身体的；（6）其他不宜和解的。

其次，涉嫌案由必须是刑法分则第四章侵犯公民人身权利、民主权利的犯罪以及第五章规定的侵犯财产的犯罪。

最后，此处"三年有期徒刑以下刑罚"是指宣告刑而非法定刑，也就是说，即便法定刑在 3 年有期徒刑以上的，只要综合全案证据判断其有可能被处以 3 年有期徒刑以下刑罚，也可以适用刑事和解的规定。

（二）除渎职犯罪以外的可能判处 7 年有期徒刑以下刑罚的过失犯罪案件

首先，前已述及刑事和解的适用需要考虑犯罪嫌疑人、被告人的主观恶性，一般认为过失犯罪之于故意犯罪而言其主观恶性较小，虽然这类犯罪造成了相对严重的犯罪后果，但是考虑到其并非犯罪嫌疑人、被告人故意而为，较容易取得被害人的谅解。在保障被害人的合法权益同时为了有利于对犯罪嫌疑人的教育改造，应当允许此类案件适用刑事和解。

其次，之所以将渎职犯罪排除在刑事和解的适用范围之外，主要是由其较为特殊的犯罪客体所决定的。渎职罪的犯罪客体主要是国家机关的正常管理活动，其侵害的直接对象是国家利益而非公民个人人身权利、民主权利以及财产权利，仅"获得被害人谅解"这一条件就无法满足，因此刑事和解无从适用。

二、刑事和解的审查

根据《刑事诉讼法》第 288 条的规定，审查适用刑事和解的公诉案件时应当考察以下四个方面的条件：

（一）犯罪嫌疑人、被告人是否真诚悔罪

当前，刑罚的目的已经从报应性惩罚转变为教育改造为主。刑事和解虽然以犯罪嫌疑人、被告人最终获得宽缓处理为结果，但其并非简单的"以钱买刑"，其同样关注对犯罪嫌疑人、被告人的教育、改造从而帮助其顺利回归社会。因此，刑事和解必然要以犯罪嫌疑人、被告人的真诚悔罪为必要条件。所谓真诚悔罪，

是指犯罪嫌疑人、被告人已经充分认识到自己的犯罪行为给被害人等相关人员和组织带来的损害，并且通过积极赔偿、赔礼道歉等方式表现出来。

（二）是否获得被害人谅解

被害人谅解是达成刑事和解的决定性条件。刑事和解以当事人双方，特别是被害人的和解意愿为前提，而被害人谅解是被害人表达和解意愿的行为方式。如果只有犯罪嫌疑人、被告人表示悔罪，而被害人没有表达对其谅解，那么刑事和解也无从达成。

（三）被害人是否自愿和解

被害人作出谅解并且达成和解协议是出于其自由意志作出的，而非受到外来压力的影响而作出。自愿性是刑事和解的应有之义，是保证刑事和解正当性的必要条件。办案机关、犯罪嫌疑人、被告人等均不得以任何方式强迫被害人违背自己的意愿作出同意和解决定。为了保证被害人和解的自愿性，《刑事诉讼法》第289条规定了公安机关、人民检察院和人民法院应对和解的自愿性进行审查。

（四）犯罪嫌疑人、被告人在5年以内是否曾故意犯罪

根据《刑事诉讼法》的规定，达成和解协议之后，可以对犯罪嫌疑人、被害人作出从宽处罚，甚至在检察环节就可以作出不起诉的决定。对犯罪嫌疑人、被告人的宽缓处理不但要以其真诚悔罪为前提，还要考虑其主观恶性以及由此所反映出的社会危险程度。犯罪嫌疑人、被告人如果在5年以内有过故意犯罪，说明其主观恶性较大。非但不应对其宽缓处理，还有可能成为从重处理的理由。在这样的状况下，无从适用刑事和解。需要注意的是，这里的5年以内未曾故意犯罪既包括已经被追究的故意犯罪，也包括未被追究的故意犯罪。

三、刑事和解的法律后果

根据公安部《规定》、最高人民检察院《规则》和最高人民法院《解释》的有关规定，和解案件的法律后果表现在三个方面：

第一，司法机关将当事人达成和解协议作为作出处理决定的考量因素，根据所处的诉讼阶段分别作出处理。（1）双方当事人在侦查阶段达成和解协议，公安机关可以向人民检察院提出从宽处理建议，人民检察院在审查逮捕和审查起诉时应当充分考虑公安机关的建议。（2）人民检察院对于公安机关提请批准逮捕的案件，双方当事人达成和解协议的，可以作为有无社会危险性或者社会危险性大小的因素予以考虑，经审查认为不需

> **拓展阅读**
>
> 女子刑事和解后"人间蒸发"：能花钱买刑？

要逮捕的，可以作出不批准逮捕的决定；在审查起诉阶段可以依法变更强制措施。（3）人民检察院对于公安机关移送审查起诉的案件，双方当事人达成和解协议的，可以作为是否需要判处刑罚或者免除刑罚的因素予以考虑。符合法律规定的不起诉条件的，可以决定不起诉。（4）对于依法应当提起公诉的，人民检察院可以向人民法院提出从宽处罚的量刑建议。（5）对达成和解协议的案件，人民法院应当对被告人从轻处罚；符合非监禁刑适用条件的，应当适用非监禁刑；判处法定最低刑仍然过重的，可以减轻处罚；综合全案认为犯罪情节轻微不需要判处刑罚的，可以免除刑事处罚。达成和解协议的，裁判文书应当作出叙述，并援引《刑事诉讼法》的相关条文。

第二，关于和解协议的履行对司法机关处理决定的影响。（1）履行的时间和方式。最高人民检察院《规则》第517条和最高人民法院《解释》第502条都规定，和解协议约定的赔偿损失内容，应当在协议签署后即时履行。同时，最高人民检察院《规则》还规定，确实难以一次性履行的，在被害人同意并提供有效担保的情况下，也可以分期履行。（2）和解协议履行完毕和部分履行的法律后果。最高人民法院《解释》第503条规定：双方当事人在侦查、审查起诉期间已经达成和解协议并全部履行，被害人或者其法定代理人、近亲属又提起附带民事诉讼的，人民法院不予受理，但有证据证明和解违反自愿、合法原则的除外。但如果被害人或者其法定代理人、近亲属提起附带民事诉讼后，双方愿意和解，但被告人不能即时履行全部赔偿义务的，人民法院应当制作附带民事调解书。这就意味着如果被告人只是进行了部分赔偿，被害方仍然可以提起刑事附带民事诉讼，法院应当受理，对于受理后双方愿意和解，只是不能即时履行全部赔偿义务的，法院可以主持调解，并制作附带民事调解书。（3）当事人没有履行和解协议的，不必然导致检察机关作出起诉的决定，但应当作为是否不起诉的因素予以考虑。根据最高人民检察院《规则》第521条的规定，人民检察院拟对当事人达成和解的公诉案件作出不起诉决定的，应当听取双方当事人对和解的意见，并且查明犯罪嫌疑人是否已经切实履行和解协议、不能即时履行的是否已经提供有效担保，将其作为是否决定不起诉的因素予以考虑。

第三，当事人反悔对司法机关处理决定的影响。这根据反悔是否在作出不起诉决定处理前后而有所不同。根据最高人民检察院《规则》第521条、第522条的规定，当事人在不起诉决定作出之前反悔的，可以另行达成和解。不能另行达成和解的，人民检察院应当依法作出起诉或者不起诉决定；当事人在不起诉决定作出之后反悔的，人民检察院不撤销原决定，但有证据证明和解违反自愿、合法原则的除外。根据最高人民法院《解释》第 502 条第 2 款的规定，和解协议已经全部履行，当事人反悔的，人民法院不予支持，但有证据证明和解违反自愿、合法原则的除外。

思考题：

1. 试析刑事和解的适用范围。
2. 论刑事和解的法律后果。

▶ 自测习题及参考答案

第二十二章　缺席审判程序

第一节　缺席审判程序概述

一、缺席审判程序的概念和特点

(一) 缺席审判程序的概念

2018年《刑事诉讼法》修正时在第五编"特别程序"中以专章的形式增设了缺席审判程序，创设了针对特定情形下不到场被告人的审判程序，从而构建与完善了具有中国特色的刑事审判制度体系。缺席审判程序，又称缺席程序，是指法院在被告人不出庭的情况下，对案件进行审理和判决的程序。由缺席审判程序形成的判决，称为缺席判决。

(二) 缺席审判程序的特点

1. 案件范围特定化

缺席审判程序只适用于特定的刑事案件，该类案件的范围由法律直接规定，其他案件类型排除适用。对适用缺席审判程序的案件范围作出明确规定，旨在强调缺席审判程序的特定性，以避免扩大适用于其他类型的刑事案件。

2. 适用条件严格化

以贪污贿赂犯罪案件为例，缺席审判程序具有严格的适用条件，必须达到犯罪事实已经查清，证据确实、充分，依法应当追究刑事责任的标准，人民检察院才可以向人民法院提起公诉。人民法院对案件进行审查，认为起诉书中有明确的指控犯罪事实，符合缺席审判程序适用条件的，才能开庭审判。

3. 权利保障规范化

相对于普通刑事审判程序，缺席审判最大的特点是被告人未列席法庭审判。刑事被告人出席庭审是现代人权制度的重要内容，被认为是被告人诉讼主体地位以及现代刑事诉讼的参与原则的具体体现。因此，为了保障刑事追诉和人权保障的价值平衡，《刑事诉讼法》对缺席审判作了不同于对席审判的诸多程序规制，并在诉讼权利保障和司法救济方面给予被追诉人特殊的程序安排。

4. 诉讼程序特殊化

所谓诉讼程序特殊化，是指对于被告人缺席法庭审理的案件，应采取不同于普通案件的特殊程序进行审判。其程序上的特殊性体现在文书送达、委托辩护和法律援助、特殊的上诉权、归案后提出异议及重新审判的权利等多个方面。

二、缺席审判的类型

根据《刑事诉讼法》的规定，刑事诉讼中存在四种类型的缺席审判：

1. 被追诉人潜逃境外的缺席审判

对于贪污贿赂犯罪案件，以及需要及时进行审判，经最高人民检察院核准的严重危害国家安全犯罪、恐怖活动犯罪案件，犯罪嫌疑人、被告人潜逃境外，监察机关、公安机关移送起诉，人民检察院认为犯罪事实已经查清，证据确实、充分，依法应当追究刑事责任的，可以向人民法院提起公诉。人民法院进行审查后，对于起诉书中有明确的指控犯罪事实，符合缺席审判程序适用条件的，应当决定开庭审理。此为严格意义上的缺席审判。

2. 被告人患严重疾病的缺席审判

因被告人患有严重疾病无法出庭，中止审理超过6个月，被告人仍无法出庭，被告人及其法定代理人、近亲属申请或者同意恢复审理的，人民法院可以在被告人不出庭的情况下缺席审理，依法作出判决。该类型的缺席审判集中体现了诉讼及时性原则，在被告人无法出庭并不影响法庭全面收集与调查证据时，只要法定的相关人员同意接受缺席审判，审判机关就可以依法恢复法庭审理，以尽早案结事了，实现诉讼效益。

3. 审理中被告人死亡的缺席审判

被告人死亡的，人民法院应当裁定终止审理，但有证据证明被告人无罪，人民法院经缺席审理确定无罪的，应当依法作出判决。该规定的立法目的在于贯彻司法公正的要求。一般而言，对于被告人死亡的案件，犯罪主体已不复存在，人民法院应当裁定终止审理，但是对于有证据证明被告人无罪的案件，裁定终止审理对被告人而言有失公允，因此，法律规定人民法院应当继续审理后依法作出无罪判决。

4. 再审案件的缺席审判

人民法院按照审判监督程序重新审判的案件，被告人死亡的，人民法院可以缺席审理，依法作出判决。法律设置该类型的缺席审判程序的目的在于纠正冤假错案，维护司法正义，保障被告人及其亲友的人格利益与合法权益。

三、建立缺席审判制度的意义

作为现代刑事审判制度的重要组成部分，刑事缺席审判制度在世界各主要国家刑事诉讼法中皆有规定，是对席审判的重要补充。在"以审判为中心"诉讼制度改革的背景下，构建中国特色的刑事缺席审判制度，对于完善我国刑事诉讼体系，构建精细化、科学化的刑事诉讼制度有着重要意义。

1. 适应反腐败工作现实需要

中共十八大以来，我国的反腐败工作取得了全方位、开创性的成绩。但是整体而言，反腐败任务依然艰巨，正如十九大报告指出的："只有以反腐败永远在路上的坚韧和执着，深化标本兼治，保证干部清正、政府清廉、政治清明，才能跳出历史周期率，确保党和国家长治久安。"而国际追逃、追赃多年来一直是我国反腐败工作中的重要一环，鉴于贪官外逃现象严重，国际引渡和遣返工作频频遭遇阻碍，在我国设立相应的缺席审判制度确有必要。

全国人大常委会于 2005 年表决通过了关于批准加入《联合国反腐败公约》（以下简称《公约》）的决定，但是与《公约》相衔接的法律制度一直未能建立。刑事缺席审判制度建立后，我国法院可依法对外逃腐败分子进行审判并作出判决，从而根据《公约》的规定要求被请求缔约国履行"或引渡或执行刑罚"的义务，有利于我国开展国际合作，遣返外逃腐败犯罪人员，追缴被非法转移至国外的资产，有利于我国建立健全教育、制度、监督并重的惩治和预防腐败体系。

2. 及时解决诉讼争端、提高诉讼效率

刑事诉讼的最终目的是解决诉讼争端，恢复被破坏的社会关系，维护法律的正确实施。整体而言，刑事诉讼坚持的是"对席审判为主、缺席审判为辅"的程序设置，力求最大限度地保证被告人的程序参与权。如果一味地坚持单一的对席审判模式，解决诉讼纠纷的司法终极目的将遭受阻碍。对于被告人逃匿及法庭中止审理的案件而言，在配置合理的权利保障机制的前提下，如何尽快地恢复被破坏的法秩序、及时地追偿国家及个人损失是刑事审判必须解决的一个现实问题。缺席审判程序体现出诉讼及时性原则的核心要求，对于及时解决诉讼争端发挥着重要作用。

对于被告人故意逃避诉讼或因无法消除的外力因素阻碍法庭审判的，如果司法活动就此中断，将造成大量诉讼资源被浪费，诉讼拖延也将给诉讼参与人带来严重诉累。公正是司法的最高目标，而效率是通过司法实现公正的最佳状态，在保证公正的前提下，效率应是司法的内在价值追求。刑事诉讼中如何兼顾公正与效率，一直是司法价值理论层面不得不面对的难题。而缺席审判程序将有效地解决以上价值矛盾，在牢牢把握公正这条主线的同时，对诉讼效率进行有效关注。

3. 确保和实现司法公正

公正是司法的第一要求,而程序公正作为现代法治所推崇的独立性价值已然成为刑事诉讼的核心追求。程序的公正性主要体现为程序本身设置的正当性及其在权力规制和权利保障上的有效性,因此从立法源头进行合理的制度构建尤为重要。缺席审判程序从内部结构设置上来看是对被告人庭审在场权及诉讼参与原则的限制,是一种带有天然"缺陷"的程序构造。为了最大限度地消解程序"缺陷"可能对司法公正带来的不利影响,通过一系列特殊的制度设置及权利救济机制进行价值平衡显得尤为重要。为了确保被告人缺席的审理程序能够在公正的司法环境下运行,法律为被告人设置了完善的辩护机制,赋予了被告人特殊的上诉权、特定条件下的程序异议权及获得重新审判的权利,以此来补强被告人之权利保障。

此外,人民法院按照审判监督程序重新审判的案件,被告人死亡的,人民法院可以缺席审理,依法作出判决。该程序的目的在于纠正冤假错案,使得个案之司法公正得以及时归位,保障被告人及相关利害关系人的合法权益。

第二节 缺席审判程序的适用和救济

《刑事诉讼法》确立的四种缺席审判类型,实质上出于不同立法原因与目的,它们所涉及的价值判断、利益权衡不同,在具体的程序设置上亦有所不同。被告人患严重疾病的缺席审判、审理中被告人死亡的缺席审判和再审案件的缺席审判均属于广义上的缺席审判,是被告人因不可抗拒的外力因素介入而无法参加庭审,其审判程序基本应参照办理普通刑事案件的相关规定;而被追诉人潜逃境外的缺席审判是严格意义上的缺席审判,针对的是被追诉人故意逃避或抗拒司法程序的情形,其在程序适用和权利救济上体现出不同于普通审理程序的诸多规则。以下就被追诉人潜逃境外的缺席审判程序展开分析。

一、适用范围

根据《刑事诉讼法》第291条第1款的规定,适用缺席审判程序的案件范围包括:

第一,贪污贿赂犯罪。即《刑法》分则第八章规定的贪污贿赂罪和其他章节明确规定按照《刑法》分则第八章贪污贿赂罪的规定定罪处罚的犯罪。

第二,危害国家安全犯罪。所有关涉国家存立、社会发展、国民福祉的可能事项都被纳入国家安全的范畴。此处的危害国家安全犯罪,包括《刑法》分则第一章规定的危害国家安全罪以及危害国家安全的其他犯罪。

第三，恐怖活动犯罪。根据《反恐怖主义法》第3条的规定，恐怖活动是指恐怖主义性质的下列行为：（1）组织、策划、准备实施、实施造成或者意图造成人员伤亡、重大财产损失、公共设施损坏、社会秩序混乱等严重社会危害的活动的；（2）宣扬恐怖主义，煽动实施恐怖活动，或者非法持有宣扬恐怖主义的物品，强制他人在公共场所穿戴宣扬恐怖主义的服饰、标志的；（3）组织、领导、参加恐怖活动组织的；（4）为恐怖活动组织、恐怖活动人员、实施恐怖活动或者恐怖活动培训提供信息、资金、物资、劳务、技术、场所等支持、协助、便利的；（5）其他恐怖活动。恐怖活动构成犯罪即为恐怖活动犯罪。

二、适用条件

贪污贿赂犯罪、危害国家安全犯罪和恐怖活动犯罪适用缺席审判程序有一定的条件限制。

第一，犯罪嫌疑人、被告人在境外。作案后，为逃避法律的制裁而逃往境外的犯罪嫌疑人、被告人，不论是否明确犯罪嫌疑人、被告人在境外的具体藏匿处，均可适用缺席审判。

第二，犯罪嫌疑人、被告人在境外的危害国家安全犯罪、恐怖活动犯罪案件，只有满足案件性质严重、有及时审判的必要性并经最高人民检察院核准三个条件，才适用缺席审判。

第三，监察机关、公安机关移送起诉。按照法律规定，贪污贿赂犯罪由监察机关行使调查权，危害国家安全犯罪和恐怖活动犯罪由公安机关行使侦查权。由监察机关、公安机关移送起诉的规定，不仅是对适用缺席审判案件的审前程序的规定，更是对其证明标准的规定。监察机关调查的贪污贿赂犯罪和公安机关侦查的危害国家安全犯罪和恐怖活动犯罪，均应达到犯罪事实清楚，证据确实、充分的证明标准，方可移送起诉。

第四，人民检察院认为犯罪事实已经查清，证据确实、充分，依法应当追究刑事责任的，向人民法院提起公诉。人民检察院是法律规定的公诉机关，缺席审判案件的公诉权由人民检察院依法行使。人民检察院审查监察机关、公安机关移送起诉的案件，应当按照《刑事诉讼法》的规定，对案件进行全面审查。

第五，经人民法院审查，起诉书中有明确的指控犯罪事实，符合缺席审判程序适用条件。这是有关人民法院对人民检察院提起公诉的案件决定开庭审判的条件规定。这里"有明确的指控犯罪事实"，是指人民检察院的起诉书中必须载明依据《刑法》规定应予刑事处罚的被告人的犯罪事实和提起公诉的具体罪名。"符合缺席审判程序适用条件",是指符合《刑事诉讼法》规定的缺席审判的相关程序要件,包括属于适用缺席审判程序的案件范围、经过最高人民检察院核准、传票和人民检察院的起诉书副本通过法定方式送达被告人等。

三、审理形式

人民法院审查后,对于起诉书中有明确的指控犯罪事实,符合缺席审判程序适用条件的,应当决定开庭审判。这是对人民法院依法审理被告人缺席案件的审理形式的规定。开庭审理是人民法院依法审理刑事案件的一般形式,也是实现审判公平正义、树立司法公信和权威所不可缺少的审理形式。即使被告人缺席,为体现审判的权威性、保障缺席被告人的辩护权等诉讼权利,也应当采取开庭审理而非书面审理的形式,将证据的举证质证、案件事实的认定、控辩双方的辩护均放于庭审中进行,既有利于维护案件的实体真实,也能够为缺席被告的辩护权等诉讼权利的保障提供空间。

四、管辖及审判组织

《刑事诉讼法》第291条第2款规定了缺席审判的级别管辖和地域管辖,即由犯罪地、被告人离境前居住地或者最高人民法院指定的中级人民法院管辖。

适用缺席审判程序的三类案件都是性质比较严重、案情重大或者影响重大的刑事案件,被告人又在境外,审理此类案件时需要更加慎重,确保审判质量,因此将缺席审判的案件交由中级人民法院一审。根据《刑事诉讼法》的规定,危害国家安全、恐怖活动案件由中级人民法院管辖。中级人民法院审理危害国家安全、恐怖活动案件,已经积累了丰富的审判经验,有利于审理这两类罪名的被告人缺席案件。此外,规定贪污贿赂犯罪案件亦由中级人民法院管辖,主要是出于被告人"涉外"的考量,由中级人民法院审理便于与外国司法机构对接,以顺利完成送达、司法协助等司法活动。

地域管辖对于确定管辖的法院,进而相应地确定负责调查、侦查和审查起诉的监察机关、公安机关和检察机关,具有十分重要的意义。刑事案件由犯罪地人民法院管辖,是划分地域管辖的一般原则。缺席审判的案件由犯罪地的人民法院管辖,有利于及时收集证据、查明案情,有利于诉讼参与人就近参加诉讼,并便于群众旁听案件。犯罪地包括犯罪预备地、犯罪行为实施地、犯罪结果地等。如果犯罪地管辖不便,可以由被告人离境前居住地管辖。这里所说的"被告人离境前居住地",是指被告人的户籍地和被告人离境前在国内的常住地。如果存在被告人在犯罪地、离境前居住地民愤大或者案件影响大等特殊情况,或者被告人犯罪地、离境前居住地不明,或者最高人民法院认为由其他地方的中级人民法院管辖更为合适的,则由最高人民法院指定的中级人民法院管辖。

刑事缺席审判案件由合议庭审理。根据《刑事诉讼法》的规定,中级人民法院审理第一审案件,应当由审判员3人或者由审判员和人民陪审员共3人或者7人组成合议庭进行。组成合议庭审判案件,是为了发挥集体智慧,保证案件审判质量,防止独任法官可能出现的个人偏见或错误。缺席审判的案件由合议庭审理,也体现了立法者对缺席审判案件的审慎态度。

五、送达程序

送达是将法律文书和其他诉讼文件在法定的时间内送交收件人的诉讼行为。送达是一项诉讼活动,是诉讼程序的组成部分,直接关系到整个刑事诉讼程序是否顺利进行。《刑事诉讼法》规定了将传票和起诉书副本送达潜逃境外的被告人的方式及法律后果。被告人潜逃境外,无法按照普通刑事案件诉讼文书送达的方式送达文书,因此,人民法院应当通过国际条约中规定的或者外交途径提出的司法协助方式,或者被告人所在地法律允许的其他方式送达文书。其目的,一方面在于敦促被告人尽可能地出庭接受审判,另一方面在于穷尽手段来保障被追诉人的知情权,使之了解被指控的罪名和案件事实情节,为辩护作准备。而且,以被告人所在国承认的方式将传票与起诉书副本送达被告人,既是缺席审判具有正当性的基础,也是后续基于缺席判决要求返还涉案财物与引渡被告人的重要条件。在被告人收到传票和起诉书副本后未按要求归案的,可以视为被告人对出庭权的放弃,人民法院可以开庭审理,并作出缺席判决。

六、委托辩护及法律援助

根据《刑事诉讼法》第293条,缺席审判程序中被告人的辩护权包含以下两方面内容:

第一,除被告人有权亲自委托辩护人之外,其近亲属可以代为委托辩护人。在常规的对席审判中,委托辩护人的主体是犯罪嫌疑人、被告人,并不包括近亲属。在缺席审判中,之所以将委托辩护人的主体扩大,将近亲属纳入其范围,是因为缺席审判与对席审判在保护被告人诉讼权利方面是有很大差别的。在对席审判中,由于被告人出席法庭,可以亲自行使辩护权等一系列诉讼权利,实现控辩双方的平等对抗，防止司法不公侵害其合法权益，督促法院公平审理与公正裁判；而在缺席审判中，被告人很可能因为消极应对诉讼而没有委托辩护人，导致诉讼之两造对立的基本格局被破坏，这既不符合审判的基本要求，也不利于被告人诉讼权利的维护，因此法律规定被告人的近亲属可以代为委托律师。

第二，适用人民法院通知法律援助机构指派律师辩护的情形是"被告人及其近亲属没有委托辩护人"。与《刑事诉讼法》第35条关于法律援助适用条件的规定有所不同，缺席审判程序的法律援助在适用条件上更为宽松，无论被告人或其近亲属基于经济上的原因无力委托律师，还是基于经济困难之外的其他原因（如心理排斥、沟通不及时等）没有委托辩护人，均得以适用法律援助的相关规定，即此时人民法院应当通知法律援助机构指派律师为其提供辩护，进行无条件限定的指定辩护。

七、特殊的上诉权

缺席审判程序中关于上诉权最为特别的规定在于赋予了被告人的近亲属独立的上诉权。被告人作为案件的当事人，有着当然的独立上诉权，上诉后的法律后果由被告人承担。而被告人的近亲属在缺席审判制度中也享有独立的上诉权，即被告人的近亲属可以根据自己的意愿作出是否上诉的决定。被告人近亲属上诉的法律效果与被告人本人的上诉是一致的。在法庭审理阶段，被告人近亲属上诉是以被告人的名义进行的，法律后果由被告人承担。由于被告人缺席庭审，其无法亲自行使上诉权。若依据《刑事诉讼法》的一般规定，近亲属只有在征得被告人同意后才可提起上诉，将会严重影响被告人上诉权的行使。一方面，被告人潜逃境外，无论是境内的办案机关工作人员还是其近亲属与其之间的联系都受到一定的阻碍，易出现沟通不畅甚至是失联的状况。在此情况下，如果近亲属无法独立地为保障被告人的权益及时提出上诉，那么被告人的上诉权将会处于无人行使的状态，其权利救济将会大打折扣。通常来说，近亲属在情感与社会关系上是与被告人联系最紧密的人，也是代表被告人诉讼利益的最佳人选。另一方面，潜逃境外的被告人涉及的案件往往可能被判处没收财产、处以罚金等财产刑，被告人的近亲属多数为被告人财产的利益相关人，判决结果与其关系紧密，很可能影响其财产权益。为保证其财产权益不受侵犯，被告人的近亲属提出上诉亦在情理之中。因此，为避免被告人缺席而导致的上诉权行使拖延，也为保障被告人近亲属的相关利益，应当赋予被告人近亲属独立的上诉权，即规定"被告人或者其近亲属不服判决的，有权向上一级人民法院上诉"。

八、司法救济程序

贪污贿赂犯罪案件的缺席审判作为新增的审判模式,虽然《刑事诉讼法》对其在适用条件和适用程序方面作了较为严格的规定,但其自身结构具有的"天然缺陷"依然对被告人的诉讼权利形成了较大程度的限制。为了平衡刑事追诉和权利保障的双重价值目的,同时也为了使国际引渡、国际司法协助等工作顺利开展,刑事诉讼法赋予了被告人一定条件下的重新审判权、程序异议权和进行财产救济的权利。

第一,在审理过程中,若被告人自动投案或者被抓获,被告人无法参加庭审的条件已经消失,应当出席庭审。为了保障被告人的合法权益,贯彻程序正义的要求,人民法院应当对案件重新审理。

第二,罪犯在判决、裁定发生效力后归案的,应当将其交付执行刑罚。但是,若罪犯对判决、裁定提出异议的,人民法院应当重新审理,这也是基于人权保障与维护被告人诉讼主体地位的考量。同时,给予某些被缺席判决有罪的被追诉者获得重新审判的机会,也是国际上较为通行的惯例,有利于追逃引渡工作顺利地进行。

第三,依照生效判决、裁定对罪犯的财产所作的处理确有错误的,应当予以返还、赔偿。

概言之,通过一系列的程序救济机制和权利保障机制,缺席审判程序力求在最大程度上实现对被追诉人诉讼权利的维护。

思考题:

1. 试析建立缺席审判制度的意义。
2. 论述缺席审判程序的适用。

▶ 自测习题及参考答案

第二十三章　违法所得的没收程序

第一节　违法所得的没收程序概述

一、违法所得的没收程序的概念和特点

犯罪嫌疑人、被告人逃匿、死亡案件违法所得的没收程序，是指当某些案件中犯罪嫌疑人、被告人逃匿或者死亡时，追缴其违法所得及其他涉案财产所特有的方式、方法和步骤。

犯罪嫌疑人、被告人逃匿、死亡案件违法所得的没收程序有以下特点：

(一) 普遍性

在特定类型案件中，在犯罪嫌疑人、被告人逃匿、死亡时，对其违法所得进行没收是国际公约的基本要求。例如，2000年联合国《打击跨国有组织犯罪公约》将没收财产作为打击跨国有组织犯罪的重要措施。再如，《联合国反腐败公约》第54条第1款第3项规定，为了实现没收事宜的国际合作，各缔约国均应当根据本国法律"考虑采取必要的措施，以便在因为犯罪人死亡、潜逃或者缺席而无法对其起诉的情形或者其他有关情形下，能够不经过刑事定罪而没收这类财产"。另外，金融行动特别工作组（作为国际社会中专门致力于控制洗钱的国际组织）1990年提出的旨在控制洗钱的《四十条建议》中也有类似规定。我国业已签署上述国际公约或加入相关国际组织，为遵守上述规定，我国在2012年修正《刑事诉讼法》时以特别程序的方式规定了犯罪嫌疑人、被告人逃匿、死亡案件违法所得的没收程序。

(二) 特殊性

之所以在"特别程序"一编中规定犯罪嫌疑人、被告人逃匿、死亡案件违法所得的没收程序，一方面是因为该程序本身注重追求诉讼效率，关注的是如何防止因犯罪嫌疑人、被告人逃匿、死亡而引起的诉讼拖延和国有资产流失问题；另一方面是因为该程序涉及的是犯罪嫌疑人、被告人的财产权利，易于进行救济。在犯罪嫌疑人、被告人逃匿、死亡案件违法所得的没收程序中，不需要预先解决犯罪嫌疑人、被告人的定罪量刑问题，也不受无罪推定、禁止双重危险等原则的约束。

(三) 公正性

与审判程序相比，犯罪嫌疑人、被告人逃匿、死亡案件违法所得的没收程序

尽管有一定的特殊性，但该程序仍需遵循刑事诉讼的基本规律，仍需坚持刑事诉讼程序的基本构造，在有利害关系人参加诉讼时，公开开庭审理并赋予犯罪嫌疑人、被告人及其他利害关系人相应的上诉权。

二、违法所得的没收程序的意义

（一）规定判决前的财产没收程序是刑事立法体系科学性的内在要求

依据《刑法》第 64 条的精神，在侦办刑事案件时应当追缴犯罪分子所有的赃款赃物。依据 1996 年《刑事诉讼法》第 15 条、第 198 条的规定，对于已经死亡的犯罪嫌疑人和被告人，不追究其刑事责任。已经启动诉讼程序的，应当依据不同的诉讼阶段分别作出撤销案件、不起诉、终止审理或者宣告无罪的处理决定。对于已扣押、冻结的犯罪嫌疑人和被告人的财物，法院、检察院和公安机关在审前阶段有妥善保管和及时返还被害人的义务，在执行阶段有上缴国库的义务。但对于死亡、逃匿的犯罪嫌疑人和被告人的涉案财产如何处理，1996 年《刑事诉讼法》没有作出规定。虽然司法解释涉及了该问题，对侦查、审查起诉中犯罪嫌疑人死亡的情形作出了规定，即人民检察院、公安机关可以申请人民法院裁定通知冻结犯罪嫌疑人存款、汇款的金融机构上缴国库或者返还被害人。但上述规定仅强调人民检察院和公安机关"可以"申请人民法院作出裁定，而不是"应当"由人民法院进行司法审查。其范围亦仅限于正在进行的诉讼案件，大量的未启案件不在此限，因此在法律中规定判决前的财产没收程序很有必要。

（二）规定判决前的财产没收程序是刑事司法实践合法性的必然选择

> **拓展阅读**
> 最高法报告：缺席判决没收违法所得将成追逃利器

贪污贿赂犯罪案件中存在大量犯罪嫌疑人、被告人自杀、潜逃以逃避刑事责任的情形，由于我国 1996 年《刑事诉讼法》没有规定缺席审判制度，在犯罪嫌疑人、被告人不到庭的情况下法院无权对其涉案财产进行强制处分，无法实现追缴赃款赃物的目的，侦破此类案件极为依赖被告人的供述和证人证言。一旦犯罪嫌疑人自杀或潜逃，不但案件线索中断，"保护"了其他"利益相关人"，更重要的是其近亲属得以保有犯罪分子违法取得的巨额财产。而我国长期缺乏判决前的财产没收程序以及相应的裁判，追赃申请屡被拒绝，导致国家资产流失。实践中不断发生一些地区和部门采用行政手段或非法定方法追缴，其正当性、合法性遭受质疑。因此，与条约规定相衔接，构建我国判决前的财产没收程序十分重要。司法实践中还大量存在恐怖组织以为恐怖活动融资和转移资产为目的，在我国境内进行洗钱的犯罪情况。我国已于 2006 年通过了《反洗钱法》，也赋予了金融机构 48 小时的临时冻结权，但在犯罪嫌疑人、被告人不到案的情况下，我们仍然无法定依据对已经冻结的恐怖组织的资金和财产进行实体处分。为了有效开展反洗钱国际合作，打击日益猖獗的跨国恐怖活动犯罪，我们亦需在法律中构建判决前的财产没收程序。

第二节 违法所得的没收程序的适用和救济

一、案件范围

《刑事诉讼法》第 298 条第 1 款规定，对于贪污贿赂犯罪、恐怖活动犯罪等重大犯罪案件，犯罪嫌疑人、被告人逃匿，在通缉 1 年后不能到案，或者犯罪嫌疑人、被告人死亡，依照《刑法》规定应当追缴其违法所得及其他涉案财产的，人民检察院可以向人民法院提出没收违法所得的申请。在具体理解方面，立法机关认为适用违法所得没收程序应当同时具备以下三个条件：第一，该程序只能适用于贪污贿赂犯罪、恐怖活动犯罪等重大犯罪案件。第二，犯罪嫌疑人、被告人必须是逃匿后在通缉 1 年后不能到案的，或者犯罪嫌疑人、被告人死亡的。第三，依照《刑法》规定应当追缴其违法所得及其他涉案财产的。

此外，"六机关"《规定》作为对《刑事诉讼法》的权威解读和必要补充就该问题作了明确规定，其第 37 条强调："……对于犯罪嫌疑人、被告人死亡，依照刑法规定应当追缴其违法所得及其他涉案财产的，适用刑事诉讼法第五编第三章规定的程序，由人民检察院向人民法院提出没收违法所得的申请。"亦即当犯罪嫌疑人、被告人死亡时，案件范围不限于贪污贿赂犯罪、恐怖活动犯罪，也不限于重大犯罪案件，只要有违法所得及其他涉案财产需要追缴的，均可适用违法所得没收程序。

二、审判法院

根据《刑事诉讼法》第 299 条的规定，没收违法所得的申请，由犯罪地或者犯罪嫌疑人、被告人居住地的中级人民法院组成合议庭进行审理。人民法院受理没收违法所得的申请后，应当发出公告。公告期间为 6 个月。人民法院在公告期满后对没收违法所得的申请进行审理。设立前置的公告程序，一方面是为了督促逃匿的犯罪嫌疑人归案参加诉讼；另一方面也便于犯罪嫌疑人、被告人的近亲属和其他利害关系人了解案情和被没收财产的范围，使其有时间委托诉讼代理人参加诉讼。

三、启动程序

如果犯罪嫌疑人、被告人同时符合《刑事诉讼法》第298条规定的三个条件，需要对其违法所得及其他涉案财产予以没收的，应当由人民检察院向人民法院提出没收违法所得的申请。因此，在司法实践中，应当依据诉讼阶段相应启动违法所得没收程序。

在侦查阶段，对于符合违法所得没收情形的，依照《刑法》规定应当追缴其违法所得及其他涉案财产的，经县级以上公安机关负责人批准，公安机关应当出具没收违法所得意见书，连同相关证据材料一并移送同级人民检察院；在职务犯罪案件的办理中，对于符合《刑事诉讼法》第298条规定情形的案件，人民检察院也应依法启动违法所得没收程序。

在审查起诉阶段，人民检察院发现案件符合《刑事诉讼法》第298条规定情形的，可直接启动违法所得没收程序。

在审判阶段，如果犯罪嫌疑人、被告人逃匿的，人民法院应当根据《刑事诉讼法》第206条的规定中止审理；如果犯罪嫌疑人、被告人死亡的，人民法院应当根据《刑事诉讼法》第16条的规定终止审理。符合没收违法所得条件的，由人民检察院提出没收违法所得的申请，人民法院不能直接作出没收违法所得的裁定。

> **拓展阅读**
>
> 湖北武汉检察院启动首例没收违法所得程序

四、审理程序

犯罪嫌疑人、被告人逃匿、死亡案件违法所得的没收程序以公开开庭审理为原则，以不开庭审理为例外。其原因在于：（1）没收程序是在未对犯罪嫌疑人、被告人定罪量刑的前提下没收其财产，公开开庭审理能够保证诉讼的公正性。（2）根据《刑事诉讼法》第299条的规定，人民法院应当组成合议庭进行审理，这说明没收程序不实行独任制审判。（3）根据《刑事诉讼法》第299条的规定，犯罪嫌疑人、被告人的近亲属和其他利害关系人有权申请参加诉讼，也可以委托诉讼代理人参加诉讼。利害关系人参加诉讼的，人民法院应当开庭审理。

根据《刑事诉讼法》第300条第1款的规定，人民法院经审理，对经查证属于违法所得及其他涉案财产，除依法返还被害人的以外，应当裁定予以没收；对不属于应当追缴的财产的，应当裁定驳回申请，解除查封、扣押、冻结措施。因此，经人民法院审理后，应当依据法律规定作出裁定并制作相应的法律文书。

五、法律救济

根据《刑事诉讼法》第 300 条第 2 款的规定，对于人民法院依照本条第 1 款规定作出的裁定，犯罪嫌疑人、被告人的近亲属和其他利害关系人或者人民检察院可以提出上诉、抗诉。

思考题：
1. 试析违法所得没收程序的意义。
2. 论违法所得没收程序的适用。

▶ 自测习题及参考答案

第二十四章　强制医疗程序

第一节　强制医疗程序概述

一、强制医疗程序的概念

强制医疗是出于避免社会危害和保障精神疾病患者健康利益的目的而采取的一项对精神疾病患者的人身自由予以一定限制并对其所患精神疾病进行治疗的特殊保安处分措施。

二、强制医疗程序的意义

从性质上说，强制医疗是针对精神病人的一种社会防卫措施，而非刑罚措施。精神病人犯罪，往往是受病理作用的影响导致其在丧失辨认与控制能力的情况下实施了犯罪行为，因此不能追究其刑事责任以及对其适用通常意义的刑罚措施。然而，由于很多精神病人具有严重的暴力攻击倾向，人身危害性极强，如果不对这些精神病人进行强制医疗，他们可能会继续危害社会。因此，不追究刑事责任、不处以刑罚并不意味着对无刑事责任能力的精神病人放任自流；相反，为了维护公共利益和社会秩序，我国《刑事诉讼法》特别规定了对依法不负刑事责任的精神病人的强制医疗程序。

第二节　强制医疗程序的适用和救济

一、适用范围

依据《刑事诉讼法》第 302 条的规定，行为人如果同时满足以下三个条件，无论家属是否能够或同意履行监护职责，都应入院接受强制治疗：

（一）实施了危害公共安全或者严重危害公民人身安全的暴力行为

立法将强制医疗的适用对象局限于具有暴力倾向以及主动攻击意识的精神病人，这在客观上要求行为人实施了暴力行为并造成了一定的危害结果，即对公共安全造成了危害或者严重危害了公民的人身安全。

（二）经法定程序鉴定属依法不负刑事责任的精神病人

我国精神病鉴定程序的相关内容主要规定在以下几部法律中：《刑事诉讼法》、全国人民代表大会常务委员会《关于司法鉴定管理问题的决定》（以下简称《司鉴管理决定》）、《精神疾病司法鉴定暂行规定》、最高人民检察院《规则》以及《司法鉴定程序通则》。依据上述法律的规定，在侦查、审查起诉阶段，公安机关、人民检察院有权启动精神病鉴定程序。在审判阶段，针对控辩双方有争议的鉴定意见进行核实时，法院可以启动重新鉴定或者补充鉴定。犯罪嫌疑人的辩护人、近亲属在审查起诉阶段有权申请启动精神病鉴定程序，对于侦诉机关已经进行的鉴定应当将鉴定意见告知犯罪嫌疑人或者被害人。被害人死亡或者丧失诉讼行为能力的，应当告知被害人的近亲属或法定代理人。犯罪嫌疑人或者被害人（被害人死亡或者丧失诉讼行为能力时其近亲属或者法定代理人）有权申请重新鉴定或者补充鉴定。

（三）有继续危害社会的可能

所谓精神病人的社会危险性，是指已经实施了危害行为的精神病人再次实施危害行为的可能性。对于精神病人的社会危险性，可以从主观状态和客观表现两个方面作出衡量和判断。首先，精神状况作为影响主观状态认定的主要因素，应由精神病鉴定人在精神病鉴定过程中附加作出相应的评估。其次，行为人实施的危害行为和造成的危害结果可以被视为社会危害性的客观表现。最后，在综合考虑上述两方面的基础上，应由法院对精神病人是否具有继续危害社会的可能作出判断和认定。

二、适用程序

适用强制医疗程序，需要主体、行为与危害性三者皆备。根据《刑事诉讼法》第302条的规定，适用强制医疗程序需同时具备以下三个条件：（1）主体条件：犯罪嫌疑人、被告人是经法定程序鉴定依法不负刑事责任的精神病人。（2）行为条件：犯罪嫌疑人、被告人实施暴力行为，危害公共安全或者严重危害公民人身安全。（3）危害性条件：犯罪嫌疑人、被告人有继续危害社会的可能性。

在主体条件方面，我们应明确精神病鉴定程序具有"前置性"和"独立性"。"前置性"是指判定犯罪嫌疑人、被告人刑事责任能力的精神病鉴定程序应当在强制医疗程序之前进行，包括在侦查阶段、审查起诉阶段和审判阶段进行的精神病鉴定程序。"独立性"是指精神病鉴定程序和强制医疗程序是两个相互独立的程序。在侦查阶段，对于经鉴定患有精神病的犯罪嫌疑人，公安机关应当撤销案件，随后向人民检察院提出强制医疗的申请。在审查起诉阶段，对于经鉴定患有精神病的犯罪嫌疑人，人民检察院应当作不起诉处理，随后向人民法院提出强制医疗的申请。在审判阶段，对于疑似精神障碍患者，人民法院不能在强制医疗程序中一并解决精神病鉴定和强制医疗问题，因为这有违司法公正，变相剥夺了犯罪嫌疑人、被告人申请重新鉴定的权利，而且疑似精神障碍患者在经依法鉴定之前即被公安机关采取临时的保护性约束措施，有侵犯人权之嫌。人民法院应当作出被告人不负刑事责任能力的裁定，随后依职权启动强制医疗程序。

在行为条件方面，我们应明确该行为需兼具"违法性"和"严重性"。"违法性"要求精神障碍患者实施的行为必须触犯刑法，达到犯罪的程度。因为强制医疗有别于《精神卫生法》中的民事收治程序，并不适用于所有的精神障碍患者。"严重性"强调犯罪嫌疑人、被告人实施的是暴力行为，已达到危害公共安全或者严重危害公民人身安全的程度。

在危害性条件方面，理论争议较大。强制医疗程序要求法官根据被告人现有的精神状态和行为举止对未来的社会危险性和人身危险性进行判断，有别于传统上指向过去的定罪量刑工作。由于法律并未明确"是否需要经过精神病专家的专业鉴定，还是依赖法官的个人经验抑或猜测"[1]，标准也不够明确[2]，这就造成法官在进行规范判断时具有很大的模糊性。这种模糊性关乎强制医疗决定的科学性和公正性，需要审慎考虑。

实际上，社会危险性的判断是法律问题，应依诉讼程序进行。"继续危害社会可能"要求公、检、法三机关在判断精神障碍患者的社会危险性时要面向未来而不是关注过去。这在审前阶段，取决于公安司法人员的个人经验；在审理过程中，应由审判人员在综合考虑控辩双方事实和证据的基础上自由作出裁判；必要时可以听取有精神病医学专门知识的人的意见或者由有精神病医学专门知识的人担任人民陪审员。在未来，最高人民法院应当通过指导性案例就社会危险性的判断进行宏观指导。

三、评估程序

依据《刑事诉讼法》第 306 条的规定，强制医疗机构应当定期对被强制医疗

---

[1] 陈卫东：《构建中国特色刑事特别程序》，载《中国法学》2011 年第 6 期。
[2] 宋英辉、茹艳红：《刑事诉讼特别程序立法释评》，载《苏州大学学报（哲学社会科学版）》2012 年第 2 期。

的人进行诊断评估。评估申请应当报请决定强制医疗的人民法院批准，申请既可以由强制医疗机构提出，也可以由被强制医疗人及其近亲属提出。对于解除强制医疗的申请，应由作出决定的人民法院依法组成合议庭进行审查。在审查时，应当依职权查阅被强制医疗人的医疗记录、诊断评估报告和相关材料，听取强制医疗机构的意见，听取被强制医疗人及其近亲属的意见。经综合考察后应按不同情形进行处理：对于符合《刑事诉讼法》第 306 条规定，已不具有人身危险性，不需要继续强制医疗的精神障碍患者，应当解除强制医疗并交由家属看管和治疗；对于仍具有人身危险性的，应当继续进行强制医疗。人民法院作出的决定应当及时送达被强制医疗人、强制医疗机构和人民检察院。

四、启动程序

依据《刑事诉讼法》第 303 条的规定，强制医疗的启动程序可以分为以下两种方式：一是检察院申请启动，即对于公安机关移送的强制医疗意见书或者在审查起诉过程中发现精神病人符合强制医疗条件的，人民检察院应当向人民法院提出强制医疗的申请。二是法院决定启动，即人民法院在审理案件过程中发现被告人符合强制医疗条件的，可以作出强制医疗的决定。上述启动方式确立了检察院和法院强制医疗启动主体的法律地位，从而明确排除了公安机关、精神病人的监护人、法定代理人以及受害人的程序启动权。其中，如果公安机关发现精神病人符合强制医疗条件的，应当制作强制医疗意见书，移送人民检察院，并由人民检察院向人民法院提出强制医疗的申请。

五、审理程序

《刑事诉讼法》第 303 条、第 304 条专门规定了强制医疗的决定主体，即对实施暴力行为精神病人的强制医疗，由人民法院组成合议庭审理并作出决定。这明确了强制医疗的决定主体为人民法院。

（一）法律援助制度

《刑事诉讼法》第 304 条专门规定了法律援助制度，即如果被申请人或者被告人没有委托诉讼代理人的，人民法院应当通知法律援助机构指派律师为其提供法律帮助。

（二）临时的保护性约束措施

《刑事诉讼法》第 303 条第 3 款规定对实施暴力行为的精神病人，在人民法院决定强制医疗前，公安机关可以采取临时的保护性约束措施。

（三） 强制医疗的审理时限

人民法院经审理，对于被申请人或者被告人符合强制医疗条件的，应当在1个月内作出强制医疗的决定。

六、一审终审及救济

（一） 强制医疗的复议程序

依据《刑事诉讼法》第305条的规定，被决定强制医疗的人、被害人及其法定代理人、近亲属对强制医疗决定不服的，可以向上一级人民法院申请复议。

（二） 强制医疗的解除制度

依据《刑事诉讼法》第306条的规定，强制医疗解除的申请程序可以概括为以下两种方式：一是由医疗机构提出解除申请，即强制医疗机构应当定期对被强制医疗的人进行诊断评估。对于已不具有人身危险性，不需要继续强制医疗的，应当及时提出解除意见。二是由被强制医疗的人及其近亲属申请解除强制医疗。其中，无论哪种启动方式，都必须经过决定强制医疗的人民法院批准。

思考题：

1. 试论强制医疗程序的适用范围。
2. 论强制医疗程序的适用。

▶ 自测习题及参考答案

人名译名对照表

[意]	贝卡里亚，切萨雷	Cesare Beccaria
[法]	弗洛里奥，勒内	Rene Floriot
[苏联]	格罗津斯基，M. M.	М. М. Гродзинский
[德]	赫尔曼，约阿希姆	Joachim Herrmann
[美]	卡尔威因，爱德华·塞缪尔	Edward Samuel Corwin
[德]	拉萨尔，费迪南德	Ferdinand Lassalle
[英]	梅因，亨利·萨姆奈	Henry Sumner Maine
[苏联]	切里佐夫，M. A.	М. А. Челъцов

后 记

《刑事诉讼法学》是马克思主义理论研究和建设工程重点教材，是在教育部实施马克思主义理论研究和建设工程领导小组领导下组织编写的。在编写过程中，得到了教育部马克思主义理论研究和建设工程重点教材审议委员会的指导，得到了中宣部、中央党校、中央编译局、求是杂志社、中国社会科学院等有关部门和有关专家学者的支持。同时，广泛听取了高校教师和学生的意见建议。

本教材由首席专家陈卫东主持编写。陈卫东撰写绪论、第二十一章、第二十二章、第二十三章，李建明撰写第一章、第九章、第十五章，周长军撰写第二章、第十三章，刘计划撰写第三章、第十四章，万毅撰写第四章、第五章、第八章，顾永忠撰写第六章、第十章，闵春雷撰写第七章、第二十章，姚莉撰写第十一章、第十二章，张建伟撰写第十六章、第十七章，叶青撰写第十八章、第十九章。李龙、徐显明、陈光中、徐静村、韩大元、龙宗智、王敏远等参加了学科专家审议并提出了修改意见。顾海良、韦建桦、李龙、陈光中、韩大元作了出版前的审读。

2017 年 2 月 10 日

第二版后记

定期修订马克思主义理论研究和建设工程重点教材是保证其编写质量的重要途径。党的十九大胜利召开后，为推动习近平新时代中国特色社会主义思想进教材、进课堂、进头脑，深入贯彻落实党的十九大和十九届二中、三中全会精神，教育部统一组织对已出版教材进行了全面修订。本书经国家教材委员会高校哲学社会科学（马工程）专家委员会审查通过。

陈卫东主持了本次教材修订工作，李建明、周长军、刘计划、万毅、顾永忠、闵春雷、姚莉、张建伟、叶青参加了具体的修订工作。

2018年6月

第三版后记

本书第二版出版后，全国人大常委会对《刑事诉讼法》等多部法律进行了修改，为了满足高校师生的教学及学习需求，教育部组织编写组按照最新的法律规定对本书进行了全面修订。本书经国家教材委员会高校哲学社会科学（马工程）专家委员会审查通过。

陈卫东主持了本次教材修订工作，李建明、周长军、刘计划、万毅、顾永忠、闵春雷、姚莉、张建伟、叶青参加了具体的修订工作。

2019年6月

郑重声明

高等教育出版社依法对本书享有专有出版权。任何未经许可的复制、销售行为均违反《中华人民共和国著作权法》，其行为人将承担相应的民事责任和行政责任；构成犯罪的，将被依法追究刑事责任。为了维护市场秩序，保护读者的合法权益，避免读者误用盗版书造成不良后果，我社将配合行政执法部门和司法机关对违法犯罪的单位和个人进行严厉打击。社会各界人士如发现上述侵权行为，希望及时举报，本社将奖励举报有功人员。

反盗版举报电话　（010）58581999　58582371　58582488
反盗版举报传真　（010）82086060
反盗版举报邮箱　dd@hep.com.cn
通信地址　北京市西城区德外大街4号
　　　　　高等教育出版社法律事务与版权管理部
邮政编码　100120

意见反馈

为收集对教材的意见建议，进一步完善教材编写和做好服务工作，读者可将对本教材的意见建议通过如下渠道反馈至我社。

咨询电话　400-810-0598
读者服务邮箱　gjdzfwb@pub.hep.cn
通信地址　北京市朝阳区惠新东街4号富盛大厦1座
　　　　　高等教育出版社总编辑办公室
邮政编码　100029

防伪查询

用户购书后刮开封底防伪涂层，利用手机微信等软件扫描二维码，会跳转至防伪查询网页，获得所购图书详细信息。用户也可将防伪二维码下的20位数字按从左到右、从上到下的顺序发送短信至106695881280，免费查询所购图书真伪。

防伪客服电话　（010）58582300